8° Z 743 (5)

# CORRESPONDANCE

LITTÉRAIRE, PHILOSOPHIQUE ET CRITIQUE

PAR

# GRIMM, DIDEROT

RAYNAL, MEISTER, Etc.

PARIS. — IMPRIMERIE A. QUANTIN ET Cie
ANCIENNE MAISON J. CLAYE
RUE SAINT-BENOIT

# CORRESPONDANCE

LITTÉRAIRE, PHILOSOPHIQUE ET CRITIQUE

PAR

# GRIMM, DIDEROT

RAYNAL, MEISTER, ETC.

*REVUE SUR LES TEXTES ORIGINAUX*

COMPRENANT

outre ce qui a été publié à diverses époques

## LES FRAGMENTS SUPPRIMÉS EN 1813 PAR LA CENSURE

**LES PARTIES INÉDITES**

CONSERVÉES A LA BIBLIOTHÈQUE DUCALE DE GOTHA ET A L'ARSENAL A PARIS

NOTICES, NOTES, TABLE GÉNÉRALE

PAR

MAURICE TOURNEUX

---

TOME CINQUIÈME

PARIS

GARNIER FRÈRES, LIBRAIRES-ÉDITEURS

6, RUE DES SAINTS-PÈRES, 6

—

1878

# CORRESPONDANCE LITTÉRAIRE

PHILOSOPHIQUE ET CRITIQUE

(1753-1793)

# CORRESPONDANCE LITTÉRAIRE

## PHILOSOPHIQUE ET CRITIQUE

1762

JANVIER

1ᵉʳ janvier 1762.

Il y a plus de vingt ans que M. de Voltaire donna, pour la première fois, sur le théâtre de la Comédie-Française, sa tragédie de *Zulime*[1]. Cette pièce, qui est toute de l'invention du poëte, sans aucun fondement historique, n'eut alors qu'un faible succès et fut retirée par l'auteur après la huitième représentation. Elle vient de reparaître sur la scène avec des changements qui l'ont fait regarder par les comédiens comme une pièce nouvelle, et ils se sont justifiés de l'avoir annoncée comme telle en assurant, dans un compliment adressé au parterre, que l'auteur l'a entièrement refondue. Nous en allons entreprendre une analyse détaillée.

Le but de M. de Voltaire était de montrer la passion de l'amour dans toute sa force. Voyons comment il s'y est pris pour exécuter son plan. Ramire, prince de Valence en Espagne, est, avec sa jeune épouse Atide, captif d'un roi africain nommé

---

1. *Zulime* fut jouée pour la première fois le 8 juin 1740, et reprise le 29 décembre 1761; elle eut alors neuf représentations. *Le Cabinet historique* de M. Louis Paris (1857, 1ʳᵉ partie, p. 163) renferme la correspondance échangée entre Grimm et un avocat chartrain, nommé Letellier, qui possédait le manuscrit original de *Zulime*, et qui reçut de Catherine II une médaille d'or pour la cession de ce manuscrit.

Benassar, à qui il a eu le bonheur de sauver la vie. Zulime, fille de Benassar, conçoit pour Ramire la passion la plus forte, et pour Atide l'amitié la plus tendre. Elle ignore les liens qui attachent Ramire au sort d'Atide; elle forme le projet de les délivrer et de se sauver avec eux. Ramire ne peut découvrir à Zulime son union avec Atide sans exposer une épouse chérie et sans s'ôter à lui-même tout espoir de liberté. Les compagnons de l'infortune de Ramire et ses confidents, non-seulement confirment ce prince dans l'idée de garder son secret, mais, pour hâter leur délivrance commune, ils persuadent à Zulime que Ramire, aussi vivement touché de sa beauté que de ses bienfaits, ne sera pas sitôt arrivé en Espagne qu'il mettra à ses pieds la couronne de Valence, en lui offrant sa main et son trône. Ainsi le projet s'exécute. Zulime, après s'être fait un parti, s'évade de la résidence de son père avec Ramire et Atide et tous les autres captifs espagnols. Elle entre à main armée dans Arzénie, ville située sur les côtes d'Afrique, pour passer de là en Espagne par le premier vent favorable. C'est ici que la pièce commence.

On voit Zulime avec Atide et avec Mohadir, ancien officier de son père. Ce vieillard avait été député par Benassar pour rappeler Zulime à son devoir, pour lui peindre la douleur mortelle qu'elle avait causée à son père par sa fuite, et pour lui dire que tout était oublié si elle voulait retourner. Zulime est au désespoir d'affliger un père si indulgent et si tendre; mais elle ne balance pas entre son respect pour lui et sa passion pour Ramire. Cette dernière l'emporte :

> Retournez, Mohadir, aux murs de Trémizène;
> Consolez les vieux ans de mon père affligé :
> Je l'outrage, et je l'aime, il est assez vengé.

Cette longue scène sert d'ailleurs à exposer tout le sujet et toutes les circonstances de la fable qui ont précédé la pièce, et que je viens de rapporter en peu de lignes. Atide y parle peu; elle cherche seulement à peindre l'entreprise généreuse de Zulime sous les couleurs les plus nobles. Lorsque Mohadir est retiré, Zulime laisse voir à Atide tous les remords dont son cœur est déchiré, de porter un déplaisir mortel dans le sein du meilleur des pères, mais elle ne sait lui sacrifier sa passion, et Atide lui conjure de presser son départ pour quitter les rivages d'Afrique. Zulime désire de voir Ramire. Il lui tarde d'être consolée par sa tendresse des sacrifices qu'elle lui fait. Le prince paraît. On voit dans toute cette scène la passion la plus forte de la part de Zulime, beaucoup d'embarras et de trouble de la part de Ramire. Elle est interrompue par un confident du prince qui annonce l'arrivée prochaine de Benassar et de son armée devant la ville d'Arzénie. A cette nouvelle, on se promet de hâter les préparatifs pour le passage en Espagne, et de se défendre vigoureusement contre toute violence qui pourrait s'opposer à l'exécution du projet. Zulime sort par un côté. Ramire veut sortir par l'autre; mais il est retenu par Atide. C'est dans cette scène qu'on apprend le secret du lien indissoluble qui unit Ramire à Atide, et c'est dans cette scène que l'intérêt commence. Ramire est déchiré, et par l'idée des dangers qui menacent si leur lien est découvert, et par la cruelle nécessité de tromper et de trahir une âme comme celle de Zulime. Atide souffre, et des dangers de son époux, et de la passion de Zulime pour lui, dont elle est sans cesse le témoin et la confidente. Un bruit qu'on entend fait voler le prince au combat, et l'acte finit.

Ramire reparaît au second avec son confident. On apprend que Benassar est en effet arrivé avec une armée devant la ville, mais qu'il a suspendu l'attaque. Le confident conjure le prince de profiter de ce moment de répit pour se sauver par la fuite, pour laquelle tout est préparé. Ramire est toujours cruellement agité de remords : il ne sait ni tromper Zulime plus longtemps, ni la désabuser. Le confident lui rappelle toute l'importance du secret, et sur ces entrefaites Zulime arrive. Elle annonce à Ramire, avec la tendresse la plus passionnée, que le moment de leur délivrance approche, et qu'on va profiter des instants pendant lesquels l'attaque est restée suspendue pour s'embarquer et pour passer en Espagne. Ici elle fait à Ramire la déclaration la plus tendre :

> Prenons donc à témoin ce Dieu de l'univers,
> Que nous servons tous deux par des cultes divers;
> Attestons cet auteur de l'amour qui nous lie,

Non que votre grande âme à la mienne est unie
(Nos cœurs n'ont pas besoin de ces vœux solennels),
Mais que demain, seigneur, au pied de vos autels
Vos peuples béniront dans la même journée
Et votre heureux retour et ce grand hyménée.
Eh quoi, vous soupirez !...

Ramire, en effet, interdit, ne sait que répondre :

Je suis un malheureux destiné désormais
A d'éternels chagrins plus grands que vos bienfaits.

ZULIME.

Eh, qui peut vous troubler quand vous m'avez su plaire?

Ramire lui proteste qu'il est loin d'être ingrat. « Ah ! je le crois sans peine », lui dit la princesse. Il lui objecte les mœurs, les lois d'Espagne, enfin l'inflexible voix de la religion qui ne souffrirait jamais une reine mahométane sur le trône de Valence. « J'entends », lui répond Zulime.

Il faut t'ouvrir mon cœur.
Pour ma religion j'ai connu ton horreur;
Arrachée à moi-même, à tes destins livrée,
Elle me fut dès lors moins chère et moins sacrée.
Soit erreur ou raison, soit ou crime ou devoir,
Soit du plus tendre amour l'invincible pouvoir,
Puisse le juste ciel excuser mes faiblesses!
Du sang en ta faveur j'ai bravé les tendresses;
Je te peux immoler par de plus grands efforts
Ce culte mal connu de ce sang dont je sors.
Puisqu'il t'est odieux, sans doute il le doit être.
Fidèle à mon époux et soumise à mon maître,
J'attendrai tout du temps et d'un si cher lien.
Mon cœur servirait-il d'autres dieux que le tien?
Je vois couler tes pleurs; tant de soins, tant de flamme,
Tant d'abandonnement, ont pénétré ton âme :
Adressons l'un et l'autre au Dieu de tes autels
Ces pleurs que l'amour verse, et ces vœux solennels;
Qu'Atide y soit présente; elle approche, elle m'aime...

Ces vers, prononcés par le bel organe de M<sup>lle</sup> Clairon, avec toute la noblesse et toute la passion imaginables, ont fait un grand effet, et cette scène est non-seulement la plus belle de cette pièce, mais elle peut être comptée au nombre des belles scènes de M. de Voltaire. Atide survient en effet. Elle apprend à Zulime que son père s'est présenté aux portes de la ville sans escorte, et que les gardes n'ont osé lui interdire l'entrée.

Il va, n'en doutez point, demander notre vie.

Zulime les rassure. Elle périra plutôt que de rien changer à ses projets. Elle les renvoie tous les deux, non sans alarmer Atide, en appelant Ramire le digne époux de la triste Zulime. Ils se retirent, et Zulime reste seule, interdite et troublée, dans l'attente de son père. Benassar paraît. Vous imaginez aisément ce que c'est que cette scène. Des reproches, de la douleur, une tendresse sans bornes de la part du père. Un respect, une soumission entière de la part de la fille ; mais nullement disposée à renoncer à sa passion ; inébranlable dans son projet, elle allume à la fin la colère d'un père trop indulgent. Il la maudit, et dans la malédiction il lui prédit tous les malheurs qui l'attendent :

> Barbare, que les cieux partagent ma douleur ;
> Que ton indigne amant soit un jour mon vengeur !
> Il le sera sans doute, et j'en reçois l'augure ;
> Tous les enlèvements sont suivis du parjure :
> Puissent la perfidie et la division
> Être le digne fruit d'une telle union !
> J'espère que le ciel, sensible à mon outrage,
> Accourcira bientôt dans les pleurs, dans la rage,
> Tes jours infortunés que ma bouche a maudits,
> Et qu'on te trahira comme tu me trahis.

Quoique ces choses-là soient faites à la main, elles ne manquent jamais d'effet au théâtre. Aussi cette malédiction en a fait un très-grand. Cependant Benassar dit qu'il va courir au port, assister à l'embarquement fatal qu'on médite, et qu'il verra s'il y a quelqu'un d'assez hardi pour lui arracher sa fille. Il laisse Zulime dans l'état le plus violent. Elle finit l'acte en implorant le ciel pour qu'il détourne l'effet de la malédiction de son père.

> Dieu, je me livre à toi ; si tu veux que j'expire,
> Frappe, mais réponds-moi des larmes de Ramire.

Je n'aime point ces pointes épigrammatiques à la fin des actes, quoique le parterre ne manque jamais de les applaudir avec transport. Au reste, je me suis étendu sur cet acte parce que c'est le plus beau de la pièce. Voyons-en la suite.

Au commencement du troisième, Zulime reparaît accompagnée d'Atide. Elle se reproche pendant un instant cette fatale passion qui donnera la mort à son père, et Atide croit cet instant favorable pour lui dire qu'il faudrait peut-être sacrifier une passion qui causerait de si grands malheurs. Quoique ce conseil soit hasardé avec toute la circonspection imaginable, il allume dans le cœur de Zulime de terribles transports. Elle est outragée de ce qu'on la croit seulement capable de renoncer à sa passion. Cependant son amitié pour Atide, son cœur naturellement généreux et compatissant, calment bientôt ces emportements. Elle revient seulement sur cet entretien qu'elle a eu avec Ramire au second acte. Elle ne trouve pas que le prince lui ait marqué toute la passion qu'elle croit mériter :

> Il était maître assez de ses vœux amoureux
> Pour voir en ma présence un obstacle à nos feux!
> Ma tendresse un moment s'est sentie alarmée.
> Chère Atide, est-ce ainsi que je dois être aimée?
> Atide, il me trahit s'il ne m'adore pas.

Atide la rassure, et comme Ramire paraît au même instant, elle court à lui et lui dit qu'il faut tout immoler pour mériter les bienfaits de Zulime. Mais Ramire leur apprend qu'il ne leur reste qu'un moment pour s'embarquer. Déjà l'aspect de Benassar a rendu le parti de Zulime timide et incertain. Bientôt la fuite leur sera absolument impossible. « Partons, répond Zulime, mais voyons mon père pour la dernière fois, et qu'il sache que je suis mon devoir en partant votre épouse. » Cette proposition rejette Ramire dans tous les embarras. « Tu vois, dit-il, que ce serait outrager Benassar; que, si le ciel lui rend son héritage, Valence sera aux pieds de Zulime, etc. » Un trait de lumière éclaire tout à coup cette princesse infortunée : elle voit son malheur ; elle sent que tant d'amour n'est pas payé de retour ; elle pénètre jusqu'au secret de l'amour de Ramire pour Atide. Alors les transports de jalousie succèdent à la passion la plus tendre. Elle se reproche sa sécurité et ses bienfaits, et elle les quitte dans la dernière agitation. Les deux époux ne sont pas moins agités qu'elle. Atide dit que c'est à elle à finir tant de maux en brisant les liens qui l'attachent à Ramire. Elle court rejoindre Zulime ; Ramire veut la suivre, mais il est arrêté par Benassar, qui vient traiter avec lui. Il reproche d'abord à Ramire sa trahison, et le prince répond avec beaucoup de fierté ; mais tous les deux généreux, Benassar toujours père tendre, Ramire toujours époux fidèle, ils se rapprochent bientôt. Ramire promet de rendre Zulime à Benassar, pourvu qu'il veuille la recevoir avec son ancienne tendresse, et qu'il s'engage de le faire partir, lui et tous les siens, sans aucun délai. A cette condition, il promet de laisser Atide pour otage et pour garant de sa sincérité. Benassar la renverra en sûreté dès que le traité aura été exécuté. Les paroles de ce traité données et la foi jurée, Benassar court au port pour le remplir de son côté. En même temps, Atide entre et apprend à son époux qu'il n'est plus de dangers, que la jalousie de Zulime est absolument dissipée, qu'elle est embarquée, et qu'elle n'attend que Ramire pour partir. A cette nouvelle Ramire est plus interdit que jamais. Ce changement inopiné va lui donner l'air d'un traître aux yeux de Benassar. Il court désabuser Benassar et Zulime.

Il va livrer Atide pour otage de sa foi, et il espère par un aveu simple et vrai assurer le repos de tout le monde.

Au quatrième acte on voit paraître Zulime. Son père, se croyant réellement trahi par Ramire dans le temps qu'il s'était entièrement livré à sa bonne foi, furieux de cette noirceur apparente, avait appelé ses soldats. Ceux de Zulime n'avaient pu empêcher les portes d'être forcées. Zulime elle-même est arrachée à ceux qui la défendent. Son père la renvoie sous escorte au palais. Elle se livre à tout son désespoir pendant que Ramire a rallié son parti pour la délivrer. Elle envoie sa confidente pour savoir des nouvelles de ce funeste combat, et en son absence elle plaint dans un long monologue la cruauté de son sort qui la réduit à n'oser rien désirer qui ne soit horrible. La confidente revient. Elle lui apprend que Benassar est vainqueur, que Ramire est dans les fers, et qu'il terminera bientôt tous les malheurs par son supplice, qu'on apprête. Le danger de Ramire rallume toute la passion de Zulime. Atide survient ; elle se jette aux pieds de la princesse : elle lui déclare qu'elle est sa rivale, mais qu'elle est prête à lui céder tous ses droits si elle veut sauver les jours du prince. Zulime dit qu'elle n'a pas besoin d'être excitée pour voler au secours de ce qu'elle a de plus cher au monde ; et dans ses transports elle court, à quelque prix que ce soit, opérer la délivrance de Ramire.

Benassar avec son confident commence le cinquième acte. Il veut se venger de Ramire, qu'il soupçonne toujours de la perfidie la plus noire. Il veut punir sa coupable fille. Tandis qu'il se plaint, qu'il délibère, elle paraît à la tête d'une troupe armée ; mais l'aspect seul de son père la désarme. Elle tombe à ses genoux, et le conjure de respecter Ramire. Benassar est lui-même redevable de sa vie à ce prince ; il est d'ailleurs toujours père tendre. Il fait venir Ramire et Atide. Ramire se défend du soupçon de trahison. Il explique à Benassar par quelle combinaison du hasard on avait exécuté à son insu le contraire de sa parole dans le temps même qu'il la donnait. Benassar retrouve en Ramire cette générosité qu'il lui a toujours reconnue. Il en est touché au point de lui offrir sa fille et son trône. Ici le secret du mariage de Ramire se déclare. Le prince se disculpe encore des apparences de fausseté et de perfidie qu'on pourrait lui reprocher. A la découverte de ce secret, vous jugez de l'état de Zulime. Atide court à elle. Elle la conjure de ne la point haïr. Elle lui a promis de lui sacrifier tous ses droits sur Ramire, et elle veut accomplir sa promesse en se donnant la mort ; mais Zulime lui arrache le poignard. Elle pardonne aux deux époux une fausseté involontaire. Elle presse son père de les faire partir. Benassar ordonne leur départ pour l'Espagne, et dès qu'ils ont quitté la scène, Zulime se perce le cœur et laisse son père dans le plus grand désespoir. Ce dénoûment ayant paru languissant, on a un peu plus serré les événements à la seconde représentation, et Zulime s'est tuée tout de suite en présence des deux époux, après avoir arraché le poignard à Atide. Anciennement c'était Atide qui se tuait, et qui faisait le généreux sacrifice de sa vie au repos de Zulime. On peut observer à cet égard qu'il faut qu'il y ait un grand vice quelque part, dans la fable ou dans la conduite d'une pièce, quand on la peut dénouer de deux ou trois manières différentes. Mais la tragédie de *Zulime* mérite quelques réflexions particulières, et ce sera l'objet de mon premier travail.

— La poésie et la littérature allemandes vont devenir à la mode à Paris, comme l'était la littérature anglaise depuis quelques années. Déjà on étudie la langue allemande comme une langue savante, et plusieurs amateurs de la littérature y ont fait beaucoup de progrès. Comme on se livre à Paris avec une chaleur extrême à ses goûts, je prévois que dans trois ou quatre ans d'ici personne ne pourra se montrer en bonne compagnie sans savoir l'allemand, et sans avoir lu les poëtes de cette langue. Je me hâte donc par intérêt pour ma réputation de rapprendre ce que j'en pourrais avoir oublié, afin de ne point paraître barbare en ignorant la langue à la mode. Cette révolution n'est pas la moins étrange de celles qu'on voit arriver. Si l'on avait parlé à Paris, il y a douze ans, d'un poëte allemand, on aurait paru bien ridicule. Ce temps est bien changé. Il est vrai que les échantillons de poésie allemande qu'on a produits ici étaient bien propres à faire impression. On a dû sentir le génie de M. Haller à travers la faible traduction de ses poésies. *La Mort d'Abel*, poëme épique de M. Gessner, de Zurich, a eu un grand succès. Aujourd'hui son traducteur, M. Hubert, vient de publier une traduction de ses *Idylles et Poëmes champêtres*, et cet ouvrage a mis le comble à la réputation de M. Gessner. Ces idylles sont autant de chefs-d'œuvre. Il faudrait les nommer toutes pour leur rendre justice. Mais je crois que vous aimerez de préférence *Daphnis, Mirtile, Damon et Philis, la Cruche cassée, Daphnis et Chloé, le Faune...* J'allais, je crois, vous les nommer toutes l'une après l'autre. Il n'y en a aucune qui ne soit faite pour tourner la tête à un homme de goût. Parmi les poëmes champêtres, celui qui a pour titre *les Souhaits* est admirable. Je ne connais, en général, rien de si parfait dans son genre que ces idylles. Elles ressemblent toutes à ces fleurs touchantes et belles qu'on craint d'approcher de peur de les faner par l'attouchement de l'extrémité du doigt ou par le souffle léger de l'haleine. Quelles beautés d'images! quelle délicatesse! quelle variété de caractère! quel goût pur, antique et touchant! quelle mesure en tout! Comme cet homme-là sait finir sans appareil, sans luxe, avec une simplicité exquise et rare! M. Diderot prétend que ses pasteurs devaient porter de tout autres noms que Daphnis et Thyrsis. Cela se peut. Si M. Gessner leur avait créé des noms (et ce n'était pas une chose aisée), il est certain que l'ouvrage en eût été encore plus original. Mais je défie le critique le plus sévère d'y trouver d'ailleurs quelque chose à reprendre. Ils ont été choqués de la métamorphose de Pamélon, et le traducteur passe condamnation là-dessus dans sa préface. Il a grand tort, et ces gens-là ne savent ce qu'ils disent. Je les défie de finir cette belle idylle sans cette métamorphose, et puis *olet antiquitatem*. Ceux qui n'aiment pas cela, il faut les renvoyer aux bergers de Fontenelle, de La Motte-Houdard et du peintre Boucher. Lorsqu'on lit ces idylles dans l'original, on est étonné du génie de la langue allemande, bien propre assurément à la poésie et à l'éloquence entre des mains habiles. Sa richesse infinie, sa facilité de composer égale à celle qu'on remarque dans la langue grecque, celle des inversions, aussi grande qu'on la trouve dans l'italien, voilà trois grands points pour la poésie. La langue allemande ne pourra peut-être aspirer à l'harmonie du grec et de l'italien, mais s'il était réservé à l'Allemagne de voir régner Frédéric, après tant d'exploits dans le sein de la paix, des arts et de la philosophie, son siècle achèverait de donner à la langue de ses peuples le goût, la souplesse et la grâce qui lui manquent, et que cependant M. Gessner, au milieu de la Suisse, a bien su lui donner.

Après tout ce que je viens de dire, il est impossible que je sois content de la traduction, quoiqu'elle ait eu un grand succès à Paris. Mais c'est qu'il est impossible de traduire un poëte d'une langue dans une autre. Quoique M. Hubert ne me contente pas, je ne crois pas qu'on puisse faire mieux que lui. Son succès doit l'encourager à nous donner d'autres traductions, et j'espère qu'il n'y manquera pas. L'idylle de M. Schmidt, qu'il a insérée dans la préface, est un morceau d'une grande beauté et d'un tour de génie particulier. Au reste, cette édition des idylles est fort soignée. M. Watelet l'a enrichie de vignettes. Le libraire a profité du goût du public pour la vendre plus cher, eu égard à la petitesse du volume.

— M. le duc de Choiseul ayant entrepris de relever la marine du royaume, toute la nation s'est tournée vers cet objet avec transport. Cela prouve ce que nous savions déjà, c'est que dans les plus fâcheuses conjonctures, ce n'est point les hommes qui manquent, mais ordinairement c'est un homme qui manque. Si la France a trouvé le sien, elle lui payera son rétablissement par l'immortalité qui est le prix le plus flatteur pour ceux qui mènent une vie de chien pour le service de l'État. La circonstance a fait qu'on a imprimé, dans la foule immense d'almanachs de toute espèce, des *Étrennes maritimes* qui serviront surtout aux dames pour leur donner une idée de la construction d'un vaisseau et pour leur expliquer les termes de marine les plus usités.

— *Le Rituel des esprits forts, ou le Tableau des incrédules modernes au lit de la mort*[1], avec l'oraison funèbre d'un philosophe, et un discours aux incrédules, augmenté encore d'un discours préliminaire et d'une dissertation contre les matérialistes. Ce bel ouvrage est déjà à sa seconde édition. L'auteur n'est pas un esprit, mais un esprit plat.

— M. Dupuy, de l'Académie royale des inscriptions et belles-lettres, a traduit quelques tragédies de Sophocle que le P. Brumoy n'avait données que par extraits dans son *Théâtre des Grecs*; mais on n'a pas été content du travail de M. Dupuy.

15 janvier 1762.

La tragédie de *Zulime* n'a eu qu'un succès très-médiocre. Le premier acte a paru excessivement froid. C'est un inconvénient assez commun à ces sujets de pure invention, où il faut expliquer une foule de petits faits qui ne peuvent intéresser personne, et qui sont pourtant nécessaires pour établir le lien de la scène, la condition et la situation des personnages, etc. Malgré les peines que s'est données M. de Voltaire, on ne sait ce que c'est que Benassar, roi africain, ni ce roi de Valence. Le second acte a été fort applaudi; le troisième, moins; le quatrième, très-peu. Au cinquième, l'apparition de Zulime avec le sabre à la main a fait rire, et le dénoûment a déplu. Il a été hué aux représentations suivantes, et la pièce en a eu huit ou neuf d'assez faibles. Ce n'est pas là un succès pour M. de Vol-

---

1. (Par l'abbé Gros de Besplas.) Paris, 1762, in-12. Ce n'était pas la seconde, mais la troisième édition.

taire. Mais il est homme à prendre sa revanche avec son ouvrage de six jours, que tous ceux qui l'ont vu regardent comme une production digne de son beau génie. On a fortement critiqué le plan, la conduite et les caractères de la tragédie de *Zulime*. On a observé qu'excepté le rôle de Zulime il n'y en avait aucun de supportable. En effet Atide n'inspire ni intérêt, ni haine ; on ne sait qu'en faire. Ramire a le plus mauvais rôle du monde, et le père Benassar ne vaut pas mieux que le père Argire dans la tragédie de *Tancrède*. Tous les mécontents qui produisent dans le cours de la pièce les révolutions et les catastrophes ne sont ni vraisemblables ni même compréhensibles, et l'intérêt en souffre nécessairement. Depuis le commencement de la pièce jusqu'à la fin, ces gens-là n'ont qu'une chose sensée à faire, c'est de s'embarquer et de partir. Rien ne les en empêche ; ils en parlent sans fin et sans cesse, et ne l'exécutent jamais. Aussi, en y regardant de près, on trouve que, malgré tous les événements dont la pièce est remplie, il ne se passe plus rien qui puisse nous intéresser véritablement. On a encore reproché à *Zulime* de ressembler à plusieurs pièces connues, principalement au *Bajazet* de Racine. Atide est la rivale et la confidente de Zulime. On a trouvé cette situation plus touchante dans la tragédie d'*Ariane*, de Thomas Corneille, où Ariane, abusée, se fie à sa propre sœur. Enfin la scène où Ramire offre à Benassar Atide pour otage a paru copiée d'après une scène toute pareille de la tragédie de *Manlius*, qui est restée au théâtre. Ainsi le public n'a pu se raccommoder avec *Zulime*, et il y a grande apparence qu'elle ne reparaîtra plus au théâtre. Il est arrivé à tous les grands hommes dans tous les genres de manquer quelquefois un sujet ; mais ces petites disgrâces n'ôtent rien à leur gloire. Quoique *Zulime* n'ait point réussi, M. de Voltaire n'en reste pas moins auteur de *Zaïre* et de *Mahomet*. Le hussard de M. de Turpin a fait à ce sujet dans le foyer de la Comédie ces deux vers :

> Du temps qui détruit tout Voltaire est la victime :
> Souvenez-vous de lui ; mais oubliez *Zulime*.

C'est dommage que cela ne soit pas vrai ; car tout ce qui nous est venu des Délices depuis quelque temps ne prouve point du tout que M. de Voltaire se ressente de son âge. Il paraît au contraire rajeunir, et, à tout prendre, cela vaut mieux que l'épigramme de M. de Turpin.

Ce qui est vrai, c'est que la tragédie de *Zulime* est une des plus faibles productions de M. de Voltaire, soit qu'on la considère du côté du style, soit qu'on n'en regarde que la machine et la conduite. Nulle vraisemblance, nulle nécessité dans les événements. Tous les incidents qui arrivent dans le cours de la pièce sont contraires au sens commun. Il est vrai que si les personnages se conduisaient suivant ce qu'il dicte, il n'y aurait plus de pièce dès le second acte. Il est impossible que dans une pièce ainsi construite les discours ne deviennent faibles, mesquins et faux. La sentence remplace le sentiment; mais la vraie force du coloris manque, et l'intérêt en est anéanti. Rien ne prouve mieux le défaut d'invention que la multiplicité de petits incidents dont une pièce est chargée, et nos poëtes devraient se convaincre une bonne fois que s'ils ne parviennent pas à nous faire regarder un événement comme absolument nécessaire et forcé, il est impossible qu'il produise un effet durable au théâtre.

Il y avait cependant deux façons de traiter le sujet de *Zulime* d'une manière intéressante, dont l'une au moins eût été neuve, et serait devenue sublime entre les mains d'un homme de génie. Voyons d'abord la plus ordinaire, car il paraît que la grande faute de M. de Voltaire est venue de ce qu'il ne s'est pas clairement énoncé à lui-même le but qu'il se proposait. Si son dessein était de montrer une fille entre son père et son amant, ayant pour le premier tous les sentiments de respect et de tendresse, mais étant absolument dominée par sa passion pour l'autre, il était impossible dans ce plan de rendre Ramire insensible à l'amour de Zulime, et de lui donner une passion pour une autre dont son devoir lui faisait d'ailleurs une loi. Cela fait deux situations différentes qui ne sauraient être traitées à la fois sans que l'effet de l'une détruise l'effet de l'autre, comme cela arrive dans la pièce de M. de Voltaire, où l'on ne sait plus à qui s'intéresser. Tous les personnages sont vertueux et malheureux. Il n'y en a pas un d'odieux; mais amant, père, épouse, ils sont tous plats, et la douleur de Zulime même ne sait pas solliciter nos larmes. Si donc le projet du poëte était de laisser Zulime entre son père et son amant, il fallait donner à celui-ci le plus beau caractère et la plus forte passion pour sa maîtresse sans aucune distraction, et le faire périr à la fin de la pièce. De cette manière, Zulime était punie d'une passion involontaire et trop bien placée, mais qui faisait le malheur du meilleur des pères; et cette catastrophe pouvait devenir très-touchante. Ou bien il fallait faire de Ramire un fourbe adroit et profond qui n'aurait inspiré et simulé la passion que pour se tirer de l'esclavage, et qui à la fin de la pièce aurait payé Zulime par la plus noire ingratitude. De cette manière, l'infortunée Zulime eût été punie bien cruellement de son aveuglement et de ses erreurs, et la malédiction de son père n'eût été que trop bien remplie. Dans les deux suppositions, le rôle d'Atide était absolument à retrancher.

Mais si M. de Voltaire eût voulu traiter une situation tout à fait neuve au théâtre, la tragédie de *Zulime* serait devenue sublime. Il fallait pour cela laisser de côté le rôle du père, et nous montrer Ramire embrasé malgré lui par la passion d'une femme qui sacrifie tout jusqu'à son trône, à sa gloire, et à sa piété envers son père, au salut de son amant dans le temps qu'il appartient par des liens sacrés à une épouse dont la main inconnue et la vertu simple et touchante eussent intéressé tous les cœurs. Aucun de ces trois personnages n'eût été coupable; tous les trois eussent été intéressants, et leur situation était bien faite pour déchirer tous les cœurs sensibles. D'ailleurs quelle richesse, quelle variété de situation dans ce fond! Il m'est encore incompréhensible que M. de Voltaire ne s'en soit pas aperçu. J'étais si convaincu que Ramire n'aurait pu garantir son cœur contre la passion de Zulime que, lorsque je lui entendis dire au second acte à Atide : « Laissez-moi, je ne suis que trop coupable », je ne doutais pas un instant du plus grand succès de la pièce, voyant dans cette situation une foule de scènes pathétiques et terribles.

En effet, ébauchons l'histoire de Ramire, et nous verrons que ce prince a dû nécessairement tomber et entraîner Zulime et Atide dans le malheur qui aurait fait le sujet de la pièce. Ramire est uni dans sa première jeunesse à une épouse dont l'innocente et paisible vertu doit le pénétrer de la plus tendre estime. L'époque de leur union est celle de leur malheur. Entraînés tous deux dans une captivité dont le poëte aura soin de rendre les circonstances vraisemblables, leurs dangers communs doivent nécessairement resserrer leurs tendres liens et ajouter à l'attachement de Ramire pour Atide cette force que lui donnent le péril, la pitié, la compassion. Vraisemblablement Ramire aura fait passer Atide pour sa sœur; chez des barbares, mille incidents peuvent rendre la séparation de deux époux inévitable, tandis que rien n'empêche qu'une sœur ne reste sous la protection d'un frère. Cependant, une femme d'une âme grande et sublime aura été touchée des vertus de Ramire. Son cœur, fait pour éprouver les plus grandes passions, se sera bientôt enflammé pour un objet si digne d'être aimé, et Zulime, aimant bientôt tout ce qui touche son amant, aura étendu sa tendresse jusque sur Atide, qu'elle croit sa sœur. Or je demande ce que devient Ramire dans cette situation, avec un cœur sensible et magnanime? Il se sent aimé pour la première fois, non de cette amitié tendre et paisible que la timide Atide a consacrée à son époux, mais d'une passion qui a embrasé le cœur noble et généreux de Zulime, et dont la violence ne connaît point de bornes. Comment celui qui en est l'objet se préservera-t-il d'un embrasement qui se communique avec tant de rapidité? Ses vertus mêmes le tromperont d'abord sur sa passion naissante. La grande âme de Zulime arrachera son admiration. C'est un tribut trop légitime payé aux grandes vertus. Sa reconnaissance étendra ce tribut au delà de toute borne. Il doit tout à Zulime, jusqu'à la conservation et à la délivrance d'Atide; et puis, quel est le cœur qui ne doive être sensible au bonheur d'être aimé de Zulime! C'est ainsi que l'amour entrera dans le cœur de Ramire, et qu'il en sera le maître avant que ce prince malheureux ait pu se douter du danger qui le menaçait. Ainsi, coupable malgré lui envers Atide, à qui son devoir et le plus tendre attachement le lient, éprouvant pour Zulime l'amour avec toutes ses fureurs, un amour irrité par l'impossibilité de le satisfaire sans crime, Ramire se trouvera dans la situation la plus terrible et la plus tragique qu'il y ait au théâtre. Quelles agitations, quels combats dont les suites sont toujours plus douloureuses que le combat même! Quelle foule de scènes déchirantes! Quelle situation que celle de Zulime, qui, ne sachant point le secret de Ramire et ne pouvant se méprendre au feu dont elle le voit dévoré pour elle, ne connaît rien à ces terribles agitations auxquelles elle le voit en butte à mesure qu'il approche du terme de ses infortunes! Quel contraste encore que celui de la simple Atide, qui, dans la sécurité de son innocence et de sa candeur, est bien éloignée de soupçonner le malheur dont elle est menacée; qui, sans le savoir, irrite les blessures de son époux par ses innocentes caresses! Il périra, le malheureux Ramire, au milieu de ses combats, et laissera après lui les deux femmes les plus intéressantes de la terre. Voilà une tragédie, voilà une situation qui n'a pas encore été traitée, au moins sur la scène française, et qui aurait pu faire de *Zulime* un chef-d'œuvre si M. de Voltaire s'en fût emparé. Vous vous apercevrez, au reste, que cette situation peut être traitée dans le goût de la tragédie française telle qu'elle est aujourd'hui; mais qu'il serait aisé d'en faire un sujet domestique et une tragédie bourgeoise, et que le coloris et les détails en deviendraient plus touchants à mesure qu'on saurait les rapprocher de l'intimité de nos mœurs.

J'observe en finissant que, malgré les éloges sans mesure que tous nos journalistes prodiguent à M<sup>lle</sup> Clairon, cette célèbre actrice a fait beaucoup de tort au succès de *Zulime*. On peut admirer en elle l'effort de l'art; mais on n'y trouve jamais la nature, et, pour peu que son jeu s'établisse, comme ses grands succès doivent nécessairement inviter ses émules à l'imiter, la vérité et le naturel seront proscrits, et le théâtre français perdu : à force de vouloir tout faire sentir, tout faire valoir, rien ne fait plus d'effet. Chaque hémistiche est applaudi; mais la scène est manquée, et la pièce tombe. Si M<sup>lle</sup> Clairon eût mis dans son rôle la rapidité qu'il exige, son jeu nous eût entraînés, et nous n'aurions pas eu le temps de nous apercevoir de la moitié des défauts qui se trouvent dans la machine et dans la conduite de *Zulime*. Mais le moyen de corriger une actrice à qui l'on ne peut refuser de justes éloges, dont l'organe, et la figure, et l'art infini, méritent de grands applaudissements, et dont les défauts et les erreurs même excitent la stupide et bruyante admiration d'un parterre imbécile? Pour les gens d'un goût vrai et sûr, cette célèbre actrice est précisément dans le cas de l'artiste dont parle Horace :

> Æmilium circa ludum faber imus et ungues
> Exprimet, et molles imitabitur ære capillos;
> Infelix operis summa, quia ponere totum
> Nesciet.

— L'Académie française vient de publier une nouvelle édition de son dictionnaire. Voilà, du côté de l'utilité, tout ce qu'on peut attendre de cette compagnie. Elle corrige sans cesse son dictionnaire, et le fait réimprimer tous les vingt ans. A chaque édition, MM. les Quarante augmentent le nombre des termes, et accordent des lettres de naturalité à quelques nouveaux mots; cette fois-ci, par exemple, ils ont enrichi la langue du mot de *tendreté*, comme terme de bonne chère; ainsi il sera permis désormais à un gourmand de vanter la tendreté d'un gigot de mouton. MM. de l'Académie se moquent de nous. Bien leur en prend que nous n'ayons plus Molière parmi nous; leur *tendreté* serait sûrement immortalisée dans sa première pièce. Ces messieurs oublient qu'une compagnie littéraire n'a d'autre droit que celui d'attester que tels sont l'usage et la signification d'un mot. Le peuple est le maître de tout le reste, et le droit de créer appartient aux premiers écrivains de la nation, qui n'ont pas besoin de l'autorité d'un dictionnaire pour faire passer les mots qu'ils ont créés.

— M. Blin de Sainmore a publié une héroïde de la belle Gabrielle d'Estrées à Henri IV, dont j'ai eu l'honneur de parler. Elle écrit au moment de sa mort, et on lui a reproché d'être terriblement bavarde pour une femme qui se meurt. Il faut se souvenir de cette circonstance pour entendre la réponse suivante, que M. de Voltaire a faite à l'auteur qui lui a dédié son ouvrage.

A M. BLIN DE SAINMORE

SUR L'HÉROÏDE DE GABRIELLE D'ESTRÉES.

Mon amour-propre est vivement flatté
De votre écrit; mon goût l'est davantage :
On n'a jamais, par un plus doux langage,
Avec plus d'art, blessé la vérité.

Pour Gabrielle en son apoplexie,
D'autres diront qu'elle parle longtemps;
Mais ses discours sont si vrais, si touchants,
Elle aime tant qu'on la croirait guérie.

Tout lecteur sage avec plaisir verra
Qu'en expirant la belle Gabrielle

Ne pense point que Dieu la damnera
Pour trop aimer un amant digne d'elle.

Avoir du goût pour le roi très-chrétien,
C'est œuvre pie : on n'y peut rien reprendre.
Le paradis est fait pour un cœur tendre,
Et les damnés sont ceux qui n'aiment rien.

— M. d'Alembert a fait une nouvelle édition de ses *Éléments de musique suivant les principes de M. Rameau*. Cet ouvrage, d'une théorie claire et précise, est considérablement augmenté. Le philosophe y repousse avec autant de force que de ménagement les attaques que le musicien a jugé à propos de lui faire depuis quelques années. M. d'Alembert observe que c'est à tort que M. Rameau lui reproche d'avoir adopté autrefois ses principes, et d'en avoir ensuite combattu plusieurs dans l'*Encyclopédie*. Suivant la remarque de M. d'Alembert, M. Rameau a changé si souvent d'idées et de principes dans les ouvrages théoriques qu'on peut très-bien avoir admis plusieurs de ses idées il y a douze ou quinze ans, et en combattre d'autres aujourd'hui. J'ajouterai, moi : Quand il serait vrai que M. d'Alembert en eût adopté autrefois trop légèrement, quel mal y aurait-il pour un philosophe de revenir sur ses pas, et, après un plus mûr examen, de réfuter aujourd'hui ce qu'il a cru vrai autrefois? J'ajouterai encore que ce n'est pas tout d'être diffus et inintelligible comme M. Rameau, il faut encore être poli avec les gens à qui nous avons obligation. Or l'on sait que M. Diderot et M. d'Alembert ont été les rédacteurs des premières idées de M. Rameau, et qu'ils ont travaillé efficacement à sa réputation. Il faut donc, quand on est M. Rameau, conserver beaucoup d'égards pour M. Diderot et M. d'Alembert. Mais que voulez-vous? nos faiseurs de feuilles et tous nos polissons de littérature disent à ce vieux bonhomme depuis si longtemps qu'il est le premier musicien de l'Europe qu'il faut bien qu'il en devienne insolent. C'est bien plaisant que l'Europe laisse son premier musicien dans sa maison, rue des Bons-Enfants, à Paris, et n'emploie sur les théâtres que les Hasse, les Galuppi, les Jomelli, les Holzbaur, les Piccini, et cent cinquante autres qu'aucun Fréron d'Italie et d'Allemagne ne s'est jamais avisé de décorer de quelque charge de musicien de l'Europe. Voilà comme nous sommes toujours dans les extrêmes. Il y a vingt ans que Rameau n'était pas bon à jeter aux chiens; aujourd'hui, l'Europe n'a pas son pareil.

— *Le Manuel des inquisiteurs, à l'usage des Inquisitions d'Espagne et de Portugal, ou Abrégé de l'ouvrage intitulé* Directorium inquisitorium, *composé vers 1358 par Eymeric, grand inquisiteur dans le royaume d'Aragon; on y a joint une courte histoire de l'établissement de l'Inquisition dans le royaume de Portugal, tirée du latin de Luis à Paramo,* volume in-12, Lisbonne, 1762. J'ai voulu transcrire ce titre exactement, afin de vous donner une idée précise de ce que vous trouverez dans ce petit livre, dont la lecture vous remplira d'indignation et d'horreur. Si les démons de l'enfer étaient venus établir leur justice sur la terre, ils n'auraient rien inventé de plus cruel et de plus affreux que ce *Manuel des inquisiteurs*. On déteste et l'on méprise la nature humaine au sortir de cette lecture. O déplorable sort de l'homme, que la faiblesse de ses organes ne peut garantir du fléau de la superstition! et ces barbares osent vanter la beauté de leur morale, tandis que s'il est possible qu'il y ait sur la terre un culte et des dogmes plus absurdes que les leurs il est impossible au moins qu'on ait poussé aussi loin qu'eux la tyrannie, la fausseté, l'hypocrisie, la cruauté et le mensonge de toutes sortes d'actions atroces et infâmes. Lorsqu'on jette les yeux sur ces siècles d'abomination où le genre humain gémissait sous le joug du sacerdoce, on cesse d'être étonné de la haine impitoyable que les prêtres exercent sur les philosophes : car, comme disait leur Christ, quel lien pourrait-il y avoir entre les enfants de la lumière et les enfants des ténèbres? Ce manuel a été traduit par M. l'abbé Morellet, docteur de Sorbonne, connu par plusieurs petits ouvrages, et qui s'est rendu célèbre l'année dernière par la *Vision de Charles Palissot*, et par des remarques sur la *Prière universelle* de M. Le Franc de Pompignan, qui sont un chef-d'œuvre de bonne plaisanterie. Il faut savoir bon gré à M. l'abbé Morellet d'avoir eu le courage de traduire ce recueil d'abominations du latin barbare de ces fourbes cruels. Il est utile au genre humain qu'on inspire pour ce système atroce une juste horreur à tout être dont la raison n'est pas totalement dégradée. La simple lecture de ce recueil suffit pour produire cet effet, et le traducteur a bien fait de n'y ajouter aucune réflexion. Il s'est contenté de citer partout la page et le paragraphe du *Directorium* dont il a développé l'horrible doctrine, afin que ceux qui pourraient avoir assez de front pour la défendre aujourd'hui n'aient du moins pas la ressource de faire croire qu'elle ait été exagérée et envenimée.

— Le premier volume des planches de l'*Encyclopédie* se livre actuellement, chez les libraires associés, à ceux qui ont souscrit pour cet ouvrage.

— Il faut que les compilateurs barbouillent du papier et tâchent de subsister du travail des autres. En voilà un qui a compilé trois volumes de morceaux tirés de nos meilleures pièces de théâtre et rangés sous différents titres. Celui de son ouvrage est *Esprit des tragédies et tragi-comédies qui ont paru depuis 1630 jusqu'en 1761, par forme de dictionnaire*[1]. Un autre compilateur a publié un *Discours sur la poésie lyrique, avec les modèles du genre*[2] tirés de Pindare, d'Anacréon, de Sapho, de Malherbe, de La Motte, et de Rousseau. Un troisième[3] a publié des *Étrennes voluptueuses* dans lesquelles il a compilé plusieurs pièces fugitives de nos poëtes vivants, entre autres de M. de Saint-Lambert. On trouve aussi dans ce recueil *les Quatre Parties du jour*, par M. l'abbé (aujourd'hui cardinal) de Bernis. Les gens de goût remarqueront dans ce poëte une facilité incroyable de combiner des mots agréables et doux sans aucune idée. Quand on a fini de lire, on ne sait ce qu'on a lu parce qu'on n'a rien lu. Mais les bons citoyens regrettent toujours que M. le cardinal de Bernis ait fait autre chose dans sa vie que des vers.

— M. d'Açarq a publié la seconde partie de sa *Grammaire française raisonnée*. Cet ouvrage n'est point du tout estimé.

— Un de nos écrivains obscurs et faméliques a jugé la circonstance favorable pour publier un roman sous le titre d'*Anecdotes jésuitiques, ou le Philotanus moderne*, en trois petits volumes. Rien de si plat ni de si mauvais que ce roman[4].

---

1. (Par D. Roland.) Réimprimé sous le titre de *Dictionnaire portatif des tragédies*, etc. Paris, 1774, 3 vol. in-12.

2. (Par l'abbé J.-B. Gossart.) Paris, 1761, in-12.

3. Chevrier. Les *Étrennes voluptueuses* ont eu deux éditions in-8° en 1761 et en 1798.

4. La première édition est datée de la Haye, 1740. Ce livre est attribué à un jésuite défroqué, le P. Lambert.

— On a fait une nouvelle édition de la brochure qui a pour titre : *les Sauvages de l'Europe*. C'est une satire plate et outrée de la nation anglaise, à laquelle ses ennemis mêmes ne disputeront jamais un naturel généreux et de grandes qualités. On s'honore en rendant justice à ses rivaux indépendamment des querelles que les intérêts divers font naître, et qui engendrent des guerres. Voilà un sentiment qui est étranger à l'auteur de cette mauvaise satire. Aussi peut-il se flatter d'avoir fait une grande impression sur nos laquais tout au plus; encore ne voudrais-je pas parier qu'il ait réussi dans toutes les antichambres sans restriction.

— *Épître de M. Dorat à M$^{lle}$ Clairon jouant le rôle de Pulchérie dans la tragédie d'*Héraclius *de Pierre Corneille*. C'est peu de chose.

— *Les Étrennes d'Agriculture, très-utiles aux laboureurs et à tous ceux qui cultivent ou afferment leurs terres.* C'est un petit abrégé de cent pages de toutes sortes de principes et de connaissances concernant l'agriculture. Comme cet objet est devenu l'étude à la mode depuis quelques années, il ne faut pas s'étonner de la multitude énorme d'ouvrages de toute espèce qui en traitent, ni douter que les auteurs et les libraires ne tirent bon parti de ces livres.

— *Le Remède contre l'Amour*, poëme en quatre chants[1]. L'auteur dit aux amants qu'il faut laisser là l'amour, s'occuper, s'arracher à l'oisiveté, devenir utile à la patrie, et autres choses aussi neuves que celles-là. Son poëme est pour moi trop long de quatre chants.

— J'ai oublié de vous parler du *Jugement de Caprice*[2], petite comédie en vers qui n'a pas été jouée. L'auteur, que je ne connais point, a de la facilité et du naturel dans sa diction; mais l'intrigue de sa pièce n'a pas le sens commun, et lui-même il manque absolument de force comique, sans laquelle il est impossible de rien entreprendre dans ce genre.

— Je comptais vous parler quelque jour de Richardson, immortel auteur de *Paméla*, de *Clarisse Harlowe* et de *Charles Grandisson*. Mais un morceau que vous trouverez dans le mois

---

1. (Par Cailhava d'Estandoux.) S. l., 1768, in-8°.
2. S. l., 1761. Léris, qui fait seul mention de cette pièce, n'en nomme pas l'auteur.

de janvier du *Journal étranger* me dispense d'exécuter ce projet. Ce morceau, que vous lirez avec grand plaisir, a été ébauché en vingt-quatre heures par M. Diderot. Richardson vient de finir sa carrière à Londres.

## FÉVRIER

1er février 1762.

On vient de donner sur le théâtre de la Comédie-Française la première représentation de *l'Écueil du sage, ou le Droit du seigneur*, comédie en cinq actes et en vers de dix syllabes[1]. Le droit du seigneur, suivant l'opinion reçue, était, dans les siècles du moyen âge, où la loi féodale était en honneur, de passer la première nuit des noces avec la nouvelle mariée de tous ceux qui lui étaient attachés par le lien du vasselage. C'est ce droit qu'on a pris pour sujet de la comédie dont je vais avoir l'honneur de vous parler.

Les personnages de la pièce sont le marquis du Carrage, seigneur picard; le chevalier Gernance, son parent; Dormène, dame du voisinage; le baillif; Mathurin, jeune fermier; Dignant, ancien domestique; Acanthe, jeune personne élevée chez Dignant, et qu'on croit sa fille; Berthe, seconde femme de Dignant; Colette, jeune paysanne; Champagne, et autres domestiques. Les deux premiers actes se passent sous les arbres du village, et les trois derniers dans le château.

C'est Mathurin qui ouvre la scène avec le baillif, lequel réunit en sa personne les dignités de baillif, de magister, de notaire, de tabellion, que sais-je? toutes les grandes places du village. Mathurin, qui va épouser Acanthe, demande d'abord au docte baillif ce que signifie le nom de sa maîtresse. Le baillif lui répond que le nom d'Acanthe vient du grec, et veut dire une fleur. Ce nom grec déplaît assez à Mathurin. Il se plaint d'ailleurs que le vieux père d'Acanthe, Dignant, ne lui accorde sa fille qu'avec

---

1. Le 18 janvier 1762.

peine; que la fille, de son côté, montre peu de goût pour le mariage, et que, sans sa belle-mère Berthe, qui sait en imposer au père et à la fille, ce mariage n'aurait peut-être jamais été conclu. Cependant Mathurin est pressé, et très-pressé :

> Voyez-vous, l'âge avance,
> J'ai dans ma ferme acquis beaucoup d'aisance,
> J'ai travaillé vingt ans pour vivre heureux;
> Mais l'être seul! il vaut mieux l'être deux.

Le baillif lui observe que ce n'est pas d'Acanthe ni de Dignant que viendront les difficultés, mais bien d'une certaine Colette à qui M. Mathurin a fait une promesse de mariage. Il lui conseille d'attendre aussi, pour signer, l'arrivée de monseigneur, qui doit se rendre dans son château le lendemain. « C'est pour cela que j'épouse aujourd'hui », répond Mathurin. Ce vilain droit du seigneur l'épouvante. Le baillif lui dit bien qu'il ne consiste que dans un entretien du seigneur avec sa sujette,

> ... afin de la tourner
> A son devoir et de l'endoctriner;

Mais Mathurin n'aime pas qu'un jeune homme endoctrine sa femme. Il s'étend ensuite en réflexions sur ce droit, et il trouve que ses aïeux étaient de grands sots de l'avoir accordé au seigneur du village :

> Pourquoi cela? Sommes-nous pas pétris
> D'un seul limon, de lait comme eux nourris?
> N'avons-nous pas comme eux des bras, des jambes,
> Et mieux tournés, et plus forts, plus ingambes,
> Une cervelle avec qui nous pensons
> Beaucoup mieux qu'eux : car nous les attrapons!
> Sommes-nous pas cent contre un? Ça m'étonne
> De voir toujours qu'une seule personne
> Commande en maître à tous ses compagnons,
> Comme un berger fait tondre ses moutons.
> Quand je suis seul, à tout cela je pense
> Profondément; je vois notre naissance
> Et notre mort, à la ville, au hameau,
> Se ressembler comme deux gouttes d'eau.
> Pourquoi la vie est-elle différente?

A cela le baillif répond par un argument *ad hominem :*

> C'est très-bien dit, Mathurin; mais je gage,
> Si tes valets te tenaient ce langage,
> Qu'un nerf de bœuf appliqué sur leur dos
> Réfuterait puissamment leurs propos.

Mathurin en convient; cela l'embarrasse. Mais enfin il ne s'arroge aucun droit sur la femme de son valet. A cet égard, le baillif le renvoie au code féodal, et comme cela lui donne occasion de montrer encore son érudition, Mathurin en est fort impatienté, et ils se quittent de mauvaise humeur. Dans la scène qui suit, Mathurin seul se propose bien de faire son mariage encore avant l'arrivée du seigneur, et de venir à bout de tous ses projets.

Colette arrive; elle fait des reproches à Mathurin sur son inconstance :

> Lâche, tu me délaisses.

MATHURIN.

Oui, mon enfant.

COLETTE.

> Après tant de promesses,
> Tant de bouquets acceptés et rendus!
> C'en est donc fait, je ne te plais donc plus?

MATHURIN.

Non, mon enfant.

COLETTE.

> Et pourquoi, misérable?

MATHURIN.

> Mais je t'aimais, je n'aime plus. Le diable
> A t'épouser me poussa vivement;
> En sens contraire il me pousse à présent :
> Il est le maître.

Colette se propose bien de mettre obstacle aux instigations du diable. Dignant et la jeune Acanthe surviennent. Colette déclare qu'elle s'oppose au mariage. Acanthe dit peu de chose;

mais on voit qu'elle n'est nullement pressée de hâter le moment de la conclusion. Pour Dignant, il dit qu'il faut attendre l'arrivée de M. le marquis, et qu'il ne peut marier Acanthe sans le consentement de son ancien maître. Tout va assez mal pour Mathurin, lorsque M<sup>me</sup> Berthe arrive. Mathurin s'adresse à elle. C'est son seul appui. Aussi elle gronde son mari; elle ne veut pas attendre un moment. Elle gronde sa belle-fille, et l'on voit par le portrait qu'elle en fait dans sa colère qu'Acanthe est en tout une fille au-dessus de son état. Berthe entraîne son faible mari chez le baillif pour terminer, et ordonne à Acanthe de l'y suivre, et de ne pas s'y faire attendre. Acanthe reste seule avec Colette. Elle est fort exhortée par cette dernière de ne point consentir au mariage projeté. Toutes les deux se consultent longtemps pour savoir comment faire pour que Colette épouse Mathurin, et qu'Acanthe ne l'épouse pas. Cet entretien est fort étendu et essentiel pour l'intelligence de la pièce. Acanthe voudrait bien oser compter sur la protection de monseigneur. Elle s'étend avec une secrète complaisance sur ses belles et grandes qualités. Elle apprend à sa compagne qu'il a fait des merveilles au siége de Metz, et que Charles-Quint lui-même a loué la valeur d'un si généreux ennemi. Colette ne sait pas trop ce que c'est que Charles-Quint, mais elle s'en soucie fort peu pourvu que monseigneur oblige Mathurin à l'épouser. Dans cette scène il est encore question de Dormène, fille de qualité fort pauvre qui vit obscurément dans un vieux et misérable château du voisinage, avec une vieille personne nommée Laure. Acanthe y va de temps en temps à cause des bontés qu'on lui témoigne. Enfin la conversation tombe sur ce fameux droit du seigneur. Acanthe voudrait bien savoir en quoi il consiste proprement. Colette n'est pas plus avancée qu'elle sur ce point :

> Seconde-moi, fais que je vienne à bout
> D'être épousée, et je te dirai tout.

C'est avec ces propos qu'Acanthe et Colette terminent le premier acte.

Le second commence par l'interrogation de Colette devant le baillif, auprès de qui elle vient faire opposition au mariage de Mathurin. Cette scène est très-gaie. Colette n'a à produire contre son infidèle ni promesse de mariage ni témoins; ils ne se sont jamais parlé que tête à tête. Ses témoins sont ses moutons. Ils ont tout vu, mais ils ne disent rien. Le baillif lui déclare que faute de preuves sa plainte est inutile. Colette, désolée, s'écrie :

>Un Mathurin aura donc l'insolence
>Impunément d'abuser l'innocence!

L'équivoque du terme fait revenir le baillif :

>Oh! si de vous il abusa, ce cas
>Est autre chose, et vous n'en parliez pas.
>Instrumentons.

Sur cela grand procès-verbal comme quoi Mathurin, usant de violence, a méchamment attenté à l'honneur de Colette. Colette dit que cela n'est pas vrai, que son honneur est très-intact.

LE BAILLIF.

Que prétendez-vous donc?

COLETTE.

Être vengée.

LE BAILLIF.

Pour se venger, il faut être outragée.

COLETTE.

Écrivez donc tout ce qu'il vous plaira.

En conséquence, le baillif veut faire coucher sur le procès-verbal comme quoi l'attentat de Mathurin a laissé une trace apparente. Cet expédient achève d'allumer la fureur de Colette. Elle menace le baillif de coups de poing, d'oser lui dire de pareilles sottises. « En ce cas-là, lui dit le baillif, vous êtes déboutée. » Elle prend cela pour une nouvelle injure, et sa brouillerie avec le baillif devient complète. Celui-ci s'en va en menaçant. Acanthe arrive et Colette crie à son secours, qu'elle est déboutée, etc. Acanthe lui apprend de son côté qu'elle va être fiancée dans le moment. Grande perplexité des deux parts. Acanthe parle beaucoup à son amie du plaisir qu'elle trouve à lire les romans que le baillif lui prête. Elle s'étend de nouveau avec complaisance sur les qualités aimables et brillantes de monseigneur; elle se rappelle toutes les époques où elle a eu le bonheur de le voir. Colette en infère qu'elle aime monseigneur. « Cela n'est pas possible, répond Acanthe; on ne saurait avoir de l'amour pour ceux qui sont si fort au-dessus de nous. »

> Non, je ne l'aime point; mais il est cause
> Que, l'ayant vu, je ne peux à présent
> En aimer d'autre, et c'est un grand tourment.

On parle aussi du chevalier Gernance. C'est un petit-maître étourdi et libertin qui a osé former des projets sur Acanthe, au dernier voyage de monseigneur dans la province. Acanthe en fait peu de cas.

> Que monseigneur, ô ciel, est différent!

Tout l'espoir d'Acanthe et de Colette pour éviter ce fatal mariage est dans l'arrivée du seigneur. En attendant, Acanthe se propose de se retirer chez Dormène. Elle compte sur l'amitié de cette dame et de la vieille Laure. Pour exécuter ce projet, Colette lui conseille de venir avec elle se cacher d'abord chez sa mère. Mais ce projet est dérangé par l'arrivée de Mathurin et de M$^{me}$ Berthe, qui sont suivis par Dignant et le baillif. On va procéder aux fiançailles, lorsque Champagne arrive en courrier et annonce l'arrivée de monseigneur. Acanthe fait quelques efforts pour différer son mariage; elle est animée par Colette. Dignant serait bien de cet avis, mais Mathurin veut toujours finir avant l'arrivée du marquis. Le droit du seigneur lui fait trop de peur, et comme il est toujours soutenu par M$^{me}$ Berthe, et que le bon Dignant n'ose souffler devant sa femme, on rentre pour achever les fiançailles. Champagne, qui reste seul sur la scène, est joint incontinent par le chevalier Gernance, qui arrive de l'armée et précède le marquis de quelques moments. Dans cette scène, le chevalier, piqué de la résistance qu'Acanthe lui fit à son dernier voyage, piqué surtout de la voir la proie de ce rustre Mathurin, résout de l'enlever par passe-temps, et de la conduire dans cette vieille masure de Dormène; Dormène en sera fâchée; elle est prude et hautaine dans sa pauvreté; mais qu'importe? A cette occasion, Champagne apprend au chevalier que son étourdi de père eut autrefois une intrigue avec la vieille Laure; on voit aussi que le chevalier est un vrai sans-souci; qu'il subsiste des bienfaits de son parent, le marquis, qu'il trouve trop sérieux pour son âge. Champagne lui conseille de laisser là ces filles du village, et d'adresser ses soupirs à Dormène, qui a de la jeunesse et de la beauté. Mais l'enlèvement d'Acanthe est résolu. C'est, suivant le chevalier, une trop bonne plaisanterie qu'il ne faut pas manquer. Il faut bien que le retour dans le pays soit marqué par quelque exploit brillant. D'ailleurs, le marquis ne se pressant pas d'arriver, il faut aussi que quelqu'un jouisse du droit du seigneur. Cette scène termine le second acte.

C'est le marquis qui ouvre le troisième avec le chevalier dans une salle du château. Il est enchanté de se trouver chez lui. Tout ce qu'il dit lui donne le caractère d'un sage, d'une belle âme, d'un homme respectable. Il est bien aise qu'Acanthe se marie et soit heureuse. Il prêche le chevalier doucement sur ses galanteries. Il le prie de ne point porter le trouble dans sa terre. Il lui rappelle l'exemple de son père, qui, par une suite de son libertinage, perdit ses biens, languit dans la misère, fit mourir sa femme de douleur, et mourut lui-même assassiné. Le chevalier a en tout des mœurs et des principes bien opposés à ceux du marquis. Ils ont un long entretien sur la sagesse. Le chevalier en raille. Le vrai sage, dit-il, est encore à trouver.

Craignez, surtout, le titre ridicule
De philosophe.

LE MARQUIS.

Oh! l'étrange scrupule!
Ce noble nom, ce nom tant combattu,
Que veut-il dire? Ami de la vertu.
Le fat en raille avec étourderie,
Le sot le craint, le fripon le décrie :
L'homme de bien dédaigne les propos
Des étourdis, des fripons et des sots,
Et ce n'est point sur les discours du monde
Que le bonheur et la vertu se fonde.

Écoutez-moi ( continue-t-il ), je suis las aujourd'hui
Des trains de cour où l'on vit pour autrui.

Il songera désormais à vivre pour lui ; il tâchera de trouver une compagne sage et aimable. Il avoue qu'il a senti autrefois quelque penchant pour Acanthe ; mais, voyant qu'il ne pourrait jamais faire le bonheur de cette enfant, il avait sacrifié ce penchant à l'honneur et à l'établissement d'Acanthe. Il a donc tourné ses vues sur Dormène, et, quoique sans passion, ce parti lui paraît en tout point convenable. Le baillif, à la tête des habitants et de la noce, vient haranguer monseigneur. Il les reçoit avec bonté. Il fait son compliment à Acanthe, qui est trop interdite pour oser réclamer contre ce mariage. Colette parle si faiblement aussi que le marquis ne peut se douter de l'aversion d'Acanthe pour Mathurin. Il va se retirer avec le chevalier pour laisser plus de liberté à tout ce monde. Le baillif le fait souvenir de son droit, au grand mécontentement du prétendu. Le marquis lui ordonne de tout arranger suivant l'antique usage, et quitte la scène avec le chevalier, qui lui prédit qu'il va être amoureux comme un fou. Le baillif reste avec la noce. Il annonce qu'il faut que chacun s'en aille et qu'Acanthe demeure.

Les soucis de Mathurin augmentent ; Dignant le rassure sur la vertu d'Acanthe. Il prend ensuite congé de cette fille chérie en termes fort touchants, et il lui recommande de remettre à monseigneur, lorsqu'il viendra la trouver, un paquet cacheté qu'il lui donne. Le mari fiancé ne s'en va pas si tranquillement. Il veut absolument savoir du baillif en quoi consiste ce droit du seigneur. Celui-ci dit que le seigneur a droit de rester un quart d'heure avec l'épousée ; qu'il faut que le mari soit loin ; que le seigneur parle à l'épousée, lui fait un présent, l'exhorte à la vertu, etc. Mathurin s'en va dans une grande perplexité. La seule consolation qui lui reste, c'est qu'Acanthe est bien innocente, et que sa conversation ne plaira guère. La voilà donc seule à attendre monseigneur. Le cœur lui bat. Elle craint qu'il ne trouve ses dégoûts bien déplacés. Son trouble augmente lorsqu'elle entend ouvrir la porte ; le marquis entre. Cette scène est longue. Acanthe lui remet le paquet cacheté, qu'il met dans sa poche comme des papiers d'affaires de Dignant. Ensuite elle lui confie toutes ses peines, et le prie de rompre cet odieux hymen et de l'établir auprès de Dormène avec cette vieille Laure qui lui témoigne tant de bonté. Acanthe trahit à chaque mot sa passion pour monseigneur, et monseigneur n'est pas plus tranquille qu'elle. A la fin du quart d'heure, lorsque Mathurin rompt l'entretien, il trouve les deux fauteuils, qu'il avait laissés à six pieds de distance, bien près l'un de l'autre. Monseigneur ordonne qu'on ramène Acanthe chez ses parents jusqu'à nouvel ordre. Cela augmente le chagrin de Mathurin, qui, en finissant l'acte avec le baillif, n'augure rien de bon de ce délai.

Au quatrième acte le marquis est seul. Il ne veut point être amoureux. Suivant son principe,

> Pour être sage, on n'a qu'à le vouloir.

C'est sur ce ton qu'il a toujours prêché le chevalier. Quelle humiliation de démentir sa conduite !

> Il est bien vrai qu'Acanthe est assez belle ;
> J'estime Acanthe, oui, je dois l'estimer ;
> Mais, grâce au ciel, je suis très-loin d'aimer.

Il s'assied. Il se forme un plan de vie, d'abord

> De ne dépendre en ces lieux que de moi ;
> De n'en sortir que pour servir mon roi,

et puis songer à faire un mariage sensé. Dormène lui convient en tout point. Il se propose donc de l'aller voir. Ensuite, il trouve mieux de commencer par lui écrire. Mais Acanthe, sans cesse présente à son esprit, l'empêche de penser à autre chose. Il se lève avec beaucoup d'agitation. En vain un domestique très-pressé, qui arrive, cherche à parler à son maître, le marquis n'écoute rien, lorsque Dignant, M^me Berthe et Mathurin entrent en tumulte chez lui. Ils lui apprennent qu'Acanthe vient d'être enlevée. Ils ne doutent point que ce ne soit par son ordre. Le marquis, indigné de ce soupçon, les chasse ; mais surtout il ordonne qu'on coure après Acanthe, qu'on sonne le tocsin, que tous ses vassaux soient armés, s'il le faut, pour délivrer Acanthe des mains de son ravisseur. Le marquis devine aisément que c'est le chevalier qui s'est rendu coupable de ce forfait; il en est indigné. Tandis qu'on court exécuter ses ordres, Dignant reste seul avec lui; il suppose que monseigneur a lu le paquet cacheté qu'il lui a fait remettre par Acanthe; mais le marquis ayant imaginé que c'étaient des papiers d'affaires, n'y avait plus pensé. Dignant le presse d'ouvrir le paquet important qui contient le secret de la naissance d'Acanthe. Le marquis y voit d'abord qu'elle sort d'un sang illustre, et que Laure est sa mère; mais, dit-il à Dignant,

> Pourquoi lui serviez-vous de père;
> Indignement pourquoi la marier?

Dignant lui répond qu'il en avait reçu l'ordre. Au moment où il va expliquer toute cette énigme, on annonce Dormène, qui entre précipitamment se plaindre au marquis de l'affront que le chevalier vient de lui faire en conduisant sa proie dans sa maison. Mathurin et les domestiques accourent presque en même temps, et apprennent au marquis qu'Acanthe est retrouvée. Le seigneur ordonne à Dignant de l'aller recevoir et d'empêcher que personne n'en approche. Il reste seul avec Dormène, qui achève la confidence que Dignant a commencée. Acanthe est fille de Laure et du père du chevalier; elle est sœur de son ravisseur. Celui-ci paraît en ce moment, consterné; le marquis fait retirer Dormène. Il parle à son parent avec toute la sévérité qu'il mérite. Gernance lui apprend, par un récit touchant des vertus et de l'élévation d'Acanthe, que le crime résolu par étourderie et par passe-temps n'a pas été consommé. Le marquis le renvoie à Dormène, en lui remettant le paquet qui doit lui apprendre en quel affreux abîme il a pensé tomber. Il lui défend d'en parler à Acanthe. Le marquis seul est plus résolu que jamais. Acanthe est d'une naissance illustre et sa parente. Mais le mariage de sa mère, conclu en secret avec le père du chevalier, a été cassé par le crédit des parents des deux maisons. Il trouve tout cela dans les papiers que Dignant lui a remis, et dont il a gardé quelques-uns. Il achève de s'éclaircir avec Dormène, qui rentre, sur toutes les circonstances de cette malheureuse histoire. Le comte son père a été le plus ardent persécuteur de Laure. Il se propose bien de réparer l'injustice de son père, surtout après s'être convaincu par les papiers que l'union de Laure et de son amant a été un lien sans crime. C'est ainsi que finit le quatrième acte.

Le cinquième commence par une scène entre Acanthe et Colette. La première ignore encore le secret de sa naissance; mais Colette lui apprend que monseigneur a déchiré son contrat de mariage, et qu'il a ordonné à Mathurin d'épouser Colette, à laquelle il donne une riche dot. Voilà d'abord Acanthe délivrée de Mathurin. Colette ajoute que sûrement elle est destinée à épouser le chevalier, et cela rend Acanthe fort triste. Le chevalier paraît; il lui montre ses remords; il lui parle assez obscurément, n'osant lui apprendre le secret de sa naissance, et ne pouvant parler d'autre chose. Dormène survient avec Dignant, et Acanthe apprend tout. Elle se plaint seulement que le marquis n'ait pas daigné lui donner aucune marque de bonté depuis son enlèvement et son changement d'état. Il paraît enfin, ce marquis. Il a repris l'empire de son cœur. Il est déterminé à se séparer d'Acanthe, mais il ne fera jamais un autre choix. Il vient donc tout régler. Il propose avec beaucoup de noblesse, la main de Gernance, à Dormène, en lui faisant une fortune considérable. Il établit Acanthe auprès de sa mère en leur fixant un sort heureux. Quant à lui, il part. Ce parti jette Acanthe dans une profonde mélancolie. Le chevalier, qui démêle trop bien ce qui se passe dans le cœur du marquis, le presse de céder enfin au doux penchant qui le sollicite, et le marquis, trop intéressé cette fois-ci à suivre le conseil du chevalier, offre son cœur et sa main à Acanthe, qui en est digne.

> Régnez sur moi... courons chez votre mère,
> Je lui dirai combien vous m'êtes chère.

ACANTHE.

Ah! je tombe à vos pieds.

LE CHEVALIER.

> Allons, ma sœur,
> Vous épouser est le droit du seigneur.
> Je fus bien fou, son cœur fut insensible;
> Mais on n'est pas toujours incorrigible.

# FÉVRIER 1762.

— Voici une épigramme qui court depuis quelques jours, et qu'on attribue à M. de Voltaire :

> La Coste est mort. Il vaque dans Toulon
> Par son trépas un emploi d'importance ;
> Le bénéfice exige résidence,
> Et tout Paris y nomme Jean Fréron.

— Le voyage que M. le prince de Conti a fait à l'Isle-Adam pendant les dernières fêtes de Noël avec une compagnie brillante et choisie, et durant lequel les divertissements se sont succédé avec beaucoup de goût et de magnificence, ce voyage a produit plusieurs jolies chansons qu'il faut conserver ici. Une des plus jolies est celle de M. de Pont-de-Veyle, connu à Paris par sa comédie du *Complaisant* et par celle du *Fat puni*. Pour entendre l'à-propos de ces couplets, il faut savoir que tous les hommes et toutes les femmes étaient en uniforme gris pendant le voyage, et qu'on changeait seulement les vestes et les garnitures de rubans, et il faut se rappeler aussi que gris veut dire un homme qui a une pointe de vin. Cette équivoque a fourni le refrain de la chanson que voici :

SUR L'AIR : *A la venue de Noël, etc.*

> Bacchus et le Dieu de Cypris
> Se plaisent dans ces lieux chéris.
> Aimons, buvons de ce vin gris :
> On est heureux quand on est gris.

> Parmi le vin, les jeux, les ris
> Un cœur est aisément épris ;
> Le plus sauvage est bientôt pris :
> On est heureux quand on est gris.

> Le vin échauffe les esprits,
> Il fait que d'une froide Iris
> On croit voir les yeux attendris :
> On est heureux quand on est gris.

> Mais si la belle a des mépris,
> Si je lui vois des favoris,
> Je bois, je chante, et je m'en ris :
> On est heureux quand on est gris.

Un philosophe en ses écrits
Dit que de tout il est surpris;
Mais un buveur a tout compris :
On est heureux quand on est gris.

Messieurs, faisons honneur aux gris,
Vous en connaissez tout le prix;
Et que chacun chante à grands cris :
On est heureux quand on est gris.

Chantons tous la gloire des gris,
On n'en trouve plus dans Paris.
Honneur aux gris; soyons tous gris :
On est heureux quand on est gris.

— Il paraît depuis peu trois poëmes de trois poëtes connus, dont il faut dire un mot. Le premier, intitulé *le Salon*, est de M. Piron, auteur de *la Métromanie*. Voilà de quoi il faut se souvenir pour juger *le Salon* avec un peu d'indulgence; car de bonne foi il est détestable. On ne sait pourquoi il s'appelle *le Salon* plutôt qu'autre chose. Mais ce *Salon* est composé d'étranges vers. Le poëte dit qu'autrefois

L'abbé représentait un ecclésiastique.

Je ne sais ce qu'il représente aujourd'hui, mais je sais que voilà un vers bien étrange. Tout le poëme vous le paraîtra. Voici comme il commence :

Quel siècle! où sommes-nous? quels hommes! quelles femmes!
Quels enfants! quelles mœurs! quels esprits! quelles âmes!

Quels vers! pourrait-on s'écrier à plus forte raison. Ceux du *Salon* de M. Piron ne sont pas la chose la moins étonnante du siècle. Mais il faut pardonner à un bon vieillard, qui a d'anciens droits sur notre estime, de s'amuser à faire de mauvais vers. Ce que je lui reproche, c'est d'avoir à son ordinaire attaqué M. de Voltaire. Il ne faut pas s'exposer à la satire quand on veut l'employer contre les autres. M. Piron reproche au parterre qu'il

Goûtait *Rome sauvée* après *Catilina*,
Se pâmait à *Tancrède* et bâillait à *Cinna*.

Premièrement, il n'est pas vrai qu'on bâille à *Cinna*. Il arrivera chez tous les peuples qu'à la longue on sera plus sensible aux nouveautés qu'à ses anciennes richesses; mais quoique *Cinna* ne soit pas jouée souvent, et qu'on coure beaucoup à *Tancrède*, tout le monde sent le prix de la tragédie de *Cinna*, et personne ne range celle de *Tancrède* au nombre des meilleures pièces de M. de Voltaire. Seulement, les choses théâtrales qui y sont et que le jeu de M<sup>lle</sup> Clairon relève encore font grand plaisir à voir, et dérobent la faiblesse de la machine et du style. Quant à *Rome sauvée*, on a certainement grande raison de la préférer à cette mauvaise pièce de Crébillon qu'il a intitulée *Catilina*, et qui ne ressemble pas plus à Catilina qu'à Cartouche. Mais en voilà bien assez sur *le Salon* de notre ami Piron, qui ne laisse pas d'être un des hommes remarquables de notre siècle, beaucoup plus étonnant à voir qu'à lire. Vous vous rappelez l'épigramme qu'il fit lorsqu'il fut exclu de l'Académie française par une de ces intrigues obscures et viles que les gens médiocres n'emploient qu'avec trop de succès contre les gens d'un mérite supérieur; il choisit pour épitaphe :

> Ci-gît Piron, qui ne fut rien,
> Pas même académicien.

Il a conservé tout le sel et toute la saillie de l'épigramme à un âge assez avancé. Sa vue extrêmement basse et affaiblie ajoute encore à son originalité : en lui dérobant les objets extérieurs, elle le concentre davantage en lui-même. Tout homme qui réunit en lui des qualités très-opposées n'est pas un homme ordinaire. Piron a beaucoup de bonhomie avec beaucoup de mordacité. Il a avec lui une nièce qui a soin de lui et qui n'est pas sotte. Leur ménage et leurs dialogues sont parfois plaisants. L'autre jour, la nièce étant auprès de la cheminée et l'oncle dans un cabinet voisin, il entend sa nièce qui, jouant avec son chat, dit : « Ah! la vilaine bête! — Ma nièce, lui crie Piron, est-ce que vous regardez dans la glace? — Non, mon oncle, répond la nièce, c'est votre portrait que je regarde. » Je crois qu'on ne peut vivre longtemps avec Piron sans acquérir cette prestesse de repartie, ou sans devenir absolument muet.

Le second morceau, dont je dois dire un mot, est une lettre

en vers et en prose de M. Gresset à M. le duc de Choiseul, sur le mémoire historique de la négociation entre la France et l'Angleterre. C'est une chose bien plate que cette lettre. Il est bien singulier que M. Gresset, qui a fait des choses si agréables, soit si absolument tombé depuis quelques années; nous n'en voyons plus que des capucinades ou des platitudes.

M. Colardeau a un peu mieux chanté M. le duc de Choiseul. Son poëme intitulé *le Patriotisme* est un morceau rempli de chaleur et de noblesse. Ce jeune homme fait en vérité des vers tout à fait à la Racine. Il y règne un nombre, une harmonie, qu'on ne trouve dans aucun de nos poëtes modernes. M. de Voltaire mis, comme de raison, hors de ligne, je ne vois aucun poëte qui puisse se mettre à côté de M. Colardeau. Je n'en vois aucun capable de faire six vers du poëme du *Patriotisme*. Vous le lirez avec un grand plaisir. L'éloge de M. le duc de Choiseul est tout à fait noble et beau; c'est ainsi qu'un ministre, qui a lui-même beaucoup d'esprit, peut être flatté de se voir louer en beaux vers bien harmonieux. J'aimerais autant que M. Colardeau s'en fût tenu au moment présent où il pleut des vaisseaux au roi de tous les coins de son royaume, et qu'il n'eût pas rappelé celui où l'on porta la vaisselle d'argent à la Monnaie, parce que ce moment n'était pas comme celui-ci une époque de confiance et de zèle. Il est vrai que nous y aurions perdu deux beaux vers qui ne vous échapperont pas. Le poëte, en peignant l'empressement avec lequel chacun allait porter sa vaisselle, ajoute :

> Et le pauvre, sensible à la gloire commune,
> Pour la première fois pleura son infortune.

Un homme de goût lui aurait sans doute fait sacrifier les deux vers qui suivent :

> Malheureux seulement, sous ses toits ruinés,
> De ne posséder pas des biens qu'il eût donnés.

Ces deux vers affaiblissent la beauté des deux premiers. Il ne faut pas toujours tout dire. C'est là le grand secret de M. de Voltaire. Il répète souvent ses idées; mais à chaque fois il ne dit que ce qu'il faut.

— *Observations d'un Américain des îles neutres au sujet de la négociation de la France et de l'Angleterre.* C'est un bavardage qui ne signifie rien. Il manque à nos petits écrivains politiques les premières notions de l'histoire et de la science politique. Aussi rien de plus impertinent que toutes ces feuilles qui ont paru depuis le commencement de la guerre, si vous en exceptez ce qui a trait au commerce que nos faiseurs de brochures entendent un peu mieux que la politique. Comme cette dernière science n'est pas un objet d'étude en France, le public est d'une ignorance très-grande sur ce point. Ceux qui sont employés dans le cabinet et dans les affaires pourraient seuls écrire là-dessus, mais ils ont autre chose à faire que d'amuser nos oisifs par leurs brochures.

— *Sur le commerce du Nord*, par M. Depremesnil, brochure de soixante-quatre pages que vous lirez avec plaisir. M. Depremesnil nous reproche de laisser faire ce commerce aux Anglais et aux Hollandais avec nos denrées, et il expose les causes qui nous empêchent de le faire par nous-mêmes, et les moyens de nous mettre en concurrence avec nos rivaux sur cet article. Cet écrivain a les vues justes et droites ; il nous fait sentir une vérité qui est, je crois, hors de doute : c'est que si la France ouvrait les yeux, elle se verrait la maîtresse du monde.

— On a publié deux suppléments à *la France littéraire* de l'année 1758. Mais il me semble qu'on reproche aux compilateurs de ces listes des erreurs et des bévues sans nombre.

15 février 1762.

*L'Écueil du sage* est en deux mots une mauvaise pièce de M. de Voltaire ; mais en jugeant avec cette franchise il faut ajouter qu'une mauvaise pièce de M. de Voltaire vaut encore mieux que les bons ouvrages de nos auteurs médiocres. On sait que M. de Voltaire n'a jamais trop réussi dans la comédie. Celle-ci est bien au-dessus de sa *Prude* et de sa *Femme qui a raison*; mais elle est fort inférieure à *l'Enfant prodigue* et à *Nanine*, qui ne sont pas sans défauts. Il est aisé de voir que le vrai titre de la pièce est *le Droit du seigneur*, quoique dans le fond ce droit ne produise rien, et ne soit nécessaire ni à l'intrigue ni au dénoûment de la pièce. Mais elle peut moins encore s'appeler *l'Écueil du sage,* parce que c'est faire une action très-sage que d'épouser une jeune personne digne par sa naissance, par sa beauté et par ses vertus, de fixer le cœur d'un homme vertueux et sensible. Aussi les sots ont fait de grandes dissertations sur le défaut de ce titre, comme si le titre était une chose bien importante et qui peut rendre une pièce bonne ou mauvaise. Je suis tenté de le croire pour une partie de public. Beaucoup de gens sont dans le cas de ce bonhomme à qui l'on demanda un jour au retour de la comédie quelle pièce il avait vu jouer. « Ma foi, répondit-il, je n'ai pas regardé l'affiche. » Pour la pièce du jour il fallait sans contredit l'appeler plutôt *le Choix* que *l'Écueil du sage;* mais ce titre n'aurait au reste pas plus qu'un autre influé sur la bonté et sur le succès de cette comédie. On ne sait trop la raison pour laquelle M. de Voltaire a voulu garder l'incognito cette fois-ci. Ce secret ne lui a pas été bien gardé. Depuis six mois qu'il était question de jouer cette pièce, on la lui attribuait toujours sourdement. Après la première représentation, personne ne pouvait plus douter de la vérité, et ceux qui n'ont pas reconnu la touche de M. de Voltaire dans les bonnes comme dans les mauvaises choses ne peuvent guère se vanter de quelque sûreté de tact et de jugement.

On pourrait remplir plusieurs feuilles de tout le mal qu'il y a à dire de la fable de cette comédie et de la manière dont elle est développée et conduite. On voit que l'invention et le génie manquent partout, et qu'on y a suppléé par une foule d'incidents dont les uns sont absurdes, les autres trop aisés à imaginer pour qu'il soit permis à un poëte d'en faire usage. Personne ne conçoit rien à ce roman du père de Gernance, qui fait qu'Acanthe est sa sœur ; mais, quoi qu'il en soit, il est contre toute vraisemblance, comme une femme d'esprit a très-bien et très-plaisamment observé, qu'Acanthe échappe des mains de son ravisseur sans que son honneur ait souffert le moindre outrage : un étourdi comme Gernance aurait commencé par violer, ensuite il aurait écouté les remontrances de la belle. Le poëte, dira-t-on, devait-il lui faire violer sa sœur? Non, mais il devait sentir que cet enlèvement était un très-mauvais expédient. D'ailleurs quelle sottise à ce jeune homme de conduire sa proie au château de Dormène, et d'insulter, contre le but même de son enlèvement, une femme de conduite pour laquelle il a beaucoup d'estime. Mais ne fallait-il pas que le poëte s'ouvrît une porte pour introduire cette Dormène avec son roman de la vieille Laure? Cela est vrai; mais c'est qu'il nous faut des portes plus naturellement pratiquées, surtout quand elles doivent servir à l'entrée de personnages postiches. Celui de Dormène était bien propre à faire tomber une pièce si, au moment de son apparition, le poëte n'avait donné le change au parterre par des moralités, des sentences et des lieux communs. Ce rôle a encore entraîné le mariage de Gernance et de Dormène, qui n'est pas la chose la moins absurde de la pièce. Mais je n'insisterai pas sur une foule d'autres défauts dans la conduite de cette pièce, que vous apercevrez beaucoup mieux que moi. Les personnages parlent et agissent à tout moment tout autrement que les circonstances et leur caractère ne l'annoncent. Le chevalier, de retour de son enlèvement lorsqu'il paraît devant son parent, est dans la dernière consternation. S'il était instruit du danger qu'il a couru de violer sa propre sœur, il ne pourrait être plus confondu qu'il n'est : situation absolument fausse, parce qu'un étourdi comme Gernance ne se persuadera jamais d'avoir commis une faute grave en enlevant une paysanne, et, comme j'ai déjà remarqué, il est tout à fait ridicule de le voir converti par les beaux sermons d'Acanthe. Si quelque chose peut faire une profonde impression sur un jeune homme du caractère du chevalier, c'est d'avoir couru le danger de l'inceste en ne cherchant qu'un amusement; mais, chose surprenante! lorsqu'il est instruit de sa véritable situation, il reprend tout aussitôt la légèreté de son caractère. Il paraît au cinquième acte devant sa sœur, qui ignore encore le secret de sa naissance et qui ne peut supporter la vue de son ravisseur, et il lui promet avec une légèreté tout à fait déplacée de ne la jamais quitter, quoiqu'il ne soit rien moins qu'amoureux d'elle.

Plus vous examinerez ainsi la comédie du *Droit du seigneur*, plus vous vous persuaderez qu'il faut la regarder comme une de ces productions auxquelles M. de Voltaire se livre dans ses moments perdus, et qu'il nous abandonne ensuite sans les avoir relues. Il ne faut donc pas y mettre plus de sévérité que l'auteur n'y met de prétention. On peut tout exiger de l'auteur de *Mahomet*; il faut tout pardonner à l'auteur de *l'Écueil du sage*. Il est bien simple qu'autour d'une tête couronnée de tant de lauriers il se trouve des feuilles éparses à terre, et qu'on ne se permette pas de marcher dessus sans les avoir regardées. Tout se ressent du peu de soin que M. de Voltaire a accordé à sa pièce; tout est croqué; il n'y a pas une scène de faite. Celle du troisième acte, où le seigneur exerce son droit autant que la sévérité et la bienséance du théâtre français le permettent, fait le plus d'effet; mais c'est le mérite de l'acteur qui, par la vérité de son jeu, est obligé à tout moment de réparer et de pallier la fausseté et la longueur du dialogue. M. Grandval a joué le rôle du marquis avec beaucoup de noblesse et de finesse. Dans la scène dont je parle, il approche son fauteuil de celui d'Acanthe, à mesure que la situation devient intéressante, avec un comique noble et vrai qui n'appartient qu'à lui. Un jeune acteur nommé Molé a aussi joué le rôle du chevalier avec beaucoup d'art, et a dérobé au parterre bien des défauts de ses scènes, par la manière de les rendre. Mais, outre les défauts des rôles essentiels à la pièce, on a attaqué avec raison la plupart des rôles subalternes. J'ai déjà parlé de celui de Dormène. Celui de Colette est aussi postiche. Ceux de M. Dignant et son épouse, M<sup>me</sup> Berthe, sont bien mauvais. En général, cette pièce, et ce n'est pas là son plus petit défaut, a deux couleurs. Les deux premiers actes sont gais, comiques et quelquefois bouffons; les trois derniers sont graves, sérieux et intéressants, au point qu'on n'a pu faire reparaître aucun des acteurs des premiers actes. Ce qui n'est pas moins singulier, c'est que la partie comique n'a point du tout réussi, et que la partie larmoyante a reçu les plus grands applaudissements. Le quatrième acte est sans contredit le plus mauvais de la pièce, à cause de tous les détails de ce roman de la naissance d'Acanthe qu'il faut expliquer; mais grâce aux maximes et aux sentences répandues çà et là, et pour lesquelles le parterre conserve un faible étonnant, c'est cet acte qui a fait le succès de la pièce; et si le cinquième n'avait pas été absolument faible et manqué, *l'Écueil du sage* aurait eu le plus grand succès du monde.

Il faut remarquer cette révolution ou plutôt ce dépérissement du goût et des mœurs, qui ne nous permet plus d'être sensibles à la vraie comédie, qui se paye de sentences et de lieux communs à la place de la nature et de la vérité, qui ne trouve plus de comique que dans des allusions satiriques, et qui met une fausse délicatesse à se choquer de toute expression à laquelle, à force de donner la torture à son esprit, on peut trouver un sens déshonnête. La police seconde merveilleusement cette fausse délicatesse du public, qui est la marque la plus sûre de la corruption des mœurs. Bientôt il ne sera plus permis d'être bon comique que sur les théâtres de la foire; et ce qu'on peut de plus fort sur cette rigueur déplacée, c'est qu'il n'y a pas peut-être deux pièces de Molière que la police permît de jouer si on les lui présentait aujourd'hui. Voilà comment, par un cercle inévitable, les chefs-d'œuvre de génie dans les arts polissent et perfectionnent d'abord le goût et les mœurs d'une nation que le luxe et la corruption gagnent ensuite, d'où il résulte bientôt ce faux raffinement et cette fausse délicatesse qui ramènent à la décadence du goût et des arts. Si quelques hommes de génie la retardent encore parmi nous, il est à craindre que leurs efforts mal secondés ne puissent opposer une digue durable au mensonge et au mauvais goût qui nous inondent de toutes parts; et il faudra bien que les Français éprouvent à leur tour le sort que les Grecs et les Romains n'ont pu éviter.

Le tableau de la noce qui vient au troisième acte, M. le baillif à la tête, présenter ses hommages à monseigneur, est un tableau charmant et a fait le plus grand plaisir au théâtre. Si l'on imprime cette pièce, je crains que vous ne soyez pas plus content du style que de la machine. Au reste, la police a fait gâter la scène la plus plaisante par les retranchements qu'elle a ordonnés, et, comme il ne sera pas peut-être permis de rétablir à l'impression les endroits supprimés, je profiterai de l'occasion que j'ai eue de me procurer cette scène tout entière pour la conserver ici[1]. Elle ne tient pas d'ailleurs au fond de la pièce, et l'on peut la regarder comme un fragment entièrement détaché. C'est la scène qui commence le second acte entre le baillif et Colette, où celle-ci met opposition juridique au mariage de Mathurin et d'Acanthe.

— L'Opéra-Comique, qui devait ouvrir son théâtre le 2 de ce mois à la foire de Saint-Germain, a été réuni par ordre de

---

1. Cette scène, que Grimm transcrit en entier, figure sans aucune variante dans les éditions originales; on la retrouvera tome VI, pages 23 et suivantes des *OEuvres complètes* de Voltaire, édition Garnier frères.

la cour à la Comédie-Italienne. Cet arrangement n'a pas été approuvé du public, qui aimait mieux voir ce spectacle sous l'inspection d'un directeur intéressé à lui plaire que sous l'autorité de MM. les premiers gentilshommes de la chambre. On craint avec raison que le goût du public ne soit désormais moins consulté, et il serait juste de le laisser au moins maître de ses amusements. L'exemple des autres théâtres justifie cette appréhension. Si l'Opéra français est en droit, de temps immémorial, d'ennuyer les trois quarts de Paris, ce n'est que parce qu'il n'est pas sous la direction d'un homme qui ait d'autres vues que celle de gagner de l'argent. On veut soutenir ce vieil édifice de l'Opéra malgré les injures du temps, malgré le goût du public qui ne peut plus souffrir la monotonie et la platitude de sa musique; et pour réussir dans ce projet, on punit tous ceux qui demandent de vraie musique, et dont le nombre augmente tous les jours. D'un côté, l'Opéra-Comique est obligé de payer une contribution considérable à l'Opéra pour avoir la permission de nous plaire; de l'autre, il n'est point permis de donner un concert pour de l'argent. Ce qui prouve que les priviléges exclusifs en tous genres sont une belle invention. Si le théâtre de la Comédie-Française est tombé, c'est aussi la faute de la mauvaise administration. On a privé le public de plusieurs acteurs qui lui étaient agréables, et qu'on a remplacés par des sujets insupportables. L'Opéra-Comique seul était bien gouverné, et le public payait les soins des directeurs par une affluence et par des applaudissements qui ont alarmé tous les autres spectacles. Mais ce n'est pas en détruisant ce qui plaît au public, c'est en cherchant à lui plaire aussi par des efforts, des talents et du zèle qu'il devrait être permis de lutter pour mériter son suffrage. Quoi qu'il en soit, l'Opéra-Comique se trouve incorporé à la Comédie-Italienne, où il joue depuis quinze jours avec un concours prodigieux. Les cinq acteurs qu'on a conservés du théâtre de la foire sont MM. Audinot, Laruette, Clerval, M$^{lles}$ Nessel et Deschamps. C'est certainement aujourd'hui, pour la vérité, la finesse et l'ensemble du jeu, la meilleure troupe du royaume. M. Audinot, dans les rôles de bas comique, comme d'ouvrier, d'artisan, etc., est sans contredit le plus grand comédien qu'il y ait en Europe.

— La Comédie-Italienne a donné aujourd'hui une petite

comédie intitulée *Annette et Lubin*, mêlée d'ariettes et de vaudevilles parodiés, c'est-à-dire de tous les accompagnements d'un faux et mauvais goût. C'est un des plus détestables crimes contre le goût et contre le bon sens que de parodier par des paroles quelconques un air qui a été fait originairement sur quatre beaux vers de Metastasio, et il est cruel qu'on puisse faire de ces horreurs à Paris avec succès. Ici Annette chante un mauvais couplet avec une voix qui fait grincer les dents, sur l'air *Prigioniera abandonata* de l'immortel Hasse. Au reste, cette petite comédie est faite d'après le conte de M. Marmontel, qui porte le même titre et qui est peut-être le meilleur de son recueil. Vous ne trouverez déjà que trop d'esprit dans le conte, qui devrait être un chef-d'œuvre de naïveté et de simplicité; mais c'est bien pis dans la comédie, où la pointe épigrammatique vous blesse à chaque instant. Cette pièce est d'ailleurs mal faite, tous les discours en sont faux. Ils roulent sans cesse sur une comparaison fastidieuse entre la ville et le village, lieux communs qu'on a retournés cent mille fois, et qu'on ne saurait plus entendre sans dégoût. Il n'y a pas trois traits dans cette pièce qui méritent d'être loués, et je ne vous en aurais certainement pas parlé si elle n'avait eu le plus grand succès. Le mauvais goût du public doit faire trembler. Comment un homme de génie peut-il avoir envie de travailler pour un peuple qui applaudit avec transport de telles impertinences? Lorsqu'on voit le succès du petit opéra-comique *On ne s'avise jamais de tout*, faisons une comparaison plus exacte, lorsqu'on voit le succès des *Idylles* de Gessner, on conçoit la plus haute idée du goût de la nation, et lorsqu'on voit triompher le genre faux et absurde qui fait le succès d'*Annette et Lubin*, on reste affligé et humilié, et l'on croit que le génie et le goût vont disparaître parmi nous. Cette petite comédie, qui aura pour notre honte peut-être cinquante représentations, est de M$^{me}$ Favart et compagnie. M. l'abbé de Voisenon est un des premiers associés de cette compagnie si riche en tournures, épigrammes et pointes. Un des traits les plus applaudis, c'est celui d'Annette qui dit : « Lubin, ce n'est pas un garçon, c'est mon cousin. » Comme si le terme de garçon n'était pas un terme de village, et qu'il pût être ignoré d'une paysanne! *O spectatores, servum pecus!*

— On vient de publier les *Campagnes de M. le maréchal*

*duc de Coigny en Allemagne, pendant les années 1743 et 1744.* La première de ces campagnes tient trois volumes, la seconde en remplit cinq. Ce recueil, comme celui de M. le maréchal de Noailles qui a paru l'année dernière, contient la correspondance du général et du ministre, de l'armée et de la cour. Tous ces papiers ont été dérobés au dépôt de la guerre et imprimés avec peu de soin.

— Camille Falconet, de l'Académie royale des inscriptions et belles-lettres, docteur régent de la Falcuté de médecine de Paris et médecin consultant du roi, vient de mourir à l'âge de quatre-vingt-onze ans. Ce digne et respectable vieillard emporte avec lui les regrets de tous les honnêtes gens; sa perte devrait faire un deuil général pour tous les gens de lettres de ce pays-ci. Ses vertus et ses qualités personnelles étaient encore au-dessus de l'étendue de son savoir et de son érudition. Il a passé quatre-vingts ans dans une étude continuelle; et la plus heureuse mémoire lui donnait droit de se vanter de n'avoir jamais rien oublié de ce qu'il avait appris. C'est un savant de moins dans un pays où cette espèce d'homme devient de jour en jour plus rare. Ce qui est encore plus rare en tout pays, c'est de réunir la bonté, la candeur, la sagesse à la chaleur, à la vivacité, à je ne sais quelle aimable étourderie et pétulance qui donnait à ce vénérable vieillard un caractère particulier. Je n'ai jamais vu de jeune homme plus séduisant que ne l'était notre digne Falconet à l'âge de quatre-vingt-onze ans. Il inspirait la passion à tous ceux qui l'avaient vu une fois : c'était un de ces hommes qu'on ne pouvait plus oublier. Il était le père et le protecteur né de tous les gens de lettres sans appui. Ils n'avaient pas besoin d'autres titres pour recevoir des conseils et des secours. Son immense bibliothèque était au service de tout le monde [1]. Ceux qui lui étaient le moins connus avaient des droits sur ses livres, et en disposaient comme lui, et il n'imaginait pas leur avoir rendu service. Sa méthode était d'écrire ses observations sur des cartes.

---

[1]. Elle renfermait 45,000 volumes, dont 11,000 entrèrent à la Bibliothèque du roi et dont le surplus fut catalogué et vendu par P. Barrois (2 vol. in-8°). Nous connaissons de C. Falconet deux portraits également remarquables : l'un, dessiné par Mme Doublet, l'amie de Bachaumont, et gravé par Caylus; l'autre, dessiné par Cochin, d'après le buste d'Étienne Falconet, et gravé par P.-E. Moitte, en tête de l'*Éloge* lu par Lebeau à l'Académie des inscriptions (1762, in-4°).

Il en laisse au moins quatre-vingt-dix mille dont la plupart doivent être très-curieuses et très-intéressantes, car c'était un excellent esprit. On ferait un bon livre de ses mots, et un meilleur encore de ses actions. Il disait quelquefois qu'il connaissait trois grands maîtres avec lesquels on pouvait se passer d'une bibliothèque : or ces trois grands maîtres étaient maître Michel, maître François, maître Benoît. Pour nous, qui avons eu le bonheur de connaître maître Camille, nous le pleurerons longtemps, et nous plaindrons l'espèce humaine de produire si peu d'hommes qui lui ressemblent.

— *La Petite Maison* est un conte qu'on a tiré du second volume du *Spectateur* de M. de Bastide, et qu'on pouvait se dispenser de réimprimer. L'auteur de ce conte n'a point de talent. Il paraît n'avoir fait sa brochure que pour citer le nom des artistes qui sont le plus employés à la décoration intérieure des maisons de Paris. Aussi les deux héros de sa *Petite Maison*, Mélite et Trémicour, sont précisément les personnages qui intéressent le moins [1].

— Un autre barbouilleur de papier très-impertinent a imaginé de continuer l'histoire de Manon Lescaut, que nous avons vue bien ensevelie en Amérique par son amant le chevalier Des Grieux ; car vous connaissez ce petit roman de M. l'abbé Prévost qui a beaucoup de réputation, et vous jugerez sans doute à propos de jeter l'ouvrage de son continuateur au feu [2].

— *Lettre sur la tragédie de Zulime et sur l'Écueil du sage* [3]. C'est du bavardage en vingt-huit pages.

1. *La Petite Maison*, qui a paru anonyme et comme un tirage à part du *Spectateur* (sans titre, in-18, 80 p.), est, en effet, un médiocre roman ; mais l'énumération des artistes employés à la décoration des *folies* des faubourgs mérite l'attention des curieux actuels. Quelques-uns de ces noms sont, croyons-nous, bien peu connus : tels sont ceux de Pineau l'ornemaniste, de Dandrillon, qui peignait les lambris en y insufflant un parfum « dont les émanations duraient plusieurs années » et qui appliquait l'or sur la sculpture sans blanc d'apprêt ; de Perrot, le dessinateur d'arabesques ; de Tremblin, le décorateur de l'Opéra et des petits appartements de Versailles ; de Clerici, « le stucateur milanais », auquel on devait le salon de Saint-Hubert pour le roi et celui de Neuilly pour d'Argenson. L'auteur donne encore des louanges à Boucher, à Pierre, à Hallé, à Huet, à Bachelier, à Falconet, à Vassé, à Caffieri (pour ses plantes montées en bronze), à Cochin, à Cars, à Le Bas, à Germain l'orfèvre, au vernisseur Martin, etc.

2. L'auteur de cette suite est inconnu.

3. Beuchot signale cette brochure, mais n'en désigne pas l'auteur. Le titre exact est *Lettre de M. de R. à M. de S. R. sur*, etc.

## MARS

*1er mars 1762.*

J'ai eu l'honneur de vous envoyer des couplets faits au dernier voyage de M. le prince de Conti à l'Isle-Adam. En voici d'autres qui méritent aussi d'être conservés. L'histoire rapporte qu'ils ont été faits et chantés par M. l'abbé de Boufflers, la nuit de Noël, pendant la messe de minuit. Si vous vous rappelez les vers que ce jeune aspirant à l'épiscopat fit l'année dernière pour la fête de sa mère, vous trouverez les couplets de l'Isle-Adam très-décents. Ils ont cependant fait beaucoup de bruit par la singularité de voir un jeune homme ecclésiastique faire de ces chansons-là pendant la messe, en présence de la plus brillante compagnie du royaume.

### NOËL

sur l'air : *Laissez paître vos bêtes.*

Je m'étais mis en tête
De chanter Jésus-Christ ce soir ;
Dans le fond c'est sa fête,
J'aurais fait mon devoir.
C'est un enfant
Joli, charmant,
Et de qui messieurs ses parents
Ont toujours été très-contents.
Mais quelque effort qu'on fasse
Pour bien chanter Notre-Seigneur,
Notre esprit à la place
Met toujours Monseigneur.
C'est un bon cœur,
Une grandeur,
Une chaleur, une douceur,
De la famille c'est l'honneur.
Du très-saint sacrifice
Il sait si bien charmer l'ennui
Que jamais à l'office
Nous ne viendrons qu'ici.

— Il y avait une femme à Versailles qui se faisait un petit revenu en ramassant les cachets de lettres qu'elle refondait ensuite pour en faire de la cire. Tout le monde s'empressait à lui recueillir des cachets, et M. l'abbé de Boufflers lui envoya les siens avec quatre vers :

> Tout cède au pouvoir de vos charmes,
> A vos désirs chacun souscrit ;
> Moi-même, je vous rends les armes
> De tous les gens qui m'ont écrit.

Vous voyez de l'originalité dans toutes ces bagatelles, et lorsqu'elle se manifeste à l'âge de vingt ans, on peut en concevoir quelque espérance.

— En vous parlant en dernier lieu de M. Piron, j'ai oublié de transcrire quatre vers qu'il fit autrefois pour son épitaphe, et qui sont d'une philosophie, d'un tour et d'une correction rares.

> Il vécut nul. En quoi certe il fit bien :
> Car, après tout, bien fou qui se propose,
> De rien venu, et s'en retournant rien,
> D'être en passant ici-bas quelque chose.

— En fait d'épitaphe, j'aime celle de Passerat. Elle a été sans doute faite de bonne foi, mais elle a bien l'air d'un persiflage. La voici :

> Ci-dessous Passerat sommeille,
> En attendant qu'il se réveille,
> Et croit qu'il se réveillrea
> Quand la trompette sonnera.

— Il nous faudrait une épitaphe pour notre digne Falconet ; mais ce n'est pas une chose aisée de caractériser en quatre vers un homme d'un mérite aussi rare. Il a légué ses quatre-vingt-dix mille cartes à M. de Sainte-Palaye, et l'on a dit à ce sujet que les cartes ne vont pas toujours aux joueurs.

— M. Ozanne, dessinateur de la marine, vient de publier une *Marine militaire, ou Recueil des différents vaisseaux qui servent à la guerre, suivi des manœuvres qui ont le plus de rapport au combat ainsi qu'à l'attaque et à la défense des ports*[1]. Nous allons

---

1. Paris, 1762, in-8°, avec 50 planches.

avoir beaucoup d'ouvrages de ce genre. Celui-ci est dédié à M. le duc de Choiseul. Il consiste en cinquante planches gravées au bas desquelles on trouve une explication de ce que chaque planche représente. On a eu soin de séparer les détails qui ne peuvent convenir qu'aux gens du métier, d'avec ce qui peut servir à l'instruction de tout le monde. Cet ouvrage n'est pas bien fait.

— Le poëte P. Grou, jésuite, a traduit *la République* de Platon en deux volumes in-12. On dit du bien de cette traduction.

— Un autre jésuite appelé le P. Paulian, d'Avignon, a fait imprimer un *Dictionnaire de physique*[1] en trois volumes in-4°. Jamais un jésuite ne fera un bon ouvrage, ni de physique, ni de philosophie. L'esprit monastique s'opposera toujours à toute vue grande et profonde dans les sciences. Les jésuites de toute l'Europe ne se sont prêtés à leurs progrès que parce qu'il ne leur a pas été possible de les empêcher. Leur premier vœu serait de bannir la lumière et la science de la terre ; le second, d'en usurper les honneurs et la gloire parmi les nations qui en prennent le goût malgré eux. Mais qu'on me montre un seul jésuite qui ait été véritablement utile aux lettres par ses découvertes et par son génie : vous n'en trouverez aucun. Ceux qui ont du génie parmi eux sont obligés de le dénaturer ou de le dérober à l'inquisition de leurs supérieurs, ou bien ils se tournent à l'étude de la science absurde appelée en grec théologie, ou bien ils sont persécutés et malheureux dans leur cloître. M. de La Chalotais, dans son compte rendu au parlement de Bretagne, a judicieusement remarqué que les jésuites étaient au moins de deux siècles en arrière en fait de lumières et de sciences. Ils sont encore à oser prononcer le nom de Newton. L'étude des anciens philosophes se réduit parmi eux à cette absurde scolastique qui a régné pendant tant de siècles barbares, et les grands philosophes modernes n'ont jamais été nommés par un jésuite sans être attaqués ou blâmés. Croyez-vous que jamais le nom de Montesquieu ait été prononcé avec éloge devant les écoliers des jésuites? Voilà cependant les gens qu'on voudrait nous faire regretter en France pour l'instruction de la jeunesse, tandis qu'un des plus cruels fléaux dont une nation puisse être affligée, c'est sans contredit

---

1. Réimprimé in-8° en 1781 et 1789 avec additions.

de voir l'éducation de la jeunesse entre les mains de moines avilis par une servitude d'esprit cent fois plus outrageante pour l'honneur que celle du corps. Ainsi quand on vous dit que le P. Paulian est jésuite, vous savez quelle est la physique qu'il peut enseigner dans son dictionnaire.

— *La Mort de l'opéra-comique; élégie pour rire et pour pleurer*, par un jeune homme de dix-sept ans [1]. Ce jeune homme ne fait ni pleurer ni rire. Ce qu'il peut demander de plus raisonnable aux dieux c'est le don du silence.

— Ce don serait encore très-nécessaire à M. Le Suire, qui a adressé une épître en vers à M. de Voltaire [2].

— Un autre poëte à condamner au silence, c'est M. l'abbé de Beze, chanoine de Sainte-Opportune, qui a fait un poëme en six chants intitulé *l'Erreur confondue* [3]. La Providence qui veille sur l'Église de Dieu suscite de temps en temps des athlètes comme notre chanoine pour terrasser les impies et les hérétiques, qui sont d'autant plus difficiles à ramener au giron qu'ils exigent, outre de bonnes raisons, encore de bons vers quand on veut leur parler le langage de Dieu.

— *Dictionnaire domestique portatif* [4]. Cette compilation, dont il ne paraît que le premier volume qui contient les lettres A et B, regarde encore l'agriculture et l'économie rurale dans toutes ses branches. Son objet est le même que celui du *Dictionnaire de l'agronome,* qui a paru aussi l'année dernière, et leur mérite sera à peu près égal; car aucune de ces compilations n'est faite avec soin, et comme le libraire est toujours sûr de vendre un dictionnaire, il s'en fait à la toise qui sont remplis de faussetés et de bévues.

— *Testament de M. de Voltaire, trouvé parmi ses papiers après sa mort* [5]. Voilà le titre d'une feuille de trente-quatre pages

---

1. Nougaret. Partout, 1762, in-8°; réimprimé en 1797, in-8°.
2. Paris, 1761, in-8°.
3. Avignon (Paris), 1762, in-8°.
4. (Par Auguste Roux, J. Goulin et La Chesnaye-des-Bois.) Paris, 1762 et 1763, 3 vol. in-8°.
5. Quérard (n° 1119 de la *Bibliothèque voltairienne*) donne à cette brochure le titre de *Codicille* et n'en fait pas connaître l'auteur. Marchand a publié en 1770 un *Testament politique de M. de Voltaire*, dont Grimm rend compte dans sa lettre du 15 janvier 1771, et qui, selon Barbier, serait une amplification de la facétie imprimée en 1762.

dont on n'a pu savoir l'auteur. J'aurais parié qu'elle ferait plus de sensation qu'elle n'en a fait, car il y règne une satire fine et exempte de cette noirceur qui afflige. Cela est un peu long sur la fin ; mais il y a partout beaucoup de sel.

— Voici la suite des ouvrages contre les jésuites : *Dénonciation faite à nos seigneurs du parlement de Normandie, de la conduite que les jésuites ont tenue de tout temps dans cette province.* Recueil des pièces non imprimées extraites des registres du parlement de Rouen, pour prouver que les jésuites sont coupables du crime de lèse-majesté et de toutes sortes d'excès. *Le Jésuite mal défendu*, par M. l'abbé Platel, brochure de cinquante-sept pages. Cet abbé Platel est un capucin janséniste, retiré en Portugal, et qui est célèbre, sous le nom du P. Norbert, par ses différends avec les jésuites. *Le Manifeste d'Ignace de Loyola*, autre brochure; *les Larmes de saint Ignace, ou Dialogue entre saint Thomas et saint Ignace*, par un cousin du prophète Malagrida. *Du Droit public selon saint Thomas, ou Examen approfondi de la doctrine de saint Thomas sur l'inviolable fidélité que tous les sujets doivent à leur souverain.* Tous ses écrits sont ou des pièces authentiques, ou un mauvais barbouillage qu'on ne peut lire sans dégoût.

15 mars 1762.

M. Marin a fait, il y a quelques années, une *Histoire du grand Saladin* qui n'a point réussi[1]. Depuis il a été fait censeur de la police pour les pièces qui doivent être représentées sur les théâtres de Paris. Cet emploi était autrefois celui de M. de Crébillon, qui n'est point mort, quoi qu'en disent les gazettes étrangères, mais que sa grande vieillesse empêche souvent de remplir ses fonctions. M. Marin est sans doute bon censeur de pièces, mais son mérite ne lui a pas appris à en faire. Celle qu'il a donnée ces jours-ci[2], sur le Théâtre-Français, sous le titre de *Julie, ou le Triomphe de l'amitié*, comédie en prose et en trois actes, prouve au contraire qu'il n'a nulle vocation pour la carrière dramatique. On ne peut guère rien voir de plus dépourvu de force comique, de plus plat et de plus mauvais que cette comédie. Aussi a-t-elle

---

1. Voir tome III, page 478.
2. Le 3 mars 1762.

fait une chute très-rude. Figurez-vous un jeune homme de famille qui épouse, contre la volonté de son père, une jeune personne de famille aussi, mais pauvre. Le père, courroucé, les abandonne, et ils tombent dans la misère. Les voilà à Paris, dans un hôtel garni, abîmés de dettes, luttant contre la misère. Ils ont pourtant un ami qui n'a pas beaucoup de moyens, mais qui les sert avec une générosité dont il y a tant d'exemples dans nos pièces de théâtre qu'il est étonnant que le goût n'en ait pas passé dans le monde. Julie, c'est le nom de l'épouse, est, comme vous le pensez bien, une personne accomplie, un modèle de vertu et de douceur. Cependant sur une lettre équivoque son mari suppose, sans l'ombre de vraisemblance, qu'elle a pris de la passion pour celui qui est leur ami commun, et à qui ils ont tant d'obligation, et que celui-ci est devenu éperdument amoureux de Julie. Voilà ce mari qui, dans sa fureur jalouse, veut se couper la gorge avec son ami après avoir traité sa femme avec la dernière dureté. Au milieu de ses transports de jalousie, il est arrêté pour dettes. L'ami oublie aussitôt l'injure, et songe à trouver de l'argent pour le délivrer. Les choses en sont là lorsque le père du jeune homme arrive dans cet hôtel garni. Il s'est repenti d'avoir abandonné son fils, et il vient à Paris pour le découvrir et lui pardonner. L'ami lui emprunte de l'argent pour l'infortuné qui vient d'être mis dans un cachot, et le bon vieillard le donne sans savoir qu'il doit servir à la délivrance de son fils. Celui-ci est en effet délivré, il est désabusé de ses injustes soupçons sur la vertu de sa femme. Son père leur pardonne et approuve leur mariage. Mais ce n'est pas tout; au commencement de la pièce est arrivé dans l'hôtel garni un homme qui revient de l'Amérique. Cet homme est gai et bizarre. Il prête aussi volontiers de l'argent, et il se trouve aussi à la fin de la pièce qu'il est oncle de Julie, ce qui fait que Julie devient très-riche. On ne peut, comme j'ai déjà remarqué, rien voir de plus mauvais que cette pièce. Cela ressemble à tout et est partout d'une belle platitude. On voit particulièrement que le rôle de l'oncle a été fait d'après celui de Freleport dans *l'Écossaise*; celui de Julie, d'après Lindane dans la même pièce; le rôle du père et du fils, d'après celui du père de famille et de Saint-Albin : ce qui prouve qu'en imitant d'excellents modèles on peut faire des choses exécrables. M. Molé a joué la scène de jalousie supérieurement. Le public a été juste, il a applaudi l'acteur et sifflé la pièce. On dit que M. Marin en a encore deux à nous faire voir. Il faut espérer que la petite leçon qu'il vient de recevoir l'empêchera de les exposer à la décision publique. On pardonne au premier essai, mais on n'aime pas les rechutes.

— Un honnête prêtre, pénétré sans doute de la sainteté du sacrement de mariage, publia, il y a quelques années, un écrit intitulé *des Avantages du mariage, et de la Nécessité où sont les prêtres et les évêques d'épouser une femme chrétienne*[1]. On dit que ce bon prêtre, convaincu de la pureté de sa doctrine, en donna l'exemple lui-même en épousant la chrétienne qui lui avait plu. On dit encore qu'il fut enfermé pour avoir confirmé sa doctrine par son exemple; ce qui n'est pas d'un bon exemple, car il ne faut pas, dans ce siècle de dépopulation, enfermer ceux qui ont le goût de faire des citoyens et de repeupler le monde. Quoi qu'il en soit, M. l'abbé de Villiers, prêtre et licencié ès lois, n'ayant vraisemblablement point de vocation pour le mariage, vient de publier l'*Apologie du célibat chrétien*, un volume in-12, et son censeur dit que cet ouvrage est des plus importants et des plus nécessaires qu'on puisse publier dans ce temps-ci où la sainteté du célibat est attaquée par un plus grand nombre d'ennemis. Ceux qui aiment à étudier les progrès de l'esprit philosophique n'oublieront pas de remarquer que la sainteté du célibat a été recommandée et défendue au milieu de Paris, l'an de grâce 1762 ; et qu'elle est affichée au coin de toutes les rues, afin que personne n'en puisse prétendre cause d'ignorance. Il faut espérer que M. le licencié ès lois ne restera pas en si beau chemin, et qu'il nous préconisera l'année prochaine la sainteté de la vie monacale.

— *Alzarac, ou la Nécessité d'être inconstant*[2]. Mauvais petit roman par l'auteur de la *Comtesse de Zurlac*, de *Zamor et Almanzine*. Comme on peut dire l'auteur de *la Henriade* pour désigner le premier écrivain du siècle, il est juste aussi de marquer nos mauvais auteurs en rappelant leurs mauvais ouvrages passés, afin de nous préserver de la lecture des nouveaux.

---

1. Voir tome IV, page 60.
2. (Par Mme de Puisieux.) Cologne et Paris, 1762, in-12.

— Mme Le Prince de Beaumont est une bonne maîtresse d'école. Son *Magasin des Enfants* contient une bonne morale, bien plate, sans élévation et sans âme, excellente à élever des perroquets, très-peu propre à former des enfants et à en faire des hommes. Cette bonne femme vient de faire un roman moral intitulé *Civan, roi de Bungo, histoire japonaise*, deux parties [1]. C'est de la force de ses autres productions. Elle a dédié son roman à l'archiduc Joseph, et comme l'esprit philosophique n'a jamais approché des limites d'Autriche, je ne doute point que *le Roi de Bungo* ne paraisse à Vienne un grand ouvrage.

— Nous avons depuis peu deux nouvelles feuilles hebdomadaires. L'une, le *Discoureur*, doit être un ouvrage moral, dans le goût du *Spectateur*. Ce discoureur est un franc bavard. L'autre, le *Citoyen* [2], marquant le prix des denrées, les jours de marché, fera tort aux intendants et maîtres d'hôtel fripons, qui ne pourront plus voler leurs maîtres avec tant de confiance.

— MM. de Buffon et Daubenton nous ont donné sur la fin de l'année dernière les huitième et neuvième volumes de leur *Histoire naturelle*. Dans les premiers de ces volumes vous trouverez l'histoire et la description du *Cochon d'Inde*, du *Hérisson*, de la *Musaraigne d'eau*, de la *Taupe*, de la *Chauve-souris*, du *Loir*, de *Lérot*, du *Muscardin*, du *Surmulot*, de la *Marmotte*, de l'*Ours*, du *Castor*, du *Raton*, du *Coati*, de l'*Agouti*. Le second de ces volumes, outre trois discours sur les animaux de l'ancien continent, sur les animaux du nouveau monde, et sur les animaux communs aux deux continents, contient l'histoire et la description du *Lion*, des *Tigres*, de la *Panthère*, de l'*Once* et du *Léopard*, du *Jaguar*, du *Couguar*, du *Lynx* ou *Loup-Cervier*, du *Carocal*, de l'*Hyène*, de la *Civette* et du *Tibet*, de la *Genette* et du *Loup noir*. Vous trouverez dans le travail de M. Daubenton l'exactitude ordinaire de ce sage et habile observateur, et dans les morceaux de M. de Buffon, cette élévation et cette harmonie de style qui lui ont fait une si grande et si juste réputation. Mais ce qu'on voit aussi c'est que la science de la

---

1. Selon Quérard, la première édition est de 1754.
2. M. Hatin ne cite point le premier de ces journaux, et le second est désigné par ce bibliographe (d'après un catalogue de vente) comme ayant paru en 1765 sous le titre de *Citoyen français*.

nature n'est pas assez avancée, et que les observations et les faits manquent partout. Il paraît qu'un aussi excellent esprit que M. de Buffon devrait partir de ce principe, que tout son travail devrait se réduire à nous dire : Voilà ce qu'on sait de tel animal, voici ce qui nous restait à en savoir. Ensuite le philosophe proposerait ses idées comme de simples conjectures, parce qu'elles ne sauraient être autre chose, et non comme des vérités démontrées dont il n'est plus permis de douter. Je conçois à merveille la passion des systèmes dans les esprits médiocres; mais je ne puis la concevoir dans un homme du mérite de M. de Buffon, et qui a d'ailleurs de si grandes vues et la tête si philosophique. Ici M. de Buffon établit d'abord pour principe que la nature est moins énergique dans le nouveau continent que dans le nôtre ; que tous les animaux ainsi que l'homme du nouveau monde sont ou plus petits ou plus faibles que leurs espèces ne le sont dans notre ancien continent. Si cette observation est vraie, elle est grande et belle. Mais vous voyez quelle multitude incroyable de faits, et combien de siècles d'expérience il faudrait pour accorder à cette observation un certain degré de vérité. Ensuite M. de Buffon prétend qu'on ne trouve d'animaux communs aux deux continents que les animaux septentrionaux, parce qu'eux seuls ont pu passer par le nord, de l'ancien dans le nouveau continent, au lieu que les animaux des zones brûlantes de l'Afrique et de l'Asie, n'ayant jamais pu vivre dans le nord de notre continent, n'ont pu se faire aucun passage pour pénétrer dans le nouveau, et M. de Buffon en infère qu'en effet on ne trouve aucun de ces animaux en Amérique. Quel est l'observateur, le naturaliste ou le voyageur, qui, avec des connaissances si imparfaites que celles que nous pouvons avoir sur tous ces objets, osât avancer une assertion si générale? Encore une fois, on ne devrait pas l'attendre d'un aussi bon esprit que M. de Buffon. S'il y avait deux ou trois mille faits pour garants de ce système, il faudrait encore le proposer avec défiance, parce que, pour renverser tout ce bel édifice, il ne faut qu'un fait contraire, et ce fait contraire peut être connu demain. Alors on se moque de la vanité du philosophe qui nous donnait ses chimères pour des lois invariables de la nature. Qui peut, en effet, être assez audacieux pour pénétrer les lois et les ressorts d'un globe dont nous n'avons quelques notions que depuis cinq ou six mille ans; notions imparfaites, défigurées par des mensonges, des fables, des absurdités de toute espèce ?

Pour prouver que les animaux méridionaux de l'ancien continent n'ont pu passer en Amérique, M. de Buffon raisonne ainsi : « Nous ne pouvons supposer de passage de l'ancien au nouveau continent que par le nord. » Or les animaux méridionaux n'ont jamais assez pu approcher du nord pour tenter ce passage, parce que leur naturel ne comporte pas le froid de ces climats. Donc ils n'ont jamais pu passer en Amérique. Ce raisonnement paraît spécieux ; mais, quand on lit un fait attesté par les meilleurs observateurs, savoir qu'en Sibérie, qui est un des pays les plus froids du Nord, il se trouve des ossements des plus gros éléphants des climats chauds de l'Asie, on a droit de demander à M. de Buffon par quel hasard il ne se trouve point d'éléphants en Amérique : car, puisque ces animaux ont pu exister en Sibérie, rien ne les empêchait de passer dans le nouveau continent par le passage que M. de Buffon leur a laissé libre, et de regagner dans ce nouveau continent les climats chauds qui conviennent à leur naturel. Ce n'est pas au moins le froid des pays septentrionaux qui met un obstacle invincible à ce passage, puisque nous trouvons tout auprès de ce passage dans le pays le plus froid de l'ancien continent des vestiges indubitables de l'existence des animaux les plus méridionaux dans ce climat dur et rigoureux. Quelle folie, quelle faiblesse, quelle pauvreté malheureusement inséparable de la nature de ce petit animal orgueilleux qu'on appelle homme, d'élever sur deux ou trois faits qu'il peut savoir au bout de plusieurs siècles de recherches, un édifice que le souffle d'un enfant peut renverser, et dont la masse informe, appuyée par des roseaux, fait pitié au vrai philosophe !

La véritable histoire naturelle du monde est encore à faire. La plume de M. de Buffon serait bien propre à cet ouvrage; mais il serait à désirer que sa tête fût aussi sublime que son style. Cette histoire ne consisterait qu'en faits qui (malheureusement sont en trop petit nombre, les observations manquant partout), en conjectures, en vues grandes et profondes. Tous les peuples hauts de l'Asie et de l'Europe orientale se vantent de l'antiquité la plus reculée, et ont une chronologie qui remonte à un temps immémorial. Les peuples de la Grèce, de l'Égypte, des pays bas et humides, ne comptent que depuis six mille ans. Ils parlent tous d'un déluge. Suivant leur mythologie, l'homme est pétri de limon; il est sorti de l'eau. Il y a grande apparence que dans ces contrées le genre humain a été anéanti par l'eau, il y a environ six mille ans; que c'est vraisemblablement cette révolution du globe qui a formé la mer Méditerranée, et que le globe ayant pris cette nouvelle consistance, les terres adjacentes se sont repeuplées; qu'il est resté dans la mémoire des hommes des idées confuses de ces terribles révolutions; qu'ils ont bâti sur ces notions leurs fables, leurs mythologies, leurs religions et leurs cultes dont nous n'aurons jamais qu'une clef bien imparfaite. Historiens de la nature, ne faites point de système là-dessus. Présentez ces faits et ces conjectures avec la noblesse et la simplicité qu'ils exigent, et votre tableau frappera par sa grandeur toutes les têtes faites pour penser, et vous serez le philosophe de tous les siècles. Surtout ne vous faites jamais interprètes de la nature, et soyez persuadés qu'un enfant qui ne sait que balbutier n'est point fait pour pénétrer dans ses mystères. Les entrevoir, les deviner, être frappé de leur grandeur, voilà tout ce qui est permis à l'esprit humain. En fouillant dans les entrailles de la terre, nous trouvons en Europe, sur des pierres et des ardoises, les empreintes des plantes qui ne croissent qu'à l'extrémité de l'Asie. Expliquez-moi ce fait-là, ou, si vous voulez être bien ridicules, bâtissez un petit système là-dessus. J'ai dit que les faits manquaient partout. Non-seulement les faits généraux ont échappé à l'homme, qui est ordinairement travaillé de superstition et de terreur lorsqu'ils arrivent; mais les faits particuliers lui sont aussi inconnus. En lisant les deux volumes de M. de Buffon, vous vous apercevrez à tout moment que nous ne savons rien de précis de l'histoire et des mœurs de la plupart des animaux dont il traite, et, après avoir lu leur article, on ne les connaît pas plus distinctement qu'auparavant: preuve certaine qu'il reste encore une grande quantité de faits à éclaircir qui ne pourront être sûrs et constatés qu'au bout de plusieurs siècles d'observations et de travaux, et preuve encore plus certaine que la science n'est pas faite pour l'homme, et qu'elle ne lui est utile qu'autant qu'elle adoucit les peines de la vie, qu'elle sert de délassement des grands travaux et des grandes affaires, et qu'elle contribue à nous rendre plus humains, plus tolérants, plus justes, plus doux, en un mot, meilleurs que nous ne sommes.

---

## AVRIL

1ᵉʳ avril 1762.

Zorac est l'usurpateur heureux d'un royaume de l'Arabie, où il règne seize ans de suite après avoir subjugué et chassé la famille royale. Il a un fils nommé Sihamed, qui serait digne d'un meilleur père, et qui ignore le sien. Sihamed sert le tyran comme général, et s'est déjà distingué dans beaucoup d'occasions par de grandes et belles actions. Il a pris une grande passion pour Zarucma, belle esclave qui ignore aussi son état, mais qui est fille du roi détrôné appelé Sahed. Sa mère, en mourant, l'avait instruite de sa naissance et du dessein où était le tyran de lui faire épouser son fils; mais Zorac avait intercepté cette lettre, et l'avait gardée pour en faire usage en temps et lieu. Quant au père de Zarucma, Sahed, il n'avait pas péri dans la révolution, mais il s'était retiré dans un désert d'où, ayant appris qu'un roi voisin avait entrepris de faire la guerre à Zorac, il s'était rendu à cette armée, et aurait, dans une bataille, tué son ennemi de sa propre main si Sihamed n'avait pas délivré son père, qu'il ne connaît pas pour tel; en sorte que Sahed, au lieu de se venger de Zorac, est fait prisonnier par Sihamed et devient son esclave, sans cependant être reconnu pour l'ancien souverain du pays.

Voilà les situations d'une fable toute d'invention, et sur laquelle M. Cordier a bâti une tragédie qui est son coup d'essai et qui vient d'être représentée sur le théâtre de la Comédie-Française[1]. On dit que l'auteur a fait autrefois le métier de comédien en province. Ensuite il s'est attaché à M. le comte Van Eyck, ministre de Bavière, en qualité de secrétaire subalterne. Mais ce ministre, qui apparemment n'aime pas les poëtes, a con-

---

1. Le 27 mars 1762. *Zarucma* eut trois représentations et ne fut pas imprimée.

gédié son secrétaire dès qu'il a su qu'il faisait des vers. Voilà les révolutions de l'Europe; voyons celles de l'Arabie dans la tragédie de M. Cordier.

Vous concevez d'abord que, dans une fable si bien imaginée, il y a de l'étoffe de reste, et qu'un bon ouvrier y peut, comme on dit, tailler en plein drap : un tyran à assommer, un fils qui ne connaît pas son père, une fille qui ignore sa naissance, deux amants qui, dans cette ignorance, s'aiment avec passion, quoiqu'ils doivent se haïr; car enfin Sihamed est fils de l'oppresseur du père de Zarucma. Cependant ce bonhomme de père, Sahed, s'est promené dans son royaume pendant seize ans en habit d'esclave sans avoir été reconnu de qui que ce soit. C'est bien heureux, car le poëte nous a ménagé cette reconnaissance pour le jour de sa tragédie. Ce jour est un grand jour pour tous les acteurs de la pièce. D'un côté, Zorac veut déclarer à Zarucma et à Sihamed leur naissance, et les unir afin d'établir son sang d'une manière irréprochable sur le trône usurpé. De l'autre côté, Sahed a gagné le cœur de Sihamed dont il est l'esclave. Il lui a mis dans la tête de punir Zorac d'avoir chassé jadis la famille royale. Sihamed aurait grande envie d'assommer le tyran. Zarucma est du complot, et l'entretient dans ce dessein, n'était que Sihamed est accablé de bienfaits par Zorac, et qu'il n'a jamais connu ce vieux roi pour lequel il conspire, qu'il n'a par conséquent aucune raison de vouloir du mal à ce pauvre tyran, sans compter les secrets pressentiments que nos poëtes n'ont garde de manquer, et qui arrêtent Sihamed quand il veut frapper Zorac. Il s'y est engagé par un serment terrible; mais, comme il découvrira à la fin de la pièce que Zorac est son père, vous jugez bien qu'il n'ira pas le tuer sans sentir ce je ne sais quoi qui a produit tant de belles choses sur notre théâtre. Voyons ce que fait notre tyran tandis qu'on jure sa perte, qu'on trame des complots dans son palais, et qu'on le met dans le plus terrible danger sans qu'il s'en doute. Un de nos faiseurs de parades a dit des tyrans qu'il n'en avait jamais vu qui ne fût un peu bête; mais le tyran Zorac l'emporte en bêtise sur tous les tyrans du théâtre, et assurément c'est l'emporter de loin. D'abord, au commencement de la pièce, il ordonne à son confident de rendre la liberté à un ancien prisonnier d'État nommé Assan. Cet Assan a été ministre du roi Sahed, et a langui dans les fers depuis la révolution. Zorac trouve à propos de le faire sortir de prison pour se rendre agréable au peuple, et Assan emploie les premiers moments de sa liberté à entrer dans le complot formé par l'esclave Sahed, qu'il a bientôt reconnu pour son ancien maître. Ce n'est pas tout. Zorac veut déclarer à Sihamed qu'il est son fils; il veut lui faire épouser Zarucma, qui ignore sa naissance, et pour faire réussir son projet il imagine de remettre lui-même à Zarucma cette lettre écrite jadis par sa mère mourante, et interceptée par le tyran, laquelle contient tous les détails de sa naissance, et conjure la fille de Sahed de ne jamais consentir à l'union avec le fils de l'oppresseur de son père. En effet Zorac remet cette lettre à Zarucma, et le bonhomme est tout étonné qu'elle ne produise pas l'effet qu'il en attendait. Zarucma lui jure qu'elle se reconnaît la fille de Sahed à la haine que la vue de son oppresseur lui inspire. Zorac croit la toucher en lui déclarant que Sihamed, qu'elle adore, est son fils, et qu'il les unira ce jour même pour jamais; mais Zarucma lui dit que, quoi qu'il puisse en coûter à son cœur, elle ne consentira jamais à ce funeste hymen. Le tyran ne pouvant rien gagner sur cette fière princesse, la prie cependant de faire ses réflexions. Il lui donne aussi en passant la commission de déclarer à Sihamed le secret de sa naissance, afin qu'il sache de qui il est fils. Zarucma ne peut jamais prendre sur elle de dévoiler ce funeste mystère à son amant. Cependant, comme celui-ci persiste toujours dans le dessein de massacrer Zorac, sa maîtresse s'y oppose parce qu'elle ne veut pas que Sihamed commette un parricide : ce qui fait croire à Sihamed que Zarucma est disposée à donner sa main au fils de Zorac, comme le bruit court depuis quelque temps, en sorte que Sihamed devient jaloux de lui-même, ne pouvant jamais apprendre qu'il est lui-même ce fils dont il craint la concurrence; car la parole manque à Zarucma aussi souvent qu'elle veut parler, et Zorac l'ayant chargée de cette commission, ne s'informe plus si son fils est instruit ou non. Il va seulement au temple pour préparer la solennité de l'union projetée. En attendant, Zarucma ayant montré à Sahed la lettre de sa chère mère, que le tyran lui a remise, la reconnaissance se fait entre le père et la fille, en présence du parterre, qui applaudit suivant l'usage. Sahed apprend aussi que Sihamed est le fils du tyran. On en conclut qu'il ne peut pas honnêtement le tuer lui-même, et qu'il faut donner cette commission-là à un autre. Pendant tous ces projets, la tragédie chemine. Zorac se fâche à la fin. Il fait arrêter Sahed, se doutant bien que c'est lui qui rend Zarucma si indocile. Bientôt il reconnaît à l'intérêt que la princesse porte à ce vieillard que c'est là ce roi qu'il a détrôné il y a seize ans, et qu'il croyait avoir tué dans ce temps-là. Il est fâché d'avoir à l'assommer de nouveau. Zarucma crie de son côté. Tout à coup Sihamed paraît avec une troupe de conjurés pour massacrer le tyran. Alors Zarucma lui arrache le poignard, et lui dit qu'il est son père. Zorac est un peu étonné de l'entreprise de son cher fils, avec lequel il n'avait point imaginé d'avoir un petit entretien pour lui apprendre son état. Au milieu de son trouble, Assan, l'ancien ministre, sorti de prison au commencement de la pièce, paraît avec le reste des conjurés. Il déclare que le parti du tyran est dispersé, que le peuple reconnaît son ancien et légitime souverain, et qu'il demande la tête de Zorac. Personne cependant ne veut donner le coup de grâce à ce pauvre tyran, et quoique les conjurés aient employé toute la pièce à jouer sa mort, et que ce fût à qui le tuerait le premier, le pauvre diable est obligé de se poignarder lui-même, sans quoi la pièce n'aurait point de fin.

Voilà une idée vraie et succincte de cette insipide, ennuyeuse et absurde tragédie, qui a pourtant réussi, je ne sais en vérité pas pourquoi ni comment. Aussi lirez-vous dans tous nos journaux de grands éloges de ce pitoyable ouvrage. J'aime à croire, pour l'honneur du parterre, que c'est la pitié qui a fait réussir cette pièce, non celle qu'elle inspire, mais celle qu'on a eue pour l'auteur, qui n'a point d'ennemis et à qui *Zarucma* aurait joué un vilain tour en le privant des honneurs du théâtre après lui avoir fait perdre sa place chez M. Van Eyck. Je crois que c'est en étudiant chez ce ministre le *Journal de l'armée de l'Empire* que M. Cordier a appris à bouleverser un État en moins de rien : car on sait avec quelle dextérité cette armée travaille à l'exécution des arrêts du conseil aulique. Les grands hommes comme M. Cordier se forment sur les grands modèles. Raillerie à part, j'ai applaudi de bon cœur la pièce de M. Cordier quand j'ai vu les applaudissements du parterre. « Cela ne fait de mal à personne, ai-je dit à mes voisins, et cela fait sûrement grand plaisir à l'auteur. » C'est pourtant une grande question de savoir si les applaudissements déplacés ne nuisent pas au progrès des arts, et si les hommes de génie ne sont pas dégoûtés de courir à une carrière où les hommes médiocres réussissent quelquefois plus facilement que les hommes d'un mérite supérieur. Tout est perdu chez un peuple où tous les rangs sont confondus, et qui, par jalousie ou par envie, ose abaisser ses maîtres ou élever à leur niveau des gens sans talents. Le pauvre M. Cordier n'a joui de son triomphe que trois fois; M<sup>lle</sup> Clairon étant tombée malade, le théâtre a été fermé depuis, suivant l'usage, et il est à craindre que si l'on reprend la tragédie de *Zarucma* après les fêtes M. Cordier n'éprouve plus la même indulgence de la part du public.

Observons en finissant, pour l'honneur des comédiens français et particulièrement de M<sup>lle</sup> Clairon, à qui en est venu la première idée, qu'ils ont proposé de jouer pendant la semaine de la Passion tous les jours, et d'employer la recette de toute la semaine au soulagement des incendiés de la foire Saint-Germain. Ce projet n'a pas été agréé. La Comédie-Italienne, usant du privilége de l'Opéra-Comique qui lui est réuni, joue pendant cette semaine sur son théâtre avec un concours prodigieux.

— Il court depuis quelques jours une chanson [1] à l'occasion du succès d'*Annette et Lubin*. Pour bien entendre cette chanson, il faut se souvenir que M<sup>me</sup> Favart prétend être l'auteur de la pièce, que le public croit être de son mari et de M. l'abbé de Voisenon; que le rôle de Lubin est joué par M. Caillot, acteur extrêmement agréable au public, et dont le jeu a fait le grand succès de la pièce, quoiqu'il n'ait rien moins que l'air d'un paysan innocent et nigaud. Cette chanson est faite sur la chanson d'Annette : *Il était une fille*, etc. Elle est remplie d'équivoques, genre pour lequel on a toujours eu un faible en France, et elle fait surtout un plaisant effet lorsqu'elle est chantée. La voici :

CHANSON NOUVELLE A L'ENDROIT D'UNE FEMME

DONT LA PIÈCE EST CELLE D'UN ABBÉ.

Il était une femme
Qui pour se faire honneur

---

[1]. Elle a été attribuée à Marmontel, et ne figure pas dans ses œuvres.

Se joignit à son confesseur :
Faisons, dit-elle, ensemble
Quelque ouvrage d'esprit.
Et l'abbé le lui fit.

Il cherche en son génie
De quoi la contenter ;
Il l'avait court pour inventer :
Prenant un joli conte
Que Marmontel ourdit,
Dessus il s'étendit.

On prétend qu'un troisième
Au travail concourut ;
C'est Favart qui les secourut.
Aux choses de sa femme
C'est bien le droit du jeu
Que l'époux entre un peu.

Fraîcheur, naturel, grâce,
Tendre simplicité,
Tout cela fut du conte ôté.
On mit des gaudrioles,
De l'esprit à foison,
Tant qu'il fut assez long.

A juger par les règles
La pièce ne vaut rien ;
Mais cependant elle prend bien.
Lubin est sûr de plaire,
On dit qu'Annette aussi
En tire un bon parti.

Mais si la vaine gloire
Des auteurs s'emparait,
Le public tous les nommerait :
Monsieur Favart, sa femme,
Et brochant sur le tout
Avec eux l'abbé Fou !

— M. l'abbé Arnaud, qui fait avec M. Suard le *Journal étranger*, vient d'être nommé, par l'Académie royale des inscriptions et belles-lettres, à la place vacante par la mort de M. Falconet.

— L'Académie royale des sciences fait une perte sensible dans la personne de M. l'abbé de La Caille, un des plus savants astronomes de l'Europe, qui est mort depuis peu dans un âge peu avancé, justement et généralement regretté.

— M. de Saint-Foix vient de nous faire présent de toutes ses œuvres de théâtre recueillies en quatre volumes assez considérables. On est étonné d'ignorer jusqu'au titre de la plupart de ses pièces, et de lire à la tête de chacune qu'elle a eu un grand succès. Les auteurs sont bien heureux de se trouver couverts de gloire lorsque le public les oublie ou les siffle. De tous les fatras de petites comédies que vous trouverez dans les quatre volumes de M. de Saint-Foix, il n'y a que *l'Oracle* et *les Grâces* dont il soit resté trace sur le théâtre. Je n'ai jamais vu jouer *les Grâces*. *L'Oracle* se joue de temps à autre, et suivant que l'actrice est jolie ou maussade, il ennuie ou amuse. Il n'a pas tenu aux écrivains tels que M. de Saint-Foix et à ses modèles, La Motte et Fontenelle, que le goût se soit absolument perdu, et sur nos théâtres et dans nos ouvrages. M. de Voltaire et quelques-uns de nos philosophes ont préservé la nation de la contagion du faux bel esprit et de la corruption du style. Il n'y a pas longtemps que les bureaux d'esprit, avec une femme pour présidente, décidaient de tout en dernier ressort sur des principes si mesquins qu'un homme de génie dût être dégoûté de travailler pour de pareils juges. Aujourd'hui le goût de la philosophie a ruiné de fond en comble les préventions de nos petits connaisseurs.

— Malgré la sévérité de goût que nous devons aux progrès de la raison, nous sommes inondés d'une quantité de mauvais vers. Il est vrai que personne ne les lit, et que leurs auteurs jouissent de la réputation qu'ils méritent. Parce que M. Colardeau a bien chanté M. le duc de Choiseul, tous nos mauvais poëtes ont voulu célébrer les efforts que l'on fait pour rétablir la marine de France. Un certain M. C..., dont je ne sais pas le nom, a fait une ode sur les vaisseaux offerts au roi. M. d'Arnaud a fait un poëme à la nation. C'est un cruel poëte que M. d'Arnaud, pour avoir une grande pompe de mots sans l'ombre d'une idée. M. le chevalier de Laurès, autre cruel poëte, a adressé aux Français une ode intitulée *la Navigation*. Tous ces différents poëmes, qu'on ne saurait lire sans sécher d'ennui, sont élevés par nos différents journalistes jusqu'aux nues, parce que chaque petit poëte fait sa cour à l'un de ces messieurs. Il est vrai que tous ces pompeux éloges ne leur procurent pas même un succès éphémère, et qu'il n'y a tout au plus que les étrangers qui puissent être attrapés par la mauvaise foi de nos faiseurs de feuilles.

Un autre genre qui exerce nos poëtes depuis quelque temps, c'est l'héroïde. Cette manie date depuis le succès d'une héroïde de M. Colardeau, intitulée *Abélard*. Un jeune homme, M. de La Harpe, en a fait quelques-unes de passables; toutes les autres ne méritent pas d'être lues. Il en paraît deux nouvelles depuis peu. Dans la première, Hécube écrit à Pyrrhus; dans la seconde, c'est Philoctète qui parle à Pœan, son père. Avec un peu de bon sens, nos jeunes gens sentiraient que rien n'est moins propre que la poésie française à faire parler d'antiques personnages, et qu'elle leur donne un air phrasier insupportable à un homme de goût.

Nous avons encore depuis peu, en fait de vers, une romance de *la Nouvelle Héloïse*. C'est le roman de M. Rousseau mis en mauvais couplets; une satire assez froide sur le goût du siècle; une réponse de M. de Voltaire aux épîtres du diable. Le diable écrivait l'année dernière de bien mauvaises choses à M. de Voltaire: celui-ci répond cette année en bien mauvais vers. La raison en est simple: c'est que ni l'un ni l'autre n'est l'auteur des épîtres qu'on a imprimées sous leur nom.

Ce qu'on peut acheter cette année pour entretenir le goût de la poésie française se réduit à deux volumes assez joliment imprimés sous le titre de *Trésor du Parnasse, ou le Plus Joli des recueils*[1]. Cette compilation contient des pièces fugitives de nos meilleurs poëtes, que tout le monde est bien aise d'avoir dans son portefeuille. Il y en a de médiocres, mais il y en a aussi qui font grand plaisir, et qu'on relit aussi de temps en temps.

— *Mes dix-neuf Ans, ouvrage de mon cœur*[2], est encore un petit recueil de vers de quelque jeune homme. Il y a à la fin une mauvaise parodie de *la Belle Pénitente*. Tout cela n'est regardé de personne. M. de Sauvigny, qui est connu parmi nos faiseurs de vers, a publié un petit volume d'*Odes anacréontiques*[3].

---

1. Ce recueil, colligé par Bérenger et Couret de Villeneuve, a été terminé en 1770, et les six volumes dont il se compose ont alors reçu un nouveau titre portant cette date.

2. (Par Farmian de Rozoy.) A Kusko, chez Naïf, libraire, à la Sincérité, 1762, in-12.

3. 1762, in-12.

On ne peut pas dire que cela soit détestable; mais tout ce qui n'est que médiocrement bon en ce genre ne mérite point d'attention. Il faut avoir les grâces, la facilité, cette heureuse négligence de Chaulieu et de La Fare, ou bien le coloris séduisant de M. de Voltaire, quand on veut se mêler de faire des odes anacréontiques. On a, comme vous voyez, imprimé une grande quantité de vers cet hiver; il faut espérer que ce sera pour longtemps, et que nos poëtes nous permettront de respirer.

— Si nous sommes las de poésie, ce n'est point de celle qui porte le caractère et l'empreinte du génie. Les poésies erses dont on a donné successivement la traduction dans le *Journal étranger* ont eu un grand succès à Paris. Cela est, en effet, beau comme Homère. On espère que M. Suard continuera à enrichir notre littérature de ces précieux monuments, au lieu de les éparpiller dans le *Journal étranger*. Il serait à désirer qu'il eût le temps de les publier tous ensemble dans un recueil. En attendant, Mme la duchesse d'Aiguillon en a traduit un qui a pour titre *Carthon*, et qui a été imprimé séparément[1]. Quoique ce ne soit pas le meilleur des poëmes erses, et que Mme d'Aiguillon n'ait pas la correction et l'exactitude de M. Suard, sa traduction a pourtant fait plaisir. Le héros de ce poëme, Carthon, est massacré dans un combat par son propre père dont il n'est point connu. Vous trouverez cette même situation dans *la Henriade*. Elle est manquée dans le poëme erse. Dans un autre de ces poëmes inséré dans le *Journal étranger* du mois de février, et intitulé *Oïthona*, vous trouverez la situation de Tancrède et de Clorinde expirants, qui vous fait tant de plaisir dans le Tasse. C'est un amusement de bon goût que de comparer deux pinceaux admirables qui ont traité le même sujet. De ces poésies erses, ce ne sont pourtant pas ces poëmes à situations à qui je donnerais la palme. Je leur préférerais ceux qui sont plus simples. Une maîtresse s'occupant de son amant, qui est allé combattre, ou bien lui faisant ses adieux parce qu'il part pour la guerre de Fingal; une tombe élevée aux cendres d'un héros : voilà de ces pièces où l'on ne peut souffrir un mot qui ne soit sublime, qui ne soit d'un goût grand, exquis et rare. Ce caractère est très-difficile à trouver : c'est celui de Raphaël, en peinture; celui de Pergolèse et

---

1. Londres, 1762, in-12.

de Hasse, en musique; et en poésie, celui du poëte erse, de Gessner et des anciens Grecs. En conséquence de ce goût décidé pour la simplicité et de la conviction où je suis qu'il est plus aisé d'imaginer et de traiter une situation qu'une chose simple, je préfère les morceaux erses qui ont paru dans le *Journal étranger* de l'année dernière, aux poëmes de *Lathmon* et *Oïthona* qui ont été publiés dans les derniers numéros du journal, quoique je sois bien éloigné de les trouver sans beauté.

— On a publié en Hollande un *Manuel militaire, ou Cahiers détachés sur les différentes parties de l'Art de la guerre*. Il n'en paraît encore que le premier cahier, qui roule sur les convois. A en juger par cet essai, ce manuel sera d'une étendue considérable ; reste à savoir s'il sera bien fait.

— On a fait depuis peu une édition de l'*Instruction militaire du roi de Prusse pour ses généraux et ses troupes*. Cet ouvrage a été traduit de l'allemand par M. Faesch, officier saxon. Ceux qui connaissent l'original m'ont assuré que la traduction n'était pas bien faite. Au reste, cette instruction a été trouvée sur un officier général prussien fait prisonnier. M. Faesch n'a pas connu sans doute la lettre du roi de Prusse dont elle était accompagnée, et qui mériterait bien aussi d'être publiée. Les gens du métier regardent l'*Instruction militaire* comme le meilleur ouvrage que nous ayons sur la guerre. Mais il ne faut pas être du métier pour sentir que c'est l'ouvrage d'un grand général, d'un grand roi, d'un homme de génie. Cet homme de génie a fait, il y a quelques années, une *Oraison funèbre de Mathieu Reinhardt, maître cordonnier* ; car quand on a déconcerté, pendant neuf mois de l'année, les mesures et les efforts de l'Europe réunie, que peut-on faire de mieux en quartier d'hiver, pour se délasser, qu'un panégyrique de maître Reinhardt, cordonnier? Les singes ne manquent jamais l'occasion de contrefaire. Je ne sais quel est celui qui a fait imprimer l'*Oraison funèbre de très-habile, très-élégant, très-merveilleux Christophe Scheling, maître tailleur de Paris, prononcée le 18 février 1761 dans la salle du célèbre Alexandre, limonadier au boulevard*. Il n'y a ni gaieté, ni folie, ni verve, dans cette plaisanterie ; cela n'est que plat. M. Scheling était le plus fameux tailleur de Paris. Les princes et les seigneurs avaient coutume d'aller à son audience pour obtenir la faveur d'être habillés par lui. Après le comte de Saxe, M. Scheling était un des plus beaux présents que l'Allemagne eût faits à la France.

— *Mémoire sur l'agriculture, et en particulier sur la culture et le défrichement des champs; sur la nourriture et l'entretien des bestiaux et le gouvernement des pacages; sur la nourriture des poissons et l'administration des étangs*, par M. Le Large, avocat au Parlement. Voilà encore un ouvrage sur la science à la mode. Il n'en paraît que le premier volume in-12. L'auteur se propose de remplir les différents objets de son titre par plusieurs mémoires détachés qu'il donnera successivement. Reste à savoir comment il remplira ses engagements.

— Il paraît une brochure de quatre-vingts pages intitulée *de l'Esprit*, par M. de V\*\*\*. A Genève, 1762 [1]. C'est pour vous faire accroire qu'elle nous vient de M. de Voltaire qu'on a mis la lettre initiale de son nom avec la ville de Genève. Mais le véritable auteur de cette brochure, que je ne connais pas d'ailleurs, est trop honnête homme pour ne pas démentir son titre, dès la seconde ou troisième page, et vous faire voir que vous avez affaire à un grand bavard qui parle de l'esprit comme les aveugles de la couleur.

— *Bibliothèque des petits-maîtres, ou Mémoire pour servir à l'histoire du bon ton de l'extrêmement bonne compagnie* [2]. Dieu nous préserve de la lecture de ces platitudes-là.

— *Les Intrigues historiques et galantes du sérail, sous le règne de l'empereur Sélim*. Deux petites parties. C'est un mauvais roman qui pourrissait dans quelques magasins de librairie, et dont on a imprimé le titre avec l'année courante pour tâcher de le vendre [3].

15 avril 1762.

— On prétend que la compilation intitulée *le Plus Joli des recueils* a été faite par M. Thomas, qui a remporté plusieurs

---

1. Quérard ne cite pas cette brochure parmi les ouvrages attribués à Voltaire, et nous n'avons pu en retrouver la trace.

2. M. Ch. Monselet est loin d'être aussi sévère : « De l'esprit, et du meilleur; de la malice à fleur d'eau, de l'érudition dissimulée avec grâce, du raisonnement, voilà ce qui compose ce livre agréable de tous points. » (*Galanteries du xviiie siècle*, p. 110.) L'auteur de la *Bibliothèque des petits-maîtres* est Charles Gaudet.

3. La *Bibliographie des ouvrages relatifs à l'amour* suppose aussi, sans l'affirmer, que les *Intrigues historiques et galantes* sont le même livre que les *Intrigues du sérail, histoire turque*, par Malebranche, La Haye, 1739, 2 parties in-12.

prix de l'Académie française, et qui a depuis peu quitté le collége de Beauvais pour s'attacher à M. le duc de Choiseul, ministre des affaires étrangères. Il est sûr que ce recueil est fait avec plus de soin que nos compilateurs ordinaires n'ont coutume d'y en mettre. Nous allons continuer l'usage de donner des suppléments à ces sortes de recueils, en insérant dans ces feuilles des morceaux qui n'ont jamais été imprimés. Voici d'anciens vers attribués à M. de Voltaire.

### A MADEMOISELLE DE ***.

Vous objectez toujours votre âge;
Pouvant jouir, vous regrettez :
Sur vos pas le plaisir volage
Veut se fixer; vous le quittez.

Vous ne vous croyez qu'estimable,
Et vous ne voulez qu'estimer;
Tout le monde vous trouve aimable,
Pourquoi refusez-vous d'aimer?

Des premiers feux de notre aurore
Au crépuscule de nos jours,
Il est un intervalle encore
Que doivent remplir les amours.

Comme au milieu de ses journées
Phébus rassemble tous ses feux,
C'est au midi de nos années
Que l'Amour comble tous nos vœux.

Tendre, complaisant et solide,
Plus vrai sans être moins charmant,
Il devient d'autant plus timide
Qu'il connaît mieux le sentiment.

Ce dieu vient de tracer lui-même
Ces vers dictés par la raison.
Quand on peut trouver qui nous aime,
L'amour est toujours de saison.

— L'esprit humain a, ainsi que le corps, ses épidémies dont les causes obscures et cachées échappent aux plus clairvoyants.

On peut dire encore qu'il y a un point de maturité dans les esprits comme dans les fruits, et, ce point arrivé, telle erreur, qui s'est soutenue d'elle-même pendant des siècles, tombe sans que personne ait secoué l'arbre, et malgré tous les efforts de ceux qui profitent de l'aveuglement des peuples. Ce n'est pas qu'à tout prendre un siècle vaille mieux qu'un autre. La masse générale est, je crois, toujours la même : quelques modifications différentes ne sauraient changer le caractère universel; mais les hommes étant d'une nature instable, et par conséquent forcés de passer de révolutions en révolutions, le temps amène tout, et les effets surprenants sont produits par des choses si simples, si inévitables, si nécessaires, que si nous avions les yeux assez fins pour pénétrer leurs ressorts, tout ce qui en résulte cesserait de nous paraître étonnant. Il ne faut pas douter que ce qui arrive aux frères se disant de la société de Jésus ne soit un événement bien étrange et des plus mémorables. Celui qui aurait dit, le 1er janvier 1761, que, le 1er avril 1762, leurs colléges seraient fermés à Paris, et leurs novices congédiés, aurait certainement passé pour fou. Cette révolution, si elle s'achève, en amènera bien d'autres. On pourrait calculer, dès à présent, l'année où il n'y aura plus de moines d'aucune espèce en France, malgré la nécessité et la sainteté du célibat chrétien. L'anéantissement d'un corps aussi intolérant, aussi persécutant, aussi remuant que celui des jésuites pourrait amener un siècle de tolérance. La haine de la philosophie s'affaiblirait, et il n'y aurait plus de potence pour les huguenots. Toute cette suite de grands changements aurait eu pour époque les lettres de change du P. La Valette. Depuis le *Compte rendu* au parlement de Bretagne, par M. de La Chalotais, procureur général du roi, ouvrage dont il s'est vendu jusqu'à douze mille exemplaires en moins d'un mois, ce qui a le plus fixé l'attention du public sur cet objet, c'est l'arrêt du parlement de Provence et le discours de M. Le Blanc de Castillon, avocat général du roi, qui s'y trouve inséré. Ce discours a eu un grand succès. En attendant, le Parlement de Paris a fait publier un gros volume in-4° de plus de cinq cents pages d'impression à deux colonnes, sous le titre d'*Extraits des assertions dangereuses et pernicieuses en tous genres que les soi-disant jésuites ont dans tous les temps et persévéramment soutenues, enseignées et publiées dans leurs livres, avec l'approbation de leurs supérieurs et généraux.* Vous trouverez dans ce recueil immense toutes les absurdités de la philosophie scolastique qui a régné pendant des siècles, non pas seulement chez les jésuites, mais dans tout le monde chrétien. C'est une des grandes obligations que le genre humain a à cette belle religion d'avoir plusieurs siècles de suite fixé les meilleurs esprits qui, du temps des Grecs et des Romains, auraient servi leur patrie par leurs talents supérieurs dans les affaires, dans les sciences, dans les arts de la paix et de la guerre, de les avoir entièrement fixés, dis-je, dans cette étude de la science absurde appelée en grec théologie; en sorte que les ressources et les efforts du génie qui, dans des siècles plus heureux, auraient servi à la gloire et au bonheur des nations, ont été tous employés à des discussions puériles, à des distinctions scolastiques, à des finesses d'une doctrine absurde, subtile, inintelligible, dont le moindre tort est de n'avoir pas le sens commun. Cette absurde philosophie a disparu. Je sens qu'elle a pu faire grand tort aux esprits. Mais je ne crois pas qu'elle ait pu influer sur la morale, dont les vrais principes me paraissent éternels, invariables, inébranlables, gravés en un mot dans nos cœurs de telle manière qu'il n'y a point de jésuite ni de jacobin au monde qui puisse les corrompre par ses syllogismes, de même que nous n'avons pas d'inspiré ni d'envoyé de Dieu qui puisse les y conserver. Nous ne croirons donc point, malgré le respect que nous devons à nos seigneurs du Parlement, que les jésuites, en vertu de leurs casuistes du xvi<sup>e</sup> et du xvii<sup>e</sup> siècle, aient pu dans le xviii<sup>e</sup> professer et inspirer la vilaine doctrine du régicide. De telles horreurs ne s'enseignent que dans des siècles barbares. Le vrai crime de la société de Jésus est cette ambition démesurée, cette intolérance, cet esprit de persécution, qui font son caractère, au moyen duquel elle n'a cessé d'exciter des troubles depuis qu'elle existe. Il est vrai que si le Parlement n'eût objecté aux jésuites que leurs torts réels, il n'aurait convaincu personne, et les frères soi-disant jésuites se seraient moqués de lui, au lieu que tout le monde est frappé des assertions pernicieuses, dangereuses, de ces vieux casuistes. Une sainte horreur s'empare du peuple, et l'on est persuadé que les jésuites passent leur vie à parler à leurs écoliers de meurtres, d'assassinats et d'abominations. La raison a un si grand empire sur les hommes que, quand elle veut réussir, il faut qu'elle prenne le manteau du préjugé et de l'erreur.

L'ouvrage de M. de La Chalotais ayant fait une si prodigieuse impression dans le public, les jésuites ont cru devoir y opposer une réponse[1]. Cette réponse est attribuée assez généralement au P. Griffet, jésuite fort connu. D'autres disent qu'elle est de M. Villaret, continuateur de l'*Histoire de France* de l'abbé Velly. Quel que soit l'auteur de cette apologie jésuitique, on peut certifier que son ouvrage est bien plat et bien bête, d'autant qu'avec les mêmes matériaux il eût été aisé de faire une apologie à laquelle il eût été impossible de répondre. Avec un peu de subtilité, on aurait montré qu'on ne peut rien dire, contre l'institut des jésuites, qui n'attaque l'Évangile dans quelques-uns de ses principes; en marquant un extrême respect pour le caractère du magistrat qu'on avait à combattre, on aurait fait sentir que ce n'est pas le système de Loyola, de Lainez, d'Aquaviva, mais celui de saint Paul que les parlements ont entrepris de renverser. Cette espèce de défense n'aurait pas couvert des philosophes; mais aucun magistrat du royaume catholique n'aurait pu y répondre avec bienséance. Au lieu de cette adresse si naturelle, l'antagoniste de M. de La Chalotais lui manque d'abord d'égards; il lui oppose ensuite des raisonnements si pitoyables que l'homme le mieux disposé pour la société de Jésus ne saurait s'en payer. Les bons moyens de défense sont même présentés dans cette apologie d'une manière si absurde qu'ils doivent nécessairement manquer leur effet. Il y aura cependant des gens qui seront étrangement scandalisés d'apprendre que les principes de M. de La Chalotais sont ceux du président de Montesquieu et de l'*Encyclopédie*. Il est certain que les jésuites de robe courte, ainsi que ceux de robe longue, ne sauraient s'accommoder des principes de cette philosophie.

— M. l'abbé Raynal a composé par ordre du gouvernement un ouvrage intitulé *École militaire*, en trois volumes, dans lequel il a rassemblé les principaux traits d'activité, d'intelligence, d'humanité, de présence d'esprit, de fermeté, d'héroïsme, que l'histoire a consacrés pendant les trois derniers siècles. On

---

1. *Apologie générale de l'institut et de la doctrine des jésuites*, 1762, in-8° et in-12. Plusieurs éditions. Ce livre aurait été rédigé par le P. Cérutti sur les matériaux fournis par les PP. J. de Menoux, Grou et Griffet.

y a mêlé aussi des traits d'ignominie ; car l'histoire doit être le fléau des méchants comme elle doit conserver le souvenir des grandes vertus et des grands talents. Le ministre a cru un tel ouvrage propre à ranimer l'amour du service et de la discipline militaire, qu'on se plaint tant depuis quelques années de voir disparaître de plus en plus parmi nous. Il faut convenir qu'on lit cette compilation avec un médiocre plaisir, soit que les traits ne soient pas toujours bien choisis, ni bien frappants, soit qu'on ne les ait point présentés avec la force, la chaleur et le sentiment qu'ils exigeaient. On est tout étonné qu'un livre qui devrait être au moins amusant ne fasse aucun plaisir à lire ; et cela me persuade que M. l'abbé Raynal n'a pas donné à ce recueil le soin dont il est capable. Il est vrai qu'il faudrait, s'il m'est permis de me servir d'un terme mystique, cette chaleur vivifiante de Plutarque qui gagne et embrase le lecteur malgré lui, ce sentiment profond de la vertu qui pénètre tous ceux qui en approchent pour composer un ouvrage comme *l'École militaire* de manière à faire une forte impression. Et Montesquieu n'aurait pas été trop grand pour remplir une telle tâche. Quant au but qu'on se propose, de ranimer la discipline militaire, je crois qu'il faut employer pour cela d'autres moyens que celui de compiler des faits historiques, et d'en ordonner la lecture aux jeunes gens qui se destinent au service, et même dans les chambrées des soldats, comme M. l'abbé Raynal paraît le désirer. L'exemple et la sévérité maintiennent plus sûrement la discipline que toutes les lectures du monde. Le relâchement est infaillible lorsque l'impunité est assurée à ceux qui osent mal faire ; tout est perdu lorsque le mérite n'est plus un titre exclusif à la récompense, et qu'elle est de préférence accordée à la faveur. Voilà beaucoup plus de raisons qu'il n'en faut pour ruiner la discipline, faire disparaître les talents et le patriotisme. Ceux qui attribuent ces sinistres effets au goût de la philosophie qui s'est répandu dans la nation ne connaissent guère les hommes ni ce qu'on en peut faire. Les Anglais cultivaient la philosophie dans un temps où nous étions encore bien jolis et bien ignorants. Elle est aujourd'hui plus généralement répandue chez eux que chez nous ; et certainement elle ne leur a pas désappris le métier de la gloire. Byng fut sacrifié au commencement de la guerre, innocemment peut-être, du moins pour une faute légère. Voilà peut-être la véritable source de tous les succès des Anglais. Dans le choix, on aime mieux risquer sa vie avec gloire contre les ennemis de la patrie que de mourir avec ignominie sur un échafaud. Mais lorsqu'il est égal de bien ou mal faire, le devoir n'est plus compté pour rien et le patriotisme expire avec toutes les vertus dont il est la source. Annibal et César n'avaient point d'*École militaire* à faire lire aux compagnons de leurs travaux et de leur gloire; et j'ai bien peur que ceux qui veulent se former aux grandes actions par de tels moyens ne fournissent de leur vie un trait à M. l'abbé Raynal à insérer dans son répertoire. Au reste cet auteur se propose de donner un quatrième volume dans lequel on recueillera toutes les traditions qui se sont conservées dans les différents régiments à l'honneur du corps. Les officiers de toutes les nations sont invités à fournir des traits et des anecdotes pour concourir à cette éducation militaire.

— On a fourni un troisième tome aux *OEuvres du Philosophe de Sans-Souci*, et un quatrième en forme de supplément. Dans ces deux volumes on trouve quelques pièces de vers, plusieurs fragments, diverses lettres, quelques morceaux académiques, rien qui ne soit connu de tout le monde depuis longtemps. Il suffit de l'avidité d'un libraire pour former de ces compilations que le nom de l'auteur fait vendre avec rapidité. On achèterait celle-ci avec plaisir si elle n'était pas défigurée par une multitude de fautes grossières. On assure que *le Palladion*, poëme épico-comique du grand homme qui a osé joindre le titre de philosophe à celui de roi, s'est trouvé imprimé il y a trois mois à Paris [1]. Quoi qu'il en soit, le magistrat a pris à cet égard des mesures si justes qu'il n'en a pas paru un seul exemplaire.

— *L'Amateur, ou Nouvelles Pièces et Dissertations françaises et étrangères pour servir au progrès du goût des beaux-arts* [2]. Il n'en paraît encore que deux parties, dont l'une traite de la musique, et l'autre de la peinture, rapsodies qui n'ont rien d'intéressant. J'ai pris depuis longtemps les amateurs en aversion, et je doute que celui-ci me réconcilie avec eux. C'est un

---

1. Cette édition est restée inconnue à Quérard.
2. (Par La Combe de Prézel.) Paris, 1762, 2 vol. in-12.

mot d'or que celui de notre célèbre Pigalle, quand on lui demanda qui est-ce qui se connaissait en sculpture et en arts : « Tout le monde, répondit-il, excepté les connaisseurs. »

— Mᵐᵉ de Beaumer, qui fait un *Journal des Dames* que personne ne lit, se propose de faire l'*Histoire militaire des régiments de France* [1]. Cette histoire aura le même objet que l'*École militaire* de M. de Raynal. Ainsi nos guerriers n'ont qu'à faire de grandes choses, les panégyristes ne leur manqueront pas.

— On a traduit de l'italien la *Vie de Philippe Strozzi* [2], cet illustre commerçant de Florence et rival de la maison de Médicis, connu par ses grandes qualités et par sa fin tragique. On ne trouve rien de cette vie qui ne soit su de ceux qui ont étudié cette partie intéressante de l'histoire de Florence.

— M. Barbeu-Dubourg, médecin de la Faculté de Paris, non content de nous donner régulièrement la *Gazette d'Épidaure*, vient de publier des *Anecdotes de Médecine* [3]. Cela est aussi léger de médecine que de philosophie malgré l'affectation de l'une et de l'autre. M. Barbeu-Dubourg est un médecin bel esprit, tout à fait déplaisant pour ceux qui ne se payent pas de phrases ni de lieux communs.

— Un certain M. David a publié des *Recherches sur la manière d'agir de la saignée* [4]. La fureur d'écrire s'étend sur tous les objets ; mais jamais les bons livres n'ont été plus rares qu'aujourd'hui. Celui de M. David ne diminuera pas cette disette.

— *Épîtres sur divers sujets* [5]. M. Barthe a intitulé ainsi le recueil de ses poésies, qu'on peut en toute sûreté se dispenser de lire. On y trouve entre autres un éloge de Mᵐᵉ du Bocage, si absurde et si exagéré qu'elle doit en savoir très-mauvais gré à l'indiscrétion du poëte.

— *L'Art de sentir et de juger en matière de goût*, deux

---

1. Cette histoire est, croyons-nous, restée à l'état de projet.
2. (Traduit de Lorenzo Strozzi, par J.-B. Requier.) La Haye et Paris, 1762, in-12.
3. Paris, 1762, in-12. Barbier, qui consacre à ce livre une note assez longue, dit qu'il est de P.-J. Dumonchaux, alors médecin militaire à Douai.
4. Paris, 1762, in-12.
5. Quérard mentionne ce livre sans indiquer sa date et son lieu de publication.

petits volumes [1]. Voilà encore un bavard qui s'appelle M. Séran de La Tour, et avec qui vous serez fâché d'avoir perdu votre temps.

— *Le Rêve d'un Aristarque* [2] est une ennuyeuse satire sur plusieurs matières du jour.

— On a traduit ici une nouvelle lettre au comte de Bute sur la rupture de l'Angleterre avec l'Espagne [3]. Le même auteur, qui a prouvé aux Anglais qu'ils ont tort de faire la guerre aussi heureusement, leur démontre dans cette lettre qu'ils ne retireront aucun avantage de leur guerre avec l'Espagne. C'est un pauvre raisonneur et un pauvre politique que l'auteur de ces lettres.

— *Traité des pierres précieuses, et de la manière de les employer en parure*, par M. Pouget, joaillier, volume in-4° avec des figures. Il me semble qu'on fait cas de cet ouvrage.

— Un jeune homme, M. Anquetil, vient de revenir en France, après un séjour de plusieurs années fait dans l'Indoustan où il a étudié avec une application peu commune la langue et la religion des Parsis ou Guèbres, ou adorateurs du feu, dont la secte se conserve dans ces contrées, malgré le culte dominant du pays. On dit que M. Anquetil nous apporte les livres de Zerdust que nous avons appelé Zoroastre, c'est-à-dire les livres sacrés des Parsis. Il a fallu une grande patience et beaucoup de ruses pour les attraper. Notre voyageur se propose de les rendre publics, et de nous faire part de ses observations. L'Académie des inscriptions et belles-lettres ne tardera pas à l'associer à ses travaux. Lorsqu'il nous aura dit tout ce qu'il a appris, nous aurons une preuve de plus de l'imperfection et de l'incertitude de nos connaissances. Mais comme M. Anquetil paraît modeste et sage, du moins on pourra compter sur ce qu'il dira. Au reste ce jeune savant n'est pas si bien revenu de ses voyages qu'il ne soit tenté de les recommencer, et il est à présumer qu'il sera encouragé dans ses projets par le gouvernement.

— M. Toussaint a fait, il y a douze ou quinze ans, un livre

---

1. (Par l'abbé Séran de La Tour.) Plusieurs fois réimprimé.
2. Inconnu aux bibliographes.
3. Voir tome IV, page 488. Quérard et Barbier ne mentionnent pas cet opuscule de Genet.

médiocre intitulé *les Mœurs*. Cet ouvrage fut brûlé dans le temps, et fit beaucoup plus de bruit qu'il n'en devait faire par sa valeur. Il a été oublié depuis. L'auteur, ayant mal fait ses affaires en France, s'est établi, il y a quelque temps, à Bruxelles où il écrit la gazette de cette ville, qui peut se disputer avec le *Courrier d'Avignon* l'honneur d'être le plus impertinent ouvrage de ce genre. Apparemment que M. Toussaint a réfléchi que, dans les États de Sa Majesté Apostolique, il convenait d'être bon catholique romain, et comme son livre passait pour prêcher le déisme à chaque page, il vient de publier un gros volume d'*Éclaircissements sur les mœurs*[1], qui contient la palinodie la plus plate et la plus insipide qu'on puisse lire.

## MAI

1er mai 1762.

L'Université de Paris, consultée par le Parlement sur la manière la plus convenable dont les jésuites pourront être remplacés dans l'institution de la jeunesse, a cru devoir publier l'avis qu'elle a donné sous le titre de *Mémoire de l'Université sur les moyens de pourvoir à l'instruction de la jeunesse et de la perfectionner*[2]. On dit que ce mémoire a été rédigé par M. Combalusier, docteur régent de la Faculté de médecine de Paris, connu par quelques ouvrages de sa profession, et employé ci-devant par la Faculté dans le procès qu'elle eut pendant longtemps avec la chirurgie, profession au moins aussi honorable et moins chimérique que celle de la médecine.

On s'attendait de la part de la première Université de l'Europe à un mémoire lumineux dans une occasion aussi importante, et l'on est tout étonné de n'y trouver, pendant soixante pages de suite, que de vaines protestations de zèle sans aucune

---

1. S. l. (Amsterdam), 1762, in-12.
2. Paris, 1762, in-12.

vue vraiment utile. Tout se réduit à dire qu'il n'y a que les Universités qui soient propres à élever la jeunesse; à cela on pourrait dire : « Monsieur Josse, vous êtes orfèvre »; qu'on ne doit pas confier l'éducation à des moines : c'est une vérité que le sens commun a apprise depuis longtemps aux têtes les plus bornées; enfin qu'on doit honorer et bien payer les professeurs : c'est encore une chose fort à sa place. Il est seulement fâcheux qu'à Paris les noms de pédants et de professeurs de l'Université soient devenus synonymes, ce qui fait qu'aucun homme de lettres d'une certaine façon ne se soucie d'occuper une chaire de l'Université. C'est à ce préjugé, dont il serait trop long de dévoiler les causes, qu'il faut attribuer la décadence de l'Université de Paris, et le peu de lustre qu'elle a conservé dans le royaume et en Europe. En Allemagne et en Angleterre les hommes les plus éminents dans une science s'honorent du titre de professeur; en France, M. Clairaut ou M. d'Alembert dédaignerait de prendre une chaire de géométrie, et si quelques gens de mérite occupent des chaires au Collège royal, ce n'est point du tout pour y donner leçon, mais simplement pour en toucher les émoluments.

Il eût été digne d'un siècle éclairé (car c'est l'épithète que nous aimons à donner au nôtre) de saisir le moment de cette révolution étonnante qui ôte aux jésuites l'éducation de la jeunesse en France, pour tracer un plan plus sage, plus raisonné, moins gothique que celui suivant lequel nous disposons des quinze ou dix-huit premières années de nos enfants. Tout le monde se plaint de l'insuffisance et des abus de l'éducation des collèges. Tout ce qu'on en peut dire de moins outré, c'est que les enfants en sortent complètement inaptes à tous les états de la société, à moins que vous ne comptiez parmi les professions celle d'un faiseur d'arguments, sans doute la moins nécessaire et la plus absurde qu'un homme sensé puisse embrasser. Si l'on comptait le nombre d'excellents esprits que cette philosophie scolastique a gâtés depuis tant de siècles, si l'on pensait à l'influence cruelle que cette contagion dogmatique a eue sur le bonheur du genre humain, on cesserait de regarder l'enseignement de cette philosophie argumentante comme une chose indifférente et de peu d'importance; on regarderait plutôt comme un bienfaiteur du genre humain celui qui pourrait ôter aux hommes cette fureur d'argumenter dont ils sont possédés depuis tant de siècles, et qui a fait de l'histoire moderne un tableau si atroce et si absurde. On ne regarderait pas comme un temps perdu celui que l'on passe dans les classes et sur les bancs, on le regarderait comme un temps passé dans un lieu infect d'où les meilleurs esprits se retirent à peine sans contagion, et où le grand nombre rétrécit ses têtes, et fait provision de sottises et d'emphase et de pédanterie pour le reste de ses jours. Je suis bien éloigné de blâmer l'étude des langues anciennes; je suis même persuadé que l'enfance est le seul temps où l'on puisse les apprendre avec la moindre peine possible. Il y a des opérations très-pénibles dont le succès paraît appartenir à l'enfance. L'enfant le plus borné apprend à lire et à écrire avec plus de vitesse et moins de peine qu'il n'en faudrait à l'homme le plus spirituel dans un âge avancé. Mais ce qu'on ne saurait dissimuler c'est que les jeunes gens sortent des colléges sans savoir ce latin avec lequel on les a occupés plusieurs années de suite; aucun ne comprend les meilleurs auteurs de l'antiquité qu'il a eus sans cesse entre les mains; nul ne se forme le goût sur ces modèles, et cela est d'autant moins étrange que le pédagogue lui-même n'a ni goût ni sentiment, et explique depuis des années ce qu'il n'a jamais entendu.

Le mémoire de l'Université n'indique aucun remède contre ces maux. Il s'étend beaucoup sur l'inconvénient de confier la jeunesse à des moines. Mais qu'importe de qui vos enfants apprennent à être absurdes; que ce soit des jésuites ou des prêtres séculiers, cela est assez indifférent. Il est de fait qu'un écolier ne sort pas mieux formé des colléges de l'Université que de celui des jésuites. L'Université se serait honorée en avouant les imperfections de son éducation, et en traçant un plan de réformes qu'elle aurait pu soumettre avec la plus respectueuse sensibilité à la haute sagesse de l'auguste sénat vulgairement appelé Messieurs de la Cour du Parlement. Vous voyez que je ne change rien au style élevé de l'auteur du mémoire; mais est-il possible qu'un homme qui se résout à coudre de ces phrases l'une après l'autre ait une vue sensée? cela est très-difficile.

Dans ce plan d'études, il fallait abolir pour jamais cette absurde philosophie qui règne dans les écoles. Il est évident que des deux sciences qui dans notre institution, absorbent entièrement, les facultés de la jeunesse, l'une, la métaphysique, devrait être absolument réservée pour l'âge mûr. Un homme doit avoir acquis toutes les connaissances possibles avec une maturité de tête convenable, lorsqu'il s'adonnera à cette science, qui dans une tête faible et sans consistance ne produira que des chimères; l'autre, la logique, ne devrait être enseignée aux enfants que d'une manière pratique, c'est-à-dire en leur apprenant, par un exercice continuel et bien raisonné des facultés de leur esprit, à perfectionner l'instrument dont ils doivent se servir toute leur vie, à en connaître les défauts, à les corriger, à lui donner peu à peu les qualités dont il est susceptible : toute autre logique didactique n'est propre qu'à faire des enfants des perroquets et des pédants.

Excepté l'étude de la grammaire et des langues, tous les autres exercices de la jeunesse ne devraient pas se faire dans ces halles fermées qu'on appelle classes, mais dans les lieux publics, dans les promenades, dans les champs, dans les ateliers, etc. Outre les exercices du corps, qui devraient occuper une grande place dans l'instruction publique, l'étude de l'histoire de la nature et des arts mécaniques devrait remplir tout le temps qui reste. Cette étude intéresse et amuse les enfants. Quelque profession qu'ils embrassent par la suite, il n'y en a aucune où l'on n'ait besoin de connaître les différentes ressources que la nature a présentées aux hommes, celles qu'ils ont perfectionnées par leurs travaux et par les efforts communs de la société. Il est de fait que cette étude a un attrait naturel pour tous les hommes, 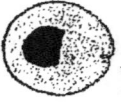 et qu'on devrait le leur démontrer dès la première enfance. Il est évident aussi qu'il sera beaucoup plus utile à un jeune homme qui sort du collège de savoir comment se font les souliers qu'il porte que de connaître tous les arguments *in barbara* ou *in baroco*. L'ignorance où on laisse les jeunes gens à cet égard ne se répare jamais. Il n'est plus temps de courir les boutiques des artisans lorsque vous avez pris un état, et mille connaissances utiles dont on vous a privé dans votre enfance vous resteront cachées pour toute votre vie.

Ces réflexions, qu'il serait aisé d'étendre, vous donneront l'idée d'un plan d'éducation raisonnable et facile à exécuter. J'ai dit que les exercices du corps en font une partie importante, parce qu'il est hors de doute que la vigueur et l'agilité du corps et de ses organes ont une influence considérable sur les facultés de l'âme; il est bien malheureux que les exercices du corps soient presque passés de mode en France. Les Anglais ont aujourd'hui à cet égard autant de supériorité sur nous que par le sort des armes. On reconnaît un seigneur anglais à cent pas par l'aisance, la fermeté et la grâce de ses mouvements, et il ne faut pas croire que cette vigueur du corps n'influe pas sur l'élévation et le courage d'une âme généreuse. En France, la race a dégénéré à proportion qu'on a négligé les exercices du corps. Cette race de beaux et grands hommes qui composaient la cour de Louis XIV a entièrement disparu. Dans cette classe de jeunes seigneurs qui ont débuté dans la guerre de 1741, s'il s'en est trouvé de beaux et de grands, ils sont en petit nombre, et on peut remarquer qu'aucun de ceux-là n'a été élevé à Paris ou à la cour. Depuis, la paume et d'autres exercices d'adresse et de force sont complétement tombés; nos jeunes gens ne s'appliquent aujourd'hui qu'à mener un cabriolet; aussi vous n'en voyez pas un seul de tous ceux qui ont débuté dans la guerre présente qui ne soit faible et fluet, plus embarrassé d'endurer sa cuirasse un quart d'heure que d'aller se faire tuer à la tête de son régiment. Lorsque l'élite d'une nation dégénère aussi imperceptiblement, et que la misère produit, sur la multitude et dans les conditions basses, ce que la mollesse opère dans les conditions élevées, il faut cesser de s'étonner que l'histoire de deux générations de ce peuple soit si dissemblable, et que les âmes grandes et fortes y deviennent peu à peu aussi rares que les corps vigoureux et robustes.

M. Combalusier, pour prouver qu'il ne faut pas confier les enfants aux moines, cite l'exemple des Universités protestantes en Allemagne, où les études, dit-il, sont beaucoup meilleures que dans toutes les Universités catholiques du même empire.

Observons que cette différence ne vient pas seulement de ce qu'il n'y a point de jésuites chez les protestants, mais principalement de ce que leur doctrine a quelques absurdités de moins que celle de l'Église romaine, qu'elle éloigne d'ailleurs de toutes pratiques superstitieuses qu'on a si fort multipliées dans les siècles de barbarie et d'ignorance, et qui ne sauraient manquer d'avilir l'homme et de dégrader toutes les facultés de son âme. Voilà pourquoi la philosophie et la raison ont fait plus de progrès dans les pays protestants que dans les pays catholiques.

— M. Suard, dans un des derniers volumes du *Journal étranger*, à l'occasion du livre anglais de M. Walpole sur les écrivains d'une naissance illustre, prétend que la réformation n'a fait nul bien au genre humain, et ne peut réparer les maux cruels qu'elle lui a occasionnés. Si M. Suard a avancé ce paradoxe pour faire sa cour au prince à qui le journal est dédié, il n'y a rien à dire, sinon qu'un philosophe ne doit jamais faire sa cour aux dépens de la vérité; mais à cela près son opinion est absolument fausse. D'abord il est inutile de regretter le sang que la réformation a fait couler. L'histoire nous apprend que les hommes n'ont jamais manqué de prétextes pour s'entr'égorger. Je ne crois pas qu'il soit beaucoup nécessaire de transsubstantiation ni de présence réelle depuis cinq ou six ans que le sang humain coule à grands flots sans qu'on puisse prévoir quand la source en tarira. Si la renaissance des lettres s'est faite en Italie, celle de la philosophie s'est faite dans les pays protestants, et c'est de celle-là qu'il est question. Il ne s'agit pas de savoir si un pays catholique peut produire de grands poëtes, de grands peintres, de grands musiciens, des hommes de génie de toute espèce. Voltaire, catholique ou calviniste, eût toujours été le plus bel esprit de son siècle; mais ce qui importe, c'est que la multitude est plus éclairée, plus sage, plus heureuse dans un pays protestant que dans un pays catholique; que, depuis le prince jusqu'au paysan, tout reçoit une éducation plus raisonnable dans les pays protestants que dans un pays catholique, et s'en ressent le reste de sa vie. Les hommes de génie peuvent honorer et illustrer une nation; mais ils sont nuls pour son bonheur et sa prospérité. C'est lorsque la raison d'un peuple commence à se perfectionner que son bonheur approche, et le premier pas vers la félicité, c'est le mépris de la superstition. Je voudrais bien que M. Suard me dise pourquoi l'Angleterre a produit cette foule de grands philosophes, et pourquoi l'Italie depuis le grand Galilée n'en peut nommer aucun? Est-ce le génie qui manque aux Italiens, le premier, sans contredit, entre tous les peuples de l'Europe, s'il n'avait pas été avili par le gouvernement des prêtres? Il y a loin de notre temps à celui de

Descartes, et à peine commençons-nous à compter en France quelques philosophes dont les noms seront en recommandation aux siècles à venir; et cependant qui ne voit que c'est à la philosophie anglaise que nous devons la lumière qui s'est répandue chez nous? Blaise Pascal, un des plus grands génies du dernier siècle, né dans un pays protestant eût été un grand philosophe; né catholique, il n'a été qu'un janséniste atrabilaire. D'ailleurs pour savoir si la réformation a fait un grand bien aux hommes, il ne s'agit pas d'examiner si Newton et Leibnitz eussent été aussi grands philosophes étant catholiques que nés protestants; ce qu'il est question de constater et ce qui est hors de doute, c'est qu'une servante de Genève est plus éclairée qu'une grosse et riche marchande de la rue Saint-Denis, et qu'il y a certainement moins de préjugés dans le corps des servantes de Genève que parmi MM. des enquêtes et requêtes du Parlement. Les servantes ne sont pourtant point tutrices de la république, comme nos parlements prétendent être tuteurs de nos rois. Or certainement il y a plus d'esprit naturel à Paris, sur les bords de la Seine, qu'en Savoie, sur les bords du lac Léman, et si le peuple de Paris est sot, tandis que celui de Genève a l'esprit cultivé, il faut qu'il y ait des causes pour opérer cette différence. On n'a qu'à imaginer ce que serait la France protestante, et, quoi qu'en dise M. Suard, ce tableau serait excessivement différent de ce qu'elle est actuellement. Jean Calvin peut avoir eu l'âme atroce; Martin Luther peut n'avoir été qu'une tête chaude; mais le bien qu'ils ont fait au genre humain est hors de toute atteinte. Ce sont, depuis dix-huit cents ans, les plus grands bienfaiteurs que les hommes aient eus, et si l'on peut se dispenser de leur savoir gré de leurs bienfaits, c'est que les esprits étaient parvenus à un point de maturité qui rendait cette révolution inévitable.

— La Comédie-Française vient de faire une perte d'autant plus sensible qu'elle est inopinée, et qu'elle sera difficile à réparer. M. Grandval a quitté le théâtre. Il passe pour constant dans le public que ce sont quelques duretés fort déplacées de M. le duc de Fronsac qui ont occasionné cette retraite. Quoi qu'il en soit, c'est toujours le public qui en souffre. Cet acteur a joué la comédie plus de trente ans avec un applaudissement universel. Il avait de la chaleur, de la grâce, de la finesse, une figure noble et agréable. Il était médiocre dans la tragédie, mais presque toujours charmant dans la comédie. Il a créé plusieurs rôles que les singes copieront jusqu'à ce qu'il vienne un acteur digne de remplacer M. Grandval : ce ne sera pas son successeur Bellecour, qui est un des plus mauvais acteurs qu'on puisse voir.

— Il paraît un ouvrage intitulé *Réflexions sur la corvée des chemins, pour servir de réponse à la critique de l'Ami des hommes*[1]. L'auteur anonyme de ces réflexions, qui font un volume in-12 de près de quatre cents pages, se défend contre M. le marquis de Mirabeau qui avait vivement attaqué son *Essai sur la voirie*. M. de Mirabeau, regarde les corvées comme une chose odieuse; notre auteur dit qu'on peut les arranger de façon qu'elles ne soient ni injustes en elles-mêmes, ni à charge au peuple, et à cette classe précieuse de cultivateurs qui payent toujours pour les autres. Voilà le point de dispute entre les deux écrivains politiques. Il est évident que ce dernier a raison. Tout est possible dans un État bien organisé et sous une administration bien étendue; ce n'est pas ce que l'État exige des sujets, mais c'est la façon dont il l'exige, qui les ruine. Mais l'opinion de M. de Mirabeau prête plus à la déclamation. Nos écrivains sont bien heureux qu'il y ait tant d'abus dans le monde. S'il y en avait moins, il y aurait aussi bien moins de belles tirades dans leurs ouvrages.

— *Marie Mancini, nièce du cardinal Mazarin, à Louis XIV*. Voilà encore une héroïde dont l'auteur s'appelle M<sup>lle</sup> Blereau, à moins que ce ne soit un nom supposé. Il n'en valait pas la peine pour une chose aussi faible. Au reste, l'auteur a mieux choisi son sujet que nos faiseurs d'héroïdes n'ont coutume de faire. Je sens qu'on peut faire parler en vers français Marie Mancini, la tendre La Vallière, et d'autres personnages de ce siècle à leur amant. Mais Gabrielle d'Estrées a déjà dans ma tête un caractère dont la poésie française n'est pas susceptible. Il serait difficile de parler en vers à ce bon, galant et digne Henri IV, d'une manière à me contenter. Je ne vous parle pas des autres pièces en vers qu'on a jointes à l'héroïde de Marie Mancini.

---

1. (Par Duclos.) Réimprimées pour la première fois par Villenave dans l'édition des *OEuvres* de Duclos qu'il a données en 1820, 3 vol. in-8°.

### PARODIE DU MENUET D'EXAUDET
#### PAR M. L'ABBÉ DE VOISENON [1].

Quand Choiseul
D'un coup d'œil
Considère
Le plan entier de l'État,
Et seul comme un sénat
Agit et délibère;
Quand je vois
Qu'à la fois
Il arrange
Le dedans et le dehors,
Je soupçonne en son corps
Un ange.
Serait-ce un dieu tutélaire?
Dans la paix et dans la guerre,
Ses traités
Sont dictés
Par Minerve;
J'admire en lui les talents
Que d'elle il obtint sans
Réserve.
A l'Amour
Tour à tour
A la table,
Quand il trouve des loisirs,
Qu'il se livre aux plaisirs,
Il est inconcevable.
Du travail
Au sérail
Vif, aimable,
A tout il est toujours prêt :
Pour moi, je crois que c'est
Un diable.

15 mai 1762.

On vient de donner sur le théâtre de la Comédie-Française une tragédie intitulée *Zelmire*, qui a eu un grand succès [2]. Elle est de M. de Belloy, qui a donné, il y a quelques années, une

---

1. Les *Mémoires secrets* (15 mai 1762), en reproduisant ces couplets, ajoutent que l'abbé de Lattaignant s'en déclare l'auteur et que « l'on infère de là avec raison que son dessein a été de louer de bonne foi ».

2. Représentée pour la première fois le 6 mai 1762.

*Clémence de Titus* imitée de celle de Metastasio, et qui tomba. M. de Belloy a lui-même joué la comédie en Hollande, je crois, et en Russie. Si l'on s'en rapporte aux bruits publics, sa vie est un roman des plus singuliers. Celui de *Zelmire* ne l'est pas moins. C'est aujourd'hui la mode de mettre sur la scène des romans qui n'ont aucun fondement historique. Nous devons cette science à M. de Voltaire; mais ses imitateurs n'ont pas su comme lui embellir des sujets d'une médiocre invention.

— Voici un petit conte en vers de M. de La Popelinière, ancien fermier général. Si cet homme, célèbre à Paris, en avait une cinquantaine comme celui-là dans son portefeuille, il faudrait l'associer à tout ce que nous avons de mieux dans ce genre :

> Absents ont tort : chez une Toulousaine
> Maillac était bien domicilié.
> Maillac partit seulement pour quinzaine;
> Un autre vint; Maillac fut oublié.
> Maillac revint : « Ah! perfide, inhumaine!
> Trahir ainsi l'amour le plus constant!
> — Mon grand ami, j'ai tous les torts, dit-elle;
> Grondez-moi vite, et finissons querelle,
> Car, entre nous, l'autre est là qui m'attend. »

— On a imprimé le compte rendu par M. de La Chalotais au Parlement de Bretagne des constitutions des jésuites. Cette édition est augmentée. Le nombre des ouvrages contre la Société grossit toujours. Un ami caché des jésuites a fait un *Médiateur* qui, abandonnant lesdits pères sur beaucoup de points, veut pourtant qu'on les conserve. Il a daté son écrit de Ferney pour nous faire accroire qu'il vient de Voltaire; mais le plus sûr moyen de nous tromper là-dessus, ce serait d'écrire et de faire comme lui.

Il paraît encore un *Franc et Véritable Discours au roi sur le rétablissement qui lui est demandé par les jésuites*. Idem, *les Jésuites démasqués, ou Annales historiques de la Société*, et mille autres brochures et feuilles. La Société n'a pas à se louer de la fécondité de nos écrivailleurs.

— M$^{me}$ Le Prince de Beaumont qui vit à Londres, dame très-féconde en productions littéraires, a publié depuis peu une *Éducation complète, ou Abrégé de l'histoire universelle, mêlé de géographie et de chronologie*[1]. Ce livre peut être commode pour les enfants. Quant à la partie morale des ouvrages de M$^{me}$ Le Prince de Beaumont, je n'en fais nul cas. On ne saurait trop tôt prêcher aux enfants la morale ferme, vigoureuse et élevée de Cicéron, de Plutarque, de Montesquieu : celle de nos vieilles gouvernantes est bonne pour les perroquets.

— Le plus cruel moraliste parmi nos écrivains d'aujourd'hui (et Dieu sait qu'il y en a beaucoup de cruels!), c'est sans contredit M. le marquis de Caraccioli, colonel au service du roi de Pologne, électeur de Saxe. Ceux qui sont obligés de lire les livres nouveaux sont fort à plaindre de ce que M. le marquis de Caraccioli n'a pas jugé à propos d'assister son maître de son épée dans la guerre présente; nous aurions eu quelques livres de moins de lui, et c'eût été une grande douceur. Il en vient de faire un sur la gaieté[2], qui vous fera mourir de tristesse si vous vous imposez la loi de le lire. Et avec cela, M. le marquis de Caraccioli veut que nous soyons toujours joyeux. Les sots disent qu'il y a du bon dans ses livres, mais il y a tant de bon dans tous les mauvais livres qui paraissent que j'en suis excédé. La gaieté de M. le marquis de Caraccioli me rappelle la manière dont cet écrivain colonel fut présenté l'année dernière à l'impératrice reine de Hongrie. M. le baron Van Swieten, premier médecin de Leurs Majestés Impériales, et grand inquisiteur à Vienne, grand médecin sans doute, mais grand ennemi de la philosophie, grand persécuteur des gens qui pensent, dit à Sa Majesté Apostolique que si quelque chose pouvait dédommager notre siècle du malheur d'avoir produit un monstre comme Voltaire, c'était le bonheur d'avoir vu naître un écrivain du mérite de M. le marquis de Caraccioli, colonel au service du roi de Pologne, électeur de Saxe.

— J'aime mieux, en fait d'ouvrages, celui de M. Rousselot, chirurgien, sur le traitement des cors aux pieds[3], que la *Jouissance de soi-même* et *la Gaieté* de M. le marquis de Caraccioli. Charlatan pour charlatan, celui qui guérit les cors me paraît le plus utile; et si la science n'est qu'un mensonge, vous l'avez

---

1. La première édition de ce livre, maintes fois réimprimé, est de 1753.
2. Paris, 1762, in-12.
3. *Nouvelles Observations, ou Méthode certaine sur le traitement des cors.* La Haye et Paris, 1762, in-12.

du moins à meilleur marché de M. Rousselot, sans compter qu'il faut se défaire de ses cors avant de se livrer à la jouissance et à la gaieté. Tout assure à M. le chirurgien le pas sur M. le colonel.

— M. d'Argenville a fait une nouvelle édition fort augmentée de son ouvrage intitulé *Abrégé de la vie des plus fameux peintres*, avec leurs portraits gravés en taille-douce, les indications de leurs principaux ouvrages, quelques réflexions sur leur caractère, et la manière de connaître les dessins et les tableaux des grands maîtres. Quatre volumes in-8°. Ces sortes de compilations sont commodes, quoique nos compilateurs soient gens de peu de mérite. Vous remarquerez qu'il n'y a point d'hommes dont on ait recueilli autant de traits de caractère que des peintres. Leur éducation, les ayant éloignés pour l'ordinaire de la société, leur a conservé cette pointe originale et ce je ne sais quoi de sauvage qui s'allie si bien avec le génie et qui en relève le prix. Si le commerce du monde a l'avantage de donner de l'aisance, de la grâce, d'adoucir les mœurs, etc., c'est en émoussant toutes ces pointes si précieuses pour les arts, et l'on peut dire qu'en général il est plus nuisible qu'avantageux aux hommes de génie.

— On vient de publier la *Campagne de M. le maréchal de Villars en Allemagne en l'an 1703*, en deux volumes in-12[1]. C'est encore un recueil formé sur les originaux en dépôt au bureau de la guerre. Vous y trouverez, comme dans les campagnes des maréchaux de Noailles et de Coigny, toute la correspondance de la campagne; et l'on ne saurait douter qu'un seul de ces recueils ne soit plus instructif pour un homme d'esprit que cinquante traités méthodiques sur l'art de la guerre, qui ne peuvent servir tout au plus qu'à apprendre aux sots à bavarder sur un métier qu'ils ne sauront jamais.

— Un de ces bavards, dont il y en a tant en tout genre, a adressé à M<sup>lle</sup> Clairon une apologie du théâtre, où il se récrie sur l'injustice de l'excommunication qui subsiste en France contre les comédiens[2].

---

1. (Par Carlet de La Rozière.) Quérard et OEttinger indiquent la date de 1766 comme celle de la publication de ce livre.
2. C'est la réimpression du livre de Huerne de La Mothe dont Grimm a rendu compte. Voir tome IV, page 303.

## JUIN

1er juin 1762.

*Les Zélindiens*, par M^lle F\*\*\*, sont un petit conte insipide que personne n'a regardé [1]. Vous jugez bien que les Zélindiens sont les Parisiens; qu'on parle beaucoup des Zélindiennes, et que tout cela fait un recueil de petites peintures, de mesquineries, de platitudes, qui vous affadissent l'esprit et le cœur, deux substances que les écrivains de cette espèce aiment à accoupler ensemble, comme les théologiens le corps et l'âme. Mon esprit et mon cœur ne se sentent pas propres à être échauffés par l'esprit et le cœur de M^lle F\*\*\*.

— La maladie à la mode, c'est celle de l'agriculture. Un auteur anonyme a bien publié un *Préservatif contre l'agromanie*[2]; mais il est lui-même atteint de la maladie. Il dit quelques choses communes sur l'agriculture, et il ne nous indique point du tout les moyens de nous guérir de cette fureur d'écrire sur des sujets qui ne peuvent être perfectionnés que par la pratique, et que tout le bavardage du monde ne peut avancer d'un pas.

— Un M. Despommiers a publié *l'Art de s'enrichir promptement par l'agriculture, prouvé par des expériences*[3]. Il y a apparence que les expériences de l'auteur n'ont pas été heureuses, sans quoi il n'emploierait pas l'art de l'impression à gagner son pain.

— Quatre curés de Normandie ont fait une *Boussole agronomique, ou Guide des laboureurs*[4]. Ces honnêtes gens ont écrit leur guide en latin, et assurément les guides en français ne sont guère plus instructifs pour les paysans. Un traducteur

---

1. *Les Zélindiens* sont-ils bien de M^lle Fauque, que Grimm désigne ici et à qui M^me Briquet et l'abbé de La Porte les attribuent aussi, ce dernier en ajoutant qu'il n'en dira rien « parce qu'ils ne sont pas assez intéressants » ? Nous avons exposé nos doutes sur l'exactitude de cette attribution, tome XVII, page 477 des Œuvres de Diderot, et depuis lors ils ne se sont pas dissipés, car cette brochure ne nous est point encore passée sous les yeux.

2. Inconnu aux bibliographes.

3. Paris, 1762, in-12. Nombreuses éditions.

4. Yvetot et Paris, s. d., in-8°. Ce livre, présenté comme l'ouvrage posthume de M. de Cui\*\*\*, est de Bellepierre de Neuve-Église.

officieux a déjà traduit deux cahiers de ce guide de Normandie.

— *Architecture des jardins*, par M. Gallimard fils[1]. Les Anglais reprochent aux jardins français trop d'art de symétrie. Ils aiment à imiter dans les leurs les effets de la nature agreste et sauvage ; mais il faut convenir qu'il y a de belles parties dans les jardins de France, et, lorsqu'on sait les placer avec le goût et la sobriété qu'exige tout ce qui est simplement art, elles produisent des effets bien beaux et bien agréables.

— Quelque échappé du collége a imaginé d'écrire des *Considérations sur l'état présent de la littérature en Europe*[2]. L'auteur y parle de toutes les contrées du monde avec une témérité et une ignorance dignes d'un écolier.

— M. Panckoucke a publié en un volume in-8° un *Abrégé chronologique de l'histoire de Flandres*.

— *Le Balai* est un poëme héroï-comique en dix-huit chants, rempli de sottises et de satires[3]. Il a été supprimé, ce qui, suivant l'usage, le fait rechercher avec beaucoup d'empressement. Il est dédié à l'auteur de *la Pucelle*. On assure qu'il est d'un moine bénédictin actuellement à Avignon : vous y trouverez de bien mauvaises choses ; mais on rencontre des tirades de vers bien faites, et qui rappellent la manière de M. de Voltaire.

— Nous avons depuis huit jours l'ouvrage de Jean-Jacques Rousseau sur *l'Éducation*, en quatre volumes. Ce livre n'a pas tardé à faire grand bruit. On dit que le Parlement va poursuivre l'auteur pour la profession de foi qu'il y a insérée.

L'intolérance et la bigoterie ne manqueront pas une si belle occasion de tourmenter un écrivain célèbre, et vraisemblablement M. Rousseau sera obligé de quitter la France. Ce hardi et éloquent auteur à paradoxes a publié en Hollande un traité du *Contrat social* qu'on ne trouve point dans ce pays-ci, et qu'on dit cent fois plus hardi encore que l'ouvrage sur *l'Éducation*. Il faut lire celui-ci avec soin avant d'oser en parler.

---

1. S. l., in-folio, soixante-six planches. Le texte annoncé n'a pas paru.
2. (Par J.-B.-R. Robinet.) Londres et Paris, 1762, in-12. Grimm semble ignorer que ce livre était d'un de ses amis. (Voir tome IV, pages 70 et 490), ou bien l'attribution formelle de Barbier serait inexacte.
3. L'édition originale de ce poëme célèbre de Dulaurens a paru, d'après Quérard, en 1761, in-8°, sous la rubrique de Constantinople (Amsterdam).

— *L'Arrêt de la Cour du Parnasse pour les jésuites* est un poëme, et l'*Évangile des jésuites* une chanson que vous ne lirez certainement ni l'un ni l'autre.

— On a imprimé les *Mémoires* de M. de La Colonie, maréchal de camp au service de l'Électeur de Bavière [1]. Vous connaissez ces mémoires qui regardent la guerre du commencement de notre siècle, et qui ne sont pas estimés.

— La tragédie de *Zelmire* se soutient avec le plus brillant succès. Elle aura eu au moins quatorze représentations dans une saison peu favorable aux spectacles. On a souvent occasion de dire parmi nous : « Oh! Athéniens, vous êtes des enfants! » Je trouve en effet que la tragédie de *Zelmire* est la plus belle pièce qu'on puisse jouer devant une assemblée d'enfants de dix à douze ans. Un tombeau qui s'ouvre et se ferme à tout moment, des combats, des travestissements, des assassinats qui heureusement ne s'achèvent pas, des poignards escamotés, excepté le tonnerre et les spectres, tous les attirails de la boutique tragique sont mis en œuvre; tous les ressorts par lesquels nos vieilles gouvernantes émeuvent et effrayent l'imagination des enfants sont déployés dans cette pièce; il n'y a que la vraisemblance, la raison poétique et le bon sens qui manquent partout. Une telle pièce représentée devant une assemblée sensée devrait donc être sifflée, surtout lorsque c'est l'ouvrage d'un homme qui n'est plus lui-même un enfant, et qui ne donne d'ailleurs aucune espérance de talent. Car, quoique beaucoup de nos prétendus connaisseurs aient assuré qu'il y avait du style dans cette tragédie, on ne trouvera, lorsqu'elle sera imprimée, qu'un amas du plus pompeux galimatias à côté du plus plat bavardage, un recueil de sermons, de moralités et de maximes dont l'ennui et la longueur vous assomment. Je suis persuadé qu'en allégeant la tragédie de *Zelmire* de six cents vers, on ne s'apercevrait point que ses personnages fussent moins bavards; tant tout ce qu'ils disent est convenable à leur situation et à leurs intérêts.

Un homme d'esprit a dit du livre *de la Nature*, qui a paru l'hiver dernier, que l'auteur aurait dû le mettre en vers parce

---

1. La première édition est de 1737; Quérard ne mentionne pas celle dont parle Grimm.

qu'il a toute la fausseté d'un poëme philosophique. Vous remarquerez en effet qu'un paradoxe, qu'un système, expliqué en vers, choque moins par son défaut de vérité. Il semble que le mensonge du langage rende celui des choses plus supportable. Si M. de Belloy avait traité sa fable avec le sens commun qu'elle comportait, on pourrait dire qu'il n'en devait pas faire une tragédie, mais un opéra. En effet, vous trouverez dans sa pièce toute cette fausseté que nous sommes accoutumés à souffrir dans les opéras et qu'un goût sévère bannirait de ce spectacle comme de tous les ouvrages de l'art dont la vérité reste toujours la partie la plus essentielle. Cette ressemblance de la tragédie de *Zelmire* avec un opéra est d'autant moins surprenante qu'elle est imitée en grande partie d'un opéra du célèbre Metastasio, qui porte le titre d'*Issipile*, et qui n'est point compté parmi ses meilleures pièces. Mais l'illustre poëte italien, quoique travaillant dans un genre qui exige moins cette vérité dont je fais un si grand cas, a pourtant plus respecté le bon sens et la raison que M. de Belloy. Vous trouverez dans le milieu de la pièce italienne, jusqu'à cette scène entre la confidente indignée et la princesse qui se justifie, par laquelle l'auteur de *Zelmire* a commencé sa tragédie.

On sait que Metastasio a beaucoup emprunté au théâtre français. M. de Voltaire a dit de lui : « S'il nous a volés, il nous a bien embellis. » Je crois que l'opéra d'*Issipile* est tiré d'une tragédie de Thomas Corneille dont je ne me rappelle pas le nom. Si nos poëtes continuent à mettre en français ce que Metastasio a imité du français en italien, nous verrons beau jeu. Il sera plus court de s'épargner cette cascade, et d'aller tout de suite à la source où l'illustre poëte italien a puisé. Ce qui fait le mérite de celui-ci, c'est son coloris et sa diction dont malheureusement ses imitateurs n'approcheront jamais. Quant à la conduite et à l'économie intérieure de ses pièces, j'avoue qu'elle me paraît souvent vicieuse et trop éloignée des grands modèles de Sophocle et d'Euripide, et sur ce point je crois bien que l'opéra d'*Issipile* n'est pas infiniment supérieur à la tragédie de *Zelmire*; mais tout est mieux pensé, mieux raisonné, mieux réfléchi dans *Issipile*, au lieu que *Zelmire* ne peut faire illusion qu'aux enfants, comme je l'ai déjà remarqué, tant M. de Belloy est éloigné de la raison et du bon sens.

Le secret de nos imitateurs consiste à outrer et à multiplier toutes les circonstances qu'ils trouvent dans la pièce qu'ils imitent. Par cette opération, ils croient s'être approprié le sujet; ils s'imaginent bêtement avoir créé et inventé quelque chose, tandis qu'ils n'ont fait que dénaturer un sujet, et qu'à force d'incidents tragiques ils l'ont rendu plat et absurde. M. de Belloy trouve, dans la pièce de Metastasio, Toante, qui, à son retour d'une expédition, est obligé de se dérober à la fureur des femmes de Lemnos, qui avaient résolu de tuer leurs époux, leurs frères, leurs pères pour se venger du mépris et de l'oubli où elles avaient été laissées. A cela M. de Belloy dit : « Je n'ai qu'à enfermer mon roi dans un tombeau, je le ferai poursuivre par son propre fils avec tant d'acharnement qu'il ne lui restera que cet asile, et qu'il ne pourra être nourri que par le lait de sa fille. » Voilà le personnage de Polydore. Mais M. de Belloy aurait dû penser qu'un roi qui passe plusieurs mois dans un tombeau, de peur que son fils ne l'étrangle, est un pauvre diable qui n'aura jamais que nos mépris. Metastasio a voulu peindre dans le personnage d'Issipile l'amour filial et ses effets dans un cœur bien né. Son copiste a cru qu'il n'y avait qu'à multiplier les faits pour produire de plus grandes choses, et par ce moyen il a réussi à tout énerver. Car, sans faire mention de ce trait historique de la fille de Cimon qu'il a mis en récit, il n'y a qu'un homme sans jugement qui ait pu donner un fils à Zelmire. M. de Belloy a voulu rendre par là la situation de Zelmire plus terrible, et ne l'a rendue dans le fait que fausse. Qui peut croire qu'une mère puisse être si uniquement occupée de son père qu'elle oublie et néglige totalement son enfant; qu'elle consente sans peine à le laisser au milieu de ses plus cruels ennemis, pourvu qu'elle puisse emmener son père avec elle? Une telle mère, loin de mériter notre compassion, serait blâmable et sans intérêt. Telle est Zelmire. Zelmire, partagée entre sa piété envers son père et sa tendresse envers son fils, n'aurait eu d'autre ressource que de mourir de douleur et de désespoir. Sophocle, et même Métastasio et Voltaire, nous l'auraient montrée dans tous les accès d'un cœur déchiré, d'une tête aliénée, qui succombe au milieu de ses cris de désespoir; mais de tels spectacles ne se voient point chez des faiseurs de marionnettes comme M. de Belloy.

Si vous voulez comparer avec la même attention l'*Anténor* de M. de Belloy avec Learco de la pièce italienne, vous trouverez dans le premier le même défaut de bon sens qui caractérise le créateur de tous les personnages de *Zelmire*. Quand on pense combien l'exécution d'une mauvaise action et d'un seul crime coûte de soins, de peines, de précautions, de machinations, on rit de la sottise de nos poëtes qui font faire des crimes à leurs scélérats avec autant de facilité que vous prenez du tabac. Pour Anténor, c'est, ma foi, le plus méchant coquin que nous ayons encore vu sur le théâtre de la Comédie. Il machine, il tue, il assassine, il trompe tout le monde, et passe, malgré tout cela, pour l'homme du monde le plus respectable, et vous savez qu'il n'y a rien de si aisé à un scélérat que d'avoir la réputation d'un honnête homme. Il est vrai que dans le fait cet Anténor fait plus de bruit que de besogne, et qu'à la fin de la pièce il se trouve qu'au milieu de tant de projets atroces il n'a pu tuer qu'Azor, tout aussi mauvais sujet que lui.

En examinant ainsi tous les incidents et tous les ressorts de cette pièce, on rencontrerait à chaque pas des preuves de l'imbécillité du poëte et de l'assemblée d'enfants qui applaudit quatorze fois de suite les mêmes platitudes. Ce coup de théâtre du troisième acte n'a pas le sens commun. Du moins, dans la pièce italienne, Learco donne le poignard à Issipile avec le projet de persuader à Jason que sa maîtresse a voulu attenter à sa vie; Jason est d'ailleurs endormi, et lorsqu'il se réveille Learco a déjà disparu, et Issipile est sur le théâtre avec le poignard à la main. Comparez cette disposition avec celle de la pièce française, et vous verrez combien cette dernière est puérile. Ilus est un des plus grands benêts que nous ayons sur notre théâtre, et assurément nous en avons de bien conditionnés. Il va rêvant dans les bosquets, lorsqu'il aurait toute autre chose à faire. Son ennemi le suit pour le tuer, on ne sait trop pourquoi; sa femme prévient le coup; tout cela se passe à son oreille, sans qu'il songe à tourner la tête, et lorsqu'il la tourne à la fin, il croit sans difficulté que c'est sa femme qui a voulu le poignarder. Avec la même facilité, il croit en arrivant que sa femme s'est souillée du crime le plus atroce; il ne songe pas seulement à s'éclaircir avec elle, quoiqu'il ne puisse ignorer qu'avant son départ Zelmire était la femme la plus vertueuse du monde. Son beau-père Polydore est un homme de sa force pour la pénétration. Lui et sa fille ne se doutent point de la scélératesse d'Anténor. Au contraire, ils allaient se livrer entre ses mains dès le second acte, si le poëte, de peur que cela ne nous causât quelque inquiétude, n'eût fait arriver tout de suite ce soldat, Horace, qui les désabuse. Polydore et Zelmire ont dû connaître Anténor depuis son enfance, et il n'y a rien de si naturel que de croire qu'il n'y avait jamais rien eu d'oblique ni d'obscur dans la conduite du plus grand fourbe de la terre.

Il serait aisé de relever encore une centaine de pareilles absurdités, mais je m'arrête. Vous voyez qu'avant de se faire poëte tragique il faut tâcher de n'être pas bête. Mais ce n'est pas le moment de proposer à M. de Belloy de quitter la carrière du théâtre, lorsque *Zelmire* reçoit les applaudissements de *Phèdre* et de *Zaïre*. Quelle est donc la différence entre M. de Belloy et Racine ou Voltaire? C'est qu'en 1763 *Zelmire* sera oubliée, et qu'on se souviendra de *Zaïre* et de *Phèdre* encore quelques mois au delà. Je ne dis rien des maximes et des sermons dont cette pièce est remplie. Vous y trouverez autant de sens et de profondeur que dans la conduite des personnages.

Me demandera-t-on s'il n'y a rien du tout dans la tragédie de *Zelmire* qui m'ait plu? Je dirai qu'elle a le mérite d'être sans amants, et qu'elle ne serait pas froide si le mouvement et la chaleur des personnages avait le sens commun d'ailleurs. J'estime beaucoup l'idée de cette scène où Zelmire voit le combat, et en fait le récit à mesure qu'il se passe. Nos pauvres connaisseurs ont trouvé cette scène ridicule; mais si le poëte avait su faire le récit avec le feu et l'enthousiasme qu'il exigeait, il aurait fait une chose sublime. C'est donc l'ineptie du poëte et non l'absurdité de la scène qu'il fallait attaquer. J'aime encore la réflexion d'Anténor lorsqu'on lui dit que le peuple pourra sentir un retour d'amour et de respect pour Polydore. Non, dit Anténor,

Il l'a trop offensé pour ne le point haïr.

Cela a du moins l'air du raisonnement. Quant au reste, j'estimerai toujours que *Zelmire* est une des plus belles pièces qu'on puisse donner sur un beau théâtre de marionnettes devant tous les enfants qui sortent de nourrice.

— On vient de donner à la Comédie-Italienne *le Procès, ou la Plaideuse*, comédie en trois actes par M. Favart, mise en musique par M. Duni[1]. C'est encore un excellent ouvrage de ce compositeur; mais nous sommes encore si loin de nous connaître en musique, et le poëme est si froid et si plat avec tant de prétention qu'il a fallu retirer la pièce après la quatrième représentation. On dit que M. Favart se propose de la corriger pour l'hiver prochain; mais je ne connais rien de pis qu'une farce froide et sans gaieté, et où la prétention de l'auteur se trahit à chaque instant par de petites tirades. Je suis donc bien fâché que M. Duni ait perdu une si belle musique avec M. Favart. L'esprit, la finesse, le naturel et la vérité que ce compositeur met dans ses ouvrages ne seront pas encore de longtemps saisis par le public; c'est un langage qu'il n'entend pas encore, mais qui insensiblement le dégoûtera du jargon lourd et barbare de ses autres musiciens, sans qu'il sache à quoi cela tient, ou bien ceux qui travailleront pour nos théâtres seront obligés de se former sur les excellents modèles que M. Duni leur a fournis. De cette manière on pourrait espérer de voir à la fin une école de musique en France, où jusqu'à présent on ne sait pas encore ce que c'est qu'écrire la musique, ni ce que c'est que style en musique, quoique, suivant tous nos journalistes, M. Rameau soit le premier musicien de l'Europe.

M. Favart, qui sait supérieurement parodier la musique par des paroles, nous a bien prouvé que ce talent, si contraire au bon sens, était bien différent de celui de fournir au musicien des paroles pour être chantées. Il n'y a ni naturel, ni facilité, ni intérêt dans la plupart des airs qu'il a fournis au compositeur. J'ai appris à cette occasion que nos poëtes exigeaient de leurs musiciens de faire l'air avant d'avoir fourni les paroles, après quoi ils parodiaient l'air comme ils pouvaient. C'est ainsi que la plupart des airs ont été faits dans nos opéras-comiques depuis quelques années. Cela prouve combien nous sommes encore barbares. Cela explique aussi l'étrange manière dont la plupart du temps les paroles sont estropiées dans nos airs. C'est le crime du poëte, et non du musicien, qui est obligé de fournir au hasard une expression tendre ou vive, suivant les circonstances, sur

---

1. Représentée pour la première fois le 19 mai 1762.

laquelle le poëte arrange une suite de paroles comme il peut : j'aimerais autant faire des scènes avant de savoir le sujet de la pièce.

Au reste, si l'on a eu envie de détruire l'Opéra-Comique en le réunissant à la Comédie-Italienne, on a eu prompte satisfaction. Cet Opéra-Comique si agréable au public, où sous un directeur habile on a vu le vaudeville indécent et licencieux faire place à la bonne comédie, et l'insipide couplet à la vraie musique, cet Opéra-Comique n'existe plus. La retraite de M<sup>lle</sup> Nessel et de M. Audinot rend la plupart des pièces, qui ont été jouées avec tant de finesse et de vérité, actuellement insupportables. Cette troupe charmante qui faisait les délices de Paris pendant les deux saisons de la Foire, démembrée aujourd'hui, privée de ses deux meilleurs sujets, mêlée avec de maussades acteurs de la Comédie-Italienne, est détruite ; la salle est déserte, et ceux qui aiment la musique et la vraie comédie regrettent inutilement un spectacle qu'un coup d'autorité a anéanti au milieu de ses plus grands succès.

— On nous a traduit depuis peu trois romans anglais. Le premier, intitulé la *Vie et les Aventures de Joseph Thompson*, n'a fait aucune sensation. Ce Joseph Thompson vaut tant soit peu mieux que *Roderik Randon*, qu'on nous donna l'année dernière, mais c'est être encore honnêtement mauvais. Il est d'ailleurs traduit d'une manière si barbare qu'il est impossible d'en soutenir la lecture. L'autre roman est celui de *Miss Bidulph*. On prétend que la traduction est de M. l'abbé Prévost, et l'on a de la peine à le croire, parce qu'elle est remplie de négligences qu'on ne peut pardonner à un écrivain aussi exercé, aussi facile et aussi correct que M. l'abbé Prévost. Il l'a intitulé *Mémoires pour servir à l'histoire de la vertu* [1]. Ce titre même est déjà un peu étrange en français. Ce roman manque d'ailleurs de naturel, et par conséquent de vérité, c'est-à-dire que l'auteur du roman en manque, car la fable du roman est assez bien imaginée ; mais l'exécution n'y répond nulle part, et le sujet est au-

---

1. Selon Quérard, les *Mémoires pour servir à l'histoire de la vertu* (Cologne [Paris], 1762, 4 vol. in-12) seraient bien de l'abbé Prévost ; mais il aurait paru la même année un roman en 5 vol. in-12, sous la rubrique d'Amsterdam, intitulé *Miss Sidney Bidulph* et traduit de mistr. Sheridan par Robinet, qui serait non l'original, mais la suite du roman de Prévost.

dessus des forces de l'auteur. On dit que ce roman est d'une femme. Elle rend dans sa préface un bel hommage à l'auteur de *Clarisse* et de *Grandisson;* mais elle prouve que pour bien connaître le mérite de cet écrivain sublime, on ne sait pas pour cela faire comme lui. C'est le sort des grands ouvrages de produire quantité de mauvaises copies. Richardson en a bien fait faire. *Miss Bidulph* et la *Nouvelle Héloïse* ne seront pas les dernières.

Enfin le troisième roman est celui d'*Amélie*, traduit de l'anglais, de M. Fielding, par M<sup>me</sup> Riccoboni [1]; mais il n'en paraît encore que la première partie. Il faut attendre le reste pour savoir quel sort ce roman aura en France : M<sup>me</sup> Riccoboni l'a beaucoup changé, beaucoup raccourci. Vous savez par ses propres ouvrages combien son style est léger, vif et agréable. Il y a dans l'original de M. Fielding des longueurs et des mauvaises choses, mais il y en a aussi de bien belles.

15 juin 1762.

L'orage qui s'est formé à l'apparition du livre de M. Rousseau sur l'éducation n'a pas tardé à éclater. Sur le réquisitoire de M. l'avocat général, le Parlement a décrété l'auteur de prise de corps, en condamnant l'ouvrage au feu. Cet arrêt est du 9 de ce mois, et M. Rousseau s'est sauvé dans la nuit du 8 au 9. On prétend qu'il a pris la route de la Suisse.

Cet écrivain, célèbre par son éloquence et sa singularité, vivait à trois lieues de Paris, dans une petite ville appelée autrefois Montmorency, et aujourd'hui Enghien, parce que c'est la capitale du duché de ce nom, appartenant à la maison de Condé. La vallée qui s'étend depuis le coteau de cette petite ville jusqu'à la rivière de Seine est une des plus agréables contrées des environs de Paris. Elle est fameuse pour les cerises et d'autres fruits; c'est un jardin de l'étendue de plusieurs lieues, rempli d'habitations délicieuses. A côté de la petite ville de Montmorency est un château qui appartient, je crois, à M<sup>me</sup> la duchesse de Choiseul, mais dont la possession à vie a été achetée par M. le maréchal duc de Luxembourg. Depuis plus de quatre ans que J.-J. Rousseau s'était fixé dans ce pays-là, il occupait tantôt

---

1. De Puisieux en publia la même année une traduction en 4 vol. in-12.

sa petite maison de la ville, tantôt un appartement du château. Il avait quitté tous ses anciens amis, entre lesquels je partageais son intimité avec le philosophe Diderot; il nous avait remplacés par des gens du premier rang. Je ne décide pas s'il a perdu ou gagné au change; mais je crois qu'il a été aussi heureux à Montmorency qu'un homme, avec autant de bile et de vanité, pouvait se promettre de l'être. Dans la société de ses amis, il trouvait de l'amitié et de l'estime; mais la réputation, et plus encore la supériorité de talent qu'il était lui-même obligé de reconnaître à quelques-uns d'entre eux, pouvaient lui rendre leur commerce pénible, au lieu qu'à Montmorency, sans aucune rivalité, il jouissait de l'encens de ce qu'il y a de plus grand et de plus distingué dans le royaume, sans compter une foule de femmes aimables qui s'empressaient autour de lui. Le rôle de la singularité réussit toujours à qui a le courage et la patience de le jouer. J.-J. Rousseau a passé sa vie à décrier les grands; ensuite il a dit qu'il n'avait trouvé des vertus et de l'amitié que parmi eux. Ces deux extrêmes étaient également philosophiques : en m'amusant de ses préventions, je me moquais souvent de lui. Il avait un vilain chien qu'il avait appelé Duc, parce que, disait-il, il était hargneux et petit comme un duc. Lorsqu'il fut au château de Montmorency, il changea le nom de Duc en Turc. Ce déguisement avait quelque chose de lâche; il était plus digne du rôle que le citoyen genevois avait pris de laisser au chien son nom, comme un monument d'un injuste préjugé de son maître. Il pouvait même en faire une sorte d'hommage à M. le duc de Luxembourg, en lui disant : « C'est vous qui m'avez appris à savoir ce que c'est qu'un duc et à rectifier mes idées sur les gens de la cour. » Il est difficile qu'on soit sincèrement indifférent sur les grands, lorsqu'on s'en occupe sans cesse. Le vrai philosophe, en respectant leur rang, les oublie. L'estime est due aux qualités personnelles, et, quoi qu'en dise J.-J. Rousseau, il n'est pas incompatible qu'on soit prince et qu'on ait de grandes vertus. Je me plaisais à le combattre quelquefois avec ses propres armes. Un jour il nous conta avec un air de triomphe qu'en sortant de l'Opéra, le jour de la première représentation du *Devin du village*, M. le duc des Deux-Ponts l'avait abordé, en lui disant avec beaucoup de politesse : « Me permettez-vous, monsieur, de vous faire mon compliment? » et qu'il lui avait répondu : « A la bonne heure, pourvu qu'il soit court. » Tout le monde se tut à ce récit. A la fin je pris la parole, et je lui dis en riant : « Illustre citoyen et consouverain de Genève, puisqu'il réside en vous une partie de la souveraineté de la république, me permettez-vous de vous représenter que, malgré la sévérité de vos principes, vous ne sauriez trop refuser à un prince souverain les égards dus à un porteur d'eau, et que si vous aviez opposé à un mot de bienveillance de ce dernier une réponse aussi brusque, aussi brutale, vous auriez à vous reprocher une impertinence des plus déplacées? » Depuis il a dit, au château de Montmorency, des philosophes le mal qu'il disait autrefois des grands; mais je ne sais si ceux-ci défendaient les philosophes comme les philosophes les avaient défendus.

M. Rousseau a été malheureux à peu près toute sa vie. Il avait à se plaindre de son sort, et il s'est plaint des hommes. Cette injustice est assez commune, surtout lorsqu'on joint beaucoup d'orgueil à un caractère timide. On souffre de la situation heureuse de son voisin, et l'on ne voit pas que son malheur ne changerait rien à notre infortune. On flatte dans le commerce journalier ceux avec lesquels on vit, et l'on se dédommage de cette gêne en disant des injures au genre humain. J'avoue que je n'ai point trop bonne opinion de ceux qui se plaignent sans cesse des hommes : à coup sûr ils sont injustes dans leurs prétentions. Je ne puis me vanter d'un sort très-heureux ; il me serait même aisé de me faire une assez longue liste de malheurs, dont quelques-uns influeront vraisemblablement sur le reste de ma vie; mais je ne puis me dissimuler qu'ils sont presque tous l'ouvrage du sort, et que la méchanceté des hommes n'y a influé en rien. Je conviens avec une secrète joie que je n'ai éprouvé, de la part des hommes, que de la bonté, de l'intérêt et des bienfaits, et que, si j'ai été en butte à la malveillance de quelques méchants, j'ai à leur opposer un grand nombre d'hommes généreux qui ont pris plaisir à mon bonheur et qui ont mis une partie de leur satisfaction dans l'accomplissement de la mienne. Je suis persuadé que tout homme juste et modeste sera obligé, quant à lui, de rendre cette justice au genre humain. J'ignore si ceux qui sont constitués dans les premières dignités, et exposés aux traits de l'envie et de la jalousie, éprouvent plus que les autres la méchanceté des hommes; mais les hommes ne font pas le mal pour le mal. Eh! quel profit auraient-ils à s'acharner au malheur d'un particulier qui n'a rien à démêler avec eux?

Un des grands malheurs de M. Rousseau, c'est d'être parvenu à l'âge de quarante ans sans se douter de son talent. Dans son jeune âge, il avait appris pendant quelque temps le métier de graveur. Son père, ayant eu le malheur de tuer un homme, fut obligé de se sauver de Genève, où il travaillait en horlogerie, et abandonna ses enfants. Jean-Jacques fut recueilli par une femme de condition de Savoie, appelée M^me la baronne de Warens. Elle lui fit abjurer la religion protestante et eut soin de son éducation. Cette femme avait la fureur de l'alchimie, qui l'a ruinée; elle vit, je crois, encore dans une grande pauvreté. Le sort ayant, je ne sais comment, conduit M. Rousseau à Paris, il s'attacha à M. de Montaigu, qui, ayant été nommé à l'ambassade de Venise, l'y mena comme son secrétaire. M. l'ambassadeur ne passe pour rien moins qu'un homme d'esprit; il n'en trouva pas à son secrétaire, et il s'étonne encore aujourd'hui, de la meilleure foi du monde, de la réputation que M. Rousseau s'est faite par ses écrits. Ces deux hommes n'avaient aucune sorte d'analogie pour rester ensemble; ils se séparèrent bientôt, fort mécontents l'un de l'autre. M. Rousseau revint à Paris, indigent, inconnu, ignorant ses talents et ses ressources, cherchant, dans un délaissement effrayant, de quoi ne pas mourir de faim. Il ne s'occupait alors que de musique et de vers. Il publia une dissertation sur une manière qu'il avait imaginée de noter la musique avec des chiffres. Cette méthode ne prit point, et sa dissertation ne fut lue de personne. Il composa ensuite les paroles et la musique d'un opéra qu'il intitula *les Muses galantes*, et qui ne put jamais être exécuté. Il eut, à cette occasion, beaucoup de démêlés avec Rameau, et il conçut un vrai chagrin de n'avoir pu mettre son opéra au théâtre. Cependant il faisait d'assez mauvais vers, dont plusieurs furent insérés dans le *Mercure*. Il faisait aussi des comédies, dont la plupart n'ont point vu le jour. *L'Amant de lui-même*, qu'il a fait jouer et imprimer, prouve qu'il n'avait pas la vocation de Molière. Dans le même temps, il s'occupait d'une machine avec laquelle il comptait apprendre à voler; il s'en tint à des essais qui ne réussirent point; mais il ne fut jamais assez désabusé de son projet pour souffrir de sang-froid qu'on le traitât de chimérique[1]. Ainsi ses amis, avec de la foi, peuvent s'attendre à le voir quelque jour planer dans les airs.

Au milieu de tous ces essais, il s'était attaché à la femme d'un fermier général, célèbre autrefois par sa beauté[2]. M. Rousseau fut pendant plusieurs années son homme de lettres et son secrétaire. La gêne et la sorte d'humiliation qu'il éprouva dans cet état ne contribuèrent pas peu à lui aigrir le caractère. Le philosophe Diderot, avec lequel il se lia dans ce temps-là, fut le premier à lui dessiller les yeux sur son vrai talent, et l'Académie de Dijon ayant proposé la fameuse question de l'influence des lettres sur les mœurs, M. Rousseau la traita dans un Discours qui fut l'époque de sa réputation et du rôle de singularité qu'il a pris depuis. Jusque-là il avait été complimenteur, galant et recherché, d'un commerce même mielleux et fatigant à force de tournures; tout à coup il prit le manteau de cynique, et, n'ayant point de naturel dans le caractère, il se livra à l'autre excès. Mais, en lançant ses sarcasmes, il savait toujours faire des exceptions en faveur de ceux avec lesquels il vivait, et il garda, avec son ton brusque et cynique, beaucoup de ce raffinement et de cet art de faire des compliments recherchés, surtout dans son commerce avec les femmes. En prenant la livrée de philosophe, il quitta aussi M$^{me}$ Dupin et se fit copiste de musique, prétendant exercer ce métier comme un simple ouvrier et y trouver sa vie et son pain : car une de ses folies était de dire du mal du métier d'auteur, et de n'en pas faire d'autre. Je lui conseillai dans ce temps-là de se faire limonadier, et de tenir une boutique de café sur la place du Palais-Royal. Cette idée nous amusa pendant longtemps ; elle n'était pas moins extravagante que les siennes, et elle avait l'avantage d'être d'une folie gaie et de lui promettre une fortune honnête. Tout Paris aurait voulu voir le café de J.-J. Rousseau, qui serait devenu le rendez-vous de tout ce qu'il y a d'illustre dans les lettres; mais cette folie, ayant un côté utile, fut trop sensée pour être adoptée par le citoyen de Genève. Il alla faire un tour dans sa patrie, d'où

---

1. C'est la seule trace de ce prétendu projet, qui a l'air d'être imaginé par Grimm pour amener la plaisanterie qui en termine le récit. (*Note de Musset-Pathay.*)

2. M$^{me}$ Dupin.

il revint assez mécontent au bout de six semaines. Il réabjura, pendant son séjour à Genève, la religion romaine, et se refit protestant. A son retour, il passa deux ou trois années dans la société de ses amis, aussi heureux qu'il pouvait l'être, faisant des livres et se croyant copiste de musique ; mais lorsqu'il sentait son bien-être, il n'était plus en lui de s'y tenir. M$^{me}$ d'Épinay ayant dans la forêt de Montmorency une petite maison dépendante de sa terre, il la persécuta longtemps pour se la faire prêter, disant qu'il ne lui était plus possible de vivre dans cet horrible Paris, et qu'il ne pouvait désormais avoir d'autre asile contre les hommes que les bois et la solitude. Elle ne convenait à personne moins qu'à une tête aussi chaude et à un tempérament aussi mélancolique et aussi impérieux que le sien. Il y devint absolument sauvage; la solitude échauffa sa tête davantage et roidit son caractère contre lui-même et contre ses amis. Il sortit de sa forêt au bout de dix-huit mois, brouillé avec tout le genre humain. C'est alors qu'il s'établit à Montmorency, où il a vécu jusqu'à présent avec une réputation digne de ses talents et de sa singularité. Voilà les principales époques de la vie de cet écrivain célèbre. Sa vie privée et domestique ne serait pas moins curieuse ; mais elle est écrite dans la mémoire de deux ou trois de ses anciens amis, lesquels se sont respectés en ne l'écrivant nulle part.

On prétend qu'il a passé les derniers jours dans des convulsions de désespoir et de douleur des suites de son ouvrage. Il se croyait à l'abri de toute persécution, étant lié avec des personnes de la première distinction. Il n'avait pas prévu que le Parlement pût lui faire une affaire sérieuse. Je le connais assez pour savoir qu'il sera toute sa vie inconsolable de n'être plus dans un pays dont il se plaisait à exagérer les maux et les abus. On dit qu'il a pris la route de la Suisse. Il n'ira point à Genève[1] : car une de ses inconséquences était d'élever sa patrie aux nues, en la détestant secrètement, et d'aimer passionnément Paris, en l'accablant d'imprécations et d'injures.

Il est étonnant qu'aucun de ses nouveaux amis n'ait prévu

---

1. Rousseau n'alla point à Genève, parce que le ministère français y était tout-puissant. *Émile* y fut brûlé et l'auteur décrété de prise de corps le 18 juin, c'est-à-dire neuf jours après l'avoir été à Paris. La retraite, comme on le voit, eût été peu sûre. Voir les *Confessions*, part. II, liv. xi et xii. (T.)

l'effet que ferait la *Profession de foi du vicaire savoyard* dans un moment où tant d'oisifs et de sots n'ont d'existence et d'occupation que celles que leur donne l'esprit de parti. On a tourmenté M. Helvétius pour quelques lignes éparses dans un gros volume. Un mot équivoque causerait aujourd'hui une tracasserie à un philosophe, et M. Rousseau a cru pouvoir impunément imprimer une bien autre profession de foi.

Si vous comparez le réquisitoire de maître Omer Joly de Fleury à la *Profession de foi du vicaire savoyard*, vous trouverez que ces deux personnages se sont trompés de rôle. Le prêtre est rempli de sens et de force qui siéraient si bien à un avocat général, et le magistrat est rempli d'un esprit de capucin qu'on passerait volontiers à un vicaire de Savoie. On a remarqué cependant que ce réquisitoire était fait sans animosité, au lieu que celui que le même avocat général fit, il y a trois ans contre le livre de *l'Esprit*, voulant envelopper tous les philosophes sous la même condamnation, devait faire trembler, par son fanatisme, pour les progrès de la raison en France et pour la sûreté de ceux qui osaient la professer. Le réquisitoire contre M. Rousseau n'est qu'une simple et plate capucinade. On lui reproche de ne pas croire à l'existence de la religion chrétienne! On lui prouve qu'elle existe... Tout le monde, excepté moi, a été révolté de cette belle exclamation : « Que seraient des sujets élevés dans de pareilles maximes, sinon des hommes préoccupés du scepticisme et de la tolérance? » Un magistrat proscrire la tolérance! Autant vaudrait garder des moines soi-disant jésuites, dont c'est l'esprit et la vocation. Quant à moi, je dis, à l'exemple de Jésus-Christ : Seigneur, pardonne à Omer Joly de Fleury, car il ne sait ce qu'il dit. En effet, si on lui expliquait quelle abominable doctrine il a avancée dans ce passage, je ne doute pas qu'il ne rougît de surprise et de honte; et cela prouve que nos magistrats feraient mieux, pour leur gloire, de se faire faire leurs réquisitoires par quelque philosophe que d'aller répéter en plein Parlement les leçons sifflées par quelque moine cagot ou par quelque janséniste atrabilaire [1].

Les vingt pages qui précèdent la Profession de foi du Vicaire

---

1. Les *Mémoires secrets* (20 août 1762) attribuent à Abraham Chaumeix le réquisitoire contre l'*Émile*. (T.)

dans le livre de M. Rousseau sont écrites avec un art infini; l'auteur y a déployé tout son talent. La première partie de la Profession de foi est sèche et aride; ce sont exactement des cahiers de philosophie tels qu'on nous les a dictés à l'école, mais à croire que M. Rousseau n'a fait que les transcrire, c'est une plate et pauvre philosophie. Il devient intéressant lorsqu'il en vient au christianisme et à la révélation; seulement le naturel et la vérité ne se font jamais sentir dans les ouvrages du citoyen de Genève. Quelle vraisemblance, par exemple, qu'un homme de sens comme le vicaire de Savoie fasse cette longue profession de foi à un petit écolier libertin qui ne saurait avoir assez de curiosité et de patience pour l'écouter, et qui n'est certainement pas en état de le comprendre ! Les anciens ne tombent jamais dans ces incongruités, et voilà en grande partie la cause de ce charme qui vous attache secrètement à la lecture de leurs livres les plus profonds : votre imagination est toujours intéressée.

Il y a encore dans ce troisième volume un beau discours du gouverneur à l'élève au moment de la puberté. Les écarts qui sont tout autour de ce morceau sont aussi fort beaux ; mais il faudra vous parler plus au long de ce singulier livre de l'Éducation, et c'est ce que je me propose de faire dans les feuilles suivantes.

— On a donné ces jours-ci, à la Comédie-Française, la première représentation des *Méprises, ou le Rival par ressemblance*, comédie en vers et en cinq actes, de M. Palissot[1]. On prétend que le sujet et le plan de cette pièce sont un effort de l'imagination de M. le comte de Caylus, qui existe depuis plus de quinze ans dans son portefeuille, et qui a été abandonné au talent poétique de M. Palissot, lequel Palissot s'est abandonné à la discrétion du public, lequel public en a fait une prompte et sévère justice : car, après avoir écouté la plus plate et la plus ennuyeuse pièce avec une patience sans exemple, il l'a sifflée à la fin, lorsqu'on a voulu l'annoncer pour la seconde fois, avec une unanimité qui n'a pu être mésinterprétée par l'auteur. Il a retiré sa comédie et n'a pas jugé à propos de s'exposer à de

---

1. La première et dernière représentation est du 7 juin 1762. Cette pièce a cela de particulier que, comme les deux rivaux ne se trouvent jamais en scène en même temps, le même acteur remplissait les deux rôles en prenant le soin de changer quelque chose à son costume. (T.)

nouveaux affronts. Il était cependant si sûr de son succès qu'il avait préparé un compliment que Bellecour devait réciter au parterre à la fin de la pièce lorsqu'on demanderait l'auteur. On dit qu'il va faire imprimer sa comédie avec des notes qui nous en découvriront sans doute les beautés[1]. Toute cette triste farce est fondée sur la ressemblance parfaite de deux hommes qui sont amoureux de la même personne. C'est la fable des *Ménechmes* ou celle d'*Amphitryon*. M. Palissot, en copiant une idée aussi neuve, n'a eu garde de s'écarter de la platitude qui appartient de droit aux imitateurs. Ce sujet, manquant de vraisemblance, aurait pu du moins fournir beaucoup de scènes comiques à un homme qui aurait eu un peu de talent et de verve : mais ce n'est pas là le fort de notre Aristophane. Il n'y a ni fond, ni idée, ni gaieté, ni plaisanterie, ni l'étoffe d'une scène, dans toute sa pièce. Il paraît avoir beaucoup compté sur l'idée de faire jouer les deux rivaux par le même acteur, en le montrant alternativement sous deux habits différents; mais ce déguisement n'a dérobé la platitude et la pauvreté de l'auteur à personne. Les portraits satiriques répandus çà et là n'ont point fait d'effet non plus, car le public se lasse des méchancetés bien vite, et rarement il permet à un auteur de se déshonorer deux fois. Il paraît donc que M. Palissot sera obligé de borner ses succès dramatiques à la comédie des *Philosophes*, qui lui a fait tant d'honneur il y a deux ans. Le public est bien injuste; il a bâillé aux allusions satiriques; il s'est révolté aux éloges de la vertu et de la probité que M. Palissot a voulu glisser par ci par là dans sa belle comédie. Public ingrat! que voulez-vous donc que fasse ce rare génie? Et sera-t-il dit chez la postérité que dans ce siècle de fer Palissot n'a pu faire d'autre métier que celui de vous vendre, avec le libraire David, à profit commun, les gazettes d'Amsterdam et de Bruxelles?

— On a publié depuis peu une *Vie du comte de Tottleben*[2]. C'est un présent à faire à vos antichambres.

---

1. L'auteur fit imprimer sa pièce sous le seul titre du *Rival par ressemblance*, et la fit précéder d'une préface où il dit que si on l'a sifflée c'est qu'on ne l'a pas entendue. (T.)

2. Le comte de Tottleben, Saxon, né en 1710, mort en 1773. La Saxe, la Russie, la Prusse et la Pologne, furent les théâtres des exploits de cet aventurier, dont les premières lectures avaient été la *Vie de Cartouche* et la *Pratique des Filous*, et qui profita beaucoup de cette étude. (T.)

— On vient de faire une superbe édition des contes de La Fontaine, à la tête desquels on lit le précis de la vie de cet illustre poëte par M. Diderot[1]. Cette édition est ornée d'un grand nombre de très-jolies estampes qui ont encore l'avantage d'être honnêtes quand le poëte ne l'est guère. C'est ce que j'ai vu de plus joli en fait d'estampes dont on enrichit les livres. Elles sont ordinairement si mal faites qu'un homme de goût les possède à contre-cœur. La plupart des estampes dont je parle sont de l'invention de M. Eisen, artiste allemand, et ce ne sont pas les plus mauvaises. Cette édition est fort belle ; mais l'exemplaire coûtera au moins trois louis.

— On a fait à Genève une édition de *la Pucelle d'Orléans*, qui est aussi laide que celle des *Contes* de La Fontaine est jolie[2]. Les estampes, qui sont de M. Gravelot, me paraissent détestables, et pour l'invention et pour l'exécution. Les libraires ayant fixé ce poëme à un prix trop haut, le public a eu le temps de connaître les défauts de cette édition, et elle ne s'est point vendue. Ce poëme restera toujours imparfait, et, du côté du génie, de l'invention et de la verve, très-inférieur à celui de l'Arioste, son modèle ; mais il sera toujours précieux par mille détails charmants. M. de Voltaire y a ajouté quelques chants nouveaux.

— *Le Balai* est d'un ex-Mathurin flamand appelé Laurent. Une lettre de cachet oblige actuellement ce poëte de se tenir en Hollande, d'où il nous a envoyé son poëme. On y trouve en vérité des morceaux qu'on parierait être de M. de Voltaire ; mais cela est noyé dans une bourre qui a bien la rime, mais qui n'a point de raison.

---

1. Voir sur cette édition, dite des *Fermiers généraux* et qui dispute aux *Baisers* de Dorat et aux *Chansons* de Laborde le premier rang des chefs-d'œuvre bibliographiques du xviiie siècle, la troisième édition du *Guide* de M. Cohen, revu par M. Ch. Mehl.

2. M. Ch. Mehl dit que ces figures sont attribuées à Gravelot, et qu'elles sont toutes décentes.

## JUILLET

1ᵉʳ juillet 1762.

Lorsque l'Université de Paris donna, il y a quelques mois, son *Mémoire sur les moyens de pourvoir à l'instruction de la jeunesse*, on devait s'attendre à y trouver un plan général et raisonné de l'éducation publique. Les anciens avaient entre autres grandes vues celle d'adapter l'éducation à la constitution de leur gouvernement; un Spartiate ne ressemblait guère à un Athénien. Les modernes ont conservé sur ce point, comme sur beaucoup d'autres, les traces de la barbarie de leur origine. L'institution publique est à peu près la même dans toute l'Europe; les universités, les académies, les colléges, depuis Pétersbourg jusqu'à Lisbonne, nous rappellent partout notre origine gothique et les tristes effets de l'esprit monacal qui avait envahi toute l'Europe pendant les siècles d'ignorance. J'ai déjà remarqué que dans les pays protestants ses traces s'effaçaient insensiblement, et qu'une raison plus épurée se faisait jour à travers le pédantisme de la méthode. Cette révolution, bien loin d'être indifférente au genre humain, influe nécessairement sur le bonheur même des pays catholiques, où la superstition exercerait sa tyrannie avec bien moins de ménagements s'il n'y avait point de pays protestants au monde. C'est dans ce sens que la liberté du peuple anglais intéresse toute l'Europe, que la gloire et les victoires de Frédéric importent même au peuple autrichien, et que le soutien de la cause protestante est nécessaire au bonheur des provinces d'Italie et d'Espagne. Le grand Julien vainqueur aurait épargné au genre humain des siècles d'horreur et de barbarie; mais, vaincu, il eut tort: accablé sous la calomnie des prêtres, le peuple ne vit en lui qu'un incrédule poursuivi par la vengeance divine, et la superstition étendit son empire sur toute l'Europe. Frédéric, aussi grand philosophe que Julien, plus heureux, plus glorieux monarque que lui, vraisemblablement ne donnera pas ce triomphe aux prêtres. Non-seulement il y aura dans le continent de l'Europe un pays où les philosophes seront à l'abri de leurs persécutions, et où la liberté de penser sera respectée sous un roi philosophe ; mais les effets de ce sage et heureux gouvernement rejailliront sur tous les autres pays : le fanatisme y sera plus en horreur, la philosophie moins persécutée, la liberté des opinions plus sacrée. Le révérend père confesseur de l'archiduc Joseph ne montrera pas à son altesse royale le doigt de Dieu dans la punition d'un roi incrédule. Si le Très-Haut a doué M$^{gr}$ l'archiduc d'un grain d'esprit et de bon sens, il réfléchira un jour sur le grand et beau spectacle que l'ennemi de sa maison a donné au monde. Quand Frédéric ne sera plus, Joseph ne possédera pas peut-être la Silésie, mais il aura quelques superstitions et quelques absurdités de moins dans la tête, qu'il aurait conservées si le sort des armes lui eût rendu cette belle province. Ainsi la perte de la Silésie pour la maison d'Autriche tournera au profit de ses autres sujets, et son plus redoutable ennemi aura contribué au bonheur de ses provinces, en détruisant dans la tête de leur souverain le germe de quelques superstitions et de quelques bêtises que les prêtres ne pourront plus faire pousser. C'est ainsi que le genre humain s'achemine insensiblement vers un peu plus de bonheur, et qu'au bout de vingt siècles il arrive à la fin un moment moins barbare. Ce n'est pas que les hommes ne soient plus ou moins livrés aux préjugés ; la pure raison ne régnera jamais parmi eux. Mais les préjugés horribles de la superstition et du fanatisme ne sont pas sitôt détruits que les grands et heureux préjugés de l'amour de la patrie, de l'honneur, de l'héroïsme, en prennent la place : alors le même généreux courage qui, avec un esprit aveugle et dégradé, aurait mis sa gloire à trahir, à sacrifier son ami pour la différence de quelques opinions dans le fond également absurdes, ce même courage, plus éclairé et mieux dirigé, apprend à respecter la vertu dans son ennemi même, à honorer le mérite et à l'imiter partout où il se trouve, et, en méprisant partout la vanité et l'imbécillité des opinions humaines, à ne se distinguer parmi ses semblables qu'à force de vertus, d'élévation, d'actions nobles et généreuses.

Nous voilà un peu loin du Mémoire de l'Université de Paris; mais si ce Mémoire était l'ouvrage d'un corps de philosophes, comme c'est celui d'un corps de pédants, ces réflexions ne seraient pas si éloignées de leurs idées qu'on n'en sentît la liaison et la force; elles seraient entrées dans les éléments de l'institution publique dont l'Université devait tracer le plan et les principes.

M. Rousseau, au contraire, devait tenir une tout autre route. Cet écrivain célèbre, voulant publier ses vues et ses idées sur l'éducation particulière, et se choisissant un élève qu'il appelle Émile, il ne fallait point qu'il fît un ouvrage didactique rempli de règles, de principes, de maximes; il fallait en faire un ouvrage purement historique; c'est-à-dire qu'après avoir bien établi le caractère de son élève, il fallait nous faire l'histoire ou le roman de son éducation, sans jamais s'aviser de donner aucune de ses méthodes pour un principe ou une règle à suivre: car, lorsqu'on vient aux applications, tout n'est vrai qu'à un certain point, et ce qui convient merveilleusement à un tel sujet ferait un très-mauvais effet sur un tel autre; ainsi il n'y a point de méthode à prescrire dans l'éducation particulière, qui varie autant qu'il y a d'élèves, et le ton didactique ne peut manquer d'être déplacé dans un pareil ouvrage. En revanche, il n'y a point de réplique contre les faits narrés historiquement sans préceptes et sans pédanterie, pourvu que vous ayez assez de génie pour établir une correspondance parfaite entre le caractère que vous avez donné à votre élève et la méthode que vous avez suivie dans son éducation, et qu'on voie clairement que votre méthode a produit les effets que vous lui attribuez. Voilà du moins comment j'avais conçu autrefois l'idée d'un traité sur l'éducation, dont l'exécution eût été peut-être au-dessus de mes forces, mais non pas au-dessus de mon courage, si d'autres occupations et d'autres soucis m'en eussent laissé le loisir. J'avais imaginé un couple charmant qui jouit du bonheur de s'aimer et d'être uni par le plus doux lien, après avoir éprouvé de longs obstacles à leurs désirs. Cet heureux mariage ne dure qu'un instant. L'époux, en devenant père, devient aussi le plus malheureux des hommes. Il perd une femme qu'il adore, et il ne survivrait point à ce malheur sans le gage qu'elle laisse en mourant à ses soins. Le voilà donc seul dans le monde avec un fils. La perte de sa femme produit un changement total dans le caractère de cet infortuné. Il quitte ses places; il se retire à la campagne, et là, lorsque la violence de la première douleur a cédé à une plus douce mélancolie, il se consacre uniquement à l'éducation de son fils. L'histoire de ce fils, jusqu'à l'âge de dix-huit ans, c'est mon Traité d'éducation, que je me serais bien gardé de nommer ainsi et à qui je n'en aurais pas non plus donné la livrée, en le farcissant de principes et de méthodes; c'eût été l'histoire du père et du fils, mais sans jamais donner leur exemple pour modèle : au contraire, j'aurais mis tous mes efforts à cacher le but de mon ouvrage sous la simplicité de la narration historique. M. Rousseau a cru devoir faire un ouvrage mixte, tantôt historique, tantôt didactique. J'ose croire que, tel que je l'avais conçu, il avait plus l'air d'un ouvrage de génie; sûrement il n'aurait pas eu cet air de pédanterie qui dépare le livre du citoyen de Genève. Au reste, cet auteur a pris plaisir à contrarier, dans son traité, plusieurs de mes idées qu'il connaissait sur ce sujet important, mais d'une manière à ne m'en point désabuser. La seule idée capitale qu'il ait conservée des miennes, c'est de ne parler à son élève de Dieu et de religion qu'à l'âge de la raison : mon jeune homme, à l'âge de quinze ans, n'avait pas entendu prononcer le nom de Dieu; il ne l'aurait sûrement pas appris en vain. J'observe que M. l'avocat général n'aurait pu attaquer un auteur qui rapporte historiquement qu'un tel père a élevé son fils de telle manière.

Remarquez aussi qu'on ferait, suivant cette idée, autant de traités historiques d'éducation particulière qu'il y a de situations domestiques. Ainsi on ferait l'histoire d'un père et d'une mère d'une nombreuse famille, et cette histoire, approchant davantage de notre situation commune et civile, ferait aussi un traité beaucoup plus instructif que celui que j'avais imaginé. Il n'est pas besoin de dire que la condition et le caractère des personnages doivent être établis dans ces traités avec autant de soin que dans un roman; sans quoi, point de vérité et point d'instruction, qui devient inutile et nulle à mesure qu'elle devient vague. Ce ne sont pas les lieux communs qui éclairent : c'est l'exemple et l'histoire ; s'il ne fallait que des lieux communs et des maximes, nous serions les hommes les plus sages et les plus éclairés qu'il y eût sur la terre, car toute notre vie nous n'entendons que cela, et dans nos sermons, et sur nos théâtres, et dans nos colléges, et dans notre institution domestique : le goût de prêcher est devenu une passion universelle, et vous savez combien nous en sommes meilleurs.

Pour dire encore un mot de mon jeune homme, je le faisais mourir à l'âge de dix-huit ans, au moment où le père devait recueillir les fruits de ses soins; car en toutes choses il est bon de rappeler aux hommes la vanité de leurs espérances. Cela les accoutume à l'infortune, le tableau en est plus vrai, et apprend aux heureux à jouir du bonheur avec sagesse.

L'observation la plus importante et la plus générale à faire sur l'éducation, c'est qu'elle se ressentira toujours de l'imperfection inséparable de toute institution humaine. Quelque soin que vous preniez de votre fils, gardez-vous d'imaginer que vous soyez son seul guide. La nécessité qui dispose de nous, la combinaison de cette foule de circonstances extérieures qui se perpétuent et se renouvellent pendant tout le cours de la vie, n'influeront-elles pas sur votre élève, et le sort qui règle la destinée du père et de la mère ne décidera-t-il pas de celle des enfants? Ah! nous sommes tous sous la main invisible. Frédéric, élevé par un moine sous le dais d'un trône qui ne fut jamais ébranlé, n'eût été peut-être qu'un homme ordinaire, un roi fainéant, dont le nom sans gloire n'aurait eu dans les fastes de marque distinctive que son chiffre; mais né sur un trône qui n'est pas assez affermi pour être à l'abri du danger, souverain d'un peuple dont les malheurs deviennent les siens propres, chef d'une armée dont les défaites ébranleraient sa couronne et n'exposeraient pas moins la personne du roi que le bien des sujets, Frédéric a appris de son sort, bien mieux que de ses maîtres, le grand art de régner, d'être digne de son rang, de balancer la grandeur des périls par des vertus plus grandes, et de fournir la plus belle vie dont il y ait peut-être trace dans l'histoire. La Grèce, si étroite, si peu étendue, était une pépinière de grands hommes, tandis que l'immense empire des Perses n'avait pas un nom illustre. Tout y languissait dans l'indolence et dans l'abattement, pendant que les grands exemples de toute espèce inspiraient à la jeunesse grecque la passion des vertus et de la gloire.

Vous jugez qu'un auteur qui oublierait l'influence que le sort public et le sort domestique ont nécessairement sur l'éducation ne saurait faire qu'un mauvais traité. Vous jugez encore qu'un auteur qui aurait besoin, pour le succès de sa méthode, d'un concours constant de circonstances très-difficiles à rassembler, et de la vicissitude des choses humaines, encore plus difficiles à faire durer, aurait perdu son temps et sa peine. Ce n'est pas assez que M. Rousseau ait oublié l'un et qu'il exige l'autre; quand il s'égare, il n'est pas homme à rester à moitié chemin. Lorsque, par une combinaison unique et impossible, vous aurez ôté au sort toute influence, que vous aurez rassemblé toutes les circonstances que M. Rousseau exige, que vous aurez réglé le monde entier et toutes les choses humaines suivant le besoin de votre Émile et le caprice de son gouverneur, vous croyez peut-être pouvoir vous flatter du succès de cette éducation? Vous vous trompez. S'il arrive un seul de ces hasards qu'aucune prudence humaine ne peut ni prévoir ni prévenir, si, dans le cours de dix-huit ou vingt ans de soins assidus, il échappe au gouverneur un mouvement, un sourire, un mot indiscret ou inconsidéré, dès ce moment tout est manqué, tout est perdu; M. Rousseau a le plus grand plaisir de vous répéter cet arrêt à toutes les cinq ou six pages de son livre. S'il faut tant de choses impossibles pour élever un homme, il est plus court d'y renoncer. Si l'Émile du citoyen de Genève était un dieu dont le destin dût assurer pour jamais le bonheur du genre humain, et que son éducation nous importât au delà de toutes choses, je défie qu'on y réussît au gré de M. Rousseau, et qu'il ne vous répétât à tout moment son mot favori : *Tout est fini, tout est perdu.*

En général, on peut dire que son traité *De l'Éducation* est un recueil de choses vraies et fausses, de contradictions, de beautés grandes et sublimes et d'impertinences plates et inutiles, de choses touchantes et de choses arides, de systèmes extravagants et absurdes et de vues justes, de choses consolantes pour l'humanité et de satires et de calomnies contre le genre humain. Le grand défaut de M. Rousseau, c'est de manquer de naturel et de vérité; l'autre, plus grand encore, c'est d'être toujours de mauvaise foi. Ses raisonnements sont composés d'une foule de vérités et d'une foule de faussetés et de mensonges. On ne saurait se promettre de les réfuter avec succès, et cependant tout lecteur attentif en sent le défaut et l'inanité. Voilà pourquoi M. Rousseau n'a persuadé à personne que les lettres étaient la peste du genre humain, que le théâtre était une école de corruption, que l'homme était fait pour la vie sauvage, et non pour vivre en société; et voilà cependant pourquoi il a trouvé si peu d'adversaires dignes de lui. On admire son talent, mais on est fâché qu'il n'en puisse faire un meilleur usage. On peut dire encore que M. Rousseau a toujours raison quand les hommes ont tort, et toujours tort quand les hommes ont raison; car il cherche moins à dire la vérité qu'à dire autrement qu'on ne dit, et à prescrire autrement qu'on ne fait. On est étonné de voir à côté d'une idée pleine d'élévation et de charme une platitude qui n'a pas le sens commun.

On peut, je crois, assurer aussi que tout ce qui regarde l'éducation dans son livre est faux et de nul usage. Non-seulement il se tourmente, surtout pendant le premier âge de son Émile, à lui apprendre des choses que l'enfant le plus abandonné apprend tout seul, non-seulement un précepte détruit l'autre, et l'auteur se contredit à chaque page; mais je défie qu'on puisse employer avec succès une seule des méthodes qu'il prescrit. Il dit bien à tout moment : « Mon Émile est tel; » il lui trouve les plus grandes vues, les sentiments les plus sublimes, la conduite la plus merveilleuse; mais on ne voit nulle part comment tant de merveilles résultent de la méthode de M. Rousseau, ni qu'elles soient la conséquence nécessaire des moyens que le gouverneur Jean-Jacques a employés pour faire de son Émile un homme unique. Au contraire, la plupart de ses principes sont peu féconds, peu conformes à la nature humaine, et ses pratiques si puériles, ses méthodes si absurdes, qu'on est étonné, comme je l'ai dit, qu'un homme de tant d'esprit et de génie puisse tomber dans des platitudes si extravagantes. Je ne parle point ici de ses principes fondamentaux; ils méritent bien la peine qu'on les examine à part et qu'on sache jusqu'à quel point on doit se fier aux assertions hardies du citoyen de Genève; mais qu'on se rappelle toutes ses autres pratiques, il n'y en a pas une qui ne soit fausse et puérile. Et cette peine inutile avec laquelle je dirais volontiers qu'il se tourmente autour des sens de son élève, et cette belle méthode par laquelle Émile doit apprendre de lui-même à lire et à écrire, et la belle manière de lui enseigner la géographie, la géométrie, le dessin, la physique, et ces beaux jeux nocturnes, et ce beau jeu de gâteaux pour le dresser à la course, et cette belle histoire du bâton brisé dans l'eau, et celle du vin frelaté, et celle du dîner somptueux dont Émile tire une si belle morale, et celle de sa faim dans la forêt de Montmorency, et tant d'autres que je passe sous silence : si un homme sensé peut y trouver une seule vue juste, utile et philosophique, il faut que le genre humain n'ait pas encore eu le sens commun jusqu'à ce jour, et qu'il apprenne de M. Rousseau à produire avec ses facultés des effets tout autres que ceux que nous avons crus jusqu'à présent conformes à la nature des choses.

Ce qui n'est pas moins étrange, c'est de voir cet écrivain prêcher partout l'amour de la vérité, et employer toujours l'artifice et le mensonge pour réussir auprès de son élève. Si M. Rousseau croit qu'il soit si aisé de dérober la vérité aux enfants et de leur en faire accroire sur le vrai caractère de ceux dont ils dépendent, sur leur vraie situation, sur ce qu'ils peuvent et sur ce qu'ils ne peuvent point, on peut l'assurer qu'une des observations les plus communes lui a échappé. Il ne faut pas avoir vu beaucoup d'enfants pour savoir avec quelle justesse étonnante ils jugent de tout ce qui les intéresse, de tous ceux qui ont des rapports directs avec eux, et combien il serait inutile de vouloir leur donner le change là-dessus.

Il faut donc regarder le livre *De l'Éducation*, ainsi que les autres ouvrages du citoyen de Genève, non comme un livre utile aux hommes, non comme l'ouvrage d'un philosophe avec lequel vous aimeriez à passer votre vie, à philosopher et à vous instruire, mais comme un recueil immense de choses qui vous fait penser sur toutes sortes de matières, dont l'auteur, par un art infini, par un style rempli de chaleur et de force, vous intéresse encore, lors même qu'il s'égare et qu'il est de mauvaise foi, et dont le caractère sera toujours précieux, tantôt par le talent de l'auteur, tantôt par sa singularité. Les deux derniers volumes m'ont paru infiniment supérieurs aux deux premiers.

On dit que *le Contrat social* est de la même trempe : obscur et embarrassé dans ses principes, souvent futile et plat, souvent hardi, élevé et admirable. On a pris des mesures si justes à la poste que ceux qui l'ont fait venir par cette voie en ont été pour leurs frais et leurs peines. A moins d'aller le chercher en Hollande et de le faire entrer dans sa poche, il n'est pas trop possible de l'avoir ici. Dans six mois il sera étalé dans toutes les boutiques, à côté du livre de *l'Esprit* et de celui de *l'Éducation.*

Le conseil de Genève a fait brûler les deux ouvrages par la main du bourreau, et arrêté en outre que l'auteur, s'il venait à Genève, serait pris et conduit devant le magistrat pour répondre de ses principes. Cette procédure assez déplacée et assez inconsidérée pourrait bien faire aller M. Rousseau dans sa patrie, car il ne doit pas manquer de partisans dans une démocratie; et rentrer dans Genève malgré le conseil serait bien autrement piquant que d'y aller lorsque personne ne s'y oppose. On se ferait alors chef de parti parmi le peuple, et, par ces combinaisons, M. de Voltaire serait peut-être inquiété jusque dans son asile des Délices. Voilà des conjectures. Tout ce qu'on sait, c'est que M. Rousseau est arrivé à Yverdon, à dix-huit lieues de sa patrie.

— On a donné ces jours-ci, sur le théâtre de la Comédie-Française, *le Caprice*[1], comédie en prose et en trois actes par M. Renou, lequel n'a pas été heureux jusqu'à présent dans ses essais dramatiques. Dans cette pièce, une certaine baronne coquette, et, comme vous allez voir, bien plus méchante et noire que capricieuse, exige de son amant de feindre une passion violente pour une jeune personne pleine de candeur, de vertu et de beauté. Voilà le caprice, et s'il faut appeler ainsi ce qui n'a aucun motif ni sensé ni même raisonnable, on peut dire que jamais caprice n'a mérité son nom comme celui de la baronne, car on ne voit absolument point pourquoi elle forme un projet si insensé et si dangereux pour elle. Ce qui en arrive montre encore davantage l'extravagance de cette conduite. L'amant, très-honnête homme, qui a une peine infinie à se prêter au caprice de la baronne, s'y soumet et y succombe. Tout en feignant de la passion pour la jeune personne, il en prend une très-vive et très-véritable, et cela est très-naturel. Sophie ou Angélique, j'ai oublié son nom, a tous les charmes de la jeunesse et de l'innocence; la baronne est sur son retour, et d'ailleurs remplie d'artifices et de manéges. Elle s'aperçoit trop tard de la mauvaise tournure que prend son caprice. Alors elle en veut prévenir les effets, à force de noirceur et d'infamies. Elle invente des mensonges, elle détourne des lettres, elle épuise

---

1. *Le Caprice, ou l'Épreuve dangereuse*, fut représenté pour la première fois le 28 juin 1762.

toutes les ressources de la plus horrible tracasserie : tout cela ne sert qu'à dévoiler son âme noire à son amant, et à réunir pour jamais deux cœurs faits pour s'aimer. La baronne étouffe de rage et de honte, et l'amant donne sa main à la jeune personne, à laquelle il n'a que trop réussi d'inspirer de l'amour pour lui. Cette pièce a réussi faiblement. Elle aura quelques représentations à l'aide des tragédies dont on aura soin de l'étayer. Elle est bien insipide et d'un bien mauvais genre. C'est du marivaudage froid. O divin Molière, dirait-on que nous ne sommes qu'à cent ans de l'époque de tes chefs-d'œuvre immortels, et à en juger par les comédies de nos jours ne croirait-on pas être à deux mille ans de cette époque !

— On devait donner à la Comédie-Française ce même jour *la Mort de Socrate*, tragédie en trois actes, par M. de Sauvigny, garde du corps du roi de Pologne Stanislas. Ce poëte a donné jusqu'à présent des pièces fugitives, des odes anacréontiques et autres bagatelles qui ne vous feront pas présumer qu'il soit en état de traiter un sujet de cette importance. Quand M. de Voltaire y a échoué par le défaut de profondeur et de gravité, on ne peut pas trop espérer que M. de Sauvigny y réussisse : car s'il fait des vers avec facilité, il les fait si légers, si dépourvus d'idées, qu'on pourrait lui imputer la stérile abondance que le philosophe de Sans-Souci trouvait à l'abbé de Bernis[1] si M. de Sauvigny avait au moins la grâce et la tournure du poëte devenu cardinal. Or il n'y a aucun sujet où les idées les plus grandes et les plus profondes soient plus indispensables que dans *la Mort de Socrate*. Quoi qu'il en soit, celle de M. de Sauvigny était prête à paraître, le jour en était pris et annoncé, lorsqu'il vint une défense de la police de la jouer. On prétend qu'elle est remplie d'allusions qu'on aurait pu appliquer à M. Christophe de Beaumont, archevêque de Paris, à nos seigneurs de la cour du Parlement, à la haine et à l'animosité qu'on a dans ce moment-ci contre la philosophie. Je crois que la circonstance de la proscription de M. Rousseau a beaucoup contribué à la suppression de cette pièce. On aurait craint que le parterre ne fît des applications continuelles à l'histoire du jour. On prétend que l'auteur a eu la permission de faire imprimer sa pièce. S'il

---

1. Voir la note 2 de la page 112 du tome IV.

en profite, nous serons à portée de juger jusqu'à quel point les appréhensions de la police étaient fondées[1].

— Prosper Jolyot de Crébillon, de l'Académie française, vient de mourir à l'âge de quatre-vingt-neuf ou dix ans[2]. Ce poëte tragique jouissait d'une haute réputation qu'il devait moins à son mérite qu'au hasard d'avoir eu M. de Voltaire pour concurrent dans la carrière du théâtre. La noire envie et la basse jalousie se plaisaient à élever Crébillon aux dépens de son rival, à le vanter comme le seul génie tragique, et à n'accorder à M. de Voltaire que des talents d'agrément. On vantait continuellement les tragédies de Crébillon, et l'on jouait sans cesse celles de Voltaire. Je ne dis pas que M. de Crébillon ait été sans aucun mérite; mais je dis que, ni pour le génie tragique, ni sous aucun autre point de vue, il ne peut être comparé à M. de Voltaire, et que ce jugement sera infailliblement confirmé par la postérité. La plus belle des pièces de Crébillon, *Atrée et Thyeste*, n'est presque jamais jouée. Son *Électre* a eu un grand succès en son temps. Celle de M. de Voltaire n'en a presque pas eu, et il s'en faut bien qu'elle soit sans défauts; mais telle qu'elle est, elle dégoûtera insensiblement le public de ce puéril et impertinent roman sur lequel l'*Électre* de Crébillon est bâtie, auquel je défie un homme de goût de se prêter. *Rhadamiste et Zénobie* a sans doute des beautés; mais la fable en est embrouillée de façon que personne n'y peut rien comprendre. Voilà les trois pièces de M. de Crébillon qui sont restées au théâtre. Si vous en examinez le style et le coloris, c'est bien pis. En général, Crébillon avait du génie, si l'on veut; mais il manquait de culture, et l'on n'en dira jamais : Voilà un beau génie. Il laisse un fils dont vous connaissez la réputation et les ouvrages. La Comédie-Française lui a célébré un service solennel dans l'église de Saint-Jean de Latran, et a joué le soir *Rhadamiste*, mais sans beaucoup de monde[3]. Vous voyez que l'Église ne dédaigne pas l'argent des excommuniés, et que les prêtres ne se font pas de peine de donner quittance de l'argent reçu de ceux qu'ils ne veulent pas admettre à la sainte table.

---

1. Non-seulement la pièce de Sauvigny fut imprimée, mais la représentation en fut permise plus tard. Voir ci-après lettre du 15 mai 1763. (T.)
2. Crébillon mourut le 17 juin 1762; il était né le 13 février 1674.
3. Le 6 juillet.

— *Le Bilan général et raisonné de l'Angleterre depuis 1600 jusqu'à la fin de 1761, ou Lettres sur le produit des terres et du commerce de l'Angleterre*, est un ouvrage estimé qui vient de paraître. L'auteur s'appelle M. de Maisagne. Si ses vues générales et ses principes sont justes et bien raisonnés, il reste toujours à savoir à quel point on peut ajouter foi aux faits et aux détails particuliers, car nos écrivains politiques et économiques assurent bien des choses et produisent bien des calculs dont je ne voudrais pas être garant. Combien de fois l'on nous a assuré que l'Angleterre allait faire banqueroute, combien de fois nous avons compté qu'elle serait écrasée sous le poids de la dette nationale ! Vain fantôme dont nous avons la bonté de nous effrayer pour nos ennemis. Mais si l'alliance de l'Espagne ne nous rend pas plus de services que la dette nationale des Anglais, nous serons encore longtemps en guerre. Il est évident que cette dette, quelque grande qu'elle soit, n'est qu'un moyen de plus pour affermir la présente constitution de l'État. Il est vrai aussi, et M. de Maisagne le prouve, que la puissance anglaise ne durera pas toujours ; mais tout finit dans ce monde. Les empires les plus florissants et les mieux gouvernés ont leur terme de puissance et de fortune après lequel ils déclinent. Ce qui n'empêchera pas que le ministère de Guillaume Pitt ne soit une assez belle époque de l'histoire anglaise, et je crains bien que, malgré les démonstrations et les raisonnements victorieux de nos auteurs, nos enfants ne soient déjà trop vieux pour voir la fin de la supériorité que la puissance anglaise a acquise en Europe.

— M. l'évêque du Puy, frère du célèbre M. Le Franc de Pompignan, a écrit au roi en faveur des jésuites une lettre fort plate, que le parlement de Normandie vient de faire brûler par la main du bourreau, en conséquence d'un réquisitoire très-violent de son procureur général.

— *Tout le monde a tort* est une feuille d'un auteur qui se dit femme, et qui prend en conséquence le ton léger et badin. C'est ce qui a paru de mieux en faveur des jésuites. Vous pourrez, d'après cet échantillon, juger de la force des apologies de cet ordre célèbre. Il est vrai que si les jésuites ont eu de pauvres défenseurs, les jansénistes ont écrit en revanche de grandes platitudes contre leurs ennemis. On peut hardiment faire droit sur les brochures pour et contre, et les condamner au feu. Vous y jetterez d'abord *les Pourquoi, ou Question sur une grande affaire pour ceux qui n'ont que trois minutes à y donner;* c'est une feuille en faveur des jésuites. *Le Réveil des jésuites* est un autre bavardage.

— Nous sommes en outre inondés de comptes rendus aux différents parlements du royaume par leurs procureurs généraux, parmi lesquels on ne distingue que le second compte rendu sur l'appel comme d'abus des constitutions des jésuites, par M. de La Chalotais, procureur général au parlement de Bretagne. Le second ouvrage de ce magistrat a eu autant de succès que le premier, et c'est ce qui nous restera de cette grande et mémorable querelle. Les jésuites peuvent hardiment regarder M. de La Chalotais comme leur destructeur en France. Jamais ouvrage polémique n'a porté un coup plus cruel et plus irréparable[1].

— Je ne sais quel barbouilleur nous a fait présent de trois volumes de *Vies des femmes illustres de la France,* dans lesquels on trouve entre autres la vie de la Brinvilliers, à laquelle le titre de femme illustre convient singulièrement. C'est une mauvaise compilation dont on ne peut soutenir la lecture.

— M. Lacombe vient de publier un *Abrégé chronologique de l'histoire du Nord*[2], c'est-à-dire de tous les États de cette partie du monde. Voilà donc encore un abrégé. Mais l'*Histoire de la reine Christine* vous fera penser qu'il vaut mieux que M. Lacombe abrége et compile que de lui voir traiter un sujet historique dans les formes.

15 juillet 1762.

On peut chercher la source de tous les égarements de M. Rousseau dans le caractère de cet homme idéal et chimérique qu'il s'est créé, et qu'il a substitué partout à l'homme de la nature, tel qu'il existe depuis cinq ou six mille ans que nous avons quelques notions du genre humain. Faut-il s'étonner que,

---

1. Le premier et le second *Compte rendu* furent d'abord imprimés in-4°. Il en parut ensuite plusieurs éditions in-12. On répandit le bruit peu fondé que d'Alembert, ami de La Chalotais, n'était pas étranger à la rédaction de ces *Comptes*. (T.)

2. Paris, 1762, 2 vol. in-8°.

n'ayant jamais qu'un modèle fictif dans la tête, il ait toujours manqué de naturel et de vérité dans ce qu'il a écrit sur la nature de l'homme, sur ses rapports moraux, sur ses droits et sur ses devoirs? S'il est permis d'avilir un titre auquel on ne peut aspirer, M. Rousseau a raison de calomnier celui de philosophe : il sera toujours regardé comme un écrivain éloquent, jamais comme un philosophe profond.

Le citoyen de Genève n'est pas le premier qui se soit donné la torture pour établir cet état chimérique que les écrivains du droit naturel et politique ont appelé état de nature ; ils ont tous épuisé leur imagination pour en décrire les avantages. L'histoire de nos premiers parents, dans le jardin d'Éden, n'est pas plus puérile que celle que de grands philosophes modernes ont forgée de ce prétendu état de nature. Si nous savions, de science certaine, que le genre humain a vécu pendant des siècles dans cet état qui n'a jamais existé, qu'en pourrait-on conclure? que l'état de société qui a succédé à cet état primitif est contraire à la nature humaine? J'aimerais autant qu'on me dît que les poissons avaient été créés originairement pour vivre dans l'air, sur les arbres, et qu'ils se sont dégradés et perdus depuis qu'ils se sont plongés dans les eaux. Je suis bien fâché que le docteur Swift soit mort sans faire l'histoire des poissons dans ce goût-là ; il nous aurait prouvé comme quoi toutes les misères, tous les maux de l'espèce piscine, tirent leur origine de son goût dépravé pour l'eau, et de ce qu'elle a perdu l'heureuse habitude de vivre dans les airs, etc. *Ridiculum acri....* De bonne foi, un philosophe sensé se persuadera-t-il jamais qu'une espèce d'êtres, quelle qu'elle soit, puisse sortir de son état naturel, et subsister pendant des siècles dans un état entièrement opposé à sa nature? S'il était possible qu'une espèce pût tenter quelque chose de contraire à sa nature, au premier acte, au premier essai, elle cesserait d'exister. Il y a cette différence entre l'air salubre et l'air pestiféré, que dans l'un on vit, et dans l'autre on meurt : voilà tout. Ainsi on aurait beau découvrir d'une manière certaine que le genre humain a vécu des milliers d'années dans cet état de nature que nos docteurs ont si fort embelli ; puisque l'état de société, avec tous ses développements civils et moraux, a succédé à ce premier état, et que les hommes s'y conservent depuis des milliers d'années, il est évident que l'un et l'autre de ces états sont également conformes à la nature humaine. Tout ce que je puis accorder à la chimère de nos écrivains, c'est que cet état de nature était un état de félicité pure, et que celui de société en est un rempli de misère et d'infortune ; mais enfin, puisqu'il a résulté de l'autre, il était malheureusement impossible aux hommes de n'y point tomber. Je ne sais point raisonner contre les faits. Émile, à l'âge de vingt-cinq ans, tient de la libéralité de M. Rousseau tous les avantages de la plus brillante jeunesse ; mais enfin rien au monde ne pourra l'empêcher d'arriver un jour à l'âge de décrépitude, où il faudra perdre tous ces avantages. Ainsi reprocher au genre humain l'état de société est au moins aussi philosophique que de blâmer un vieillard de soixante ans d'avoir troqué de beaux cheveux châtains contre une chevelure grise.

Vous voyez qu'en raisonnant de la manière la plus modérée sur les idées de nos docteurs du droit naturel, on en découvre partout l'insuffisance et l'absurdité. Que ne serions-nous pas en droit d'en penser, en les approfondissant un peu davantage? Car enfin cet état de nature, dont ils se sont plu à nous faire des tableaux si magnifiques, nous n'en voyons aucune trace dans l'histoire de l'homme. Non-seulement nous ignorons absolument si l'homme a jamais vécu dans cet état ; mais, en le comparant avec les connaissances que nous avons pu acquérir de la nature humaine, nous sommes en droit d'en inférer que jamais le genre humain n'a pu exister un seul moment de cette manière chimérique ; nous voyons clairement que l'homme, tel qu'on nous le présente dans l'état de nature, est tout un autre être que celui que nous voyons sous nos yeux, et qui ressemble à celui dont l'histoire nous est connue depuis cinq à six mille ans. J'ignore comment le genre humain a commencé ; mais je sens qu'un être faible, craintif et doué d'imagination, comme l'homme, a dû, dès le premier instant de son existence, rechercher la société de ses semblables, s'effrayer de la solitude, et des ténèbres, s'inquiéter au moindre bruit, n'écouter l'agitation des feuilles par le vent qu'avec tressaillement, qu'avec une secrète horreur, et supposer partout un pouvoir invisible. Voilà donc l'origine de la société et de la religion, prise, non dans l'excellence, mais dans la faiblesse de notre frêle nature. Je sens encore que, les passions étant inséparables de notre nature, le genre humain a dû être susceptible de grandes vertus et de grands crimes, et, les combinaisons de tout ce qui entre dans notre essence étant infinies, je sens que le propre de notre espèce est d'être un composé de toutes sortes de tempéraments, de qualités et de résultats. Tout ce qui arrive à une espèce lui arrive conformément à sa nature, parce qu'elle ne pourrait subsister un instant hors de sa nature. Tous ceux qui ont écrit des choses contraires à ces principes ont peint un homme imaginaire qui n'a jamais existé, et une condition chimérique sur laquelle ils ne peuvent rien affirmer. Ils n'ont envisagé l'homme que par un côté; ils l'ont doué de telle faculté, et ont oublié telle autre; ils ont oublié surtout que l'homme n'avait pas seulement telle ou telle faculté, mais qu'il les avait toutes en même temps et ensemble : ce qui produit entre elles des relations, des modifications, des combinaisons sans nombre. Nos philosophes en ont agi avec l'homme, depuis quelque temps, comme un organiste en use avec son instrument. Ils combinent ses différents jeux à leur caprice; mais on peut dire que cela fait d'assez mauvais organistes. Ainsi l'abbé de Condillac, dans son *Traité des sensations*, et M. Rousseau, à son exemple, dans le premier volume de *l'Éducation*, ôtent et rendent alternativement les mêmes sens à un homme pour imaginer des résultats qui n'existent que dans leurs cerveaux creux. Eh! messieurs, ayez la bonté de considérer que l'homme n'est pas un orgue, que jamais un jeu ne se fait entendre en lui si absolument seul que les autres n'aient aucune part à l'effet qu'il produit. Ainsi nos docteurs ont tantôt représenté l'homme dans un état plein d'innocence, mais isolé; tantôt dans la société, mais chargé de crimes, environné d'horreurs de toute espèce. L'un et l'autre de ces tableaux étaient également philosophiques; mais enfin cela a produit les plus belles, les plus éloquentes sorties contre le genre humain, les plus sublimes lamentations sur ses malheurs et sur ses crimes. Immortel doyen de Dublin, sublime Swift, je reviens encore à toi. Un seul de tes traits de plaisanterie, souvent une seule ligne de tes écrits a plus de sel, plus de philosophie, plus de profondeur que les gros livres de nos écrivains didactiques. Reparais au milieu de nous pour reprocher aux moutons de s'être mis en troupeaux. Quoique, de mémoire de mouton, jamais aucun n'ait marché seul dans ce monde, fais-leur un tableau enchanteur de cet état de félicité, lorsque chaque mouton broutait dans le bois de son côté. Représente-leur, avec la véhémence nécessaire, tous les inconvénients, tous les malheurs des troupeaux, parmi lesquels le plus grand, celui qui occupe et afflige le plus les moutons, c'est d'être soumis à la volonté et au caprice d'un berger despote et de ses chiens, plus arrogants que lui. Peut-être, après ton sermon, verrons-nous les moutons se débander et reprocher aux hommes, par leur exemple, de profiter si peu des leçons de leurs docteurs.

M. Rousseau, suivant son usage, a poussé toutes ces idées chimériques sur l'état de nature beaucoup plus loin qu'aucun de ses prédécesseurs. Il soutient clairement qu'il n'y a point de perversité originelle dans le cœur de l'homme, que tous les premiers mouvements de la nature sont toujours droits. Il pourrait nous dire avec autant de vérité qu'il n'y a point d'arbres rabougris au monde, qu'ils croissent tous également beaux, droits et élevés, et que ce n'est que depuis que la culture s'en est mêlée qu'on voit des arbres bossus et contrefaits. Il pourrait dire encore que la laideur n'est pas dans la nature de l'homme comme la beauté, et que la première n'est qu'une suite de l'art de la toilette. Toutes ces propositions sont à peu près également philosophiques et vraies.

C'est pourtant sur ces fondements que M. Rousseau a établi son traité *De l'Education*. Il ne faut donc pas s'étonner si ses méthodes sont si chimériques, ses moyens si peu conformes à la nature humaine, ses détails si remplis de faussetés, ses principes si peu féconds et si vagues. Quelle foule d'assertions hardies, gratuites, outrées et vides de sens! Elles ont toutes leur source dans cet homme idéal et faux que M. Rousseau s'est formé, et qui n'a jamais existé. Il veut que la première éducation soit purement négative. Quand cela ne serait pas absolument impossible, cela n'en serait pas moins faux. L'analogie que M. Rousseau emploie sans cesse pour s'assurer de l'existence des lois générales de la nature vous prouve qu'il en est une qui ordonne singulièrement la première culture. Donnez à un arbre dans son premier âge une éducation purement négative, et vous le verrez bientôt étouffé sous des branches gourmandes sans nombre; son mal sera même grand à proportion que sa séve est forte et généreuse. Ailleurs M. Rousseau proscrit toute habitude, bonne ou mauvaise. Suivant son goût pour les antithèses, la seule bonne habitude, c'est de n'en prendre aucune, comme si un animal à habitudes tel que l'homme pouvait s'en préserver à son choix, et qu'il pût y avoir un enfant de douze ans, fût-il parvenu à cet âge hors de la société, au milieu des bois, qui n'en eût contracté une infinité! Le concours des objets extérieurs, le sort qui en résulte, nous forcent bien plus sûrement que nos maîtres à des habitudes inévitables, et le seul soin de ces derniers doit consister à nous faire prendre l'habitude de la vertu et de la droiture. Dans un autre endroit, M. Rousseau soutient que les actions d'un enfant sont dépourvues de toute moralité. S'il a voulu dire qu'un enfant peut faire sans crime une action criminelle, il a exprimé d'une manière louche une idée commune, et un homme aussi peut être dans ce cas-là; mais il est impossible de concevoir un être moral, à quelque âge qu'il soit, avec des actions sans moralité : ce que tout le monde conçoit, c'est que la moralité des actions d'un enfant est différente de la moralité des actions d'un homme à l'âge de raison. Dans le même endroit, il condamne l'émulation; il la confond exprès avec l'envie, avec la basse jalousie, pour pouvoir en dire du mal; il veut qu'on lui substitue la liberté bien réglée. Demandez-lui ce qu'il entend par cette liberté bien réglée; je me trompe fort, ou il n'y attachera jamais un sens raisonnable. « Ne parlez, dit-il, jamais à votre élève de devoir : la nécessité doit être son seul frein. » Mais faites-moi comprendre, monsieur le gouverneur, comment on peut séparer ces deux idées, et comment l'une est plus aisée à concevoir que l'autre. L'idée de la nécessité et de ses décrets irrévocables est une des plus philosophiques qu'il y ait; elle paraît être réservée à l'âge de la sagesse. La jeunesse imprudente, la passion aveugle, se révoltent à cette idée, se heurtent étourdiment contre la loi inflexible de la nécessité, et vous voulez qu'un enfant s'y résigne, un enfant à qui vous refusez tout usage de raison et qui n'a sûrement pas l'expérience des choses de la vie! Quelle extravagance!

Cependant c'est sur ces principes et autres semblables que M. Rousseau fonde les méthodes de son éducation, ou plutôt il n'y fonde rien, parce que la plupart de ses principes sont stériles, embarrassés, et ne produisent rien, en sorte qu'on n'aperçoit aucune véritable liaison entre eux et les méthodes qu'il indique. Il ne paraît les avoir établis que pour décrier les sentiments reçus, pour combattre des usages raisonnables. C'est ainsi qu'il nous fait le tableau le plus touchant de l'état de nature, qu'il nous ôte dans cet état jusqu'au germe du vice, afin de pouvoir nous reprocher, dans notre condition actuelle, tous nos maux, tous nos vices, comme notre ouvrage. Par une suite de ce tour d'esprit, il ne veut point qu'on raisonne avec les enfants, et cela parce que le sage Locke le veut, et que c'est en effet le précepte le plus sensé de l'éducation. Mais comment prouve-t-il qu'il ne faut pas raisonner avec les enfants? c'est en prouvant que vous avez tort de leur inculquer vos propres raisonnements. Mais quand Locke veut que vous raisonniez avec vos enfants, apparemment qu'il ne vous conseille pas de substituer vos raisonnements aux leurs; il veut, au contraire, que vous écoutiez leurs raisonnements, que vous vous gardiez bien de les corriger par les vôtres, mais que vous leur appreniez à les rectifier par leurs propres réflexions, que vous saurez bien faire naître sans pédanterie, si vous n'êtes pas sot vous-même. Il n'y a certainement dans tout l'ouvrage de M. Rousseau pas un principe qui vaille celui-là.

Si vous voulez suivre avec la même exactitude toutes les assertions du citoyen de Genève, vous y trouverez partout le même défaut de naturel, de vérité et de philosophie, et vous finirez par vous persuader que cet éloquent écrivain ne connaît ni les attributs de la nature humaine, ni ceux de l'enfance, et que le défaut de mesure qui caractérise tous ses conseils les rend de nul usage, lors même qu'ils ont une sorte de vérité. Ainsi il dit qu'un des meilleurs préceptes de la bonne culture est de tout retarder, tant qu'il est possible. Il est vrai que si vous précipitez trop vos soins, le fruit sera un avorton qui n'aura jamais son point de maturité; mais si vous retardez trop, le fruit sera pourri. Le vrai précepte de la bonne culture, c'est de ne rien trop précipiter ni trop retarder. Il veut, quoi qu'il arrive, qu'on quitte toute occupation avant que l'élève s'ennuie, car, dit-il, « il n'importe jamais autant qu'il apprenne qu'il n'importe qu'il ne fasse rien malgré lui ». C'est là une des conséquences de ce principe de la liberté dont on cherche en vain à pénétrer les effets et les résultats. M. Rousseau ne veut employer ni gêne ni contrainte avec son élève. Je croirais volontiers que nos gouvernantes ont tort de dire sans restriction qu'il faut rompre la tête aux enfants, et que c'est une grande affaire de déterminer à quel point on doit résister à l'opiniâtreté que les enfants ont coutume de montrer : dans ces luttes, souvent l'âme se brise, et perd sa fermeté et sa force en quittant l'entêtement, dont le chapitre est si long dans l'éducation populaire. Mais quelle imprudence n'y aurait-il pas d'accoutumer un être assujetti de mille manières, depuis l'instant de sa naissance jusqu'à sa mort à tant d'objets qui en disposent continuellement, de l'accoutumer, dis-je, à ne rien faire malgré lui, tandis qu'il doit passer ses jours sous le joug inévitable de la nécessité?

Ces contradictions sont familières à M. Rousseau. Il les aperçoit quelquefois lui-même, et alors il s'en tire par une subtilité qui n'est rien moins que solide ; mais il ne se reproche pas même les plus fortes. Il dit dans un endroit que « les philosophes n'aiment tant le genre humain que pour se dispenser d'aimer personne », et, dans un autre, que, « pour empêcher la pitié de dégénérer en faiblesse, il faut la généraliser et l'étendre sur tout le genre humain. Il faut, ajoute-t-il, par raison, par amour pour nous, avoir pitié de notre espèce » ! Et cette pitié, que produira-t-elle? Je défie qui que ce soit de donner à cette proposition une signification sensée. Qu'importe, après tout, qu'un auteur soit en contradiction avec lui-même? C'est souvent un moyen de lui faire rencontrer le vrai une fois. Le pis est, dans un traité de morale, d'être toujours en contradiction avec la vérité et la simplicité des mouvements de la nature ; c'est se guinder l'esprit à une foule de paradoxes ; le vrai génie est autre chose. M. Rousseau veut que le travail de son élève soit prisé par le travail même, et non parce qu'il est de lui. « Dites (ce sont ses paroles), dites de ce qui est bien fait : Voilà qui est bien fait ; mais n'ajoutez point : Qui est-ce qui a fait cela? S'il dit lui-même d'un air fier et content de lui : C'est moi qui l'ai fait, ajoutez froidement : Vous ou un autre, il n'importe ; c'est toujours un ouvrage bien fait. » Voilà donc la proscription de la louange, cet aiguillon si sûr pour les âmes nobles. Quelle folie! « Quoi, disait l'autre jour une femme de mérite, lorsqu'il y a quelque chose de bien fait, et que je découvre que c'est l'ouvrage de mon fils, à l'instant mes yeux se remplissent de larmes : suis-je donc une mère dénaturée en lui montrant les mouvements de mon âme? » Ah! mère tendre, laissez déraisonner les sophistes, et livrez-vous aux douces lois de la nature. Que votre fils sache au plus tôt combien il est doux de se concilier, par des actions honnêtes et généreuses, l'estime de ceux qu'il doit aimer et révérer toute sa vie.

Je n'irai pas plus loin. Dans tout ce que j'ai dit sur le traité *De l'Éducation*, je ne me suis pas arrêté à des extravagances dont tout le monde sent d'abord l'abus et l'égarement; je me suis arrêté à des principes qui en imposent par un côté philosophique. Je ne les ai point approfondis; je n'en ai dit qu'un mot; mais ce mot suffit, je crois, pour vous faire méditer avec fruit sur ces matières. Je ne dirai rien, ni de la paraphrase des fables de La Fontaine, ni du dialogue sur la propriété, ni de l'apprentissage du métier de menuisier, ni des amours d'Émile et de Sophie, ni d'autres morceaux de cette force. Cet Émile est un assez sot enfant, et sa maîtresse une petite bégueule, pie-grièche et insupportable. L'histoire de la femme, ou de Sophie, qui précède ces impertinentes amours, est pourtant remplie de grandes beautés. C'est que M. Rousseau dit des choses générales, et que dans les détails il a eu en vue une histoire véritable, ce qui l'a empêché de se livrer à son imagination, toujours guindée et sans naturel.

En général, tout son livre est partagé en méthodes et en peintures. D'un côté, il enseigne ce qu'il faut faire; de l'autre, il prétend montrer les effets merveilleux de ses préceptes en se livrant à des descriptions très-pompeuses de tout ce qu'est devenu son Émile. Mais, comme je crois l'avoir déjà remarqué, il est fort aisé de dire : « Mon Émile est ceci, cela »; il ne faut qu'un trait de plume pour lui donner les plus grandes, les plus belles qualités. Le tout était de nous montrer qu'Émile est devenu si merveilleux par les méthodes seules de son gouverneur : or voilà ce qu'on ne voit nulle part. Au contraire on voit encore ici, comme dans le reste, des contradictions sans fin entre les moyens et les effets qu'ils produisent. Cet Émile n'a jamais connu l'application, et il est devenu laborieux; il ne sait ce que c'est que la méditation, tant le travail d'esprit est odieux à son gouverneur, et cependant telle question qui ne pourrait pas même effleurer l'attention d'un autre enfant va tourmenter Émile durant six mois. Il faut convenir que peu d'écrivains ont autant abusé de leur esprit et de leurs talents que le citoyen de Genève.

— On vient de donner à la Comédie-Italienne un opéra bouffon, intitulé *Sancho Pança dans son île*. Le poëme est de M. Poinsinet, et la musique de M. Philidor[1]. Cette pièce a un succès médiocre. Elle est burlesque sans être gaie. Il faut tordre le cou à un poëte qui n'a rien su faire du gouvernement de Sancho Pança. M. Poinsinet n'a pas mieux su fournir des situations au musicien. Excepté la scène du poltron qui se bat contre Sancho, qui meurt de peur comme lui, je n'en vois guère qui mérite le nom d'une situation; et voilà pourquoi la plupart des airs ne font pas un grand effet. M. Philidor a fait grande dépense en harmonie et en bruit, fort peu en chant et en idées musicales. Il s'est répété lui-même en plusieurs endroits; en d'autres, il a imité des morceaux de *On ne s'avise jamais de tout*, et même d'*Annette et Lubin*. En un mot, ce nouvel ouvrage de M. Philidor ne soutiendra pas la réputation du *Maréchal*.

— On a remis au même théâtre *la Jeune Grecque*, pièce de M. l'abbé de Voisenon[2], qu'on disait à tort ressembler prodigieusement à *la Fille d'Aristide*, de M$^{me}$ de Graffigny. Ces deux comédies ne se ressemblent qu'en ce qu'elles sont toutes deux très-mauvaises. Le ramage de M. l'abbé de Voisenon est assez joli dans des pièces fugitives, parce qu'on les juge avec une extrême indulgence quand elles n'ont pas beaucoup de prétention; mais un homme de goût ne peut le supporter au théâtre.

— Un de nos traducteurs à tant par feuille vient de traduire le roman de Fielding intitulé *Amélie*[3]. Cette traduction est exacte et littérale, au lieu que M$^{me}$ Riccoboni s'en est permis une très-libre. Elle vient d'en publier la seconde partie. Lorsque tout sera complet, vous pourrez comparer les deux traductions, et juger de leur mérite.

— On a voulu faire une sorte de réputation à une *Histoire*

---

1. Cette pièce fut représentée le 8 juillet 1762. Poinsinet, son auteur, dont Grimm a déjà, à la fin de sa lettre du 1$^{er}$ août 1760, annoncé *le Petit Philosophe*, n'est pas Poinsinet de Sivry, auteur de *Briséis*, mais l'auteur du *Cercle*, Poinsinet le mystifié. (T.)

2. Cette reprise eut lieu le 5 juillet 1762; la pièce avait été représentée pour la première fois le 10 décembre 1756.

3. C'est la traduction de Puisieux déjà signalée.

*du siècle d'Alexandre*, par M. Linguet, qui s'annonce comme un jeune homme de vingt-cinq ans à qui ses amis promettent des succès. En ce cas je ne suis point de ses amis, car je ne trouve dans son ouvrage que beaucoup de prétention à l'esprit philosophique, avec un fort mauvais style[1].

— L'*Épître à M. Gresset*, où on lui reproche sa paresse, est de M. Sélis, jeune professeur d'Amiens[2]. Cela n'est pas précisément détestable, mais cela ne vaut pas non plus qu'on s'en occupe.

— L'*Épître* de M. Colardeau à son chat, qu'il appelle Minette, est peu de chose. Cela n'a ni but ni sel[3].

— M. Maton a aussi publié un recueil de mauvais vers, dont le premier morceau est une *Épître à un bel esprit de province sur les avantages de Paris*[4].

— Vous n'oublierez pas de jeter au feu, avec M. Maton, une *Ode aux Français sur la guerre présente*, par un citoyen. Les citoyens sont depuis quelque temps de bien mauvais poëtes.

— Un autre citoyen prosaïque a publié un *Examen critique sur la Théorie de l'impôt*[5]. C'est encore une réfutation du livre de M. le marquis de Mirabeau ; mais le citoyen et son ouvrage sont restés inconnus.

— M. de Chevrier, aussi détestable écrivain que mauvais sujet, a publié à Bruxelles ou à la Haye une rapsodie intitulée *le Colporteur*, et remplie de sottises et de satires contre les gens de tout état et de toute espèce. Cet exécrable ramas est

---

1. Amsterdam (Paris), 1762, in-12. Le style de cette *Histoire* est épigrammatique, et c'est celui que l'auteur eut toujours. Quant à l'esprit philosophique, il en devint plus tard, comme on le verra, un des plus vifs adversaires. Du reste les succès de Linguet au barreau, les journaux qu'il rédigea, sa détention à la Bastille, ont plus servi encore à faire vivre son nom que ses travaux historiques (T.)

2. Sélis, né en 1737, mort en 1802. Il fut compris dans la formation de l'Institut, et remplit la place de professeur de poésie latine au Collége de France, dans la chaire que Delille avait quittée pour un temps, et qu'il reprit à la mort de Sélis (T.)

3. Le poëte Le Brun lui en a trouvé sans doute, car il a fait *l'Anti-Minette*. Colardeau, si l'on en croit les *Mémoires secrets* (4 septembre 1762), fit cette *Épître à Minette*, qui est pleine d'amertume, dépité des critiques que lui avaient attirées ses précédents ouvrages. (T.)

4. Alexis Maton, écrivain fort obscur, qu'il ne faut pas confondre avec Maton de La Varenne, qui n'est pas beaucoup plus connu. (T.)

5. *Les Finances considérées dans le droit naturel et politiqu    hommes, ou Examen*, etc. (par Buchet). Amsterdam, 1762, in-12.

vendu assez cher ici, parce qu'il se trouve toujours des oisifs qui aiment à fouiller dans des ordures[1].

— *La Religion à l'assemblée du clergé de France*[2], poëme, a eu les honneurs du fagot par ordre de nos seigneurs du Parlement.

— Il paraît un *Appel à la Raison*[3]. Les jésuites disent que c'est un ouvrage victorieux pour eux. Il s'en faut bien que j'en pense ainsi. En tout cas, il n'empêchera pas que le mois prochain Jésus-Christ n'obtienne en France un *brevet de capitaine réformé*, comme disent nos mauvais plaisants, *parce qu'il n'aura plus de compagnie*.

— Les jansénistes ont publié de leur côté dix principaux chefs d'accusation contre les jésuites; *item*, une *Histoire particulière des Jésuites en France*[4].

---

## AOUT

1er août 1762.

J'assistais l'autre jour à la conversation d'un sage[5]. Le sort, qui s'était plu à le douer des qualités les plus rares et les plus difficiles à réunir, en avait fait un des plus beaux génies dont la France pût se vanter dans un siècle où elle commence à en éprouver la disette. La réputation de ce sage était bien différente de ce qu'il était. Une imagination vive et trop inflammable, jointe à une âme droite et pure, ne lui permettait point de connaître le prix de ces vertus qu'on appelle discrétion, circonspection, prudence, et dont les hommes n'ont besoin que parce qu'ils ne sont ni justes ni innocents. Il aimait la retraite,

---

1. Sur les éditions de ce pamphlet, voir le travail déjà cité de M. Gillet.
2. Par l'abbé Guidi, 1762, in-12. C'est une satire licencieuse contre les mœurs des évêques.
3. *Appel à la raison des écrits et libelles publiés contre les jésuites* (par le P. Balbiani, jésuite provençal), Bruxelles, 1762, in-12.
4. Par l'abbé Minard, Sorbon, 1762, in-12.
5. Diderot.

non par misanthropie, mais parce que, éloigné dans sa jeunesse du commerce du monde, il n'en avait pas contracté l'aisance; il n'en était que plus cher à ceux avec qui il aimait à vivre. Sa solitude le privait de la considération publique dont il aurait joui s'il se fût montré. Il était haï parce qu'il n'était pas connu. Ses ennemis attribuaient tantôt sa vie retirée à un orgueil démesuré qui méprisait trop les hommes pour se communiquer; tantôt d'autres ennemis, les plus cruels, les plus implacables de tous, les superstitieux et les hypocrites, calomniaient ses mœurs et sa vie, parce qu'il avait osé, d'une main hardie et sûre, déchirer le bandeau de l'erreur et briser le joug du fanatisme. Ils suscitaient souvent la clameur publique contre lui. Cependant le sage, ignorant leurs efforts, vivait heureux; et ceux qui avaient le bonheur de le connaître, en méprisant les vains cris de la populace, respectaient ses vertus et admiraient son génie; ses amis se plaisaient à lui dire qu'il était singulièrement heureux sur deux points: en ce qu'il n'avait rencontré ni un méchant homme, ni un mauvais livre; car en lisant l'ouvrage le plus misérable, sa tête, également féconde sur tous les objets, trouvait sans effort les plus belles, les plus heureuses idées, qu'il croyait ensuite de la meilleure foi du monde avoir lues dans le livre qu'il avait tenu. Il dit un jour, en louant beaucoup un manuscrit qu'on lui avait confié, que ce qu'il y avait surtout de beau dans cet ouvrage était ce qui n'y était point, mais ce qu'il dirait à l'auteur d'y mettre la première fois qu'il le verrait; et lorsqu'il rencontrait un inconnu, il assurait toujours que c'était le plus honnête homme du monde, parce que la candeur et la droiture de son âme ne lui permettaient pas de supposer qu'un fripon puisse avoir le maintien et le langage d'un honnête homme. Il était né pauvre et sans aucun de ces talents qui font faire fortune; mais la richesse et la pauvreté sont indifférentes lorsqu'on a de la santé et la paix avec soi-même; et le sort lui avait accordé le plus grand de tous les biens, une sérénité d'âme inaltérable, avec une grande passion pour les ouvrages de génie et pour le vent du Nord. Au reste, ses amis disaient de lui qu'il était comme l'Éternel, devant qui tous les temps sont égaux. Toujours content de lui et des autres, il n'avait nulle idée de la durée, et le seul chagrin qu'il causait à ses amis était de le voir si peu avare d'un temps qu'ils croyaient précieux pour lui et pour son siècle, et dont la facilité de son caractère permettait de disposer à tous ceux à qui il en prenait fantaisie. Indulgent, doux, généreux, délicat, éloquent et sublime, tel était le sage retiré et calomnié.

On parlait de la proscription de Jean-Jacques Rousseau, qu'il avait tendrement aimé, et dont il n'avait pas à se louer. On disait que la première animosité avait été fort grande dans le Parlement ; que plusieurs membres de ce corps avaient dit tout haut qu'il fallait brûler le livre et l'auteur, et que le citoyen de Genève aurait au moins couru risque d'être flétri, s'il ne s'était mis à l'abri des poursuites en quittant le royaume.

« Nul de nous, reprit le sage, ne connaît son sort ; aucun ne peut se flatter d'échapper toute sa vie aux dangers dont le fanatisme et la superstition environnent tous ceux qui ne plient point sous leur joug redoutable : Socrate a bu la ciguë ; Rousseau aurait pu être flétri et conduit aux galères. On nous prêche sans cesse la prudence ; mais considérez, s'il vous plaît, que s'il n'y avait jamais eu que des hommes prudents sur la terre, les écrits de Platon, de Cicéron, de Montesquieu, n'auraient jamais existé ; aucun ouvrage immortel n'aurait honoré son auteur et son siècle. Mais si tout dans la nature suit la pente inévitable de son sort, s'il est vrai qu'il faut que le fanatique persécute, il faut sans doute aussi que le philosophe remplisse sa tâche au risque des malheurs qu'il peut s'attirer. Quelle peut donc être la consolation du philosophe qui voit sa destinée et ne peut l'éviter? Socrate succombant sous la haine de ses ennemis n'était point ce Socrate que les siècles suivants ont honoré comme le plus sage, le plus vertueux des hommes. Socrate, au moment de sa mort, était regardé à Athènes comme on nous regarde à Paris. Ses mœurs étaient attaquées ; sa vie, calomniée : c'était au moins un esprit turbulent et dangereux qui osait parler librement des dieux ; c'était, dans l'opinion du peuple, un homme pour qui rien n'était sacré, parce qu'il ne tenait pour sacré que la vertu et la loi. Mes amis, puissions-nous en tout ressembler à Socrate, comme sa réputation ressemblait à la nôtre au moment de son supplice ! C'est donc à la justice des siècles que le sage d'Athènes dut commettre les intérêts de sa mémoire et l'apologie de sa vie. La postérité a vengé Socrate opprimé ; elle aurait enlevé la marque d'infamie des épaules du citoyen de Genève, et l'aurait imprimée pour jamais au front de ses juges. Ce n'est pas Rousseau qui aurait été déshonoré, c'est le siècle et le pays qui auraient vu porter cet inique jugement. »

On parla longtemps sur cette matière. Un docteur qui était là et qui aimait à raisonner, après avoir longtemps disserté sur les dangers de la liberté de penser et d'écrire, se rabattit sur la distinction aussi commune que fausse des vérités utiles et des vérités nuisibles, et finit par demander au sage s'il ne rachèterait pas volontiers au prix de sa vie le maintien de certaines vérités utiles au genre humain.

« Je crains bien, répondit le sage, que les hommes ne soient jamais assez sensés pour se convaincre que les opinions sur l'existence de Dieu, sur la nature de l'âme, sur la liberté de l'homme et sur la nécessité, sont absolument indifférentes pour les choses de cette vie et pour l'ordre et la tranquillité des gouvernements. Pour me persuader que telle opinion est plus nécessaire ou même plus favorable au maintien de l'ordre public que telle autre, il me faudrait non des raisonnements, mais des faits. On peut tout établir et tout détruire par quelque raisonnement; mais rien ne prouve comme les faits. Montrez-moi un peuple parmi lequel l'idée de Dieu et de l'immortalité de l'âme, celle d'un jugement à venir, et d'autres chimères qu'on croit aujourd'hui essentielles à la soumission des peuples, aient aboli les roues et les potences; montrez-moi un autre peuple dont le gouvernement n'a pu subsister parce que la sanction de ses lois n'était fondée sur aucune de ces idées, et elles me paraîtront désormais nécessaires au bonheur du genre humain. Quant à la vérité, notre sort est de l'aimer et d'être toujours en proie à l'erreur, comme nous sommes obligés de tendre à la perfection malgré les défauts qui nous entourent et dont nous ne serons jamais délivrés. A en juger par l'usage que les hommes font de la vérité, je ne sais s'il y en a aucune qui vaille une goutte de mon sang; proposez-moi plutôt, docteur, de racheter au prix de ma vie l'abolition de quelque erreur, de quelque préjugé parmi les hommes. Je la sacrifierais peut-être si je pouvais, par exemple, anéantir pour jamais la notion de Dieu de l'imagination et de la mémoire des hommes; je serais persuadé alors d'avoir rendu au genre humain un des plus grands services qu'il pût recevoir : car, si vous voulez réfléchir, vous serez effrayé des crimes, des maux et des ravages de toute espèce que cette idée a causés sur la terre. »

La force de cette réflexion me frappa. Elle m'a longtemps occupé depuis, et je me suis convaincu que si nous devons à l'imagination tous nos avantages, tout notre bonheur, tout ce qui nous rend supérieurs aux autres animaux, c'est à elle aussi que nous pouvons attribuer tous nos malheurs et tous les égarements de notre race. Mais, considérant alors que de certaines vérités n'étaient point faites pour être accueillies par les docteurs, je détournai la conversation, et je dis : « Il faut convenir que Rousseau est d'une mauvaise foi bien insigne, car après avoir dit du christianisme plus de mal qu'aucun philosophe ne s'est jamais permis d'en dire en public, il le relève afin de pouvoir calomnier la philosophie à son tour. Il ose dire que nos gouvernements doivent au christianisme leur plus solide autorité et leurs révolutions moins fréquentes ; que la religion, écartant le fanatisme, a donné plus de douceur aux mœurs chrétiennes, et que ce changement n'est point l'ouvrage des lettres. On ne saurait mentir avec plus d'intrépidité. Car si les révolutions des États sont moins fréquentes, il est manifeste que cette stabilité est une suite de la confédération générale qui a lié toutes les puissances de l'Europe entre elles, et que la religion n'y a contribué en rien. L'histoire du christianisme depuis son berceau jusqu'au moment où la culture des lettres en a énervé le fanatisme est le tableau le plus affreux, le plus horrible qu'on trouve parmi les monuments de nos calamités et de notre misère ; il n'y a point de cruauté, point d'atrocité dont elle n'offre des exemples qui font frémir. Que voulez-vous en effet que produise une doctrine d'enthousiasme sur les hommes, dont le plus grand nombre est toujours porté à l'absurdité? et quel frein pourraient-ils connaître, si une raison plus éclairée ne rendait à la fin leur cruel fanatisme odieux et ridicule? Le fait est que cette religion n'a cessé d'exciter des troubles depuis qu'elle s'est montrée parmi les hommes ; et s'ils sont aujourd'hui moins dangereux, peut-on donner une autre cause de ce changement que les progrès des lettres et de la raison? Je ne sais, toutefois, comment nous osons nous vanter de mœurs plus douces et d'un siècle plus éclairé. Je doute qu'il y ait trace dans l'histoire d'une atrocité plus déplorable que celle qui vient d'arriver à Toulouse. Rousseau sait faire jusqu'à l'apologie du fanatisme ; il le trouve préférable à la philosophie par plusieurs bonnes raisons qu'il indique ; et moi, je trouve qu'un tel écrivain serait digne d'être l'apologiste des juges de l'infortuné Calas. »

Le souvenir de cette horrible aventure de Toulouse nous jeta dans la tristesse et dans le silence. De telles horreurs glacent le sang, et font gémir sur la condition de l'homme. Le sage reprit à la fin la parole et dit : « Je n'ai point lu le *Traité de l'Éducation* ; mais, l'ayant trouvé l'autre jour sur une cheminée, j'en ouvris un volume au hasard, et j'y lus ces paroles : « Si la Divinité n'est pas, il n'y a que le méchant qui raisonne ; « le bon n'est qu'un insensé. » Je jetai le livre, et je dis : Il ne faut pas réfuter un auteur qui sent ainsi ; il faut le plaindre. »

Alors je me rappelai un autre endroit du livre de *l'Éducation*, et je dis au sage : « Philosophe, tes lois morales sont fort belles, mais montre-m'en, de grâce, la sanction. Cesse un moment de battre la campagne, et dis-moi nettement ce que tu mets à la place du Poul-Serrho. » Le sage sourit : « Dites à Rousseau, me répondit-il, que je ne fonde la vertu et le bonheur de l'homme sur aucune idée absurde et métaphysique ; que la nature les a fondés, sans nous consulter, dans notre cœur sur la notion éternelle et ineffaçable du juste et de l'injuste ; que je le plains sincèrement s'il ne sent point que le sort de l'homme vertueux et malheureux est préférable au sort de l'homme méchant et heureux ; qu'aussi longtemps que le méchant ne sera pas aussi franchement méchant que le bon est franchement bon, qu'aussi longtemps que le premier n'osera se perfectionner comme le second, je croirai la sanction de mes lois morales hors de toute atteinte : car aucun être ne peut sortir de sa nature, et celle de l'homme veut qu'il aime la vertu et qu'il abhorre le vice ; il ne dépend pas de lui d'être autrement. Cette loi éternelle et universelle ne prévient pas, je le sais, les crimes ; mais qu'on me montre une absurdité métaphysique qui les prévienne, et je la croirai utile au genre humain. Aussi longtemps qu'un culte absurde ne détruit pas, chez un peuple, jusqu'à la notion du crime, en sorte qu'on ne voie plus que de bonnes actions et aucune mauvaise, je ne pourrai lui accorder aucune supériorité sur les lois pures et simples de la nature. Il ne s'agit point de savoir si la confession produit chez les catholiques quelques bons effets ; le poison aussi peut produire quelques effets salutaires, mais il reste toujours poison. Chez les peuples les plus aveugles et les plus barbares, il y a aussi des pratiques superstitieuses qui, avec une infinité de maux, produisent quelque bien. Ce que je vois, c'est que la religion ôte à l'homme vertueux sa noblesse et son excellence, en rendant sa vertu mercenaire par l'idée d'une récompense chimérique et vile, mais qu'elle n'a point su mettre un frein au crime, puisqu'il se mêle parmi les actions des hommes comme il s'y est toujours mêlé, quels que soient d'ailleurs leurs opinions et leurs systèmes. Mais si aucune erreur, aucune chimère n'a su prévenir le crime et ses funestes effets, grâce à la loi éternelle et invariable de la nature aucune n'a pu non plus effacer l'amour et le charme de la vertu du cœur des hommes. Quelque pervers qu'ils soient, j'ose croire que s'ils étaient tous réduits à la malheureuse nécessité d'opter entre la condition de l'infortuné Calas expirant sur la roue, et celle de ses juges, il se trouverait beaucoup d'âmes généreuses qui préféreraient la première, et que si la lâcheté ordinaire aux âmes vulgaires les empêchait de prendre un parti généreux, il ne se trouverait du moins aucun homme assez dégradé pour choisir le rôle des juges sans répugnance et sans remords. Docteurs, sophistes, fanatiques, montrez-moi parmi vos absurdités une sanction qui vaille celle-là. »

— Il paraît une *Réfutation du nouvel ouvrage de J.-J. Rousseau sur l'Éducation*. C'est une plate capucinade dont on ne peut soutenir la lecture [1].

— Il a paru à Genève une lettre fort séditieuse en faveur de M. Rousseau et contre M. de Voltaire. On craignit d'abord que cette lettre ne troublât la tranquillité de la république; mais M. Rousseau n'a pas eu le courage ou l'envie de profiter de la fermentation passagère, et le conseil de Genève a poursuivi vigoureusement l'auteur de la lettre. Depuis, le conseil

---

1. La *Réfutation d'un nouvel ouvrage de J.-J. Rousseau, intitulé* ÉMILE, OU DE L'ÉDUCATION, Paris, 1762, in-8°, est de dom Déforis, bénédictin, condamné à mort par le tribunal révolutionnaire le 15 juin 1794. Ses supérieurs l'avaient chargé de diriger l'édition des *OEuvres de Bossuet*, dont il a paru 18 volumes de 1772 à 1788 (B.).

de Berne a aussi condamné les ouvrages du citoyen de Genève, et ordonné à l'auteur de se retirer du territoire du canton. En vain M. Rousseau a-t-il présenté une requête à Berne, il a fallu obéir[1], et il s'est retiré dans la principauté de Neufchâtel. Le voilà donc sous la protection d'un prince qu'il faisait profession de haïr parce qu'il le voyait l'objet de l'admiration publique! Il y a dans son livre un passage très-indiscret et très-violent à ce sujet, et ce sera pour Frédéric une raison de plus pour respecter le malheur de J.-J. Rousseau et pour protéger un écrivain illustre, en dépit des sots et de ses propres folies.

— Vous pouvez lire dans le *Mercure* du mois dernier la description du service que les Comédiens ont fait célébrer pour M. de Crébillon, avec la Vie de ce poëte célèbre[2]. Je dois depuis longtemps un juste tribut d'admiration à l'auteur de ces articles, qui est chargé de la partie des spectacles pour ce journal. M. de La Garde, c'est son nom, peut hardiment se regarder comme l'aigle du royaume des bêtes; les Trublet ne sont que des enfants auprès de lui. Quoique j'aie tous les mois un plaisir exquis et sûr à lire les articles de M. de La Garde, et que je lui rende la justice de convenir qu'il n'y a point d'écrivain en France aussi réjouissant, plus bête et plus impertinent que lui, je ne puis me dissimuler qu'il est indécent qu'un journal qui se fait sous la protection particulière du gouvernement soit abandonné à des écrivains qui l'ont rendu méprisable et burlesque. Au reste, le service des Comédiens a eu des suites. M. l'archevêque de Paris a porté des plaintes contre le curé de Saint-Jean de Latran. Les chevaliers de Malte, à qui cette église appartient, ont condamné le curé à six mois de séminaire, et à donner aux pauvres le produit du service. Les Comédiens, de leur côté, se sont adressés aux premiers gentilshommes de la chambre et aux ministres du roi pour avoir raison de cet outrage, et il faudra voir si l'autorité de la cour pourra réussir à faire abolir, à la fin, l'absurde et injuste loi de l'excommunica-

---

1. Nous ne voyons mention de cette lettre et de cette requête, ni dans les *Confessions*, ni dans la *Correspondance* de Rousseau, ni nulle part ailleurs. Rousseau n'attendit pas l'ordre pour sortir de la république. L'assertion de Grimm, inexacte en ceci, nous a bien l'air de l'être en tout. (T.)

2. *Mercure* de juillet 1762, t. II, pp. 141-201. La relation de l'enterrement est de La Garde, la vie est de Crébillon fils. (T.)

tion portée contre des gens que le roi pensionne pour se donner au diable, et pour débiter toute l'année une morale plus pure et plus belle que celle de nos tristes bavards en soutane.

— Entre autres reproches qu'on fait aux jésuites, on dit qu'ils ne se sont faits éditeurs des *Mémoires* du grand Sully que pour retrancher et changer tout ce qu'il y avait dans ce livre de désagréable pour la Société. Un janséniste vient de publier un *Supplément aux Mémoires de Sully*, dans lequel il a eu soin de rétablir tous les endroits altérés par les jésuites. Ramassés sous un même point de vue, leur effet en est plus sûr, et les commentaires qu'on y a joints ne sont pas faits pour le plaisir et la gloire des jésuites [1].

15 août 1762.

On vient de donner sur le théâtre de la Comédie-Française *les Deux Amis*, comédie en prose et en trois actes [2]. Cette pièce avait été annoncée, depuis le carnaval dernier, comme une farce très-plaisante et très-originale. Elle est de M. Dancourt, ancien Arlequin de Berlin, qui a réfuté, il y a quelques années, l'ouvrage de M. Rousseau contre la Comédie [3], par un gros livre à la tête duquel on lit une très-bonne épître dédicatoire au roi de Prusse. Cet Arlequin est venu à Paris débuter à la Comédie-Française dans les rôles de valet, et sa personne n'ayant pas réussi, il a voulu mériter, comme auteur, les suffrages du public, qu'il n'avait pu obtenir comme acteur. Cet essai dramatique n'a pas été plus heureux que celui de son jeu : sa pièce a eu le malheur d'être sifflée depuis la première scène jusqu'à la dernière sans interruption.

Si elle était moins froide et moins plate, on pourrait dire qu'elle est digne d'amuser une assemblée de soldats aux gardes. Cette pièce n'aurait jamais dû paraître ailleurs que sur les tréteaux du rempart, où deux ou trois coquins jouent ordinaire-

---

1. L'abbé de Montempuis, fameux recteur de l'Université de Paris, fit paraître, en 1747, des *Observations* sur l'édition des *Mémoires de Sully*, dirigée par l'abbé de L'Écluse ou plutôt par les jésuites. Ce recteur, aidé de l'abbé Goujet, donna, en 1762, une nouvelle édition très-augmentée de ces *Observations* sous le titre de *Supplément aux Mémoires de Sully*. (B.)
2. Représentée pour l'unique fois le 11 août.
3. Voir t. IV, p. 75, note 3.

ment des sottises pour attirer la populace dans leurs boutiques, dont les jeux ne valent guère mieux. Assurément on ne saurait reprocher aux Comédiens d'être trop difficiles dans le choix des pièces qu'on leur présente. Les auteurs cependant se plaignent d'eux sans cesse, quoiqu'on ne puisse citer aucune pièce tant soit peu médiocre qu'ils aient rejetée, et qu'ils en aient reçu et joué un grand nombre de très-mauvaises, ainsi qu'il est prouvé par les chutes fréquentes que les mauvais auteurs essuient tout le long de l'année sur ce théâtre. Ce qu'on peut reprocher aux Comédiens, c'est d'avoir beaucoup compté sur le succès de la farce de M. Dancourt. Elle leur avait paru très-plaisante à la lecture et aux répétitions, et c'est une chose incompréhensible quand on l'a vue.

Il ne faut pas croire qu'il soit si aisé de faire une bonne farce. Ce genre est aujourd'hui plus difficile que jamais; il est de ceux qui excluent la médiocrité, et le peu de bonnes farces que nous avons prouve de reste qu'il faut que cette tâche soit difficile à remplir. Ainsi, lorsque vous aurez admiré longtemps l'auteur du *Misanthrope* et des *Femmes savantes*, vous brûlerez aussi un grain d'encens à l'auteur du *Médecin malgré lui* et des *Fourberies de Scapin*. Je ne suis point comme Despréaux, je reconnais à merveille dans cette dernière pièce l'auteur du *Misanthrope*, et ce qui prouve que je pourrais bien avoir raison, c'est que l'une et l'autre de ces pièces sont restées sans rivales. Personne n'a approché de la bonne comédie de Molière, ni de ses farces non plus; c'était en tout un homme d'un génie inimitable. La qualité la plus essentielle d'un poëte qui veut réussir dans la farce, c'est la verve. Il faut qu'on voie clairement que le poëte est mené et entraîné par sa tête, malgré lui, dans toutes les extravagances qui lui viennent : car si l'on s'aperçoit que c'est lui qui mène sa tête et qui court après les plaisanteries, tout est perdu. Aussi rien n'exige autant de chaleur, d'ivresse et de saillies que la farce. Les Italiens sont de grands maîtres en ce genre. Ils intriguent fortement une pièce, après quoi ils l'abandonnent aux acteurs, qui, pour peu qu'ils aient d'esprit et de talent, remplissent les scènes de saillies qui vous font mourir de rire, quoique le fond en soit souvent mauvais et absurde. Nous ne sommes pas si féconds, en France, en bons farceurs; les têtes originales y sont rares. Nos poëtes qui veulent faire parler des gens d'une condition basse croient qu'ils n'ont qu'à étudier leurs phrases, leurs façons de parler, et les copier exactement : s'il ne fallait que cela, il n'y a point de savetier qui ne fût meilleur faiseur de farces que M. Dancourt et M. Poinsinet, et ce ne serait pas être bien merveilleux, comme vous savez. C'est la poésie qui fait tout le mérite et du tableau qui exprime une passion sublime et de celui qui imite une passion vulgaire et basse. Si Téniers et Van Ostade n'avaient su que copier avec vérité des paysans flamands, ils n'auraient jamais eu aucune sorte de réputation. Le vernis de poésie fait tout le mérite de leur genre; il fait qu'une scène qui ne vous arrêterait pas un instant sur le Pont-Neuf ou au milieu de la Halle, et qui vous paraîtrait même insipide dans la réalité, vous frappe et vous charme dans le tableau d'un peintre qui ne mériterait point ce titre s'il n'était poëte. Qui est-ce qui se soucierait, dans le fait, d'être témoin des embarras d'un jardinier qui attend son seigneur? Mais M. Sedaine sait rendre ce tableau intéressant et piquant, parce qu'il est poëte. Cette perruque de maître Simon, c'est là de la poésie toute pure[1]. Je vous ai parlé quelquefois de mon découpeur de Genève[2]. J'ai vu de lui une découpure, entre mille autres, appelée *la Basse-Cour*. Qu'y a-t-il de plus maussade que de voir une assemblée de poules qui mangent? C'est l'imagination de M. Huber qui charme dans son tableau; c'est que vous voyez dans toute cette volaille un mouvement prodigieux et diversifié de toutes sortes de manières; c'est que vous voyez un gros cochon qui se fourre au milieu de ces poules fort mal à propos, qu'un petit garçon chasse à grands coups de fouet, et qui fait un saut énorme pour se tirer de presse; c'est que vous voyez un bon père de famille assis dans un fauteuil de paille, et qui regarde avec un contentement infini tout ce petit peuple se nourrir autour de lui; c'est que vous voyez la fille qui jette les graines de son tablier, détourner la tête pour lorgner un grand garçon qui est appuyé sur le fauteuil de son père et qu'on reconnaît aisément pour son amant. Toutes ces circonstances vous arrêteraient peu dans la réalité; mais le poëte les ayant rassemblées, et les faisant passer de son imagi-

---

1. Voir t. IV, p. 457.
2. Voir t. IV, p. 176.

nation dans la vôtre, le tableau vous charme et vous séduit : c'est cette secrète communication d'idées délicates et fines qui fait le grand charme des arts, et lorsque le poëte n'a besoin pour vous communiquer ses idées que d'une paire de ciseaux et d'un morceau de vélin vous restez confondu d'étonnement.

Un des défauts les plus ordinaires de nos mauvais faiseurs de farces comme M. Dancourt, c'est de tirer leurs plaisanteries des infirmités de la nature humaine. Il faut avoir bien peu de goût et une grande pauvreté de tête pour imaginer de nous faire rire aux dépens d'un goutteux ou d'un homme suffoqué d'un asthme! Quelquefois on a ri au théâtre d'un homme contrefait; mais ce n'est que lorsque cette circonstance a produit des choses très-plaisantes. C'est donc toujours un défaut qui peut être racheté quelquefois; mais lorsque le poëte a encore la maladresse d'y joindre l'idée de souffrance, il devient dégoûtant et insupportable. M. Podagrin et M. Toussinet, dont les noms sont dignes du reste, étaient sifflés avant d'avoir prononcé vingt paroles. M. Dancourt n'a pas tenu tout ce que promettait son nom, qui est depuis cinquante ans en possession de faire rire au théâtre.

— Le 6 de ce mois a été pour les jésuites de France le jour de destruction jusqu'à nouvel ordre. Les arrêts du Parlement de Paris déclarent leurs vœux nuls, la Société dissoute, et perturbateur du repos public quiconque oserait en proposer le rétablissement. On a fait les deux vers suivants sur cet événement :

> Veux-tu savoir le sort de la secte perverse ?
> Un boiteux l'établit, un bossu la renverse[1].

Pour entendre ces vers, il faut se souvenir qu'Ignace était boiteux, et savoir que M. l'abbé Chauvelin, l'arc-boutant de toute cette mémorable affaire, n'est pas l'homme de France le mieux fait. On disait de lui, l'année dernière, lorsqu'il fut nommé conseiller de grand'chambre, après la mort de M. l'abbé d'Héricourt, qu'il avait grimpé à la grand'chambre, comme on dit des autres qu'ils y montent. On a gravé son portrait d'après le

---

1. On lit ainsi ces vers dans les *Mémoires secrets* de Bachaumont (10 août 1762) :

> Que fragile est ton sort, Société perverse !
> Un boiteux t'a fondée, un bossu te renverse.

dessin de M. de Carmontelle, et vous jugez si ce profil a eu de la vogue depuis trois mois. Il est représenté examinant les *Constitutions des jésuites*, édition de Prague. Mais si M. l'abbé Chauvelin a été l'auteur du projet de chasser les jésuites du royaume, il a été bien secondé dans son dessein par d'autres magistrats. Le coup le plus funeste a été porté à la Société par M. de La Chalotais. Jamais ouvrage n'a fait un effet aussi terrible que ses *Comptes rendus au parlement de Bretagne*. Les jésuites ont fait l'impossible pour faire une réputation à leur *Appel à la raison*, mais sans succès. Ils sont bien hardis d'appeler à la raison, qu'ils ont toujours persécutée! Ils viennent d'ajouter un second volume à leur Appel [1], qui doit répondre au second Compte de M. de La Chalotais : c'est un fatras d'injures et de platitudes. On peut dire qu'ils ont pris un bien mauvais ton et une bien mauvaise tournure. Vous trouverez dans ces Appels tout au plus des matériaux qu'une main habile pouvait mettre en œuvre avec plus d'art et d'adresse; mais les gens à talents et les bons esprits manquent depuis longtemps dans la Société. Le *Coup d'œil* qu'elle a publié à Avignon sur les arrêts du Parlement de Paris [2] en est une nouvelle preuve. Au reste, la foule des écrits de toute espèce que cette querelle a occasionnés est innombrable. Il paraît, entre autres, le *Discours d'un de Messieurs des requêtes du Palais sur les jésuites vivant dans le monde en habits séculiers*.

— Carle Van Loo est sans contredit le meilleur de nos peintres. Le roi l'a nommé depuis peu à la place de son premier peintre, place distinguée par les honneurs qui y sont attachés. Elle vaquait depuis nombre d'années. Lorsque Van Loo alla remercier Sa Majesté et la famille royale, M. le Dauphin lui dit : « Van Loo, il y a longtemps que vous l'êtes », et le bon Van Loo se tourna et fondit en larmes.

— Les arts viennent de faire une grande perte dans la personne de Bouchardon, le premier de nos sculpteurs, qui vient de mourir à l'âge de soixante et quelques années, après une longue maladie [3].

---

1. Le *Nouvel Appel à la Raison* (Bruxelles, 1762, in-12), a été rédigé par le fougueux abbé de Caveirac. (B.)

2. *Coup d'œil sur l'arrêt du Parlement de Paris, concernant l'Institut des Jésuites* (par les PP. de Menoux et Griffet), Avignon, 1761, 2 part. in-8°.

3. Bouchardon, né en 1698, mourut le 27 juillet 1762.

Bouchardon était du petit nombre des artistes français que les étrangers estiment. Ses dessins étaient fort recherchés. On y trouve la force de Michel-Ange, et le grand goût de l'antique qui ravit tant ceux qui sont sensibles à la vraie beauté. Bouchardon a fait la statue équestre de Louis XV, qui doit être érigée entre les Tuileries et le Cours. Je suis toujours d'avis que, malgré les critiques qu'on en a faites, ce sera la plus belle statue équestre que nous ayons en France. La figure du roi est admirable. Bouchardon a prié, en mourant, la ville de Paris de confier à M. Pigalle le soin d'achever cet ouvrage, et il lui a laissé, pour cet effet, toutes les études et tous les dessins qui y ont rapport. Cette disposition fait honneur à tous les deux. Pigalle est sans doute le premier sculpteur du royaume. On remarque dans ses ouvrages ce bon goût et cette simplicité qui ont disparu sous le ciseau de nos autres sculpteurs pour faire place à une manière qui sera le tombeau des arts en France.

— Il paraît un *Éloge de M. de Crébillon*, qu'on aurait dû appeler Critique plutôt qu'éloge, car on y dit bien du mal du talent de ce poëte célèbre, et, à mon avis, on en pourrait dire encore le double sans blesser la vérité. Tout le monde nomme M. de Voltaire auteur de cet Éloge, et, à dire la vérité, il n'est pas possible de le méconnaître[1]. J'aimerais autant qu'il n'eût pas daigné s'occuper d'un rival qui certainement ne peut lui être comparé sous aucun point de vue : je voudrais encore qu'il n'eût point rappelé cette vilaine querelle des couplets du poëte Rousseau, qui n'intéresse plus personne. Mais ces torts sont bien petits quand on les compare à tout ce que la raison et les lettres doivent à M. de Voltaire, et au bien qu'il fait journellement. Si le fanatisme affreux du parlement de Toulouse est exposé à l'indignation de toute l'Europe, c'est à lui qu'on en est redevable; s'il est jamais puni, comme il le mérite, c'est à M. de Voltaire qu'on en aura l'obligation. Il poursuit cette affaire avec un zèle qu'on ne peut s'empêcher d'admirer. C'est peu d'avoir donné des secours d'argent et de toute espèce à l'infortunée famille de Calas; tout ce qui a été imprimé jusqu'à présent sur cette horrible aventure est sorti de sa plume. Il paraît, entre autres, à Genève, un Mémoire de Donat Calas et de Pierre Calas qui

---

1. Cet *Éloge* est bien de Voltaire, et se trouve dans ses *OEuvres*.

déchire et qu'on ne peut lire sans frémir. Il faut espérer qu'à la fin le conseil du roi prendra connaissance d'une procédure qui a déshonoré la nation à la face de l'Europe. M. de Voltaire est bien décidé à ne point cesser ses poursuites. M. d'Argental lui ayant demandé sa tragédie d'*Olympie* pour la Comédie-Française, il lui répondit la semaine dernière : « N'espérez point tirer de moi une tragédie que celle de Toulouse ne soit finie[1]. » Si la philosophie, pour être honorée, avait besoin des actions de ses enfants, on ne trouverait point de conduite plus touchante ni plus digne d'éloge que celle de M. de Voltaire.

— Au reste, je dois une réparation à M. de La Garde, auteur de ces étonnants articles des spectacles, dans le *Mercure de France*. Ce n'est pas lui qui a fait ce plat Éloge de Crébillon que vous lisez dans le mois de juillet, et qui n'est pas français en beaucoup d'endroits ; M. de La Garde a assez de ses crimes pour qu'on ne lui impute pas ceux des autres. Vous ne serez pas peu surpris d'apprendre que cet Éloge, sifflé dans tout Paris, comme il le mérite, est de M. de Crébillon fils. Il faut convenir qu'il y a peu d'auteurs aussi déchus de leur réputation littéraire que cet unique rejeton de l'illustre et barbare poëte tragique Crébillon. Si M. de Crébillon le fils avait eu la sagesse de ne jamais écrire que *le Sopha*, il aurait passé pour un homme bien singulier.

— Il a paru cette semaine deux ouvrages qui feront un honneur immortel à notre siècle. L'un est une apologie de l'intolérance, intitulé *Accord de la religion et de l'humanité sur l'intolérance*[2]. L'autre est une apologie des moines sous le titre *Question politique où l'on examine si les religieux rentés sont utiles ou nuisibles à l'État*[3]. La peur gagne la vermine monacale, et l'exemple des ci-devant soi-disant jésuites commence à faire trembler tous les tondus.

— *L'Appel à la raison* n'est pas resté sans réponse. *L'Avocat du diable, ou les Jésuites condamnés malgré l'Appel à la raison*, y pourvoit. *Toinette Le Vasseur, chambrière de Jean-Jacques*, a aussi répondu à la femme philosophe qui se dit

---

1. Cette lettre n'a pas été comprise dans la *Correspondance* de Voltaire, car on n'y en trouve pas qui renferme cette phrase. (T.)

2. (Par l'abbé de Malvaux.) Paris, 1762, in-12. Voir la note de Barbier (3ᵉ édition).

3. (Par dom Benoît Goujet.) S. l., 1762, in-12.

auteur de la mauvaise brochure *Tout le monde a tort*. Je ne sais pourquoi on a changé le nom de la gouvernante de M. Rousseau. Elle s'appelle Thérèse Le Vasseur, et Thérèse vaut bien Toinette. Toutes ces feuilles pour et contre les jésuites sont détestables.

— Les *Tablettes morales et historiques* sont un recueil de lieux communs dont l'auteur est vraisemblablement un bon prêtre à cheveux et à esprit plats. *Mon chef-d'œuvre* est aussi une rapsodie de maximes et de pensées dont la plupart sont fort plates et fort mauvaises.

— M. Palissot a fait imprimer sa comédie des *Méprises*, qui n'a pas été jugée meilleure à la lecture qu'au théâtre. On vient de lui adresser à ce sujet une lettre remplie de vérités dures et d'invectives. Il faut avoir bien du temps à perdre pour dire des injures à Palissot. Brûlez cette lettre avec la comédie.

— *L'Épreuve de la probité* [1] est une comédie en cinq actes, de M. de Bastide, qui n'a pas été jouée. M. de Bastide est un mauvais poëte dramatique et un moraliste bien insipide.

— On a traduit de l'italien du docteur Cocchi, de Florence, *le Régime de Pythagore* [2] un volume in-8° de cent trente-huit pages. Le docteur Cocchi était un excellent écrivain et un des meilleurs esprits de l'Italie moderne. Les médecins italiens le regardent avec raison comme leur Boerhaave.

— On a publié à Lyon des *Idées patriotiques sur la nécessité de rendre la liberté au commerce* [3]. Les patriotes ne disent pas toujours des choses bien sublimes, mais ils disent des choses sensées. Quelquefois on les écoute, quelquefois on les méprise, et le monde va toujours.

1. Paris, 1762, in-12.
2. (Traduit par de Puisieux.) Paris, Gogué, 1762, in-8°.
3. Lyon, 1762, in-8°.

## SEPTEMBRE

1ᵉʳ septembre 1762.

Je n'ai pas prétendu relever tous les endroits attaquables du traité *De l'Éducation*. Je n'ai jamais compris l'utilité des réfutations. Ceux qui pensent n'ont pas besoin d'un avertisseur qui leur crie : Messieurs, voici un sophisme, voilà un argument qui cloche, voilà qui est vrai, ou voilà qui est faux ; quant aux sots, de leur montrer la vérité, ou de leur faire sentir les défauts d'un raisonnement erroné, c'est en vérité peine perdue. A mon gré, il n'y a donc rien de plus inutile que de réfuter un livre, si ce n'est de répliquer aux réfutations ; je sens que l'esprit de parti exige tout autre chose. Il est essentiel, pour le soutien et le crédit d'un parti, qu'il y ait même une mauvaise réponse à une bonne attaque, parce que si l'on vous tourmente, en exagérant les coups que votre ennemi vous a portés, il faut toujours pouvoir dire : On y a répondu ; mais moi, qui ne suis d'aucun parti, je crois que le but de tout écrivain doit se réduire à communiquer au petit nombre de gens d'esprit ses idées et le précis de ses méditations, et à les confier au jugement de ses pairs, en même temps qu'il les abandonne à la passion et à l'imbécillité des sots. Heureux celui qui, échappant aux traits des derniers, peut n'écrire que pour quelques personnes également éclairées et indulgentes, car l'indulgence est l'enfant de la lumière.

En quittant le traité *De l'Éducation*, je vais vous en faire remarquer quelques endroits qui ne tiennent point au fond de l'ouvrage, mais qui sont assez importants pour qu'on y réfléchisse un moment. Quelquefois on n'a besoin que de relever le sentiment de l'auteur pour en faire sentir le faible et le faux ; d'autres fois, ses assertions ont un air de vérité qui peut tromper d'abord, mais qui ne soutient pas l'épreuve.

M. Rousseau s'est toujours élevé fortement dans ses ouvrages contre la politesse. Ce n'est point sa faute si nous ne la regardons point comme une hypocrisie infâme, beaucoup plus pernicieuse que les vices les plus décidés. La politesse consiste à se servir d'exagérations, à employer des formules que celui à qui l'on parle ne doit point prendre au pied de la lettre. Il n'y a point de langue qui n'ait de semblables formules. La politesse romaine était certainement bien différente de la politesse française ; cependant la langue latine est remplie de ces formules dont les Romains se servaient familièrement dans leur commerce. Les sauvages, ces enfants chéris du citoyen de Genève, ont une politesse plus outrée et moins naturelle que les peuples policés. Voyez dans leurs traités combien d'exagérations, combien de ces formules pleines d'emphase et de fausseté ! Qu'en conclure ? Rien, sinon que, de quelque nature que soient la société et le commerce qui subsiste entre les hommes, ils ne sauraient durer ni même commencer sans les égards réciproques ; et partout où il y a des égards, il y a de la politesse et de l'exagération dans les paroles. Rien ne serait plus absurde que d'exiger d'un être organisé comme l'homme d'attacher un sens précis et invariable à chaque mot qu'il profère. Ainsi Émile, qui dit : « Faites cela, » au lieu de : « Je vous prie, » sera bien un petit garçon grossier, mais n'aura aucune vertu de plus qu'un enfant accoutumé aux formules d'usage. Rien donc de plus frivole que les déclamations contre la politesse.

L'espérance, et l'illusion qui en résulte, sont le mobile de toutes les actions humaines. Il est de l'essence de l'homme de jouir plus du bien qu'il espère que de celui qu'il a obtenu. C'est une belle allégorie que celle qui, laissant échapper de la boîte de Pandore les passions et tous les maux dont les hommes sont affligés, leur accorde l'espérance pour tout remède. M. Rousseau la proscrit sous le nom de la prévoyance. Il nous reproche de regarder toujours au loin, et de négliger le présent : c'est encore nous reprocher d'être organisés comme nous sommes. Comment un être doué d'imagination pourrait-il renoncer à l'espérance et aux illusions ? Cet homme rempli de santé et de joie, qui porte avec lui l'image du contentement et du bonheur, et qui, à la réception d'une lettre, pâlit et tombe en défaillance, est l'homme de la nature, contre lequel on peut faire des déclamations oratoires, mais qui ne seront rien moins que solides et philosophiques. La santé et la joie de cet homme venaient, non de son bonheur actuel, mais de ses espérances. Une lettre les détruit : pourquoi ne voulez-vous pas que l'effet du mal soit dans la même proportion que celui du bien ? L'insensé est celui qui ne ressent que les inconvénients de son organisation sans en goûter les avantages. Le misanthrope atrabilaire est plus insensé que l'homme gai et serein, qui se trouve mal en apprenant une mauvaise nouvelle.

Un auteur peut être de mauvaise foi avec lui et avec ses lecteurs ; il peut se donner souvent le change, et à eux aussi ; mais il y a des traits de caractère qui échappent malgré qu'on en ait, et qui décèlent la vérité parce qu'elle se montre toujours, quelque soin qu'on prenne pour la dérober. Je vais indiquer ici quelques endroits caractéristiques du traité de l'Éducation. M. Rousseau suppose un philosophe relégué dans une île déserte avec des instruments et des livres, sûr d'y passer seul le reste de ses jours ; je vous demande quelle vie mènera ce philosophe lorsqu'il se sera plié à son sort ? Vous me répondrez que tout le temps qu'il ne sera pas forcé d'employer au soutien de sa vie, il le consacrera à la contemplation, à la méditation, à l'étude. Cela est naturel à penser, et dans l'ordre des choses ; à quoi il faut ajouter qu'il tâchera de laisser des monuments de ses travaux et de ses pensées pour ceux que le hasard pourra jeter dans son île après lui. M. Rousseau, au contraire, dit que ce philosophe ne s'embarrassera plus guère du système du monde, des lois de l'attraction, du calcul différentiel ; qu'il n'ouvrira peut-être de sa vie un seul livre, etc. Cela prouve seulement que M. Rousseau n'aurait jamais médité ni écrit s'il n'eût pu publier ses ouvrages ; mais il n'en est pas moins faux que la vanité et la passion de la célébrité soient les seuls motifs qui portent l'homme à la méditation. Il y a eu dans tous les temps d'excellents esprits qui ont passionnément aimé l'étude sans vouloir écrire ou publier leurs ouvrages. Le respectable vieillard M. Abauzit, de Genève, est de ce nombre. M. Rousseau l'a cité quelque part comme le seul philosophe qu'il ait jamais connu, moins pour le louer que pour vous inviter à mal penser des autres. Les motifs qui le déterminent à admettre l'existence d'un Dieu sont de la même trempe. Si je fais, dit-il, une bonne action sans témoins, je sais qu'elle est en vue. Malheur à celui qui ne peut se déterminer au bien que par l'idée d'un témoin réel ou chimérique ! Je voudrais bien ne point lire dans le traité de l'Éducation le passage suivant :

« Que tout le genre humain meure, s'il le faut, dans la peine et dans la misère, pour m'épargner un moment de douleur ou de faim. » M. Rousseau prétend que c'est là le langage intérieur de tout incrédule qui raisonne, et que quiconque a dit dans son cœur : Il n'y a point de Dieu, et parle autrement, n'est qu'un menteur ou un insensé. On ne saurait prendre bonne opinion d'un écrivain à qui ce passage est échappé, ni se dispenser de le plaindre : car il est évident qu'il ne croit pas à la vertu, quoiqu'il en parle sans cesse. Vous et moi nous ne profanerons jamais ce nom sacré en l'accordant à des actions qui ne sont que l'effet de la crainte du châtiment, et nous ne calomnierons pas le genre humain par des imputations hasardées et atroces. Il n'y a point d'homme assez pervers au monde qui consentît à la misère, à la perte, je ne dis pas du genre humain, mais d'un seul de ses semblables, pour s'épargner un moment de douleur et de faim, et il y a un grand nombre d'âmes nobles et élevées qui, s'il était besoin, feraient au bonheur du genre humain le généreux sacrifice de leur vie; non qu'il y ait au monde un homme qui préfère réellement et sans restriction le bien public à son bien-être particulier, mais parce que dans ces occasions rares le sacrifice de ce bien-être est accompagné d'une douceur inexprimable qui élève l'homme à la plus sublime des jouissances. Malheur, malheur à celui à qui ces sentiments sont étrangers et qui n'entend pas ce langage.

Ce que je voudrais encore effacer du livre de l'Éducation, c'est cette étrange apologie des ingrats; M. Rousseau prétend qu'il n'y en a point. On ne peut se défendre de penser qu'un auteur a ses raisons pour excuser ou pallier le plus hideux des vices qui aient dégradé la nature humaine. Un jour, Rémond de Saint-Mard, connu par quelques ouvrages médiocres, et qui était d'ailleurs fort riche et fort avare, fit une longue et terrible sortie contre le genre humain. Le philosophe Diderot, qui était présent, l'arrêta au milieu de son discours, et lui dit : « Où prenez-vous donc tout le mal que vous dites des hommes? — En moi, » répondit Rémond. Voilà du moins de la franchise.

Il y a, comme je l'ai déjà remarqué, de belles choses dans l'histoire de la femme; mais il y en a aussi de bien absurdes. M. Rousseau veut d'abord que son Émile méprise absolument le jugement des autres; dès qu'il se soucie qu'on pense de lui, tout est perdu. Pour les femmes, c'est tout le contraire; leur honneur dépend moins d'elles-mêmes que du jugement des autres. En un mot, l'opinion est le tombeau de la vertu parmi les hommes, et son trône parmi les femmes. On peut dire que l'une de ces assertions est précisément aussi vraie que l'autre. Il n'est point vrai qu'un homme doive mépriser le jugement public sans aucune restriction, encore moins que l'opinion des autres soit le tombeau de sa vertu. Il n'est point vrai non plus que la vertu d'une femme dépende uniquement de l'opinion. Qu'une femme soit par son sexe obligée à plus de décence et plus de réserve qu'un homme, c'est là une idée vraie, mais commune, à laquelle M. Rousseau a voulu donner un tour original qui l'a rendue absurde. Cependant, de ce que la conduite de la femme est asservie à l'opinion publique, il en infère ensuite que sa croyance est asservie à l'autorité, et qu'elle ne peut avoir d'autre religion que celle de sa mère et de son mari : supposez que cette religion soit fausse, il suffit de la docilité de la femme, et M. Rousseau lui promet de la part de Dieu que cette docilité effacera le péché de l'erreur. Il aurait bien dû nous montrer la sanction de ses folies. L'homme sauvage est le mignon du citoyen de Genève. Il le comble de tous les biens, et il lui ôte tous les maux jusqu'à la notion de la douleur. Il nous assure positivement que le mal particulier n'est que dans le sentiment de l'être qui souffre, et que ce châtiment, l'homme ne l'a point reçu de la nature : il se l'est donné. Cependant, dans un autre endroit, il prétend que si le physique va trop bien le moral se corrompt, et qu'un homme qui ne connaîtrait pas la douleur serait un monstre parmi ses semblables. Quelle étrange contradiction! Cette dernière assertion paraît toutefois être un peu plus vraie et plus philosophique que le reste. C'est la loi générale, c'est le sort commun qui nous rend justes et équitables. Nous sommes tous asservis sous les mêmes lois : le roi souffre et meurt comme le berger : voilà la source de la modération parmi nous. Placez un seul homme immortel au milieu du genre humain, cet homme n'aura plus la mesure de notre justice ni d'aucune de nos vertus. Si la vie de cent mille hommes est nécessaire à un moment de son bien-être, comment balancerait-il à les sacrifier! Il ôterait vingt ou trente ans à chacun de ces cent mille hommes, et qu'est-ce que la durée de trente ans aux yeux d'un être immortel? La courte durée de la fourmi lui est sans doute aussi précieuse que nous l'est le cours de notre vie, et vous savez avec quelle importance et quels égards de justice et de modération nous traitons la vie des fourmis.

Cette religion peut vous faire juger de la bonté de cette assertion de l'école, que M. Rousseau répète en plus d'un endroit, que l'Être suprême est nécessairement souverainement bon. Nos docteurs disent que celui qui peut tout ne peut vouloir que ce qui est bien; et M. Rousseau, d'après eux, dit que toute méchanceté vient de faiblesse, que l'enfant n'est méchant que parce qu'il est faible. « Rendez-le fort, ajoute-t-il, il sera bon ; car celui qui pourrait tout ne ferait jamais de mal. » Je ne vois dans toute la nature rien qu'on puisse alléguer en faveur de cette assertion gratuite; je ne conçois nullement comment la puissance engendrerait plutôt la bonté que la méchanceté : au contraire, l'excellence d'un être suprême étant toute mesure commune entre lui et ceux qui dépendent de sa justice, il est évident que ce qu'il y aurait de plus précieux pour ceux-ci ne lui paraîtrait certainement de nulle importance, par la même raison qui fait que l'homme n'attachera jamais aucun prix à la vie instantanée d'un insecte. Si vous voulez décider de la bonté de l'Être suprême par les effets, vous avez tout autant de raison de dire qu'il est aussi souverainement méchant : car du moment que vous assurez qu'il y a du bien dans le monde, vous êtes obligé de convenir qu'il y a tout autant de mal; l'un ne peut donc pas plus prouver que l'autre. Le vicaire de Savoie prétend que, quand on lui parle d'une force aveugle répandue dans toute la nature, on ne lui porte point de véritable idée à l'esprit. Cela se peut; mais en plaçant une force intelligente hors de la nature (et qu'est-ce que c'est que d'être hors de la nature?) en est-il plus avancé?

« Quand on veut renvoyer au pays des chimères, dit M. Rousseau, on nomme l'institution de Platon. Si Lycurgue n'eût mis la sienne que par écrit, je la trouverais bien plus chimérique. Platon n'a fait qu'épurer le cœur de l'homme, Lycurgue l'a dénaturé. » Cette observation est juste; mais ajoutez ce qui n'est pas moins vrai et conforme à l'expérience de tous les siècles, c'est que ce qui dénature l'homme a plus de prise sur lui que ce qui ne tend qu'à l'épurer. Le préjugé aveugle et raide a plus de pouvoir sur lui que la simple raison. Tout confirme cette observation, et l'exemple des jésuites lui donne une nouvelle force. Leur institut est dur et rigide; ils lui seraient bien moins dévoués si leur vie était plus douce et leur esclavage moins grand. Platon devait donc écrire son institution et Lycurgue mettre en pratique la sienne. Au reste, l'éducation, quelque importante qu'elle soit par son objet, se ressentira toujours de l'imperfection attachée à notre condition. Faudra-t-il pour cela cesser de s'en occuper? non; je l'ai déjà dit, notre sort est de tendre toujours à la perfection sans jamais y atteindre. M. Rousseau commence l'éducation de son élève au moment de sa naissance; pour moi, je l'aurais commencée avant sa naissance. Peut-on croire que l'acte le plus auguste, auquel la nature a attaché le plus grand de tous les délices, soit indifférent pour l'être à qui il donne la vie? Je suis bien persuadé du contraire, et que c'est de cet instant qu'on peut dire qu'un homme est né sous d'heureux ou sous de sinistres auspices.

— *L'Inutilité des jésuites montrée aux évêques* est une petite brochure de soixante-dix pages. Il faudra bien que nos prélats s'en passent, et cette nécessité les persuadera mieux que l'auteur de la brochure. *Le Décri*[1] est un conte en vers plats et mauvais où les jésuites sont aussi fourrés. Si l'on ne savait point qu'il n'y a que les gens médiocres et plats qui s'accrochent à un parti pour avoir une sorte d'existence qu'ils ne pourraient avoir seuls, les champions qui ont paru dans la querelle jésuitique de part et d'autre fourniraient une nouvelle preuve de cette vérité! L'auteur du nouveau volume de l'*Appel à la raison humaine* est assez bête pour reprocher à M. de La Chalotais d'avoir connu M<sup>lle</sup> Lecouvreur et d'avoir même assisté aux derniers moments de cette célèbre actrice. Il faut convenir au reste que les jésuites sont bien déchus de leur crédit et de leur puissance, puisqu'ils sont obligés de plaider leur cause au tribunal de la raison, que leur institut et leur conduite ont également outragée dans tous les temps.

— *Les Trois Imposteurs, ou les Fausses Conspirations*. C'est une feuille contenant deux ou trois histoires tirées des anciens

---

1. (Par J.-N. Belin.) S. l. in-12.

*Mercures*, qu'on a rappelées à l'occasion du malheureux garde-du-corps qui imagina, l'hiver dernier, pour s'attirer une grâce du roi, de se blesser et de supposer une conspiration contre la vie de Sa Majesté, et qui fut pendu en conséquence en place de Grève.

— *Les Sciences sous la croix du Sauveur, sur le Golgotha, songe*[1]. C'est une ineptie qu'un certain M. Pohle a traduite de l'allemand.

— *L'Histoire d'Élisabeth Canning et de Jean Calas* est une nouvelle feuille de M. de Voltaire en faveur de l'infortunée famille de Calas. Plus on développe cette funeste aventure, plus elle devient horrible. L'auteur la compare à un fait d'un autre genre qui a failli coûter la vie à neuf ou dix personnes en Angleterre. Un philosophe prévint ce malheur; ici, un philosophe le répare autant qu'il est en son pouvoir. Le cœur se fend en lisant tous les détails de cet effroyable événement.

— *Lettres de Bendé à Monreset*[2]. Ce sont les lettres d'une femme qui aime et qui n'est point aimée. Ajoutez qu'elle ne mérite pas de l'être, car elle est insipide, guindée, sans naturel, sans grâce. Si ces lettres n'étaient pas si mauvaises, on serait tenté de croire qu'elles ont été confiées à l'impression par une femme qui n'avait que cette voie pour apprendre à son amant sa situation et ses sentiments.

— M. Dupré de Saint-Maur vient de publier un ouvrage intitulé *Recherches sur la valeur des monnaies et sur le prix des grains avant et après le concile de Francfort*[3]. Il y a de l'érudition et des faits curieux dans cet ouvrage, qui est d'ailleurs mal digéré et sans ordre. Le mérite d'une discussion critique consiste dans la netteté des idées; mais les bons esprits en ce genre, comme dans d'autres, sont rares. M. Dupré de Saint-Maur prétend que nous n'avons aucune idée juste de la valeur des monnaies, des nombres, des poids et des mesures des anciens et même des peuples plus modernes, et que c'est de là que viennent nos erreurs sans nombre sur la grandeur de leurs armées et sur la variété extrême que nous croyons remarquer dans le prix de leurs denrées.

---

1. Strasbourg, 1762, in-12.
2. Inconnues aux bibliographes.
3. Paris, 1762, in-12.

— *Le Luxe considéré relativement à la population et à l'économie*[1]. C'est un bavardage qu'on nous a envoyé de Lyon. Il y a trente ans que c'était la mode en France d'exagérer les avantages du luxe ; aujourd'hui que nous sommes devenus austères, nous aimons à le décrier. Nous sommes des bavards, tantôt d'une morale sévère, tantôt d'une morale relâchée, et ni les uns ni les autres n'ont avancé le bonheur du genre humain d'un pouce.

— *Ode sur la poésie comparée à la philosophie*, par M. Colardeau. Cette ode doit répondre aux injures que M. Rousseau a dites aux poëtes ; mais elle manque d'idées, et si M. Colardeau n'y prend garde, on finira par croire qu'il n'a que le talent du vers : car son *Épître à Minette* et cette ode-ci sont deux productions bien ennuyeuses.

15 septembre 1762.

Après la mort d'Achille, Ajax et Ulysse se disputèrent ses armes. Ajax était regardé comme le plus valeureux des Grecs après Achille ; tout le monde connaît le génie et le caractère du roi d'Ithaque. La dispute de ces deux héros est fameuse dans l'antiquité ; elle devint une affaire d'État qui fut plaidée devant les chefs de l'armée grecque. Ulysse l'emporta sur le fils de Télamon, « et l'homme éloquent, dit Ovide, porta les armes du vaillant » ;

> Et quid facundia posset
> Re patuit, fortisque viri tulit arma disertus.

On lit dans les *Métamorphoses* d'Ovide les plaidoyers des deux concurrents ; c'est un très-beau morceau de ce poëte, si on lui passe sa manière, qui n'est pas celle d'Homère ni de Sophocle. Elle s'approche déjà du goût moderne ; l'antithèse y joue et fait ce balancement des hémistiches et des périodes, aussi contraire, à mon gré, à la pureté du goût qu'à la manière antique des Grecs.

Ce jugement rendit Ajax furieux, et il en perdit la raison. Dans un accès de rage il massacra des troupeaux croyant

1. (Par Auffray.) Lyon, 1762, in-8°.

égorger ses juges. Entre autres animaux il avait emmené dans sa tente un bélier qu'il prit dans son égarement pour Ulysse, et sur lequel il exerça sa fureur en le châtiant à grands coups de fouet. Revenu de cet accès, il ne put supporter ni l'affront qu'il avait reçu des Grecs, ni la honte de ses égarements, et il se donna la mort en se précipitant sur la pointe de l'épée dont Hector lui avait fait présent. Voilà la simplicité de la fable antique. Sophocle a traité ce sujet dans sa tragédie intitulée *Ajax porte-fouet*. Si ce grand homme avait voulu arranger sa pièce a notre manière, nous y verrions l'assemblée des Grecs et ce fameux plaidoyer des deux héros qui se disputent les armes d'Achille; on dirait d'ailleurs que de pareilles scènes étaient plus convenables aux théâtres d'Athènes, où la présence et l'action du chœur rendaient ces spectacles vraisemblables. Cependant les anciens ont toujours évité ces sortes de scènes d'appareil qui tiennent à notre fureur de disserter qu'on a tant de soin de nous inculquer dès notre enfance, et à je ne sais quoi de boursouflé et de puéril qui dépare nos spectacles. Le vrai génie est judicieux et mâle, et c'est là le caractère antique; celui des enfants est remuant et bavard, et le nôtre lui ressemble beaucoup. L'unité de l'action est d'ailleurs ce que les anciens respectaient le plus. Dans nos pièces, il arrive ordinairement plus d'incidents durant l'espace de quelques heures qu'il n'en arrive dans la réalité pendant une longue suite d'années : on peut dire que nos héros sont, au premier acte, à cent lieues de la catastrophe qui les attend au cinquième. Cela donne à nos drames un vernis de faux qui en empêche l'effet, aussi au bout d'un quart d'heure l'impression de la tragédie la plus forte est effacée; chez les Grecs c'était autre chose. Il eût été difficile de représenter au peuple d'Athènes *les Folies amoureuses, ou Crispin rival de son maître* après *les Euménides* ou *les Suppliantes* d'Eschyle.

M. Poinsinet de Sivry, dont le nom est assez malsonnant après celui d'Eschyle et de Sophocle, vient d'essayer le sujet d'*Ajax* sur la scène française; sa pièce est tombée le 30 du mois dernier. Ce jeune homme avait donné, il y a trois ans, une tragédie de *Briséis* qui eut alors quelques représentations[1]; mais

---

1. Voir la lettre du 15 juillet 1759, t. IV, p. 124.

le procès d'*Ajax* a été jugé plus vite[1]. Si ce héros pouvait revivre, il reprendrait sans doute son fouet pour châtier son poëte. L'économie intérieure de cette tragédie ressemble à celle de nos pièces modernes ; à cet égard-là, elle n'est pas plus absurde que beaucoup d'autres qui ont eu un grand succès, et que je n'en estime pas davantage. Aussi ce n'est pas ce qui l'a fait tomber ; mais la diction toujours impropre, la versification toujours faible et plate, les pensées toujours triviales, et l'impuissance de rendre des idées communes d'une manière nette et précise : voilà ce qui a porté le coup mortel à M. Poinsinet. Sa chute, du moins, a été divertissante : la platitude des expressions a fait rire le parterre depuis le commencement de la pièce jusqu'à la fin. C'est là une des parties sur lesquelles le goût du public de Paris est presque infaillible ; on ne peut guère avoir le tact plus sûr que lui pour saisir la pauvreté et le ridicule d'une expression.

Quant au fond, pour faire une tragédie à notre façon, M. Poinsinet n'a pu trouver dans le sujet d'Ajax de l'étoffe pour plus de deux scènes, dont l'une consiste dans le plaidoyer, et l'autre représente les fureurs d'Ajax ; il a donc fallu exercer le génie créateur pour fournir la pénible carrière de cinq actes. Heureusement les noms célèbres ne manquent point dans l'histoire de la guerre de Troie ; il ne s'agit plus que de leur imaginer des aventures, ce qui ne coûte guère à nos poëtes inventifs ; mais M. Poinsinet n'a pas été aussi persuadé que Sophocle de la nécessité de l'unité d'action ; ce qui fait que chaque personnage a, pour ainsi dire, ses vues et ses intérêts hors du sujet de la pièce, dont il n'est question que fortuitement. Sophocle n'a eu garde de nous représenter le plaidoyer des deux héros ; indépendamment des autres raisons, il aurait cru commencer sa pièce beaucoup trop tôt, et lui donner cette multiplicité d'événements si contraires à la vérité et, comme je crois, aux grands effets. Dans la pièce grecque, non-seulement la dispute des armes d'Achille est de beaucoup antérieure à l'action du jour, mais Ajax a déjà perdu la raison ; tous ses égarements sont passés, et c'est le retour à la raison, la douleur et le désespoir

---

1. Poinsinet appela de la condamnation d'*Ajax*. Voir ci-après lettre du 1<sup>er</sup> décembre suivant. (T.)

qui s'ensuivent, qui font le sujet de la pièce. Chez M. Poinsinet, au contraire, la dispute des armes n'a lieu qu'au quatrième acte, et les fureurs d'Ajax sont réservées à la dernière scène du cinquième.

Je n'ai jamais vu de tragédie qui fût aussi susceptible d'être parodiée que celle-ci. M. Poinsinet peut donner cette commission à son cousin, qui est aussi mauvais bouffon qu'il est, lui, mauvais tragique. Il a fait plusieurs parades détestables, entre autres *Gilles garçon peintre*, et, en dernier lieu, *Sancho Pança*. Ce cousin est une espèce d'imbécile qui a été pendant quelque temps l'objet des facéties de M. Palissot et de ses compagnons. On lui persuada, il y a quelques années, qu'il avait tué un mousquetaire en duel; en conséquence, il se fit couper les cheveux et se cacha pour se dérober aux recherches de la justice; ensuite on lui fit accroire que le roi de Prusse l'avait nommé gouverneur du prince de Prusse et lui avait envoyé le cordon de l'Aigle noir; il le porta en effet quelques jours et abjura la religion catholique entre les mains d'un prétendu ministre protestant[1]. Jusqu'à présent, il n'y a point d'apparence que la famille des Poinsinet soit placée dans les fastes du Théâtre-Français à côté de celle des Corneille.

— Une petite brochure intitulée *Mes Doutes sur la mort des jésuites* a été brûlée par ordre du Parlement[2]. L'auteur dit cependant que brûler n'est pas répondre. Il prend vivement le parti des jésuites; mais l'animosité a beau enflammer un auteur, elle ne peut tenir lieu d'éloquence et de talent. Le doute le plus sensé de l'anonyme est que, malgré ses doutes, les jésuites pourraient bien être perdus. On assure qu'il existe un autre livre qui a pour titre *les Trois Nécessités*. Ces trois nécessités sont trois complots, dont les deux derniers doivent résulter du succès du premier[3]. Le premier est donc de détruire les jésuites; le

---

1. Voir, pour plus de détails sur Poinsinet le jeune, ses ouvrages, et, pour les mystifications dont il fut l'objet, la lettre du 1er octobre 1769 de cette *Correspondance*. (T.)

2. Les *Mémoires secrets* de Bachaumont disent (14 août 1762) que ce livre, condamné le 13 août par le Parlement, auquel il était très-injurieux, était attribué à l'abbé de Caveirac, sur le compte de qui nous avons déjà vu (p. 144) mettre le *Nouvel Appel à la raison*. (T.)

3. On disait le livre divisé en trois chapitres : *Nécessité de détruire les jésuites en France; nécessité d'y anéantir la religion chrétienne; nécessité d'empêcher M. le*

second, de détruire toute religion; le troisième, d'exclure du trône l'héritier présomptif. Ces trois complots sont formés par le Parlement et par les philosophes, qui vont faire cause commune. De telles bêtises doivent paraître bien absurdes à cent lieues d'ici. Si le livre des *Trois Nécessités* existe, il prouve ce que c'est que la rage impuissante; son venin ne produit point d'effet, mais ce n'est pas sa faute. Je ne connais qu'un homme en état de faire supérieurement une apologie des jésuites, s'il avait été dans sa tournure de prendre le parti de cette race : c'est M. Rousseau. Personne ne sait allier, comme lui, la subtilité du sophisme avec la chaleur et la force du style, et vous savez qu'il a quelquefois soutenu des causes en apparence moins susceptibles d'apologie que celle des jésuites.

— Nous avons un mandement de M. l'archevêque de Paris contre le livre *De l'Éducation*, par M. Rousseau[1]. La vérité oblige de convenir que ce mandement est beaucoup plus sage et plus décent que le réquisitoire par lequel M. Joly de Fleury a demandé la proscription du même ouvrage. Du moins, M. l'archevêque de Paris ne reproche pas, comme M. l'avocat général, à M. Rousseau de douter de l'existence de la religion chrétienne, car jamais le citoyen de Genève n'a voulu nier qu'elle existe. Le prélat ne s'élève pas contre la tolérance, et le magistrat la proscrit : c'est là un assez étrange contraste. Quant au fond, ils ont répondu aux difficultés de M. Rousseau, l'un par des passages de l'Écriture, l'autre par un décret de prise de corps : l'une et l'autre façon de répondre est également solide; mais celle du prélat est plus honnête et plus douce. Au reste, le portrait que M. l'archevêque de Paris a fait de J.-J. Rousseau, au commen-

---

dauphin. « Quoi qu'il en soit, disent les *Mémoires secrets* (19 août 1762), personne ne dit avoir lu ces horreurs, quoique tout le monde en parle. On présume avec assez de raison que ce livre n'existe que par son titre. C'est un canevas épouvantable qu'un monstre fanatique aura répandu dans le public pour le donner à remplir à qui l'osera. » Cependant un arrêt du conseil souverain d'Alsace, cité au 1er octobre des mêmes *Mémoires*, ordonnait que tous les exemplaires en fussent brûlés; mais, comme on le voit à la date du 8 du même mois, rien ne prouvait l'existence des *Trois* ou *Quatre Nécessités*, car on ne s'accordait même pas sur le titre. (T.)

1. *Mandement portant condamnation d'un livre qui a pour titre* Émile ou de l'Éducation, *par J.-J. Rousseau, citoyen de Genève;* Paris, 1762, in-4°. Chacun a lu dans les OEuvres de Rousseau sa réponse à M. de Beaumont, archevêque de Paris. (T.)

cement de son mandement a eu beaucoup de succès à Paris, et l'on a voulu parier que ce morceau était l'ouvrage d'un homme du monde, et non d'un prêtre [1].

— On a imprimé une *Ode sur le Temps*, avec une autre *Sur les Devoirs de la société*, par M. Thomas. La première a remporté le prix de poésie de l'Académie française [2]. Je n'aime pas ces deux odes; les idées en sont pauvres et communes; ainsi la véritable élévation n'y est point. C'est un catéchisme pompeusement rimé. L'Académie a donné un beau sujet d'éloquence pour l'année prochaine : c'est l'éloge du duc de Sully, ministre de Henri IV [3].

— Nous venons de perdre une actrice charmante et vivement regrettée, quoiqu'elle n'ait plus été au théâtre depuis six mois. Mlle Nessel est morte fort jeune. Cette actrice avait fait les délices de Paris l'année dernière, pendant la foire Saint-Laurent. Après la réunion de l'Opéra-Comique à la Comédie-Italienne, elle avait quitté le théâtre pour être de la troupe de M. le prince de Conti. Sans être jolie, elle était remplie de grâces, de vérité, de finesse, de naïveté, sans aucune de ces mauvaises manières qui gagnent nos théâtres, et qui les perdront.

— On vient de faire une nouvelle édition des *Oraisons funèbres* de Bossuet. L'éditeur a mis à la tête de chacun de ces discours un précis historique de la vie de la personne qui en est l'objet. C'est là tout le mérite de cette nouvelle édition, qui est d'ailleurs peu correcte.

— M. d'Origny, ancien militaire retiré du service, a publié le fruit de ses amusements et de sa retraite sous le titre : *l'Égypte ancienne, ou Mémoires historiques et critiques sur les objets les plus importants de l'histoire des Égyptiens* [4]. C'est depuis quelque temps la mode de fouiller beaucoup dans les monuments d'Égypte. Vous savez le parti que M. de Guignes en a voulu tirer. M. le comte de Caylus, M. l'abbé Barthélemy,

---

1. Je me rappelle que dans ma jeunesse on attribuait généralement ce mandement à M. Brocquevielle, lazariste, ancien directeur du séminaire de Toul et curé de la paroisse Notre-Dame de Versailles. (B.)

2. La seconde avait balancé le prix. (*Mémoires secrets*, 25 août 1762.)

3. On battit des mains à cette annonce, et un homme d'esprit dit : « Voilà l'éloge fait. » (*Ibidem.*)

4. Paris, 1762, 2 vol. in-12.

et d'autres, en sont très-occupés ; le premier a fondé des prix pour cet objet à l'Académie des inscriptions et belles-lettres. Il faudra voir si ces messieurs voudront accorder à M. d'Origny une part dans le privilége exclusif qu'ils prétendent avoir sur les affaires d'Égypte. Pour moi je consens à tout, pourvu que je ne sois pas obligé de garantir la vérité des faits et des conjectures ni des uns ni des autres. Les Anglais, quand ils veulent porter leurs recherches sur ces sortes d'objets, commencent d'abord par se transporter dans les contrées dont les monuments excitent leur curiosité, et après y avoir passé plusieurs années et dépensé beaucoup d'argent, ils nous donnent le résultat de leurs observations. Mais en France on apprend toutes ces choses-là sans sortir de sa chambre, et il ne faut que débiter sa drogue avec assurance pour passer aux yeux des sots pour un homme étonnant et profond. Comus, fameux joueur de gobelets, et qui fait en effet des tours incompréhensibles, disait l'autre jour à quelques académiciens qui voulaient savoir ses secrets à titre de confrères : « Je ne nie pas la confraternité. Vous êtes, messieurs, charlatans au Louvre, et moi sur le boulevard. »

— Un autre privilége exclusif pour les affaires d'agriculture est revendiqué par MM. Duhamel du Monceau, Tillet, et quelques autres de l'Académie des sciences. Je ne confonds cependant pas celui-ci avec l'autre ; M. Tillet a donné le résultat de plusieurs expériences utiles. Si M. Duhamel était obligé de rendre compte de tous les larcins qu'il a faits aux Allemands et jusqu'aux Italiens, dont les ouvrages peu connus en France ont favorisé son goût pour le plagiat, il ne lui resterait que sa prétention avec tous les éloges de nos journalistes également vils et ignorants. M. Duhamel a donné, il y a quelque temps, un ample traité sur la culture des terres en six volumes. Il vient d'en faire un abrégé en deux volumes in-12, sous le titre d'*Éléments d'agriculture*. Il a encore publié avec M. Tillet l'*Histoire d'un insecte qui dévore les grains de l'Angoumois, avec les moyens que l'on peut employer pour le détruire*. C'est un volume in-12 de trois cent quatorze pages. Le gouvernement avait employé ces deux académiciens pour mettre ordre à un fléau qui désolait cette province ; mais les insectes, d'ordinaire, n'ont pas plus de respect pour les académiciens que pour les prêtres. Les uns les exterminent par leur science, les autres les excommunient par leur pouvoir d'en haut, et comme ces insectes n'ont ordinairement qu'une durée éphémère, la vraie science des savants et des prêtres consiste à n'employer des remèdes et à n'instrumenter que sur le déclin de l'insecte, parce qu'alors le vulgaire stupide ne manque pas d'attribuer à leur puissance ou à leurs talents ce qui est une suite nécessaire de la nature des choses.

— *Mémoires militaires sur les anciens, ou Idée précise de tout ce que les anciens ont écrit relativement à l'Art militaire, recueillis et mis en ordre* par M. Maubert de Gouvest, deux volumes in-8°. Suivant le titre, cet ouvrage est imprimé à Bruxelles. On ne peut nier à M. Maubert d'être un assez mauvais sujet et un homme de beaucoup de talent. Son *Histoire politique du dernier siècle* est un bel ouvrage. Le talent d'écrire s'acquiert à Paris, et M. Maubert ne l'a point; mais nous n'avons, je crois, personne en ce pays-ci capable de faire un ouvrage comme cette histoire. Le *Testament du cardinal Alberoni* n'est pas non plus à beaucoup près un livre sans mérite. Je ne sais si les *Mémoires militaires* sont de M. Maubert; on m'a assuré qu'ils étaient d'un M. de Guichard, colonel d'un bataillon franc au service du roi de Prusse, et qui porte dans les armées de ce monarque le nom de Quintus Julius. De quelque main que nous vienne cet ouvrage, et sans m'arroger le droit de juger d'une science dont je ne connais les principes que par des livres, je crois pouvoir dire que celui-ci est profond; il me paraît également instructif, et pour les gens du métier, et pour ceux qui n'en sont pas. Le but de l'auteur est de relever plusieurs erreurs, faux jugements, fausses interprétations et fautes du chevalier Folard. Quand on attaque un écrivain devenu presque classique dans une science, il ne faut pas être un enfant. L'auteur des *Mémoires militaires* vous séduira souvent, et vous serez plus d'une fois tenté d'être de son avis. Je ne dirai cependant pas qu'il n'ait abusé quelquefois de sa sagacité, en la poussant trop loin et en voulant pénétrer jusqu'aux ressorts les plus cachés de ces antiques faits. Il est très-difficile de connaître les caractères particuliers surtout des généraux de Carthage, dont nous ne savons l'histoire que par des écrivains romains; il est plus difficile encore de connaître leurs liaisons secrètes, les partis qu'ils avaient dans leur république, etc. Il est si peu certain, si malaisé de savoir l'histoire secrète et anecdotique de son temps, qu'on peut renoncer de bonne foi à connaître jamais celle des siècles si reculés. Dans ces occasions on ne peut nier à notre auteur de montrer beaucoup de sagacité ; mais il ne persuadera pas un esprit sage.

— M. Formey, très-dévot secrétaire de l'Académie royale de Berlin, vient de nous envoyer *l'Esprit de Julie, ou Extrait de la Nouvelle Héloïse, ouvrage utile, particulièrement à la jeunesse*[1]. Vous ne comptez pas trouver dans cette quintessence le rendez-vous que Julie donne au précepteur, ni d'autres passages glissants ; mais bien toutes les belles maximes auxquelles M. Formey a même ajouté des correctifs quand elles lui ont paru en avoir besoin. Nos compilateurs sont bien heureux qu'il y ait des gens qui fassent des livres, sans quoi ils mourraient de faim.

## OCTOBRE

1er octobre 1762.

Le *Testament politique du maréchal duc de Belle-Isle* parut sur la fin de l'année dernière. Il fit d'abord beaucoup de bruit. Ensuite il passa pour constant dans le public que le maréchal n'avait nulle part à cet ouvrage, qu'on voulut faire regarder comme le fruit de l'oisiveté et de l'ineptie de quelque écrivain mercenaire. Les uns l'attribuèrent à Maubert, d'autres à Chevrier. Avant d'avoir l'honneur de vous en parler, j'ai voulu que le temps éclaircît la vérité du fait. Mais le public n'a pas jugé ce procès assez important pour s'en occuper plus de quinze jours et pour le juger définitivement. Depuis quelques mois, la publication du codicille a suivi celle du testament, et le tout ensemble est resté à Chevrier.

Quant à moi, sans avoir aucune notion particulière sur cet

---

1. Berlin, 1763, in-12.

ouvrage, je n'ai jamais douté un instant qu'il ne fût réellement du maréchal de Belle-Isle. J'avoue que je n'ai presque vu personne de mon sentiment; mais, quoique seul de mon avis, je n'ai pu en changer jusqu'à présent, et j'aimerais mieux croire que Chevrier, le plus détestable de tous les écrivains du temps, a fait *la Henriade* tout entière que d'imaginer qu'il ait pu faire une page du *Testament du maréchal de Belle-Isle*. Ce n'est pas que je veuille faire aucune comparaison d'un ouvrage au-dessous du médiocre avec un poëme immortel; mais je pense que le ton, l'arrangement des idées, une certaine tournure de phrases, enfin tout ce qui résulte d'un génie laborieux, mais étroit et sans lumière, qui, n'ayant point reçu d'instruction dans sa jeunesse, n'a pu se former que sur les idées de Versailles et sur le ton de la cour, est une chose si difficile à contrefaire que si l'on pouvait me convaincre que Chevrier est réellement l'auteur de ce *Testament*, je ne balancerais pas un moment à le regarder comme l'homme du génie le plus profond et le plus étonnant que je connaisse. Ce que je dis là tient à des sensations si fines qu'il n'est pas trop aisé de se faire entendre par des paroles; mais le goût exquis saisit ces nuances comme un fin gourmet distingue les vins de la même contrée jusqu'à vous indiquer les côtes différentes de chaque échantillon. Souvent une façon de parler négligée ou apprêtée, un mot choisi plutôt qu'un autre, une particule mise à la place d'une autre, fournissent une démonstration au vrai critique là où le vulgaire n'aperçoit aucune différence sensible. Sans ce talent, il ne faut pas se mêler de rien juger en littérature.

On a relevé plusieurs anecdotes notoirement fausses pour prouver que ce testament ne pouvait être l'ouvrage du maréchal de Belle-Isle, mais je ne dis point que le commis infidèle qui l'a dérobé ou l'éditeur à qui il l'a vendu n'ait pu le falsifier en quelques endroits; au contraire, je me ferais presque fort de montrer au doigt les passages ajoutés ou falsifiés. Quant aux fautes d'ignorance qui se trouvent dans le testament, elles sont pour moi une preuve de plus qu'il vient du maréchal. Il ne faut pas croire que l'ignorance d'un homme comme M. de Belle-Isle ressemble à celle d'un auteur; elle a un tout autre caractère.

L'auteur le plus inepte ne se serait pas permis de certains raisonnements du maréchal sur les affaires d'Allemagne, parce que cet auteur aurait eu quelque teinture de l'histoire du xvi⁰ siècle, au lieu que le maréchal, ayant passé une partie de sa vie à faire le général et le négociateur dans cette partie de l'Europe, n'en ignorait pas moins parfaitement ce qui s'y était passé soixante ans auparavant, si vous en exceptez les affaires qui avaient une liaison immédiate avec celles de France. Enfin ce qu'on a voulu faire passer pour une démonstration contre l'authenticité de ce testament, ce sont certaines idées qu'on y trouve et qu'on sait être très-opposées à celles qu'avait le maréchal, comme l'autorité qu'il veut que le roi accorde au Parlement dans telles et telles occasions ; à cet égard on sait, dit-on, que le maréchal a tenu une conduite entièrement opposée à ses principes. Cela est vrai, mais y a-t-il rien de plus ordinaire que de voir des hommes s'excepter d'une règle à laquelle ils voudraient assujettir tout le monde ? Le maréchal pensait que s'il pouvait compter sur les autres ministres comme sur lui, sa loi eût été peu nécessaire ; mais ne leur accordant pas le mérite qu'il se reconnaissait en secret à lui-même, il voulait leur mettre un frein dont il était très-persuadé de pouvoir se dispenser. Voilà l'homme et la marche de son orgueil. Si vous en croyez le maréchal, il a eu une influence immédiate dans toutes les affaires importantes depuis le ministère du cardinal Fleury, et pendant le sien le roi n'a rien fait de bien sans son avis. C'est lui, par exemple, qui a placé M. le duc de Choiseul dans le ministère ; s'il avait assez vécu pour voir le zèle des différents corps de la nation à offrir des vaisseaux au roi, vous auriez vu dans le testament comme quoi cette émulation eût été son ouvrage. La vanité dérobe sans remords une partie du mérite des autres pour se l'approprier de la meilleure foi du monde; il n'y a que les hommes véritablement supérieurs qui soient exempts de cette faiblesse. Ainsi je trouve dans toutes ces considérations autant de motifs pour conserver au maréchal un ouvrage dont il est trop difficile d'imaginer qu'un auteur de profession ait pu contrefaire le ton et le caractère à ce degré de perfection.

Le maréchal de Belle-Isle n'était cependant pas un homme ordinaire. Un génie laborieux et ardent l'avait porté à la fin de sa vie aux premières places de l'État; c'était une belle carrière pour un homme qui, en entrant dans le monde, reçut comme une grâce du roi la permission d'acheter un drapeau dans les troupes de Sa Majesté. Aussi son grand principe de conduite était l'opiniâtreté ; il avait coutume de dire qu'il n'avait jamais perdu de vue aucun de ses projets, et que c'était là un moyen sûr de faire réussir dans un temps ce qu'on ne peut effectuer dans un autre. Je crois ce principe infaillible, pourvu que vous ayez toujours assez d'activité pour suivre votre projet, et que le dégoût et l'ennui ne s'emparent jamais de vous. Le chevalier de Belle-Isle, qui s'est fait tuer à la malheureuse journée d'Exiles, passait pour un homme d'un génie très supérieur à celui de son frère. Le maréchal n'était à mon gré qu'un homme du second ordre, homme d'une grande application, d'un grand détail, et même minutieux, mais manquant de ce coup d'œil supérieur qui fait le ministre. Aussi il vous dit de la meilleure foi du monde qu'en voyant un ministre aux spectacles et aux bals, on en peut conclure hardiment qu'il ne remplit pas les devoirs de sa place. C'est qu'il n'aurait pu assister à ces divertissements sans négliger réellement les affaires de l'État ; mais ce qui prouve pour lui ne fait pas loi pour les autres. Le roi de Prusse, à qui M. de Belle-Isle accordera peut-être d'avoir eu autant d'affaires que lui depuis l'année 1756, a cependant eu assez de loisir pour faire de temps en temps des vers et pour jouer de la flûte. L'homme de génie est toujours au-dessus de sa besogne, quelque difficile et pénible qu'elle soit, et celui qui est commandé et subjugué par sa place peut sans aucune injustice se ranger au nombre des gens médiocres. La marque caractéristique de ceux-ci c'est d'être affairés. Le maréchal manquait principalement de lumière et d'étendue dans le génie. De là cet esprit de règlement et de pédanterie qu'on remarquait dans ses principes avec cet engouement pour toutes sortes de projets. La plus grande partie de son temps était donnée à des faiseurs de projets qui l'ont fait détester du public par des entreprises injustes de toute espèce qu'il favorisait, croyant faire le bien et faisant en effet beaucoup de mal sans le vouloir. Les hommes haïssent souvent comme méchant l'homme en place qui ne pèche que par défaut de lumière, et la tête étroite est ce qu'il y a de plus à redouter dans un ministre. Sans doute qu'un ministre doit tout écouter ; mais le ministre habile démêle d'un coup d'œil l'homme d'esprit et de génie, et ne perd pas son temps avec les fous. Le ministre médiocre, au contraire, éloigne ordinairement les premiers, et ne reste entouré que de sots et de fripons. M. de Silhouette parut une trouvaille à M. le maréchal de Belle-Isle. C'est ainsi que le maréchal s'exprime, et que Chevrier par parenthèse ne se serait jamais exprimé! « Ce grand penseur, ce génie calculateur, dit le maréchal, nous trompa tous. » M. de Silhouette pouvait en imposer à un ministre jeune et de peu d'expérience, mais il ne devait pas tromper un homme consommé comme M. de Belle-Isle. Si celui-ci n'a pas prévu que M. de Silhouette était un homme peut-être bon à consulter, mais peu propre à exécuter, c'est qu'il a manqué du coup d'œil nécessaire à sa place: car le talent du ministre consiste à prévoir ce que tout le monde sent et juge lorsque l'événement est arrivé.

L'ignorance d'un ministre s'oppose encore au rang auquel il pourrait prétendre parmi les premiers hommes de sa classe. Un ministre peut suppléer au défaut d'instruction par une pénétration d'esprit et une vivacité de génie qui lui fait entendre bien des choses qu'il n'a jamais apprises, mais nous avons déjà remarqué que ce n'était pas là le cas du maréchal. Voilà pourquoi il s'appesantit si souvent dans son testament sur des lieux communs et sur des idées triviales, qu'il rend d'une manière très-emphatique parce qu'il ignorait combien tout cela était commun et su de tout le monde. Rien ne prouve son ignorance et sa tête étroite comme ce qu'il dit sur les protestants de France et sur la religion en général. Il prétend qu'en Allemagne et dans le Nord, la multiplicité des cultes est indifférente aux gouvernements parce que, suivant un vieux dicton, les peuples sont dans ces régions d'un esprit trop pesant pour s'occuper d'une querelle théologique, et que les calvinistes ont en général l'esprit trop républicain pour être tolérés en France. On ne peut rien dire de plus plat, de plus commun et de plus faux que tout ce que le maréchal dit là-dessus. Il a oublié ou il n'a jamais su tous les maux que les guerres de religion ont causés en Allemagne. Il ne s'est jamais convaincu que les hommes de tous les climats se ressemblent dans les points essentiels, qu'on ne peut toucher à leurs préjugés ni les tyranniser sur leurs opinions sans les révolter, et qu'en les respectant on est toujours sûr de leur soumission. Si l'on n'eût jamais persécuté personne pour sa croyance, bien des États n'auraient jamais été ébranlés, et il y aurait eu un peu plus de bonheur sur la terre.

Ce que je viens de dire du caractère du maréchal de Belle-Isle vous sera confirmé à chaque page par la lecture de son testament. Ce ministre avait les vues droites, beaucoup de détail, peu de grandeur et d'élévation dans les idées. Toutes les choses médiocres se faisaient bien dans son département; rien de grand n'aura immortalisé son ministère. La prévention est une compagne inséparable d'une tête étroite, et malheureusement les gens médiocres se préviennent toujours contre ce qui est bon et salutaire.

Le codicille du maréchal est une rapsodie que l'éditeur a enrichie de beaucoup d'observations et de notes qui ne valent pas la peine d'être examinées. Le testament se lit avec cette sorte d'intérêt que s'attire toujours un ouvrage qui parle des affaires et des personnages de notre temps. On a ajouté au codicille une Vie du maréchal qui est bonne pour les antichambres, et pour quatrième volume à toute cette compilation un dictionnaire politique du docteur Volkna, traduit de l'allemand. Ce dernier ouvrage est très-digne de M. de Chevrier, et s'il y met jamais son nom, personne n'en sera étonné. Ce dictionnaire est une mauvaise et plate satire, très-propre à amuser un Styrien ou un Carinthien, mais qu'un homme de bon sens ne peut lire sans un dégoût mortel.

15 octobre 1762.

Le Parlement, avant d'aller en vacances, a rendu un arrêt qui défend à tout ci-devant soi-disant jésuite de prêcher et de confesser dans l'étendue du ressort de la cour, à moins d'avoir préalablement signé la déclaration exigée, etc. Cet arrêt a donné lieu à une feuille où l'on examine si le Parlement a ce droit-là, et s'il n'entreprend pas sur l'autorité des évêques? L'auteur décide pour le Parlement, et si ses raisons ne vous paraissent pas conformes aux principes de l'Église romaine, du moins vous ne serez pas fâché que l'autorité ecclésiastique la moins fondée et la plus despotique de toutes soit diminuée.

— Notre Académie de Saint-Luc, qui n'est pas tout à fait aussi célèbre que celle de Rome qui porte le même titre, a exposé cette année ses ouvrages de peinture et de sculpture. Cette Académie est composée de tous les artistes qui n'ont pas assez de talent ni de réputation pour se faire recevoir à l'Académie royale. Suivant ce sage esprit de règlement dont je viens de parler, il faut être de l'une ou de l'autre, sans quoi un homme n'a pas le droit ici de barbouiller de la toile chez lui, et de la vendre à ceux qui auraient la bonté d'âme de se contenter d'un mauvais tableau. Messieurs de l'Académie de Saint-Luc en ont exposé un grand nombre de détestables, parmi lesquels on distingue quelques portraits passables. Ce qu'il y a de meilleur, ce sont quelques portraits en buste de terre cuite ou de plâtre. Il paraît en général que la mauvaise manière a moins gagné nos sculpteurs que nos peintres.

— *La France agricole et marchande* est un ouvrage en deux volumes fort gros de M. Goyon de La Plombanie. L'auteur a eu soin de le faire brocher en papier couleur de terre pour nous convaincre de sa passion pour sa mère nourrice. Vous trouverez dans ce gros recueil beaucoup de projets, beaucoup de calculs dont je ne voudrais pas garantir la solidité, beaucoup d'idées communes qu'on a tournées et retournées de toutes les façons depuis deux ou trois ans. On pourrait mettre en deux ou trois apophthegmes tout ce qu'il y a à dire sur cette matière : 1° N'écrivez point de traités ni de méthodes pour le cultivateur, messieurs les bavards, parce que, quoiqu'il ne sache souvent ni lire ni écrire, il sait bien mieux que vous ce qu'il faudrait faire pour tirer parti de son champ, et, s'il ne le fait pas, ce n'est pas faute de savoir, mais de pouvoir. 2° Malgré vos beaux livres, aussi longtemps que la taille et les impositions seront arbitraires en France, vous pouvez compter qu'elle ne sera jamais bien cultivée. Le paysan anglais paye de fortes impositions à l'État; mais il ne dépend pas d'un intendant, d'un subdélégué, d'un commis, de l'augmenter d'un denier. Voilà la source du malheur et du dépérissement de la France. 3° Malgré vos beaux projets, la police intérieure du royaume sera toujours en mauvais état, aussi longtemps que les monopoles, les priviléges exclusifs, les inventions de l'esprit fiscal et la fureur de tout régler subsisteront. Notre auteur insiste, par exemple, sur la nécessité de rendre les voitures publiques plus commodes et moins dispendieuses. Le moyen en est bien simple : rendez toute entreprise libre;

que chacun soit le maître d'établir un carrosse public, s'il croit y trouver son compte, et le public sera bien servi. Mais en France il faut toujours un petit règlement; à quoi serviraient sans cela tant d'intendants? On a l'air de craindre qu'il ne se trouve pas de gens disposés à gagner l'argent du public.

— *De la santé, ouvrage utile à tout le monde*, en un volume in-12, de plus de 400 pages [1]. La plus grande utilité de cet ouvrage tournera sans doute au profit de l'auteur, parce que tout médecin et tout charlatan est sûr de vendre sa drogue. Quels que soient les progrès de la raison ou de l'ignorance, cette profession restera toujours une des plus lucratives. Il n'en est pas des médecins comme des prêtres. Celui qui s'est convaincu de la futilité des secours spirituels n'en ressent plus les besoins, et y revient rarement; au lieu que celui qui méprise le plus l'art du médecin ne laisse pas d'en appeler un quand il est malade. L'épigraphe de l'École de Palerme, que l'auteur a mise à la tête de son livre, vaut mieux que tout son bavardage. La gaieté, l'exercice et la sobriété, voilà les véritables médecins ; mais ils n'auront jamais la vogue comme nos docteurs de la Faculté.

— On vient de traduire de l'anglais, de M. Home, un ouvrage estimé, sous le titre d'*Essai sur le blanchiment des toiles*, vol. in-12, d'environ 450 pages. On fait grand cas de M. Home, à cause de la lumière qu'il a répandue sur plusieurs objets utiles.

— La Société d'agriculture, du commerce et des arts, établie en Bretagne, a publié son corps d'observations pour les années 1759 et 1760. J'ai déjà eu l'honneur de vous observer, à l'occasion de la première partie de ce recueil, que c'était le seul de cette espèce que le public ait honoré de son estime. La Société d'agriculture de la généralité de Paris a aussi fait imprimer un recueil contenant ses délibérations au bureau de Paris depuis le 12 mars jusqu'au 10 septembre 1761, et les Mémoires publiés par son ordre pendant le même temps. Il ne faut pas lire ce recueil si l'on veut conserver une opinion favorable des travaux et de l'utilité de cette société.

— Le *Manuel du négociant* est une autre compilation en trois volumes en forme de dictionnaire. C'est un extrait du grand

---

[1]. (Par l'abbé Jacquin.) Les diverses éditions qui suivirent celle-ci portent le nom de l'auteur.

dictionnaire du commerce; il me paraît que les négociants en font cas. M. l'abbé Morellet, ne trouvant point son compte à faire des *Visions*, s'occupe depuis quelques années d'un grand dictionnaire du commerce.

— M. Baer, aumônier de la chapelle royale de Suède à Paris, vient de publier un *Essai historique et critique sur les Atlantiques*, dans lequel on se propose de faire voir la conformité qu'il y a entre l'histoire de ce peuple dont Platon fait mention et celle des Hébreux. Ces sortes de recherches sont susceptibles de conjectures ingénieuses qui peuvent faire honneur au savoir et à la sagacité d'un auteur, pourvu qu'il ne s'avise jamais de nous donner ses conjectures pour des démonstrations, et que son ton ne soit pas plus affirmatif que les faits ne le comportent[1].

— Un auteur dont j'ignore le nom vient de mettre au jour un petit volume de *Fables nouvelles*[2]. Plusieurs de ces fables sont imitées, d'autres appartiennent à l'auteur en propre. Il a peu d'invention, point de génie, et beaucoup de facilité. Je suis d'accord avec M. Rousseau qu'il ne faut pas donner aux enfants les fables de La Fontaine, non pour les raisons qu'il a dites : l'analyse de la fable du *Corbeau et du Renard* est une des plates choses qu'on puisse lire; mais parce que le génie de La Fontaine est si rempli de finesses et de tours originaux qu'il est impossible aux enfants de le comprendre, et encore plus d'en sentir le mérite. Les fables d'Ésope et de Phèdre n'ont pas cet inconvénient, leur narration est aussi simple que leur but moral. On n'a qu'à comparer les fables que La Fontaine a imitées des anciens fabulistes, avec les originaux, pour en sentir la différence. La Fontaine est peut-être de tous les poëtes français le plus difficile, comme il est un des plus séduisants. Il faut pour le bien comprendre une profonde connaissance de la langue et de ses tours, sans compter une infinité d'allusions à nos mœurs et à nos usages, toutes choses inintelligibles et insipides pour les enfants.

— J'ai déjà eu occasion de remarquer qu'un des plus beaux

1. Diderot a examiné ce livre; son compte rendu, trop long pour être reproduit ici, est imprimé t. IX, p. 225 et suivantes de ses *OEuvres complètes*, édition Garnier frères.

2. Il s'agit sans doute des *Fables nouvelles*, traduites de l'allemand de Lichtwehr (par Conrad-Théophile Pfeffel). Strasbourg, 1763, in-8°.

ouvrages pour le moment et des plus utiles serait un traité sur l'instruction publique; mais ceux qui seraient en état de le faire, ne pouvant plier sous le joug de la superstition et de l'esprit de parti, ne se feraient point écouter et se taisent. M. Turben, qui vient de publier les *Idées d'un citoyen sur l'instruction de la jeunesse* [1], ne vous dédommagera pas de leur silence. Cet auteur emploie une partie de son ouvrage à se disculper de la conformité de ses idées avec celles de M. Bonnet et de M. Rousseau. Il peut être tranquille; malgré la ressemblance de ses idées, personne ne le confondra avec les deux célèbres citoyens de Genève. Son projet d'éducation générale et particulière n'est qu'une amplification de lieux communs et d'idées triviales dont il ne se sert le plus souvent que pour faire des déclamations oratoires. Dans son extase pour le plus auguste corps du royaume, il assure que l'époque où le Parlement a enjoint aux universités de dresser des mémoires relatifs à l'instruction de la jeunesse est la plus glorieuse de l'histoire des arts et des sciences, et il ne sait si les Médicis, Léon X, François I$^{er}$ et Louis XIV, ont fait plus pour les lettres que les magistrats qui ont ouvert l'avis d'une injonction aussi favorable aux progrès de nos connaisseurs. Assurément s'il ne fallait que des injonctions pour produire de grandes choses nous serions des gens bien sublimes. En attendant, l'Université de Paris a répondu par un mauvais mémoire, et M. Turben par une plate brochure à l'injonction de l'auguste corps. Si jamais le Parlement s'avise de nous enjoindre par arrêt de faire les meilleures tragédies de l'Europe et les plus beaux ouvrages en tous les genres, quelles expressions M. Turben trouvera-t-il pour célébrer une époque aussi brillante que celle d'un tel arrêt?

— *Dénonciations des crimes et des attentats des soi-disant jésuites dans toutes les parties du monde, ou Abrégé chronologique des stratagèmes, friponneries, conjurations, guerres, tyrannies, révoltes, persécutions, calomnies, impostures, sacriléges, meurtres de rois, etc., commis par les Ignaciens depuis leur établissement jusqu'en 1760.* Deux volumes in-12. D'après ce titre vous jugerez aisément avec quelle modération et quelle impartialité les jésuites y sont traités.

---

1. Paris, 1762, in-8°.

— L'*Almanach des gens d'esprit*, par un homme qui dit qu'il n'est pas un sot, et qui en a menti, est une suite de ce détestable ouvrage qui a pour titre le *Colporteur*, ramas d'infamies, d'anecdotes, les unes fausses, les autres vraies, toutes dignes d'un auteur comme Chevrier et peu dignes de trouver des lecteurs[1]. Cependant la malignité s'amuse de tout, et il s'est trouvé des gens qui ont eu le courage de lire ces horreurs. On a vendu à la suite de cet almanach la *Vie du père Norbert, ex-capucin, connu sous le nom de l'abbé Platel*. Chevrier a dédié ce dernier volume à Maubert, qu'il aime peu à ce qu'il paraît, et qui n'est pas tout à fait aussi mauvais sujet et bien meilleur écrivain que lui. Au reste, on disait que Chevrier était mort subitement en Hollande au moment qu'on venait l'arrêter pour son *Colporteur*. Mais je ne sais si cette nouvelle est vraie.

— *Canacé à Macarée*, et *Hypermnestre à Lyncée*, deux héroïdes nouvelles imitées d'Ovide. J'ai dit dans une autre occasion ce que je pensais de ce genre de poésie, dans lequel nos jeunes gens aiment à s'exercer depuis quelque temps.

### VERS DE M. SAURIN.

Ma Thémire, il est un bouton
Pareil à celui de la rose,
Tendre fleur que dans la saison
Le soleil d'amour rend éclose.
Hymen prétend que c'est son bien,
Mais rarement il en dispose;
Amour s'en empare, et fait bien;
Il a sans contredit le droit le plus ancien.
Qu'il en use, mais bouche close;
Le bon Hymen n'y connaît rien,
Et prend l'épine pour la rose.
Or ce bouton vermeil, prêt à s'épanouir,
S'ouvre un peu, puis encore, et semble faire entendre
Qu'il est temps qu'on le cueille, et que, pour trop attendre,
On perd le moment d'en jouir.
Ma Thémire, crois-moi, c'est une fleur qui passe:
Amour te la demande; Amour, s'il la reçoit,
La recevra comme une grâce;
Hymen la prendra comme un droit.

---

1. Voir le n° 54 de la notice de M. Gillet.

— Il paraît depuis peu trois ouvrages dramatiques d'un caractère bien différent; il en faut dire un mot.

M. l'abbé de Loirelle a traduit de l'anglais *le Joueur*, tragédie bourgeoise[1]. M. Diderot a fait une traduction de cette pièce, il y a trois ans, pour des femmes qui n'entendent pas l'anglais, et il l'a ensuite oubliée dans son portefeuille. La mauvaise traduction de M. l'abbé de Loirelle la fait aujourd'hui doublement regretter. Il y a de grandes beautés dans cette pièce, et, avec un peu de talent, il ne serait pas impossible de l'arranger de façon à la faire réussir sur le théâtre de Paris. Le caractère de M<sup>me</sup> Beverley, celui du Joueur, celui de Suzon, celui du vieux domestique Jarvis, sont d'une beauté rare et remarquable. Je ne suis donc pas étonné que cette pièce n'ait fait nulle sensation dans le public, car quoique le style du traducteur soit fort plat, sa traduction n'est pas assez mauvaise pour défigurer tous les traits de l'original. Cela prouve bien que le public a souvent besoin d'être averti sur le jugement qu'il doit porter, sans quoi il se tait quelquefois tout aussi mal à propos qu'il s'extasie souvent sans raison.

L'autre drame dont je dois parler, c'est *la Mort d'Adam*, tragédie traduite de l'allemand de M. Klopstock[2]. Ce poëte est très-célèbre en Allemagne; son poëme du *Messie*, que je ne connais point, a une grande réputation. La tragédie de *la Mort d'Adam* a été traduite en italien, et elle a fait du bruit en Italie; on m'a assuré que la traduction française a été faite d'après la traduction italienne. Je n'aime point cet ouvrage et ne puis goûter les beautés dont on le dit rempli. Je crois le sujet mal choisi, ou du moins l'exécution ne répond en aucune manière au sujet. J'ai déjà remarqué, à l'occasion du poëme de *la Mort d'Abel*, par M. Gessner, qu'on ne saurait faire un pas dans ces sortes d'ouvrages qui ne soit un trait de génie. M. Gessner en trouve quelquefois dans son poëme; M. Klopstock, dans le sien, ne me paraît pas avoir eu le même bonheur. Vous jugez bien que tout doit s'y ressentir du commencement du monde, du silence et de la solitude de la terre, de la nouveauté et de

---

1. Londres et Paris, 1762, in-12. La traduction ou plutôt l'imitation du drame d'Edward Moore par Diderot se trouve tome VII de ses *OEuvres complètes*, édition Garnier frères.
2. (Par l'abbé Roman.) Paris, 1762, in-12.

la disette des idées. La langue ou la faculté de parler n'avait encore reçu nulle perfection ; on n'était pas encore accoutumé à la communication des pensées, par conséquent nulle facilité de ce côté-là, et il faut que je m'aperçoive de tout cela dans un ouvrage où le poëte entreprend de faire parler les premiers hommes. Adam et ses enfants ne doivent pas construire leurs discours comme M. Klopstock et moi, car il a fallu des siècles pour nous apprendre à manier la langue ; celle d'Adam n'était certainement pas maniable ; ses rôles composaient moins un discours suivi qu'une suite d'accents passionnés. Que serait-ce si l'on mettait dans sa bouche les métaphores que nous sommes en usage d'employer? Or voyons comment M. Klopstock fait parler Adam dans un monologue qui passe pour un des plus beaux de sa pièce :

« Calme mortel, enchaîne tous mes sens, et conduis-moi au tombeau comme une victime que l'on mène à l'autel entourée de guirlandes. O froid sépulcre qu'habitent le silence et la mort! ... Bientôt tu me recevras dans ton sein comme un voyageur fatigué de sa course. »

Il n'y a pas dans tout ce discours un mot qui ne soit faux. Le reproche général qu'on peut faire à l'auteur, c'est d'avoir donné à ses personnages toutes les idées d'un chrétien dévot ; à l'extrême-onction près, Adam meurt comme un capucin. La seule supposition des idées métaphysiques et théologiques dont certainement Adam, s'il exista jamais, n'eut aucune connaissance, aurait donné un tour de génie à cet ouvrage. Si Adam sut ce que c'était que des sens (ce qui me paraît fort douteux), il ne savait sûrement pas ce que c'était que les enchaîner ; nous ne lisons pas que l'usage des chaînes fût établi de son temps, les chaînes de fleurs tout aussi peu que les chaînes de fer ; l'invention des guirlandes n'est pas d'Ève ni de ses filles. Le silence habitait la terre du temps d'Adam ; on n'en peut donc pas faire un attribut des tombeaux ; il ne s'y est réfugié que depuis que nous faisons tant de bruit sur la surface de la terre qu'il n'a pu y tenir. Adam n'avait jamais reçu dans sa cabane un voyageur fatigué de sa course ; on ne voyageait pas encore de son temps, et il ne pouvait par conséquent faire usage de cette métaphore, ni d'une infinité d'autres dont la libéralité de M. Klopstock a jugé à propos de l'enrichir. Ce peu d'obserrations peuvent suffire pour préserver le juste de prodiguer mal à propos les honneurs du génie à qui ils ne sont pas dus.

Ces honneurs ne seront pas accordés à M. Marmontel pour sa pastorale d'*Annette et Lubin*, qu'il vient de faire imprimer. Elle ne vaut exactement pas mieux que celle que M. Favart a tirée de son conte, et dont je ne fais aucun cas, malgré le succès prodigieux qu'elle a eu à Paris. Si l'esprit est déplacé quelque part, c'est certainement dans une pièce où l'on veut montrer deux enfants qui en font un troisième sans savoir ce qu'ils font. Or M. Marmontel, en mettant sur la scène son propre conte, est précisément tombé dans les mêmes défauts que M. Favart qui s'en était emparé avant lui. Écoutez parler l'Annette de M. Marmontel; elle attend Lubin :

> Il ne vient point encor... Je regarde, j'écoute.
> Le soleil se trompe sans doute;
> Car Lubin ne peut me tromper.

Belle antithèse, que l'abbé de Voisenon aurait achetée à prix d'argent pour la mettre dans la bouche de son Lubin! Ah! les maudits bergers que ceux de Marmontel et de Favart! Ceux de Fontenelle n'y font œuvre. Ce n'est point ainsi, divin Gessner, que tu fais parler les tiens! Les muses t'ont appris le langage de la vérité et de la simplicité; la grâce, la naïveté, la vraie délicatesse, concourent à donner à tes ouvrages un attrait invincible, devant lequel le jeu des épigrammes de nos marchands de pointes disparaît et s'anéantit. Tu seras toujours entre Théocrite et Virgile, dans tous les cabinets que le goût aura formés; mais Marmontel et Favart n'y entreront jamais.

— On a recueilli en quatre gros volumes les pièces de théâtre et œuvres diverses de M. Panard. Il y a beaucoup de bourre dans ce recueil, mais vous y trouverez aussi des choses fort agréables. M. Panard est un de nos meilleurs faiseurs de couplets. Je ne leur reproche, à lui et à ses confrères, que d'avoir porté la chanson sur la scène, et imaginé de dialoguer en couplets.

— Il paraît un petit roman en lettres intitulé *Lettres de M<sup>lle</sup> de Jussy*[1]. On y trouve quelques portraits faits avec assez de

---

1. Inconnu aux bibliographes.

facilité et de naturel; mais d'ailleurs ce roman est froid et manque d'imagination et d'intérêt.

— Le *Voyage* de Chapelle et de Bachaumont, si connu et si estimé, a fait faire, comme il arrive toujours, une multitude de mauvaises copies, parmi lesquelles vous compterez principalement un *Voyage en Périgord et en Lorraine*[1], qui vient de paraître.

— Le curé d'Étrépigny, en Champagne, Jean Meslier, est mort il y a environ trente ans. On trouva parmi ses papiers un testament adressé à ses paroissiens, par lequel il leur demandait pardon de les avoir trompés toute sa vie. Il se reproche amèrement de leur avoir prêché une religion absurde et contraire au bon sens, par les raisons qu'il a soin de discuter; n'ayant, dit-il, pu vaincre sa lâcheté et affronter les dangers auxquels l'exposait la profession de la vérité, il a cherché du moins à écarter le dogme, et à n'inculquer à ses paroissiens qu'une morale pure. Ce testament, construit sur ces principes, se trouve depuis longtemps en manuscrit dans le portefeuille des curieux. Il y a plus d'un an qu'on a imprimé à Genève un extrait de ce testament, contenant soixante-trois pages; mais cette brochure est restée fort rare, et ne s'est point vendue. De pieux personnages ont prétendu que nous devions cet extrait à M. de Voltaire[2].

## NOVEMBRE

1er novembre 1762.

### DU POËTE SADI,

PAR M. DIDEROT.

Sadi écrivait au milieu du xiiie siècle. Il avait cultivé le bon esprit que la nature lui avait donné; il fréquenta l'école de Bagdad; il voyagea en Syrie; il tomba entre les mains des chrétiens, qui le mirent aux fers et l'envoyèrent aux travaux

---

1. Inconnu aux bibliographes.
2. Beuchot a le premier admis dans son édition de Voltaire cet extrait, que Voltaire avait fait imprimer en 1762, à Genève, sous la date de 1742.

publics. La douceur de son caractère et la beauté de son génie lui acquirent un protecteur qui le racheta, et qui lui donna sa fille. Il a composé un poëme intitulé *le Gulistan, ou le Rosier.* En voici l'exorde traduit à ma manière :

« Une nuit, je me rappelai la mémoire des jours que j'avais passés, je vis combien j'avais perdu de moments, et j'en fus affligé, et je versai des larmes, et à mesure que mes larmes coulaient, il me sembla que la dureté de mon cœur s'amollissait, et j'écrivis ces vers qui convenaient à ma condition :

« A chaque instant une partie de moi-même s'envole. Hélas! qu'il m'en est peu resté! Malheureux, tu as cinquante ans et tu dors encore! Éveille-toi, la nature t'a imposé une tâche; t'en iras-tu sans l'avoir faite? Le bruit du tambour et de la trompette s'est fait entendre, et le soldat négligent n'a pas préparé son bagage. L'aurore est levée, et les yeux du voyageur paresseux ne sont pas ouverts. Veux-tu ressembler à ces insensés? Celui qui était venu a commencé un édifice, et il a passé; un autre le continuait, lorsqu'il a passé; un troisième s'occupait aussi du monument de vanité, lorsqu'il a passé comme les premiers. L'opiniâtreté de ces hommes, dans une chose de néant, ne doit-elle pas te faire rougir? Tu ne prendrais pas un homme trompeur pour ton ami, et tu ne vois pas que rien ne trompe comme le monde? Le monde s'en va; la mort entraîne indistinctement le méchant et le bon; mais la récompense attend celui-ci. L'infortuné, c'est celui qui va mourir sans se repentir. Repens-toi donc; amende-toi; hâte-toi de déposer dans ton sépulcre la provision de ton voyage. Le moment presse; la vie est comme la neige. A la fin du mois d'août, qu'en est-il resté sur la terre? Il est tard, mais tu peux encore, si tu veux, si tu ne permets pas aux charmes de la volupté de te lier. Allons, Sadi, secoue-toi. »

Le poëte ajoute :

« J'ai pesé mûrement ces choses; j'ai vu que c'était la vérité, et je me suis retiré dans un lieu solitaire. J'ai abandonné la compagnie des hommes; j'ai effacé de mon esprit tous les discours frivoles que j'avais entendus. Je me suis proposé de ne rien dire à l'avenir d'inutile, et j'avais formé cette résolution en moi-même, et je m'y conformais, lorsqu'un ancien camarade, avec qui j'avais été à la Mecque sur un même chameau, fut conduit dans mon ermitage. C'était un homme d'un caractère serein et d'un esprit plein d'agrément. Il chercha à m'engager de conversation. Inutilement; je ne proférai pas une parole. Dans les moments qui suivirent, si j'ouvris la bouche, ce fut pour lui révéler mon dessein de passer ici loin des hommes, tranquille, obscur, ignoré, le peu qui me restait de jours à vivre, adorant Dieu dans le silence et ordonnant toutes mes actions à la dernière; mais l'ami séduisant me peignit avec tant de douceur et de force l'avantage d'ouvrir son cœur à l'homme de bien, lorsqu'on l'avait rencontré, que je me laissai persuader. Je descendis avec lui dans mon jardin; c'était au printemps; les roses étaient écloses; l'air était embaumé du parfum qu'elles exhalent sur le soir. Le jour suivant, nous allâmes nous promener et converser dans un autre jardin. Il était aussi planté de roses et embaumé de leur parfum; nous y passâmes la nuit. Au point du jour, mon ami se mit à cueillir des roses, et il en remplissait son sein. Je le regardais, et son amusement m'inspirait des pensées sérieuses. Je me disais : Voilà le monde, voilà ses plaisirs, voilà l'homme, voilà la vie; et je méditais un ouvrage que j'appellerais *le Rosier*, et je confiai cette idée à mon ami, et il l'approuva, et je commençai mon ouvrage, qui fut achevé avant que les roses ne fussent fanées dans le sein de mon ami. »

### HISTOIRES OU FABLES SARRASINES.

#### *Première fable.*

Au temps d'Isa, trois hommes voyageaient ensemble; chemin faisant, ils trouvèrent un trésor; ils étaient bien contents. Ils continuèrent de marcher; mais la faim les prit, et l'un dit : « Il faudrait avoir à manger, qui est-ce qui en ira chercher? — C'est moi, » répondit un second. Il part, il achète des mets; mais en les achetant il pensait que, s'il les empoisonnait, ses compagnons de voyage en mourraient et que le trésor lui resterait, et il empoisonna les mets. Cependant les deux autres avaient médité, pendant son absence, de le tuer, et de partager entre eux le trésor. Il arriva; ils le tuèrent; ils mangèrent des mets qu'il avait apportés : ils moururent, et le trésor n'appartint à personne.

*Deuxième fable.*

Un jeune homme honnête et tendre aimait une jeune fille sage et belle; c'est ainsi que je l'ai lu. Ils voyagèrent une fois sur la mer dans un même vaisseau. Voyage malheureux! Le vaisseau fut porté contre des rochers et brisé, et ils allaient périr lorsqu'un matelot alla au secours du jeune homme et lui tendit la main. Mais le jeune homme lui criait du milieu des flots : « Laissez-moi, et sauvez mon amie. » Les hommes ont connu ce trait généreux et l'ont admiré.

Longtemps après, le jeune homme mourut, et l'on entendit qu'il disait en expirant : « Femmes, fermez l'oreille à l'homme trompeur qui oubliera son amie dans le temps de l'adversité! »

Le jeune homme et son amie vécurent ensemble des jours heureux, aimant tendrement tous les deux, et tendrement aimés.

Apprenez la leçon d'amour de celui qui la sait. C'est le poëte Sadi; c'est lui qui sait la vie et les mœurs des amants. Les docteurs de Bagdad ne savent pas mieux la langue arabique. C'est lui qui dit : « Si vous avez une amie, attachez-y votre âme tout entière. Si vous avez une amie, qu'elle soit la seule au monde pour qui vous ayez des yeux. Si Léila et Metshnunus revenaient au monde, je leur apprendrais à aimer. »

*Troisième fable.*

Un soir, après souper, nous étions assis autour du feu, mon père, mes frères, mes sœurs et moi. Je méditai quelque temps; après avoir médité, j'ouvris le saint Alcoran, et je lus; mais mes frères et mes sœurs s'endormirent, et il n'y eut que mon père qui m'écoutât. Surpris, je lui dis : « Mon père, n'est-il pas honteux que mes frères et mes sœurs se soient endormis, et qu'il n'y ait que vous qui m'écoutiez? » Et il me répondit : « Mon fils, chère partie de moi-même, eh! ne vaudrait-il pas mieux que tu dormisses comme eux que d'être si vain de ce que tu fais? »

*Quatrième fable.*

Un roi avait condamné un de ses sujets à mort; ce malheureux lui demandait grâce, mais inutilement ; le roi était inflexible. Quand cet homme condamné vit qu'il fallait périr, son cœur s'irrita, sa langue s'enfla, et il chargea le monarque d'injures. Le monarque voyait que cet homme parlait, mais il ne l'entendait pas. Il demanda à un de ses courtisans ce qu'il disait, et ce courtisan lui répondit : « Prince, il dit que celui qui fera miséricorde en ce monde l'obtiendra dans l'autre, où nous serons tous jugés. » Le monarque, touché de ce discours, accorda la vie au coupable ; mais un autre courtisan ouvrit la bouche, et dit au premier qu'il ne convenait pas à des hommes comme eux de mentir à leur souverain, et au souverain, que ce misérable s'était exhalé contre lui en injures. Le prince prit la parole, et dit à celui-ci : « J'aime mieux son mensonge que ta vérité ; son mensonge m'a fait faire une action de miséricorde ; ta vérité m'en eût fait faire une de sévérité. Son mensonge a sauvé la vie ; ta vérité eût donné la mort » ; et se tournant ensuite vers l'autre, il ajouta : « Cependant, qu'on ne me mente jamais. »

*Extrait du second chapitre de Sadi.*

Pendant que j'étais religieux, j'avais fait une profonde étude de la morale et de moi-même. Mes réflexions s'étaient assemblées dans mon cerveau, comme les eaux des torrents dans un lac qui va déborder ; j'avais médité sur les imperfections des hommes du monde, et sur les perfections des hommes de mon état ; je m'enorgueillissais dans mes pensées, et je me sentais un besoin d'épancher au dehors l'estime de moi-même et le mépris des autres. J'aurais voulu répandre ces sentiments dans le monde entier, et je me rendis à Balbek, qui me parut un théâtre digne de moi : bientôt j'osai entrer dans le temple le plus fréquenté pour y prêcher le peuple.

Je traversai le temple avec ce maintien modeste et ce front baissé que nous prescrit la règle ; mais je jetais de temps en temps des regards dédaigneux sur les flots des fidèles qui s'ouvraient à mon passage. Je jouissais du respect que mon habit me semblait leur imposer, et j'étais bien sûr de leur en inspirer dans peu pour ma personne. Je montai enfin dans la tribune. Je levais au ciel des yeux pleins de confiance, et je me semblais lui demander moins de lumières que son attention sur les services que j'allais lui rendre. Je rabaissais mes regards sur le peuple, et je voyais une foule hébétée dont les yeux étaient fixés sur moi. Elle était sans mouvement et semblait attendre l'âme que j'allais lui donner. Je voyais, dispersés dans la foule, plusieurs religieux. Ils m'écouteront, disais-je, avec jalousie; ils feront entre eux des critiques de mon discours; mais ils en feront des éloges au peuple; ils en diront du bien sans en penser; peut-être même, en les flattant, en les intéressant à mes succès, les ferai-je convenir que je ne suis pas sans éloquence. Je veux, quand je parlerai de leurs mœurs et de leur génie, me livrer à l'enthousiasme; je veux mettre alors à leurs pieds les héros, les savants, et la masse entière du genre humain.

En ramenant mes regards auprès de la tribune, je vis un groupe de sages. Les uns étaient de la cour, les autres de l'Académie. Je sentis à cette vue la rougeur me monter au front; mon âme était vivement émue par différents sentiments : il y entrait de la honte et de la crainte, de la colère et de l'humiliation. Ah! disais-je en moi-même, ces gens-là vont rire. Je craignais le jugement qu'ils allaient porter de moi; j'étais indigné contre des hommes auxquels je ne pourrais en imposer, et, malgré mes efforts, je me sentais accablé du mépris que ces sages avaient pour les gens de mon état, et de celui qu'ils auraient vraisemblablement pour ma rhétorique.

Je n'avais jusque-là prêché que fort peu et, pour m'essayer, dans de petites bourgades. Là je pouvais, sans crainte de faire rire, parler avec respect du voyage de la jument Borak au ciel de la lune; je pouvais, sans offenser personne, faire descendre de quel ciel il me plaisait chacun des versets du Coran; je pouvais, sans crainte que personne le trouvât mauvais, allonger et élargir à mon gré le pont qui mène en enfer; je pouvais entasser des miracles et des figures, de l'enthousiasme et du merveilleux, délirer, crier, et me tenir bien sûr de la crédulité et de l'admiration publiques; mais à Balbek ce n'était pas la même chose. J'avais affaire à des gens qui voulaient de l'ordre, de la raison, de l'élégance, et encore tout cela devait peu les toucher; le fond des choses devait faire tort à la manière dont elles seraient rendues. Dans les bourgades, je pleurais, et on pleurait; je criais, et mes cris répandaient l'épouvante; là mon enthousiasme entraînait, et à Balbek il devait être ridicule. Cette pensée me faisait frémir; cependant je me rassurais un peu en me disant que ces sages, dont je craignais si fort la censure, n'étaient peut-être que cinq ou six hommes d'esprit, et que la foule du peuple, qui n'était que peuple, était innombrable. Je voyais les têtes des sots : elles étaient en grand nombre ; et à peine pouvais-je distinguer quelques têtes d'hommes d'esprit : celles-ci me paraissaient comme les fleurs des pavots paraissent parmi les épis d'un champ de froment prêt à être moissonné. Enfin je commençai mon discours, mais non sans inquiétude.

J'avais choisi pour sujet les vengeances de Dieu. Je les peignais redoutables, et je les peignais inévitables. Je me souvenais d'avoir entendu dire à mes maîtres : « Mon fils, faites craindre Dieu ; le prêtre n'est pas honoré lorsque le Dieu n'est pas terrible. » Je fis des tableaux effrayants des supplices de l'enfer, et, en faisant faire quelques petites fautes aux justes, j'y précipitais des justes le plus que je pouvais ; je n'en sauvais pas un de ceux qui avaient compté sur leurs œuvres plus que sur nos prières. Je voyais les sages jeter des regards de pitié, tantôt sur le peuple, tantôt sur moi ; le peuple m'écoutait sans émotion. J'étais content des religieux ; ils jouaient assez bien la sainte frayeur et l'admiration, mais ils n'inspiraient ni l'une ni l'autre. J'attaquais ensuite les vices qui doivent mériter les supplices de l'enfer. Je m'attachai à cette sorte d'amour-propre qui élève l'âme et qui mène à l'indépendance ; je me souvenais que mes maîtres m'avaient dit : « Mon fils, inspirez l'humilité à vos frères, et ils vous glorifieront. » J'attaquai aussi l'attachement aux biens de la terre. « Vos maisons, disais-je au peuple, ne sont que des hôtelleries ; à peine pourrez-vous y séjourner : c'est le tombeau qui est votre demeure éternelle. Donnez vos biens ; mais donnez-les à ceux qui en ont besoin, et qui sauront en faire un saint usage. » Je parlais ensuite de la pauvreté et des vertus de ceux qui ont embrassé la vie religieuse. Les sages souriaient, et le peuple bâillait. Je m'aperçus trop du peu d'empire que j'avais sur mes auditeurs ; je sentis contre eux une violente indignation, et, ne pouvant les émouvoir, j'aurais voulu les extirper. J'éclatai contre ces hommes orgueilleux qui osent prendre confiance aux lumières de leur raison ; j'attaquai la raison même ; j'en voulais surtout à cette raison éclairée qu'on appelle sagesse. Je peignis les sages comme ennemis de l'État, et des citoyens, et du prince, et des femmes du prince, et des enfants du prince. Ces saintes invectives, soutenues d'un ton de voix pathétique et d'un geste véhément, ne firent aucun effet, et je descendis de la tribune après quelques pieuses imprécations.

Je fus reconduit chez moi par les religieux. Ils m'embrassèrent, les yeux baignés de larmes, et l'un d'eux me dit : « Les sages ont éclairé Balbek ; nous avons fait de vains efforts pour arrêter les progrès de la sagesse : elle marche à grands pas ; elle se mêle parmi le peuple ; elle ose se placer près du trône. Nous nous trouvons aujourd'hui une race d'hommes étrangère au reste des hommes ; nous leur sommes opposés d'intérêts, de sentiments et d'opinions ; les ténèbres sont dissipées, et la proie échappe aux oiseaux de la nuit. Nous sommes dans la société comme ces herbages visqueux que le mouvement des mers arrache de leur sein et rejette sur le rivage. Ceux d'entre nous qui sont détrompés et ceux qui ont conservé leur erreur sont également à plaindre, et nous ne pourrons plus jouir de l'erreur, ni dans nous ni dans les autres. Nous voyons s'éloigner de nous pour jamais ce respect du peuple auquel nous avons sacrifié les sentiments aimables de l'amour et de l'amitié, et les charmes de l'humanité. Le voile du mépris nous couvre, et nous voyons briller dans tout son éclat le mérite qui nous méprise. La jalousie et les regrets nous dévorent ; le plaisir n'habite point en nous, et nous ne sentons notre âme que par les passions qui la tourmentent. »

Je fus consterné de ce discours. J'y pensai longtemps et avec fruit ; je quittai mon habit de religieux, et je me rendis chez un sage. « Je viens me dérober, lui dis-je, à des hommes séparés de leurs semblables, qui en sont haïs, et qui les haïssent ; je viens m'instruire avec vous. — O Sadi, me répondit le sage, ton cœur est sensible et bienfaisant ; tu sais tout. Vis avec nous. »

15 novembre 1762.

On vient de donner, sur le théâtre de la Comédie-Française, *Irène*, tragédie nouvelle par M. Boitel [1]. Si le génie d'un peuple

---

1. Représentée pour la première fois le 6 novembre. Boitel de Wellez (né à Amiens) était déjà auteur d'une tragédie d'*Antoine et Cléopâtre*, qu'il fit repré-

se peint, comme on n'en saurait douter, dans ses ouvrages dramatiques, que dira la postérité du nôtre en voyant cette foule de tragédies où le bon sens et la vraisemblance sont constamment sacrifiés, où la futilité tient lieu de génie, où le mauvais goût étouffe la simplicité et le naturel, où le merveilleux et le ridicule sont à la place du sublime? On ne nous reprochera pas du moins d'avoir trop servilement imité les excellents modèles que les anciens nous ont laissés, on ne peut soupçonner nos poëtes de les avoir étudiés.

L'Irène dont je vais vous rendre compte n'est ni celle que Mahomet II, dit-on, fut obligé de sacrifier à la fureur de ses janissaires, ni celle d'Athènes, femme de l'empereur Léon IV, de Constantinople, et mère de Constantin Porphyrogénète, à qui elle fit arracher les yeux. L'Irène de M. Boitel est femme d'un Comnène, aussi empereur de Constantinople ou de Byzance. Autant qu'il est possible de suivre la faible trace que le poëte a laissée entre sa fable et l'histoire, cette Irène était fille d'un Constantin Ducas, et femme d'Alexis Comnène. Peut-être n'ai-je pas suffisamment étendu mes recherches à cet égard; mais je ne trouve dans l'histoire aucun trait qui ait pu fonder la fable de cette tragédie : aussi n'en fut-il jamais de plus romanesque et de plus extravagante. Un amas de faits incroyables, mal conçu, mal digéré, des incidents sans préparation et sans suite, forment ce drame bizarre. Rien n'y compense l'absurdité de l'intrigue. Point d'action, point de caractères, point de style; des pensées et des expressions usées, comme on dit, jusqu'à la corde; des vers faibles et plats. On en a applaudi quelques-uns; mais ce sont de ces vers de sentiment que l'on trouve partout, et qui, de temps immémorial, sont en possession d'être applaudis, quelque répétés qu'ils soient. Tous les rôles sont mauvais. M<sup>lle</sup> Clairon a fait valoir celui d'Irène par son jeu; mais c'est un des torts que cette célèbre actrice a, avec moi, de faire réussir des rôles détestables. L'art qu'elle y met ne saurait que pervertir le goût du public de plus en plus.

Le premier acte et le troisième ont été écoutés et, par intervalles, applaudis; on ne saurait soutenir les trois autres. La

senter pour la première fois le 6 novembre 1741, et retira après la sixième représentation. (T.)

pièce est à sa troisième représentation ; si elle en obtient encore d'autres, elles n'ajouteront pas à sa réputation. Nos journalistes ne manqueront pas de dire qu'il se trouve de grandes beautés dans les premiers actes. Ce que j'en ai dit vous mettra à même de juger à quel point ils ont raison : rien ne caractérise davantage le mauvais goût que de louer ou de souffrir des choses contraires au sens commun.

M. Boitel l'a blessé à chaque pas qu'il a fait. On aurait de la peine à pardonner à un enfant de seize ans le plan et la conduite de cette pièce. Lorsque M. de Belloy donna la tragédie de *Zelmire*, je croyais qu'on ne pouvait rien faire de plus digne d'une assemblée d'enfants et de ses applaudissements ; je le crois encore, mais M. Boitel l'a emporté sur M. de Belloy en fait de puérilités et de platitudes.

— La Sorbonne vient de publier la censure du livre *De l'Éducation*, par J.-J. Rousseau [1]. C'est un pieux ouvrage que les fidèles ne sauraient se dispenser de lire. Elle a aussi publié en plusieurs volumes une censure du Vieux et du Nouveau Testament, du P. Berruyer [2], que nos gros bonnets regardent comme un chef-d'œuvre. Je les croirai sur leur parole, et quand il ne me restera plus de chefs-d'œuvre à lire et à étudier, je donnerai mon temps à ceux de la Sorbonne. Au reste une personne qui s'est donné la peine de collationner son exemplaire d'*Émile* avec un exemplaire que l'auteur avait donné en présent sans carton m'a assuré qu'il n'y avait aucune différence entre cet exemplaire et l'édition qui a été vendue au public, excepté dans le premier volume, page 10, où on lit après ces paroles : « Tout patriote est dur aux étrangers ; ils ne sont qu'hommes, ils ne sont rien à ses yeux, » la note suivante : « Aussi les guerres des républiques sont-elles plus cruelles que celles des monarchies ; mais si la guerre des rois est modérée, c'est leur paix qui est terrible ; il vaut mieux être leur ennemi que leur sujet. »

— Le libraire d'Avignon (le sieur Fez) a tenu parole. M. de

---

1. *Censure de la Faculté de théologie de Paris* (rédigée par l'abbé Le Grand), édition latine et française, Paris, 1762. La même, française seulement, in-8° et in-12.

2. Voir, pour la polémique ascétique à laquelle les ouvrages du P. Berruyer avaient déjà donné lieu, la note 2 de la page 310 du tome II de cette *Correspondance*.

Voltaire n'ayant pas voulu donner la somme modique de mille écus pour empêcher la publication de ses *Erreurs*, ce livre a paru en deux volumes, sans qu'on sache à quel auteur on est redevable d'un aussi important ouvrage [1]. Je crains que ni l'auteur ni le libraire n'en tirent le profit dont M. de Voltaire leur a fait un décompte si clair [2]. La paix est survenue, et elle aura coupé au moins deux branches à ce commerce. Il n'y a pas apparence que ni l'armée française ni celle de M. le prince Ferdinand prennent le nombre d'exemplaires auxquels elles avaient été taxées. Rien ne prouve mieux combien les spéculations de commerce sont liées avec les révolutions politiques. En général, ceux qui voudront trafiquer en dogmatique feront bien de se dépêcher : car on peut dire, à la honte de notre siècle, que c'est une marchandise qui tombe de plus en plus en discrédit, et qui bientôt ne sera plus d'aucun débit.

— Je n'aime pas trop les *Caractères* de La Bruyère; ce genre d'esprit me paraît trop recherché et fatigant. La morale n'est belle que dans ses grands traits. Il faut laisser les petits détails aux Trublet : ils ont, entre autres inconvénients, celui de trahir sans cesse la prétention de l'auteur à l'esprit, à l'épigramme, à la saillie. Or si La Bruyère, qui était l'aigle de ces écrivains, ne me séduit pas, vous jugez aisément que ses imitateurs ont encore moins de droits sur moi. Je ne sais quel est celui qui nous a donné des caractères nouveaux sous le titre de *Tableau moral du cœur humain*. On dit qu'il y a de bonnes choses dans ce livre; mais quel est aujourd'hui le livre où il n'y ait pas de bonnes choses? Lorsque les lumières sont devenues générales, il n'y a personne qui ne connaisse une grande foule de vérités communes, et voilà précisément pourquoi nos auteurs médiocres pourraient se dispenser de les faire réimprimer à tout moment, en les tournant et retournant sans cesse. S'ils s'imaginent que cette manœuvre leur donnera de la réputation, ils se trompent. Pour de l'encens et des éloges dans nos journaux et feuilles publiques, à la bonne heure. Ces papiers sont

---

1. Tout le monde sait aujourd'hui que les *Erreurs de Voltaire* (Avignon, 1762, 2 vol. in-12) sont de l'ex-jésuite Nonotte, natif de Besançon, et mort dans cette ville le 3 septembre 1793, âgé de quatre-vingt-deux ans. (B.)

2. Voir dans la Correspondance de Voltaire sa lettre railleuse au libraire Fez, datée du 17 mai 1762. (T.)

particulièrement destinés à déchirer le peu de grands écrivains qui nous restent et la foule des auteurs détestables, mais surtout à prôner les gens médiocres. Cependant la semaine ne se passe point sans que l'auteur, son livre, et son éloge par le journaliste, ne soient oubliés. Il faut aujourd'hui des vues profondes, des idées neuves, de l'originalité dans le tour, de l'énergie, de l'éloquence, de la grâce, un coloris vrai et sublime, pour faire à un écrivain une réputation solide, et voilà pourquoi des auteurs qui ont écrit de gros volumes n'ont cependant nulle réputation à Paris, et que d'autres, qui n'ont jamais publié que quelques feuilles, en ont une très-grande.

— M. l'abbé Pluquet, qui a déjà combattu l'hydre du fatalisme par un gros et lourd traité, vient de livrer un combat général à toutes les hérésies possibles, en deux gros volumes qui portent pour titre : *Mémoires pour servir à l'histoire des égarements de l'esprit humain par rapport à la religion chrétienne, ou Dictionnaire des hérésies, des erreurs et des schismes.* Vous jugez bien que dans tout ceci, il n'y a que la religion romaine qui ait toujours raison, et qui ne se trouve jamais dans l'erreur. C'est une chose bien douce que d'être infaillible ; je ne sais pourquoi le pape, ayant pris cette qualité au su de tout le monde, ne s'est pas fait immortel par la même occasion : l'un ne coûtait pas plus que l'autre. Au reste, si le Dieu des chrétiens ne comble pas ses défenseurs de gloire dans ce monde-ci, c'est que le siècle est la lie des siècles, et que la gloire est vaine et périssable ; mais la divine sagesse ne manque presque jamais de procurer de bons et gros bénéfices à ceux qui combattent pour sa cause ; c'est ce que je souhaite de tout mon cœur à M. l'abbé Pluquet.

— Le *Socrate rustique*[1] qu'on vient de traduire de l'allemand de M. Hirzel est l'histoire de la vie d'un paysan suisse, philosophe sans le savoir. On lit les détails instructifs de la vie champêtre de ce bonhomme avec beaucoup de plaisir. Tout ce qui nous rappelle à la simplicité de la vie patriarcale a un attrait particulier et un caractère de douceur et d'innocence qui est étranger aux autres conditions de la vie humaine.

— Parmi nos écrivains moralistes, il paraît aujourd'hui un

1. (Traduit par Frey des Landes.) Zurich et Limoges, 1763, in-8°.

citoyen de Bordeaux dont j'ignore le nom[1], et qui vient de publier deux volumes intitulés *les Usages*. Il serait difficile de ramasser plus d'impertinences et de platitudes dans un plus petit espace. L'auteur parcourt tous les objets, et il n'y en a point qui ne devienne sous sa plume dégoûtant et fastidieux. Celui-là peut être sûr, par exemple, que son livre ne sera lu ici de personne.

— Un de nos traducteurs vient de mettre au jour des *Pensées anglaises sur divers sujets de religion et de morale*. C'est une compilation tirée du célèbre poëme de Young, connu sous le titre de ses *Nuits*, et dont M. le comte de Bissy a essayé une traduction que vous avez pu voir dans le *Journal étranger*. On y a ajouté un extrait du traité de M. Harris sur le bonheur, et quelques historiettes orientales dans le goût de *Zadig* et de *Babouc*, mais très-inférieures à ces petits chefs-d'œuvre de M. de Voltaire.

— Vous ne lirez pas une *Ode sur la paix* quand vous saurez qu'elle est de M. l'abbé Desjardins, un de nos plus mauvais poëtes.

## DÉCEMBRE

1er décembre 1762.

### ARTICLE DE M. DAMILAVILLE.

Si l'on ne peut pas dire beaucoup de bien des grandes pièces qui ont paru sur la scène française depuis quelques mois, du moins on ne dira point de mal des petites. On vient de représenter avec succès, sur le théâtre de la Comédie-Française, une petite pièce en un acte de M. Rochon de Chabannes, intitulée *Heureusement*[2]. C'est l'extrait d'une des aventures de la marquise de Lisban, du conte moral de M. Marmontel, qui porte le même titre. C'est, à proprement parler, une esquisse légère d'un acte : cela n'a que le souffle ; c'est un strass qui se

---

1. Treyssac de Vergy.
2. Représentée le 29 novembre. Le prince de Condé, qui revenait de l'armée,

dissout à la moindre analyse. Le seul mérite de ce rien consiste dans quelques portraits assez légèrement tracés de nos jeunes agréables, de maris encore plus extravagants, qui, sans être faits pour l'être, ni pour y prétendre, se croient fort aimés de leurs femmes, et à qui l'amour-propre donne tant de confiance que non-seulement ils oublient les risques que leur honneur pourrait courir, mais qu'ils s'y exposent même en plaisantant ; maris tels, en un mot, que M. de Lisban dans le conte moral de M. Marmontel, car vous remarquerez que M. Rochon de Chabannes a mis fort peu du sien dans cette pièce.

Le jeu de M$^{lle}$ Dangeville, de Préville et de Molé a fait beaucoup valoir cette petite pièce. Il faut pourtant convenir qu'elle ne manque point de vérité ni de naïveté; mais le poëte a tout trouvé dans le conte moral. Ce qui lui appartient plus véritablement, c'est la diction ; elle a de la légèreté et de la facilité, ce qui n'est pas sans mérite.

J'ajoute à cet article de M. Damilaville que le conte dont on a tiré la petite pièce est un des plus jolis de M. Marmontel, et que je préfère à *la Bergère des Alpes* et beaucoup d'autres qu'on a vantés davantage, et qui n'ont pas autant de naturel et de vérité que celui dont il est question.

— La Comédie-Italienne a donné depuis peu[1] un très-joli opéra-comique, intitulé *le Roi et le Fermier*, dont le poëme est de M. Sedaine, et la musique de M. de Monsigny. Ce sont les mêmes auteurs qui ont fait ensemble *On ne s'avise jamais de tout*. M. de Monsigny n'est pas musicien ; ses partitions sont remplies de fautes et de choses de mauvais goût ; mais il a des chants agréables, et puis son poëte est charmant. Si M. Sedaine savait écrire, il ferait revivre la comédie de Molière. Ses pièces sont remplies de vérité, de naïveté et de traits vraiment co-

---

assistait à la première représentation. Dans la scène de collation, Lindor dit à Marton :

   Verse rasade, Hébé, je veux boire à Cypris;

M$^{lle}$ Hus, qui remplissait le rôle de M$^{me}$ Lisban, jeta une œillade au prince en répliquant :

   Je vais donc boire à Mars,

Et les spectateurs d'applaudire (*Mémoires secrets*, 29 novembre 1762.)

1. Le 22 novembre.

miques; il dessine ses caractères avec beaucoup de fermeté, et l'économie de ses pièces est pleine de ce jugement qui accompagne toujours le vrai génie. Son *Roi et le Fermier* est imité d'une pièce anglaise [1]. Il n'a pas infiniment réussi à la première représentation; on en a dit même du mal; mais les représentations suivantes ont fait taire la critique, et actuellement cette pièce a le plus grand succès. On a reproché à M. Sedaine d'avoir mis le repas derrière le théâtre. Ses critiques ne sont pas aussi judicieux que lui; je n'ai jamais vu de repas sur la scène qui ne fût froid et ennuyeux. J'aime bien mieux le tableau naïf que M. Sedaine a mis à la place. Voilà plusieurs jolies pièces que M. Sedaine nous donne. Si jamais un poëte italien, ayant de la simplicité et de la facilité, s'avise de les traduire afin de mettre les Galuppi et les Piccini à portée d'en faire de la musique, ces pièces feront le charme et les délices de toute l'Europe : car ce qui empêche qu'on ne devienne absolument fou des opéras bouffons d'Italie, c'est que le poëme d'ordinaire n'a pas le sens commun. Ce n'est pas que le dialogue n'en soit facile et vrai, ou qu'il manque de situations très-plaisantes et vraiment comiques, mais l'intrigue qui les amène est presque toujours détestable, et, après l'air le plus sublime qui transporte d'admiration pour le musicien, on est livré aux plus plates bouffonneries du poëte. Le projet que je propose peut être exécuté par des princes qui ont des poëtes italiens à leurs cours; ils leur permettraient de faire une traduction libre, car ce genre ne comporte rien de gêné ni de servile, et le poëme mis dans l'idiome des muses serait ensuite confié au génie des meilleurs musiciens d'Italie et d'Allemagne.

— M. Poinsinet de Sivry, auteur de la tragédie d'*Ajax*, qui tomba il y a quelques mois [2], s'est fâché tout de bon contre le public. Il vient de lui dire des injures atroces dans une feuille qui a pour titre : *le Procès de la multitude* [3], et pour épigra-

---

1. *Le Roi et le Meunier de Mansfield*, conte dramatique de Dodsley, imité lui-même du *Sage dans sa retraite* de dom Juan de Mathos de Fragoso, poëte espagnol. Collé a puisé à la même source pour sa *Partie de chasse de Henri IV*. « Les comédiens assurent que les recettes du *Roi et le Fermier* ont valu plus de 20,000 fr. à MM. Sedaine et Monsigny, qui, comme auteurs, avaient le dix-huitième de chaque recette, les frais prélevés. » (*Anecdotes dramatiques*, t. II, pp. 142 et 462.)
2. Voir la lettre du 15 septembre précédent.
3. *Appel au petit nombre, ou le Procès de la multitude*, 1762.

phe : « Ajax, ayant été mal jugé, entra en fureur, et prit un fouet pour châtier ses juges. » On a répondu au poëte courroucé par un *Arrêt du Conseil souverain du Parnasse*[1] ; mais la colère de ce pauvre diable sifflé est bien plus plaisante que tout ce qu'on fera jamais contre lui.

15 décembre 1762.

M. de Chabanon, de l'Académie royale des inscriptions et belles-lettres, s'est fait connaître par diverses études. Il est poëte et musicien ; il a traduit du grec des odes de Pindare, et d'autres morceaux de la plus grande difficulté. Il y a environ un an qu'il acheva sa tragédie d'*Éponine*, qui fut lue dans plusieurs maisons, prônée et élevée jusqu'aux nues ; on voyait déjà dans M. de Chabanon le successeur de M. de Voltaire et d'autres grands hommes, dont la disette commence à se faire sentir. Dans ces jugements, on avait oublié de prendre la voix du public. *Éponine* vient de paraître sur le théâtre de la Comédie-Française, et de tomber, comme on dit, tout à plat[2]. Avec elle disparaissent les espérances que, sur la périlleuse parole des connaisseurs, nous étions tentés de fonder sur l'auteur. Je ne dirai rien du sujet de cette tragédie ; c'est un fait historique assez connu. L'époux d'Éponine, Sabinus, avait disputé l'empire romain à Vespasien ; après sa défaite, il s'était retiré dans des souterrains où il vivait caché pour se soustraire au ressentiment de l'empereur. L'histoire dit qu'Éponine et Sabinus moururent à Rome par ordre de Vespasien ; mais dans la pièce, la scène se passe dans les Gaules, auprès des souterrains où Sabinus s'était réfugié, et dont le poëte a fait un tombeau.

Tous ceux qui ont assisté aux lectures faites dans différents cercles, beaux esprits, amateurs, gens de lettres, gens du monde, parlaient de cette pièce comme d'un prodige. En effet, c'est un prodige d'imbécillité et de faiblesse, et nos connaisseurs sont des gens bien étonnants. Ce qui frappe principalement dans tout le cours de la pièce et dans toutes ses parties, c'est

---

1. *Arrêt rendu par le Conseil souverain du Parnasse*, 1762, in-8°.
2. Représentée le 6 décembre. L'auteur en fit depuis un opéra joué le 4 décembre 1773 sous le titre de *Sabinus*. Voir au mois de février 1774 de cette *Correspondance*. (T.)

la stérilité du génie ; M. de Chabanon n'y a nulle ressource : il s'embarrasse de son sujet, de ses personnages, de ses situations ; il ne sait rien développer, rien mettre en œuvre ; il ne sait ni faire naître des incidents, ni s'en débarrasser ; ni former une intrigue, ni la conduire ; il ne sait ni commencer ni finir. Les deux premiers actes sont longs et ennuyeux, parce qu'ils sont inutiles et de pur remplissage. Un mauvais plaisant disait, à la fin du second : « Puisque ces gens-là ne veulent pas commencer, je m'en vais. » En effet, ces deux actes sont achevés sans qu'on sache de quoi il va être question. Les amis du poëte ont voulu le sauver par la versification ; je n'en connais pas de plus faible ni de moins tragique : ce sont des vers lyriques, mais si fluets, si familiers, qu'on sait presque toujours le second après avoir entendu le premier. Pas un vers de force, peu de sentiment, des idées communes, des comparaisons disparates, et, en tout, plus convenables à la pastorale qu'à la tragédie ; le premier acte surtout est rempli de madrigaux qu'Émile débite à la louange d'Éponine. Le portrait qu'elle en fait pourrait plaire dans une églogue ; c'est une vraie moutonnade.

Finissons par une observation générale et plus importante : c'est que ce goût d'entasser événement sur événement, de montrer des tombeaux et des poignards, de se tirer d'affaire par des escamotages, se répand de plus en plus parmi nos auteurs dramatiques, et trahit la stérilité de leur génie et l'impuissance où ils sont de faire des scènes et de trouver les discours vrais des passions et des grands intérêts. Si ce goût continue, notre théâtre tragique deviendra incessamment une boutique de marionnettes.

— Le vol qu'on a fait, il y a quelques années, au dépôt du bureau de la guerre a des effets bien agréables au public. Nous avons déjà eu, par ce moyen, les *Campagnes* des maréchaux de Noailles, de Coigny, de Villars, de Tallard, et l'on vient de nous donner, en trois volumes, la *Campagne* de M. le maréchal de Marsin en Allemagne, l'an 1704 [1]. Je suis toujours d'avis qu'un seul volume de ce recueil de lettres est plus instructif

---

1. La collection des *Campagnes* des maréchaux de France, publiée à Amsterdam (par Dumoulin) depuis 1760 jusqu'en 1772, forme 27 volumes. On y joint pour 28e volume la campagne de M. de Maillebois en Italie, pendant les années 1745 et 1746, rédigée par Grosley, et publiée en 1777 à Amsterdam. (B.)

que tous les traités didactiques ensemble ; et remarquez, s'il vous plaît, qu'il est presque indifférent que le général soit bon ou mauvais : sa correspondance est toujours également intéressante et instructive, et, à cet égard, la correspondance du prince Henri de Prusse avec son frère n'a point de supériorité sur celle de M. le duc de Cumberland avec le roi d'Angleterre en 1757 ; au lieu que, lorsque l'auteur d'un traité sur la guerre est un homme médiocre, son livre n'est bon qu'à jeter au feu. Un homme de guerre tirera donc autant de profit de la correspondance de M. de Marsin, de M. de Tallard, que de celle de M. de Turenne ou du comte de Saxe. Cette lecture peut aussi faire naître quelques observations philosophiques qui serviront à fixer le caractère des principaux acteurs. Vous remarquerez, par exemple, la hauteur avec laquelle le maréchal de Villars écrit au roi, et la bassesse avec laquelle il parle au ministre, et ce trait vous paraîtra très-simple et très-convenable au caractère de ce général. Il serait bien à désirer que quelque fripon heureux pût dérober la correspondance de nos généraux depuis 1757, et en faire présent au public.

— On a recueilli en un volume les poésies de feu M. Desmahis avec sa petite comédie de *l'Impertinent*, qu'on a remise depuis sa mort au théâtre, mais sans succès. On trouve aussi dans ce recueil les articles *Fat* et *Femme* que M. Desmahis a faits pour l'*Encyclopédie*, et qui n'ont pas contribué à l'immortalité de cet ouvrage. Ce poëte a laissé des pièces fugitives très-agréables. Le compilateur en a ajouté d'autres qui ne sont pas de lui[1]. Tout le monde sait que l'épître sur le jansénisme est de M. de Saint-Lambert.

— M. l'abbé Mignot, neveu de M. de Voltaire, conseiller au grand conseil, vient de publier en un petit volume l'*Histoire de l'impératrice Irène*[2]. Je ne sais si la tragédie de ce nom, qui vient de tomber à la Comédie-Française, a contribué à la publication de cet ouvrage. Quoiqu'on lise cette histoire avec le dégoût qu'inspire une suite de crimes et de forfaits commis sans objet et pour ainsi dire gratuitement, on ne peut nier que l'auteur n'ait du talent et du style.

1. Nous ignorons le nom de cet éditeur. La meilleure édition de Desmahis est celle que Tresséol en a donnée en 1778, 2 vol. in-12.
2. Amsterdam (Paris), 1762, in-12.

— Il paraît une *Lettre sur la paix*[1] qu'on dit être de M. Moreau, auteur de l'*Observateur hollandais*, une des plus impertinentes feuilles qui se soient vendues depuis soixante ans. Si les prédictions pacifiques de M. Moreau ne sont pas meilleures que ses prophéties pendant la guerre, on peut lui conseiller hardiment de se taire. Sa *Lettre sur la paix* n'a pas réussi, quoique beaucoup de gens aient assuré qu'elle était fort belle. M. Moreau veut faire le philosophe et le citoyen, mais c'est un franc bavard qui dit lourdement et sans onction des choses générales, et qui ramasse et retourne des lieux communs sans toucher et sans rien apprendre. Il est étonnant combien nos écrivains politiques sont ineptes; on dirait que la politique est une plante qui ne peut pas venir en France.

— Le Parlement ayant ôté aux jésuites l'institution de la jeunesse, et M. Rousseau ayant publié sur l'éducation un ouvrage qui a fait beaucoup de bruit, la manie de cette année est d'écrire sur l'éducation, et les brochures et feuilles sur cette matière sont innombrables. M. Pesselier a publié deux volumes de *Lettres sur l'Éducation*, et n'a cédé en cela qu'aux pressantes sollicitations de M. le comte de..., dont la lettre se lit à la tête du recueil. M. le comte et son cher ami M. Pesselier ont bien l'air de n'être tous les deux qu'un même personnage fort médiocre. On a dit du bien de la *Dissertation sur l'éducation physique des enfants*, par M. Ballesserd, citoyen de Genève[2]. Il a paru quatre *Mémoires sur la nécessité de fonder une école pour former des maîtres, selon le plan d'éducation donné par le Parlement en son arrêt du 3 septembre 1762*[3]. Le *Mémoire sur la nécessité d'établir dans Paris une maison d'institution pour former des maîtres et quelques collèges pour les basses classes*[4] est un autre projet différent du précédent. Il y a aussi une *Lettre à M. D\*\*\* sur le livre d'Émile*, que vous ferez bien de ne pas lire[5]. Et M. Colomb a publié un *Plan raisonné d'éducation publique pour ce qui regarde la partie des études*[6].

---

1. Paris, 1763, in-8°. Réimprimée au tome II des *Variétés morales et philosophiques* de l'auteur.
2. Genève, 1762, in-8°.
3. Ces quatre Mémoires sont de l'abbé Pellicier.
4. (Par Rivard.) S. l. n. d., in-12.
5. (Attribuée au P. Griffet.) Amsterdam et Paris, 1762, in-12.
6. Avignon et Paris, 1762, in-12.

On croirait que ce titre annonce un ouvrage volumineux, et pas du tout, c'est une feuille de cinquante petites pages qui finit avant d'avoir commencé! Le plan d'une institution publique serait un très-bel ouvrage à faire, mais qui ne se fera point parce que les philosophes se tairont, ou que la superstition ou la pédanterie rendraient leurs conseils inutiles s'ils voulaient se donner la peine de parler.

---

## 1763

### JANVIER

1ᵉʳ janvier 1763.

#### VERS A M. D'ARGENTAL,

##### PAR FEU M. DE ROCHEMORE.

Si le plaisir est l'âme de la vie,
Et si l'amour est l'âme du plaisir,
Pour être heureux il faut donc ressentir
Ses feux, ses traits, la vive sympathie
Qu'entre deux cœurs l'amour sait départir;
Il faut aussi qu'un même objet allie,
Pour nous fixer, tendresse, sentiment,
Beauté sans art, raison, heureux génie;
Mais où trouver l'assemblage charmant
De tous ces dons? L'injuste tyrannie
Du sort cruel le voit d'un œil jaloux,
Et rarement le souffre parmi nous.
Heureux l'amant à qui les dieux plus doux
Ont accordé la faveur infinie
D'un bien si précieux et si digne d'envie!
Cher d'Argental, qui le sait mieux que vous?

— On a donné aujourd'hui à la Comédie-Italienne la première représentation du *Milicien*, opéra-comique dont le poëme est de M. Anseaume. C'est une farce où il y a quelques traits plaisants, mais dont on a bientôt assez. D'ailleurs c'est une répétition des *Racoleurs*, autre opéra-comique de feu M. Vadé qui ne sera jamais mon *Vade mecum*. La musique du *Milicien* est de M. Duni. Je ne suis pas content cette fois-ci de notre ami. Ce n'est pas qu'il ne soit toujours vrai dans l'expression ; je ne lui compte pas cela pour un mérite, parce que tout homme qui sait ce que c'est que le style en musique ne peut guère tomber dans le faux, et cela n'arrive en France si communément que parce qu'il n'y a ni style ni école en musique ; mais notre ami Duni s'est fort négligé dans le *Milicien*. Il est vrai que le poëme ne méritait guère de grands soins, mais aussi cet ouvrage n'aura pas la réputation des autres ouvrages de Duni. Il a cependant réussi au théâtre. L'air de la guerre a eu un grand succès, et il est beau, quoique à mon sens il manque un peu d'ensemble et d'unité de caractère.

### LETTRE DE L'IMPÉRATRICE DE RUSSIE A M. D'ALEMBERT.

A Moscou, ce 13 novembre 1762.

Monsieur d'Alembert, je viens de lire la réponse que vous avez écrite au sieur Odar, par laquelle vous refusez de vous transplanter pour contribuer à l'éducation de mon fils. Philosophe comme vous êtes, je comprends qu'il ne vous coûte rien de mépriser ce qu'on appelle grandeurs et honneurs dans ce monde : à vos yeux tout cela est peu de chose, et aisément je me range de votre avis. A envisager les choses sur ce pied, je regarderais comme très-petite la conduite de la reine Christine, qu'on a tant vantée, et souvent blâmée à plus juste titre ; mais être né ou appelé pour contribuer au bonheur et même à l'instruction d'un peuple entier, et y renoncer, me semble, c'est refuser de faire le bien que vous avez à cœur. Votre philosophie est fondée sur l'humanité : permettez-moi de vous dire que de ne point se prêter à la servir tandis qu'on le peut, c'est manquer son but. Je vous sais trop honnête homme pour attribuer vos refus à la vanité, je sais que la cause n'en est que l'amour du repos pour cultiver les lettres et l'amitié ; mais à quoi tient-il ? Venez avec tous vos amis ; je vous promets, et à eux aussi, tous les agréments et aisances qui peuvent dépendre de moi, et peut-être vous trouverez plus de liberté et de repos que chez vous.

Vous ne vous prêtez point aux instances du roi de Prusse et à la reconnaissance que vous lui avez ; mais ce prince n'a pas de fils. J'avoue que l'éducation de ce fils me tient si fort à cœur, et vous m'êtes si nécessaire, que peut-être je vous presse trop. Pardonnez mon indiscrétion en faveur de la cause, et soyez assuré que c'est l'estime qui m'a rendue si intéressée.

*Signé* : Catherine.

Dans toute cette lettre je n'ai employé que les sentiments que j'ai trouvés dans vos ouvrages; vous ne voudriez pas vous contredire.

Il paraît par cette lettre, qui fait tant d'honneur à la philosophie et qui doit faire un grand plaisir à tous ceux qui la cultivent, que M. d'Alembert a allégué parmi les motifs de ses premiers refus les obligations qu'il avait au roi de Prusse, son premier bienfaiteur, et que les bontés de ce monarque n'ayant pu le déterminer à se fixer à Berlin il ne pouvait faire pour personne ce qu'il n'avait pas fait pour lui. Au reste M. d'Alembert persiste dans son refus; mais il ne lui aura pas été aisé de répondre à la lettre de l'impératrice. Cette princesse a signalé les premiers moments de son avénement au trône de Russie par son goût pour les lettres et pour la philosophie. Voici la lettre qu'elle fit écrire à M. Diderot, dès le 20 août de l'année dernière.

LETTRE DE M. DE SCHOUVALOFF A M. DIDEROT.

A Saint-Pétersbourg, ce 20 août 1762.

Monsieur, comme votre réputation est aussi étendue que la république des lettres, l'éloignement ne porte aucun préjudice à l'admiration universelle que vous méritez à si juste titre. L'impératrice, ma souveraine, protectrice zélée des sciences et des arts, a pensé depuis longtemps aux moyens propres à encourager le fameux ouvrage auquel vous avez tant de part ; c'est par son ordre, monsieur, que j'ai l'honneur de vous écrire pour vous offrir tous les secours que vous jugerez nécessaires pour en accélérer l'impression. En cas qu'elle trouvât des obstacles ailleurs, elle pourrait se faire à Riga ou dans quelque autre ville de cet empire. L'*Encyclopédie* trouverait ici un asile assuré contre toutes les démarches de l'envie. S'il faut de l'argent pour subvenir aux frais, parlez sans détour, monsieur. J'attends impatiemment votre réponse pour en faire rapport à ma souveraine. Il m'est flatteur d'avoir pu être l'organe de ses sentiments, et je n'ambitionne rien tant que de pouvoir vous prouver efficacement l'estime et la considération avec lesquelles j'ai l'honneur d'être, etc.

*Signé* : J. Schouvaloff.

La lettre de l'impératrice de Russie à M. d'Alembert était accompagnée d'une offre de lui constituer en France un revenu de 100,000 livres de rente, de lui donner un hôtel à Pétersbourg, auquel on attacherait toutes les immunités et tous les droits des ambassadeurs, sans compter une infinité d'autres agréments. On lui a même fait entendre que s'il craignait de déplaire au roi de Prusse en donnant la préférence à la Russie, l'impératrice se faisait forte d'engager ce monarque à solliciter M. d'Alembert de se rendre aux instances de Sa Majesté Impériale. On ne saurait pousser plus loin la passion des philosophes. Mais rien n'a pu déterminer M. d'Alembert à consacrer six ou huit ans de sa vie à l'éducation du grand-duc.

15 janvier 1763.

L'article suivant est de M. Diderot. Il prétend l'avoir tiré d'un ouvrage anglais. En attendant que je sois à portée de vérifier le fait, je lui soutiens qu'il en a tiré les trois quarts de sa tête, sauf à me décider sur le quatrième, quand j'aurai examiné : c'est donc le philosophe qui va prendre la plume.

Je viens de lire la traduction d'un petit ouvrage anglais sur la peinture, qu'on se propose de faire imprimer. Il est rempli de raison, d'esprit, de goût et de connaissances ; la finesse et la grâce même n'y manquent point. C'est, pour le tour, l'expression et la manière, un ouvrage tout à fait à la française. L'auteur s'appelle M. Webb. Voici les idées qui m'ont surtout frappé à la lecture.

Ce qui fait qu'en s'appliquant beaucoup on avance peu dans la connaissance de la peinture, c'est qu'on voit trop de tableaux. N'en voyez qu'un très-petit nombre d'excellents, pénétrez-vous de leur beauté, admirez-les, admirez-les sans cesse, et tâchez de vous rendre compte de votre admiration.

Un autre défaut, c'est d'estimer les productions sur le nom des auteurs. Cependant les bons ouvrages d'un artiste médiocre sont assez souvent supérieurs aux ouvrages médiocres d'un artiste excellent.

Dans quelque genre que vous travailliez, peintres, que votre composition ait un but; que vos expressions soient vraies, diversifiées, et subordonnées avec sagesse, votre dessin large et correct, vos proportions justes, vos chairs vivantes; que vos lumières aient de l'effet; que vos plans soient distincts; votre couleur comme dans la nature, votre perspective rigoureuse, et le tout simple et noble. La connaissance en peinture suppose l'étude et la connaissance de la nature.

Troisième défaut des prétendus connaisseurs : c'est de laisser de côté le jugement de la beauté ou des défauts, pour se livrer tout entier à ce qui caractérise et distingue un maître d'un autre, mérite du brocanteur et non de l'homme de goût. Et puis, le nombre des artistes à reconnaître est si petit, et leur caractère tient quelquefois à des choses si techniques, qu'un sot peut sur ce point laisser en arrière l'homme qui a le plus d'esprit.

Regardez un tableau, non pour vous montrer, mais pour devenir un connaisseur. Ayez de la sensibilité, de l'esprit et des yeux, et surtout croyez qu'il y a plus de charme et plus de talent à découvrir une beauté cachée qu'à relever cent défauts.

Vous serez indulgent pour les défauts, et les beautés vous transporteront, si vous pensez combien l'art est difficile, et combien la critique est aisée.

Si une admiration déplacée marque de l'imbécillité, une critique affectée marque un vice de caractère. Exposez-vous plutôt à paraître un peu bête que méchant.

La peinture des objets mêmes fut la première écriture.

Si l'on n'eût pas inventé les caractères alphabétiques, on n'aurait eu pendant des temps infinis que de mauvais tableaux.

On prouve, par les ouvrages d'Homère, que l'origine de la peinture est antérieure au siége de Troie.

Le bouclier d'Achille prouve que les anciens possédaient alors l'art de colorer les métaux.

Il y a deux parties importantes dans l'art, l'imitative et l'idéale. Les hommes excellents dans l'imitation sont assez communs ; rien de plus rare que ceux qui sont sublimes dans l'idée.

L'homme instruit connaît les principes ; l'ignorant sent les effets.

La multitude juge comme la bonne femme qui regardait deux tableaux du martyre de saint Barthélemy, dont l'un excellait par l'exécution, et l'autre par l'idée ; elle dit du premier : « Celui-là me fait grand plaisir, » et du second : « Mais celui-ci me fait grande peine. »

La peinture peut avoir un silence bien éloquent.

Alexandre pâlit à la vue d'un tableau de Palamède trahi par ses amis. C'est qu'il voyait Aristonique dans Palamède. Porcia se sépare de Brutus sans verser une larme ; mais un tableau des Adieux d'Hector et d'Andromaque tombe sous ses yeux et brise son courage. Une courtisane d'Athènes est convertie, au milieu d'un banquet, par le spectacle heureux et tranquille d'un philosophe dont le tableau était placé devant elle. Énée, apercevant les peintures de ses propres malheurs sur les portes et les murs des temples africains, s'écrie dans Virgile :

Sunt lacrymæ rerum, et mentem mortalia tangunt.

Les premières statues furent droites, les yeux en dedans, les pieds joints, les jambes collées, et les bras pendants de chaque côté.

On imita d'abord le repos, ensuite le mouvement. En général, les objets de repos nous plaisent plus en bronze ou en marbre, et les objets mus, en couleur ou sur la toile. La diversité de la matière y fait quelque chose. Un bloc de marbre n'est guère propre à courir.

L'art est à la nature comme une belle statue à un bel homme.

Il y a entre les couleurs des affinités naturelles qu'il ne faut pas ignorer. Les reflets sont une loi de la nature qui cherche à rétablir l'harmonie rompue par le contraste des objets. — Troublez les couleurs de l'arc-en-ciel, et l'arc-en-ciel ne sera plus beau. — Ignorez que le bleu de l'air tombant sur le rouge d'un beau visage doit en quelques endroits obscurs y jeter une teinte imperceptible de violet, et vous ne ferez pas des chairs vraies.

Si vous n'avez pas remarqué que, lorsque les extrémités d'un corps touchent à l'ombre, les parties éclairées de ce corps s'avancent vers vous, les contours des objets ne se sépareront jamais bien de votre toile.

Il y a des couleurs que notre œil préfère, il n'en faut pas douter. Il y en a que des idées accessoires et morales embellissent : c'est par cette raison que la plus belle couleur qu'il y ait au monde est la rougeur de l'innocence et de la pudeur sur les joues d'une jeune et belle fille.

Lorsque je me rappelle certains tableaux de Rembrandt et d'autres, je demeure convaincu qu'il y a, dans la distribution des lumières, autant et plus d'enthousiasme que dans aucune autre partie de l'art.

La peinture idéale a, dans son clair-obscur, quelque chose d'au delà de nature, et par conséquent autant d'imitation rigoureuse que de génie, et autant de génie que d'imitation rigoureuse.

Les anciens tentaient rarement de grandes compositions; une ou deux figures, mais parfaites. C'est que la peinture marchait alors sur les pas de la sculpture.

Moins les anciens employaient de figures dans leurs compositions, plus il fallait qu'elles eussent d'effet; aussi excellaient-ils par l'idée. Tant que l'idée sublime ne se présentait pas, le peintre se promenait, allait voir ses amis et laissait là ses pinceaux.

L'un peint les enfants de Médée, qui s'avancent en tendant leurs petits bras à leur mère, et en souriant au poignard qu'elle tient levé sur eux. Un autre (c'est Aristide) peint, dans le sac d'une ville, une mère expirante; son petit enfant se traîne sur elle, et la mère, blessée au sein, l'écarte, de peur qu'au lieu de lait, qu'il cherche, il ne suce son sang. Un troisième s'est-il proposé de vous faire concevoir la grandeur énorme du cyclope endormi? il vous montre un pâtre qui s'en est approché doucement, et qui mesure l'orteil du cyclope avec la tige d'un épi de blé. Cet épi est une mesure commune entre le pâtre et le cyclope, et c'est la nature qui l'a donnée.

Ce n'est pas l'étendue de la toile ou du bloc qui donne de la grandeur aux objets. L'Hercule de Lysippe n'avait qu'un pied, et on le voyait grand comme l'Hercule Farnèse.

La simplicité, la force et la grâce sont les qualités propres des ouvrages de l'antiquité; et la grâce était la qualité propre d'Apélles, entre les artistes anciens.

Le Corrége, quand il excelle, est un peintre digne d'Athènes. Apelles l'aurait appelé son fils.

Personne n'osa achever la Vénus d'Apelles. Il n'en avait peint que la tête et la gorge; mais cette tête et cette gorge faisaient tomber la palette des mains aux artistes qui approchaient du tableau.

Il est difficile d'allier la grâce et la sévérité. Notre Boucher a de la grâce, mais il n'est pas sévère.

Les Athéniens avaient défendu l'exercice de la peinture aux gens de rien.

Faire entrer la considération des beaux-arts dans l'art de gouverner les peuples, c'est leur donner une importance dont il faut que les productions se ressentent.

Une observation commune à tous les siècles illustres, c'est qu'on y a vu les arts d'imitation, s'échauffant réciproquement, s'avancer ensemble à la perfection. Un poëte qui s'est promené sous le dôme des Invalides revient dans son cabinet lutter contre l'architecte sans s'en apercevoir. Sans y penser, je mesure mon enjambée, dirait Montaigne, à celle de mon compagnon de voyage.

Les siècles d'Alexandre, d'Auguste, de Léon X, et de Louis XIV, ont produit des chefs-d'œuvre en tout genre.

Il y avait entre les poëtes et les peintres anciens un emprunt et un prêt continuel d'idées. Tantôt c'était le peintre ou le statuaire qui exécutait d'après l'idée du poëte; tantôt c'était le poëte qui écrivait d'après l'ouvrage du peintre ou du statuaire. C'est ce qu'un habile Anglais s'est proposé de démontrer dans un ouvrage qui suppose bien des connaissances et bien de l'esprit. Cet ouvrage est intitulé *Polymétis*. On y voit les dessins des plus beaux morceaux antiques, et vis-à-vis les vers des poëtes.

Sous le climat brûlant de la Grèce, les hommes étaient

presque nus; ils étaient nus dans les gymnases, nus dans les bains publics. Les peintres allaient en foule dessiner la taille de Phryné et la gorge de Thaïs. L'état de courtisane n'était point avili; c'était d'après une courtisane qu'on faisait la statue d'une déesse. C'étaient la même gorge, les mêmes cuisses sur lesquelles on avait porté les mains dans une nuit de plaisir; les mêmes lèvres, les mêmes joues qu'on avait baisées, le même col qu'on avait mordu, les mêmes fesses qu'on avait vues, qu'on connaissait et qu'on admirait encore dans un temple et sur des autels. La licence des mœurs dépouillait à chaque instant les hommes et les femmes; la religion était pleine de cérémonies voluptueuses; les hommes qui gouvernaient l'État étaient amateurs enthousiastes des beaux-arts. Une courtisane célèbre par la beauté de sa taille devenait-elle grosse, toute la ville était en rumeur; c'était un modèle rare perdu, et l'on envoyait vite à Cos chercher Hippocrate pour la faire avorter. C'est ainsi qu'une nation devient éclairée et qu'il y a un goût général, des artistes qui font de grandes choses, et des juges qui les sentent.

Nous autres peuples froids et dévots, nous sommes toujours enveloppés de draperies; et le peuple, qui ne voit jamais le nu, ne sait ce que c'est que beauté de nature, finesse de proportion.

Praxitèle fit deux Vénus, l'une drapée, l'autre nue. Cos acheta la première, qui n'eut point de réputation; Gnide fut célèbre à jamais par la seconde.

Notre Vénus, si nous en avons une, est tout au plus la Vénus drapée de Praxitèle.

Le Poussin, qui s'y connaissait, disait de Praxitèle qu'entre les modernes c'était un aigle, qu'à côté des anciens ce n'était qu'un âne.

C'est qu'il n'est pas indifférent de faire *ut fert natura, an de industria*. C'est le mot du Dave de Térence, qui s'applique de lui-même à tous nos artistes.

Nos mœurs se sont affaiblies à force de se policer, et je ne crois pas que nous supportassions, ni dans nos peintres, ni dans nos poëtes, certaines idées qui sont vraies, qui sont fortes, et qui ne pèchent ni contre la nature, ni contre le bon goût. Nous détournerions les yeux avec horreur de la page d'un auteur ou de la toile d'un peintre qui nous montrerait le sang des compagnons d'Ulysse coulant aux deux côtés de la bouche de Polyphème, ruisselant sur sa barbe et sur sa poitrine, et qui nous ferait entendre le bruit de leurs os brisés sous ses dents. Nous ne pourrions supporter la vue des veines découvertes et des artères saillantes autour du cœur sanglant du Marsyas écorché par Apollon. Qui de nous ne se récrierait pas à la barbarie, si un de nos poëtes introduisait dans son poëme un guerrier s'adressant en ces mots à un autre guerrier qu'il est sur le point de combattre : « Ton père et ta mère ne te fermeront pas les yeux. Dans un instant les corneilles te les arracheront de la tête : il me semble que je les vois se rassembler autour de ton cadavre, en battant leurs ailes de joie... » Cependant les anciens ont dit ces choses; ils ont exécuté ces tableaux. Faut-il les accuser de grossièreté? Faut-il nous accuser, au contraire, de pusillanimité? *Non nostrum est...*

— On a recueilli, en un volume assez considérable, tout ce qui a paru dans la fameuse affaire des Calas. Outre les Observations et la Suite, qui ont été imprimées à Toulouse pendant cet affreux procès, et indépendamment des papiers que nous devons à M. de Voltaire sur cette matière, vous trouvez dans ce recueil les Mémoires de trois célèbres avocats : l'un d'Élie de Beaumont, le second de Mariette, le troisième de Loyseau; tous trois ont fait beaucoup de bruit; le dernier est celui qui a le plus réussi, parce que l'auteur a traité la cause d'une manière moins savante que populaire. Malgré ce travail de trois habiles jurisconsultes, il ne faut pas croire que le sujet soit épuisé; il y a dans cette cause cent moyens secrets qu'ils n'ont pas fait valoir et qui seraient d'un très-grand poids.

Voyons, par exemple, celui qu'on tirerait de la mort même de l'infortuné vieillard supplicié. Si cet homme, dirait l'avocat, a tué son fils de crainte qu'il ne changeât de religion, c'est un fanatique, c'est un des fanatiques les plus violents qu'il soit possible d'imaginer. Il croit en Dieu; il aime sa religion plus que sa vie, plus que la vie de son fils; il aime mieux son fils mort qu'apostat. Il doit donc regarder son crime comme une action héroïque, et son fils comme un holocauste qu'il immole à son Dieu. En ce cas, quel doit avoir été son discours, et quel a été celui d'autres fanatiques dans une circonstance pareille? Le voici : « Oui ; j'ai tué mon fils, et si c'était à recommencer je le tuerais encore. Oui, j'ai mieux aimé plonger ma main dans son sang que de l'entendre renier son culte. Si c'est un crime, je l'ai commis ; qu'on me traîne au supplice... » Comparez ce discours avec celui de l'infortuné Calas. Il proteste de son innocence ; il prend Dieu à témoin ; il regarde sa mort comme le châtiment de quelque faute inconnue et secrète ; il veut être jugé de son Dieu aussi sévèrement qu'il l'a été des hommes s'il est coupable du crime dont il est accusé. Il appelle la mort donnée à son fils un crime ; il attend ses juges au grand tribunal pour les y confondre. S'il n'est point innocent, il ment à la face du ciel et de la terre ; il ment au dernier moment ; il se dévoue lui-même à des peines éternelles. C'est qu'il est athée, me direz-vous, il en a le discours... Mais, s'il est athée, il n'est donc plus fanatique ; il n'a donc plus tué son fils. Choisissez, aurais-je dit aux juges : s'il est athée, pourquoi, contempteur de tout dieu et de tout culte, aurait-il tué son fils ? Le prétendu changement de religion aurait-il paru un crime digne de mort à un homme qui méprise toutes les religions ? Si, au contraire, Calas est fanatique, il a pu tuer son fils, mais c'est par le zèle le plus violent qu'un furieux puisse avoir pour sa croyance. Il a donc rougi, en mourant, d'une action qu'il devait regarder comme glorieuse, comme ordonnée par son Dieu, comme agréable à son Dieu ? Il en a donc perdu le mérite ? En la désavouant lâchement, sa bouche expirante prononçait donc l'imposture ? Accusé d'une action qu'il avait commise, et dont il devait se glorifier, il la regardait donc comme un crime ? Il apostasiait donc lui-même ; et, supplicié dans ce monde, il appelait encore sur lui le châtiment du grand juge dans l'autre ?... J'écris cela sans ordre et sans chaleur ; mais sous la plume d'un homme habile et maître de l'art de la parole, ce raisonnement pourrait prendre la couleur la plus forte.

Malheureusement ce moyen est de ceux qu'on ne peut faire valoir qu'après le crime consommé de la part des juges de Toulouse ; il en est un autre que les avocats n'ont touché que légèrement, et qui devait être le plus ferme bouclier d'un vieillard accusé d'un crime inouï : c'est la probité de cet homme soutenue pendant tout le cours d'une vie de plus de soixante ans. A quoi sert une vie passée avec honneur, si elle ne nous protége pas contre les attaques de la méchanceté et le soupçon d'un crime? Il n'y a donc plus de distinction, dans les cas incertains, entre l'homme de bien et le scélérat? Rien ne parle donc plus en faveur de l'un, rien ne dépose donc plus contre l'autre? Ils sont donc également abandonnés au sort? Ou si le méchant accusé est à moitié convaincu et jugé par ses actions passées, pourquoi l'homme de bien ne serait-il pas à moitié absous par les siennes? Je ne demande ici, pour celui-ci, que la justice qu'on exerce envers le méchant, et qui est dictée par l'équité naturelle; mais tout code criminel d'un peuple qui ne veut pas passer pour cruel et barbare doit avoir pour maxime première et incontestable qu'il vaut mieux, dans l'incertitude, que vingt coupables échappent à la rigueur de la loi que d'exposer un seul innocent à en devenir la victime. C'est donc la cause de l'honneur et de la vertu reconnus qu'il fallait plaider. Lorsqu'on voit un père dans la décrépitude de l'âge, arraché du sein de sa famille, où il vivait aimé, honoré, tranquille, et où il se promettait de mourir en paix, accusé d'un crime qui fait frémir la nature, conduit sur un échafaud par des ouï-dire, il n'est personne qui ne doive frissonner d'horreur sur ce que l'avenir obscur peut lui réserver. La vertu n'a plus de poids; l'homme de bien ne voit plus rien en lui qui le protége contre les événements; l'exemple de Calas lui prouve que sa conduite passée s'adresserait vainement à la protection des lois. Ainsi le malheur de Calas est devenu une cause publique, et ses juges se sont rendus coupables du crime de lèse-majesté, en attaquant dans son principe la sûreté de tous les citoyens.

Voilà sans doute le côté par lequel Démosthène et Cicéron auraient principalement défendu cette cause malheureusement trop célèbre; voilà ce qui dévouera les juges de Toulouse à l'exécration de tous les siècles, et ce qui doit les exposer à la punition la plus rigoureuse, s'il est vrai, comme il paraît démontré, qu'ils se soient écartés de la moindre formalité ordonnée dans les procédures criminelles. Nous sommes des enfants, mais nous sommes des enfants bien cruels; nous jouons avec ce que les hommes ont de plus sacré, la vie et l'honneur. Nous avons vu accuser dans des mémoires imprimés un célèbre médecin de Paris, appelé Bordeu, d'avoir volé, il y a dix ans, une montre et une tabatière d'or à un homme qu'il accompagnait aux eaux de Barége, et qui mourut en chemin. Cette accusation a été faite par un de ses confrères, nommé Bouvart [1], et la Faculté de médecine, qui, si le crime avait été constaté, aurait dû faire l'impossible pour en dérober la connaissance au public, et pour sauver l'honneur d'un de ses membres, n'a, au contraire, rien négligé pour accréditer les soupçons contre M. Bordeu, et pour le déshonorer publiquement. Aujourd'hui il paraît que ce médecin n'a d'autre tort que de n'avoir pas de la science de ses confrères une idée bien merveilleuse, et d'avoir une pratique et un parti trop considérables dans Paris; du moins l'affaire de la boîte et de la montre est parfaitement éclaircie à la décharge de l'accusé, mais loin que le délateur soit puni avec la plus grande sévérité, Bordeu n'est pas seulement absous, et n'ayant plus à se défendre sur la tabatière et sur la montre, il doit donc actuellement prouver qu'il n'a pas volé l'argent que le mourant avait dans sa poche. Cet amas de bassesses et d'infamies fait frémir. Je ne connais pas Bordeu, je ne l'ai même jamais vu; mais je demande si un citoyen quelconque, exerçant un métier toléré, doit être légèrement soupçonné d'une action vile et infâme, et si le délateur, plus infâme que ne serait le voleur, doit en être quitte pour dire : Je l'avais ouï dire, je suis charmé que cela ne soit pas ainsi. Il n'y a point d'homme d'honneur qui ne doive trembler, s'il est permis d'accuser qui que ce soit, au bout de dix ans, d'un crime et d'une bassesse sur quelques propos vagues de quelques gens de la lie du peuple. Si la calomnie peut employer impunément de tels moyens, quel est l'homme qui oserait se charger dorénavant du dépôt d'un mourant! Ainsi un devoir sacré chez tous les peuples de la terre deviendra chez nous un moyen de perdre un innocent ou de le charger de soupçons odieux; car je demande si deux ou trois personnes, dont le témoignage est essentiel pour l'innocence de Bordeu, étaient décédées dans l'intervalle de dix années, comme cela devait arriver dans le cours ordinaire des choses, comment ce médecin aurait fait pour répondre à ses accusateurs? Je demande

---

1. Il ne faut pas oublier que cette *Correspondance* était adressée à des étrangers, auxquels il n'était peut-être pas inutile de dire, en parlant de ces célèbres docteurs, *un médecin nommé Bordeu, nommé Bouvart*, quoique la réputation de ceux-ci fû presque européenne. (T.)

si, chez un peuple policé, Bordeu peut être absous sans que Bouvart soit envoyé aux galères? Jusqu'à ce que le premier soit atteint et convaincu des infamies dont on le charge, je prétends que sa cause est celle de tous les honnêtes gens, que l'honnêteté et la pudeur publiques doivent plaider pour tout citoyen attaqué de cette manière; mais à la honte de l'esprit national, ou peut-être de la nature humaine, il faut convenir qu'un homme n'est pas sitôt accusé que la plus grande partie du public, sans connaissance de cause, sans aucun intérêt particulier, se range du côté de ses oppresseurs; et lorsque avec beaucoup de peine il est parvenu à se justifier, le public, ennuyé de la discussion, n'a plus de chaleur pour s'indigner seulement contre l'infâme qui a voulu perdre un innocent. Vous faites bien, ô Parisiens! nous aurait dit Démosthène, de fortifier toujours le souffle de l'envie, d'encourager le cri de la méchanceté, sans jamais faire justice de la calomnie. De la manière dont vous honorez le génie, dont vous protégez le mérite, on dirait qu'ils vous sont également odieux. Peuple inconséquent et frivole, qui as la passion de la gloire, et qui n'as de la faveur et de l'indulgence que pour la sottise, ta gloire ne saurait manquer d'être durable puisque tout homme qui ose penser est abandonné aux fureurs de l'hypocrisie et du fanatisme, et que la vie et l'honneur de tes citoyens sont au pouvoir d'un vil et infâme délateur.

— Les brouilleries du parlement de Provence ont fait beaucoup de bruit. Quelques conseillers dévoués à la Société des jésuites ont voulu empêcher sa destruction, au moins dans cette partie du royaume; ils ont protesté contre toutes les procédures du Parlement, et ont cru les arrêter par un schisme. Ils ont fait imprimer leurs motifs d'opposition, déduits au parlement d'Aix par M. de Coriolis et ses adhérents; ils ont fait plus: le président d'Éguilles, frère du marquis d'Argens, chambellan du roi de Prusse, est venu à Versailles présenter au roi deux mémoires très-violents contre ses confrères. Le parlement de Provence a fait imprimer de son côté une relation de ce qui s'est passé à Aix dans l'affaire des jésuites, et les motifs de ses arrêts et arrêtés qui ont été envoyés au roi. Ces motifs ont été rédigés par M. de Monclar, procureur général du roi au parlement de Provence. Sa Majesté ayant approuvé la conduite de son Parlement, toute cette bagarre a fini par la proscription des jésuites, dont la Société a été dissoute dans le ressort du parlement d'Aix comme dans le ressort de la plupart des autres parlements. Les mémoires du président d'Éguilles ont été brûlés dans tous les ressorts, et ce qui peut arriver de moins fâcheux à M. le président, c'est de se trouver sans état sur le pavé du royaume, trop heureux encore si sa compagnie ne le poursuit pas criminellement. Quand on veut faire de ces levées de boucliers, il faut réussir, sans quoi on n'a plus que l'air d'une mauvaise tête chaude, et l'on tombe bientôt dans le mépris. M. le président d'Éguilles a joué avec le corps des parlements le rôle que M. le président de Pompignan a essayé avec le corps des gens de lettres. Les deux présidents ont eu à peu près le même succès.

### VERS DE M. L'ABBÉ PORQUET
#### AU ROI DE POLOGNE STANISLAS
EN RENDANT A SA MAJESTÉ UN PETIT TRAITÉ MANUSCRIT QU'ELLE A COMPOSÉ SUR LE BONHEUR,
ET DONT ELLE VENAIT DE PERMETTRE A L'AUTEUR LA LECTURE.

> Qu'on n'ose plus nous soutenir
> Que le bonheur n'est rien qu'une belle chimère,
> Une ombre entre nos bras prête à s'évanouir ;
> Je vois réaliser cet être imaginaire :
> Vous savez en parler, vous savez en jouir;
> Eh, mieux que vous, grand roi, qui pourrait le connaître?
> Lorsqu'on fait tant d'heureux on a bien droit de l'être.

— M. Larcher a traduit du grec l'*Histoire des amours de Choréas et de Callirhoé*[1]. Ce roman est fort merveilleux et peu intéressant, et la traduction n'a eu aucun succès à Paris. Le traducteur a mis à la fin beaucoup de notes critiques dont M. l'abbé d'Olivet ne sera pas trop content, car il est assez maltraité.

— On a traduit de l'anglais un *Voyage en France, en Italie et aux îles de l'Archipel, ou Lettres écrites de plusieurs endroits de l'Europe et du Levant, en 1750, avec des observations de l'auteur sur diverses productions de la nature et de l'art*. Quatre

---

1. Paris, Ganeau, 1763, 2 vol. in-12.

volumes. Cet ouvrage n'a pas fait de sensation à Paris parce que nous ne sommes pas un peuple voyageur, et que dans cette capitale on a le moins le temps de s'informer de ce qui se passe dans les autres coins du monde.

— *Collection de différents morceaux sur l'histoire naturelle et civile des pays du Nord, sur l'histoire naturelle en général, sur d'autres sciences, sur différents arts; traduit de l'allemand, du suédois, du latin, avec des notes du traducteur,* par M. de Kéralio, capitaine aide-major de l'École militaire [1]. L'histoire naturelle est depuis quelques années une des études favorites du public, et tous ceux qui s'en occupent sont sûrs d'un accueil favorable; il faut cependant supposer à un traducteur une connaissance bien profonde et des choses et des langues pour s'en rapporter à son travail sans défiance.

— *Lettres historiques et critiques sur les spectacles, adressées à M<sup>lle</sup> Clairon, dans lesquelles on prouve que les spectacles sont contraires à la religion catholique, selon les canons et les sentiments des pères de l'Église* [2]. C'est une jansénisterie imprimée. Avignon est très-digne de ne jamais sortir des terres papales.

— M. Viard a publié les *Vrais Principes de la lecture, de l'orthographe et de la prononciation françaises, suivis d'un Petit Traité de la ponctuation, des premiers éléments de la grammaire et de la prosodie française* [3]. Nous avons une grande quantité de ces sortes d'ouvrages, et dans ce nombre aucun qui soit devenu classique.

— On a imprimé une traduction de Salluste par le P. Dotteville, de l'Oratoire [4]. Les Français n'ont pas excellé dans la traduction des anciens; les différentes traductions que nous avons sont presque toutes mauvaises, et surtout froides; aucune ne donne l'idée du caractère de l'auteur original. Le génie de la langue française est trop opposé au génie des langues anciennes. Le gaulois du bon Amyot avait plus de chaleur et de naïveté,

---

1. Paris, 1763, 2 vol. in-12.
2. (Par le P. Joly, capucin.) Avignon (Paris, Cailleau), 1762, in-12.
3. Paris, Panckoucke, 1763, in-12. Nombreuses réimpressions.
4. C'était la seconde édition de cette traduction, augmentée de deux plans de bataille et d'un travail bibliographique de Lottin sur Salluste; la première édition est de 1749.

et était plus propre aux traductions que la langue polie des Fénelon et des Racine.

— Dans le nombre prodigieux d'almanachs de toute espèce que chaque révolution d'année voit éclore, il faut compter les *Étrennes aux dames*, avec une notice des femmes illustres dans les lettres, et de leurs ouvrages. Ce catalogue commence par la tendre et touchante Héloïse et finit par M$^{me}$ Favart, que je n'ai jamais vue touchante que dans les rôles de Savoyarde à la Comédie-Italienne. C'est assurément avoir su réunir les deux extrêmes que d'avoir associé Héloïse et M$^{me}$ Favart.

— *Prédictions philosophiques pour l'année 1763, envoyées à M$^{me}$ de \*\*\* par M. F...* Ces prédictions disent que les femmes ne seront plus coquettes, que les petits-maîtres ne seront plus absurdes, et d'autres platitudes aussi neuves et aussi importantes. Si l'on pouvait prédire que les polissons n'occuperont plus les presses, et que cette prédiction pût s'accomplir, ce serait une grande bénédiction pour l'année 1763.

— On a commencé un nouveau journal sous le titre de *la Renommée littéraire*[1]. Ce sont des feuilles dans le goût de celles de Fréron. Les auteurs, que je ne connais pas, paraissent moins lourds, mais d'ailleurs tout aussi estimables que ce grand homme : car M. de Voltaire se trouve déjà déchiré de la belle manière dans ces feuilles. Tous ces insectes qui, à force de se multiplier, s'entre-détruiront bientôt les uns les autres, n'ont pour vivre que la ressource d'attaquer les hommes célèbres de la nation.

— M. d'Alembert vient de faire une nouvelle édition de ses *Mélanges de littérature, d'histoire et de philosophie*. Il n'y a aucune augmentation considérable dans cette réimpression.

— *Essai sur l'horlogerie, dans lequel on traite de cet art relativement à l'usage civil, à l'astronomie et à la navigation, en établissant des principes confirmés par l'expérience,* par M. Ferdinand Berthoud, horloger. Deux volumes in-4° avec trente-huit planches. Cet ouvrage est estimé. Cependant ma prévention contre les artistes-auteurs est si grande que si j'avais une

---

[1]. Par Le Brun-Pindare. Ce journal, qui, selon M. Hatin, n'a pas eu plus de douze numéros, était orné d'une vignette dont la *Bibliographie de la presse* donne le fac-simile et qui représente la Renommée embouchant deux trompettes ; traduction exacte de quelques vers bien connus de *la Pucelle*.

montre à faire faire, je choisirais l'artiste qui n'ait jamais écrit sur son art préférablement à celui qui aurait fait des livres, tout comme je ne ferais jamais faire mes tableaux par des peintres qui auraient écrit des travaux sur la peinture.

— Sarrasin, acteur de la Comédie-Française, retiré du théâtre depuis quelques années, est mort à la fin de l'année dernière. C'était un grand comédien ; aucun de ses confrères n'a jamais approché de la simplicité et de la vérité de son jeu. On n'a point d'idée de la perfection où peut être porté l'art du comédien, quand on n'a pas vu jouer à Sarrasin le rôle de Lusignan dans *Zaïre*, celui du père dans *Cénie*, celui de l'oncle dans *la Métromanie*, et surtout celui du père dans *l'Andrienne*. Il était sublime dans cette dernière pièce, dont la première scène peut être proposée comme un coup d'essai à tout comédien qui se croit quelque talent ; et s'il approche de Sarrasin dans quelques endroits seulement, il peut s'estimer heureux. Quelle chaleur, quelle foule de sentiments et de nuances toujours vrais il savait mettre dans son jeu ! Le sublime de ses expressions échappait souvent à la multitude ; mais le petit nombre de gens de goût en était dans l'admiration et dans l'ivresse. Cependant le bon Sarrasin s'ignorait lui-même, et ne recevait des éloges bien mérités qu'avec une extrême confusion.

— Un poëte anonyme, et très-digne de l'être toujours, a fait graver au commencement de cette année d'horribles couplets contre le corps des danseuses de l'Opéra[1] ; chacune de ces dames y a le sien, et leurs amants n'y sont pas oubliés. Excepté deux ou trois de ces couplets, tous les autres sont détestables et plats ; on ne peut lire sans dégoût de pareilles vilenies. Un autre poëte anonyme a cru devoir venger les dames de l'Opéra par les vers suivants :

De Terpsichore chastes sœurs,
Tendres faiseuses de gambades,
O vous qui par des gargouillades

---

1. Les *Mémoires secrets* (18 janvier 1763) contiennent le passage suivant : « Il se trouve dans quelques maisons un petit almanach appelé *Étrennes aux paillards*. Il contient vingt-six couplets sur vingt-six danseuses de l'Opéra et leurs entreteneurs, fort méchants et fort bien faits dans leur espèce. M<sup>lle</sup> Lany ouvre le bal. Cet almanach est arrivé de Saint-Denis par la poste à plusieurs personnes. On l'attribue à M. Poinsinet *le Mystifié* et à M. de Pressigny, fils du fameux Maî

Savez vous soumettre les cœurs,
Un impudent, ciel, quel outrage !
A, dit-on, censuré vos mœurs :
On voit bien qu'il n'a pas mon âge,
Ou qu'il ignore vos faveurs.
Armez contre lui la Nature,
Courez, les torches à la main,
Déchaînez contre le parjure
Tous les monstres du magasin,
Évoquez les dieux et les diables,
Ils sont tous vos humbles valets ;
Qu'ils vengent vos talents aimables,
Votre pudeur et vos billets.

Quels reproches peut-on vous faire ?
Si parfois, sous l'œil du mystère,
Vous dupez quelque sot Midas,
Quelque ministre atrabilaire,
Pour vous envoler dans les bras
Du jeune et discret mousquetaire,
Ce sont vos droits, je les révère ;
Il n'est pas de plus doux loisirs.
Respectables enchanteresses,
Votre excuse est dans nos désirs,
Et multiplier vos faiblesses
C'est multiplier nos plaisirs.

— M. de Voltaire va marier Mlle Corneille à un officier de dragons qui demeure près de ses terres. Il avait déjà mis une rente viagère de quatorze cents livres sur sa tête ; il lui donne encore une somme de vingt mille livres, sans compter l'argent qu'on tirera de la souscription des Œuvres de Pierre Corneille. Il faut convenir que M. de Voltaire fait une belle fin. Surchargé de lauriers, rassasié de gloire, il consacre ses dernières années à la bienfaisance ; il doit être bien content de lui. « Actuellement, mande-t-il à ses frères les philosophes de Paris, je ne serai tranquille que je n'aie fait épouser Mlles Calas à deux conseillers au parlement de Toulouse. »

sonrouge. » Le 31 janvier, le même recueil annonce que les demoiselles de l'Opéra ont porté plainte. Quérard indique ce libelle au nom de Poinsinet le jeune, sous le titre *Tablettes des paillards* (titre donné le 9 février par Bachaumont), 1762, in-24 ; mais il ne semble pas l'avoir vu, et cette brochure ne figure, à notre connaissance, dans aucun catalogue ou répertoire important.

FÉVRIER

1ᵉʳ février 1763.

Tout le monde connaît le roman des *Illustres Françaises*[1]. C'est un livre mal écrit, mais plein d'intérêt, de naïveté et de vérité : on n'en connaît point l'auteur. Nos faiseurs de contes d'aujourd'hui écrivent en général mieux, mais ne savent point intéresser ni attacher comme lui. Le premier de ses contes est l'histoire des amours de Desronais et de Mˡˡᵉ Dupuis, qu'on lit avec plaisir. Le caractère original et soutenu du vieux Dupuis est très-piquant; sans être outré un moment, il est dessiné avec beaucoup de fermeté.

M. Collé, lecteur de monseigneur le duc d'Orléans, a imaginé de mettre ce conte sur la scène. Il en a fait une comédie en vers libres et en trois actes, qui est restée longtemps dans son portefeuille, et qui vient de paraître avec beaucoup de succès sur le théâtre de la Comédie-Française[2]. C'est le début de cet auteur, qui n'est plus jeune, dans la carrière dramatique[3]; mais sans avoir jamais occupé ni les théâtres ni les presses[4], M. Collé a toujours eu de la réputation à Paris. Un grand fonds de gaieté et de bonne humeur, un ton aussi excellent que fin et original, l'ont toujours fait rechercher par la bonne compa-

---

1. *Les Illustres Françaises* sont d'un nommé de Challes, Parisien; la première édition est de La Haye, 1703, 2 vol. in-12. La meilleure a paru à Amsterdam en 1748, par les soins de Prosper Marchand. (B.) — M. Champfleury a consacré à Challes une étude intéressante; voir *le Réalisme*, Paris, Lévy, 1857, in-18.
2. Le 17 janvier.
3. Collé était né en 1709, et avait par conséquent cinquante-quatre ans à cette époque. Ce n'était pas son début dans la carrière dramatique, car il était le fournisseur ordinaire du théâtre du duc d'Orléans, et plusieurs des parades composées par lui pour le prince avaient été imprimées dans le *Théâtre des boulevards*, Paris, 1756, 3 vol. in-12. Il avait en outre fait représenter le 1ᵉʳ mars 1753, à l'Opéra-Comique, *le Jaloux corrigé*, et la même année, au grand Opéra, une pastorale de *Daphnis et Églé*, dont Rameau fit la musique; mais il n'avait rien donné encore sur la scène française. (T).
4. Il avait plus d'une fois occupé les presses avant 1763; car les pièces citées dans la note précédente avaient été imprimées dans l'année de leur représentation, et il avait en outre publié *Alfonse dit l'Impuissant*, tragédie burlesque, 1740, in-8°, et *la Vérité dans le vin*, comédie, 1747, in-8°. (T.)

gnie; l'honnêteté de ses mœurs et de son caractère lui a fait des amis solides. Elle l'a aussi préservé de deux écueils également dangereux et difficiles à éviter avec cette tournure d'esprit : le premier, de devenir caustique en se livrant entièrement à la satire ; l'autre, de jouer dans les sociétés le rôle de plaisant et de bouffon, rôle bien avilissant pour un homme d'honneur.

M. Collé a fait un grand nombre de couplets et de chansons qui sont presque tous des chefs-d'œuvre. Vous en avez vu quelquefois à la suite de ces feuilles ; mais la plupart, non moins excellents et précieux aux gens de goût, ne sauraient vous être présentés à cause de leur excessive liberté. Cette licence, enfant de la verve et de la folie, ne marque ni un cœur dépravé, ni des mœurs corrompues ; elle éprouvera toujours l'indulgence des honnêtes gens, qui savent que la vertu consiste en autre chose que dans le langage emphatique et pédantesque d'une morale alambiquée et austère. Qu'un homme se mette de sang-froid à composer des ouvrages licencieux, je prendrai aussi mauvaise opinion de son cœur que de son esprit ; mais que l'ivresse du moment, qu'une saillie involontaire, lui fassent échapper malgré lui un couplet trop libre, je me garderai bien de le condamner ; et lorsque ce couplet est plein de talent, de feu, de goût et d'élégance, il me rappellera Anacréon et Horace, et je me souviendrai que les plus beaux esprits de tous les siècles ont toujours un peu donné dans le péché de la gaillardise. Que, pour ce, ils soient damnés dans l'autre monde, à la bonne heure ; mais, dans celui-ci, ils seront toujours bien aimables, et je crois que le préfet de l'enfer même ne pourra jamais les confondre avec cette foule de méchants, de fripons, d'hypocrites, de cœurs durs et féroces, dont son séminaire doit être garni.

Je ne suis pas si indulgent pour les parodies de M. Collé, et le péché contre le bon sens et le bon goût ne trouve pas grâce devant moi comme celui de la gaillardise. Ce détestable genre consiste à prendre des airs de chant et de danse, et à ajuster dessus des paroles dont les syllabes et la mesure s'y arrangent très-exactement, mais dont les phrases et le sens sont presque toujours en contradiction avec les phrases et l'expression de la musique, ou du moins n'y ont aucun rapport, en sorte qu'il ne reste plus ni déclamation, ni intonation véritable.

Ces parodies, si contraires au goût et au sens commun, mais dont le mécanisme, dans l'arrangement des paroles, peut quelquefois étonner, ont fait longtemps la vogue de l'ancien Opéra-Comique. Elles ne peuvent réussir que chez un peuple dont l'oreille est insensible à la musique, qui n'en connaît point le vrai langage, et dont les applaudissements dépendent du plus ou moins de notes que le compositeur aura entassées, et des cris plus ou moins forts qu'un chanteur poussera pour déchirer leur tympan. Ceux qui prennent du bruit pour de la musique ne sauront jamais ce que c'est que déclamation et expression, et la parodie la plus barbare pourra encore leur plaire. Le seul procédé de faire, au rebours du sens commun, des paroles d'après la musique, marque déjà le comble de la barbarie, et la musique italienne n'a pas reçu en France de plus sensible outrage que celui de voir les chefs-d'œuvre de Saxon et de Buranello parodiés par des vers qui n'ont aucun rapport à la déclamation et à l'expression de la musique. On trouve dans les parodies de M. Collé une facture singulière, un choix de mots rare et original ; mais c'est, à mes yeux, un crime de plus que de prodiguer beaucoup de talent à un genre d'un goût si barbare et si détestable. Le genre des parades ne vaut guère mieux, et M. Collé a encore à se reprocher d'en avoir fait un grand nombre ; mais du moins la bonne plaisanterie peut-elle s'y montrer quelquefois sans fausseté, et la saillie du moment peut engager à faire grâce au reste.

Les autres ouvrages de M. Collé consistent dans plusieurs petites comédies dont les mœurs et le ton sont trop ressemblants aux nôtres pour pouvoir être jouées sur les théâtres publics. J'en ai vu représenter quelques-unes sur le théâtre de M. le duc d'Orléans, à Bagnolet, dont M. Collé dirige depuis longtemps les amusements. La plupart de ces pièces sont remplies d'esprit et de gaieté ; celle qui a pour titre *la Vérité dans le vin* m'a paru un chef-d'œuvre.

Ce poëte a encore emprunté du théâtre anglais la comédie du *Roi et le Meunier*, dont M. Sedaine vient de faire un opéra-comique charmant [1]. M. Collé a imaginé de faire de son roi, non pas un prince idéal, mais Henri IV ; en sorte que c'est ce

---

1. Voir précédemment p. 191.

grand et bon prince qui se trouve égaré dans la forêt et retiré dans la cabane du meunier sans être reconnu de personne. Heureuse idée, qui ne peut manquer d'intéresser tous les cœurs sensibles au succès de cette pièce, pour peu que le poëte ait su faire parler et agir le bon Henri! Mais comme cette comédie paraîtra peut-être sur la scène, ne prévenons pas le jugement du public, et parlons de *Dupuis et Desronais*.

La pièce de M. Collé ne peut être jugée comme une comédie. Elle n'a proprement ni intrigue ni action ; c'est, si vous voulez, un conte dramatique d'un tissu très-faible, mais rempli de jolis détails ; d'ailleurs d'un très-bon ton, et dialogué avec beaucoup de vivacité et de chaleur. Le jeu des acteurs a beaucoup contribué au succès ; Molé a joué le rôle de Desronais avec un applaudissement universel, quoique à mon sens il y ait mis un peu trop de feu. Brizard a beaucoup réussi dans le rôle du vieux Dupuis.

Je crois qu'on trouvera à l'impression cette pièce bien écrite, si l'on veut faire grâce aux chevilles, aux épithètes et synonymes oisifs, que la nécessité de rimer et de remplir le vers entraîne toujours. En général, si cette pièce manque de force comique, de génie, d'invention, on ne peut nier qu'elle ne suppose d'ailleurs beaucoup de talent dans le poëte. Le vrai dialogue, le bon ton, la finesse, sont devenus, sur notre théâtre, des choses si rares qu'il en faut faire grand cas quand on a le bonheur de les rencontrer.

Mais après avoir rendu cette justice au talent de M. Collé, il faut convenir aussi qu'en comparant sa pièce au conte dont elle est tirée, celui-ci conserve tous ses avantages ; tout y est mieux combiné, mieux amené, plus vrai. Dans le fait, le vieux Dupuis n'est pas assez étourdi pour faire Marianne confidente d'une intrigue de galanterie de son amant. Il sait qu'il joue le bonheur de sa fille par cette confidence, et comme il est bien éloigné de vouloir brouiller les deux amants, il n'a garde de hasarder un moyen si périlleux pour reculer un mariage qu'il a à cœur de retarder, mais non pas de rompre. Aussi M. Collé a-t-il été obligé de rendre Marianne très-peu difficile sur le pardon dont Desronais a besoin ; mais c'est une autre fausseté, car, dans le fait, Marianne n'aurait pas traité cette affaire si légèrement. Si Desronais avait pu se livrer à quelque aventure galante, voici ce qui en serait arrivé : le vieux Dupuis en aurait tiré tout le parti possible dans ses tête-à-tête avec Desronais, pour le faire bien enrager ; aussi souvent que celui-ci eût voulu entamer l'affaire du mariage, l'autre n'aurait pas manqué de le railler sur son intrigue avec la comtesse ; il l'aurait même menacé de tout découvrir à Marianne, mais jamais il n'aurait effectué cette menace.

M. Collé avait, dans le roman même, un moyen bien simple dont il pouvait faire usage. Après la mort du vieux Dupuis, une infidélité apparente de Marianne occasionne une rupture entre elle et son amant, et le raccommodement ne se fait que par l'entremise d'un ami commun. Si notre poëte avait employé ce moyen, sa pièce aurait pu avoir une sorte d'intrigue, et la délicatesse de Marianne n'eût pas été compromise. Desronais, réellement jaloux, quoique à tort, n'aurait pas dérobé longtemps ce sentiment à la sagacité du vieux Dupuis ; excellent moyen que celui-ci n'aurait pas manqué de saisir pour différer le mariage. Avec quelle adresse il aurait confirmé et augmenté les soupçons de Desronais en conservant toujours son ton goguenard, et en se moquant de lui sans cesse ! Dupuis se serait bien permis d'entretenir des soupçons ridicules et faux que son amoureux aurait conçus en dépit du bon sens ; mais il n'aurait eu garde d'apprendre à sa fille un tort réel d'un homme qu'il lui destine pour époux. Si ce tort ne signifie rien entre hommes, le sage Dupuis sait trop bien qu'il n'en faut pas davantage pour ôter à une femme l'illusion et le charme d'un lien sacré : car M. Dupuis ne manque pas de délicatesse ; au contraire, c'est pour en avoir trop eu qu'il est devenu méfiant et caustique, parce que ce sentiment l'a rendu plus exigeant avec les hommes qu'il ne convient de l'être.

M. Collé est tombé dans ce défaut en rendant son Dupuis dissimulé, et c'est à mon gré une grande faute qu'il a commise. M. Dupuis, dans la comédie, cherche à cacher les vrais motifs de son refus ; celui du roman ne les cache jamais. Il parle toujours à ses enfants naturellement et avec la plus grande simplicité ; la franchise est une qualité essentielle de son caractère, et c'est en quoi il est beaucoup plus vrai et plus piquant. Dans la pièce, les vivacités de Desronais le fâchent et lui font perdre le sang-froid à tout moment ; dans le roman, il n'en sort jamais. Comme son parti est arrêté d'une manière irrévocable, la mauvaise humeur de ses enfants le touche précisément aussi peu que leurs instances et leurs suppliques. Dupuis n'est pas homme ni à se fâcher, ni à céder : il cède pourtant dans la pièce, parce qu'il a bien fallu finir ; mais dans le fait et dans le roman, ces enfants ne peuvent être mariés qu'après sa mort. Desronais est aussi dans le conte beaucoup moins jeune et moins emporté que dans la pièce ; dans le roman, c'est un homme de trente ans ; dans la pièce, il en a à peine dix-huit. Cependant Marianne en a vingt-cinq accomplis. Il est bien vrai que M. Collé ne fixe point l'âge de Desronais ; mais ses mœurs et ses manières prouvent que c'est un enfant qui sort du collége. De pareilles fautes sont peu senties, mais n'en sont pas moins réelles, et détruisent dans un ouvrage l'harmonie des couleurs. Sans savoir à quoi s'en prendre, on remarque du papillotage dans le tableau, et on est importuné. Les anciens ne tombent jamais dans ces sortes de dissonances, et l'homme de génie est toujours judicieux.

Pour résumer en peu de mots, les personnages du roman sont des hommes d'un caractère naïf et vrai, tels qu'on les rencontre dans le monde, et ceux de la pièce ont un peu de cette fausseté théâtrale qui a infecté tous nos ouvrages, et qui nous éloigne de plus en plus de la nature. Lorsque la lecture de cette pièce vous aura mis à portée de comparer, je ne doute point que le conte ne conserve auprès de vous tous ses avantages, et par le choix des moyens, et par la vérité des caractères. Je crois aussi que M. Collé aurait mieux fait de réduire sa pièce en un acte. De cette manière, elle aurait pu rester au théâtre comme un ouvrage fort agréable.

— On a donné, sur ce triste théâtre de l'Opéra, une tragédie nouvelle intitulée *Polyxène*, dont les paroles sont de M. Joliveau et la musique de M. Dauvergne[1]. On a dit beaucoup de mal, et de la musique, et du poëme. Je ne sais pourquoi : car cet opéra est pour le moins aussi ennuyeux que cinquante autres de ma connaissance qui ont eu un grand succès.

— Piron, qui a dit de bonnes choses dans sa vie, assurait,

---

1. Représentée le 11 janvier. Joliveau était secrétaire perpétuel de l'Académie de musique.

l'autre jour qu'un discours de réception à l'Académie française ne devait pas s'étendre au delà de trois mots. « Je prétends que le récipiendaire doit dire : *Messieurs, grand merci;* et le directeur lui répondra : *Il n'y a pas de quoi.* Si cet usage s'était introduit, nous aurions, depuis la fondation de l'Académie, une centaine de discours ennuyeux de moins.

M. l'abbé de Voisenon, élu sur la fin de l'année dernière[1] pour remplir la place vacante par la mort de M. de Crébillon, a pris séance à l'Académie le 22 janvier dernier, et a prononcé son discours avec beaucoup d'applaudissements. Ce discours paraît, et ne soutiendra pas à l'impression le succès passager qu'il a eu à l'Académie. Vous le trouverez composé de phrases de toutes sortes de couleurs, décousu, et bien éloigné de la véritable éloquence. Au milieu de cela, il y a quelques phrases qui sont bien, parce qu'un écolier en rencontre parfois aussi dans la composition de ses thèmes. Si la conservation du goût et de la langue eût dépendu d'écrivains tels que M. l'abbé de Voisenon, nous serions tombés depuis longtemps dans la décadence que M. de Voltaire et trois ou quatre philosophes ont su reculer par la beauté et la vigueur de leur génie. Si vous lisez le discours du nouvel académicien, vous trouverez les deux temples et leur inscription dignes d'un architecte échappé du collége. Vous remarquerez une quantité de fausses images, de mauvaises expressions, et une affectation de poésie bien fastidieuse aux gens de goût. Vous demanderez ce que c'est qu'*un style desséché par l'exactitude*, et pourquoi *la muse de la Tragédie fixe des regards de désolation sur* RODOGUNE, CINNA, PHÈDRE, ANDROMAQUE *et* BRITANNICUS. Quoique Corneille et Racine soient morts, leurs tragédies n'en sont pas moins belles, et ne peuvent s'attirer que des regards de complaisance de la part de Melpomène. Cependant cette muse, dans l'excès de son abattement, jette son poignard, et j'aimerais assez ce trait-là si l'auteur ne faisait pas ramasser ce poignard par Crébillon.

1. Voisenon fut élu le 4 décembre 1762; ses amis étaient si sûrs de ce triomphe qu'à l'instant où l'Académie était encore assemblée il se répandit une quantité de portraits de cet abbé avec son nom et cette phrase : *élu à l'Académie française le 4 décembre 1762.* On lisait au bas des vers louangeurs. On mit cette ridicule galanterie sur le compte de Favart et de sa femme, tous deux fort bien avec Voisenon, mais à des titres différents. (T.)

Si quelqu'un a osé, depuis la mort de Corneille et de Racine, toucher au poignard de Melpomène, c'est certainement l'auteur de *Brutus* et de *Mahomet*, et c'est lui qui est l'homme immortel. J'admire quelquefois avec quelle légèreté on donne ici des titres; Crébillon et Sophocle sont presque devenus synonymes. Assurément si c'est là notre Sophocle les nations étrangères auraient tort de nous l'envier. Ce Sophocle français est ordinairement si peu français dans ses vers qu'il vous écorche les oreilles.

On n'a pas manqué de célébrer dans ces discours le monument que le roi a ordonné d'ériger à la mémoire de M. de Crébillon. A peine reste-t-il deux pièces de ce poëte au théâtre, encore ne les joue-t-on pas six fois par an, et je ne voudrais pas parier que *Rhadamiste* et *Électre* fussent encore dans dix ans d'ici au nombre des tragédies qu'on représente. La postérité sera donc bien étonnée de la distinction que le gouvernement a accordée à ce poëte, exclusivement à tous les génies, et du siècle passé et du siècle présent. Ceux qui connaissent le prix des talents iront visiter la tombe négligée de Montesquieu, dont le génie a honoré la France dans toute l'Europe, préférablement au mausolée du bonhomme Crébillon, qui sera toujours un homme barbare chez tous ceux qui ont de l'oreille et qui sont sensibles à la pureté, à l'harmonie et aux charmes de la véritable poésie.

La réponse de M. le duc de Saint-Aignan au discours de M. l'abbé de Voisenon prouve bien ce que prétend Piron, qu'*il n'y a pas de quoi*. M. de Saint-Aignan parle d'abord de l'Académie et de sa gloire, et dit ensuite au récipiendiaire : « C'est à ce que l'intérêt de la vôtre vous a paru demander qu'il nous est permis de croire, monsieur, que nous devons votre empressement à nous rechercher, en même temps que c'est à ce que vous avez déjà fait connaître de vos talents que vous devez le concours de nos suffrages. » Voilà assurément un bel enchaînement de phrases françaises à réciter dans l'Académie française. Il y aurait de quoi mourir de douleur pour la muse de l'éloquence, si elle s'avisait d'assister aux réceptions. Son abattement serait sûrement au-dessus de celui de Melpomène.

M. de Saint-Aignan, pour ne pas gâter M. l'abbé de Voisenon par ses éloges, ajoute un correctif. « Non, dit-il, que les agréments de vos productions, ni même tout ce qu'elles ont eu de succès, eussent suffi pour nous déterminer, mais parce que nous nous sommes flattés que désormais les fruits l'emporteraient sur les fleurs. »

Ce passage nous conduit insensiblement à l'admiration des voies impénétrables de la Providence. Il y a quelques années que M. Piron, auteur d'un chef-d'œuvre tel que la Métromanie, ayant d'ailleurs les vœux de l'Académie, en fut exclu pour avoir composé dans sa jeunesse une ode trop libre et trop célèbre[1]. M. l'abbé de Voisenon, prêtre, toujours mourant, toujours charmant, n'a d'autres titres pour être de l'Académie que quelques pièces du Théâtre-Italien, qui ne sont pas aussi charmantes que lui, et quelques romans qui sont remplis de sottises. Celui qu'il a donné en dernier lieu, et qui porte pour titre : Tant mieux pour elle[2], est plein d'obscénités et d'ordures ; et ce qui a fait exclure l'homme du monde de l'Académie y fait entrer le prêtre ! Cela est assez plaisant.

Ce qu'il y a de sûr, c'est que M. l'abbé de Voisenon est un des hommes les plus aimables qu'on puisse rencontrer ; qu'il y a dans l'Académie des gens plus minces que lui du côté du mérite, et que je suis fort aise qu'il en soit : ce qui n'empêche pas que Piron et quelques autres n'eussent dû y entrer avant lui et plusieurs de ses confrères. Le peu de consistance qu'on a reproché à son caractère et à ses sentiments ajoute infiniment à l'agrément de son esprit. Alternativement libertin et dévot,

1. Voir la lettre du 1er juillet 1753, t. II, p. 261.
2. Nous avons eu occasion de dire, note 1, p. 250 du t. IV, que ce petit roman était regardé par quelques personnes comme l'œuvre de la jeunesse de M. de Calonne. Nous croyons avec Grimm qu'elles sont dans l'erreur, et que Tant mieux pour elle est bien de Voisenon. Le passage suivant des Mémoires de son ami Favart ne permet pas même d'en douter. « L'auteur, homme respectable par ses mœurs autant que par son état, fut obligé de faire cette débauche d'esprit dans sa jeunesse... Il ne s'attendait pas que cette plaisanterie vît jamais le jour. Elle paraît, j'en suis la cause innocente ; j'étais possesseur de son manuscrit. Un coquin de libraire me le vola il y a six ans... Il vient de le faire imprimer à Liége... Je suis d'autant plus sensible à cette infidélité que l'auteur m'honore de son amitié et d'une confiance intime. » Il ajoute qu'il s'en vendit sous le manteau 4,000 exemplaires en quinze jours. (Mémoires de Favart, t. Ier, pp. 95, 96 et 99.) Il n'est pas permis de méconnaître l'abbé Voisenon dans cet homme respectable par son état... qui m'honore de son amitié. Quant aux mœurs de l'auteur, Favart les dit également respectables. Si l'épithète ne va pas très-bien à celles de l'abbé, il faut se souvenir que c'est un ami qui écrit, et qu'il n'avait pas là-dessus des données aussi certaines que sa femme. (T.)

mais toujours aimable, il a passé sa vie entre son confesseur, le P. Saint-Jean, jésuite, et M^me Favart, de la Comédie-Italienne, et il a fait avec remords beaucoup d'ouvrages remplis de sottises. Cette faiblesse et cette vacillation d'organes qui l'empêchent d'avoir un avis, et surtout de suivre ses résolutions, lui donnent aussi cette légèreté d'esprit, cette foule de saillies et d'épigrammes peu recommandable dans les ouvrages, mais très-séduisante dans la conversation. Il a passé sa vie à être mourant d'un asthme et à se rétablir un instant après. C'est un fait qu'un jour, à la campagne, se trouvant à l'article de la mort, ses domestiques l'abandonnèrent pour aller chercher les sacrements à la paroisse. Dans l'intervalle, le mourant se trouve mieux, se lève, prend une redingote et son fusil, et sort par la porte de derrière. Chemin faisant, il rencontre le prêtre qui lui porte le viatique, avec la procession; il se met à genoux comme les autres passants, et poursuit son chemin. Le bon Dieu arrive chez lui avec les prêtres et ses domestiques; on ne trouve plus le malade, qui, pendant qu'on le cherchait dans toute la maison, tirait des lapins dans la plaine.

— Quoique la lettre suivante ait été insérée dans les papiers anglais imprimés à Paris, et discontinués depuis plusieurs mois, elle mérite d'être conservée à la suite de ces feuilles.

LETTRE

DU PRÉSIDENT DE MONTESQUIEU A M. WARBURTON

SUR SON LIVRE CONTRE LES ŒUVRES PHILOSOPHIQUES DE MILORD BOLINGBROKE [1].

Paris, 16 mai 1754.

J'ai reçu, monsieur, avec une reconnaissance très-grande, les deux magnifiques ouvrages que vous avez eu la bonté de m'envoyer, et la lettre que vous m'avez fait l'honneur de m'écrire sur les *Œuvres posthumes de milord Bolingbroke;* et comme cette lettre me paraît être plus à moi que les deux ouvrages qui

---

1. Ce livre était intitulé *Aperçu de la philosophie de lord Bolingbroke*. Warburton, savant prélat anglais, naquit en 1698 et mourut en 1779. Cette lettre que lui adressa Montesquieu se trouve dans les éditions des *Œuvres* de l'auteur de *l'Esprit des lois*. (T.)

l'accompagnent, auxquels tous ceux qui ont de la raison ont part, il me semble que cette lettre m'a fait un plaisir particulier.

J'ai lu quelques ouvrages de milord Bolingbroke ; et s'il m'est permis de dire comme j'en ai été affecté, certainement il a beaucoup de chaleur, mais il me semble qu'il l'emploie ordinairement contre les choses, et il ne faudrait l'employer qu'à peindre les choses. Or, monsieur, dans cet ouvrage posthume dont vous me donnez une idée, il me semble qu'il vous prépare une matière continuelle de triomphe. Celui qui attaque la religion révélée n'attaque que la religion révélée ; mais celui qui attaque la religion naturelle attaque toutes les religions du monde. Si l'on enseigne aux hommes qu'ils n'ont pas ce frein-ci, ils peuvent penser qu'ils en ont un autre ; mais il est bien plus pernicieux de leur enseigner qu'ils n'en ont pas du tout. Il n'est pas impossible d'attaquer une religion révélée, parce qu'elle existe par des faits particuliers, et que les faits par leur nature peuvent être une matière de dispute ; mais il n'en est pas de même de la religion naturelle : elle est tirée de la nature de l'homme, dont on ne peut pas disputer, et du sentiment intérieur de l'homme, dont on ne peut pas disputer encore. J'ajoute à ceci : Quel peut être le motif d'attaquer la religion révélée en Angleterre ? On l'y a tellement purgée de tout préjugé destructeur qu'elle n'y peut faire de mal, et qu'elle y peut faire, au contraire, une infinité de biens. Je sais qu'un homme en Espagne ou en Portugal, que l'on va brûler ou qui craint d'être brûlé, parce qu'il ne croit pas de certains articles dépendant ou non de la religion révélée, a un juste sujet de l'attaquer, parce qu'il peut avoir quelque espérance de pourvoir à sa défense naturelle ; mais il n'en est pas de même en Angleterre, où tout homme qui attaque la religion révélée l'attaque sans intérêt, et où cet homme, quand il réussirait, quand même il aurait raison dans le fond, ne ferait que détruire une infinité de biens pratiques pour établir une vérité purement spéculative. Je suis, etc.

15 février 1763.

Je vais vous rendre compte d'une conversation que j'ai eue ces jours passés avec une femme de beaucoup d'esprit, au sujet d'un roman qui vient de paraître sous le titre de *Mémoires de madame la baronne de Blémont*, publiés par M^me la marquise de Saint-Aubin[1]. Nous n'en avons encore que cinq parties, dans lesquelles le roman de M^me de Blémont n'est guère avancé parce qu'elle rencontre à tout moment des personnes qui lui content leurs aventures, ce qui l'empêche de nous conter les siennes ; mais M^me de Saint-Aubin, son historiographe, nous promet encore cinq autres parties dans lesquelles son héroïne aura son tour sans doute. Ce roman est aussi intitulé *le Danger des liaisons*, et voici à peu près ce qu'il en fut dit :

La Marquise. Eh bien, monsieur, il ne faut donc pas espérer que vous lisiez les Mémoires de M^me de Blémont ?

Moi. En vérité, madame, je n'ai pas le courage de lire toujours de mauvais livres. Entre mille inconvénients, croirez-vous bien qu'on ne tient pas à la longue contre la corruption du style qui règne dans toutes les productions du jour? N'est-il pas vrai qu'on ne passerait pas impunément toute sa vie en mauvaise compagnie ?

La Marquise. Vous voilà, vous autres philosophes; vous êtes d'un difficile...

Moi. Puisqu'il faut faire cause commune avec eux, je vous supplie de me dire quel est le bon livre qui ait paru depuis quinze ans, et dont les philosophes n'aient été les prôneurs et les partisans?

La Marquise. Je ne vous reproche pas de décrier les bons livres, je vous reproche de n'avoir pas assez d'indulgence pour les autres.

Moi. Les autres ! c'est-à-dire les mauvais?

La Marquise. Il n'y a donc point de milieu entre ces deux extrêmes?

Moi. Pardonnez-moi, il y a encore les livres qui ne sont ni bons ni mauvais; mais s'il existe quelques livres excellents, pourquoi faut-il perdre son temps à lire les médiocres? La vie vous paraît-elle si longue?...

La Marquise. Vous ne voulez pas me croire. Je vous dis que le roman de M^me de Blémont m'a amusée. Rien de plus intéres-

---

1. *Le Danger des liaisons, ou Mémoires de la baronne de Blémont*, par M^me la M... de S... A...; Genève, 1763, 3 volumes en 6 parties in-12.

sant que l'histoire de cette religieuse qui tient tout un volume.

Moi. Eh bien, madame, je l'ai lue, cette histoire, et, pour parler comme M^me de Saint-Aubin, elle m'a jeté dans un absorbement...

La Marquise. Taisez-vous, monsieur, point de mauvaises plaisanteries.

Moi. Mais si vos femmes vous disaient : « Madame, nous ne pouvons, à nos âges, veiller jusqu'à trois heures du matin pour vous coucher quand il faudrait se lever; nous craindrions pour nos santés... »

La Marquise. Vous êtes insupportable.

Moi. Eh bien, ne parlons plus du style. Je voudrais de tout mon cœur m'attendrir sur les malheurs de cette religieuse; mais en conscience...

La Marquise. Quoi! vous avez le cœur assez mauvais pour entendre, sans fondre en larmes, le récit d'une jeune innocente qui se trouve sans s'en douter sous la tutelle d'une femme perdue, qui est traînée dans une prison affreuse, qui n'en sort que pour être dans les bras d'un amant qui la rend malheureuse malgré lui?... Ah! je ne vous reconnais pas à cette dureté d'âme.

Moi. Plût au ciel que nos auteurs me fissent moins bâiller, et pleurer plus souvent! Mais, d'honneur, je ne tiens pas à l'absurdité et à la fausseté de leurs fictions. Ces pauvres gens sont persuadés qu'on n'a qu'à accumuler les situations les plus horribles et les plus extravagantes pour faire un roman intéressant et pour être un homme d'une imagination féconde. Votre protégé, le chevalier de Mouhy, qui, avant d'être homme d'État dans l'antichambre du maréchal de Belle-Isle, a composé quatre-vingt-quatre volumes pour l'amusement de la partie méridionale de l'Allemagne et des îles sous le vent, vous dira, madame, quand vous voudrez, que Voltaire a quelque supériorité sur lui du côté du style, mais que, du reste, il n'y a pas en France un auteur à imagination comme lui.

La Marquise. Mais s'il n'était pas si bête, il en aurait beaucoup.

Moi. Vous avez raison; je ne vois que l'esprit et le talent qui manquent à nos auteurs; avec ces deux petites qualités de plus, je ne doute pas qu'ils ne fissent des choses étonnantes. Croyez-vous, madame, qu'il faille être un grand Grec pour inventer des situations très-romanesques? L'homme de génie, à cet égard, a peu de supériorité sur l'homme ordinaire; le génie et le talent se montrent dans la manière dont une situation est traitée. Si une seule situation forte ne suffit pas à votre poëte pour produire les plus grands effets; s'il lui en faut successivement par demi-douzaine, les unes plus terribles que les autres, j'en conclurai que c'est à coup sûr un plat homme qui voudrait me dérober la pauvreté de sa tête sous une foule malheureuse d'incidents épouvantables. Or ces gens-là n'ont jamais trouvé le chemin de mon cœur.

Je ne veux pas examiner comment votre religieuse se trouve dans une maison perdue. Elle y est conduite par un enchaînement d'événements qui n'ont pas le sens commun. Il m'est donc d'abord impossible de m'intéresser à une situation qui n'a nulle vérité; mais quand je pourrais passer par-dessus ce péché irrémissible, voyons, je vous supplie, la manière dont cette situation est traitée, et si elle peut m'affecter un moment? Il s'agit vraiment bien ici d'épuiser un moyen terrible, de mettre une jeune créature innocente et honnête, sans appui, sans expérience, dans un lieu perdu... et pourquoi faire? Pour mouiller les yeux de madame la marquise pour un moment... Madame, si son danger ne vous fait pas dresser les cheveux, s'il ne vous fait pas frissonner incessamment, il faut noyer l'auteur et sa religieuse.

La Marquise. Si bien qu'on ne pourrait faire une telle lecture sans déranger sa coiffure cinq ou six fois par jour? Et croyez-vous que les patiences de mes femmes de chambre y tiendraient?

Moi. Convenez, du moins, que leurs colères feraient bien de l'honneur à votre auteur... Au reste, voyez votre injustice; vous vous permettez de parler le langage de M$^{me}$ de Blémont, et moi...

La Marquise. Allez votre chemin.

Moi. Je me rappelle que lorsque j'ai trouvé Clarisse Harlowe dans une situation semblable à celle de votre religieuse, son malheur m'affecta au point que j'en perdis le sommeil. J'en fus pendant longtemps dans une agitation telle que, si Clarisse Harlowe eût été ma sœur, elle n'aurait pu être plus forte. Voilà, madame, la différence entre Richardson et M$^{me}$ de Saint-Aubin.

La Marquise. Eh bien, oui; il vous faut toujours des agitations, des convulsions. Pour moi, j'aime des sensations plus tranquilles.

Moi. Il est vrai, quand la situation est forte et terrible, j'exige que l'auteur me pénètre de terreur et me fasse éprouver toute la puissance de son génie ; mais je ne demande pas qu'on me mette toujours en convulsion ; au contraire, je n'aime pas les poëtes qui veulent me faire trembler et frissonner à tout instant. Un auteur judicieux réserve les grands ressorts pour les tableaux les plus pathétiques. C'est alors qu'il faut briser, déchirer ; c'est alors que vous redoutez de prendre le livre et que vous ne pouvez vous en empêcher. Mais ces occasions sont rares ; elles appartiennent toutes à la grande tragédie, telle que l'histoire de *Clarisse Harlowe*.

Le jugement est un attribut du génie qui ne l'abandonne jamais ; voyez celui de Richardson. Le roman de *Paméla* est plein d'intérêt et de charme ; mais l'auteur s'est bien gardé d'y employer les ressorts terribles du roman de *Clarisse*. Paméla vous attendrit souvent, vous fait souvent venir les larmes aux yeux, mais d'une manière douce et délicieuse ; au contraire, Clarisse les fait couler avec violence, vous suffoque à force de sanglots, vous cause des angoisses et des convulsions mortelles. Les dangers que court l'innocente et naïve Paméla vous font aussi éprouver une sorte de terreur ; mais cette terreur n'a pas le caractère tragique et effrayant des malheurs de Clarisse.

La Marquise. Ainsi les Anglais nous ont vaincus par leur génie.

Moi. Oh! que nenni! Dans les lettres, et en fait de génie, nous avons bien encore quelques hommes à leur opposer. Attendez seulement qu'ils soient morts, et vous verrez comme nous nous en vanterons.

La Marquise. Chez nous, il faut donc que le mérite soit enseveli sous la tombe pour obtenir justice?

Moi. Oui, et ce n'est pas faire la satire de la France; c'est faire l'histoire du genre humain. Quant au roman, madame, je crois que les Anglais nous ont laissés loin derrière eux. Je vais me déshonorer peut-être dans votre esprit; mais je fais plus de cas de ce roman d'*Amélie*, qu'on nous a traduit il y a six mois, que du plus grand nombre de nos romans français.

La Marquise. Vous parlez du roman de Fielding, que Mme Riccoboni a arrangé?

Moi. Non pas de la traduction libre et élégante de M^me Riccoboni, mais de la mauvaise traduction littérale qu'on nous en a donnée sur la fin de l'été dernier[1]; on n'en a rien retranché, et il m'a fort amusé. Personne ne l'a lu, les femmes en ont dit des horreurs; mais je n'ai pu changer d'avis. C'est que les personnages de ce roman ressemblent précisément aux hommes, tels que je les rencontre dans les rues, tels que je les vois dans le monde, et voilà ce qui me fait plaisir. Ils n'ont rien de ce vernis faux dont nous enluminons en France tous les personnages de nos romans et de nos pièces de théâtre. M. Booth n'est assurément pas un homme bien merveilleux; mais il faut plus de véritable talent pour rendre la physionomie commune et vraie d'un dadais comme M. Booth que pour peindre des gens comme on n'en a jamais vu. Je fais beaucoup de cas du talent de M^me Riccoboni et de sa manière d'écrire; mais elle a gâté le roman d'*Amélie*.

La Marquise. Qu'elle nous donne donc quelque chose d'elle, et qui ressemble à *Milady Catesby*.

Moi. Et surtout, qu'elle ne nous avertisse plus qu'elle trouve le roman d'*Amélie* mauvais, sans quoi je prendrai une idée désavantageuse de son goût et de son jugement. *Milady Catesby* est une jolie chose; mais il y a vingt morceaux dans *Amélie* que j'aimerais mieux avoir faits que cinquante *Milady Catesby*. Lisez, par exemple, la conversation du docteur Harrison avec le colonel James, sur le duel, que M^me Riccoboni a parfaitement gâtée dans son imitation. Lisez-la dans la mauvaise traduction littérale, et vous verrez la différence qu'il y a entre un homme de génie qui sait faire parler les personnages qu'il introduit et un dissertateur emphatique comme l'auteur de *la Nouvelle Héloïse*, qui fait un traité dogmatique sur le duel au lieu de nous en tracer les sentiments probables de ses personnages. C'est que Fielding, n'en déplaise à M^me Riccoboni, a du génie, et Jean-Jacques Rousseau n'est qu'un écrivain.

La Marquise. Ah! je vous abandonne cette bégueule de Julie et son pédant de précepteur; vous savez que je ne puis les souffrir; mais ne comptez pas m'étourdir avec vos noms anglais. Votre Grandisson, par exemple, n'est-il pas aussi empha-

---

[1] Voir page 130.

tique que Jean-Jacques, et n'a-t-il pas toute cette forfanterie que vous reprochez à nos héros de roman et de théâtre?

Moi. Si j'étais tenté de vous abandonner Grandisson, je dirais qu'au moins, ici, ce n'est pas l'auteur qui a de l'emphase, mais son personnage : cela fait une grande différence. Richardson, même dans son roman de *Grandisson*, a vingt styles différents ; tous les personnages de *la Nouvelle Héloïse* parlent le langage emphatique de Rousseau. Or l'essentiel, dans ce genre d'ouvrages, c'est que l'auteur n'y paraisse jamais. Quelque esprit qu'il ait, s'il m'oblige de m'en souvenir, c'est à coup sûr en mal. Je vais vous donner, madame, une grande preuve de mon impartialité. Le roman de *Grandisson*, comme tout ce qu'a fait Richardson, est rempli de traits sublimes; mais je ne suis pas content du personnage de sir Charles Grandisson.

La Marquise. Ah, vous me ravissez!

Moi. Ce n'est pas que je ne trouve un tel caractère dans la nature; mais je l'aurais voulu d'une teinte un peu plus sombre; il ne me paraît pas outré. Grandisson ne me paraît pas trop parfait, comme on a dit ; mais il parle un peu trop, parfois même il disserte; et moi, je l'aurais voulu homme de peu de paroles, taciturne, toujours agissant, ne parlant jamais. De cette manière, il aurait eu un caractère plus intéressant et plus vrai, et toute cette emphase qui vous choque aurait disparu. Plus un homme est noble et grand dans ses actions, plus il faut qu'il soit simple dans ses discours et dans ses manières.

Et puis, je ne puis souffrir que tout lui réussisse à son gré. Les petites choses comme les grandes, il n'entreprend rien sans succès; cela est contre l'expérience de la vie. Vous savez mieux que moi, madame, combien les bonnes actions produisent peu de bien; qu'il n'est pas si aisé de faire du bien aux hommes, et que leur déraison et leur méchanceté déconcertent souvent les meilleurs projets conçus en leur faveur.

La Marquise. Mais si l'on réussit une fois sur vingt, ne faut-il pas toujours faire le bien?

Moi. Oh! oui, dût-on ne réussir jamais. Mais quand vous ne réussissez qu'une fois sur vingt!... Je ne puis souffrir que Grandisson réussisse toujours.

La Marquise. Eh bien, je vous trouve beaucoup moins sujet à l'engouement que je ne l'aurais imaginé. En vérité, je crois que je prendrai confiance en vous; mais, par amitié pour moi, tâchez de trouver les Mémoires de M^me de Blémont un peu bons.

Moi. En conscience, madame, j'y ai trouvé une belle chose.

La Marquise. Comment! vous m'en parlez depuis une heure, et vous ne dites pas... Mais parlez donc... Vous êtes vraiment insupportable.

Moi. Le titre, madame, le titre *le Danger des liaisons!* Ah! le beau titre et le beau sujet!

La Marquise. Je m'en doutais... Taisez-vous, monsieur; on ne peut tirer aucun parti de vous... (*En riant.*) Oui... Pourquoi pas? Par le temps qui court, on ferait un bon traité sur le danger des liaisons politiques.

Moi. Je ne me mêle pas de politique; mais ne pensez-vous pas qu'on en ferait un beau roman?

La Marquise. Ou bien une belle comédie.

Moi. Vous avez raison. Nous donnerons la comédie à faire à Diderot, et le roman à Richardson.

La Marquise. Je n'y trouve que deux petites difficultés: c'est que le premier ne travaille pas, et que le second est mort.

Moi. Je n'ai pourtant pas de troisième à vous proposer; mais convenez, madame, que le sujet du *Danger des liaisons* est beau. Pour peu qu'on ait l'expérience des choses de la vie, on sent combien il est profond et fécond. Il n'est pas ici seulement question des liaisons avec les méchants et des malheurs qui peuvent en résulter; cette manière de traiter ce sujet, il faut l'abandonner aux écrivains ordinaires. Mais n'avez-vous pas remarqué qu'il y a souvent une fatalité attachée aux liaisons entre les personnes les plus vertueuses, et qu'elles peuvent produire des malheurs aussi imprévus qu'inévitables? Il n'est pas rare, ce me semble, de voir la vertu la plus pure conduire l'innocence de précipices en précipices jusqu'à sa perte.

La Marquise. Vous parlez du plus effroyable des malheurs.

Moi. Nous sommes tous sous la main invisible du sort. A-t-on le choix de rien? Y a-t-il d'autre rôle que celui d'obéir aux impulsions que chacun reçoit? Un concours prodigieux de hasards et de circonstances, dont aucune n'était en mon pouvoir, a formé mes liaisons. Dépendait-il de moi de rencontrer ou de ne pas rencontrer telle ou telle personne; et tout ce qui s'ensuit de cette rencontre, n'est-ce pas une conséquence nécessaire d'un principe qui ne l'est pas moins? Qu'on me montre, par exemple, comment le jeune Lavaysse aurait pu éviter d'être de ce fatal souper de Toulouse qui a commencé les malheurs sans exemple de la famille de Calas.

La Marquise. Ah! ne rappelons point cette déplorable aventure! Vous me faites sentir qu'il faudrait une autre plume que celle de M^me de Saint-Aubin pour traiter le sujet du danger des liaisons. Cependant, je vous en conjure, n'en dites pas de mal à vos philosophes. Ils ne le liront pas, et l'ouvrage réussira.

Moi. Ne dirait-on pas que le sort des nouveaux livres dépend du caprice de quelques philosophes? Quant à ce point, madame, je ne crois pas à la nécessité. Je sens bien celle qui fait qu'un mauvais auteur fait de mauvais livres; mais je ne connais aucune fatalité qui puisse empêcher qu'un bon livre ne soit bon. Au reste, je vous donne ma parole qu'en sortant d'ici je ne penserai plus à M^me de Blémont ni à ses aventures, et qu'il ne m'en coûtera pas de l'oublier.

La Marquise. Vous êtes un monstre.

Un valet de chambre (*qui entre*). M^me de Saint-Aubin assure madame la marquise de son respect. Elle lui envoie encore vingt *Danger des liaisons*. Elle espère que madame la marquise voudra bien les lui vendre comme les autres.

Moi (*en riant*). Que ne le disiez-vous plutôt, madame?

La Marquise (*à son valet de chambre, en riant*). Étourdi, qui vous prie de faire vos commissions tout haut?

Moi. Madame, je vous reconnais, et je reprends ma parole. Si nos philosophes ne veulent pas lire *le Danger des liaisons*, ils l'achèteront du moins; je vous en réponds, et ils n'en diront point de mal. Je retiens dix de ces exemplaires; j'en enverrai dans le nord de l'Allemagne, car je ne trafique point au midi.

La Marquise. Eh bien, je vous pardonne tous vos torts, et je vous trouve le cœur excellent. Ne vaut-il pas mieux que nous ayons chacun un écu de moins, et que M^me de Saint-Aubin tire quelque argent de son ouvrage?

Moi. Sans doute, madame, et si vous vouliez m'aider à vendre un *Discours sur la satire*, vous feriez deux bonnes actions au lieu d'une; car j'ai aussi mes Saint-Aubin. Les miens ont traduit ce Discours de l'italien d'un M. Romolini [1]. Je pourrais vous dire ce qu'on dit de tous les mauvais livres, qu'il y a de bonnes choses; mais, entre nous, cela est fort ennuyeux à lire. Ce qui n'empêche pas que je ne veuille en vendre beaucoup au profit de mes Saint-Aubin.

La Marquise. Envoyez, envoyez; nous en dirons du bien.

En conséquence de l'entretien précédent, on peut acheter si l'on veut être charitable, et jeter au feu si l'on veut être juste, une foule de nouveaux romans qui paraissent depuis quelque temps, et dont voici la liste :

*Les Succès d'un fat*, en deux parties.

*Les Promenades et Rendez-vous du parc de Versailles*, en deux parties.

(La marquise, qui n'en a point d'exemplaires à vendre au profit des auteurs, dit que ces deux romans sont d'une bêtise achevée.)

*Les Hommes volants, ou les Aventures de Pierre Wilkins*, traduites de l'anglais, avec des figures, en trois volumes. Je ne sais si ce roman est effectivement traduit; c'est une bien mauvaise copie du *Gulliver* de l'inimitable Swift.

*Les Après-soupers de la campagne, ou Recueil d'histoires courtes, amusantes et intéressantes*, en deux parties. C'est la suite d'une rapsodie dont le commencement a paru en 1760. L'auteur prétend que le public reçut alors son ouvrage avec indulgence. Si le parfait oubli peut s'appeler ainsi, l'auteur a raison d'être reconnaissant.

Joignez à ce fagot *les Soirées du Palais-Royal, ou Veillées d'une jolie femme* [2].

---

1. *Discours sur la satire*, traduit de l'italien de Romolini (par Girard), Amsterdam et Paris, 1763, in-12. (Barbier, *Dict. des Anonymes*.)

2. *Les Succès d'un fat* (Paris, 1762, 2 part. in-12) sont de M$^{me}$ de Kéralio, née Abeille; *les Promenades et Rendez-vous du parc de Versailles* (Paris, 1762, 2 part. in-12), de Huerne de La Mothe; *les Après-soupers de la campagne*, par de Bruix et de Léris (Paris, 1759-1764, 4 vol. in-12); et c'est M. de Puisieux qui a pris assez inutilement la peine de traduire de l'anglais *les Hommes volants* (Londres, Paris, 1763, 3 vol. in-12). Desboulmiers, ancien officier de cavalerie, est auteur des *Soirées du Palais-Royal, ou les Veillées d'une jolie femme en plusieurs lettres, avec la conversation des chaises*, Paris, 1762, in-12. (T.)

— Louis Racine, fils du grand Racine, vient de mourir dans un âge assez avancé. Il était de l'Académie des inscriptions et belles-lettres ; il avait composé un poëme sur *la Religion* et un autre sur *la Grâce,* ce qui le fit appeler *Racine-la-Grâce.* C'était un esprit étroit et chagrin ; janséniste outré, il ne se permettait point de fréquenter les théâtres, ni de voir représenter les tragédies de son père. *Athalie* même n'était point exceptée de la règle, parce qu'elle était récitée par des bouches profanes. M. de Voltaire disait de lui : « M. Racine a beau faire, son père sera toujours un grand homme [1]. »

— Nous avons encore perdu un autre écrivain célèbre. M. de Marivaux, de l'Académie française, est mort ces jours passés, âgé de plus de soixante-seize ans [2]. Cet auteur a fait quelques tragédies détestables, un grand nombre de comédies, la plupart pour le Théâtre-Italien, et quelques romans qui ont eu du succès et qu'il n'a pas achevés. Sa *Marianne* et son *Paysan parvenu* sont très-connus. Il avait un genre à lui, très-aisé à reconnaître, très-minutieux, qui ne manque pas d'esprit ni parfois de vérité, mais qui est d'un goût bien mauvais et souvent faux. M. de Voltaire disait de lui qu'il passait sa vie à peser des riens dans des balances de toiles d'araignée ; aussi le marivaudage a passé en proverbe en France. Marivaux avait de la réputation en Angleterre, et s'il est vrai que ses romans ont été les modèles des romans de Richardson et de Fielding, on peut dire que, pour la première fois, un mauvais original a fait faire des copies admirables. Il a eu parmi nous la destinée d'une jolie femme, et qui n'est que cela, c'est-à-dire un printemps fort brillant, un automne et un hiver des plus durs et des plus tristes. Le souffle vigoureux de la philosophie a renversé depuis une quinzaine d'années toutes ces réputations étayées sur des roseaux. Marivaux était honnête homme, mais d'un caractère ombrageux et d'un commerce difficile : il entendait finesse à tout ; les mots les plus innocents le blessaient, et il supposait volontiers qu'on

---

1. Louis Racine était né en 1692. On lit dans les *Mémoires secrets,* à la date du 31 janvier 1763 : « M. Racine, dernier du nom, fils du grand Racine, est mort d'une fièvre maligne. Il ne faisait plus rien comme homme de lettres ; il était abruti par le vin et la dévotion. » (T.)

2. Marivaux, né en 1688, mourut le 12 février 1763, un peu moins âgé par conséquent que ne le dit Grimm. Il fut remplacé à l'Académie par l'abbé de Radonvilliers, reçu le 26 mars. (T.)

cherchait à le mortifier : ce qui l'a rendu malheureux, et son caractère épineux et insupportable.

— La comédie de *Dupuis et Desronais*, qui se soutient avec le plus brillant succès au théâtre, vient d'être imprimée [1]. On a été étonné de trouver à la lecture une pièce fort mal écrite, et des scènes dénuées d'intérêt, d'idées et de style. Et moi aussi, j'en ai été étonné, et j'ai su bon gré à Brizard et à Molé de m'avoir si bien donné le change par le jeu. Il est constant que cette pièce ne peut se lire, et que l'auteur, pour l'intérêt de sa réputation, aurait dû la garder dans son portefeuille, et se contenter du succès très-soutenu qu'elle a au théâtre.

— Il faut dire un mot d'une découverte utile, d'une composition qu'on nomme *spalme*, et sur laquelle on vient de publier une brochure intitulée *Exposition des propriétés du spalme* [2]. Il est constant par des essais réitérés qu'on peut l'employer de trois manières : comme courroi, pour la conservation des bâtiments de mer, préservatif éprouvé contre la pourriture et la piqûre des vers; comme enduit, il sert à conserver les bois de charpente et les corps en général; comme mastic, il sert à la jonction des marbres, des pierres et des métaux. Si l'on peut compter sur les différents témoignages qui sont rapportés, cette découverte est importante et des plus utiles.

— Il paraît une seconde et une troisième partie de la *Réfutation d'Émile, ou la Divinité de la religion chrétienne vengée des sophismes de Jean-Jacques Rousseau* [3]. Il faut convenir que la divinité de la religion chrétienne a de sots vengeurs.

— *La Pétrissée* [4] est un poëme comique d'un M. de Bullionde, jeune officier dans les carabiniers, qui a eu par

---

1. Paris, Duchesne, 1763, in-8°. Le succès de cette pièce fut tel qu'on la traduisit en allemand et en russe. (T.)

2. *Exposition des propriétés du spalme* (par J. Maille), Paris, 1763, in-8°.

3. La manière dont Grimm a rédigé ces lignes pourrait donner lieu à une erreur. Cet ouvrage n'est point une seconde ni *une troisième* partie de la *Réfutation d'Émile*. C'est une seconde partie, divisée elle-même en deux. Voici son titre exact : *la Divinité de la religion chrétienne vengée des sophismes de J.-J. Rousseau, seconde partie de la Réfutation d'Émile*. Paris, 1763, in-12, deux parties, dont la première est de M. André, bibliothécaire de M. d'Aguesseau, et la seconde de D. Déforis. (T.)

4. *La Pétrissée, ou le Voyage de sire Pierre en Dunois*, badinage en vers, où l'on trouve entre autres la conclusion de *Julie, ou la Nouvelle Héloïse*, la Haye et Paris, 1763, in-12. (T.)

devers lui une action agréable à la bataille de Crevelt. Il obtint alors la croix de Saint-Louis, n'ayant pas encore de duvet au menton. Cette distinction aurait bien dû l'engager à donner, quoique malade, toute son application à son métier, et à nous épargner ses productions poétiques, qui sont pitoyables.

— M. de La Popelinière, ancien fermier général, est aussi mort sur la fin de l'année dernière. C'était un homme célèbre à Paris, sa maison était le réceptacle de tous les états. Gens de la cour, gens du monde, gens de lettres, artistes, étrangers, acteurs, actrices, filles de joie, tout y était rassemblé. On appelait la maison une ménagerie, et le maître le sultan. Ce sultan était sujet à l'ennui; mais c'était d'ailleurs un homme d'esprit. Il a fait beaucoup de bien dans sa vie, et il lui en faut savoir gré sans examiner si c'est le faste ou la bienfaisance qui l'y a porté. Il a fait beaucoup de comédies qu'on jouait chez lui, mais qui n'ont jamais été imprimées. Il faisait joliment les vers. On connaît de lui plusieurs chansons très-agréables. Il se perd en ce genre tous les ans de très-jolies choses dans Paris, et c'est dommage [1].

---

1. Le Riche de La Popelinière, né en 1692, mourut le 5 décembre 1762. Financier bel esprit, il était le Mécène d'une foule d'écrivains, et Bret voulut le mettre en scène à ce titre (voir le mois de juillet 1772 de cette *Correspondance*). Il était devenu célèbre par son faste, par son mariage, et par l'intrigue de sa première femme avec le duc depuis maréchal de Richelieu. Entouré d'auteurs, il ne résista pas au désir de le devenir lui-même. Il publia un roman (voir tome IV, p. 368), composa plusieurs pièces de théâtre, qu'il faisait représenter chez lui, et bon nombre d'assez jolies chansons. On ne manqua pas de dire que ces productions n'étaient pas le fruit de sa veine, mais la dette de reconnaissance de quelques-uns de ses protégés. Devenu veuf, il s'était remarié en 1760, et sa femme accoucha d'un fils un mois après sa mort. On voulut faire soupçonner la paternité légitime, et l'épigramme suivante fut lancée dans le public :

> Ci-gît qui pour rimer paya toujours fort bien ;
> C'est la coutume :
> L'ouvrage seul qui ne lui coûta rien,
> C'est son posthume. (T.)

## MARS

1ᵉʳ mars 1763.

Les gazettes vous parleront de la manière dont la statue équestre de Louis XV vient d'être placée sur son piédestal dans la nouvelle place que la ville de Paris a fait faire à l'honneur de ce monarque entre le Cours et le jardin des Tuileries. Cette cérémonie me rappelle l'illustre artiste sur le modèle duquel cette statue équestre a été fondue. Je ne me suis point encore permis de l'aller voir en place; j'attendrai pour cela qu'elle soit absolument découverte. Malgré les critiques que plusieurs prétendus connaisseurs ont hasardées avant de l'avoir vue, je croirai toujours, sur l'idée qui m'est restée du modèle, que cette statue sera jugée la plus belle qu'on ait encore vue en France, comme Bouchardon était lui-même le plus estimé d'entre nos artistes. M. le comte de Caylus a publié une *Vie* de cet illustre statuaire[1], décédé à Paris le 27 juillet 1762; mais je crois que vous aimerez mieux lire l'article suivant que M. Diderot vient de m'adresser.

Il me semble que le jugement qu'on porte de la sculpture est beaucoup plus sévère que celui qu'on porte de la peinture. Un tableau est précieux si, manquant par le dessin, il excelle dans la couleur; si, privé de force de coloris ou de correction de dessin, il attache par l'expression ou par la beauté de la composition. On ne pardonne rien au statuaire. Son morceau pèche-t-il par l'endroit le plus léger, ce n'est plus rien; un coup de ciseau donné mal à propos réduit le plus grand ouvrage au sort d'une production médiocre, et cela sans ressource; le peintre, au contraire, revient sur son travail, et le corrige tant qu'il lui plaît.

Mais une condition sans laquelle on ne daigne pas s'arrêter devant une statue, c'est la pureté des proportions et du dessin : nulle indulgence de ce côté. On parlait un jour devant Falconet,

---

1. *Vie d'Edme Bouchardon*, Paris, 1762, in-12.

le sculpteur, de la difficulté des deux arts : « La sculpture, dit-il, était autrefois plus difficile que la peinture ; aujourd'hui cela a changé. » Cependant aujourd'hui il y a un très-grand nombre d'excellents tableaux, et l'on a bientôt compté toutes les excellentes statues ; il est vrai qu'il y a plus de peintres que de statuaires, et que le peintre a couvert sa toile de figures avant que le statuaire ait dégrossi son bloc de marbre.

Une autre chose sur laquelle, mon ami, vous serez sûrement de mon avis, c'est que le maniéré, toujours insipide, l'est beaucoup plus en marbre ou en bronze qu'en couleur. O la chose ridicule qu'une statue maniérée ! Le statuaire est-il donc condamné à une imitation de la nature plus rigoureuse encore que le peintre? Ajoutez à cela qu'il ne nous expose guère qu'une ou deux figures d'une seule couleur et sans yeux, sur lesquelles toute l'attention et toute la critique des nôtres se ramassent. Nous tournons autour de son ouvrage, et nous en cherchons l'endroit faible.

La matière qu'il emploie semble, par sa solidité et par sa durée, exclure les idées fines et délicates ; il faut que la pensée soit simple, noble, forte et grande. Je regarde un tableau ; il faut que je m'entretienne avec une statue. La *Vénus de Lemnos* fut le seul ouvrage auquel Phidias osa mettre son nom.

Toute nature n'est pas imitable par la sculpture. Si le centre de gravité s'écartait un peu trop de la base, la pesanteur des parties supérieures ferait rompre le morceau ; sans la massue qui appuie l'*Hercule Farnèse*, l'exécution en aurait été impossible ; mais pour une fois où le support est un accessoire heureux, combien d'autres fois n'est-il pas ridicule ! Voyez ces énormes trophées qu'on a placés sous les chevaux de la terrasse des Tuileries : quelle contradiction entre ces animaux ailés qui s'en vont à toutes jambes, et ces supports immobiles qui restent !

Voilà donc le statuaire privé d'une infinité de positions qui sont dans la nature. *Le Lutteur antique*, remarquable par sa perfection, l'est encore aux yeux des connaisseurs par sa hardiesse. Quand on le revoit, on est toujours surpris de le retrouver debout. Cependant, que serait-ce qu'un Lutteur avec un appui ?

La sculpture de ronde bosse me paraît autant au-dessus de

la peinture que la peinture l'est à la sculpture en bas-relief.

Voilà, mon ami, quelques-unes des idées dont le panégyriste de Bouchardon aurait pu empâter son sec et maigre discours. Ce discours est pourtant la production du coryphée de ceux que nous appelons amateurs; d'un de ces hommes qui se font ouvrir d'autorité les ateliers, qui commandent impérieusement à l'artiste, et sans l'approbation desquels point de salut. Qu'est-ce donc qu'un amateur, si les autres n'en savent pas plus que le comte de Caylus? Y aurait-il, comme ils le prétendent, un tact donné par la nature et perfectionné par l'expérience, qui leur fait prononcer d'un ton aussi sûr que despotique : Cela est bien, voilà qui est mal, sans qu'ils soient en état de rendre compte de leurs jugements? Il me semble que cette critique-là n'est pas la vôtre. J'ai toujours vu qu'un peu de contradiction de ma part et de réflexion de la vôtre amenaient la raison de votre éloge ou de votre blâme. Je persisterai donc à croire que celui qui n'a que ce prétendu tact aveugle n'est pas mon homme.

Edme Bouchardon naquit au mois de novembre 1698, à Chaumont-en-Bassigny, à quelques lieues de l'endroit où se rompit votre chaise lorsque vous allâtes, en 1759, embrasser mon père pour vous et pour moi. Vous voyez que cet artiste est presque mon compatriote.

Le père de Bouchardon, architecte et sculpteur médiocre, n'épargna rien pour faire un habile homme de son fils. Les premiers regards de cet enfant tombèrent sur *le Laocoon*, sur *la Vénus de Médicis* et sur *le Gladiateur* : car ces figures sont dans les ateliers des ignorants et des savants, comme Homère et Virgile dans la bibliothèque de Voltaire et de Fréron.

Les beaux modèles sont rares partout, mais surtout parmi nous, où les pieds sont écrasés par la chaussure, les cuisses coupées au-dessus des genoux par les jarretières, le haut des hanches étranglé par des corps de baleine, et les épaules blessées par des liens étroits qui les embrassent. Le père de Bourchardon chercha pour son fils, à prix d'argent, les plus parfaits modèles qu'il pût trouver. Ce fils vit la nature de bonne heure, et il eut les yeux attachés sur elle tant qu'il vécut.

Pline dit d'Apelles qu'il ne passait aucun jour sans dessiner, *nulla dies sine linea* ; l'histoire de la sculpture en dira autant de Bouchardon. Personne aussi ne devint aussi maître de son crayon. Il pouvait d'un seul trait ininterrompu suivre une figure de la tête aux pieds, et même de l'extrémité du pied au sommet de la tête, dans une position quelconque donnée, sans pécher contre la correction du dessin et la vérité des contours et des proportions.

Ne fît-on que des épingles, il faut être enthousiaste de son métier pour y exceller. Bouchardon le fut, il pouvait dire aussi :

Est Deus in nobis, agitante calescimus illo [1].

Il vint à Paris; il entra chez le cadet de Coustou. Le maître fut surpris de la pureté du dessin de son élève; mais il ne fut pas dans le cas de dire de lui, comme l'artiste grec du sien : *Nil salit Arcadico juveni* [2]. Il ressemblait tout à fait de caractère à l'animal surprenant qui lui a servi de modèle pour sa statue de Louis XV; doux dans le repos, fier, noble, plein de feu et de vie dans l'action. Il s'applique; il dispute le prix de l'Académie; il l'emporte, et il est envoyé à Rome.

Quand on a du génie, c'est là qu'on le sent. Il s'éveille au milieu des ruines. Je crois que de grandes ruines doivent plus frapper que ne feraient des monuments entiers et conservés. Les ruines sont loin des villes ; elles menacent, et la main du temps a semé parmi la mousse qui les couvre une foule de grandes idées et de sentiments mélancoliques et doux. J'admire l'édifice entier ; la ruine me fait frissonner ; mon cœur est ému, mon imagination a plus de jeu. C'est comme la statue que la main défaillante de l'artiste a laissée imparfaite ; que n'y vois-je pas? Je reviens sur les peuples qui ont produit ces merveilles et qui ne sont plus, *et in lenocinio commendationis dolor est manus, cum id ageret, extinctæ.*

La belle tâche que le panégyriste de Bouchardon avait à remplir, s'il avait été moins borné ! Combien de pierres à remuer, s'il avait eu l'outil avec lequel on remue quelque chose! A Rome, le jeune Bouchardon dessine tous les restes précieux

1. Ovide, *Fastes*, liv. VI.
2. Juvénal, sat. 7.

de l'antiquité; quand il les a dessinés cent fois, il recommence. Comme les jeunes artistes copient longtemps d'après l'antique, ne pensez-vous pas que l'institution des jeunes littérateurs devrait être la même, et qu'avant de tenter quelque chose de nous, nous devrions nous occuper aussi à traduire d'après les poëtes et les orateurs anciens? Notre goût, fixé par des beautés sévères que nous nous serions pour ainsi dire appropriées, ne pourrait plus rien souffrir de médiocre et de mesquin.

Bouchardon demeura dix ans en Italie : il se fit distinguer de cette nation jalouse, au point qu'entre un grand nombre d'artistes étrangers et du pays on le préféra pour l'exécution du tombeau de Clément XI. Sans des circonstances particulières, l'apothéose de ce pontife, qui a causé tant de maux à la France, eût été faite par un Français.

De retour en France, Bouchardon fut chargé d'un grand nombre d'ouvrages qui respirent tous le goût de la nature et de l'antiquité, c'est-à-dire la simplicité, la force, la grâce et la vérité.

Les ouvrages de sculpture demandent beaucoup de temps; les sculpteurs sont proprement les artistes du souverain; c'est du ministère que leur sort dépend. Cette réflexion me rappelle l'infortune du Puget. Il avait exécuté ce *Milon* de Versailles, que vous connaissez, et qui, placé à côté des chefs-d'œuvre de l'antiquité, n'en est pas déparé. Mécontent du prix modique qu'on avait accordé à son ouvrage, il allait le briser d'un coup de marteau si on ne l'eût arrêté. Le grand roi, qui le sut, dit: « Qu'on lui donne ce qu'il demande, mais qu'on ne l'emploie plus; cet ouvrier est trop cher pour moi. » Après ce mot, qui eût osé faire travailler le Puget? Personne; et voilà le premier artiste de la France condamné à mourir de faim.

Ce ne fut pas ainsi que la ville de Paris en usa avec Bouchardon, après qu'il eut exécuté sa belle fontaine de la rue de Grenelle. Je dis belle pour les figures; du reste, je la trouve au-dessous du médiocre. Point de belle fontaine où la distribution de l'eau ne forme pas la décoration principale. A votre avis, qu'est-ce qui peut remplacer la chute d'une grande nappe de cristal ? La ville récompensa l'artiste d'une pension viagère accordée de la manière la plus noble et la plus flatteuse. La délibération des échevins, qu'on a mise à la suite de l'Éloge du comte de Caylus, est vraiment un morceau à lire : c'est ainsi qu'on fait faire aux grands hommes de grandes choses.

Bouchardon est mort le 27 juillet 1762, comblé de gloire et accablé de regrets de n'avoir pu achever son monument de la place de Louis XV. C'est notre ami Pigalle qu'il a nommé pour succéder à son travail. Pigalle était son collègue, son ami, son rival et son admirateur. Je lui ai entendu dire qu'il n'était jamais entré dans l'atelier de Bouchardon sans être découragé pour des semaines entières. Ce Pigalle, pourtant, a fait un certain *Mercure* que vous connaissez, et qui n'est pas l'ouvrage d'un homme facile à décourager. Il exécutera les quatre figures qui doivent entourer le piédestal de la statue du roi, et qui représenteront quatre Vertus principales. Bouchardon lui a laissé pour cela toutes les études qu'il a faites sur ce sujet pendant les dernières années de sa vie. Rien n'est plus satisfaisant que de voir deux grands artistes s'honorer d'une estime mutuelle. (Le reste pour l'ordinaire prochain.)

— Le couplet suivant court dans Paris depuis quelque temps; mais la pointe de l'épigramme est pillée[1]. On a fait cette plaisanterie sur la compagnie de Jésus, réformée dès le mois d'août dernier.

### COUPLET

SUR L'AIR : *Jeannette, l'Amour lui-même.*

Capitaines qu'on réforme,
Et qui partout publiez
Que c'est injustice énorme
Qu'on vous ait ainsi rayés,
C'est en vain que chacun crie ;
Un coup plus inattendu
Nous pétrifie :
Jésus lui-même a perdu
Sa compagnie.

— Le citoyen de Bordeaux qui a publié, il y a quelques mois, une bigarrure intitulée *les Usages*, vient d'adresser une *Lettre à M. le marquis de Liré*; on ne sait pas à quel propos. L'auteur

---

1. Voir précédemment page 132.

y prouve, par un plat bavardage de vingt-quatre pages, que les grandes places comme les petites sont ordinairement confiées à des sots, à l'exclusion des gens de mérite. Si cela est, notre citoyen ne doit pas se trouver sur le pavé.

— L'*Histoire d'Angleterre,* par David Hume, a une grande réputation en Europe. Ce célèbre philosophe a commencé par l'*Histoire de la maison de Stuart;* remontant ensuite, il a publié l'*Histoire des princes de la maison de Tudor,* et finit par un troisième ouvrage qui prend l'histoire d'Angleterre depuis l'expédition de Jules César jusqu'à l'époque des Tudor. Ces trois ouvrages forment un corps complet de l'histoire d'Angleterre, dans lequel on admire également la sagesse, la simplicité, la profondeur de l'historien. M. Hume prouve bien par son exemple que le soin d'écrire l'histoire appartient de droit aux philosophes, exempts de préjugés et de passion. Il juge tous les partis, toutes les factions, toutes les querelles qui ont déchiré les hommes, avec une impartialité presque sans exemple; et comme on pourrait nommer toutes les affaires de parti *Sottises des deux parts*[1], le philosophe anglais traite ordinairement les deux partis également bien ou également mal. L'*Histoire de la maison de Stuart* a été traduite, il y a deux ans, par M. l'abbé Prévost. On a reproché à cette traduction le défaut de soin et une extrême négligence. Aujourd'hui M$^{me}$ Belot vient de publier la traduction de l'*Histoire de la maison de Tudor sur le trône d'Angleterre,* en deux volumes in-4°. M$^{me}$ Belot est la veuve d'un avocat qui la laissa, à sa mort, sans autre ressource qu'une rente de 60 livres par an. Pour vivre de rien elle se mit au lait, vendit sa rente, et employa les 1,200 livres qu'elle en tira à apprendre l'anglais, dans la vue de se procurer une ressource par les traductions. Elle a trouvé depuis des amis et des secours; le roi vient de lui accorder une pension. Nous avons de M$^{me}$ Belot quelques volumes de *Mélanges* traduits de l'anglais. Je crois volontiers que personne ne mérite plus d'intérêt que M$^{me}$ Belot, et je voudrais de tout mon cœur pouvoir dire un bien infini de ses travaux littéraires; mais l'inflexible loi de la vérité, respectée dans ces feuilles sans restriction, m'oblige de convenir que la tra-

---

1. Allusion à un morceau donné par Voltaire sous ce titre, et dont on a fait un article du *Dictionnaire philosophique.* (T.)

duction des Tudor ne prend point dans le public, et qu'on lui reproche déjà un style lourd, froid et lâche, depuis le peu de jours qu'elle paraît. Il est même à craindre que les sujets de reproche n'augmentent à mesure qu'on aura le temps d'approfondir, car il faut convenir que cette entreprise paraît en tout sens au-dessus des forces d'une femme. Elle suppose tant de connaissances préliminaires, que celle de la langue d'où l'on se propose de traduire devient la moins importante. A combien de fautes on s'exposerait, par exemple, si l'on n'était pas profondément instruit de l'histoire d'Angleterre, en commençant la traduction de M. Hume! Une femme, dont l'esprit n'est pas étranger à l'application, peut bien apprendre la philosophie, la morale, et acquérir la grande science du cœur humain ; mais le traducteur de Hume, avant de commencer son travail, doit s'être familiarisé avec tous les développements de l'homme civilisé. Il doit connaître profondément le génie des affaires et les ressorts cachés de la politique de chaque siècle. Cette étude, qui demande une tête froide et qui veut être aidée par une expérience consommée, paraît la plus opposée au génie français, et nous avons en France si peu d'hommes de cette trempe qu'il n'est pas possible de supposer tant de talents et de connaissances dans une femme avant qu'elle ait fait ses preuves.

— On vient de traduire de l'anglais le roman de M. Fielding, qui a pour titre : *Histoire de Jonathan Wild le Grand*[1]. Vous ne compterez pas ce roman au nombre des meilleurs ouvrages de ce célèbre écrivain. Jonathan Wild était le Cartouche de Londres, où il a fait beaucoup de bruit par ses filouteries, et où il a fini sa vie glorieusement par la corde. M. Fielding a imaginé d'écrire son histoire d'un style pompeux qui ennoblit toutes les actions de ce coquin ; cette tournure est commune et aisée, et il faut peu de talent pour y réussir. Les comparaisons d'un voleur avec Alexandre ou César sont si usées et si fastidieuses, les allusions satiriques aux ministres et aux gens en place sont si fatigantes, le spectacle continuel de crimes et de bassesses si dégoûtant, qu'un ouvrage fait dans cet esprit ne peut avoir un succès durable. D'ailleurs le but en est faux : car, quoi que vous fassiez,

---

1. Cette traduction (Paris, 1763, 2 vol. in-12) est de Charles Picquet, censeur royal. (B.)

Alexandre et César seront toujours des héros, Wild et Cartouche toujours des voleurs. L'histoire de M^me Francœur, qui se trouve à la fin du second volume, est d'autant plus ennuyeuse et insipide que tout le merveilleux dont elle est brodée se trouve là sans qu'on sache pourquoi.

— On a imprimé des *Éclaircissements historiques à l'occasion d'un libelle calomnieux sur l'Essai de l'Histoire générale*[1]. C'est une réponse de M. de Voltaire à l'auteur de ses *Erreurs*. M. de Voltaire est bien bon de répondre à tous ces ennemis obscurs qui l'attaquent : on le lui pardonne cependant plutôt qu'à un autre, parce que tout ce qu'il écrit est toujours instructif, amusant, et agréable à lire. Au reste cette brochure n'est pas encore publique, parce que l'auteur y cherche à prouver que la primitive Église ne connaissait pas la messe, et il fait d'autres recherches pareilles qui ne sauraient plaire à beaucoup de gens.

15 mars 1763.

FIN DE L'ARTICLE DE DIDEROT SUR BOUCHARDON.

Je n'entrerai point dans l'examen des différentes productions de Bouchardon, parce que je ne les connais pas, et que le comte de Caylus, qui les a toutes vues, n'en dit rien qui vaille. Un mot seulement sur son *Amour qui se fait un arc de la massue d'Hercule*. Il me semble qu'il faut bien du temps à un enfant pour mettre en arc l'énorme solive qui armait la main d'Hercule. Cette idée choque mon imagination. Je n'aime pas l'Amour si longtemps à ce travail manuel, et puis je suis un peu de l'avis de notre ingénieur, M. Le Romain, sur ces longues ailes avec lesquelles on ne saurait voler, quand elles auraient encore dix pieds d'envergure.

Je crois qu'un ancien, au lieu de s'occuper de cette idée ingénieuse, aurait cherché à me montrer le tyran du ciel et de la terre tranquille, aimable et terrible. Ces anciens, quand une fois

---

1. *L'Éclaircissement historique à l'occasion d'un libelle calomnieux contre l'Essai sur les Mœurs* fut d'abord publié sous le nom de M. Damilaville; ce nom était emprunté par Voltaire. Mais des *Additions* à cet *Éclaircissement*, publiées peu après pour compléter la réponse à Nonotte, sont effectivement de cet ami de Voltaire. L'un et l'autre écrits se trouvent dans les *Mélanges historiques* de Voltaire. (T.)

on les a bien connus, deviennent de redoutables juges des modernes. Quoi qu'il m'en puisse arriver et aux autres, je vous conseille, mon ami, d'éloigner un peu toutes ces Vierges de Raphaël et du Guide qui vous entourent dans votre cabinet. Que j'aimerais à y voir d'un côté l'*Hercule Farnèse* entre la *Vénus de Médicis* et l'*Apollon Pythien*; d'un autre, le *Torse* entre le *Gladiateur* et l'*Antinoüs*; ici le *Faune* qui a trouvé un enfant, et qui le regarde; vis-à-vis, le *Laocoon* tout seul, ce *Laocoon*, dont Pline a dit avec juste raison : *Opus omnibus et picturæ et statuariæ artis præferendum*. Voilà les apôtres du bon goût chez toutes les nations; voilà les maîtres des Girardon, des Coysevox, des Coustou, des Puget, des Bouchardon; voilà ceux qui font tomber le ciseau des mains à ceux qui se destinent à l'art et qui sentent; voilà la compagnie qui vous convient. Ah! si j'étais riche!

Un homme aussi laborieux que Bouchardon a dû laisser un grand nombre de dessins précieux, si j'en juge par quelques-uns que j'ai vus. Vous souvenez-vous de cet Ulysse qui évoque l'ombre de Tirésias? Si vous vous en souvenez, dites-moi où l'artiste a pris l'idée de ces figures aériennes qui sont attirées par l'odeur du sacrifice? Elles sont élevées au-dessus de la terre; elles accourent; elles se pressent. Elles ont une tête, des pieds, des mains, un corps comme nous; mais elles sont d'un autre ordre que nous. Si elles ne sont pas dans la nature (et elles n'y sont pas), où sont-elles donc? Pourquoi nous plaisent-elles? Pourquoi ne suis-je point choqué de les voir en l'air, quoique rien ne les y soutienne? Où est la ligne que la poésie ne saurait franchir, sous peine de tomber dans l'énorme et le chimérique, ou plutôt qu'est-ce que cette lisière au delà de la nature, sur laquelle Le Sueur, le Poussin, Raphaël, et les anciens, occupent différents points; Le Sueur, le bord de la lisière qui touche à la nature, d'où les anciens se sont permis le plus grand écart possible? Plus de vérité d'un côté, et moins de génie; plus de génie de l'autre côté, et moins de vérité. Lequel des deux vaut le mieux? C'est entre ces deux lignes de nature et de poésie extrême que Raphaël a trouvé la tête de l'ange de son tableau d'*Héliodore*; un de nos premiers statuaires[1], les Nymphes de la fontaine des

---

1. Jean Goujon. En 1788, cette fontaine ayant été augmentée, il fallut pour garnir les faces nouvelles quelques autres bas reliefs. Le sculpteur Pajou fut chargé

Innocents; et Bouchardon, les Génies de son dessin de l'*Ombre de Tirésias évoquée*.

Certainement, il y a un démon qui travaille au dedans de ces gens-là et qui leur fait produire de belles choses sans qu'ils sachent comment ni pourquoi. C'est à l'éloge du philosophe à leur apprendre ce qu'ils valent. C'est lui qui leur dira : Lorsque vous avez fait monter la fumée de ce bûcher toute droite, et que vous avez jeté en arrière la chevelure de ces Génies, comme si elle était emportée par un vent violent, savez-vous ce que vous avez fait? C'est que vous leur avez donné effectivement toute la vitesse du vent. Ils sont immobiles sur votre toile; l'air tranquille n'agit point sur eux; ils agissent donc, eux, si violemment sur l'air tranquille que je conçois qu'en un clin d'œil ils se porteraient, s'ils le voulaient, aux extrémités de la terre. Vous ne pensiez à cela que confusément, monsieur Bouchardon. Sans vous en apercevoir vous vous conformiez aux lois constantes de la nature et aux observations de la physique; votre génie faisait le reste : le philosophe vous le fait remarquer, et vous ne pouvez vous empêcher de vous complaire à sa réflexion.

Et voilà aussi la tâche du philosophe; car pour les parties et le mécanisme de l'art, il faut être artiste pour en apprécier le mérite. Je crois aussi qu'il est plus difficile à un homme du monde de bien juger d'une statue que d'un tableau. Qui de nous connaît assez la nature pour oser accuser un muscle de de n'être pas exécuté juste?

J'allai l'autre jour voir Cochin. Je trouvai sur sa cheminée cette brochure du comte de Caylus. Je l'ouvris. Je lus le titre : *Éloge de Bouchardon*[1]. Un malin avait ajouté au crayon : *ou l'art de faire un petit homme d'un grand*. Ne vous avisez pas de mettre ce titre à la tête de ces lignes chétives.

## MA RÉPONSE A M. DIDEROT.

Je vous remercie de vos *lignes chétives*. Je vous ai vu souvent faire d'un sot un homme d'esprit, en lui prêtant le vôtre;

---

de la tâche difficile d'en compléter le nombre nécessaire en imitant Jean Goujon. Il surpassa peut-être son modèle pour la correction, mais ne put en atteindre la grâce. (T.)

1. Le titre est *Vie*, et non pas *Éloge de Bouchardon*. (T.)

mais je doute que vous fassiez jamais un petit homme d'un grand. Bouchardon n'aurait pas été fâché, je crois, d'apprendre de vous ce qu'il a fait en faisant les Ombres de son tableau de Tirésias. Je suis bien convaincu qu'il n'en savait rien, et que les hommes de génie travaillent d'inspiration, sans savoir précisément ce qu'ils font. Une impulsion divine, mais aveugle, les conduit et les pousse. Le génie est un bonheur, et souvent le bonheur de l'instant. Je vous citerais à vous-même cent endroits de vos écrits que vous avez trouvés une fois, mais que vous ne pourriez vous promettre de trouver encore, s'ils ne l'étaient pas. Richardson est à tout moment dans ce cas-là, et les anciens; il y a dans la musique de Pergolèse et de Hasse une foule de ces idées sublimes et rares, dont l'analogie vague et secrète avec la passion et ses accents, quelquefois avec des phénomènes de la nature, vous est à peine connue; vous ne sauriez vous rendre compte pourquoi tel son, tel accent inattendu réveille en vous tel sentiment ou telle image, et cependant cet effet n'est pas moins nécessaire que celui qui résulte de la cause la moins cachée. Les grands musiciens sont aussi sur cette lisière entre la nature et la poésie qui exagère; Hasse et Pergolèse sont entre Raphaël et les anciens.

Si cela n'était pas ainsi, l'abbé Le Blanc vaudrait autant que vous, et rien n'empêcherait l'archidiacre Trublet de faire mieux que Voltaire. Aucun de vous n'a peut-être autant pensé que lui; le malheur est qu'il ne lui vient rien. Vous savez son aventure avec *le Pauvre Diable*; c'est l'histoire de sa vie :

> Trois mois entiers ensemble nous pensâmes,
> Lûmes beaucoup, et rien n'imaginâmes.

Ce qui m'a toujours surpris dans les sculpteurs, c'est de leur voir conserver de la chaleur avec un travail de manœuvre long, froid et pénible. Lorsqu'une idée vous presse, vous avez bientôt pris la plume, et le papier en devient dépositaire. Le musicien fait comme vous, et le peintre, avec quelques coups de pinceau, a bientôt transmis à la toile l'image de ses pensées; cette liberté et cette hardiesse avec lesquelles le pinceau permet qu'on le manie sont même tout à fait conformes au caractère et à la marche du génie. L'expérience nous apprend que le poëte et le peintre se fatiguent assez vite sur leur ouvrage, au point de n'en plus sentir les beautés, qu'ils risqueraient même de gâter s'ils s'opiniâtraient à y toucher : comment le statuaire fait-il donc pour conserver le feu de ses pensées, tandis qu'il lui faut des mois entiers, comme vous dites, pour dégrossir seulement son bloc de marbre? Cela m'a toujours paru incompréhensible, et m'a convaincu de l'existence de ce démon dont vous parlez, qui s'agite au dedans des statuaires avec une fureur sourde et longue, et avec plus d'opiniâtreté que dans les peintres, les musiciens et les poëtes. Voilà sans doute la raison pour laquelle vous accordez à la sculpture de ronde bosse le rang sur la peinture. Il semble en effet que le statuaire soit obligé de réunir plus de qualités qu'aucun autre artiste, et ce qu'il y a de plus difficile, c'est qu'il lui faut des qualités opposées dont l'une paraît devoir exclure l'autre.

La durée de son ouvrage doit aussi entrer pour beaucoup dans la mesure de l'estime qui lui est accordée. Le statuaire est l'ouvrier de la postérité; les monuments de son génie subsistent et semblent braver l'effort des siècles. Il y a quelque chose de grand dans cette idée, qui élève nécessairement l'âme de l'artiste, et qui doit influer sur le caractère de ses productions. A cela près, je ne vois pas sur quel fondement on pourrait assigner un rang à un art sur un autre. Celui qui anime la toile a autant de droit à mon hommage que celui qui fait parler le marbre. Il faut à tous les deux une vocation si marquée que Bouchardon, avec tout son génie, n'aurait peut-être pas fait un tableau que vous eussiez voulu mettre dans votre cabinet, de même qu'un peintre d'un talent supérieur ne ferait pas une statue médiocre. Et mon découpeur de Genève[1], croyez-vous que je veuille le mettre au-dessous de ces gens-là? Quand je vois qu'avec une paire de ciseaux et un morceau de vélin il sait créer des tableaux où le dessin, l'idée, la composition, le caractère des figures, les différents plans et groupes étonnent également, je reste ébahi. Les plus grands artistes ont eu leurs pareils : celui-ci est le seul de sa classe, et le sera peut-être toujours. Vous souvenez-vous de ce Voltaire, qu'Henri IV mène au temple de la Gloire, élevé sur une montagne d'où l'on voit

---

1. Huber.

de l'autre côté les Fréron et les autres chenilles du Parnasse dégringoler? Le mérite du héros et de son chantre en robe antique, la tête ceinte d'une couronne de lauriers, est ce qu'il y a de moins remarquable dans cette découpure; mais vous souvient-il de cet air, à la fois pénétré, humble et empressé du poëte? Il court comme un diable pour gagner le sommet de la montagne, et il a cependant l'air de se laisser entraîner malgré lui par le roi qui le tient par la main. On voit qu'il dit au roi : *Domine, non sum dignus,* et qu'il pense: « Ah! tu ne saurais me mener trop vite. » Voilà d'abord une idée très-fine et très-originale; mais la rendre par un morceau de vélin découpé avec des ciseaux, sans crayon, sans couleur, sans relief, c'est un prodige qu'il faut avoir vu pour le croire. Mon ami, je ne pardonnerai de ma vie à l'abbé Galiani de m'avoir volé cette découpure, et encore moins de l'avoir perdue ensuite. Trois de ses antiques ne me dédommageraient point de ce morceau, d'autant qu'il est de ceux que le bonheur d'un instant fait produire, mais que l'artiste ne saurait se promettre de répéter avec succès. Et cette découpure d'un *auto-da-fé,* où l'on voit sous un superbe dais le grand inquisiteur, à qui un joli page présente une tasse de glace pendant qu'on brûle les hérétiques! Eh bien! vous connaissez cent tableaux de notre découpeur à ce prix-là. Il est vrai qu'un morceau de vélin déchiqueté est bien loin de la durée du marbre; mais Bouchardon et Huber sont de la même famille.

Je trouvai l'autre jour Vernet dans une maison. On parlait de la statue de Louis XV; il se plaignait de ce qu'on voulait la juger avant de l'avoir vue, et en effet on ne pourra en parler avec quelque justesse que lorsqu'elle sera découverte. « Tout le monde, dit Vernet, veut qu'elle soit trop petite; quant à moi, si j'avais un reproche à lui faire, ce serait d'être trop grande. La proportion colossale, continua l'artiste, me déplaît, et je voudrais que le statuaire ne fît jamais plus grand que nature. » Il s'étendait beaucoup sur cette idée; il nous dit que le vaisseau de la fameuse église de Saint-Pierre de Rome, véritablement immense, paraissait petit au premier coup d'œil, et qu'on avait la sottise de regarder cet effet comme une beauté résultant de la justesse des proportions; tandis qu'il venait, dans le fait, de ces figures colossales qui étaient placées dans les arcades, et dont la proportion écrasait l'édifice parce qu'elle exigeait une élévation du double plus haute. Sur ce qu'on lui objecta que le statuaire, se bornant à la grandeur naturelle, ne pourrait jamais offrir aux yeux une masse suffisante pour les arrêter, surtout lorsque son monument n'a d'autre fond que l'horizon même, Vernet dit que l'artiste n'avait qu'à multiplier le nombre de ses figures, et faire de grandes compositions. On ne dira pas de cet expédient : *olet antiquitatem*. Que pensez-vous de cette idée? Malgré mon respect pour cet habile artiste, elle m'a paru bien extravagante.

— Les tragédies de cet hiver ne prospèrent point. Celle de *Théagène et Chariclée*, qu'on vient de donner sur le théâtre de la Comédie-Française, est tombée comme *Éponine*[1] et *Irène*[2]. L'auteur est un jeune homme qui s'appelle M. Dorat. La tragédie de *Zulica*, par laquelle il débuta dans la carrière dramatique, il y a quelques années, ne promettait pas des succès fort brillants[3].

— Les vers suivants ont été adressés à M<sup>lle</sup> Delon, Genevoise fort aimable qui se trouve à Paris depuis quelque temps. Elle chante l'italien, et surtout le bouffon, avec beaucoup de goût, d'esprit et d'agrément.

> Parmi tant de beautés dont les faibles accents
> Ont le crédule espoir de plaire et de séduire,
>   Que l'amour-propre et le délire
> Conduisent en tous lieux pour vanter leurs talents,
>   Quelle voix douce, enchanteresse,
>   Peint le plaisir et le bonheur,
>   Et, m'arrachant à la tristesse,
> Pour la première fois sait parler à mon cœur?
>   L'art ne fut jamais son modèle,
>   C'est Nature qui la conduit;
>   C'est le bon goût qui l'embellit,
> Et c'est la vérité qui s'exprime par elle.

1. *Eponine*, de Chabanon, voir précédemment, page 193.
2. *Irène*, de Boitel. Voir p. 185.
3. *Zulica* avait été représentée pour la première fois le 7 janvier 1760, et quoiqu'il s'en fallût que son succès eût été brillant, elle avait du moins été moins malheureuse que ne le fut *Théagène et Chariclée*, qu'un jour, le 2 mars, vit naître et mourir. Du reste l'auteur prit gaiement son parti, et fit, à l'occasion de cet échec, une épître assez gracieuse. (T.)

Dès lors, quand votre voix se plaît à nous charmer,
Quand vos talents daignent paraître,
Est-ce exister que ne pas vous connaître?
Est-ce sentir que ne pas vous aimer?

---

## AVRIL

1ᵉʳ avril 1763.

On a donné sur le théâtre de la Comédie-Française, peu de jours avant la clôture, une comédie nouvelle en vers et en un acte, intitulée *l'Anglais à Bordeaux*, avec des divertissements au sujet de la paix [1]. Tout ce qui se fait sur nos théâtres de relatif aux événements publics a d'ordinaire un caractère puéril et mesquin; l'auteur de *l'Anglais à Bordeaux*, M. Favart, n'a pas cru pouvoir ou devoir s'écarter de la route ordinaire.

En lisant *l'Anglais à Bordeaux*, vous ne serez pas peu étonné de son prodigieux succès. Ce succès a été même annoncé dans la *Gazette de France*, distinction qui n'a jamais été accordée à aucun des chefs-d'œuvre du Théâtre-Français, et à laquelle on prétend que la cour a mis le comble en gratifiant l'auteur d'une pension. Vous demanderez comment un ouvrage si absurde, si opposé au bon sens et à toutes les bienséances, a pu mériter tant de faveur; mais rien ne se fait sans raison. S'il n'y a pas l'ombre du sens commun dans *l'Anglais à Bordeaux*, M. Favart est en revanche une des colonnes de la communauté des maîtres brodeurs à Paris. Ce fonds absurde est brodé et surchargé de tant de clinquant, d'épigrammes, de tournures, de pointes, que l'imbécile parterre n'avait pas assez de mains pour applaudir. Le moyen de ne pas se pâmer quand un poëte vous dit « que le plaisir est un printemps qui fait naître des roses sur les épines de la vie? » Cela est si naturellement dit, si piquant et si neuf! Et Summers, qui,

---

1. Cette comédie fut représentée pour la première fois le 14 mars, pour la paix conclue après la guerre de Sept-Ans.

lorsqu'il apprend cette prétendue belle action de l'argent prêté, dit au Français : « Je devrais vous haïr, parce que vous m'avez volé une bonne action ! » Ah ! l'on ne tient pas contre des traits de ce sublime ; et un *favardage* si continuel et si exquis doit nécessairement tourner la tête à une assemblée d'enfants. Vraisemblablement il ne tournera jamais la mienne, et je sens augmenter tous les jours le dégoût invincible que j'ai pour ce genre fastidieux et faux.

Ainsi, vu le goût du parterre, *l'Anglais à Bordeaux* aurait toujours réussi ; mais le jeu de Préville et de M$^{lle}$ Dangeville a porté son succès aux nues. Le premier a joué le rôle de Summers, et comme c'est un rôle de charge, qui consiste principalement à prononcer le français avec l'accent anglais, il a enchanté le parterre. M$^{lle}$ Dangeville était chargée du rôle de l'aimable Française, et comme cette charmante actrice est depuis longtemps en possession de faire applaudir même ce qu'elle n'a pas dit encore, il ne lui a pas été difficile de faire réussir un personnage d'ailleurs si peu intéressant et si absurde. Une circonstance particulière, ajoutant à la passion du public pour cette actrice, a tourné au profit de la pièce : c'est que M$^{lle}$ Dangeville quitte le théâtre, et dans cette comédie nous devions jouir de ses talents pour la dernière fois. Jamais actrice n'a été regrettée à plus juste titre, et sa perte est d'autant plus fâcheuse qu'il n'y a nulle apparence qu'elle puisse être réparée. C'est ainsi que le véritable théâtre de la nation, perdant ses meilleurs sujets sans les remplacer, éprouve insensiblement les effets d'une décadence générale. M$^{lle}$ Dangeville, à l'âge de près de cinquante ans, n'avait pas l'air, sur le théâtre, d'en avoir trente ; la finesse et les grâces de sa figure étaient relevées par les grâces, la finesse et la vivacité de son jeu. Il y a plus de trente ans qu'elle joue la comédie[1] ; mais elle aurait pu rester au théâtre encore dix ans, et faire les délices de Paris. Comme rien dans l'univers n'est sans dédommagement, sa retraite entraîne celle de son frère, qui était chargé de l'emploi des rôles de farce, qu'on nomme les rôles de caractère, et qui était un des plus détestables acteurs qu'on pût voir.

1. M$^{lle}$ Dangeville était née le 26 décembre 1714. Elle parut sur la scène dès le 17 avril 1722, dans un rôle d'enfant ; son début important est du 28 janvier 1730. Cette actrice mourut au mois de germinal, an IV, 1796. (T.)

Pour revenir à *l'Anglais à Bordeaux*, si l'on veut considérer cette pièce comme un ouvrage national, l'auteur, au lieu d'applaudissements et de récompenses, mériterait une censure et une réprimande sévère de la part des deux nations. Les éloges qu'il fait de la nation française, et ceux qu'il fait de la nation anglaise, outre le caractère indélébile de platitude qui leur est commun, ont presque toujours un côté désobligeant pour la nation qui en est l'objet; c'est que, pour distinguer les grands traits qui constituent le caractère d'une nation, il faut une tête bien grande et bien profonde, et cette tête ne se trouve ni sur les épaules de M. Favart, ni sur celles de feu M. de Boissy, auteur du *Français à Londres*, qui vaut précisément *l'Anglais à Bordeaux* quant à la partie nationale, mais qui lui est supérieur du côté de l'intrigue et de la conduite théâtrale. Si j'avais la police des spectacles, je ne manquerais pas de renvoyer le *Français à Londres* et *l'Anglais à Bordeaux* aux théâtres de la Foire; ils feraient là les délices de tous les garçons perruquiers, et c'est leur vraie vocation; mais le théâtre de Molière ne doit pas être profané par des faiseurs de platitudes, qui se barbouillent d'esprit tant qu'ils peuvent afin de dérober leur bêtise sous l'écume des épigrammes.

M. Favart a sans doute du talent. La facilité des tournures en est un; on peut saisir alors des idées communes et les présenter d'une manière agréable; mais quand on n'a que ce talent, il ne faut pas vouloir faire des pièces de théâtre; il faut s'en tenir aux couplets et aux madrigaux, et c'est aussi un mérite que d'en faire de très-jolis, comme M. Favart en a fait un grand nombre : tout consiste à connaître les bornes de son talent et à ne les jamais franchir.

— La première représentation de *l'Anglais à Bordeaux* fut précédée d'une représentation de la tragédie de *Brutus*. J'avais presque oublié cet ouvrage. C'est sans doute un des plus beaux de M. de Voltaire. Quoique médiocrement joué, il me fit une impression des plus fortes. Il n'a point ce ton antique qu'aucun de nos auteurs, excepté M. Diderot, n'a connu; mais, à cela près, c'est un ouvrage si beau, d'une si grande élévation, d'une marche si sage et si majestueuse, d'une diction si pure et si enchanteresse, qu'il inspire la plus forte admiration pour le génie du poëte. Cela est aussi grand que Corneille quand il l'est véritablement, et aussi beau que Racine. Si la nation avait décerné un monument à la gloire du poëte après la première représentation de *Brutus*, la nation, en honorant le génie, se serait immortalisée, car voilà des ouvrages dont les auteurs méritent des statues. Comme j'étais sorti du spectacle plein des beautés de *Brutus*, j'avais chargé un de nos amis, qui devait écrire à M. de Voltaire le lendemain, de lui dire de ma part qu'il en avait menti, en disant à l'abbé de Voisenon qu'on n'avait plus fait de tragédie depuis Racine. Voici la réponse qu'il m'a fait faire; vous mettrez aux compliments qui me regardent la valeur qu'ils méritent [1]. M. de Voltaire nous appelle ses frères; mais je trouve qu'il est mauvais frère; il a usurpé sur ses cadets tout l'héritage des talents, et il ne leur reste pas de quoi glaner après lui.

— La requête de l'infortunée famille de Calas a été examinée et admise au conseil d'État du roi dans le courant du mois dernier; en conséquence il a été ordonné au parlement de Toulouse d'envoyer la procédure de cet affreux jugement. Cette affaire sera actuellement très-longue à discuter. A la fin de la révision on réformera peut-être l'arrêt du parlement, et on rétablira la mémoire de la malheureuse victime de son fanatisme; mais punira-t-on des juges qui ont violé les formes sacrées de leur ministère, qui ont attaqué la sûreté publique, en dévouant aux supplices un innocent malgré la sauvegarde des lois? Ce crime, le plus atroce qu'on puisse commettre contre la société, aura-t-il été commis impunément? C'est ce que personne n'osera prédire? Quoi qu'il en arrive, la gloire en restera toujours à M. de Voltaire. Il a osé prendre la défense de l'humanité et de la cause de chaque citoyen; il a rendu toute l'Europe attentive à cette déplorable aventure, et si les juges de Calas ne vont

---

1. Voici la réponse que Voltaire adressa aux éloges de Grimm dans une lettre à leur ami Damilaville, du 23 mars 1763 : « Mon cher frère, l'illustre frère qui daigne tant aimer *Brutus* me paraît avoir suppléé par sa brillante imagination à ce qui manque à cette pièce. Je ne peux en conscience lui en savoir mauvais gré. Un tel suffrage et le vôtre sont d'une grande consolation. Je me souviens que, dans la nouveauté de cette pièce, feu Bernard de Fontenelle et compagnie prièrent l'ami Thieriot de m'avertir sérieusement de ne plus faire de tragédies. Ils lui dirent que je ne réussirais jamais à ce métier-là. J'en crus quelque chose, et cependant le démon du théâtre l'emporta. Parlez-en à frère Thieriot, il vous confirmera cette anecdote, car il a la mémoire bonne. »

pas aux galères avec le capitoul David[1] à leur tête, ils n'en seront pas moins l'exécration du genre humain.

Un étranger alla voir, il n'y a pas longtemps, M. de Voltaire, qui lui dit : « Monsieur, vous voyez le rebut des rois et le protecteur des roués. »

— On a recueilli dans un volume de quatre cents pages *l'Esprit, les Saillies et Singularités du P. Castel*[2], jésuite. Vous avez entendu parler du clavecin de couleurs pour les yeux, et des autres extravagances de ce jésuite. C'était un fou dont les imaginations plaisaient parfois ; du moins ses morceaux, dispersés dans le *Mercure* et dans d'autres journaux, amusaient un moment ; mais lorsqu'on se met à les lire de suite, dans le recueil dont nous parlons, on est bientôt excédé d'un jargon aussi fatigant qu'insipide.

— M. de Chevrier, mort ou vivant, nous affuble depuis quelque temps de ses infâmes rapsodies. Non-seulement on a réimprimé ou reproduit les *Mémoires d'une honnête femme*, justement oubliés ; mais il vient de paraître encore une autre brochure de ce détestable écrivain, intitulée *les Amusements des dames de B\*\*\**, *histoire honnête et presque édifiante*[3]. Il faut jeter bien vite au feu ce plat et absurde persiflage.

— M. l'abbé de Radonvilliers, sous-précepteur des enfants de France, fut nommé hier par l'Académie française pour remplir la place vacante par la mort de M. de Marivaux.

— On vient de faire une nouvelle édition des ouvrages de Nivelle de La Chaussée, en cinq volumes in-12. Cette édition est augmentée de toutes les pièces dramatiques de l'auteur, qui n'avaient pas réussi, et qui par cette raison n'avaient pas été imprimées.

— *Le Compte rendu des constitutions des Jésuites*, par M. de Monclar[4] n'a pas fait ici la sensation qu'il devait faire, parce

---

1. C'est cet exécrable magistrat qui fit arrêter Calas et sa famille, et dirigea contre eux une procédure, dans laquelle furent entendus une foule de témoins qui se présentaient plutôt comme les échos d'accusations non précisées que comme des accusateurs directs. Après le jugement de réhabilitation des Calas, ce David devint fou et fut enfermé comme tel. Voir vers la fin du mois de novembre 1765 de cette *Correspondance*. (T.)

2. (Par l'abbé Joseph de La Porte.) Amsterdam et Paris, 1763, in-12.

3. Rouen, 1762, 2 vol. in-12. B... désigne Bruxelles.

4. Quérard ne mentionne pas ce compte rendu.

que celui de M. de La Chalotais en avait fait une trop forte pour ne pas épuiser totalement l'attention du public sur cet objet. Cependant l'ouvrage de M. de Monclar, fait sur un plan différent, mérite d'être conservé à côté de celui de M. de La Chalotais; il y a même apparence que ce seront les deux seuls ouvrages qui resteront de cette fameuse querelle. Le plaidoyer de M. de Monclar dans la même affaire des jésuites, qui vient d'être imprimé aussi [1], n'est pas autant estimé que son compte rendu.

15 avril 1763.

Depuis la chute des jésuites et le livre inutile de Jean-Jacques Rousseau, intitulé *Émile,* on n'a cessé d'écrire sur l'éducation, et il nous manque encore un ouvrage passable. Celui qui porte pour titre : *De l'Éducation publique,* a été attribué pendant un moment à M. Diderot; il se peut que le philosophe ait vu ce manuscrit et qu'il y ait mis quelques phrases [2]; mais il faut bien peu se connaître en style et en idées pour imaginer que ce livre vienne de lui. A quelques vues près (et il arrive aux gens les plus médiocres d'en avoir de bonnes) c'est un amas de détails minutieux et d'efforts laborieux pour indiquer les livres qu'il faut étudier de classe en classe, avec le code d'une police puérile pour l'intérieur des colléges et pour le maintien de la discipline. Nulle vue véritablement grande, nul moyen de nous tirer de la barbarie dans laquelle toute l'Europe est à peu près restée sur ce point.

Il est vrai qu'un livre sur l'éducation publique serait l'ouvrage non-seulement d'un philosophe, mais d'un homme d'État. Il faudrait d'abord rechercher les raisons pourquoi parmi les peuples anciens l'éducation a été perfectionnée avec tant de succès, adaptée avec tant de soin au génie de chaque gouvernement, et pourquoi les peuples modernes qui se sont le plus illustrés

1. S. l., 1763, in-12.
2. Il résulte de ce demi-aveu de l'ami de Diderot que celui-ci n'est pas entièrement étranger à cet ouvrage (Amsterdam, 1763, in-12), dont l'auteur du *Dictionnaire des anonymes* a dit, dans sa première édition, qu'une moitié paraissait écrite par un philosophe, et l'autre par un janséniste. Du reste, dans la seconde édition de son Dictionnaire, Barbier dit qu'il a des raisons de croire que le principal auteur est le professeur Crevier. (T.)

dans les arts, dans les sciences, dans tous les genres de travaux glorieux, ont tant négligé cette partie si importante ou ont si peu réussi à la rendre meilleure? Rien ne prouve mieux la supériorité des peuples anciens sur les modernes.

Ce n'est pas que j'imagine que l'homme puisse dégénérer et déchoir de sa nature à mesure que son espèce vieillit; ce sont des rêveries qu'il faut abandonner à Jean-Jacques Rousseau, qui les établira avec beaucoup de sophismes et beaucoup d'éloquence pour l'amusement des oisifs qui ne sont pas accoutumés à penser. Je crois au contraire que la même masse de vertu, de génie, de grandeur existe toujours dans le genre humain. Les grandes révolutions, le concours de hasards, de ressorts politiques, de tant de causes qui agissent et se combinent sans cesse, peuvent engourdir cette masse pour des siècles ou bien l'échauffer et faire éclore tous ces efforts de génie et de courage qui immortalisent un peuple et transmettent sa gloire à la postérité. La naissance d'un tel homme dans un tel instant a donc souvent décidé de la destinée du genre humain pour des siècles, avec la différence que les héros, l'objet de l'admiration publique, ont souvent vécu inutilement pour le bonheur des hommes, tandis que ceux qui ont travaillé à leur malheur ont presque toujours réussi dans leurs entreprises.

Si nous voulons borner nos recherches à l'objet qui nous occupe, et examiner pourquoi les nations modernes ont tant dégénéré de la grandeur qui caractérise les peuples anciens, nous ne pourrons nous dissimuler que cette décadence générale date de l'établissement du christianisme en Europe. Je n'attribue point à cette doctrine les longues et épaisses ténèbres qui ont couvert les nations de cette partie du monde pendant les siècles du moyen âge; je sais que l'irruption des barbares a dû entraîner après elle des désordres longtemps irréparables; mais j'examine pourquoi depuis trois siècles d'efforts et de travaux, l'Italie, la France, l'Angleterre, l'Allemagne, le Nord, ayant produit cette foule de grands hommes dans tous les genres, les nations modernes n'ont cependant rien acquis de cette grandeur, de cette élévation d'idées et de courage que nous remarquons chez les peuples anciens; j'examine pourquoi l'absurdité, la sottise et la pédanterie, ont conservé leurs usurpations au milieu des peuples les plus éclairés, et opposent encore aujourd'hui une barrière insurmontable aux progrès de la raison et de la félicité publiques.

Il faut convenir que l'esprit de l'Évangile n'a jamais pu s'allier avec les principes d'un bon gouvernement. Cette doctrine, née dans le sein du judaïsme, n'a pu prospérer que dans le cerveau d'une foule d'enthousiastes qu'on peut tolérer dans un État parce qu'il faut tout tolérer, excepté la rébellion et les crimes, mais qui ne contribueront jamais à son bonheur et à sa gloire. Les vertus qu'elle enseigne ne sont pas bonnes pour cette vie-ci ; l'humilité, la foi, l'espérance, la mortification du vieil homme, ne sont pas propres à en former de grands ; la charité même, tant recommandée dans l'Évangile et dont ses défenseurs font son plus ferme bouclier, ne peut tenir lieu de justice, d'humanité, de générosité, de bienfaisance et d'autres vertus dont on lit tant d'exemples touchants dans les annales des peuples éclairés et policés. D'ailleurs, cet esprit de charité chrétienne ne se borne point au soulagement des besoins de cette vie que la bienfaisance naturelle à l'homme lui a toujours appris à alléger par ses secours ; il s'étend jusqu'aux biens de l'autre vie, et a fait égorger charitablement des milliers d'hommes de peur qu'ils ne se damnassent. Ce qu'il y a de sûr, c'est qu'un bon chrétien doit méconnaître son père et sa mère, et qu'un homme qui a ces vertus sublimes fait ordinairement un fort mauvais citoyen.

Cette religion, répandue dans l'empire romain pendant les premiers siècles après la perte de la liberté, faisant des progrès obscurs, n'influa point sur le génie des peuples ; mais lorsque le sacerdoce eut perdu l'esprit apostolique, lorsque l'ambition des prêtres eut fait de cette doctrine l'instrument de leur grandeur et de leur domination, tout changea de face en Europe. Il fallut adapter des préceptes donnés à quelques enthousiastes aux principes des gouvernements, et faire accorder des lois, observées jadis par quelques gens de la lie du peuple, avec un nouveau code dont le résultat devait être le pouvoir despotique de l'Église. Ainsi la doctrine chrétienne ne ressembla bientôt plus à l'Évangile ; cette religion, à qui son maître avait donné pour base l'humilité, la souffrance, la pauvreté, le pardon des injures, toutes les qualités enfin dont la nécessité fait des vertus aux gens du peuple, devint bientôt la plus orgueilleuse, la plus entreprenante, la plus implacable, la plus intolérante de toutes, et comme toutes les ressources de la ruse et de la fraude furent employées pour étendre la domination des prêtres, toutes les subtilités de l'esprit humain furent aussi mises en œuvre pour sauver la disparité de ces principes et de cette conduite.

Il en résulta bientôt cette dégradation générale des esprits dont nous n'avons pu nous relever encore. Constantin, à qui les prêtres ont osé donner le titre de Grand, faisant de ce culte la religion dominante de l'État, prit sans doute un parti que sa politique lui conseilla, et que ses crimes avaient rendu nécessaire. Ne pouvant se flatter de rendre ses usurpations agréables en Italie, et de gagner la confiance des Romains, qui conservaient toujours une espèce de fantôme de leur ancienne grandeur, il s'attacha au parti chrétien et acheva sans doute de se rendre haïssable par cette démarche. Elle en entraîna bientôt une autre, la plus funeste de toutes : l'établissement de la résidence impériale à Byzance ; Constantin, en fixant son séjour au milieu de ses partisans, abandonna l'Italie et l'Occident à la tyrannie des papes et à l'irruption des barbares : car il est plus que vraisemblable que sans cette translation ces deux fléaux n'auraient jamais affligé l'Europe.

Ainsi Constantin, par une suite de sa politique cruelle et devenue nécessaire, consacra le malheur de cette partie du monde pour des milliers de siècles. Je sais que de grandes révolutions ne sont pas l'ouvrage d'un seul homme ; qu'elles se préparent de loin, et qu'il faut des siècles pour les porter à ce point de maturité qui les fait éclore. Il fallait sans doute au temps de Constantin un nouveau culte au monde ; celui que Mahomet établit bientôt après avec tant de succès dans une autre partie du monde prouve assez cette nécessité. L'inquiétude des esprits était devenue générale ; elle ressemblait parfaitement à celle qui commence à se manifester parmi nous ; qui a produit la réformation au XVI$^e$ siècle, et qui présage aujourd'hui la chute du christianisme. Il arrive des époques où l'ennui fait plus que les efforts les plus opiniâtres. Enfin, au siècle de Constantin, le paganisme était à son point de maturité, et rien ne put empêcher sa chute ; mais il faut gémir de le voir remplacé par deux cultes si contraires aux progrès de l'esprit humain.

Il y a apparence que le grand Julien, si indignement calomnié par les prêtres, prévit toutes les suites malheureuses de cette révolution, mais il opposa inutilement son génie à un torrent qu'il était trop tard d'arrêter. Le goût de l'absurdité avait déjà gagné les esprits, la fureur des disputes scolastiques possédait déjà toutes les têtes; ce talent qui donnait à un sot la facilité de jouer le rôle d'un homme supérieur devait être précieux pour la multitude. Il paraît, il est vrai, que les esprits en Italie ont plus longtemps résisté à cette contagion générale; M. de Voltaire a remarqué quelque part que, parmi plus de quatre-vingts hérésiarques qui partageaient alors l'Église de Jésus-Christ, il n'y en eut pas un seul Romain; le génie de Rome faisait encore sentir les derniers restes d'une impulsion mourante; mais bientôt après l'absurdité des esprits devint générale, et les Grecs, ayant perdu depuis longtemps la trempe de leur génie qui les caractérisa du temps de leur liberté et de leur gloire, asservis depuis des siècles, habiles dans l'art de manier le sophisme et dans toutes les subtilités de l'école si convenables à des esclaves, inondèrent toute l'Europe de leurs fureurs dogmatiques.

Cette révolution produisit ce système d'éducation, uniforme dans tous les pays où le christianisme a pénétré; système qui a tenu les peuples abrutis pendant une longue suite de siècles; qui, malgré la renaissance des lettres, subsiste dans toute sa force dans tous les pays où la superstition s'est maintenue, et dont les principes se sont conservés même dans les contrées où la raison a fait le plus de progrès. Qu'on envisage ce système et tous ses procédés sans prévention, on verra qu'il n'est propre qu'à former un peuple de moines. Qu'est-ce qu'un bon moine? C'est un fainéant qui s'est engagé à être inutile au monde, qui sait bien sa controverse, et qui observe la loi de la chasteté, car depuis que les hommes ont été assez absurdes pour regarder comme une perfection l'abstinence de l'acte de la propagation auquel la nature a attaché un attrait si invincible, il a été plus criminel à leurs yeux de manquer à cette sanction ridicule et contraire aux vues de la nature que de négliger les devoirs les plus sacrés. Qu'est-ce qu'on appelle de même un écolier qui donne de grandes espérances? C'est un enfant qui sait bien argumenter, et qui ne court point après les filles. Une fille bien élevée est celle qui sait bien dire son catéchisme et qui ne paraît point sensible aux impressions de l'amour et de la volupté. De là cet usage, aussi insensé que général, de dérober aux enfants avec le plus grand soin la connaissance de la différence des sexes; usage meurtrier et destructeur qui, irritant notre curiosité au moment où le sang circule dans nos veines avec le plus d'effervescence, est devenu la source de la débauche et de la perte de la jeunesse.

Les bornes de ce travail ne permettent point qu'on suive les produits de ce funeste système; mais qu'on examine notre institution publique dans tous ses détails, et l'on trouvera partout les traces de cet esprit monacal. Nul germe de grandeur, nulle idée de patriotisme et de véritable gloire ne fut jamais inculquée à la jeunesse dans nos colléges, et ce qui doit faire verser des larmes amères, c'est que les hommes dont le sort est de disposer de la destinée des nations ne sont pas autrement élevés que ceux qui doivent un jour régir un monastère; un respect aveugle pour la religion est tout ce qu'il importe à ses ministres que le souverain conserve de son éducation; s'ils peuvent y ajouter beaucoup de stupidité, ce sera tant mieux, parce qu'ils seront sûrs que jamais la raison ne pourra se montrer sous un tel prince. On réfléchit avec horreur et avec amertume sur la manière dont la plupart des princes de la communion romaine sont élevés, et l'on voit la raison pourquoi les héros et les grands hommes de toute espèce nous sont venus du Nord depuis deux siècles.

Il y aurait un ouvrage bien grand et bien profond à faire sur l'influence du système religieux d'un peuple, sur son génie, ses mœurs, ses arts, sa police, etc. Je vois Cicéron devant les juges de Verrès apostropher la déesse Vénus, et exciter une commotion générale dans son auditoire; je pense qu'aucun de nos avocats, quelque habile, quelque éloquent qu'il fût, n'oserait jamais interpeller la Vierge Marie dans un plaidoyer, sans s'exposer à l'instant à la huée de l'assemblée, dont la plus grande partie ne se couche pas cependant sans lui avoir dit un *Ave*. Il faut donc qu'il y ait quelque chose de noble et de poétique dans l'une de ces fictions, et que l'autre en soit absolument dépourvue. Je vois les Raphaël, les Guide, les Carrache, les Dominiquin, consacrer leur sublime pinceau à des tableaux de dévotion. Ce saint Étienne écrasé de pierres, ce saint Laurent sur le gril, ont sans doute un caractère que j'admire ; pour faire de tels tableaux, il faut sans doute un génie divin et sublime. Mais quels sentiments peuvent-ils m'inspirer? Des sentiments de dégoût ou de fanatisme. Je vois le comble de l'égarement et de la dégradation des hommes dont les uns deviennent les bourreaux acharnés des autres pour une chose inintelligible et absurde, et ce spectacle continuel m'accoutume au mépris de la nature humaine, ou à la vénération de la plus triste de nos folies. Mais lorsqu'un peintre de génie m'aura montré ce généreux Romain qui se brûla devant Porsenna le poignet avec lequel il l'avait manqué, j'éprouve une foule de sentiments grands et élevés qui, répétés souvent, influent nécessairement sur mon courage, tandis que les autres dégradent insensiblement en moi tout principe de générosité et de noblesse. Il en est de même du ciseau de Michel-Ange employé aux statues des Scipion, des Cicéron, des Trajan, des Marc-Aurèle ou bien à conserver l'image d'un saint Jérôme, d'un saint François, d'un saint Roch, d'un saint Antoine. Une mythologie remplie de charme et de poésie donnera à un peuple des images riantes, des spectacles pleins de goût et de noblesse ; une mythologie qui imprime à l'héroïsme un caractère de divinité entretiendra dans un peuple la grandeur des idées, l'élévation de l'esprit et du courage ; une mythologie basse et ignoble qui mettra notre orgueil à souffrir, pour l'amour de Dieu et pour notre salut, l'avilissement, l'ignominie, la servitude, aura à la longue les plus sinistres influences sur l'esprit des peuples, et voilà pourquoi il y a une si grande différence entre un Romain qui sort d'enfance, comme ils disaient, et un jeune chrétien français ou allemand qui sort du collége.

Au défaut d'un système religieux sensé et capable d'élever les esprits, il nous reste les grands exemples dont l'empire est si puissant sur les âmes généreuses, et s'étend jusque sur la multitude lorsque l'exemple est domestique. En portant nos regards sur cette guerre d'éternelle mémoire que Frédéric vient de terminer par une paix si glorieuse, nous verrons que ce n'est pas seulement à la supériorité de ses talents que ce héros du siècle doit le soutien de sa cause contre les efforts de l'Europe réunie, c'est surtout à cet enthousiasme que la grandeur de génie et de courage inspire et qu'elle a porté jusque dans le cœur du dernier de ses sujets. Un paysan de Poméranie, saccagé par les Cosaques, se trouvait sous les ruines de sa cabane incendiée plus content, plus heureux que ce paysan d'Autriche qui ne vit jamais d'ennemi dans son foyer; le spectacle de son roi, toujours au-dessus de sa fortune, se sacrifiant à l'État, réparant ses malheurs à force de génie et de talent, attentif même au milieu des plus grands travaux à soulager la misère de ceux qui avaient souffert pour la patrie, le rendait, lui aussi, insensible à ses pertes, et son sort plus à envier que celui de ces infortunés laboureurs qui, à l'abri du fer ennemi, ont sans cesse à lutter contre la rigueur et les vexations des préposés à la levée des impôts.

C'est un grand et beau spectacle pour l'humanité que de voir ce héros auquel Plutarque n'aurait su trouver un pendant dans toute l'histoire connue, réunissant toutes les sortes de talent et de gloire, réunir encore tous les vœux secrets de son siècle, avoir presque autant de partisans à Vienne qu'à Berlin, mettre dans ses intérêts jusqu'à la populace de Wurzbourg et de Mayence, faire regarder ses malheurs comme des calamités publiques, et ses succès comme des sujets de triomphe et de réjouissance pour toute l'Europe. Quel est en effet le cœur généreux, dans quelque coin de la terre qu'il respire, qui n'ait été troublé et vivement agité par six ans de vicissitudes de cette guerre opiniâtre, et qui ne se soit enorgueilli de la manière dont le héros vient de la terminer?

Il faut actuellement qu'il en consacre la mémoire, et qu'il rende croyable à la postérité cette suite de prodiges, en publiant l'histoire de ses campagnes. Ce serait un ouvrage immortel, quand même on n'y trouverait que le simple récit de l'enchaînement des opérations militaires; mais il ne tiendra qu'au philosophe couronné d'en faire le plus beau et le plus grand livre de l'humanité. Les faiseurs de poëmes épiques et de romans imaginent des personnages, et après leur avoir affecté un caractère, ils nous donnent tous les détails non-seulement de leurs actions, mais de leurs discours et de leurs pensées; plus ils approchent en cela de la vraisemblance, plus nous admirons leur génie. Je voudrais que Frédéric les imitât en substituant la vérité à la fiction; je voudrais que ses commentaires historiques ne continssent pas seulement le récit de ses actions, mais une suite fidèle de l'histoire de ses pensées dans les différentes situations où il s'est trouvé. Ce livre, conçu et exécuté dans cet esprit, deviendrait le manuel des héros de tous les siècles, et si jamais monseigneur l'archiduc Joseph pouvait obtenir de son confesseur la permission de le lire, il apprendrait la raison pourquoi l'épée de Léopold Daun, bénie par un prêtre à triple tiare, n'a pu triompher d'un héros qui, malgré ses miracles, ne trouvera pas de place parmi ceux du calendrier de saint Grégoire.

— Il paraît une *Lettre à l'auteur des Mémoires sur la nécessité de fonder une école pour former des maîtres* [1]. Les auteurs qui ne peuvent réussir à occuper le public de leurs productions se font ordinairement écrire des lettres pour réveiller son attention; mais le public, insensible, ne prend aucune part au bavardage de l'auteur et de ses amis.

— On vient de publier une nouvelle traduction des *Héroïdes* d'Ovide. Cette traduction en prose forme un petit volume in-4, d'une jolie impression ornée de vignettes qui représentent le sujet de chaque héroïde. On m'a assuré qu'elle était de M. Watelet, auteur du poëme de *la Peinture*; mais cette assertion mérite confirmation [2].

— *Le Langage de la raison* [3] est une nouvelle production d'un des plus féconds et des plus ennuyeux écrivains du siècle, M. de Caraccioli, colonel au service du roi de Pologne et de Saxe.

— M. Cazotte, qui a été, avec les frères Lioncy, la partie opposée des jésuites dans le fameux procès dont les suites ont été si mémorables [4], vient de publier un poëme en prose, intitulé

---

1. Voir page 196. L'abbé Pellicier, auteur de ce *Mémoire*, est également l'auteur de cette lettre et d'une autre publiée à une date que nous ignorons, dans lesquelles il discute ses propres opinions.

2. Les vignettes de cette traduction (Paris, Durand, 1763, in-8°) sont de Zocchi et de Gregori; le nom du traducteur nous est inconnu.

3. Avignon (Paris), 1763, in-12.

4. Cazotte quittant la Martinique, où il avait fondé des établissements, pour rentrer en France, vendit toutes ses possessions au P. Lavalette, qui lui en paya le prix (50,000 écus) en lettres de change sur la compagnie de Jésus. Le P. Lavalette ayant eu peu de succès dans la suite de ces affaires, les supérieurs de la compagnie trouvèrent assez commode de laisser protester les lettres de change. Cazotte leur intenta un procès, qui fut comme le signal de tous ceux qui vinrent fondre

*Olivier.* Le comte de Tours a une fille unique qui devient amoureuse de son page Olivier. Lorsque le comte est sur le point de se croiser pour la Terre Sainte, il découvre que sa fille est grosse. Il l'enferme dans une tour, et il jure qu'il fera périr Olivier, qui s'est dérobé à son ressentiment par la fuite. Dans le cours de la croisade, le petit page rend les services les plus essentiels au comte de Tours; il le préserve de mille dangers; il lui sauve plus d'une fois la vie. A chaque événement, le comte est plein de reconnaissance; mais lorsqu'il apprend à qui il la doit, sa colère se rallume, et Olivier est chassé, trop heureux encore d'en être quitte à si bon marché. A la fin, pourtant, il fait tant de belles choses que le comte est forcé de lui accorder son estime et sa fille. Ce poëme est une imitation de l'Arioste; mais M. Cazotte ne lui ressemble que par le décousu qui règne dans son *Olivier* comme dans l'*Orlando furioso*. L'auteur de l'*Olivier*, ainsi que son modèle, se laisse aller à toutes les extravagances qui lui passent par la tête; mais les extravagances de M. Cazotte sont bien différentes de celles de l'Arioste. Ce n'est pas tout que d'être fou, il faut encore que vos folies aient un caractère de génie et de verve qui m'amuse et m'entraîne. Telles sont les folies de l'auteur de *Candide* et celles de l'Arioste, qui ont encore par-dessus les autres le charme de la plus délicieuse poésie. Le poëme de l'*Olivier* a cependant eu à Paris une sorte de succès.

— En revanche nous avons eu cet hiver une quantité de petits poëmes que personne n'a regardés et dont voici la liste :

Une *Ode sur la paix* et des *Invocations à la paix*. Nous sommes bien heureux que cette circonstance n'ait produit jusqu'à présent que deux feuilles.

*Ariane à Thésée* est une héroïde de M. Gazon Dourxigné, et *Nisus à Clarice*, une héroïde en prose traduite de l'anglais.

Le *Philosophe des Alpes* est une ode qui a concouru pour le prix de l'Académie française.

Les *Amusements poétiques d'un philosophe* forment un recueil de plusieurs pièces qui ont concouru pour des prix

---

sur la Société. Deux négociants de Marseille, Gouffre et Lioncy, créanciers des Révérends Pères pour 1,500,000 francs, s'adressèrent également aux tribunaux pour le payement de cette somme. Voir pour plus de détails le chapitre LXVIII de l'*Histoire du Parlement* de Voltaire. (T.)

académiques, et dont quelques-unes ont été couronnées dans les académies de province, mais j'ignore le nom de l'auteur.

Dans les *Lamentations des Jésuites sur leur chute*, on a observé l'ordre des leçons de Jérémie.

Outre la *Pétrissée*, que nous devons à la maladie d'un jeune élève de Mars, nous avons encore cinq petits poëmes qui lui sont égaux en mérite, et que le public n'a pas honorés d'un regard. En voici les titres : *la Louisiade, ou le Voyage de la Terre Sainte*, poëme héroïque par M. Moline, avocat au Parlement [1]. Ce poëme est dédié au roi. Sur le titre on croirait avoir une lecture de plusieurs volumes à faire ; mais il n'a fallu à M. Moline que trente-quatre pages d'impression pour être sublime.

*La Scamnomanie, ou le Banc*, poëme héroï-comique [2]. C'est une plate imitation du *Lutrin* de Despréaux, en vers durs et barbares.

*Caquet-Bonbec, la poule à ma tante* [3], poëme badin de M. de Junquières, qu'il faut jeter au feu bien vite avec *le Caleçon des coquettes du jour* [4] et *Actéon, ou l'Origine du cocuage* [5]. En voilà bien assez pour quelque temps.

De tout cela il ne faut lire que *l'Anti-Uranie, ou le Déisme comparé au christianisme, épîtres à M. de Voltaire*, par L. P. B. C., que j'expliquerais par le P. Berthier, capucin, s'il était vrai que frère Berthier, après la destruction de la Société, se fût fait capucin comme le bruit en avait couru. Mais frère Berthier est à Versailles, présent à l'instruction de M. le duc de Berry, à la grande consolation de tous les Français de la race future. Peut-être, malgré la sublimité de ses occupations, est-il capucin *in petto* par un effet de l'humilité chrétienne. L'édifiante *Anti-Uranie* est un ouvrage absolument digne de lui, et il n'y a cependant qu'un capucin qui puisse l'avoir fait.

---

1. Paris, 1763, in-8°.

2. (Par Le Roy, ex-jésuite.) Amsterdam, 1763, in-12.

3. Les bibliographes ne mentionnent, nous ne savons pourquoi, que la deuxième édition de ce poëme badin plusieurs fois réimprimé ; elle est ornée d'un frontispice de Gravelot, gravé par Baquoy.

4. La Haye, 1763, in-8°.

5. S. l. n. d., in-8°, 16 pages. Voir à ce titre la *Bibliographie des ouvrages relatifs à l'amour*.

— On a imprimé en Hollande une lettre de *J.-J. Rousseau à Christophe de Beaumont, archevêque de Paris*, sur son mandement au sujet d'*Émile*. Nous mourons d'envie de voir cette lettre; mais jusqu'à présent on a pris toutes les précautions possibles pour qu'elle n'entre point dans Paris. L'auteur fait, dans cette lettre, l'apologie de son livre et l'histoire de sa vie. On dit que c'est un ouvrage plein de charme et de séduction, et qu'il y a un très-beau morceau sur la tolérance et les protestants de France. M. l'archevêque y est traité avec beaucoup d'égards ; M. Omer Joly de Fleury, avocat général du roi, y est un peu moins ménagé, en quoi J.-J. Rousseau a grande raison : car le mandement de l'archevêque était bien plus sensé et conforme aux principes d'un prélat que l'imbécile réquisitoire aux principes d'un magistrat.

### ÉPIGRAMME

#### PAR M. SAURIN.

Une Iris d'Opéra, se disant presque neuve,
Avec un sous-fermier venait de passer bail.
Le prix payé d'avance, on en vient à l'épreuve :
« Oh! oh! dit-il, trouvant un amour au bercail,
La belle, marché nul; je vous ai pris pour veuve,
Non pour mère; rendez. » La belle s'en défend.
Carton survient alors; on la choisit pour juge :
« Eh! dit-elle, monsieur, voilà bien du grabuge :
Quand la toile est levée, on ne rend point l'argent[1]. »

— On lisait ce dernier vers comme avertissement au public, à l'entrée de la salle de l'Opéra ; mais cette salle n'existe plus. Le feu y prit le 6 de ce mois, à onze heures du matin, par la négligence des ouvriers qui y travaillaient, et en peu de temps elle fut réduite en cendres, et le Palais-Royal, dont elle faisait partie, fut fortement endommagé ; heureusement personne n'y a péri. Cependant l'ardeur du feu ayant fait péter et écrouler la voûte du grand escalier, cet accident pouvait écraser quantité de monde ; par le plus grand et le plus singulier hasard, personne ne se trouva sur l'escalier ni dans les vestibules. Il

1. Cette épigramme ne se trouve pas comprise dans les *OEuvres de Saurin*, 1783, 2 vol. in-8°. (T.)

n'y a point de mauvaise plaisanterie que l'incendie de l'Opéra n'ait fait faire. Comme on manquait d'eau dans le commencement, on disait que c'était tout simple; que personne n'avait pu prévoir que le feu prendrait dans une glacière. Le roi a conservé à M. le duc d'Orléans l'agrément d'avoir cette glacière dans son palais. On construira au même endroit une plus belle et plus grande salle, et, en attendant, l'Opéra jouera dans la salle des Machines, au palais des Tuileries. Il faudra deux ou trois mois pour mettre cette dernière salle en état de recevoir l'Opéra, et autant d'années pour construire la salle neuve [1]. Ce coup pourrait bien être le coup de grâce pour un spectacle qui n'a jamais pu se relever de celui que lui porta la musique italienne, il y a dix ans, et qui, depuis deux ou trois ans, s'acheminait sensiblement vers sa fin. L'avis de l'abbé Galiani était de mettre l'Opéra français à la barrière de Sèvres, vis-à-vis le spectacle du Combat du Taureau, « parce que, dit-il, les grands bruits doivent être hors de la ville ».

— Le théâtre de la Comédie-Française a perdu encore une actrice par la retraite de Mlle Gaussin. La beauté et le son de voix enchanteur de cette actrice ont été célébrés par tous nos poëtes. C'était en effet une actrice charmante, surtout dans le haut comique; mais depuis plusieurs années elle n'avait plus sa vivacité, et sa taille, devenue très-considérable, n'allait plus du tout à une jeune fille de quinze ans qu'elle représentait sans cesse au théâtre. Quand on joue la comédie trente ans de suite, il arrive un moment où l'on se blase [2] ; alors on joue ses rôles de routine, sans les sentir, et, dans ce cas, on tombe ou dans la monotonie ou dans la charge : c'est ce qui était arrivé à Grandval et à Mlle Gaussin. Grandval chargeait un peu dans les derniers temps, et l'on reprochait à Mlle Gaussin beaucoup de chant et de monotonie. Il n'y a que Mlle Dangeville qui se

1. La salle provisoire des Tuileries ne fut disposée que le 24 janvier 1764; les acteurs de l'Opéra y débutèrent par *Castor et Pollux*. La salle du Palais-Royal ne fut reconstruite et ouverte au public que le 2 janvier 1770, on y représenta *Zoroastre*. Cette salle devint de nouveau la proie des flammes le 8 juin 1781. (T.)

2. Née en 1711, Mlle Gaussin, après avoir joué sur des théâtres particuliers et en province, débuta au Théâtre-Français le 28 avril 1731. Elle joua pour la dernière fois le 19 mars 1763, et mourut le 7 juin 1767. Voltaire a immortalisé son nom par les vers qu'il lui a adressés à l'occasion d'*Alzire* et surtout de *Zaïre*, tragédies dont elle créa les deux principaux rôles. (T.)

soit préservée de ces deux écueils; il est vrai que depuis plusieurs années elle jouait très-rarement, et que M^lle Gaussin et Grandval jouaient trois ou quatre fois par semaine. Ces trois noms seront toujours célèbres dans les fastes du Théâtre-Français, et vraisemblablement nous les regretterons longtemps avant de les remplacer.

— Le Bûcheron, ou les Trois Souhaits, opéra-comique, dont les paroles sont de M. Guichard, et la musique de M. Philidor, a eu un grand succès à la Comédie-Italienne [1]. Le poëme est froid et sans comique, la musique fort harmonieuse, fort bruyante, mais sans génie. D'ailleurs, ceux qui connaissent les richesses de la musique italienne prétendent, non sans raison, que M. Philidor est un des plus intrépides détrousseurs qui se soient montrés depuis longtemps.

— M^me Belot vient de traduire de l'anglais un roman en deux volumes, intitulé Ophélie. L'histoire des Tudors aura eu en France beaucoup plus de succès que celle d'Ophélie, parce que la force du sujet et de l'auteur original entraîne, et fait passer sur la faiblesse de la traduction. Plusieurs Anglais m'ont assuré qu'Ophélie n'a nulle réputation en Angleterre; ils en ignoraient eux-mêmes l'existence. C'est tout comme à Paris, où il s'imprime nombre de romans qui ne laissent pas d'avoir quelque réputation dans les pays étrangers, et que personne ne connaît ici. M^me Belot devait donc faire un meilleur choix. Le roman d'Ophélie manque de naturel et de vérité; aussi rien de plus fastidieux et de plus insipide que cette lecture. Le sujet en était pourtant charmant. Une jeune personne élevée dans un désert, parvenue à l'âge de l'adolescence sans avoir aucune idée des mœurs et des usages de la société et du monde dans lequel elle se trouve transplantée par un enlèvement, voilà assurément de quoi excercer un pinceau habile. Mais Ophélie est une petite sotte qui s'étonne des choses du monde les plus naturelles, et qui a cependant en même temps sur toutes les situations de la vie les sentiments du monde les plus raffinés et les plus alambiqués. On assure dans la préface que ce roman est de l'auteur de la vie de David Simple, et l'on n'a point de peine à le croire, car ce David Simple est aussi peu naturel qu'Ophélie.

---

1. La première représentation est du 28 février 1763.

On prétend que cet auteur est miss Sara Fielding, sœur du célèbre écrivain de ce nom, dont elle n'a assurément pas les talents. Ce qui me déplaît encore souverainement dans ses manières, c'est qu'elle n'amène les situations et les événements dans ses romans que pour faire une foule de portraits de personnages oisifs et qui ne tiennent au sujet par aucun côté. Quand on a la rage des portraits, il faut faire des *Essais* décousus comme l'abbé Trublet, et non pas des romans.

— *Épitre aux architectes qui sont à Paris et ailleurs*. C'est un rabâchage, en trente-cinq pages, de quelques idées que l'auteur a prises à l'abbé Laugier, qui a fait un *Essai sur l'architecture* il y a plusieurs années, et d'autres idées que l'on entend répéter tous les jours. Ce n'était pas la peine, pour être aussi plat, de prendre le style des prophètes.

— *Apelle et Campaspe*, comédie héroïque en deux actes, avec des vers en musique [1], vient de tomber à la Comédie-Italienne. La musique était détestable, et le poëme, de M. Poinsinet, c'est tout dire. Les deux cousins Poinsinet sont en possession de choir sur les deux théâtres; mais, malheureusement pour leurs confrères, leur privilége n'est pas exclusif.

— On a publié en huit volumes grand in-8° le théâtre de M. Favart, qui contient le recueil de ses comédies, parodies et opéras-comiques. Comme cet auteur n'est pas au bout de sa carrière, le nombre des volumes sera augmenté à mesure qu'il travaillera. Au reste, cette édition est enrichie du portrait de l'auteur, de celui de sa femme, actrice de la Comédie-Italienne, et de plusieurs estampes assez jolies.

— M. Maupin propose dans une brochure une nouvelle méthode de cultiver la vigne dans tout le royaume, qui consiste principalement à mettre plus de distance entre les ceps et leurs rangées [2]. On ne peut rien assurer sur la bonté d'une méthode qui n'est pas soutenue d'une longue expérience.

— M. Pomier vient de publier un *Traité sur la culture des mûriers blancs, la manière d'élever les vers à soie, et l'usage qu'on doit faire des cocons* [3]. Je ne crois pas beaucoup à l'utilité de ces livres, que l'expérience démentit le plus souvent.

---

1. Représentée le 21 avril 1763.
2. *Nouvelle Culture de la vigne.* Paris, 1763, in-12.
3. Orléans, 1763, in-8°.

— *Discours sur le droit des gens et sur l'état politique de l'Europe*[1]. C'est du bavardage de quelque écolier de rhétorique.

— *L'Anglais à la Foire*[2] est un divertissement en un acte au sujet de la paix, joué à la Foire Saint-Germain. C'est là un théâtre digne des Anglais et des Français que nos poëtes mettent sur la scène, et il n'est pas juste que la Comédie-Française s'empare du bien des bateleurs.

— *Henriette de Marconne, ou Mémoires du chevalier de Présac*, est un nouveau roman[3]. On ne peut guère rien lire de plus bête. Il en paraît un autre sous le titre de *Confidences à une amie, ou Aventures galantes d'un militaire écrites par lui-même*[4]. Il faut plaindre ceux qui sont obligés d'écouter de telles confidences.

— *Mélanges intéressants et curieux, ou Abrégé d'histoire naturelle, morale, civile et politique de l'Asie, l'Afrique, l'Amérique, et des terres polaires*. Deux volumes in-12[5]. Ce recueil est en effet instructif et curieux.

— On peut dire la même chose du *Journal historique du voyage fait au cap de Bonne-Espérance*, par feu M. l'abbé de La Caille, de l'Académie royale des sciences. Volume in-12.

— *Campagne de M. le maréchal de Tallard en Allemagne, l'an 1704*, en deux volumes. Il faut ajouter ces deux volumes aux autres recueils précieux qu'on a publiés en ce genre.

— Les jésuites ont fait faire en Lorraine, où la protection du roi de Pologne les soutient encore, une apologie de leur institut, dont il n'y a encore que la première partie d'imprimée ; à la place de la ville de Nancy, ils ont mis sur le titre la ville de Soleure en Suisse[6]. Cette apologie se trouve difficilement. Ce n'est pas que les parlements aient mis aucun obstacle à la distribution de cet ouvrage, comme les jésuites voudraient le faire croire ; mais la Société ne le confie qu'à ses vrais amis. Par ce

---

1. (Par G.-F. Le Trosne.) Amsterdam et Paris, 1763, in-12.
2. Nous n'avons pu retrouver la date de représentation.
3. (Par J.-A.-R. Perrin.) Amsterdam et Paris, 1763, in-12.
4. Genève, 1763, 2 vol. in-12. L'auteur nous est inconnu.
5. (Par Rousselet de Surgy.) Ce recueil a eu deux éditions, la plus complète, sous la rubrique d'Yverdon, forme 12 volumes.
6. Voir page 73.

moyen, elle conserve un air d'oppression avec lequel elle voudrait bien exciter notre pitié, en même temps qu'elle exempte son apologie du danger de soutenir le grand jour. On a choisi pour la composition de cet ouvrage un jeune jésuite, Piémontais de naissance, appelé le P. Cérutti, dont les ouvrages ont été couronnés, il y a quelques années, par l'Académie des jeux floraux de Toulouse.

Il faut être absolument possédé de l'esprit de parti, pour ou contre la Société, pour soutenir la lecture de cette apologie; je n'ai jamais rien vu d'aussi fastidieux. Le bel esprit monacal y règne dans toute sa force. L'auteur dit que « le pressoir de la méchanceté sait tirer le venin des propositions les plus innocentes, que le prisme de la calomnie colore ensuite de toutes sortes de couleurs fausses ». Tout est écrit dans ce goût-là.

— M. l'abbé de Radonvilliers a pris ces jours-ci séance à l'Académie française, et prononcé le discours d'usage. Ce discours est un recueil d'éloges très-plat et très-insipide. En sa qualité de sous-précepteur des Enfants de France, le nouvel académicien a loué tout ce qui en a jamais approché, et les morts n'ont pas été plus ménagés que les vivants. Celui qui se trouve le moins loué est ce pauvre Marivaux, qui, en sa qualité de prédécesseur, avait cependant le droit le plus incontestable à l'encens du récipiendaire. M. le cardinal de Luynes a répondu au discours de M. de Radonvilliers. Ce prélat confirme tous les éloges, et ajoute encore celui du nouvel académicien. Il nous apprend que ce qui fait l'essence de l'Académie, c'est l'amour de nos rois et de la patrie; et cela nous donne la clef des réceptions que nous avons vu faire depuis quelques années. Nous croyions bêtement que le mérite littéraire entrait pour quelque chose dans le choix que l'Académie faisait de ses sujets, et depuis longtemps nous n'en voyions pas choisir un seul dont le mérite fût connu du public. C'est que tous ces abbés et autres que l'Académie a pris dans ces derniers temps aiment le roi et la patrie à la folie, et il n'y a que cela qui fasse un bon académicien. Cette immortalité, continue M. le cardinal de Luynes, à laquelle notre devise nous dévoue, n'est pas la nôtre; c'est celle de nos monarques et de nos princes, etc. Voilà qui est bien modeste; mais nous, qui savons ce que nous devons à l'Académie, nous révérons en elle quarante victimes ambulantes, dévouées à l'immortalité. Je suis convaincu que l'abbé Trublet n'en jetterait pas sa part aux chiens.

— La Comédie-Italienne a attiré à Paris M. Goldoni, auteur dramatique célèbre en Italie, et pour l'engager à travailler pour son théâtre elle lui a fixé une pension de 6,000 livres par an. C'est de l'argent perdu, parce que le nombre de ceux qui possèdent la langue italienne n'est pas assez considérable pour donner à ce spectacle une vogue et un concours suffisants. La troupe qui joue les pièces italiennes a été très-bien recrutée depuis quelques années. Nous avons un très-bon amoureux et un Pantalon supérieur ; ce dernier est un des meilleurs comédiens qu'on puisse voir ; mais le parterre ne peut être sensible au mérite des acteurs qui parlent une langue qu'il n'entend pas. Arlequin et Scapin ont été obligés de parler français pour soutenir la comédie italienne en France, et je suis persuadé que les meilleurs acteurs en ce genre perdent bien vite de leur talent en jouant hors de leur patrie. M. Goldoni a débuté à Paris par une pièce intitulée en français *l'Amour paternel* [1], et qu'il fallait traduire *le Père engoué de ses filles*. Cette pièce ne sera pas regardée comme la meilleure de ce poëte. Elle est remplie de bassesses et de compliments fades pour le public de Paris, et c'est d'ailleurs un mélange monstrueux de pathétique et de bouffonnerie. On ne peut disputer à M. Goldoni beaucoup de talent ; mais je crois qu'il a fait trop ou trop peu pour le théâtre de son pays. En se donnant la peine d'écrire des pièces régulières, il fallait en bannir les masques : on ne s'accoutume pas à voir à tout moment une scène de bouffonnerie succéder à une scène de comédie véritable. Quant à la comédie des masques, il faut la laisser pour ce qu'elle est ; il faut qu'elle reste un canevas dont les scènes ne soient point écrites, mais abandonnées au génie et à la verve des acteurs. C'est la chaleur avec laquelle ils improvisent qui rend ce genre amusant ; si vous les obligez à réciter par cœur, vous lui ôterez bien vite son principal agrément. C'est une économie bien plaisante et bien originale que celle de la comédie italienne ; ce peuple a mis un tour de génie jusque dans ses extravagances.

Nous avons vu sur le même théâtre tomber successivement

---

1. Représentée le 4 février 1763.

deux opéras-comiques : *la Bagarre*[1], pièce de ce détestable Poinsinet, qui nous accable de ses bêtises à tout moment; c'est dommage que M. Van Malder, habile musicien du prince Charles de Lorraine, ait perdu son temps et sa musique avec un tel poëte; un mauvais acteur de ce théâtre, appelé Desbrosses, a fait la musique du *Bon Seigneur*, qui est également tombé[2]. *Le Gui de chêne, ou la Fête des druides*[3], dont le poëme est de M. de Junquières, et la musique de Laruette, autre acteur de la Comédie-Italienne, a eu beaucoup de succès. C'est bien, et pour la musique et pour les paroles, la plus plate et la plus insipide chose qu'on ait vue depuis longtemps.

## MAI

1er mai 1763.

On vient de donner sur le théâtre de la Comédie-Française une comédie nouvelle en vers et en cinq actes, intitulée *le Bienfait rendu, ou le Négociant*. Une comédie en cinq actes ! c'est une grande affaire. Depuis le sublime Molière, nous n'en connaissons qu'une, *la Métromanie*, qui ait mérité les honneurs du théâtre. L'auteur du *Négociant* a voulu garder l'*incognito*[4]; sa pièce a été présentée aux Comédiens par Préville, qui leur a déclaré en même temps qu'il en a encore cinq autres de la même plume, que le public aura la satisfaction de voir succes-

---

1. Représentée le 10 février.
2. Le 18 février. Les paroles sont de Desboulmiers.
3. Représenté le 18 janvier.
4. Cette pièce fut représentée le 18 avril 1763. Grimm, dans sa lettre du 1er juin suivant, dit qu'on l'attribue à M. de Dampierre, et les *Mémoires secrets* (1er mai 1763) affirment positivement qu'elle est son ouvrage. De La Salle de Dampierre était, d'après cette dernière autorité, intéressé dans les vivres, et directeur de la régie des cartes. Nous avons déjà vu (t. III, p. 334, note 5) mettre sur son compte la tragédie du *Tremblement de terre de Lisbonne*. *Le Bienfait rendu*, imprimé d'abord à Paris, 1763, in-12, a été compris ensuite dans le *Théâtre d'un Amateur*, Paris, 1787, 2 vol. in-18; recueil que Barbier regarde, par ce motif sans doute, comme étant entièrement de Dampierre. (T.)

sivement s'il reçoit favorablement la première. Quelle mine abondante et riche qu'il ne tiendra qu'à nous d'exploiter, sans reconnaissance même, si l'auteur s'obstine à vouloir rester caché !

Cette comédie serait infailliblement tombée sans le jeu de Préville, qui était chargé du rôle d'Orgon. Il l'a joué avec un jeu si prodigieux qu'il a entraîné le parterre malgré lui. Cependant, s'il est possible de donner un caractère à un rôle aussi mal fait, on ne peut dire que Préville l'ait joué dans son véritable esprit, et il s'est moins montré, dans cette pièce, grand comédien qu'habile bateleur. M. Orgon, tel qu'il nous l'a représenté, est un homme grossier, rustre et insupportable. Il est vrai que si l'acteur eût cherché à en faire un négociant honnête homme, franc, droit et brusque, la pièce n'aurait pas été achevée ; mais, pour avoir obtenu quelques représentations, elle n'en sera pas moins oubliée, et elle est bien dûment tombée dans l'esprit de tous les gens de goût.

Tout est de la dernière grossièreté dans cette comédie. Depuis le commencement jusqu'à la fin c'est un tissu d'injures contre les gens de qualité, et de la plus ridicule récrimination de leur part ; et cela s'appelle, chez les sots, peindre les conditions et les caractères ! O divin Molière, ce n'est pas ainsi que tu peignais ! Sans doute que les gens de la cour ont leurs hauteurs ; sans doute que l'orgueil des gens d'une condition moins élevée cherche à s'en venger, et que la richesse dans Paris insulte à l'orgueil du sang et de la naissance ; mais ce n'est pas un torrent d'injures réciproques. C'est au contraire par leurs égards que les grands offensent ; c'est avec des politesses qu'ils savent blesser ; c'est par une modestie affectée que la bourgeoisie cherche à éviter la familiarité et la hauteur des grands ; c'est en se traitant de rien qu'elle les accable de tout le poids des avantages que donne la richesse dans un pays où l'amusement est le premier des soins, et où toutes les distinctions disparaissent devant ces attraits. Ces petites mortifications secrètes, qu'on se fait éprouver de part et d'autre, sont aussi loin des injures grossières dont la pièce du jour est remplie que le génie de l'auteur anonyme l'est du génie de Molière.

Il n'y a dans cette pièce ni intrigue, ni fond, ni caractères. Tout ce qu'on peut lui accorder, c'est un peu de facilité dans le style; la pièce paraît facilement versifiée, mais cela ne suffit pas pour faire une comédie. La sienne est ennuyeuse et froide; il ne manque à l'auteur que le génie et le sens commun pour être supportable. Je ne sais pourquoi il a intitulé sa pièce *le Négociant*. L'auteur prétend que M. Orgon est négociant à Bordeaux; il en a menti. M. Orgon est maître maçon, ou maître brasseur, ou maître boucher de quelque ville en Basse-Bretagne ; mais la comédie du *Négociant* reste toujours à faire.

— Un évêque ou chapelain de l'église anglicane avait prêché au sacre du roi d'Angleterre d'aujourd'hui [1]. Il avait choisi, parmi les héros de l'Ancien Testament, le roi et prophète David comme un modèle à proposer à tous les rois, et particulièrement au jeune monarque qui commençait son règne. C'était l'objet des trois points de son sermon, dont la conclusion fut que tout souverain devait ambitionner de porter le titre de David, que Dieu appela *l'homme selon son cœur*. Un profane ayant étudié, pour son édification particulière, la vie de ce roi selon le cœur de Dieu, y trouva des faits fort extraordinaires. Pour en former le tableau, il les rapprocha les uns des autres dans un livre adressé au chapelain, à qui il fit sentir qu'une imitation trop fidèle du fils de Jessé pourrait être très-répréhensible dans le fils de George. Son livre a fait beaucoup de bruit en Angleterre [2]. Un profane du royaume de France en a pris occasion de faire une tragédie qui porte ce titre : *Saül et David, ou l'Homme selon le cœur de Dieu* [3]. Cette tragédie n'a pas été imprimée; on ne peut l'avoir qu'en manuscrit, et elle est excessivement rare. On prétend que ce singulier ouvrage vient des Délices; mais cette opinion ne peut être admise que pour les fidèles disposés à le lire avec fruit et édification. Ceux qui n'y chercheront que le scandale doivent en ignorer la source.

— On a imprimé à Francfort la tragédie d'*Olympie*, que

---

1. George III.
2. *The History of the Man after God's own heart*, 1761, Freeman, in-12. L'auteur anglais se nommait Huet; Voltaire, dans son avertissement, prétend qu'il était neveu du savant évêque d'Avranches. Son ouvrage fut traduit en 1768 : *David, ou l'Histoire de l'Homme selon le cœur de Dieu* (par le baron d'Holbach). Londres (Amsterdam), 1768, in-12. (Voir la lettre du 15 janvier 1769.) (T.)
3. La tragédie de Voltaire ne fut pas publiée sous ce titre, mais sous celui de *Saül, tragédie tirée de l'Écriture sainte, par M. de Voltaire*; la première édition est de Genève, 1763, in-8°. (T.)

M. de Voltaire appelle son ouvrage de six jours. L'édition s'est faite sous la direction de M. Colini, qui a été autrefois secrétaire de l'auteur, et qui est aujourd'hui attaché à l'Électeur palatin [1]. C'est peut-être le sort inévitable des ouvrages de six jours, d'être mal combinés et faibles [2]. Cette faiblesse est le principal défaut de la tragédie d'*Olympie*, qui m'a paru languissante partout, et faiblement écrite ; cela ne demande que de la chaleur pour être pathétique et touchant. On en ferait un bel opéra italien. Je doute que le rôle de Cassandre réussisse au théâtre. Il n'est ni vertueux, ni criminel, mais surtout il n'est point intéressant. Le remords est moins un retour à la vertu que la marque du dépérissement de la machine : ainsi il n'est pas vraisemblable dans un jeune homme, à moins qu'il ne soit d'un caractère à la fois faible et cruel; mais alors il faut que ce caractère soit donné par l'histoire, ou, si c'est le poëte qui le place sur la scène, il faut qu'il le développe et qu'il le montre dans toute sa force. Cassandre, dans le fait, n'est qu'une conscience timorée, un pénitent qui ne mérite ni la passion d'Olympie, ni l'intérêt des spectateurs. Il est certain aussi que le caractère de la piété des Grecs ne ressemblait en aucune manière à la piété chrétienne; et si les mystères du temple d'Éphèse rappellent les pratiques de nos couvents, ce sera la faute du poëte, qui n'aura su faire parler à ses personnages le langage antique. Malgré ces défauts, et surtout ce souffle de vie qui manque à *Olympie*, je suis persuadé qu'elle

---

1. Colini, secrétaire de Voltaire, né à Florence en 1727, mort en 1806, a laissé un ouvrage intitulé *Mon Séjour auprès de Voltaire*, Paris, Léopold Collin, 1807, in-8°, où il fait profession de beaucoup d'attachement à la mémoire de ce grand homme. Mais, en 1821, furent publiées des *Lettres inédites de Voltaire, de M$^{me}$ Deniset de Colini, adressées à M. Dupont*, Paris, Mongie, in-8° et in-12, où on a la douleur de le voir montrer une honteuse duplicité, car il cherche à y desservir de tous ses moyens celui pour lequel, d'un autre côté, il feint tant d'admiration et de respect. (T.)

2. « Cette tragédie parut imprimée en 1763; elle fut jouée à Ferney et sur le théâtre de l'Électeur palatin. M. de Voltaire, alors âgé de soixante-neuf ans, la composa en six jours. *C'est l'ouvrage de six jours*, écrivait-il à un philosophe illustre, dont il voulait savoir l'opinion sur cette pièce. — *L'auteur n'aurait pas dû se reposer le septième*, lui répondit son ami. — *Aussi s'est-il repenti de son ouvrage*, répliqua M. de Voltaire; et quelque temps après il renvoya la pièce avec beaucoup de corrections. » (Avertissement du Voltaire, édit. de Kehl.) *Olympie* fut jouée pour la première fois au Théâtre-Français le 17 mars 1764. Voir ci-après la lettre du 1$^{er}$ avril 1764. (T.)

réussira beaucoup sur notre théâtre, parce qu'elle est remplie de tableaux et de spectacle ; que M<sup>lle</sup> Clairon y sera fort belle, et qu'après tout M. de Voltaire, faible et languissant, vaut encore mieux que nos autres poëtes dans toute leur vigueur. On trouve, à la suite de la pièce, des remarques de l'auteur, et entre autres une critique du caractère du grand-prêtre dans la tragédie d'*Athalie*, qu'il pourrait bien avoir dérobée à l'auteur de la tragédie de *Saül* : elle ressemble tout à fait, comme disent les peintres, à son frère.

— Il ne faut pas confondre avec l'auteur de la tragédie de *Saül* un avocat qui vient de faire imprimer une tragédie de *Judith* et une autre de *David*[1]. Cela n'est pas assez bête pour être plaisant, cela n'est que plat. La tragédie de *David et Bethsabée*, dont le curé de Montchauvet en Normandie nous fit présent il y a dix ans, était bien autrement plaisante. On ne soupçonnera point notre avocat de malin vouloir ; cependant sa tragédie de *David* pourrait servir comme pièce justificative à la tragédie de *Saül*. Elle commence par le récit du viol de Thamar, que cette innocente colombe fait elle-même à son frère Absalon, qui, dans un premier mouvement d'indignation, couche avec toutes les femmes de son père. L'*homme selon le cœur de Dieu* y fait assez ingénument son portrait, qui n'est pas flatté :

>Ton bras, ô Dieu puissant! s'appesantit sur moi ;
>J'ai semé le scandale et méprisé ta loi :
>Des rois j'ai profané l'auguste caractère ;
>Je confesse mon crime. Assassin, adultère,
>Faux et perfide ami, par les plus noirs forfaits
>J'ai reconnu tes dons et payé tes bienfaits[2].

Au demeurant le plus joli garçon du monde[3].

---

1. *Judith* et *David*, tragédies, par M. L. (Lacoste, avocat), Amsterdam et Paris, 1763, in-12.
2. *David*, acte II, scène II.
3. Cette réflexion de Grimm n'est qu'une réminiscence du passage de l'épître de Marot à François I<sup>er</sup>, où ce poëte annonce au roi qu'il a été volé par son valet :

>Gourmand, ivrogne, et assuré menteur,
>Pipeur, larron, jureur, blasphémateur,
>Sentant la hart de cent pas à la ronde,
>Au demeurant le meilleur fils du monde. (T.)

— Il faut remarquer les révolutions favorables aux arts, comme celles qui contribuent à leur corruption et à leur perte. La bizarrerie dans les ornements, dans les décorations, dans les dessins et les formes de bijoux, était arrivée à son comble en France; il fallait en changer à chaque instant, parce que ce qui n'est point raisonné ne peut plaire que par sa nouveauté. Depuis quelques années on a recherché les ornements et les formes antiques; le goût y a gagné considérablement, et la mode en est devenue si générale que tout se fait aujourd'hui à la grecque. La décoration extérieure et intérieure des bâtiments, les meubles, les étoffes, les bijoux de toute espèce, tout est à Paris à la grecque. Ce goût a passé de l'architecture dans les boutiques de nos marchandes de modes; nos dames sont coiffées à la grecque; nos petits-maîtres se croiraient déshonorés de porter une boîte qui ne fût pas à la grecque. Cet excès est ridicule, sans doute; mais qu'importe? Si l'abus ne peut s'éviter, il vaut mieux qu'on abuse d'une bonne chose que d'une mauvaise. Quand le goût grec deviendrait la manie de nos perruquiers et de nos cuisiniers (car enfin il faudra bien que d'aussi grands Grecs que nous soient poudrés et nourris à la grecque), il n'en sera pas moins vrai que les bijoux qu'on fait aujourd'hui à Paris sont de très-bon goût, que les formes en sont belles, nobles et agréables, au lieu qu'elles étaient toutes arbitraires, bizarres et absurdes, il y a dix ou douze ans.

M. de Carmontelle, lecteur de M. le duc de Chartres [1], qui dessine avec beaucoup d'esprit et de goût, a voulu se moquer un peu de la fureur du goût grec en publiant un projet d'habillement d'homme et de femme, dont les pièces sont imitées d'après les ornements que l'architecture grecque emploie le plus communément dans la décoration des édifices. Ces deux petites estampes auraient pu fournir l'idée d'une mascarade pour les bals du carnaval. C'est une très-bonne plaisanterie qui a été copiée tout de suite par des singes qui ne savent que contrefaire; ils ont publié une suite d'habillements à la grecque, sans esprit et d'un goût détestable. M. de Carmontelle se fait depuis plusieurs années un recueil de portraits dessinés au crayon et lavés en couleurs de détrempe. Il a le talent de saisir singulièrement l'air,

1. L'auteur des *Proverbes dramatiques*, né en 1717, mort en 1806.

le maintien, l'esprit de la figure plus que la ressemblance des traits. Il m'arrive tous les jours de reconnaître dans le monde des gens que je n'ai jamais vus que dans ses recueils. Ces portraits de figures, toutes en pied, se font en deux heures de temps avec une facilité surprenante. Il est ainsi parvenu à avoir le portrait de toutes les femmes de Paris, de leur aveu. Ses recueils, qu'il augmente tous les jours, donnent aussi une idée de la variété des conditions ; des hommes et des femmes de tout état, de tout âge s'y trouvent pêle-mêle, depuis M. le Dauphin jusqu'au frotteur de Saint-Cloud. Plusieurs de ces portraits ont été gravés.

— On a imprimé les *OEuvres diverses* de M. l'abbé de La Marre, qui a fait le poëme de l'opéra de *Zaïde* et celui de *Titon et l'Aurore*, ainsi que quelques pièces fugitives [1]. Tout cela ne valait pas trop la peine d'être recueilli, mais il faut compiler ; et pour grossir son recueil on ne se fait aucun scrupule d'y fourrer des morceaux qui n'ont jamais appartenu à l'auteur dont on prétend publier les ouvrages. L'abbé de La Marre était un assez mauvais sujet. Dans la guerre de 1741, il suivit l'armée en Bohême, où il finit sa vie [2]. Dans un accès de fièvre chaude, il se jeta à Prague par les fenêtres d'un second étage ; il y a des versions qui disent qu'il fut jeté par un homme de mauvaise humeur. Il expira en disant : « Je ne croyais pas les seconds si hauts en ce pays-ci. »

— Le métier des compilateurs est de vivre aux dépens des auteurs célèbres. Un de ces messieurs vient de publier un gros volume intitulé les *Pensées de J.-J. Rousseau, citoyen de Genève* [3]. Dans cette rapsodie, on a rangé sous différents titres, comme *Dieu, Religion, Vertu, Honneur, Amour, Étude*, etc., des morceaux tirés de divers écrits de M. Rousseau. C'est un

---

1. Les *OEuvres diverses* de La Marre, Paris, 1763, in-12, renferment bien ces deux opéras, représentés, le premier le 3 septembre 1739, et le second le 9 janvier 1753 ; mais on n'y trouve pas *Momus amoureux*, du même auteur, imprimé à la suite de *Zaïde* dans les éditions séparées de cette pièce. (T.)

2. En 1746. Il était né vers 1708. Voir la note de la page 23 du tome XIX des *OEuvres* de Diderot.

3. Les *Pensées de J.-J. Rousseau* furent recueillies par Prault, libraire, avec une préface de l'abbé de La Porte; Amsterdam (Paris), 1763, in-12. Un autre recueil du même genre a été publié à Avignon, en 2 vol. in-12. On ignore le nom du nouveau compilateur. (B.)

contraste assez plaisant de voir les livres de cet écrivain célèbre proscrits avec beaucoup de sévérité, et cependant l'extrait de ses pensées vendu publiquement. Apparemment que le compilateur, en bon catholique, aura eu soin d'en ôter auparavant le venin dont M. l'archevêque de Paris et le révérend père capucin qui a fait le réquisitoire de M. Joly de Fleury[1] nous ont avertis que les écrits de J.-J. Rousseau étaient infectés. J'espère que celui-ci fera passer à nos prélats le goût des mandements. Nous n'avons dans Paris que trois ou quatre exemplaires de sa lettre *à Christophe de Beaumont, archevêque de Paris*; on arrête à la poste tous les exemplaires qui viennent aux particuliers par cette voie, et l'on assure qu'on a même arrêté celui que l'auteur a adressé à M. l'archevêque. Cela n'est pas juste; il ne faut pas empêcher un homme de lire les réponses qu'on fait à ses lettres. La curiosité du public, irritée de cette manière, n'en est que plus grande. On s'arrache le peu d'exemplaires qui sont dans Paris, et je ne doute point que dans peu nous n'ayons cette lettre aussi facilement que le *Contrat social*, qu'on a pris tant de soin, l'année dernière, d'empêcher de paraître, et qu'on peut avoir aujourd'hui tant qu'on veut pour son petit écu. Je n'ai pas été assez heureux enore pour tenir dans mes mains ce nouvel ouvrage de J.-J. Rousseau, qui a cent trente-quatre pages d'impression; mais j'en ai entendu lire quelques morceaux qui m'ont paru excellents. C'est son vrai genre de ferrailler avec ceux qui attaquent ses écrits; il est toujours intéressant et piquant dans ses réponses. Au reste, je ne sais où l'on a pris que l'archevêque était traité avec beaucoup d'égards. Dans les endroits que je connais, on ne dira pas que J.-J. Rousseau se soit fait violence pour ménager un peu son adversaire, encore moins les prêtres, dont il parle avec une liberté et une vérité incroyables.

15 mai 1763.

*La Mort de Socrate*, tragédie en vers et en trois actes, par M. de Sauvigny, vient d'être jouée sur le théâtre de la

---

[1]. On a vu, page 105, note, que le réquisitoire était attribué à Abraham Chaumeix. (T.)

Comédie-Française [1]. C'est la même pièce qui devait être représentée l'année dernière au moment du décret de prise de corps contre J.-J. Rousseau, et que la police fit défendre, de peur que le parterre ne fît des applications publiques à l'histoire du jour. Aujourd'hui que les mêmes raisons ne subsistent plus, on a permis à l'auteur de se faire jouer, après avoir sévèrement examiné sa pièce afin de n'y rien laisser subsister qui fût susceptible d'application au mérite des philosophes de la nation et au sort qu'ils éprouvent.

M. de Sauvigny sert, je crois, dans les gardes du corps du roi de Pologne, duc de Lorraine. Quelques pièces fugitives l'ont fait connaître comme poëte. Un *Voyage de Mesdames de France à Plombières* [2], en vers et en prose, inséré dans le *Mercure*, n'a pas prévenu le public en faveur de ses talents, et l'on n'en attendait que d'impuissants efforts, surtout dans un sujet qui, comme celui de Socrate, exige, outre une connaissance profonde de la philosophie ancienne, une sublimité de coloris et d'idées continuelles. Le premier et le dernier acte ont reçu beaucoup d'applaudissements; le second a été jugé généralement faible; la pièce, quoique en plein succès, est peu suivie. Ce sujet a quelque chose de si beau et de si auguste qu'il n'y a point d'âme sensible qui ne s'intéresse au succès de la pièce, quel que soit le talent de l'auteur. M. de Sauvigny est partout au-dessous de son sujet; mais il est naturellement simple, et par conséquent touchant partout où il n'est pas plat, et surtout lorsqu'il ne fait que traduire les mots de Socrate. J'ai remarqué quelques vers qui me paraissent très-beaux, et qui sont à mes yeux les véritables vers tragiques, bien préférables à ces portraits et à ces maximes enchâssés dans des vers artistement tournés, dont la tragédie moderne a tant abusé. Je donnerais volontiers ce magnifique portrait de la philosophie, tant applaudi au premier acte, pour ce vers si simple, mais si beau par la situation :

Eh quoi! voudriez-vous me voir mourir coupable!

---

1. Grimm a déjà fait quelques réflexions à l'occasion de l'annonce de cette pièce, dans sa lettre du 1er juillet précédent. Elle fut représentée le 9 mai. On remarqua que l'éloquent Platon était au nombre des personnages muets. (T.)

2. *Voyage de Mesdames de France* (Mme Adélaïde et Mme Victoire) *en Lor-*

ou bien pour celui-ci :

Apprenez-leur surtout à mépriser la vie.

Mais j'ai remarqué avec beaucoup de chagrin que ces beautés, si simples et si touchantes, qui auraient fait un si grand effet à Athènes, échappent à notre parterre, et qu'il n'a donné des applaudissements que pour des choses que les Grecs auraient dédaignées. On a laissé passer tous les mots de Socrate, et l'on a applaudi toutes les tirades de Criton.

Cette pièce touche et fait pleurer sans qu'on puisse faire cas du talent de l'auteur. Tout ce qui est de lui est faible et mauvais; il ne cesse de l'être que lorsqu'il traduit ou imite. Il a sans doute lu les *Dialogues* de Platon. Vous voyez qu'il a, en plusieurs endroits, profité de la belle et sublime esquisse que M. Diderot a tracée de ce sujet-ci en deux pages, dans son *Traité de la Poésie dramatique;* mais il n'a pas assez tiré parti, ni des récits du philosophe grec, ni des indications du philosophe français : et, comme je l'ai déjà dit, tout ce qui lui appartient est faible et commun. Tel est le caractère de ce Mélitus, si féroce et si lâche, dont nous avons tant de modèles dans nos pièces modernes, et dont les remords font si peu d'effet. Le récit que Criton vient faire, au troisième acte, de sa fin horrible, est même tout à fait déplacé; outre qu'il est de mauvais goût, il a encore l'inconvénient de distraire de l'intérêt principal. Tout le troisième acte se passe entre Socrate, sa femme et ses enfants, et il y a des choses touchantes; mais ce n'est pas là traiter le sujet de Socrate, c'est peindre un père de famille injustement condamné. C'est au milieu de ses disciples qu'il fallait placer Socrate dès le commencement de l'acte; c'est à eux que les discours sur l'innocence de la vie, sur la sainteté des lois, sur l'immortalité de l'âme, doivent s'adresser. Criton n'est là, au troisième acte, que pour faire le récit de la mort de Mélitus. Quel pauvre rôle !

Si M. de Sauvigny s'était senti quelque talent, il en aurait fait usage au second acte pour le plaidoyer de Socrate ; c'était

---

*raine,* 1761, in-12. Plaquette très-rare, ornée d'une vignette gravée par M$^{me}$ de Pompadour.

là le moment de la chaleur et de l'éloquence, c'était là qu'il fallait montrer le philosophe dans toute sa sublimité, inspiré, agité par son démon, développant aux yeux de l'aréopage tous les principes de sa divine philosophie. Mais pour faire parler un tel homme il faut être inspiré soi-même; il faut des connaissances si profondes, un coloris si sublime, un esprit si élevé au-dessus de lui-même, qu'il ne faut pas s'étonner que M. de Sauvigny soit resté si fort au-dessous de son sujet. Il doit être content des applaudissements que le public a donnés à son ouvrage; mais l'esquisse que le philosophe Diderot a tracée de la mort de Socrate reste toujours à remplir.

On prétend que M. de Sauvigny a été obligé par la police de retrancher de sa pièce tout ce qui regardait Aristophane, de peur que le parterre n'en fît des applications à la comédie des *Philosophes*, publiquement jouée sur le théâtre de la nation, sous l'autorité de cette même police ordinairement si sévère sur les bienséances[1]. Voilà les effets d'une mauvaise conscience; mais c'est pousser bien loin les précautions. On se souvient aujourd'hui à peine de ce scandale, et pour le rendre dangereux à la philosophie il fallait que l'auteur de la comédie des *Philosophes* eût autant de génie que de méchanceté. M. Palissot voudrait bien passer pour l'Aristophane du siècle. Il compare aussi fort modestement sa farce à la comédie des *Femmes savantes*, et si Molière eut tort de mettre Cotin et Ménage sur la scène, son singe a sans doute cru qu'il est toujours bon de ressembler à un grand homme par quelque côté. Il est vrai que la pièce du grand homme est jouée encore tous les jours et fait les délices du public, et que la pièce du plat homme ne reparaîtra jamais au théâtre; et voilà un côté un peu fâcheux du parallèle entre le grand homme et le plat homme. Ce plat homme vient de recueillir en trois volumes tous ses ouvrages. Il en parle dans ses avant-propos avec une modestie peu commune. Malheureusement, tout ce qu'il présente dans ce recueil est tombé. Il voudrait bien occuper le public; il réchauffe à cette occasion la plupart des infamies qu'il a débitées dans le temps de la

---

1. Palissot, dans ses *Mémoires de la littérature*, prétend que Sauvigny ne composa la tragédie de *la Mort de Socrate* que pour lui prodiguer des injures sous le nom d'Aristophane. (T.)

comédie des *Philosophes*; mais la curiosité du public est usée; ces méchancetés n'ont plus pour lui l'attrait de la nouveauté, et il ne voit plus que les platitudes. Son libraire dit assez plaisamment : « M. Palissot n'est pas bien sûr d'être bien aise d'avoir fait la comédie des *Philosophes*. »

— M. de Voltaire vient de publier le second volume de l'Histoire du czar Pierre le Grand [1]. Cette dernière partie d'un règne aussi mémorable paraît moins indigne que la première de l'historien illustre dont elle porte le nom ; mais j'ose dire qu'elle ne s'élève pas encore à la dignité qui paraît nécessaire à l'histoire d'un législateur, d'un fondateur, d'un réformateur d'empire. On lit l'ouvrage de M. de Voltaire avec plaisir ; mais c'est précisément ce que je lui reproche : l'Histoire de Pierre le Grand doit produire d'autres effets, et laisser d'autres impressions que celles d'une lecture agréable. Ce qu'il y a de fâcheux, c'est qu'après un aussi grand maître il ne se trouvera personne d'assez hardi pour traiter ce sujet. Il faudra donc qu'il reste toujours imparfait ? Voilà ce que je pense de la manière ; quant au fond, on ne peut que déplorer qu'un écrivain, si grand par ses talents, soit quelquefois si esclave de mille petites considérations au-dessus desquelles son génie devrait l'élever. Cela lui donne souvent, dans des occasions importantes, une manière de présenter les objets si versatile qu'elle paraît moins propre à la dignité de l'histoire qu'à l'éloquence insidieuse d'un rhéteur. On ne peut pas précisément reprocher à M. de Voltaire d'avoir déguisé la conduite de Pierre envers son fils sous des couleurs fausses ; mais lorsqu'on a lu ce qu'il a écrit sur le procès et sur la fin tragique du czarowitz on reste dans une incertitude qui ne permet pas d'asseoir un jugement solide. Cependant M. de Voltaire a certainement un sentiment là-dessus, et l'historien doit être assez honnête homme pour ne jamais cacher son sentiment sur les choses qu'il se permet de traiter. C'est cette véracité qui rend l'histoire intéressante, et si quelquefois des considérations particulières exigent des ménagements, l'honnête homme se tait tout à fait, et ne touche point à des choses sur lesquelles il ne lui serait pas permis d'être vrai sans restriction.

---

1. Le premier volume avait paru en 1760. Voir dans cette dernière année les lettres des 1er et 15 novembre, où Grimm en rend compte. (T.)

La satire, l'envie de noircir, d'imaginer des forfaits, souvent par simple goût pour le merveillleux, me paraissent aussi odieuses dans un historien qu'à M. de Voltaire ; mais les réticences, les ménagements, les considérations particulières, ôtent à l'histoire sa liberté et sa noblesse, et rendent l'historien méprisable. Quand on a lu ces deux volumes de M. de Voltaire, on sait les faits du règne de Pierre le Grand ; mais on ne connaît bien, ni le caractère de cet homme extraordinaire, ni celui de l'impératrice Catherine, sa femme, ni celui d'aucun des personnages qui ont été les instruments de si grandes révolutions. Ce n'est pas ainsi que je veux que le grand Frédéric écrive l'histoire d'un règne immortel dans les fastes du monde. Au reste, un siècle qui a vu naître Charles XII, Pierre et Frédéric, n'est pas un siècle stérile en grands princes; mais une considération digne de votre attention, c'est que Charles XII, avec des qualités plus brillantes que solides, héros plus touchant que grand roi, aurait changé la face de l'Europe s'il n'avait rencontré dans son chemin un homme aussi rare, aussi extraordinaire que Pierre ; et Frédéric, sublime dans toutes ses entreprises, grand dans toutes les parties, héros, roi, législateur, guerrier, philosophe, l'homme, en un mot, le plus extraordinaire qui ait jamais paru dans l'histoire, ayant dans son parti, par une singularité non moins remarquable, tous les grands capitaines du siècle, et n'ayant jamais eu en tête, ni dans le cabinet, ni dans les opérations militaires, aucun homme dont le talent puisse être comparé au moindre de ses talents, n'aura cependant produit aucune révolution sensible en Europe si vous exceptez celle qui est une suite nécessaire de l'influence de sa gloire et du crédit de sa maison, tant les conjonctures disposent de tout ; et la conquête de l'Asie n'a pas peut-être coûté à Alexandre la moitié des efforts de génie qu'il a fallu à Frédéric pour soutenir, entre les rives de l'Oder et de l'Elbe, le choc si opiniâtre et si répété de toutes les forces de l'Europe.

— Nous avons aussi depuis quelques jours la nouvelle édition de l'*Essai sur l'Histoire générale*, par M. de Voltaire, en huit volumes grand in-8°. On reste justement surpris quand on pense à l'immensité des travaux de cet homme immortel. Il a poussé cet Essai jusqu'à la fin de l'année 1762. Ainsi vous y trouvez, outre la guerre de 1741, un précis de la guerre qui vient de finir, l'histoire des tristes querelles du clergé et des parlements de France, l'assassinat du roi, la proscription des jésuites, la suppression de l'*Encyclopédie*, tous les objets, en un mot, si intéressants pour nous, et qui le seront si peu dans l'histoire du monde; mais tout cela n'est que croqué, et avec trop de négligence. Tels qu'ils sont, ces différents chapitres feront grand bruit. Le Parlement n'y étant pas infiniment bien traité, on n'a osé publier l'ouvrage à Paris sans consulter M. l'abbé de Chauvelin, et quelques autres colonnes de ce corps devenu si redoutable depuis quinze ans. Ces messieurs ont exigé des suppressions et des changements considérables, en sorte que les exemplaires qu'on vend dans Paris se trouvent tous cartonnés. Il faut donc acheter ce livre tel qu'il a été publié à Genève et dans les pays étrangers. En faveur de ceux qui possèdent l'ancienne édition l'auteur a fait imprimer un volume de supplément où l'on trouve tout ce qu'il y a de nouveau dans celle-ci [1]. Ces variantes consistant souvent dans le changement de quelques mots, ce volume de supplément, aux nouveaux chapitres près, ne peut avoir que l'air d'une rapsodie, mais qu'on parcourt avec un singulier plaisir.

— J'ai enfin eu occasion de lire rapidement la lettre de *Jean-Jacques Rousseau à Christophe de Beaumont, archevêque de Paris*, qui se propose d'y répondre [2]. Il y a en effet dans cet écrit des choses d'une grande éloquence, des raisonnements d'une grande force, et, ce qu'il y a de plus singulier, une légèreté de plaisanterie qui n'appartient pas au citoyen de Genève, car il a toujours été lourd quand il a voulu plaisanter. La conversation de l'archevêque avec le janséniste de la rue Saint-Jacques est faite dans un si bon goût de plaisanterie qu'on la croirait de M. de Voltaire. Ce qui n'est pas moins singulier, mais plus conforme au caractère de l'auteur, c'est qu'il déclare à la face du ciel et de la terre qu'il est chrétien au fond de l'âme, dans un écrit où il expose les plus terribles difficultés contre le christianisme et contre toute révélation, et où il fait tenir un

---

1. Ce volume est intitulé *Additions à l'Essai sur l'Histoire générale, etc., pour servir de Supplément à l'édition de 1756*. La nouvelle édition de l'ouvrage entier que Grimm annonce ici est de 1761-63. (T.)

2. Nous ne savons si le prélat eut, comme l'annonce Grimm, le projet de répliquer; toujours st-il qu'il ne le fit pas, et fit bien. (T.)

synode entre tous les peuples partagés par leurs sentiments de religion, et dont le résultat est que tout culte est également bon ou également indifférent. Au reste, cet écrit ressemble aux autres ouvrages de M. Rousseau, c'est-à-dire qu'il passe souvent le but. Tout le morceau, par exemple, sur la tolérance, est absurde; l'on est fâché de voir, dans une matière si intéressante, tant de talent inutilement prodigué au soutien de quelques sophismes. Les docteurs ont imaginé une distinction entre la tolérance civile et la tolérance ecclésiastique; ils disent que cette dernière est répréhensible dans un chrétien et dans un ministre de l'Église, et c'est là la tournure par laquelle ils voudraient autoriser tant d'affreuses persécutions. Le vrai philosophe combat toutes ces vaines subtilités de l'école, qui n'ont jamais servi que de prétexte et de justification au crime; mais M. Rousseau proteste de nouveau dans cet écrit qu'il ne veut pas être philosophe, et il n'y a rien qui n'y paraisse : car, suivant son usage, il ne cherche pas à dire ici la vérité, mais simplement le contraire de ce qu'on dit. Ainsi, comme les docteurs n'ont osé assurer que l'intolérance civile était permise, et qu'ils se sont retranchés sur l'intolérance ecclésiastique, M. Rousseau prétend que la première seule est juste, et que la seconde est odieuse. C'est écrire pour avoir le plaisir de contredire; mais c'est surtout prêter des armes bien cruelles au fanatisme : car, en conséquence de son sophisme, l'auteur dit expressément que les premiers protestants de France furent légitimement persécutés, et que l'oppression qu'ils essuyèrent ne cessa d'être juste que lorsque, par des conventions solennelles, leur culte fut reçu dans l'État. Quel tissu d'absurdités abominables! comment une convention pourrait-elle donner un droit qu'on n'a pas naturellement, puisqu'elle-même ne peut être légitime qu'autant qu'elle n'est point contraire au droit naturel? Suivant son principe, M. Rousseau sera donc obligé de convenir que son Dieu a été légitimement crucifié à Jérusalem? Mais il importe trop au bonheur du genre humain que ces affreux principes, soutenus ici par le goût du paradoxe, et enseignés dans les écoles par la tyrannie ecclésiastique, soient enfin détruits de fond en comble, et qu'il soit universellement établi qu'aucun homme ne peut être le maître de la conscience d'un autre homme; que la croyance d'un citoyen ne peut intéresser le gouvernement en aucune manière, et que tout citoyen qui remplit les devoirs de la société a droit à la protection des lois, sans qu'il puisse être légitimement inquiété sur son culte et sur ses opinions particulières. Voilà le langage de l'humanité et de la justice; quiconque parle autrement mérite seul d'être persécuté.

Il y a dans cet écrit, comme dans les autres ouvrages de M. Rousseau, des mots de caractère qui me font autant plaisir que les traits de Molière avec lesquels il peint ses personnages. L'auteur dit que tous ses écrits ont toujours eu pour but le bonheur des hommes; mais il craint si fort que nous n'en profitions, ou que nous ne nous flattions de pouvoir être heureux, qu'il ajoute tout de suite : « Je n'ai pas assuré que cela fût absolument possible dans l'état où sont les choses. » Oh! il ne voudrait pas avoir un si grand reproche à se faire. Il dit encore, dans un autre endroit, qu'il connaît un peu les hommes, parce qu'il n'a pas toujours eu le bonheur de vivre seul. Au reste, il y a dans cet ouvrage beaucoup de choses outrées et quelques-unes de mauvais goût. Le public trouve aussi que M. Rousseau parle beaucoup trop de lui; cela est pourtant plus pardonnable dans une apologie que dans d'autres ouvrages où l'auteur ne doit jamais paraître. Ce qu'on peut reprocher à M. Rousseau, c'est de n'être pas heureux; on voit que ses malheurs lui ont aigri le caractère, et prennent sur sa tranquillité. Il a répondu à l'archevêque; il répondra sans doute au beau réquisitoire de maître Omer Joly de Fleury; il vient d'écrire au conseil de Genève pour être rayé du tableau des citoyens[1]. On ne voit pas trop le but de cette folie solennelle; mais elle prouve l'inquiétude et l'agitation de son esprit. On prétend qu'il suivra en Écosse milord Maréchal[2], qui doit y aller reprendre possession de ses biens, et Rousseau s'écrie à ce sujet : « Enfin j'aurai le bonheur de vivre avec des hommes dont je n'entendrai pas la langue! » Mais c'est avoir attendu trop longtemps pour être heureux.

— M. Villaret vient de publier en cinq volumes les *Ambassades de MM. de Noailles en Angleterre, sous le règne du roi*

1. Sa lettre était adressée à M. Favre, premier syndic de la république de Genève. Elle se trouve dans sa *Correspondance* à la date du 12 mai 1763. (T.)
2. Ce projet ne reçut pas d'exécution.

*de France Henri II,* rédigées par feu M. l'abbé de Vertot[1]. C'est un livre de cabinet dont la lecture est peu amusante ; mais l'extrait qu'on a mis à la tête, et qui est réellement de l'abbé de Vertot, est un excellent morceau. C'est une histoire raisonnée des règnes d'Édouard et de Marie, rois d'Angleterre ; le fil en est bien saisi et bien présenté, et si vous voulez vous donner la peine de comparer cet ouvrage posthume de l'abbé de Vertot avec ce que Rapin-Thoyras et David Hume ont écrit sur le même sujet, vous le trouverez, je crois, très-supérieur pour le ton et pour l'intérêt au travail de ces deux célèbres historiens. M. Villaret, éditeur de cet ouvrage, est le continuateur de l'*Histoire de France*, par l'abbé Velly, et c'est le premier, et peut-être le seul continuateur qui ait été supérieur à son prédécesseur.

— Je n'aime pas excessivement les *Contes moraux* de M. Marmontel. Il faut pour ce genre beaucoup de goût, de finesse, de délicatesse, de légèreté ; M. Marmontel a beaucoup d'esprit, et n'a rien de tout cela. J'aimerais mieux avoir fait *la Reine de Golconde* que tous ses contes ensemble, quoique le premier ne porte pas le titre de *conte moral.* Cependant, comme les contes de M. Marmontel ont eu du succès, il n'a pas manqué d'imitateurs. — M. de Bastide vient de publier quatre volumes de contes qui, pour la plupart, ont déjà paru dans le *Mercure* et ailleurs. C'est un écrivain si sec et si maigre que M. de Bastide qu'on le croit toujours menacé de consomption en le lisant. — Mlle Uncy, nom vrai ou faux, a aussi publié quatre volumes de *Contes moraux* dans le goût de ceux de M. Marmontel ; mais ce recueil n'est qu'une compilation de contes imprimés depuis longtemps. Il y en a de Dufresny et de plusieurs autres, le conte de *la Reine de Golconde* s'y trouve aussi, tel qu'il a été inséré dans le *Mercure*, c'est-à-dire avec les changements les plus ridicules et les plus absurdes qu'on ait jamais imaginés. M. Marmontel vient de publier une *Poétique française*, en trois volumes, et cet ouvrage méritera sans doute que nous nous en occupions plus sérieusement.

— Je m'étais toujours proposé de vous parler des *Entre-*

---

1. Leyde, 5 vol. in-12. Grimm est ici en contradiction avec la *France littéraire* de 1769, qui indique comme éditeur de ces *Ambassades* le bénédictin Ant.-Joseph Pernety. (T.)

*tiens de Phocion sur le rapport de la morale avec la politique*, traduits du grec, de Nicoclès, avec des remarques, un volume in-12; mais l'abondance des matières entraîne, et cet ouvrage n'a d'ailleurs eu aucun succès à Paris. Il a paru il y a quelques mois. L'auteur feint dans la préface de l'avoir traduit d'un manuscrit grec qu'il prétend avoir découvert dans un couvent d'Italie. J'aime assez cette tournure; mais alors il faut soutenir son mensonge jusqu'au bout, et savoir faire parler Phocion d'une manière digne de lui. Ce n'est pas la peine d'évoquer l'ombre d'un grand personnage de l'antiquité pour lui faire dire des choses communes, et voilà pourquoi les *Entretiens de Phocion* ont si peu réussi. Cet ouvrage est de M. l'abbé de Mably, qui a donné au commencement de la dernière guerre des *Principes de négociations* qui firent beaucoup de bruit, parce que le traité de Versailles, qu'on venait de conclure avec la cour de Vienne, y était sincèrement frondé.

— Les *Institutions politiques* de M. le baron de Bielfeld ont eu une sorte de succès en France. Si l'on n'y a point trouvé de génie, on a cru que des vérités et des connaissances utiles y étaient recueillies et présentées d'une manière avantageuse. La réputation de l'auteur a fait rechercher ses *Lettres familières*, qui viennent de paraître en deux volumes; mais cet ouvrage n'a pas eu le même succès. Voici le jugement qu'en a porté un homme d'esprit :

« Ce que M. de Bielfeld dit sur la France est faux; sur l'Angleterre, trivial; sur l'Allemagne, presque ridicule. On s'attend à trouver des anecdotes ou quelques faits intéressants, et l'on ne voit que des relations de fêtes à peine supportables dans le temps même des événements qui les ont occasionnées. Ses lettres galantes sont maussades; ses plaisanteries, d'un goût détestable; ses moralités, lorsqu'il s'avise de s'y livrer, ou pédantesques ou communes. En général, l'auteur écrit assez bien pour un homme qui parle une langue étrangère; mais il ne faut pas se faire imprimer quand on n'écrit pas mieux. Ce qui peut passer en conversation ne se supporte pas avec la même indulgence dans un ouvrage. »

— *Émilie, ou le Triomphe des arts*[1], comédie en prose et

---

1. (Par Cloudet.) S. l., 1763, in-12.

en cinq actes, qui n'a pas été jouée, par un auteur dont j'ignore le nom, est un insigne amphigouri qu'il faut jeter au feu.

— On vient de publier le second volume des planches de l'*Encyclopédie*. Ce volume, à cause de sa grosseur, est partagé en deux parties dont chacune de la grandeur d'un volume ordinaire. Ces deux parties contiennent une quantité de planches prodigieuses sur les arts et métiers suivants :

Balancier. — Bas au métier, et métier à bas. — Batteur d'or. — Blanc de baleine. — Blanchissage des toiles. — Blason. — Boisselier. — Bonnetier de la foule. — Boucher. — Bouchonnier. — Boulanger. — Bourrelier. — Boursier. — Boutonnier. — Boyaudier. — Brasserie. — Brodeur. — Fonderie en caractères. — Cardier. — Cartier. — Cartonnier. — Ceinturier. — Chaînetier. — Chamoiseur et mégissier. — Chandelier. — Chapelier. — Charpente. — Charron. — Chasse. — Chaudronnier. — Chimie. — Chirurgie. — Chorégraphie. — Cires (blanchissage des). — Cirier. — Ciseleur damasquineur. — Cloutier grossier. — Cloutier d'épingles. — Coffretier. — Confiseur. — Corderie. — Cordonnier et bottier. — Corroyeur. — Coutelier. — Découpeur et gaufreur d'étoffes. — Dentelle et façon au point. — Dessin. — Diamantaire. — Distillateur d'eau-de-vie. — Doreur sur métaux. — Doreur sur cuir. — Doreur sur bois. — Draperie.

Il est impossible que, dans un détail si prodigieux, il n'y ait des choses imparfaites; il est même à croire que si l'on consultait chaque artiste ou chaque homme de métier sur les planches qui regardent le sien, il y trouverait toujours quelque chose à désirer; mais cette immense collection n'en sera pas moins pour cela un monument précieux à la postérité, de l'effort de l'esprit humain. Elle sera justement étonnée de ce qu'a su faire un petit nombre de philosophes, non-seulement sans aucune récompense, sans aucun encouragement de la part du gouvernement, mais au milieu et en dépit des réquisitoires et de la persécution la plus décidée.

— Jetez au feu bien vite cinq petits volumes de *la Voix de la nature, ou les Aventures de M$^{me}$ la marquise de ***, par M$^{me}$ de R. R. [1], auteur de *la Paysanne philosophe*.

— Un autre roman nouveau a pour titre : *Le Nouvel Abélard,*

---

[1]. Marie-Anne de Roumier, dame Robert.

*ou Lettres d'un singe au docteur Abadolfs*, traduites de l'allemand, en deux petites parties [1]. Je ne crois pas que cet ouvrage existe en allemand. On y suppose un singe qui a la faculté de raisonner et d'écrire, sans avoir la faculté de parler. Son maître, le docteur Abadolfs, a un oncle en France dont dépend sa fortune; il a aussi une fille unique qu'il envoie à cet oncle. Le singe, dont elle ne connaît pas les talents, l'accompagne dans ses voyages, et en rend compte à son maître. Ces deux petits volumes sont remplis de détails romanesques. Bonne lecture pour ceux qui ne savent que faire de leur temps, et qui aiment à lire sans sentir et sans penser.

— *Les Contradictions*, ouvrage traduit de l'anglais, avec des notes [2]. C'est une rapsodie misérable de moralités, faisant environ cent pages. On y a pris cette tournure si neuve de faire voyager un sauvage et de le faire raisonner sur les mœurs de l'Europe. Je ne crois pas ce bavardage plus traduit de l'anglais que le roman précédent, de l'allemand. Ce qu'il y a de sûr, c'est que personne à Paris ne lit ni ne connaît toutes ces platitudes.

## JUIN

1er juin 1763.

Un des inconvénients d'un siècle raisonneur, c'est d'être exposé à une grande abondance de mauvais livres qui ont pour but l'utilité publique. Lorsque la manie d'écrire gagne un peuple libre, l'esprit de parti fait ordinairement éclore un grand nombre d'ouvrages absurdes qui rentrent tout aussi vite dans le néant; mais enfin la liberté donne aux écrits les plus médiocres une trempe qu'on chercherait en vain dans les livres ordinaires d'un peuple oisif et babillard. Ainsi les écrits politiques des Anglais peuvent révolter par l'emportement, par la partialité, par la cha-

---

1. (Par Thorel de Campigneulles.)
2. La Haye, 1763, in-12. Cet ouvrage de Rabelleau avait d'abord paru en 1760 sous le titre *le Cosmopolite, ou les Contradictions*.

leur avec laquelle un parti attaque l'autre; mais, parmi nous, dès que quelques excellents esprits, aussi connus que peu nombreux, se taisent, tout ce qu'on écrit sur les matières du gouvernement, de législation, d'administration et de félicité publiques, porte un caractère de futilité et de puérilité qui fait pitié. Cependant un oisif a-t-il donné quelques projets aussi platement conçus qu'impossibles à exécuter, aussitôt la foule des sots s'écrie : Ah! l'excellent citoyen! et les journalistes, prôneurs gagés des écrivains médiocres, ne manquent point de transmettre à l'immortalité un nom devenu si cher à la patrie. Voilà comment, depuis quinze ans, le citoyen Chamousset a toujours été prôné comme un homme d'État, sans avoir jamais fait à l'État d'autre bien, avec tous ses rêves, que celui de l'établissement de la petite poste dans Paris; voilà comment le citoyen Marin[1] occupe nos journalistes depuis plusieurs mois, par le projet d'une assemblée d'avocats qui examineraient et suivraient gratuitement les procès des pauvres. Je ne sais cependant si la nation anglaise a accordé un monument, dans l'église de Westminster, à l'inventeur de la *Penny-Post*, que nous n'avons fait que copier, et s'il ne vaut pas mieux ôter aux pauvres les moyens et l'envie de plaider que de favoriser l'extension de l'esprit de chicane qu'on remarque dans beaucoup de provinces remplies de fripons et de praticiens. Ce que je sais, c'est que je n'accorderai jamais le titre de citoyen qu'à celui qui remplit avec zèle les devoirs de son état en vue du bien public, et que je troquerais volontiers tous ces citoyens du pavé de Paris pour un bon et honnête laboureur du Perche ou de la Brie.

Nous avons eu cet hiver un ouvrage intitulé *l'Économe politique*[2], dont l'auteur ne manquera pas d'être inscrit dans le ca-

---

[1]. Marini dit Marin (né en 1721, mort en 1809), auquel ses fonctions de censeur, la manière dont il les remplissait, et les traits dont Beaumarchais l'accabla à l'occasion du procès Goëzman, ont donné plus de célébrité que le projet dont Grimm parle ici. Le titre de l'écrit où il l'avait consigné était : *Lettre de M. Marin, censeur royal, etc., à M$^{me}$ de la P*** de ***, sur un projet intéressant pour l'humanité*, in-12, sans date ni millésime. On y répondit par un *Projet d'établissement d'un Bureau de consultation d'avocats pour les pauvres, ou Lettre d'un citoyen à M. Marin, censeur royal, en réponse à celle par lui écrite à M$^{me}$ de la P*** de ***, sur un projet intéressant pour l'humanité*, 1763, in-12. (T.)

[2]. *L'Économe politique, projet pour enrichir et perfectionner l'espèce humaine*, Paris, 1763, in-12; réimprimé sous le titre de *l'Ami des Pauvres, ou Projet, etc.*, Londres, 1767, in-12.

talogue des citoyens par nos faiseurs de journaux et de feuilles, et il peut avoir mérité ce titre, dans le sens que j'y attache, longtemps avant d'avoir été auteur; car, de ma connaissance, M. Faignet[1], c'est son nom, a été maître de pension et marchand de cochons, à Paris. Si ces deux métiers vous paraissent exiger des qualités diverses, M. Faignet a prouvé que les hommes supérieurs savent réunir les talents les plus opposés. Empâtant ainsi l'esprit de ses élèves des sucs les plus salutaires de la religion et des belles-lettres, il savait encore rendre gras à lard ses autres élèves qui ne jouissent de la considération publique qu'à proportion de leur embonpoint, et qui quittaient sa pension avec une réputation au-dessus de leur âge. Si on les a presque tous vus périr en sortant de ses mains par une mort violente, c'est une preuve de plus de l'excellence de la méthode de M. Faignet; car vous savez qu'un sort ennemi empêche les êtres d'une trempe supérieure de parvenir à la maturité, et qu'Achille fut le maître d'opter entre le rôle d'un homme médiocre et la nécessité de mourir avant l'âge. Ce qu'il y a de sûr, c'est que M. Faignet, quoique excellent marchand de cochons, est encore un citoyen à bonnes vues. Il a fait, pour l'*Encyclopédie*, l'article *Dimanche*, et quelques autres qui ont été remarqués parmi les bons. On dit qu'il est un peu socinien et usurier; mais ces deux qualités peuvent très-bien s'accorder avec les devoirs d'un maître de pension et d'un marchand de cochons, car feu Dumarsais, une des meilleures têtes de notre siècle, était athée, et s'il ne savait pas, comme M. Faignet, bien engraisser les cochons, personne ne peut lui disputer d'avoir été excellent maître de pension; et quant à l'usure, tous les gens sensés savent que les lois romaines et canoniques radotent sur cette matière, et ne sauraient s'accorder avec les principes d'un État commerçant. Après tout, l'argent est une marchandise comme les

---

1. Faignet, né à Montcontour en Bretagne, en 1703, mort vers 1780. Ce citoyen modeste et laborieux fut un des premiers propagateurs de la science de l'économie politique; mais ses ouvrages, manquant de méthode, sont depuis longtemps oubliés. Les premiers éditeurs de Grimm l'avaient nommé *Faiguet*. Le *Dictionnaire historique* publié chez Gosselin a reproduit cette orthographe, qu'avaient peut-être adoptée déjà d'autres biographies. Mais la *Biographie universelle* le nomme *Faignet*, et c'est aussi la manière dont son nom est écrit dans un ouvrage qui doit faire autorité en cette question, les *Notices chronologiques de la Bretagne*, par Miorcec de Kerdanet, Brest, 1818, in-8°. (T.)

autres denrées et productions de la nature et de l'industrie, et les lois sur l'usure, qui étaient une suite de la pauvreté et de la grossièreté du peuple juif, de même que du peuple romain, dans le temps que l'usure excitait de si grandes querelles, ne peuvent être observées par un peuple commerçant et industrieux. C'est, je crois, ce que M. Faignet prouverait volontiers dans l'*Encyclopédie*, à l'article *Usure*, s'il ne craignait la mauvaise humeur de quelques docteurs de Sorbonne, qui, en combattant ses principes avec les tristes armes du droit canon, pourraient encore, par charité chrétienne, tarir les sources de son commerce en rendant sa pension et son négoce suspects au public [1].

Mais, pour parler plus sérieusement, et pour revenir à *l'Économe politique* de M. Faignet, sa principale vue, dans cet ouvrage, et d'empêcher cette foule innombrable de domestiques, dont la capitale est peuplée, de mourir de faim dans un âge où les infirmités ne leur permettent plus de gagner leur vie par leurs services. Pour cet effet, il veut qu'on leur retienne tous les ans une petite portion de leurs gages, qu'on mettra à fonds perdu, du produit duquel ils jouiront au bout d'un certain temps en rente viagère pour être garantis de la misère. Voilà à peu près ce qui appartient à l'auteur, et ce qui peut mériter d'être examiné, car il a d'ailleurs bien des rêves auxquels il ne vaut pas la peine de s'arrêter, et ce qu'il dit sur l'abus des maîtrises et sur quelques autres objets n'est qu'une répétition de ce que d'autres écrivains bien plus habiles ont dit avant lui. Il attaque, au reste, le luxe avec beaucoup de chaleur; il veut qu'il soit décrié en chaire, et que la police fasse faire contre lui des chansons qu'on puisse chanter dans les rues. Quant au premier article, M. Faignet a satisfaction depuis longtemps; il n'y a pas un de nos prédicateurs qui n'ait, dans son recueil, un sermon sur le mauvais riche, où l'affaire du luxe est traitée à fond; il ne s'agit plus que de calculer, la quantité de paroisses et de sermons contre le luxe donnée, combien chaque sermon fait retrancher tous les ans d'équipages et de repas somptueux, de gens de livrée inutiles, et d'autres objets de faste. Ce calcul bien connu, on pourrait prévoir ce qu'il en coûterait au luxe en retranche-

---

1. Faignet a donné, entre autres ouvrages, *la Légitimité de l'usure réduite à l'intérêt légal*, 1770, in-12.

ment, pour chaque couplet de chanson que la police ferait brailler dans les rues. M. Faignet veut aussi que les femmes soient chargées parmi nous de la réformation des mœurs. « Il n'est point douteux, dit-il, que la principale ambition de nos jeunes gens est de plaire aux femmes ; or, dès que ce sexe aimable montrera de l'aversion pour les choses frivoles, dès que la régularité des mœurs et le goût des choses solides seront un moyen sûr de lui faire la cour, toute notre jeunesse deviendra raisonnable et sensée. » Ce raisonnement est sans réplique. Il ne s'agit plus que de trouver le secret d'inspirer aux femmes du mépris pour les frivolités qui ont fait jusqu'à présent l'existence et le charme des trois quarts d'entre elles, et M. Faignet nous développera sans doute ce secret dans une nouvelle brochure, dans laquelle il pourra prouver que, lorsque l'éducation des hommes sera tournée sur des objets sérieux et solides, les femmes perdront la moitié de leur frivolité ; ce qui sera également vrai. Voilà le caractère de nos écrits politiques. Ce sont des thèmes amplifiés que je ne croirais pas propres à exercer avantageusement l'esprit d'un enfant ; jugez comme ils me paraissent dignes de la méditation des hommes faits. Il serait bien plus naturel, pour opérer dans les mœurs cette révolution que tout le monde désire, d'enjoindre aux écrivains de ne point traiter des matières sérieuses d'une manière si puérile : car l'influence des écrits publics sur les mœurs est bien plus immédiate, et il est peut-être moins fâcheux pour un peuple de n'avoir que des livres frivoles que de posséder un recueil d'écrits futiles sur des objets importants et graves.

De tous les projets que nous avons vu tristement proposer, depuis quinze ans que la manie du bien public tient nos écrivains, nous n'en avons vu aucun, je ne dis pas exécuté, mais seulement tenté ; et si l'on en a essayé, c'étaient des jeux d'enfants à faire pitié. On a vu ériger par tout le royaume des sociétés d'agriculture ; mais si de tous leurs travaux il résulte jamais le moindre avantage réel, je serai bien trompé dans mes conjectures. Vous lirez à la suite de cet article une lettre de M. le marquis de Mirabeau, qui est peut-être ce que cet auteur a écrit de plus sensé[1] ; malheureusement il est plus aisé de donner des lettres patentes pour l'assemblée de quelques bavards oisifs que

1. Cette lettre, datée du 6 octobre 1761, a paru dans les journaux du temps.

de remédier aux effets funestes d'un impôt arbitraire et meurtrier, ce qui serait le seul moyen efficace de rétablir l'agriculture dans le royaume, et de rendre l'État florissant à perpétuité.

Il en est de même de la réformation des mœurs. Quel est le génie assez profond, assez puissant pour oser entreprendre de contrarier les effets nécessaires de tant de causes qui concourent à former le caractère des mœurs d'un siècle, et pour opposer une digue suffisante à la pente qui en détermine le cours? S'il en existe un parmi nous, qu'il se montre, mais qu'il soit roi; car il ne faut pas moins que la puissance souveraine et l'influence que l'exemple et la volonté d'un monarque produisent naturellement, je ne dis pas seulement pour changer le caractère de nos mœurs, mais pour réformer le moindre de nos abus. Si cette remarque est juste, que pourrait-on attendre de bon de nos faiseurs de projets? Le moindre reproche qu'on ait à leur faire, c'est que leur exécution suppose précisément ces mœurs au rétablissement desquelles ils doivent contribuer; car cette maison d'association de M. de Chamousset pour les cas de maladie, cette rente viagère de M. Faignet à fonder pour la vieillesse de tous les domestiques, peut-on espérer de les établir parmi un peuple dont les mœurs sont relâchées? Aucunement. Malgré toute l'activité et toute l'opiniâtreté que les auteurs ont mises en usage pour réaliser leurs chimères, on n'a jamais été tenté d'en faire le moindre essai, parce que toutes ces idées sont trop contraires à la tournure des esprits pour trouver d'autres partisans que des bavards dont le suffrage n'avance pas l'exécution d'un pas. Or si notre façon de penser était différente, si nous avions réellement à cœur la conservation des mœurs dans la vigueur qui leur est nécessaire pour tourner au profit du bien public, nous n'aurions pas besoin de tous ces petits projets, parce qu'un des premiers effets des mœurs publiques serait la diminution de cette foule de citoyens qui, n'ayant ni feu ni lieu, ne savent que devenir au premier accès de fièvre, et auquel M. de Chamousset ménage un asile pour une rétribution modique, et que, parmi un peuple qui a des mœurs, il ne se trouve guère ni valets inutiles, ni domestiques abandonnés.

Le lien des familles, l'amour filial, la tendresse paternelle, l'attachement domestique, le respect qu'on porte au chef et au père de famille, l'amour, la bonté, la justice de celui-ci envers tout ce qui est soumis à son autorité, les droits de la parenté respectés, l'intérêt commun de la famille animant tous ceux qui la composent ; voilà ce qui forme les mœurs publiques d'une nation. Lorsque ces liens se relâchent, de quelque manière ou par quelque cause que cela arrive, il n'y a plus rien de bon à en attendre, et tous les projets de réformation sont des niaiseries qui peuvent amuser des enfants, mais qui ne sauraient donner le change à un homme sensé. Examinez la constitution de tous les peuples qui se sont rendus recommandables par les mœurs, et qui en ont tiré leur gloire et leur prospérité, vous y trouverez toujours les liens des familles respectés comme sacrés, et dans le relâchement de ces liens vous trouverez la source et l'époque des désordres et des malheurs publics. En effet, comment pourriez-vous aimer sincèrement le bien public si vous ne mettez pas votre grande satisfaction dans le bien-être de ceux qui vous appartiennent et vous entourent ? Comment auriez-vous une patrie si vous n'avez pas de famille ; si, au milieu des vôtres, vous n'avez aucun avantage d'amitié, de confiance, de tendresse, sur cet étranger qui a quitté les siens et qui s'est établi à côté de vous ? De même qu'une famille ne peut être florissante qu'autant que chaque membre dont elle est composée concourt de son propre mouvement, d'affection et de cœur, au bien-être commun, de même l'État n'est qu'une grande famille qui ne se soutient et ne prospère qu'à proportion du bonheur et de la prospérité des familles particulières dont il est formé. Tout est perdu lorsque le chef de la famille ne ressent plus cette tendre sollicitude que procure sans relâche l'avantage de la famille ; lorsque le fils ne voit plus en son père qu'un homme dont l'autorité l'importune, et dont les droits lui ôtent les moyens de jouir des siens ; lorsque le domestique ne sent que les inconvénients de la servitude, et s'en dédommage par la fraude et par la friponnerie ; lorsque l'époux consacre ses soins et sa tendresse à une femme étrangère dont les intérêts ne sont pas ceux de ses enfants ; lorsque l'épouse abandonnée se venge des mépris et de la froideur de son mari dans les bras d'un autre. Alors il n'y a plus de vertu publique, quoiqu'il y ait des hommes vertueux, c'est-à-dire que la vertu des particuliers est perdue pour l'État, et que les âmes les plus honnêtes partagent l'irrégularité des mœurs, dont les désordres ne sont plus un tort particulier, mais le malheur du siècle. Alors le zèle et l'amour du travail se perdent dans le peuple ; chacun vit au jour la journée : car pour qui se donner tant de soins et de peines, lorsque vous n'avez point de famille ou que votre cœur n'est point sollicité par son bien-être ? Alors le lien conjugal devient incommode et redoutable, et comme rien ne peut dédommager de ses douceurs, il faut tromper la nature et remplir son cœur de vains désirs, et sa vie de plaisirs frivoles qui ne sauraient remplacer les affections mutuelles. Alors chacun vit pour soi : la correspondance et la confiance de l'amitié, les liens mutuels, les soins réciproques, disparaissent ; la cupidité, l'envie de jouir, le mépris de son état, se montrent dans toutes les conditions, et le désir de s'enrichir par quelque moyen que ce soit devient le caractère dominant de la nation.

Lorsque l'État en est à cette époque, il n'y a plus d'autre distinction que celle des riches et des pauvres ; l'inégalité des fortunes s'accroît, le luxe devient excessif, et la misère extrême. Alors le riche ne jouit plus du bonheur de faire du bien : l'impossibilité même de soulager tant de malheureux doit le rendre à la longue moins sensible à la misère commune, dont il a sans cesse le spectacle sous les yeux ; le pauvre n'est plus honnête, parce que son indigence est le fruit de sa dissipation ou de son oisiveté ; l'État se remplit d'insolents, d'hommes durs et insensibles, ou bien bas et rampants, fripons, fainéants, qui font de leur misère même une ressource contre la faim.

J'ai eu occasion de vous faire remarquer les tristes effets du christianisme sur l'institution publique ; daignez considérer maintenant quelles ont été les suites de cette charité chrétienne tant vantée par les théologiens, tant respectée même des adversaires les plus déterminés de cette croyance. Bien loin de prendre la place de la bienfaisance qui est naturelle à l'homme, et dont il y a dans tous les siècles, parmi tous les peuples païens, de si grands et de si beaux exemples, elle en a perverti le but, et attaqué la police des États dans son principe, en sorte que les peuples aujourd'hui les plus éclairés de l'Europe ne sont pas encore revenus de ses abus. Je ne prétends point parler du scandale qui subsiste dans les États catholiques, où cet esprit de charité, combiné avec la crainte de l'enfer, a mis la meilleure partie des biens entre les mains de l'Église, avec toutes les immunités, exemptions, droits et prérogatives, que l'avidité ambitieuse des prêtres et l'aveuglement des peuples ont pu imaginer pour en rendre la possession sacrée et inattaquable; je ne parle point de l'impudence avec laquelle le luxe des prélats et des bénéfices de l'Église romaine insulte à la crédulité et à la naïveté du peuple, en appelant leurs immenses richesses la portion et le bien des pauvres, mais je parle de tant de fondations pieuses, de tant d'établissements religieux qui sont encore regardés avec une sorte de vénération dans des pays où le voile de la superstition est tombé depuis deux siècles. Combien on prodigue encore tous les jours d'éloges aux fondateurs des hôpitaux et autres établissements de cette espèce, avec quel zèle on cherche à augmenter et à conserver cet esprit de charité à qui nous les devons! Disons hardiment que ceux qui vantent de bonne foi ces fondations ont plus de droiture dans le cœur que de lumière dans l'esprit, et que je préfère celui qui aura mis entre les mains de l'indigent un instrument propre à remuer la terre, à celui qui aura fondé un lit dans une maison publique pour le coucher lorsqu'il sera infirme ou malade. Ce que je sais, c'est que si j'avais la police d'un État à conserver, tous les hôpitaux seraient démolis, au risque de laisser mourir dans les rues ceux qui n'auraient su se ménager un asile pour leur vieillesse. Je ne connais de fondation utile en ce genre que celle des maisons des Orphelins et Enfants trouvés, et les hôpitaux des Invalides; encore renverrais-je ces derniers chez eux pour jouir en liberté, au milieu de leurs proches, des secours qu'ils ont mérités par leurs travaux et leurs blessures, et pour conserver et répandre en tous lieux le goût du service militaire. Pour les autres hôpitaux, en absorbant une partie considérable des fonds publics, ils ne servent qu'à entretenir dans le peuple le goût de la dissipation et de la fainéantise, l'aversion pour le mariage et pour les soins domestiques. Le proverbe : « L'hôpital est-il pour les chiens » ? qui est sans cesse dans la bouche du peuple, ne prouve que trop ce que j'avance, et si l'on pouvait avoir une histoire exacte de ceux qui vont expirer dans ces asiles de l'indigence, qui offrent encore plus le spectacle affreux de la barbarie et de la misère humaine que celui des secours charitables, on aurait peut-être de la peine à trouver, dans ce grand nombre de malheureux, un seul honnête homme tombé dans l'abandon sans sa faute. Mais pourquoi le peuple chercherait-il à se ménager un asile pour la caducité du dernier âge s'il en existe de tout assuré, quelque misérable qu'il puisse être, et comment conserverait-on le goût du mariage si l'on peut se passer dans l'âge infirme du secours des siens, seul dédommagement qu'un père de famille puisse recueillir de ses travaux et de ses peines?

C'est cette source de secours domestiques, et celle de toutes les vertus publiques et privées qui en dérivent, que l'esprit de la charité chrétienne a taries parmi nous. Il en est résulté ce goût de la mendicité, fléau inconnu des peuples anciens, mais commun à tous les États de la religion chrétienne; non-seulement les institutions publiques comprises sous le nom de fondations pieuses ont été contraires au but d'une bonne police, mais la vertu des particuliers, leur bienfaisance travestie en charité est devenue une source de malheurs et de désordres. Car combien d'abondantes aumônes dont l'usage et l'emploi ont été pendant mille ans de suite directement contraires au public, et, si l'on commence à mieux raisonner sur ces importants objets, voyez cependant combien de secours injustement prodigués par les aumônes à l'entretien et à l'encouragement de la fainéantise et de la mendicité contre un seul emploi sensé encourageant par des secours et des bienfaits les mariages, la multiplication du travail et des familles? Tant il est vrai que la superstition corrompt les vertus les plus pures, et en fait souvent le principe de la calamité publique.

— On dit que la comédie du *Bienfait rendu, ou le Négociant*, est d'un M. Dampierre, inconnu jusqu'à présent dans la république des lettres[1]. L'impression de cet ouvrage a justifié le jugement que les gens de goût en ont porté au théâtre, et ce que Préville a fait réussir par la vivacité de son jeu a paru froid et insipide à la lecture.

— *Le Hasard du coin du feu*, dialogue moral, est une nouvelle production de M. de Crébillon le fils. C'est toujours le même but, le même jargon; et, pour être juste, la dernière partie de ce dialogue vaut peut-être mieux que *les Matines de*

---

1. Voir précédemment page 277.

*Cythère* et cet *Ah! quel conte!* qui sont les derniers ouvrages de l'auteur; mais le public a condamné ce *Hasard du coin du feu* impitoyablement. Il est vrai que le commencement de ce dialogue est d'un obscur et d'un fatigant insupportables, et que la répétition éternelle de ce jargon métaphysique de sottises et de libertinage révolte. Si M. de Crébillon n'avait jamais fait que *le Sopha*, on aurait dit : Quel dommage que cet auteur n'ait pas continué à écrire! Il a continué, mais pour se perdre de réputation. D'ailleurs, ce fils de Crébillon est aujourd'hui un jeune homme d'au delà de cinquante ans. On pardonne au feu du premier âge un ouvrage trop libre, mais on ne peut s'empêcher de mépriser un homme qui a passé sa vie à écrire des ouvrages licencieux, à outrager les mœurs, et à fournir de l'aliment à la dépravation et à la corruption de la jeunesse.

— On a imprimé en Hollande un autre ouvrage peu décent, intitulé *l'Arétin*[1]. Il contient l'histoire, moitié vraie ou moitié fausse, de ce moine défroqué appelé Laurent, qui publia l'année dernière le poëme du *Balai*. Et sa prose et ses vers sont détestables. On ne peut cependant s'empêcher de convenir qu'il n'aurait pas manqué de talent s'il avait pu le cultiver dans le commerce de la bonne compagnie. Sa manière d'écrire rappelle quelquefois celle de M. de Voltaire; mais un moment après il se replonge dans les ordures. Tout le monde a remarqué, dans ce tas d'impertinences dégoûtantes de son poëme, le portrait de l'abbé de Bernis, et quelques autres morceaux dignes d'une meilleure plume.

— On a publié un troisième et un quatrième volume du *Trésor du Parnasse, ou le Plus Joli des recueils*. Vous vous souviendrez qu'on a recueilli dans cette compilation les pièces fugitives de presque tous nos poëtes. Les deux premiers volumes étaient même faits avec plus de soin que les compilateurs n'en emploient ordinairement; mais le mal est qu'on veut toujours entasser et grossir. Ainsi dans ces deux nouveaux volumes on trouve, à la place des Voltaire, des Saint-Lambert, des Bernard, des Desmahis, les noms de MM. Baculard d'Arnaud, Sabatier, Feutry, Barthe, Blin de Sainmore, et autres grands hommes de la nation. On y mettra sans doute, dans un des vo-

---

1. Rome, aux dépens de la compagnie de l'Index, 1763, in-12.

lumes suivants, une *Epître à Damis sur les talents*, par M<sup>me</sup> Guibert[1], ainsi que les *Vers sur la statue érigée à Sa Majesté*, par M. Germain de Crain[2]. Ces deux morceaux sont imprimés depuis quelques jours, et Dieu sait combien il nous en pleuvra le mois prochain, pendant les fêtes qu'on donnera pour la publication de la paix et pour la dédicace de la statue équestre du roi.

— On a donné aujourd'hui, sur le théâtre de la Comédie-Française, la première représentation de *la Manie des arts, ou la Matinée à la mode*, comédie en prose et en un acte, par M. Rochon de Chabannes[3]. C'est le même qui a fait la petite pièce intitulée *Heureusement*. *La Manie des arts* est de ces pièces sans nœud et sans intrigue qu'on appelle pièces à tiroir. Le principal personnage est un homme de condition qui a, non le goût, mais la prétention des arts. Il est poëte, peintre, musicien; il excelle dans tous les genres sans en avoir nul principe, comme M. Guillaume, qui invente ses couleurs avec son teinturier[4]. Il est entouré d'artistes médiocres qui le flattent bassement; il les traite avec cette politesse hautaine qu'on remarque assez souvent aux personnes de son état, et dont ses complaisants se vengent en le déchirant de mille manières lorsqu'il n'y est pas. Tout cela est mêlé de beaucoup de bouffonneries, car le valet de chambre du marquis prétend aussi être connaisseur, et même poëte. Ainsi, pendant que son maître travaille d'un côté à une tragédie, lui, il se met de l'autre à composer des vers pour sa maîtresse. Les singeries de Préville dans ce rôle ont diverti le parterre, et c'est tout ce qu'il y a de vraiment plaisant, car, dans le fond, tout cela est d'un goût détestable et n'a ni génie ni verve. Le Gascon, poëte, musicien et danseur, qui se présente à la fin de la pièce pour être secrétaire de M. le marquis, est tout aussi mauvais et plat bouffon. On ne peut nier que l'auteur n'ait choisi un ridicule du jour et fort à

---

1. Grimm fait peu l'éloge du *Recueil de poésies* de cette dame à la fin de sa lettre du 1<sup>er</sup> mai 1764.

2. Cette pièce de vers a été réimprimée dans le *Mercure* de juillet 1763.

3. Les *Mémoires secrets* (27 mai 1763) disent que la pièce était d'abord intitulée *le Protecteur*, mais qu'on força l'auteur de changer ce titre, de peur de blesser l'amour-propre de quelques seigneurs. (T.)

4. *L'Avocat Patelin*, acte I<sup>er</sup>, scène VI.

la mode : car, non-seulement il y a parmi nous une classe de personnes qui voudraient s'arroger exclusivement le droit de juger et de protéger les arts, mais beaucoup de nos jeunes gens ont aujourd'hui la fatuité des arts et de la philosophie, comme ils avaient, il y a vingt ans, celle des petites-maisons et des bonnes fortunes ; mais excepté quelques traits satiriques assez heureux, on ne trouve rien dans cette petite pièce qui dédommage de sa mauvaise contexture. L'auteur manque de talent, et n'a pas même dans l'esprit assez de légèreté, de finesse et de piquant pour traiter ces ridicules avec le goût et la délicatesse nécessaires, et pour mériter le succès qu'il n'a obtenu que par un mélange de bouffonneries dans le fond très-maussades.

— Aux écrits sur l'éducation, que chaque semaine voit éclore depuis un certain temps, il faut ajouter deux *Discours sur l'éducation*, dans lesquels on expose tout le vicieux de l'institution scolastique et le moyen d'y remédier, par M. Vanière, auteur d'un *Cours de latinité*, qu'il dit être très-fameux à Paris[1]. Ces deux discours ne sont qu'une déclamation vide d'idées contre les vices de l'éducation ordinaire, qui ne frappent pas moins aujourd'hui les gens bornés que les hommes éclairés. M. Vanière, pour nous faire connaître son mérite, a fait imprimer à la fin des discours tous les compliments qu'il en a reçus de ceux à qui il en avait fait présent. Peut-être cette fermentation générale, qui porte les esprits les plus communs à s'occuper de cet objet important, produira-t-elle quelque révolution favorable à une meilleure éducation. Dans le grand nombre de tous ces ouvrages médiocres, nous venons du moins de voir paraître un petit livret excellent, intitulé *Essai d'éducation nationale, ou Plan d'études pour la jeunesse*, par messire Louis-René de Caradeuc de La Chalotais, procureur général du roi au parlement de Bretagne. Cet illustre magistrat a déposé son *Plan d'études* au greffe de son parlement, et l'a ensuite rendu public pour l'utilité commune. Il serait difficile de pré-

---

1. Ce Vanière, qui mourut en 1768, était neveu de l'auteur du *Prædium rusticum*; des deux *Discours* dont Grimm parle ici, l'un était *Sur l'éducation*, et l'autre *Sur l'art et la nécessité d'apprendre aisément la langue latine*. Son *Cours de latinité* forme 2 vol, in-8°. Le premier de ces deux discours avait déjà été publié en 1760, in-8°. (T.)

senter en cent cinquante pages plus de vues sages, profondes, utiles et vraiment dignes d'un magistrat, d'un philosophe et d'un homme d'État. La postérité, qui placera M. de La Chalotais au premier rang de la magistrature de France, remarquera avec étonnement qu'il a été le seul magistrat du royaume qui ait su tracer un plan d'éducation, tandis que le premier parlement de France s'est adressé aux pédants de l'université pour avoir un plan d'études, et que ses avocats généraux n'ont eu de talent que pour faire des réquisitoires contre la philosophie et la tolérance, ou à l'éloge de la vie monastique. Aussi il s'en faut bien que cet *Essai d'éducation nationale* ait eu le succès du *Compte rendu de l'institut des jésuites*, et il n'en faut pas moins que le crédit et l'autorité que M. de La Chalotais s'est acquis par ce dernier ouvrage pour lui pardonner d'avoir fait cet autre, digne de l'immortalité. En effet, que penser d'un magistrat qui ose regarder M. de Voltaire comme le premier homme de la nation; qui dit que les articles de M. Diderot sur les arts, qu'on lit dans l'*Encyclopédie*, sont des chefs-d'œuvre; qui cite sans cesse les noms de Dumarsais, de d'Alembert, de Condillac, tous philosophes qui, n'ayant jamais été ni molinistes, ni jansénistes, et n'ayant jamais professé que la raison, doivent être également en horreur à tous les partis? Je ne sais quel usage fera le gouvernement de ce *Plan d'études* et des lumières de son illustre auteur; mais cet ouvrage prouvera du moins à la postérité que la France n'a pas manqué d'excellentes têtes dans un siècle où l'on a fait si peu d'excellentes choses. En le comparant avec les autres écrits qui ont paru sur cet objet, on verra aussi la différence qu'il y a entre un homme d'État qui pense et des pédants qui bavardent, et l'on remarquera cet excès de modestie avec laquelle M. de La Chalotais compare son ouvrage à celui qui a paru sur l'éducation publique au commencement de cette année[1] et dont l'auteur n'est pas digne de lui délier les souliers. Malgré la conformité d'idées où M. de La Chalotais se trouve avec cet auteur, il y a loin d'un philosophe qui propose un plan raisonné à un régent de collége qui arrange pédantesquement la distribution des classes. Ma modestie n'est pas aussi

---

1. Grimm veut sans doute parler de l'ouvrage de Crevier dont il a rendu compte au commencement de sa lettre du 15 avril précédent. (T.)

grande que celle de M. de La Chalotais, et je remarque avec un secret orgueil d'avoir eu le bonheur de rencontrer quelques-unes des principales vues de cet illustre magistrat dans ce que j'ai écrit sur cette matière depuis un an, et que vous avez daigné honorer de vos regards.

— On vient de publier, en un gros volume, *l'Esprit de La Mothe le Vayer*[1]. Un critique moderne a dit : « Quand on a peu d'esprit, on donne celui des autres. » L'éditeur de *l'Esprit de La Mothe le Vayer* se moque de cette observation, et la confirme cependant par son exemple. Il n'a mis du sien dans ce gros livre qu'une introduction préliminaire sur quelques particularités de la vie de La Mothe le Vayer, et cette introduction est bien mal faite. Au reste, sa compilation, quoique faite avec peu de soin, se parcourt avec plaisir. La Mothe le Vayer était un philosophe de bon sens et de bonne compagnie, qui avait bien étudié les anciens. Il était fort lié avec le cardinal de Richelieu. Après la mort de ce ministre, il a été précepteur de Monsieur, frère de Louis XIV, et il a eu même quelque part à l'éducation de ce monarque, qu'il aurait vraisemblablement dirigée tout entière si le cardinal eût vécu.

— Un de nos graveurs les plus estimés est Baléchou. Le dérangement de sa conduite l'a obligé de se retirer à Avignon; mais on peut être mauvaise tête et habile artiste; cela va même assez ordinairement et volontiers ensemble. Tout le monde connaît la *Tempête* de Baléchou, gravée d'après un tableau de Vernet. Cette estampe généralement estimée est d'une cherté ridicule. Le graveur vient de lui donner un pendant, d'après un autre tableau de Vernet qu'il a nommé *les Baigneuses*; mais il s'en faut bien que cette estampe soit autant estimée que celle de la *Tempête*, dont tous les gens de goût ont enrichi leur cabinet ou leur portefeuille.

15 juin 1763.

On a donné avant-hier, sur le théâtre de la Comédie-Française, la première représentation de *Manco Capac*, premier inca

---

1. *L'Esprit de La Mothe le Vayer*, par M. de M. C. D. S. P. D. L. (de Montlinot, chanoine de Saint-Pierre de Lille); 1763, in-12. Alletz en a publié un autre en 1782. (B.)

du Pérou, tragédie nouvelle. L'auteur s'appelle M. Le Blanc; il est, je crois, Provençal[1]. C'est son début dans la carrière dramatique; mais on dit qu'il a encore dans son portefeuille deux pièces prêtes à être jouées. Depuis quelque temps, nos poëtes prennent le parti de promettre au public une grande fécondité, pour le rendre favorable à leurs premiers essais; mais cette fécondité n'est désirable qu'autant qu'elle est accompagnée de talent. Il serait inutile de relever tous les défauts de ce drame difforme. On ne peut reprocher à M. Le Blanc de s'être épargné; il a sûrement beaucoup sué pour nous faire suer à notre tour. Le moindre de ses défauts est la disette d'idées; il y en a deux ou trois autour desquelles il tourne toujours et qu'il répète jusqu'à la nausée. On voit que c'est la lecture des écrits de J.-J. Rousseau qui a donné à l'auteur l'idée et le sujet de sa pièce. On ne saurait nier que ses sauvages, dans la longueur des mauvaises tirades, ne disent quelquefois de beaux vers; mais leurs actions démentent leurs discours à chaque instant. Huascar, qui se vante si libéralement à la fin de la pièce, est un fort vilain homme dans tout le cours du drame. Qu'un sauvage entreprenne de tuer son ennemi en traître, à la bonne heure! cette action est sans doute plus conforme au sentiment naturel que celle d'armer son ennemi avant d'en tirer vengeance; mais vouloir faire assassiner le père par le fils qui s'ignore, élever le fils dans ce dessein, voilà une action horrible chez toutes les nations sauvages et civilisées. Ce fils joue pendant toute la pièce un très-vilain rôle. Il est l'espion de son parti, il est le traître de son chef, à qui il doit tout; il passe plusieurs fois du camp des sauvages dans la ville pour faire ses rapports, et si son imbécile de père lui conserve la vie malgré les cris du peuple, en conséquence de ces avertissements secrets de la nature si faux et si absurdes, lui, de son côté, n'est ému que par l'intérêt de sa passion; mais son rôle est encore plus plat qu'il n'est vilain.

En général, il n'y a pas un rôle qui ne soit mauvais. On n'a osé défendre que celui de Huascar : dire quelques beaux vers ne s'appelle pas jouer un beau rôle. Celui du grand-prêtre est

---

1. Le Blanc, ex-oratorien, était né à Marseille en 1730. Il mourut membre de l'Institut le 2 juillet 1799. (T.)

bien ridicule; les prêtres fripons m'ennuient à la mort; il y en a dans toutes nos pièces nouvelles; on voit bien que nos auteurs sont de mauvais peintres, car ce ne sont pas les modèles qui manquent. M. Le Blanc a voulu faire du sien un fourbe aussi profond que méchant; mais quand on est aussi scélérat que Tamsy, il faut être plus madré que M. Le Blanc. Quant au rôle de Manco, c'est le comble de l'imbécillité. Notre poëte a cru peindre un bon roi en nous montrant un bonhomme bien doux, bien débonnaire, se prêtant à tout et ne se fâchant de rien; mais la bonté d'un roi est autre chose que celle d'un bourgeois, et si la douceur des mœurs, qui rend un roi aimable à ses courtisans, s'étendait jusqu'aux devoirs de la royauté, elle en ferait un monarque imbécile. Le particulier peut s'applaudir de son désintéressement, de sa complaisance, de sa douceur, de sa facilité; toutes ces qualités, si aimables dans la société, cesseraient d'être des vertus dans un roi, dont la bonté ne peut exister sans la fermeté et sans la justice. S'il pardonne, ce n'est point par un sentiment de compassion qui fait l'éloge d'un cœur sensible, mais qui serait faiblesse dans un monarque; c'est qu'il juge la rigueur ou nuisible ou inutile. S'il punit, ce n'est pas qu'un naturel cruel et féroce le sollicite à la sévérité; c'est qu'il la juge indispensable au maintien des lois, de l'ordre, de la discipline, et que l'impunité menacerait la constitution de l'État et ses appuis dont la conservation est le plus sacré de ses devoirs. Or si le caractère débonnaire d'un monarque affermi ne peut manquer d'ôter à l'État sa vigueur et sa force, jugez de ses effets dans un prince qui voudrait fonder un empire. Le pauvre Manco, dans le fait, n'est pas capable de gouverner un village, et M. Le Blanc nous le donne pour un fondateur d'empire : ou c'est se moquer des gens, ou c'est être bien imbécile. Mais, comme je l'ai déjà observé, nous ne sommes pas en usage de chicaner nos poëtes de cette manière, et je trouve l'indulgence du public à cet égard tout aussi louable que la douceur d'un bonhomme de roi comme Manco. J'ose croire que ce caractère de puérilité, qui dépare tous nos ouvrages dramatiques depuis quelques années, n'existerait point si l'on avait fait justice du premier de cette espèce. Cette indulgence finira par corrompre le goût, et c'est une chose assez avancée; car il ne faut pas croire qu'on puisse applaudir longtemps impunément des pièces absurdes et contraires au bon sens. Celle de M. Le Blanc doit son succès à un vers[1]; mais si ce vers l'a préservée d'une chute qui paraissait inévitable, je ne serais pas étonné qu'elle s'en relevât aux représentations suivantes, moyennant la suppression de quelques centaines de vers ennuyeux et inutiles. Ce succès passager ressemblera à tant d'autres, et, s'il peut consoler le poëte, il ne contribuera pas à conserver au goût du public sa pureté et sa justesse.

— Le 8 de ce mois, le Parlement de Paris, sur le réquisitoire de maître Omer Joly de Fleury, avocat général du roi, a donné un arrêt qui défend provisoirement de se faire inoculer dans les villes et faubourgs du ressort, jusqu'à ce que les facultés de médecine et de théologie aient prononcé sur le fait de l'inoculation, ce qui leur est enjoint par le même arrêt. Depuis l'exemple de courage et de sagesse que M. le duc d'Orléans avait donné en faisant inoculer ses enfants, cette pratique salutaire avait fait en France des progrès sensibles au milieu des argumentations des sots et des gens de mauvaise foi; dans ces derniers temps surtout, depuis environ dix-huit mois, elle paraissait presque établie sans contradiction, et cette année seule nous avons vu plus de cent personnes de distinction inoculées par les soins de M. Gatti, médecin italien, que le roi a pris à son service. Il faut que l'esprit de parti se mêle de toutes nos affaires, et s'oppose à tout bien. Les succès multipliés de l'inoculation ont désespéré un grand nombre de médecins de la Faculté de Paris, qui s'étaient déclarés contre elle. Après s'être inutilement déchaînés contre Tronchin et contre Gatti, ils se flattèrent longtemps qu'il arriverait quelque malheur d'éclat

---

1. Quel est ce vers qui seul sut soutenir la pièce? On le devinerait difficilement aujourd'hui en relisant cette tragédie*. Il est certain toutefois que ce n'est pas celui que l'auteur fut forcé de supprimer dès la seconde représentation, mais que le ridicule a fait survivre :

Crois-tu de ce forfait Manco Capac capable?

*Manco Capac* eut peu de représentations à Paris; il fut joué une fois à la cour; mais l'impression en fut défendue. Repris le 28 janvier 1782, il obtint encore peu de succès, mais fut imprimé la même année. On verra rendre compte de la reprise au mois de janvier 1782 de cette *Correspondance*. (T.)

* Selon Bachaumont (13 juin 1763) ce vers serait celui-ci :

Voilà l'homme civil, et voilà le sauvage.

qui pût ruiner l'inoculation de fond en comble : cette attente fut vaine. Plus les expériences se multipliaient, et plus cette pratique s'accréditait en France; il fallut donc changer de mesures. En conséquence on affecta de répandre dans le public une partie de ces beaux raisonnements que vous lisez dans le réquisitoire de l'avocat général, et l'on soutint surtout que, depuis la pratique de l'inoculation, l'épidémie de la petite vérole se manifestait dans Paris avec un caractère de malignité et de continuité qu'elle n'avait point eu auparavant. Je tiens du médecin qui est chargé par la Faculté de tenir registre des épidémies de Paris que cette assertion est absolument destituée de fondement, et que s'il y a quelque différence à remarquer à cet égard, on doit dire que la petite vérole a plutôt diminué qu'augmenté dans ces dernières années. Voilà cependant la principale raison qui a réveillé cette haute sagesse, reconnue de tout le monde, qui préside, au dire de M. Joly de Fleury, à toutes les démarches du Parlement, celles de son avocat général y comprises. Il est vrai que cette fois-ci le public s'est un peu moqué de la haute sagesse de cet auguste corps, et que celle qui a dicté le sublime réquisitoire a été cruellement bafouée.

Il faut convenir que le recueil des réquisitoires de maître Omer Joly de Fleury fera un jour un étrange monument pour la France et pour le xviiie siècle, et je doute que le recueil de tous les décrets de la sainte Inquisition puisse lutter avec avantage contre les monuments de la haute sagesse de cet avocat général. Vous connaissez ce bel arrêt qu'il a fait rendre, il y a quelques années, contre le livre de *l'Esprit* et de l'*Encyclopédie*. Il eut le bonheur, dans ce beau morceau, de dénoncer les principes enseignés depuis plus de cent ans par Grotius, par Puffendorf, par tous les docteurs du droit public, dans toutes les écoles de l'Europe. Dans le même morceau, il dénonça comme scandaleuse et coupable une proposition que l'auteur de l'article attaqué avait tirée mot pour mot des Remontrances du Parlement. Peu de temps auparavant, il avait fait porter un arrêt de mort contre tout auteur qui écrirait directement ou indirectement contre la religion et le gouvernement; et comme on ne saurait écrire une page de philosophie sans pouvoir être taxé par son ennemi d'être indirectement dans le cas de l'arrêt, M. de Fleury peut se vanter d'avoir compromis la vie et la sûreté de tout homme qui pense, autant qu'il a dépendu de lui. L'année dernière, il a attaqué et proscrit les principes de la tolérance, dans le beau réquisitoire contre *Émile*, dans lequel il dit, entre autres, que J.-J. Rousseau nie l'existence de la religion chrétienne. Au commencement de l'année présente, sollicité par les bénédictins, il a fait un réquisitoire en faveur de la vie monastique, dans lequel il a démontré l'utilité et la nécessité des moines dans un État bien policé. Il restait à ce grand magistrat à étouffer l'hydre de l'inoculation, tandis que ce polisson de La Chalotais s'occupe de l'éducation publique et d'autres babioles, et que cet autre polisson de Monclar, procureur général au parlement de Provence, travaille à faire établir à Aix un hôpital pour l'inoculation ; mais heureusement la voilà proscrite pour toujours par notre illustre avocat général, avec une bonne foi et une force de raisonnement peu communes. Quoique parmi plus de cinq cents inoculés, il ne soit pas arrivé un seul malheur, il n'a garde de dire que ceux qui se sont servis de cette méthode s'en soient bien trouvés. Vous remarquerez aussi que son réquisitoire tendait à la faire défendre purement et simplement, jusqu'à ce que les facultés de médecine et de théologie eussent prononcé. Or si cet avis avait passé ces deux corps n'auraient jamais donné leur avis, l'inoculation se serait trouvée abolie par le fait, et le but de la sotte et indigne cabale rempli ; mais le Parlement ayant restreint la défense aux villes et faubourgs, et n'empêchant point qu'on se fasse inoculer à la campagne, il faudra bien que la Faculté de médecine parle, et nous verrons si elle osera se déshonorer à la face de l'Europe, et proscrire une méthode dont l'utilité n'est plus nulle part un problème. Ne croirait-on pas être au $x^e$ siècle, en voyant un corps de magistrature s'adresser aux docteurs de la science absurde pour savoir ce qu'il faut penser d'une pratique de médecine? Si le Parlement s'était borné à faire un règlement de police à l'égard de l'inoculation, tout le monde lui aurait applaudi. Il n'y a personne qui n'ait blâmé la légèreté avec laquelle quelques inoculés se sont montrés pendant l'opération dans les promenades et autres assemblées publiques ; on doit plus de respect au public et à ses craintes, bien ou mal fondées ; mais la loi qui défend l'inoculation est précisément aussi absurde que celle qui l'ordonnerait d'autorité : c'est un attentat contre la liberté domestique des citoyens, et un abus de législation qui révolterait, s'il ne la rendait encore plus ridicule qu'odieuse.

Voilà comment l'esprit de parti éteint toutes les lumières qui sont dans une nation, ou les empêche du moins de tourner à l'avantage de la félicité publique. Le mal se fait tout seul, et le fanatisme, quelque ridicule, quelque bafoué qu'il soit, a toujours assez de crédit pour arrêter les progrès du bien. Il a été question dans le Parlement d'abolir l'usage barbare d'ensevelir les morts au milieu des vivants, et de transporter les cimetières hors de la ville. Tout le monde a applaudi au réquisitoire que M. Le Pelletier de Saint-Fargeau a fait à cette occasion ; maître Omer Joly de Fleury n'a garde de requérir sur de tels objets. Cependant les médecins ont donné là-dessus leur avis en secret, et ils prétendent avoir observé que dans les temps de contagion l'épidémie fait moins de ravages dans les rues voisines des cimetières que dans d'autres lieux, « ce qui ferait croire, disent-ils, que les cimetières, bien loin d'être nuisibles à la salubrité des villes, leur sont au contraire avantageux ». En conséquence les choses resteront sur l'ancien pied, et les victimes de la médecine immolées dans un quartier ne seront pas comptées dans l'autre. De telles procédures indignent et affligent. Ce qui peut consoler, c'est que cet arrêt du Parlement, bien loin d'arrêter en France les progrès de l'inoculation, les hâtera ; car tel est l'effet de toute loi injuste, arbitraire et mal conçue.

Il passe pour constant que c'est le médecin Bouvart qui a fabriqué le réquisitoire de M. Joly de Fleury. L'homme qui a fait le rôle infâme de délateur dans l'affaire de son confrère, le médecin Bordeu[1], est bien digne de jouer celui d'imposteur pour détruire une pratique salutaire.

Voici ce que M. de Voltaire mande sur cette aventure : « Quelqu'un ayant dit que l'extinction des jésuites rendrait la France heureuse, quelqu'un ayant répondu que pour compléter son bonheur il fallait se défaire des jansénistes, quelqu'un se mit à dire ce qui suit :

> Les renards et les loups furent longtemps en guerre ;
> Les moutons respiraient. Des bergers diligents

---

1. Voir précédemment, page 209.

Ont chassé, par arrêt, les renards de nos champs ;
Les loups vont désoler la terre :
Nos bergers semblent, entre nous,
Un peu d'accord avec les loups.

« Vous noterez qu'Omer a gardé M^me de Lauraguais pendant sa petite vérole, quoiqu'il ne la gardât pas par état, et qu'il a fait des vers dignes de sa prose en faveur de l'inoculation. Je les aurai, ces beaux vers, et nous rirons, mes frères. »

— Le *Journal étranger*, depuis qu'il était entre les mains de M. l'abbé Arnaud et de M. Suard, avait mérité l'attention du public ; mais ces deux auteurs ayant été chargés par le gouvernement de faire la *Gazette de France*, le *Journal étranger* en est resté là, et l'on doit encore trois ou quatre volumes aux souscripteurs de l'année dernière. Pour suppléer à ce journal, les auteurs de la *Gazette de France* proposent une *Gazette littéraire de l'Europe*, qui doit commencer avec le mois prochain sous la protection immédiate du ministre et secrétaire d'État des affaires étrangères. Vous lirez dans le *Prospectus* publié quels sont le but, l'arrangement et les conditions de cette entreprise, ainsi que le prix de la souscription. Si les intentions du ministère à cet égard méritent des éloges, il faut dire aussi que le caractère de réserve, de circonspection et de décence qui est nécessaire à tout ouvrage qui paraît sous ses auspices, nuira infailliblement à la liberté, qui seule peut intéresser dans un ouvrage de cette nature. Combien de questions importantes sur lesquelles il ne sera pas permis aux auteurs d'avoir un avis ! Combien d'excellents ouvrages qu'ils n'oseront même nommer, encore moins approfondir avec la bonne foi qui convient aux philosophes ! Si l'*Esprit des lois* paraissait de nos jours, et qu'il fût l'ouvrage d'un homme de lettres sans nom et sans protection, je ne sais quel serait le sort de cet homme-là ; mais je sais qu'aucun de nos journalistes avoués n'oserait lui rendre la justice qui lui est due, et que celui qui s'en aviserait courrait risque de perdre son privilége. Ce qu'il y a encore de plus fâcheux, c'est ce tas d'éloges que tous les journalistes sans exception sont obligés de donner tout le long de l'année aux ouvrages médiocres. Rien ne blesse autant les droits du génie que de voir prodiguer à la médiocrité les éloges qui ne sont dus qu'à lui. Tout ceci prouve qu'on ne peut faire un bon journal que dans un pays où la liberté de la presse est parfaitement établie ; et, bien loin qu'il eût besoin d'une protection particulière du gouvernement, il faudrait que tout, jusqu'aux noms des journalistes, fût ignoré du public, sans quoi le chapitre des égards et la crainte des tracasseries disposeront, dans mille circonstances, de leur franchise et de leur impartialité. M. l'abbé Arnaud et M. Suard nous annoncent beaucoup de circonspection dans leurs jugements, et ils ne manqueront pas à leur parole. Mais les gens circonspects sont bien sujets à être ennuyeux, et si l'envie de nuire, la mauvaise foi, la satire injuste et grossière, peuvent déshonorer un journaliste, il faut convenir que la circonspection, la réserve, les égards, le rendent bien insipide. N'y aurait-il pas un milieu entre ces deux extrêmes ?

— Nous sommes, depuis quelque temps, incommodés de beaucoup de petits poëmes. M. de Junquières a donné l'hiver dernier *Caquet Bon-bec, la poule à ma tante*, poëme badin, dans lequel il n'y a pas le mot pour rire. Ce poëme vient d'être réimprimé, et augmenté d'un chant. Cela prouve qu'il y a des quartiers dans Paris où ces platitudes réussissent. Un autre poëte anonyme a fait *le Rat iconoclaste, ou le Jésuite croqué*, poëme héroï-comique en six chants[1]. Des religieuses, en faisant leur crèche le jour de Noël, y placent la statue en sucre de leur directeur. Ce directeur était jésuite. La nuit, un rat vient croquer la statue. Voilà le sujet d'un poëme qui n'a d'ailleurs ni sel ni coloris. Un troisième poëme, aussi froid et aussi insipide, est d'un M. de Pezay, capitaine de dragons ; il a pour titre *Zélis au bain*, en quatre chants. Il est joliment imprimé, et orné de très-jolies vignettes et estampes dans le goût de Boucher, qui n'est pas le mien ; mais une belle impression, embellie par le burin de M. Eisen, ne fait pas un beau poëme[2]. Il est vrai aussi que le poëte n'a que vingt-deux ans.

1. (Par Guyton de Morveau.) Dijon, 1763, in-12.
2. Dans sa lettre du 15 du mois suivant, Grimm revient sur ce début de Pezay, et le traite un peu moins défavorablement. Du reste, Pezay refondit cet ouvrage, et en fit un poëme nouveau imprimé sous le titre de *la Nouvelle Zélis au bain*, dans le tome IV du *Recueil des Héroïdes* en 10 vol. in-12. On trouvera, au commencement du mois de décembre 1777 de cette *Correspondance*, une sorte de notice assez curieuse sur ce poëte. (T.) — La première édition, bien que renfermant deux vignettes de moins que la seconde, est plus recherchée à cause de la netteté du tirage.

— On a traduit de l'italien une comédie du célèbre Goldoni, intitulée *le Valet à deux maîtres*. Cette pièce est un chef-d'œuvre d'intrigue, et fort amusante au théâtre ; mais elle doit bien perdre à la lecture, et surtout dans une traduction.

— M. Puget de Saint-Pierre vient de publier et de dédier à M. le duc de Berry une *Histoire des Druses, peuple du Liban, formé par une colonie française, contenant leur origine, leur agrandissement, l'histoire de l'émir Facardin, leur état actuel et la nature de leur commerce*. Volume in-12, d'environ trois cent cinquante pages. On peut apprendre dans les Mémoires de d'Harvieux tout ce qu'il importe de savoir sur les Druses, et il y a apparence que M. Puget de Saint-Pierre n'a fait que le métier de compilateur.

— On a donné à la Comédie-Italienne un opéra-comique intitulé *les Deux Cousines*[1]. Le poëme est de je ne sais qui, et la musique d'un mauvais acteur de ce théâtre appelé Desbrosses. On ne peut rien voir de plus plat, et pour les paroles et pour la musique ; cependant cela réussit. En vérité nos oreilles et notre goût musical sont bien absurdes.

— Un homme et une femme qui s'aiment, on ne sait pourquoi, qui sont éloignés l'un de l'autre, on ne sait comment, qui désespèrent d'être jamais unis sans qu'on en puisse soupçonner la raison, dont l'un se marie à la fin, malgré lui, à une autre femme afin que lui et sa maîtresse puissent mourir de chagrin ; ces deux amants s'écrivent des lettres où il n'y a ni incidents, ni sentiment bien rendu, ni intérêt, ni style. Et ces lettres d'un ton platement bourgeois et raisonnable paraissent sous ce titre : *l'Amour éprouvé par la mort, ou Lettres modernes de deux amants de vieille roche*[2].

— M. de Saint-Foix a fait réimprimer ses *Essais historiques sur Paris*. Dans cette nouvelle édition, cet ouvrage intéressant et agréable se trouve augmenté d'un quatrième volume.

---

1. Représenté le 21 mai 1763. Les paroles sont d'un comédien de province nommé La Ribardière. La pièce eut dix représentations.
2. (Par M$^{me}$ Thiroux d'Arconville.) Paris, 1763, in-12.

## JUILLET

1ᵉʳ juillet 1763.

Une feuille intitulée *Richesse de l'État*[1], et répandue dans le public la veille du lit de justice que le roi a tenu pour les nouveaux arrangements de finances, a occupé tous les esprits depuis un mois. L'auteur de cette feuille est M. Roussel, conseiller au Parlement. Son projet consiste dans l'établissement d'une capitation, seul et unique impôt substitué à tous les autres. Sur seize millions d'habitants dont M. Roussel suppose la France peuplée, il en choisit deux millions qu'il suppose être en état de supporter un impôt quelconque; partageant ensuite ces deux millions en vingt classes différentes, il n'exige de la première et de la plus pauvre qu'une taxe annuelle de trois livres, et, augmentant ainsi la taxe de classe en classe, il arrive à la vingtième et dernière, dont il fixe la capitation à sept cent trente livres. Cette somme serait le plus fort impôt auquel un sujet du roi pourrait être taxé, et cependant cette seule imposition donnerait un produit de plus de six cent quatre-vingt-dix-huit millions par an. Rien n'est plus spécieux au premier coup d'œil ; aussi rien ne peut être comparé à l'engouement des premiers jours pour le projet de M. Roussel. Le peuple se voyait, moyennant trois livres, débarrassé de tout impôt, et les gens riches se délivraient de toute charge moyennant trente louis : c'était le retour du siècle d'or. Cependant les réflexions sont venues, et les gens sensés ont parlé. Ils ont douté d'abord qu'on trouvât en France deux millions d'habitants en état de supporter un impôt, et ce doute mérite d'être approfondi ; ils ont nié ensuite que parmi ces deux millions il y en eût un qui fût en état de payer depuis quatre cent cinquante-six livres jusqu'à sept cent trente ; car c'est là la taxe la plus faible et la plus forte des dix dernières classes de M. Roussel, et par conséquent d'un million d'hommes. Sans entrer dans des détails dont les faiseurs de brochures me dispenseront du reste, il est évident

---

1. 1763, in-4° d'une feuille, réimprimé peu après in-8°; par Roussel de La Tour. Son écrit bien court donna lieu à des ouvrages sans nombre. (T.)

qu'il faut qu'il y ait quelque grand paralogisme dans le projet de M. Roussel. Je connais un village, à trois lieues de Paris, composé de deux cents feux, dans un pays de vignobles, et par conséquent pauvre; ce village paye au roi tous les ans quinze mille livres de taille et de capitation; les vingtièmes, les aides, le contrôle, et tout le grimoire des autres impositions, montent à une autre somme de quinze mille livres. Voilà donc le roi qui tire d'un seul chétif village trente mille livres par an. Il y a beaucoup de princes en Allemagne qui tirent à peine cette somme de tout un bailliage. Or, de ces trente mille livres, je consens d'en ôter la moitié, et veux bien qu'il n'en entre pas un denier dans les coffres du roi, et qu'elle soit entièrement absorbée par les profits des fermiers et des autres sangsues du peuple; reste la somme de quinze mille livres de taille. On connaît la cascade et les frais de cette perception, et il n'y a point de concussion sur cette somme; le collecteur du village la ramasse et la porte au receveur particulier, qui la fait passer au receveur général de la province, qui la verse dans le trésor royal. Ces trois employés ont chacun leurs droits au *prorata* de la somme, et je veux bien porter le total de ces droits à cinq mille livres : c'est exorbitant; mais j'ai donné quinze mille livres à la déprédation, je veux encore en sacrifier cinq mille aux profits des receveurs. Voilà toujours la somme effective de dix mille livres que le roi reçoit de son village de deux cents feux, à trois lieues de Paris. Voyons maintenant ce que M. Roussel pourrait tirer du même village. Il n'y a pas là un habitant qui puisse être regardé comme riche. Quand ils ont payé leurs impôts, s'il leur reste, à force de travail et de fatigues, de quoi vivre durement et misérablement d'un bout de l'année à l'autre, ils s'estiment heureux, et il n'y a plus d'exemple qu'un père laisse à son fils son héritage en meilleur état qu'il ne l'a reçu lui-même. Ainsi l'humanité de M. Roussel ne lui permettrait pas de choisir d'autres contribuables, dans ce village, que les deux cents chefs de famille ; encore moins voudrait-il les taxer à plus de trois livres par tête, ce qui donnerait au roi six cents livres par an d'un village dont il en tire actuellement dix mille; mais supposons M. Roussel inhumain, injuste, barbare : qu'il double cette taxe, et qu'il la mette à six livres par tête, son village lui produira douze cents livres par an; qu'il pousse cette dureté au delà de toute borne, qu'il exige un louis par tête, ce qui mettrait les habitants de ce pauvre village tout d'un coup entre la cinquième et la sixième classe des contribuables de M. Roussel, il aura, par cette rigueur, la somme de quatre mille huit cents livres d'un village qui en paye dix mille au roi. Or tous les impôts ensemble, suivant le bilan que M. de Silhouette, pour lors contrôleur général, donna au roi en 1759, ne faisaient qu'un revenu de deux cent quatre-vingt-huit millions ; on a imposé, depuis cette époque, le troisième vingtième et le doublement de capitation, et ces deux objets peuvent faire une somme de cinquante millions par an. Ainsi le roi, en surchargeant ses peuples d'un fardeau énorme, de l'aveu de tout le monde, ne peut cependant en tirer trois cent quarante millions. N'est-il pas bien étrange que M. Roussel, en supprimant tous les impôts et ne laissant subsister qu'une légère capitation, donne au roi, d'un seul coup de plume, plus du double de cette somme? Et n'est-il pas manifeste que ce n'est que par un insigne paralogisme que notre écrivain politique peut faire le roi si riche en demandant si peu à ses peuples?

C'est qu'il paraît, au premier coup d'œil, que M. Roussel se restreint à un bien petit nombre de contribuables, en ne choisissant que deux millions sur tous les habitants de la France; mais, en y réfléchissant un peu, on trouvera ce nombre beaucoup trop grand; et si l'on ordonnait à notre auteur de chercher les deux millions dont il a besoin, il se verrait bientôt loin de son compte. De quelque manière que vous vous y preniez pour asseoir vos impôts, ils ne tomberont jamais que sur une classe d'hommes peu nombreuse, qui est celle des possesseurs des terres. Il est évident que la possession des terres est la seule richesse véritable, et que le gouvernement ne peut rien tirer de celui qui n'a rien ; ainsi l'on a beau imposer le fermier, le manouvrier, l'artisan, le commerçant, le cultivateur, tous ces gens-là n'ont que leur industrie et leur travail, et si le roi leur demande beaucoup, il faut qu'ils retrouvent, sur le prix des denrées ou de leurs ouvrages, outre leur subsistance et leurs bénéfices, tout le montant des impôts qu'ils sont obligés de payer. Et sur qui tombera ce fardeau, si ce n'est sur le propriétaire de la richesse réelle? Quand M. Roussel trouverait les deux millions de têtes sur lesquelles il pourrait répartir sa capitation, il est clair que le fardeau effrayant de près de sept cents millions qu'elle doit produire n'en tomberait pas moins sur le très-petit nombre des propriétaires, et que l'État, en écrasant les possesseurs de la richesse réelle, ne ferait que hâter sa propre ruine. Cette réflexion si simple ne s'est présentée à personne dans le premier moment d'enthousiasme pour le projet de la richesse de l'État. Nous sommes bien enfants, et il est aisé de nous en imposer par quelque appât qu'on peut toujours compter de nous faire saisir avec avidité. Je ne crois pas qu'il y ait un pays au monde où l'on puisse se promettre de parler avec plus de succès de choses qu'on n'a jamais apprises, et sur lesquelles on n'a jamais réfléchi; il est vrai que l'engouement n'est pas moins passager que prompt, et que celui qui l'a excité mal à propos retombe ordinairement dans l'oubli avant d'avoir eu le temps de jouir de sa gloire. Ce qu'il y a de sûr, c'est que si messieurs les tuteurs de nos rois, dont M. Roussel, moyennant cinquante mille livres qu'il a payées de sa charge, a l'honneur de partager les soins, n'ont pas d'autres ressources à indiquer à leurs pupilles, ils feront bien de s'en tenir à leurs Remontrances : car il est bien plus aisé de dire que tout va de mal en pis, que de montrer des remèdes efficaces pour la guérison de la maladie.

Le seul côté spécieux qu'il y ait dans le projet de la *Richesse de l'État*, c'est d'offrir un moyen de jeter une partie du fardeau des impôts sur le corps des rentiers, qu'on accuse communément de ne contribuer en rien aux besoins de l'État. Depuis que le crédit a donné aux États de l'Europe la facilité de s'endetter par des emprunts, il s'est élevé une guerre entre les propriétaires des terres et les créanciers de l'État, qui n'a jamais pu s'éteindre. Les premiers crient toujours que c'est eux qui portent tout le fardeau, tandis que les rentiers font, sans danger et sans peine, des profits immenses pour avoir prêté un argent dont ils ne savaient que faire. Je crains bien que cette guerre n'ait un objet purement imaginaire, et que ce propriétaire, qui crie, ne soit un homme qui lève son bras droit pour frapper son bras gauche : car, dans un pays bien administré, quel sera le créancier de l'État, si ce n'est le propriétaire de la richesse réelle, où quel sera l'homme riche ou à portefeuille qui ne cherchera à assurer sa fortune par l'acquisition de quelque terre? Or la possession des terres a ses bornes, et lorsque toutes les terres sont achetées, il faut bien qu'on songe à l'emploi des fonds qui restent. On ne peut conseiller à un homme qui s'est enrichi par l'amélioration de ses terres d'en acheter d'autres avec les nouveaux fonds qu'il a acquis, parce qu'il n'y en aura pas à vendre. Je sais qu'en France le seigneur d'un village trouvera aisément le moyen d'acheter les trois quarts des biens-fonds de sa terre; mais cela même est un des plus grands fléaux qui puissent affliger un État, et ne peut venir que de ce que la condition de paysan est en France la plus malheureuse de toutes, et c'est là le plus effrayant de nos maux : car partout où l'état de paysan est, je ne dis pas heureux, mais où il n'est pas réduit à la dernière misère, n'ayez pas peur que l'honnête laboureur soit tenté de vendre le champ de ses pères, quelque argent qu'on puisse lui en offrir. L'expérience de toute l'Europe viendra à l'appui de ce que j'avance, et l'homme ne sort de sa condition que lorsqu'à force d'injustices et de vexations elle lui a été rendue insupportable. Ainsi, dans un État bien réglé, il n'y aura jamais d'autres créanciers publics que les propriétaires des richesses réelles qui auront prêté leur superflu, et lorsque les propriétaires crieront contre les rentiers, ils se feront la guerre à eux-mêmes sous deux dénominations différentes.

Il ne faut pas m'objecter que le corps de nos rentiers est composé d'une manière bien différente, et qu'il n'est point du tout formé par des propriétaires de terres qui prêtent les profits d'une culture améliorée. Je ne nie pas le fait; mais je ne vois d'autre remède à ce mal que de réformer cette multitude incroyable d'abus par lesquels tant de gens font, aux dépens du peuple, des fortunes si immenses, si subites et si scandaleuses, qu'ils placent ensuite sur le roi avec tant de profits et d'avantage. Ainsi lorsque l'État ouvre des emprunts qui lui sont onéreux et qui procurent des profits démesurés à ses créanciers, il chercherait en vain à remédier à ce mal en chargeant les rentiers d'un impôt dont je crois la perception impossible. Le caractère de la fortune des gens à papier est d'être fugitive et obscure autant que précaire; quelque moyen qu'on imagine pour les imposer, ils en trouveront un plus efficace pour éluder l'impôt; l'incertitude même de cette sorte de fortune empêchera toujours qu'on ne les assujettisse à quelque charge réglée. Quelque immenses que soient parfois ces fortunes en France, je défie qu'on m'en montre une qui ait passé d'une génération à l'autre, à moins que le possesseur ne l'ait fixée, pour ainsi dire, dans sa famille, en achetant des biens-fonds et en rentrant ainsi dans la classe des propriétaires des terres. Aussi n'y a-t-il rien de plus commun que de voir l'héritier de l'homme le plus riche en papier manquer de pain, et n'avoir pas de quoi établir son fils.

Ces vicissitudes perpétuelles s'opposeront toujours à toute imposition solide sur la fortune des rentiers, à moins qu'on ne veuille établir une guerre sourde et intestine entre le roi et les sujets, qui consisterait, de la part du roi et de ses ministres, dans toutes sortes de ruses et de vexations pour découvrir le véritable état des fortunes particulières ; et, de la part des sujets, dans toutes sortes de fraudes et de friponneries pour soustraire cette connaissance aux recherches du gouvernement. On peut, à la vérité, exiger une contribution passagère, et taxer un certain nombre de gens riches sur les simples apparences de leur fortune ; mais ce ne serait pas là le procédé d'un roi envers ses sujets : ce serait la conduite d'un sultan avec ses esclaves. En Europe, cette manière ne peut avoir lieu que dans les contributions qu'on exige d'un pays ennemi, où les droits de la guerre et la bonne politique autorisent également d'attaquer la fortune des riches et de ménager le peuple. Un autre moyen encore, et beaucoup plus praticable, serait d'attacher la charge au papier même, en sorte qu'elle tombât sur celui qui le possède ; mais ce ne serait pas là mettre un impôt sur les rentiers : ce serait leur faire une espèce de banqueroute, et leur annoncer qu'ils perdront tant pour cent sur le capital de leur créance. Cet expédient n'est pas du ressort d'une théorie de l'impôt.

— La tragédie de *Manco* a été jouée devant le roi, sur le théâtre de Choisy, et l'auteur a eu l'honneur de présenter à cette occasion les vers suivants à Sa Majesté :

> J'ai peint un roi juste et clément,
> Digne d'une gloire immortelle :
> Pouvais-je le peindre autrement,
> J'avais mon maître pour modèle.

VERS D'EUGÉNIE A SON AMANT.

Je sens le prix de ces deux mots de prose,
De ce dîner refusé pour le mien ;
Tu vois, d'un rien l'amour fait quelque chose,
Et quelque chose à l'amour fait grand bien.

— L'inauguration de la place de Louis XV et les fêtes de la paix nous ont procuré la vue de la statue équestre du roi, qui a été découverte le 20 du mois dernier. Ce monument est, sans contredit, le plus beau de ce genre qu'il y ait en France. J'en avais jugé ainsi, il y a plusieurs années, en voyant le modèle, et j'ai été confirmé dans cette idée, non-seulement par l'exécution même, mais encore par l'opinion de tous les gens de goût et de tous les artistes éclairés. Ce n'est pas qu'on ne l'entende critiquer de tous les côtés ; il faut bien qu'il ait passé par ces épreuves avant d'être consacré à l'admiration de la postérité. Ce sentiment ne tardera pas à devenir général parce que, quand les sots ont tout dit, on revient toujours à la décision des vrais juges. Cochin se trouvait l'autre jour à une assemblée d'artistes, où chacun relevait plusieurs défauts dans ce monument, et finissait ensuite par dire que c'était pourtant une grande et belle chose ; lorsque tout le monde eut parlé, il prit la parole et dit : « Il faut que ce Bouchardon ait été un homme bien extraordinaire pour avoir pu faire, avec tous ces défauts, une si grande et si belle chose. »

Bouchardon avait choisi, pour faire son cheval, un cheval d'Espagne de M. le baron de Thiers. Il aimait mieux avoir à ses ordres le cheval de son ami que d'être lui-même aux ordres d'un écuyer d'un roi en choisissant dans les écuries de Sa Majesté un cheval dont il n'aurait jamais disposé à sa fantaisie. Celui de M. de Thiers était très-beau, de l'aveu de tous les connaisseurs ; son seul défaut était de n'être plus de la première jeunesse ; mais il était docile : il avait pris pour l'artiste une affection et une amitié tout à fait singulières, on eût dit qu'il était dans le secret, et qu'il savait qu'il devait partager les honneurs de l'immortalité avec le génie de l'artiste. Bouchardon était souvent des heures entières couché sous son ventre, pour dessiner et faire ses études, et l'animal restait cependant immobile dans l'attitude qu'il lui avait fait prendre. Aussi pouvons-nous nous vanter d'avoir à la fin un cheval de bronze, non de ces êtres fantastiques, se cabrant, grinçant les dents, ayant les narines retirées en arrière et les crins dressés, et une contraction de muscles qui fait peine à voir; mais un animal d'une noblesse, d'une grâce, d'une douceur, en un mot, de ce caractère ravissant de la beauté exquise et rare. Il ne sera plus possible désormais de regarder ce cheval de la Renommée et cet autre cheval monté par Mercure, qui se trouvent aux deux côtés du pont tournant des Tuileries, et par conséquent tout vis-à-vis de la statue de Louis XV.

Le caractère général de ce monument est la simplicité, la noblesse, la douceur et la grâce; son aspect ravit, et l'on ne peut s'en arracher. Allez de la place nouvelle à la place Vendôme, qui n'en est pas éloignée, vous trouverez à ce Louis XIV, qui est là, un air lourd et plat que vous ne lui aviez pas remarqué auparavant. Aussi, quoique les écuyers du roi aient condamné le cheval de Bouchardon avant de l'avoir vu, il a été généralement admiré; mais on a critiqué la figure du roi. On a dit qu'elle n'était pas bien à cheval; tantôt on a attaqué les cuisses, tantôt les jambes; tantôt le bras du roi était trop élevé; tantôt la tête du cheval couvrait trop la poitrine du monarque. Je crois avoir remarqué que la plupart de ces défauts, qui ont au premier coup d'œil quelque réalité, disparaissent successivement à mesure qu'on change de place, et que lorsqu'on a fait le tour du monument il n'en reste plus de vestige. Ceux qui ont dit que la tête du roi n'était pas infiniment ressemblante ont eu un peu plus de raison, du moins du côté gauche de la figure, car le profil du côté droit est parfaitement bien. On a encore reproché à Bouchardon d'avoir habillé le roi à la romaine; il faut reprocher à l'habit français d'être ginguet et ridicule, et de mettre les artistes dans la nécessité ou de mentir à la postérité, ou de faire une chose absurde. Quant à moi, j'aime mieux le mensonge, et je trouve plus de mérite à avoir jeté ce manteau romain avec tant de grâce et de légèreté sur l'épaule gauche du roi, que dans tous les beaux et profonds raisonnements qu'on peut faire sur cet article. On a encore fait un crime à Bouchardon de ce que son cheval a le pied gauche

levé, au lieu du pied droit ; on a dit qu'il partait du pied gauche ;
mais c'est qu'il marche, et qu'il ne part point, et Cochin a répondu bien finement à ces critiques : « Messieurs, si vous étiez
arrivés un moment plus tôt, vous l'auriez trouvé sur son pied
gauche et le pied droit levé. »

Toutes ces censures disparaîtront, comme la poussière que le
vent agite autour du chef-d'œuvre qui les provoque ; mais ce
grand et superbe monument restera et apprendra à la postérité,
ainsi qu'un petit nombre de monuments d'un autre genre, que,
dans un siècle si peu fécond en grandes choses, il y a encore eu
quelques hommes d'un grand génie en France. Ce qui m'a fait
une peine sensible en contemplant ce chef-d'œuvre, c'est de
penser que le sort n'ait point permis à l'illustre artiste de jouir
de sa gloire, et qu'en prolongeant sa vie d'une année il aurait
eu la satisfaction de voir les fêtes par lesquelles son monument
a été consacré à l'admiration des siècles à venir. Cette idée
afflige ; il y a des ouvrages dont le caractère inspire de la passion
et de l'intérêt pour leurs auteurs, et ceux de Bouchardon sont
bien de ce nombre. Il fallait que cet homme eût une grande délicatesse, une grande pureté, une grande élévation dans l'âme,
pour donner à ses ouvrages cette grâce et cette sagesse antiques,
cette noble simplicité, et ce je ne sais quoi de doux qui les distingue.

Le piédestal m'a paru d'une forme très-agréable et très-élégante. Il y a aux quatre angles quatre figures de femmes en
cariatides, qui représentent quatre Vertus principales. Trois de
ces figures sont encore de Bouchardon ; la quatrième est de
Pigalle. Je ne les ai pas encore assez bien vues pour oser en dire
mon sentiment ; mais l'idée de faire porter un homme à cheval
par quatre femmes m'a paru absurde [1]. Je vois qu'on a toujours

---

1. Un mécontent, et la guerre de Sept-Ans en avait rendu le nombre bien grand
en France, fit ainsi allusion à cette disposition du monument :

> Grotesque monument, infâme piédestal !
> Les vertus sont à pied, le vice est à cheval.

Un autre se permit aussi de faire courir les vers suivants :

> Il est ici comme à Versailles :
> Il est sans cœur et sans entrailles.

Enfin plusieurs arrestations eurent lieu pour découvrir l'auteur d'un placard
apposé sur la nouvelle statue ainsi conçu : *Statua statuæ*. (T.)

eu beaucoup de peine à orner convenablement les piédestaux des statues équestres. Si l'on ne veut se contenter d'ornements que l'architecture peut fournir, je ne puis, de mon côté, supporter cette confusion de l'allégorie et de l'histoire, ni permettre qu'on place autour d'un être historique des êtres allégoriques ; j'aimerais mieux n'y voir aucune figure accessoire que d'en souffrir de cette espèce. Mais pourquoi ne placerait-on pas autour d'un monarque les grands hommes qui ont illustré son règne ? Y a-t-il quelque allégorie qui puisse lui être plus glorieuse ? J'élève quelquefois dans ma tête une statue équestre ; je la place sur un tertre peu symétrisé ; elle est entourée de Henri, de Ferdinand de Brunswick, de Schwerin, de Keith, de Winterfeld. Je défie tous les poëtes de la terre de trouver une allégorie qui vaille cette réalité-là. Quelle foule de héros je vois encore aspirer à une place sur ce tertre, et quelle idée vous reste de celui qui a commandé à de tels hommes ! Mais nous rétrécissons le génie de l'artiste par mille petites considérations misérables. Cependant si Louis XIV avait connu la véritable grandeur, il aurait mieux aimé avoir à côté de lui Condé et Turenne dans ce monument de la place des Victoires que de laisser enchaîner à ses pieds des peuples dont il lui était réservé d'éprouver le juste ressentiment ; il se serait épargné des plaisanteries bien amères, et il n'aurait pas fait un monument d'orgueil d'un monument de gloire. J'ose, de même, croire que Bouchardon eût autant aimé mettre autour de Louis XV, à la place de ces figures emblématiques, et Maurice de Saxe, et Charles de Montesquieu, et François de Voltaire, et quelques hommes de génie que la mort n'a pas encore mis en droit d'exiger de leurs compatriotes la justice qui leur est due, et qui, en attendant, ne portent d'autres marques d'un mérite éminent que celles de la persécution ; car ce sont là les hommes dont la postérité parlera en se rappelant le règne de Louis XV. Mais l'honneur d'être auprès de son roi ne peut être décerné que par le momarque ou par la nation, et si l'on s'en était rapporté à la décision de nos pères conscrits[1], qui se disent les tuteurs de l'un et les représentants de l'autre, toutes les chambres assemblées, ils n'auraient vraisemblablement trouvé de grands hommes

---

1. Les membres du Parlement.

dignes d'entourer Louis XV que M. l'abbé de Chauvelin, M. Lambert [1], et autres de ces messieurs qui ont consommé le grand œuvre de la proscription des ci-devant soi-disant jésuites, auxquels maître Omer Joly de Fleury aurait ajouté quelques bénédictins de la congrégation de Saint-Maur, et l'immortel Abraham Chaumeix, qui a préservé la France des mortelles atteintes de la philosophie.

Observons, en finissant, combien l'homme de génie honore son roi en lui imprimant, pour ainsi dire, le caractère de la grandeur de ses idées, tandis que l'homme médiocre le dégrade par l'hommage d'une basse et vile flatterie. On ne peut regarder la statue équestre de Louis XV sans concevoir l'idée d'un héros, d'un grand monarque ; voilà l'homme de Bouchardon. Amédée Van Loo, peintre de notre Académie, fait un tableau qui représente les Vertus cardinales, lesquelles, regardées à travers un verre, forment le portrait de Louis XV, en sorte que la Magnanimité devient le nez, la Prudence l'oreille gauche du monarque, etc. Voilà l'ouvrage d'un esclave qui croit honorer son maître ; et cependant ce tableau, qu'aucun homme de goût ne voudrait souffrir dans son cabinet, qui dégrade également et le monarque et l'artiste, a été plus prôné par nos journalistes que ne le sera jamais le monument de l'immortel Bouchardon.

— Jean-Pierre de Bougainville, l'un des quarante de l'Académie française, et ancien secrétaire perpétuel de l'Académie des inscriptions et belles-lettres, vient de mourir dans un âge peu avancé [2]. Il avait traduit en français le poëme latin du cardinal de Polignac, intitulé l'*Anti-Lucrèce*, et c'était là son titre pour les places académiques [3]. L'original et la traduction sont également tombés dans l'oubli. M. de Bougainville avait eu de tout temps une santé misérable qui ne lui promettait pas une longue carrière. Sa physionomie ne prévenait pas en sa

---

1. Conseillers du Parlement.
2. Il était né le 1ᵉʳ décembre 1722, et mourut le 22 juin 1763, âgé par conséquent de quarante et un ans. (T.)
3. Il en avait d'autres. Couronné pour un Mémoire par l'Académie des inscriptions, il fut peu après élu par cette compagnie. Il publia quelques autres ouvrages dont on trouvera la liste dans la *Biographie universelle*, devint secrétaire perpétuel de l'Académie des inscriptions, et entra ensuite en cette qualité, selon l'usage, à l'Académie française. (T.)

faveur; elle portait le caractère de l'envie et de la fausseté. Il avait longtemps fait le dévot pour se faire recevoir des Académies, et sa réputation personnelle n'était pas bonne; on lui croyait toute la fausseté et toute la souplesse d'un intrigant; mais les hommes se jugent avec tant de légèreté et de caprice qu'on n'est autorisé à croire le mal que lorsqu'on en voit des preuves indubitables. M. de Bougainville laisse un frère qui a fait un bon ouvrage de géométrie, et qui a été le compagnon des travaux et de la fortune du marquis de Montcalm au Canada[1].

— On a repris, à la Comédie-Française, la petite pièce de *l'Anglais à Bordeaux*, avec un concours de monde prodigieux[2]. Mlle Dangeville, quoique retirée du théâtre depuis trois mois, a reparu dans cette pièce, et y jouera aussi longtemps que le public le désirera. Le ballet de l'Opéra, vacant depuis l'incendie de sa boutique, a exécuté les danses à la suite de cette pièce. Ainsi tout concourt à célébrer sur ce théâtre, avec éclat, le rétablissement de la paix.

On cherche à réparer les pertes que la Comédie-Française a faites depuis peu. Un acteur de Lyon, nommé Auger, a été reçu pour les rôles de valet[3]. Mlle Doligny, âgée de quinze ans, et qui a débuté[4] avec un applaudissement universel, doit prendre les rôles de Mlle Gaussin. Mlle Luzy, dont le talent n'est pas si sûr, a débuté dans les rôles de soubrette[5].

15 juillet 1763.

M. de Voltaire dit que l'auteur de la *Richesse de l'État*[6] est comme Gribouille, qui se cache sous l'eau de peur de se mouil-

---

1. Louis-Antoine de Bougainville, frère de l'académicien, né en 1729, avait déjà publié son *Traité du calcul intégral*, Paris, 1754-56, 2 vol. in-4°. Officier distingué, savant d'un rare mérite, Louis de Bougainville fut fait par Napoléon comte de l'empire et sénateur. Il mourut le 31 août 1811, dans sa quatre-vingt-neuvième année. (T.)
2. Voir la lettre du 1er avril précédent.
3. Il avait débuté le 14 avril 1763.
4. Le 3 mai 1763.
5. Le 26 du même mois.
6. La première lettre où il parle de cet ouvrage qu'*il vient de lire*, d'après ce qu'il dit, est une lettre du 10 auguste 1763.

ler à la pluie. Son projet d'enrichir le roi, en supprimant tous les impôts, a excité une guerre tout à fait déplaisante. Il paraît tous les jours une feuille pour ou contre ce projet, et ce qui me choque le plus, c'est que toutes ces feuilles sont écrites d'une manière si ignoble, si basse et si barbare, que le style seul suffit pour donner une juste idée du mérite de nos écrivains politiques. Tâchons d'oublier tout ce bavardage insipide dont on nous étourdit les oreilles depuis un mois, et essayons de réduire toute cette importante et triste matière des impôts à quelques réflexions générales.

C'est sans doute un grand inconvénient que tant de gens désœuvrés et fainéants se mêlent d'écrire à tort et à travers, et de nous donner leurs rêves sur des choses dont ils ne connaissent pas les premiers éléments. L'honnête et estimable avocat Moreau, connu par la pureté de ses mœurs et par son grand zèle pour la religion [1], et dont la plume mercenaire a déshonoré la France pendant longtemps par la feuille de l'*Observateur hollandais*, qui a fait un si bel effet en Europe, et dont les prophéties ont été si bien accomplies ; cet illustre écrivain, qui passe pour un aigle au Marais et dans le quartier de la finance, a le premier attaqué le système de M. Roussel, par des *Doutes modestes* [2], où il insiste principalement sur le danger de cette liberté avec laquelle tout le monde imprime ses rêveries sur le bien public. Je n'ai point la fatuité de vouloir me rencontrer avec ce grand homme sur aucun principe, au contraire. Il ne redoute ce danger que pour les gens en place, qu'il trouve beaucoup trop doux de laisser examiner leurs opérations par des écrivains sans vocation, et je conviens que les imbéciles et les sots ont tout à craindre de la liberté de la presse ; mais l'homme

---

1. Moreau, d'abord avocat et conseiller à la cour des comptes de Provence, puis historiographe de France, auteur du *Nouveau Mémoire pour servir à l'histoire des Cacouacs* (voir précédemment t. III, p. 458), et d'un grand nombre d'autres ouvrages où les philosophes étaient calomniés. On vit avec peine le Dauphin, père de Louis XVI, confier à un semblable écrivain le soin de composer pour l'instruction de ses enfants des *Leçons de morale, de droit public et de politique*, etc. (Versailles et Paris, 1773). Il était difficile de profiter à l'école d'un homme dont les idées étaient aussi peu élevées et les préjugés aussi étroits. Moreau mourut le 29 juin 1803. (T.)

2. *Doutes modestes sur la richesse de l'État, ou Lettre écrite à l'auteur de ce système par un de ses confrères*, in-4° de 8 pages, daté du 13 juin 1763.

d'État qui aura la conscience de ses talents et de ses forces la favorisera toujours; et, faisant des criailleries des frondeurs le cas qu'elles méritent, il cherchera la récompense de ses travaux dans l'hommage libre de quelques sages, qui devient tôt ou tard l'arrêt du public et de la postérité. Je n'aime pas les frondeurs; leur chaleur indiscrète ne peut s'allier qu'avec un esprit borné qui m'ennuie; mais j'ignore en quoi ils peuvent être dangereux à l'autorité dans un siècle où la soumission est généralement et parfaitement établie, et où il n'y a jamais eu d'autres factions que pour ou contre les billets de confession et la musique française. Ce que je sais, c'est que les bavards n'ont jamais fait de révolution, et qu'il nous manque aujourd'hui jusqu'à l'énergie des âmes qu'il faut pour en produire; ce que je sais encore, c'est que tous les grands hommes, même dans les temps les plus orageux, ont toujours méprisé les frondeurs, et que tous les hommes en place, à tête étroite, même dans les temps les plus paisibles, les ont toujours persécutés. Écoutez Moreau, Le Franc de Pompignan, et d'autres grands hommes de cette espèce, ils vous feront regarder tout homme qui pense comme criminel de lèse-majesté. Henri IV, bien loin d'attenter contre la liberté générale de penser, qui appartient à tout homme par le droit naturel, et qui fait le bonheur ainsi que la gloire d'un peuple, négligeait jusqu'aux avis de complots au milieu des fureurs de la Ligue, et disait qu'il lui serait moins cruel de mourir que de vivre d'une vie inquiète et craintive. Ce prince d'éternelle mémoire, ayant entendu les propos d'un batelier qui, ne le connaissant pas, se plaignait vivement des impôts, ménageait peu le roi et encore moins sa maîtresse, ce prince ne sut d'autre châtiment pour le frondeur que de le mander au Louvre, de lui faire répéter tous ses propos en présence de la belle Gabrielle, et de le renvoyer, en lui disant que l'impôt dont il s'était plaint était aboli. Il y a loin de Henri IV à l'avocat Moreau et aux grands hommes de notre siècle. Sans croire, comme eux, aux dangers de tant d'écrits dont ils savent extraire le venin jusqu'à la dernière goutte, je ne me réjouis pas plus qu'eux de cette multitude d'écrivains, sans vocation et sans talent, qui se montrent sur la scène dès que quelque question s'attire l'attention du public. La manière dont ils traitent le sujet montre d'abord combien le nombre des bons esprits est petit, et combien tous les autres sont absurdes, et cette réflexion est très-affligeante. Le grand nombre de ces écrivains de toute espèce prouve aussi une énorme quantité de gens désœuvrés et oisifs, et c'est un grand fléau dans un État, qui suppose une corruption fort avancée et dès longtemps préparée. Enfin, d'une assemblée de beaucoup de médecins on peut inférer l'état fâcheux du malade, et le moment où tout le monde se mêle de dire son avis est ordinairement celui de l'agonie.

Le plus grand vice du projet de M. Roussel, et celui cependant qu'on a le moins attaqué, c'est qu'il est fondé sur une imposition arbitraire. Dans toutes les taxes réglées, ce vice est mortel ; il est seul la source de tous les maux dont on se plaint en France. Le fardeau des impôts n'est pas moins pesant en Angleterre qu'en France ; les deux couronnes ont des dettes énormes auxquelles il faut faire face. D'où vient donc que tout prospère en Angleterre, tandis que tout est ici en souffrance? C'est que les Anglais ne connaissent pas la taille arbitraire, c'est que je ne crois pas qu'il y ait un pays en Europe où il soit loisible à un officier du souverain d'imposer un particulier à sa fantaisie en faisant la répartition générale, et d'ordonner tous les ans une diminution ou une augmentation de taxe selon son bon plaisir, et plus encore selon celui des subalternes, qui décident ainsi du sort des peuples selon leurs faveurs et leurs haines, et souvent selon le taux de leur cupidité. La seule inquiétude que cette variation porte dans les esprits ne peut avoir que les suites les plus funestes. Que serait-ce donc si un pauvre paysan ne pouvait se faire faire un habit sans que M. le subdélégué n'en inférât que cet homme est plus riche cette année qu'il n'était, et qu'il est en état de supporter une taille plus forte? Comme cette manière de procéder serait proprement un châtiment infligé à l'industrie, il en résulterait un découragement général, et de ce découragement la dépopulation et la fainéantise. Voilà le but où nous tendons ; si nous n'y sommes pas arrivés, messieurs les médecins, vous ferez tant que vous voudrez les plus beaux systèmes du monde ; si vous ne réussissez pas à faire disparaître ce symptôme, je vous avertis que votre malade périra. Quand le projet de M. Roussel n'aurait d'autre inconvénient que celui d'une imposition qui ne peut jamais être qu'arbitraire, il faudrait le rejeter bien vite. L'établissement de la capitation révolta tous les esprits ; cette taxe fut longtemps odieuse au peuple, parce qu'elle est arbitraire. On s'y est accoutumé, me dira-t-on, et j'en conviens ; l'esclave se fait même à la chaîne qui le lie, mais n'attendez pas d'un esclave l'attachement et les services d'un homme libre. La seule imposition solide, juste et raisonnable, est celle des terres ; et, quoi qu'en disent nos grands hommes du Parlement, l'établissement d'un cadastre général que le roi a ordonné dans son dernier lit de justice, pour asseoir ensuite une taille réelle et invariable sur chaque province, voilà le seul et véritable remède au mal. Il est seulement à craindre que tant d'immunités, tant de priviléges particuliers, ne s'opposent encore ici au bien général, et que l'exécution de ce cadastre ne reste une chimère sans réalité. Il ne paraît pas que le corps du clergé, ni les autres privilégiés, soient fort effrayés d'un projet qu'ils ont tant combattu il y a dix ans, lorsqu'on leur a demandé la déclaration de leurs biens.

Après la taxe des terres, l'impôt sur les consommations est le plus équitable, lorsqu'il est réparti avec quelque intelligence, parce qu'il est encore vrai que celui qui consomme le plus est celui qui est le mieux en état de contribuer aux besoins du gouvernement. La droite raison veut que les denrées de première nécessité soient respectées, et qu'on charge de préférence les objets de luxe. La forme de la perception décide encore infiniment des bons ou mauvais effets de cet impôt. On a vu les mouvements que la seule manière de percevoir un léger impôt sur le cidre et le poiré vient d'exciter en Angleterre. Ce peuple a raison. C'est un attentat contre la liberté domestique, qui doit être sacrée chez toutes les nations, que d'envoyer des commis fouiller dans les maisons des particuliers : l'asile du dernier des citoyens doit être aussi respecté à cet égard que le palais du prince. Cette inquisition attaque d'ailleurs les mœurs dans leur source. Le peuple, qui gémit sous la tyrannie des commis ambulants, devient bas et fripon ; son industrie se borne à perfectionner et à multiplier les moyens de fraude et de chicane ; la franchise se change en astuce ; tout sentiment honnête s'efface : et si vous ne regardez cette dégradation comme le plus grand des maux, faites-vous commandant de chiourme ; mais pour l'intérêt public et pour celui de votre propre gloire, ne vous mêlez jamais de gouverner un peuple.

J'ai dit que l'avocat Moreau a été le premier à écrire contre la *Richesse de l'État* des *Doutes modestes*. Dans cette feuille, il n'a fait que répéter ce que les gens sensés ont dit sur le projet de M. Roussel. Tout ce qui lui appartient personnellement est aussi odieux que ses autres productions. Il est juste que tout écrivain dont la plume est vendue soit bas. Je pardonne encore à Moreau d'être lourdement et froidement satirique, et je me console aisément qu'un écrivain à gages ait peu de talent; mais est-il donc indispensable qu'il attaque son adversaire d'une manière infâme? Il prétend d'abord dans l'avertissement qu'il y a une société de gens de bien qui s'occupent de la réforme de l'État, et qui se flattent de venir à bout de l'indocilité des ministres. Tout homme qui se permettra de dire son sentiment sur quelque partie de l'administration publique sera agrégé par Moreau à ce corps de frondeurs et déféré aux ministres comme leur ennemi personnel. Il suppose ensuite que l'auteur de la *Richesse de l'État* s'est caché à la campagne, pour se dérober au ressentiment du ministère d'avoir publié son plan, et c'est une tournure adroite pour faire sentir au ministre des finances qu'il aurait dû sévir contre l'auteur de ce projet. Il est vrai que de si nobles armes ne peuvent être employées avec succès que contre des philosophes qui n'ont ni cabale, ni protection pour eux, et que les *Doutes modestes* ont excité une indignation générale dès qu'on a su que l'auteur de la *Richesse de l'État* était conseiller au Parlement. Moreau lui-même a senti la fausse démarche qu'il avait faite, et il s'est hâté de publier une autre feuille qui a pour titre: *Entendons-nous, ou le Radotage d'un vieux notaire sur la Richesse de l'État*[1]. C'est d'un ton si noble que nos écrivains politiques discutent les matières de leur ressort, et cela s'appelle, au Marais, avoir de l'imagination et le talent des tournures. Quoi qu'il en soit, le vieux notaire traite l'auteur de la *Richesse de l'État* avec beaucoup d'égards et de ménagements. Son but est d'ailleurs de justifier toutes les opérations du dernier lit de justice. Il entre à ce sujet dans tous les détails, et affecte de parler des ministres avec beaucoup de liberté afin de gagner la confiance

---

1. 1763, in-8°.

du public, et de n'avoir pas l'air d'un écrivain à gages; mais ceux qui le payent devraient bien avoir regret à leur argent : car si les feuilles de cet estimable avocat leur font jamais le moindre profit, j'y serai bien trompé. Il en veut beaucoup dans son *Radotage* à l'immunité des rentiers ; j'ai dit là-dessus ce que je pense. Il est très-fâcheux que le roi soit obligé de faire des emprunts si onéreux, et principalement à rente viagère, parce que l'État est écrasé et que la facilité de placer à fonds perdu relâche tous les liens de la société; mais sous un gouvernement heureux et sage, l'État ne sera jamais dans le cas d'emprunter à des conditions trop avantageuses aux créanciers, et si malheureusement il s'y est trouvé, il n'a d'autre moyen de se libérer que le temps et la plus austère économie; tous les autres produisent des convulsions dont il se ressent le premier. Il est juste que le rentier jouisse d'un revenu plus clair et moins embarrassé que le propriétaire des terres, parce que le risque et l'incertitude de la fortune du premier doivent être contrebalancés par l'avantage passager du moment.

— Aux *Doutes modestes* un partisan de M. Roussel (car je ne puis croire que ce soit M. Roussel lui-même) a opposé des *Observations certaines*, dans lesquelles il qualifie l'avocat Moreau de quidam, de farceur, de parodiste, d'émissaire, de partisan, de calculateur normand, d'Harpagon anonyme, etc., et finit par l'envoyer avec ses *Doutes* aux petites-maisons; mais ce n'est pas là où il faudrait envoyer M. Moreau.

M. Roussel a fait lui-même une suite aux *Richesses de l'État*. C'est un bavardage qui ne dit rien du tout. Un autre auteur, dans un écrit intitulé *Résolutions des doutes modestes*, propose un autre projet suivant lequel on partagerait les seize millions d'hommes qu'il y a en France en cinq classes. Ils payeraient tous une taxe, modique comme vous pouvez penser, et elle produirait au delà de quatre cent onze millions. Chaque classe aurait des priviléges, comme de porter la soie, la dorure, les armes, etc. O les tristes rêveurs que tous ces gens de bien !... Une autre feuille, intitulée *l'Orage du 20 juin*, traite encore assez mal l'auteur des *Doutes modestes*. C'est aussi un écrit bien insipide. Le jour de l'inauguration de la statue du roi il survint, entre neuf et dix heures du soir, un orage épouvantable qui mit fin aux illuminations de la place, aux concerts et à la danse, et qui causa beaucoup de désordre. Voilà ce qui a donné lieu au titre de cette feuille. Enfin M. B***, qui se dit maître chirurgien de Paris et de Londres, nous a fait part de ses *Rêveries sur les Doutes modestes.* Une autre feuille portant pour titre : *Ressource actuelle,* propose une loterie de six cent mille billets, dont chaque billet serait de cent louis, ce qui produirait quatorze cent quarante millions. De cette somme effrayante, l'auteur détache deux cent quatre millions pour composer les lots de sa loterie dont le gros est de vingt millions ; c'est une assez jolie petite somme pour risquer cent louis. Il est vrai aussi qu'il y a plus de cent cinquante-trois perdants contre un gagnant ; mais l'auteur ne croit pas que ce soit un obstacle à voir sa loterie remplie. Auquel cas il est en état de donner au roi, du soir au lendemain, un petit magot de douze cent trente-six millions pour les besoins actuels de l'État : il s'en faut bien que M. le contrôleur général trouve des ressources de cette abondance.

Ce beau plan a été corrigé par un autre bavard, qui a fait des *Réflexions sur la ressource actuelle.* Celui-là n'exige des seize millions de Français qu'un don gratuit, depuis vingt sous jusqu'à huit louis, qui serait le plus fort. Cela ne donnerait au roi que sept cent soixante-quatre millions ; mais il croit que c'est assez joli. Il en ôterait même quelques millions pour en former une loterie de reconnaissance, dont les billets seraient distribués entre les seize millions de contribuants. Le gros lot ne serait que d'un million, mais comme on pourrait le gagner en payant une taxe de vingt sous, l'auteur espère que les intéressés voudront bien se contenter de cette bagatelle. On reste abasourdi sous cette foule d'écrits absurdes. De tous ces bavards, il n'y en a pas un qui ait le sens commun. La feuille qui a pour titre *Réflexions sur l'écrit intitulé Richesse de l'État* est le seul écrit un peu sensé qui ait paru dans cette triste et fastidieuse querelle.

— *Le Consolateur, pour servir de réponse à la Théorie de l'Impôt et autres écrits sur l'économie politique*[1], a paru avant toutes ces feuilles qui occupent le public depuis un mois : on l'attribue à M. le baron de Saint-Supplix ; c'est l'ouvrage d'un

---

1. Par M. L. B. de S. S., Bruxelles et Paris, 1763, in-12.

homme instruit et sage qui sait douter. L'horreur qu'il a des frondeurs lui fait excuser quelquefois des choses très-répréhensibles, qu'il aurait sûrement condamnées lui-même s'il avait écrit sans dessein de réfuter. Quoi qu'il en dise, il me permettra de ne pas regarder les frondeurs comme dangereux; c'est de tous les hommes ce que je craindrais le moins si j'étais ministre. Le frondeur dit : Tout est perdu; le flatteur dit : Tout est au mieux. Ils ont tort tous les deux; mais s'il y en a un de punissable, c'est sûrement le dernier. *Le Consolateur* tient le milieu; mais parfois il aime un peu trop son métier. Il finit son livre par un morceau de *consolation* de M. de Voltaire, qui se trouve à la tête de la tragédie de *Tancrède*, et qui n'a pas infiniment honoré ce grand homme. Dans ce passage, la meilleure preuve que M. de Voltaire apporte de l'état florissant de la France c'est que la ville de Lyon a un bel hôpital et un beau théâtre. J'aimerais autant un pays florissant qui pût se passer de beaux hôpitaux, et quant aux salles de spectacle, il est certain qu'en sortant de l'Opéra de Dresde, on ne devinerait point que les billets de la *steuer*[1] perdent cinquante ou soixante pour cent sur la place. Pour revenir au *Consolateur*, vous n'y trouverez point de vues grandes et générales, mais des idées pratiques sur les finances, le commerce et l'agriculture, dont je crois qu'on peut tirer parti. Il doit trouver crédit auprès des administrateurs des États parce qu'il ne cherche ni à les dominer, ni à les avilir. Quoique l'état présent de la France soit spécialement l'objet de ses réflexions, ses principes sont applicables à tous les temps et à tous les pays.

— Après l'essaim des gens de bien qui s'occupent de l'administration publique, ce qu'il y a de plus incommode c'est l'essaim des poëtes qui nous importunent depuis quelque temps de leurs productions plus qu'à l'ordinaire. M. Vignier, après avoir fait à Pondichéry un commerce lucratif pendant dix ou douze ans, est revenu en France avec la rage de faire de mauvais vers, et, qui pis est, de les faire imprimer. L'auteur se vante d'être

Des hommes le moins fou peut-être,

---

1. Les bons du trésor du royaume de Saxe.

et ses poésies le prouvent[1]. Horace, au contraire, se disait fou à lier, et voilà précisément la mesure de la distance entre Flaccus et Vignier. Le premier morceau de celui-ci est adressé *Au roi très-chrétien et très-philosophe sur le rétablissement de la paix.*

— Jetez au feu, avec M. Vignier, une *Épître à M. le duc de\*\*\**; *la Paix,* poëme au roi, par M. Pagès de Vixouses fils ; *le Monde pacifié,* poëme d'un poëte qui a le malheur de ressembler à Homère et à Milton, c'est-à-dire d'être aveugle [2] ; enfin un *Poëme aux Anglais, à l'occasion de la paix universelle,* par M. Peyraud de Beaussol.

— De toutes les productions poétiques de cette année, *Zélis au bain,* par M. Masson de Pezay, est la seule qui mérite quelque attention. Ce poëme est froid, insipide et sans invention ; c'est un gazouillage de zéphyrs, d'oiseaux, de fleurs, de ruisseaux, et d'autres mots réputés lyriques ; mais, au milieu de ces pauvretés, on trouve pourtant une tournure de vers assez élégante, un bon ton, et quelques tirades qui ne manquent pas de charme. Je ne sais si M. Masson de Pezay aura jamais de génie ; mais la culture peut lui donner assez d'idées pour faire des choses agréables : il ne faut pas désespérer d'un poëte de vingt ans qui débute ainsi. Il faut aussi savoir gré à un poëte de cet âge de la décence qui règne dans tout son poëme, dont le sujet, voluptueux par lui-même, pouvait devenir très-indécent dans ses détails sous la plume d'un capitaine de dragons. Cette réserve suppose des mœurs honnêtes.

— La Comédie-Italienne a aussi voulu célébrer le rétablissement de la paix. Elle vient de donner un ambigu de scènes détachées, de chant et de danse, sous le titre de *Fêtes de la Paix* [3]. Ce petit monstre est encore de l'invention de M. Favart, et c'est Philidor qui en a fait la musique. La pièce a été cruellement sifflée à la première représentation ; on en a supprimé les deux tiers, et on la joue depuis, mais sans succès. C'est un mélange d'épigrammes, de bêtises, de petites tournures et de

---

1. *Essai de Poésies diverses,* par M. V\*\*\* ; Genève, 1763, in-8°. La *France littéraire* de 1769 le nomme Vignée.
2. L'auteur du *Monde pacifié,* brochure in-4°, se nommait Lefèvre de Beauvray. (B.)
3. Représenté pour la première fois le 4 juillet 1763.

flatteries punissables. L'auteur a l'effronterie d'introduire des paysans qui demandent s'il y a eu guerre, et qui disent que la tranquillité et l'aisance qui ont régné dans leurs foyers les ont empêchés de s'en apercevoir. C'est faire une impudente et cruelle satire des Remontrances de tous les parlements, et des propres paroles du roi qui dit, dans toutes ses déclarations, qu'il connaît le poids qui accable ses peuples et qu'il en coûte à son cœur de ne pouvoir les soulager aussi promptement qu'il voudrait ; ou plutôt c'est insulter à la misère publique. Il est dans l'ordre des choses que les peuples se ressentent du cours d'une guerre longue et malheureuse, et il en faut prendre son texte pour leur prêcher un redoublement de courage et d'attachement pour le roi et la patrie ; mais leur faire dire dans un spectacle public qu'ils n'ont pas souffert, c'est se jouer bien insolemment du respect qu'on doit au public. L'auteur a été puni de sa bassesse par les huées du parterre. L'abbé de Voisenon, voyant la mauvaise réception qu'on faisait à la pièce, dit en sortant : « Au moins, on ne dira pas cette fois-ci que c'est moi qui l'ai faite : car c'est la première fois que je la vois. » Il y a dans la musique des choses agréables, mais il y en a aussi de bien barbares. L'air où un vieux grenadier invalide veut donner à des paysans une idée de la guerre, et où il la compare à un orage qui désole les campagnes, fait un fracas épouvantable, et a reçu de grands applaudissements ; c'est certainement le chef-d'œuvre d'une harmonie barbare, un recueil d'accents et d'accords baroques sans liaison et sans goût, et lorsqu'on en pourra examiner la partition on sera confirmé dans ce jugement ; mais, devant une assemblée qui n'a point d'oreilles, on peut toujours compter sur un grand succès en faisant grand bruit.

— Il y a des ouvrages de génie qui ont eu une haute réputation, et qui sont peu lus ; il y a des livres médiocres dont on fait peu de cas, et qui ont beaucoup de vogue. *La Sagesse* de Charron a eu plus d'éditions que les *Essais* de Montaigne. On vient de faire une *Analyse raisonnée de la Sagesse de Charron*[1] ; c'est du moins le titre de deux petits volumes, mais dans le fait

---

1. (Par le marquis de Luchet.) Amsterdam, 1763, 2 part. petit in-12 ; réimprimée en 1789, Londres, 2 vol. in-18.

ce n'est point une analyse raisonnée, mais un extrait et une simple compilation des pensées de Charron sous différents chapitres.

— M. l'abbé Prévost vient de traduire de l'anglais *Almoran et Hamet, anecdote orientale publiée pour l'instruction d'un jeune monarque* [1]. On dit que cet ouvrage a de la réputation en Angleterre. Tant pis pour ceux qui en font cas; c'est une des plus absurdes rapsodies qu'on puisse voir, et je plains le jeune monarque qui n'a eu que de telles instructions. C'est l'histoire qui est le grand livre des princes, qu'ils doivent lire jour et nuit. Almoran est un fou, Hamet un benêt, leur gouverneur un pédant, et l'auteur un imbécile. Quant au traducteur, on n'a à lui reprocher que le choix de son travail et la négligence avec laquelle il s'en est acquitté. Sa traduction fourmille de fautes grossières. Il dit que *le père entra dans l'appartement avec sa fille dans sa main;* il dit en plusieurs endroits : *il en sortit furieusement*, au lieu de *furieux*. Tout est traduit avec cette pureté de style.

— M. le comte de Lauraguais a fait un *Mémoire sur l'inoculation*, à l'occasion de l'arrêt du Parlement [2]. Il a lu ce Mémoire à l'Académie des sciences, qui ne lui a permis de l'imprimer qu'à condition qu'il supprimerait toutes les personnalités qu'il y avait contre M. Joly de Fleury. Ce Mémoire a donc paru, et sa publication a occasionné une correspondance qui a fini par une lettre de cachet [3].

LETTRE ÉCRITE A M. LE COMTE DE SAINT-FLORENTIN,

PAR M. LE COMTE DE LAURAGUAIS,

En le priant de remettre au roi le Mémoire qu'il lui envoyait sur l'inoculation, et qu'il avait lu à l'Académie des sciences le 2 juillet 1763 [4].

« J'ai cru devoir, monsieur le comte, vous engager à donner au roi un Mémoire que j'ai fait sur l'inoculation. Vous avez pro-

1. (Traduit de l'anglais de J. Hawkesworth.) Paris, 1763, in-12.
2. 1763, in-12.
3. Lorsque l'exempt chargé de la lettre de cachet la présenta au comte de Lauraguais, celui-ci demanda où était alors le roi, auquel il voulait sans doute aller exposer son affaire. L'exempt lui répondit qu'il était allé à Saint-Hubert chasser trois cerfs qu'il avait manqués la veille. — *Eh! que ne les faisait-il arrêter par lettres de cachet?* répliqua Lauraguais. (*Journal de Collé*, t. II, p. 317.)
4. Les *Mémoires secrets* de Bachaumont disent le 6 juillet; c'est chose peu

tégé tant de voyages entrepris par les académiciens du roi pour déterminer la figure de la terre qu'il m'a paru, j'ose le dire, impossible que vous ne prissiez pas un intérêt bien plus vif à ce qui intéresse l'existence de ses habitants, et le roi particulièrement, celle de ses sujets.

« Par quelle fatalité notre nation a-t-elle toujours combattu des vérités dont les autres jouissent déjà? C'est une chose bien extraordinaire et bien douloureuse à contempler que le moment où la perfection des beaux-arts élève un monument au roi, que celui où les magistrats sont assez éclairés pour rejeter les refus des sacrements, soit en même temps celui où les magistrats consultent les ignorants docteurs sur la probabilité physique de l'inoculation, changée par l'expérience dans le moyen de conserver les créatures de Dieu, après leur avoir imposé silence en théologie.

« Le réquisitoire de M. de Fleury est digne de la barbarie du siècle de Louis le Jeune ; mais comme Louis XIV créa l'Académie pour conserver au moins les lumières acquises, et que ses membres doivent lutter contre les erreurs nouvelles, j'ai cru devoir faire le Mémoire que je vous supplie de présenter au roi, et n'ai pas cru que les tracasseries qu'il me fera, les cris qu'il excitera, les ridicules dont on voudra me couvrir, dussent m'arrêter. Je connais tous les Quinze-Vingts du monde, mais parce que leur routine leur a fait connaître des sentiers, je ne crois pas que ce soit un bonheur d'avoir les yeux au bout d'un bâton, et j'aime mieux contempler le jour de la place où je reste immobile que de marcher dans une nuit éternelle.

« Enfin, monsieur, quoique je ne sois point médecin et que j'aie écrit sur l'inoculation ; quoique je ne demande point de pension et que je désirasse que mes confrères touchassent celles qu'ils ont méritées; malgré que mon Mémoire soit fort ennuyeux, si vous protégez l'inoculation contre les préjugés et les fripons, vous serez certainement l'homme qui méritera davantage les sentiments avec lesquels j'ai l'honneur d'être très-parfaitement, etc. »

---

importante. Mais nous avons cru qu'il était bon de rétablir d'après ces *Mémoires* le texte de ces lettres, tronquées dans la première édition de Grimm. (T.)

## LETTRE DE M. LE COMTE DE LAURAGUAIS

### A M. LE COMTE DE BISSY,

EN LUI ENVOYANT LA LETTRE PRÉCÉDENTE.

« Voilà, monsieur le comte, la copie de la lettre que vous m'avez demandée, et que je crois moins indigne du sujet qu'elle traite depuis que vous l'avez applaudie. Vous me demandez aussi mon Mémoire : il faudra bien qu'il paraisse, car j'avoue qu'il peut me justifier de beaucoup d'imputations qu'on répand sourdement. Je voudrais bien qu'il fît moins de bruit et plus d'effet.

« Je suis resté dans le silence tant que les choses sont restées dans le cercle où la force de l'opinion les meut; mais M. Omer de Fleury m'a forcé de parler. A l'Académie on a trouvé, c'est-à-dire M. Duhamel du Monceau et M. Le Camus ont trouvé mauvais que j'appelasse le Fleury au réquisitoire Omer de Fleury; mais ils ont été assez contents des raisons qui m'ont forcé de l'appeler ainsi. J'ai cité l'histoire des quatre fils Aymon; l'usage où nous étions de ne point appeler notre secrétaire simplement M. de Fouchy, ou Grandjean, mais Grandjean de Fouchy, comme il signe lui-même; qu'enfin messieurs de Fleury étaient trois frères; qu'en leur supposant à tous trois autant d'esprit et de talent, il valait mieux les distinguer par leurs noms distinctifs que de leur donner des sobriquets, ainsi que le monde avait consacré ceux de *Choiseul le Merle* et de *Mailly la Bête*. D'ailleurs, je leur ai dit qu'ayant écrit comme une Sœur du Pot, s'ils me cherchaient querelle il faudrait qu'ils me citassent devant les Frères de la Charité; ils ont paru satisfaits, et cela me donne l'espérance de ne pas choquer Messieurs. Cependant, malgré la conviction où je suis que je démontrerai avec la dernière évidence que le réquisitoire est digne de toute censure, je viens d'avoir une idée qui me désole; et si vous pensez comme moi, je suis au désespoir. N'imaginez-vous pas que M. Omer de Fleury, ainsi que le Parlement, ont dit : « Il faut bien essayer à quoi la faculté de théologie peut être bonne : nous la faisons déjà taire en théologie; voyons si on peut l'écouter en physique; et, si elle radote sur l'inoculation ainsi que sur les sacrements, nous lui défendrons d'ouvrir à jamais la bouche que pour la consécration, ce qui ne tire point à conséquence. » S'ils ont pensé cela, je me pendrais d'en avoir suspendu l'effet par nos raisonnements. Bonjour, monsieur le comte. »

### LETTRE DE M. LE COMTE DE LAURAGUAIS

#### A M. LE COMTE DE NOAILLES.

8 juillet 1763.

« J'eus le bonheur, comme vous savez, monsieur, de vous rencontrer hier : vous alliez monter dans votre carrosse. Je crus être caché dans la foule des pauvres qui l'entouraient; mais vos yeux me distinguèrent, parce que votre main aime à soulager leur misère. Vous me reconnûtes après trois ans ; vous vîtes la joie se répandre sur mon visage; vous la fîtes passer dans mon cœur en m'embrassant. Vous joignîtes à vos bontés pour moi des reproches obligeants, et si vous vous moquâtes de moi en me disant que vous saviez que je ne venais point chez vous parce que j'étais bien sûr que vous viendriez chez moi si je voulais, je n'ai pu m'en fâcher. Je restai dans la confusion. Elle eût été bien plus grande si j'avais deviné que je pusse être aujourd'hui dans le cas de recourir à vous.

« Voilà mon histoire, et vous l'apprendrez à peu près par les copies des lettres que j'ai l'honneur de vous envoyer. Lisez d'abord celle à M. le comte de Saint-Florentin, ensuite celle à M. de Bissy; enfin, la seconde que j'ai écrite encore à M. de Saint-Florentin[1]. Vous verrez les motifs et les raisons qui m'ont déterminé à la démarche que j'ai faite. Souffrez, puisque j'eus l'honneur de vous voir hier, et que le pécheur toucha l'habit du juste, qu'il vous parle morale. Nos fautes excitent votre charité chrétienne, et dans le monde pervers les fureurs humaines. A peine ma lettre au comte de Bissy a-t-elle été écrite qu'on m'en parla; enfin, j'appris hier qu'on criait au blasphème; je craignis d'avoir offensé quelqu'un, puisque je voyais qu'on parlait de venger Dieu. Je relus ma lettre ; j'y cherchai au moins quelques indis-

---

1. Cette dernière manque dans les *Mémoires secrets*, comme ici. (T.)

crétions. Faites-moi donc découvrir mes fautes, monsieur le comte, car je n'y ai rien trouvé de blâmable.

« Vouloir que mon Mémoire fît du bien, au lieu d'éclat, vous paraît sûrement honnête. C'est ce sentiment qui vous faisait dérober à l'armée tous les moments que vous ne deviez pas à son exemple, pour donner au roi les plus secrets avis du plus sage et du plus fidèle de ses sujets.

« Mes raisons pour appeler le Fleury au réquisitoire Omer de Fleury sont excellentes. Me punirait-on pour n'avoir pas dit la meilleure de toutes : c'est que c'est son nom ? Le monde est donc bien juste puisqu'il est si sévère ? Dire à l'Académie qu'on écrit comme une garde-malade ne peut offenser que les médecins qui raisonneraient comme elle. J'ai dit que je démontrerais que le réquisitoire est digne de toute censure, et je l'ai déjà fait ; mais tandis qu'on me menaçait de M. Omer de Fleury, je me suis senti indigné contre lui. Il m'attaquerait, lui, quand je devrais demander sa tête au Parlement, c'est-à-dire aux chambres assemblées, pour avoir engagé la grand'chambre à la proscription de nos races futures, pendant qu'il faut que toutes les chambres soient assemblées pour juger un simple gentilhomme? J'ai dit : Je ne les crains point ; mais, je vous demande : Que faut-il faire?

« Enfin, quant aux vues que je ne fais que prêter évidemment à M. Omer de Fleury et à la grand'chambre, c'est que j'avoue qu'il m'a paru toujours très-désirable que les ministres des autels s'y consacrassent paisiblement. Me punirait-on parce que je suppose qu'un bon prêtre pourra dire la messe sans que cela tire à conséquence ? Se réserve-t-on encore le droit de me persécuter en chasuble ? Quoi qu'il en soit, je ne sais comment on a tourné tout cela ; mais on m'a dit que la reine criait contre moi. Je me jette à vos pieds, et je bénis vos grandeurs, parce que j'admire l'usage que vous en faites. Parlez à M$^{me}$ la comtesse de Noailles ; daignez me parler, et je vous entendrai comme Élie ; car hier j'ai senti qu'ainsi que lui vos baisers feraient revivre un mort. Vous êtes fait pour tous les miracles. »

— Il paraît un traité d'éducation intitulé *Principes généraux pour servir à l'éducation des enfants, particulièrement de la noblesse française*[1], en trois volumes in-8°. C'est encore un livre inutile. Vous y trouverez, indépendamment de quelques absurdités, beaucoup de choses sensées, mais quel est le livre où il n'y en a point? L'homme le plus médiocre, chargé d'une éducation, trouvera bien tout seul et sans peine ce qu'il y a de raisonnable dans ces principes d'éducation. Quant aux visions de l'auteur, il ne faut pas non plus être un aigle pour en sentir l'absurdité. Ainsi elles ne seront guère dangereuses. Il y a une jolie estampe à la tête de chaque volume.

— Les *Mémoires du chevalier de Berville*[2], en deux parties, sont un tissu d'aventures romanesques et d'autres communes, sans imagination et sans sentiment. C'est une des productions les plus plates et les plus insipides qu'on ait vues depuis longtemps.

— Les jansénistes ont fait faire une tragédie de *Malagrida*, en trois actes et en vers[3]. Elle est dédiée au comte d'Ociras, premier ministre de Portugal, qui y joue lui-même un rôle considérable. C'est une des plus mauvaises choses qu'on ait vues depuis longtemps.

— *La Nouvelle Fausse Suivante*, comédie en deux actes et en vers, par M. Béliard[4]. Cette fausse suivante est un amant qui se travestit en soubrette, et s'établit ainsi auprès de sa maîtresse. Le père de cette jeune personne devient amoureux de la prétendue chambrière, ce qui amène le dénoûment et le consentement de ce vieux fou au mariage des deux amants. Cette pièce manque de vraisemblance et n'a jamais pu être jouée. Je ne sais si un homme de génie aurait fait quelque chose de cette idée, mais je sais que M. Béliard en fait une chose bien insipide. Avec beaucoup de verve et de folie dans la tête, on en aurait fait une bonne farce ou un bon intermède de musique.

— Au défaut d'un rival de Molière sur le Théâtre-Français, nous avons des auteurs qui travaillent avec succès pour le

---

1. (Par l'abbé P. Poncelet.) Les trois jolies estampes dont parle Grimm et qui représentent un potier, un jardinier et un montreur d'ours, sont dessinées par Gravelot et gravées par Baquoy.

2. *Mémoires du chevalier de Berville, ou les Deux Amis retirés du monde* (par Lech). Paris, 1764, 2 vol. in-12.

3. (Par l'abbé Pierre de Longchamps.) Lisbonne, de l'imprimerie de l'Inquisition, 1763, in-12.

4. Paris, 1763, in-12.

théâtre des boulevards. M. Delautel a fait jouer sur ce théâtre *le Départ interrompu, ou les Amours nocturnes*, comédie en deux actes, qui vient d'être imprimée.

VERS

A MADAME DE MEAUX, LE JOUR DE SA FÊTE,

PAR M. ROSSIGNOL.

De quelque ambition toute Jeanne est éprise.
L'une, sans posséder ce qu'il faut pour cela,
Voulut, nous dit l'histoire, être chef de l'Église;
    Dans une plus haute entreprise
    Une autre encor se signala :
    On la vit sous une cuirasse
    D'un grenadier montrant l'audace,
    Rosser partout les fiers Anglais;
Et ce qu'on met au rang des plus célèbres faits
    Qui manifestent son courage :
    Au milieu d'un camp de Français
    Elle garda son pucelage.
Les Jeannes du vieux temps ont un fort grand renom,
    J'en conviens et leur rends hommage;
Mais j'aime cent fois mieux la Jeanne de notre âge.
    Sans avoir eu l'ambition
De porter la tiare ou de rester pucelle,
Elle a voulu jouir d'une gloire plus belle :
    Paisiblement et sans orgueil,
    Par les grâces dont elle abonde,
    Elle veut plaire à tout le monde,
    Et c'est l'ouvrage d'un coup d'œil.

AOUT

1<sup>er</sup> août 1763.

On a donné aujourd'hui, sur le théâtre de la Comédie-Française, la première et dernière représentation de *la Présomption à la mode*, comédie en vers et en cinq actes. C'est le coup d'essai d'un jeune écrivain, qui est venu exprès de Toulouse pour se faire siffler. Ce jeune poëte a trouvé le secret d'associer deux défauts qui paraissent incompatibles. Son sujet est trivial, et il manque de vraisemblance; sa pièce ressemble à tout, excepté à la vérité. Il a copié depuis *la Métromanie* de Piron jusqu'au *Suffisant* de Vadé; c'est assurément réunir les deux extrêmes, et remplir un intervalle immense. Cependant, quoique le sujet de sa pièce soit commun et mauvais, il ne lui a manqué que le génie de Molière pour en faire une farce remplie de chaleur et de verve. Vous imaginez aisément toutes les scènes et toutes les situations comiques que Molière aurait tirées d'un fat qui, comptant en jouer un autre, se joue lui-même. Avec un peu de talent, cette situation si rebattue réussit toujours au théâtre; mais malheureusement le sublime Molière a fait le voyage du paradis sans jeter son manteau à personne. Tout est faible et commun dans cette pièce. Il n'y a pas jusqu'au nom de l'amant de Rosalie qui ne soit maussade; il n'y a qu'un amoureux de Toulouse qui puisse s'appeler Forlandre. D'ailleurs, aucune invention, aucune ressource, aucun talent, même dans les détails; la seule chose qu'on puisse lui accorder, c'est une versification facile. Le ton de M. de Cailhava n'est point bon; mais ce n'est pas ce qui m'effarouche, et s'il y a d'ailleurs quelque espérance à concevoir on peut se flatter de voir le mauvais ton corrigé par le séjour de la capitale. Le parterre n'a pas manqué d'indulgence. Plusieurs tirades des premiers actes, quoique fort déplacées, ont été fortement applaudies, entre autres celle où l'auteur parle des cabales du parterre et de tout ce qu'un pauvre poète a à essuyer à la première représentation d'une pièce. M. de Cailhava prétend que depuis que la garde postée dans le parterre l'empêche d'être bruyant, les éternuments ont succédé aux sifflets, et que, pour faire tomber une pièce, les cabaleurs s'enrhument tout exprès la veille de la première représentation. Cette tirade a fort diverti le parterre qui aime qu'on se moque de lui. Il faut qu'il ait soufflé un mauvais vent la veille de l'enterrement de M. de Cailhava; car je n'ai jamais vu un rhume plus général et plus obstiné.

— On a donné sur le théâtre de la Comédie-Italienne, avec beaucoup de succès, *les Deux chasseurs et la Laitière*, fables dialoguées en un acte, mêlées d'airs en musique [1]. Cette petite pièce est de M. Anseaume, et la musique de M. Duni, ci-devant maître de chapelle de l'infant don Philippe, et qui est venu en France avec le projet de faire de la musique sur des paroles françaises. Ce poëme est rempli de naturel et de vérité, et me plaît beaucoup. Il est difficile de sentir à la lecture le plaisir qu'il fait à la représentation. Les pièces de M. Sedaine sont dans le même cas : on les lit avec un médiocre plaisir, et, quand on ne les a point vu jouer, on a de la peine à concevoir le prodigieux succès qu'elles ont eu au théâtre. M. Anseaume a combiné deux fables : celle du Pot au lait, dont la petite paysanne, par une gradation infaillible, compte tirer des poulets, des agneaux, des chèvres, des veaux, des vaches, des troupeaux, des richesses immenses; dans l'excès de sa joie d'une fortune si bien assurée, elle casse son pot, et voilà son lait et ses espérances perdus. La fable des Deux Chasseurs a le même but : ils ont vendu la peau d'un ours qu'ils n'ont pas tué encore; ils fondent sur cet argent les plus belles chaumières en Espagne, car, pour des châteaux, ils n'en ont que faire ; mais ils ont fait leur compte sans consulter l'ours, qui y doit contribuer de sa peau, et dont ils sont houspillés de façon qu'ils sont trop heureux de lui dérober la leur. Ces deux chasseurs et la petite laitière, en se moquant de leurs malheurs réciproques, finissent par ce trait de morale :

> Un fol espoir trompe toujours,
> Et ne vendez la peau de l'ours
> Qu'après l'avoir couché par terre.

La musique de cette pièce est charmante d'un bout à l'autre ; la partition en sera incessamment gravée, et on la promet pour la fin du mois. Vous y distinguerez surtout le morceau : *Je suis percé jusqu'aux os*; le duo : *Quand je trouve à l'écart*; l'air : *Voici tout mon projet*; celui de *Jeune fille à cet âge*; et enfin l'air : *Hélas! j'ai répandu mon lait*; mais en jugeant cette musique, il faut toujours se souvenir combien la langue française est ingrate et peu musicale, et combien il est impossible qu'une musique faite sur un idiome qui ne se prête à rien ap-

---

1. Représentées le 23 juillet.

proche jamais de la musique italienne. Le poëte aurait dit en italien, avec grâce et avec gentillesse :

> Adieu mes vaches et mes veaux!

Voyez comme cela est raide et maussade en français, et plaignez un pauvre musicien réduit à chanter dans une telle langue.

> Cher pot au lait! cher pot au lait!

est dur et lourd, et cependant c'est sur ce vers qu'il faut faire tomber l'expression la plus délicate et l'effet de tout le morceau.

Au reste, le style de M. Duni commence un peu à vieillir; mais c'est un défaut qu'on ne sent pas en France, parce qu'on est encore à savoir ce que c'est que style en musique. Cette pièce est en plein succès; mais elle aurait tourné la tête à tout Paris si nous avions une actrice pour jouer le rôle de la petite laitière avec la naïveté et la gentillesse qu'il demande. Ceux qui savent ce que c'est que de jouer la comédie ont tous les jours lieu de regretter la perte de M<sup>lle</sup> Nessel, enlevée au théâtre l'année dernière, à la fleur de son âge. On ne peut pousser plus loin la science des nuances, la délicatesse et la vérité que cette charmante actrice savait mettre dans son jeu. M<sup>lle</sup> Villette Laruette, qui a pris sa place, est d'une gaucherie et d'une maussaderie insupportables; mais parce qu'elle a des poumons pour bien crier, elle reçoit les applaudissements de la multitude.

C'est cette multitude qui aurait voulu que M. Anseaume changeât son dénoûment et y ajoutât la fable du Trésor. Dans la pièce, l'un des chasseurs, harassé et n'en pouvant plus de fatigue, se couche sur le toit d'une vieille masure. Pendant son sommeil, la petite laitière casse son pot, et l'autre chasseur revient froissé, déguenillé, dans un état épouvantable, trop heureux encore d'être échappé à la gueule de l'ours. Dans son désespoir, n'ayant plus pour tout bien qu'un morceau de sa bandoulière, il prend le parti de s'en servir pour se pendre à cette masure, dont il ne sait pas que son camarade s'est fait un lit. La violence avec laquelle il enfonce le clou fait tomber la masure en ruines, et avec elle le chasseur qui est dessus. L'un est éreinté de sa chute, l'autre en a le bras froissé ; tous les deux concluent enfin avec la laitière qu'il faut prendre son mal en patience, et ne pas vendre la peau de l'ours avant de l'avoir tué, ni compter ses poules et ses chèvres avant qu'elles ne soient venues au monde. Pourquoi, disent nos juges, n'avoir pas renvoyé ces pauvres gens contents, en ajoutant la fable du Trésor aux deux autres? Guillot, voulant se pendre, l'aurait trouvé sous les ruines de la masure qui s'écroule ; il l'aurait partagé avec son camarade, et, devenu riche au moment même où il était tout à fait désespéré, il eût encore épousé la petite laitière. Il est constant qu'il n'en aurait rien coûté au poëte pour enrichir ses trois acteurs ; mais je sais bon gré à M. Anseaume de n'avoir eu aucune de ces idées. J'avoue que sa pièce, arrangée de cette manière, aurait plus ressemblé à une pièce de théâtre, c'est-à-dire à un modèle faux qui lui-même ne ressemble à rien ; mais telle qu'elle est, elle ressemble bien mieux à la vérité et au cours des événements, et M. Anseaume a montré bien plus de jugement et de goût que ses critiques. C'est dans ces petites misères qu'on voit combien le goût du public se dégrade, avec quelle imbécillité il compare tout à des modèles de convention et de caprice, sans consulter la vérité et la nature. Rien de plus commun que de voir les hommes se bercer de vaines espérances, et, pour profit, n'en jamais retirer que soucis et tourments ; on n'en a jamais vu un seul trouver un trésor au bout. M. Anseaume a fait l'histoire de la vie, et ses critiques lui en demandent le roman, parce que nous sommes en usage de renvoyer nos acteurs contents, contre la vérité, et de les marier à la fin des pièces. Ce n'est pas seulement les copistes, c'est les juges aussi qu'Horace pouvait appeler *servum pecus*.

— Nous sommes oppressés par trois grandes calamités. La première, c'est la folie épidémique qui s'est emparée de Paris depuis deux mois que M. Roussel a publié sa *Richesse de l'État*. Tout ce que cette feuille a occasionné de feuilles et de disputes est incroyable. Il faut en compléter la liste, quoique tout ce qui a paru sur cet objet soit aussitôt oublié qu'imprimé.

M. le chevalier de F..., auteur d'un *Système d'imposition*

*et de liquidation de dettes de l'État*, veut qu'il n'y ait d'imposition que sur le pain et sur la viande, et qu'on paye les dettes de l'État avec du papier, sorte de monnaie qui aura le même cours que l'argent, qui ne portera par conséquent point d'intérêt, et dont chaque province du royaume sera obligée de retirer, dans un espace donné, une partie au prorata de ses facultés. De cette manière, l'État se trouvera déchargé des engagements qui l'écrasent, et les peuples des sommes immenses qu'on lève sur eux pour en payer les intérêts et les arrérages.

Voici le titre des autres brochures sur cette matière :

*La Balance égale, ou la Juste Imposition des droits du roi*; ouvrage digne d'un grand ministre et d'un contrôleur citoyen.

*Bien de l'État*, feuille de vingt quatre pages.

*La Patrie vengée, ou la Juste Balance, conclusions des richesses de l'État*, feuille de seize pages.

*Réformation du projet de la Richesse de l'État*, feuille de huit pages in-8° remplie de calculs.

*Plan de réformation intitulé Richesse de l'État réformée*, feuille de huit pages in-4° pareillement remplie de calculs.

M. Roussel a publié lui-même un développement du plan intitulé *Richesse de l'État*. Beaucoup de bavardage. Peu d'idées. Point de solidité.

Un de ses partisans, qui signe le marquis de ***, a fait une réponse à l'auteur des *Réflexions sur la Richesse de l'État*, et comme il demande dans cette réponse une réponse à sa réponse, l'auteur des *Réflexions* attaquées a fait cette réponse sous le titre de *Réponse demandée par M. le marquis de ****.* C'est le seul homme qui ait écrit sensément dans cette insipide querelle. C'est dommage qu'il n'ait pas toute la clarté qu'il faut dans des écrits de ce genre.

Enfin une autre feuille a pour titre : *Tout est dit*. Si cela est, et que nos bavards tiennent parole, il n'y a qu'à s'en réjouir.

La seconde de nos calamités est la fécondité de nos poëtes. Quoiqu'on acuse notre siècle d'être prosaïque, et que, dans le fait, le public soit plus difficile sur les vers qu'il ne l'a jamais été, il s'en est imprimé depuis quelque temps une quantité prodigieuse. Passons les *Stances sur le sort des jésuites*. Ce n'est qu'une feuille d'un versificateur janséniste, qui porte sur le titre son arrêt de réprobation. Mais je ne sais quel est le téméraire qui a entrepris de chanter *Clovis* [1]. Son poëme, prétendu héroï-comique, forme trois volumes épais de vers barbares, qui sont précédés d'un discours de plus de cent pages sur la poésie lyrique, et d'un examen des poëmes de ce genre. La prose de cet auteur n'est pas moins détestable que ses vers. Enfin, un libraire, sans doute, vient de nous faire présent des *Quatre Saisons, ou les Géorgiques françaises*, poëme par M. le cardinal de Bernis. Si ce sont là nos Géorgiques, les critiques des temps à venir auront un beau parallèle à faire entre Virgile et notre poëte à bas rouges. Quelle profusion de vers! quel énorme amas de mots sans idées! Jamais stérilité n'a été plus abondante, ou, si vous voulez, abondance plus stérile. *Les Quatre Parties du jour*, chantées par le même auteur, sont en vérité un chef-d'œuvre en comparaison de ces *Quatre Saisons*. Je défie le plus intrépide lecteur d'en lire plus d'une page à la fois. Ainsi il y a, dans ce petit livret, pour soixante-onze jours de lecture, et cependant on peut l'avoir pour douze sous; c'est donné pour rien. Sans doute que Son Éminence, ayant considéré que sa prose nous coûtait assez cher, veut, par un mouvement de conscience, nous dédommager sur ses vers. Je ne crois pas que M. de Saint-Lambert, qui prépare depuis longtemps un poëme sur les quatre saisons, soit découragé par celui de son rival.

La troisième de nos calamités consiste dans la quantité de mauvais romans qui paraissent journellement. Il est vrai que ce fléau va se répandre dans nos provinces, dans nos colonies, dans la partie méridionale de l'Allemagne, et n'est guère redoutable pour la capitale. La perte du Canada doit produire un contre-coup bien funeste au génie des écrivains de ce genre. Ce qu'il y a de singulier, c'est qu'on ignore à Paris jusqu'au nom de ces messieurs, si vous en exceptez celui du chevalier de Mouhy, qui se repose depuis quelque temps sur ses lauriers.

*L'Enfant trouvé* n'est pas ce roman charmant de Fielding que tout le monde connaît. Ce sont des *Mémoires de Menneville* [2], bourgeoisement écrits, un tissu d'aventures mal formé et embarrassé dans ses liaisons, sans attrait et sans intérêt selon

---

1. *Clovis*, poëme héroï-comique, avec des remarques historiques et critiques par Le Jeune); la Haye (Paris), 1763, 3 vol. in-12.

2. *L'Enfant trouvé, ou Mémoires de Menneville* (par Contant d'Orville); Paris, 7763, 2 vol, in-8°.

moi, quoique quelques personnes moins difficiles apparemment aient voulu y en trouver.

*L'Enfantement de Jupiter, ou la Fille sans mère*[1] est l'histoire d'une malheureuse née dans la crapule, dans la bassesse et dans la débauche, qui cherche sans cesse à appliquer à ses aventures les maximes de la prude Julie et du sage Émile de Jean-Jacques Rousseau.

*Voilà mes malheurs, anecdotes de Mlle de Bouqueville*, en deux parties. C'est à coup sûr un roman oublié dans quelque boutique, à qui un libraire a imaginé de mettre un nouveau frontispice pour en vendre quelques exemplaires. Tas de platitudes et d'impertinences.

Enfin les *Lettres d'Henriette et d'Émilie* sont traduites de l'anglais par M^me G. D. D. S. G.[2], non moins inconnue que ses confrères. Depuis que les femmes de Paris cultivent la langue anglaise, nous avons l'avantage de lire leurs premiers essais qui ne sont rien moins qu'intéressants pour le public, et qui ne peuvent servir tout au plus qu'à corrompre la langue française. Toutes ces belles productions fourmillent de fautes et d'expressions vicieuses. M^me G. D. D. S. G. dit : *Une personne de sa façon de penser. J'espérai que sa santé se rétablirait ; ma vue avait paru y mettre du mieux etc.* Heureusement l'original n'invite pas à s'amuser de cette mauvaise traduction. C'est une de ces mauvaises copies que les romans de l'immortel Richardson ont fait faire, dans laquelle il n'y a ni chaleur, ni intérêt.

### LETTRE ÉCRITE PAR M. LE COMTE DE LAURAGUAIS

#### A M. LE COMTE DE SAINT-FLORENTIN,

##### A LA RÉCEPTION DE SA LETTRE DE CACHET.

Le 15 juillet 1763.

« Je viens, monsieur, de recevoir les ordres du roi. Je les ai reçus avec tout le respect que tout sujet doit à son maître, mais aussi avec tout le courage qui me rend peut-être digne d'être le sujet du meilleur des rois. Vous pouvez juger, monsieur,

---

1. (Par Huerne de La Mothe.) Amsterdam, 1763, 2 parties in-12. Réimprimé en 1775 sous le titre d'*Histoire nouvelle de Margot des pelotons*.
2. (M^me G.-D. de Saint-Germain.) Londres, 1763, in-12.

dans ce moment, de mon existence tout entière. Croyez que je n'ai pas risqué le repos de ma vie pour faire rire les sots, crier les caillettes, scandaliser les honnêtes gens du monde, et désespérer les prêtres. J'espérais conserver à la France près de 50,000 hommes qui meurent tous les ans de la petite vérole; j'espérais empêcher leur proscription probable, en faisant frémir le Parlement du réquisitoire qui préparait cette affreuse proscription. Songez donc, monsieur, et je vous le dis avec attendrissement, qu'il meurt à Paris tous les ans 20,000 hommes; que cette ville est à peu près la vingtième partie du royaume; que les morts se montent à 400,000 hommes; que sur huit morts il y en a au moins un qui meurt de la petite-vérole; qu'il y en a donc 50,000 qui sont enlevés par cette maladie, et que l'avantage de l'inoculation étant de trois cents contre un, elle conserverait 49,834 personnes à l'État.

« Je n'ai pas commis le crime, monsieur, de me croire criminel pour avoir employé tous les moyens qui pouvaient rendre ce réquisitoire odieux et méprisable. Je ne redoutais pas même d'être cité au Parlement. S'il m'avait condamné, en me plaignant de l'abus des lois, j'eusse adoré leur justice. Je n'ai que la douleur de lui être dérobé; c'est le seul sentiment qui mêle quelque amertume à l'obéissance que je dois au roi. J'ai rassuré le pauvre homme que vous m'avez envoyé. Il me croyait apparemment coupable. D'ailleurs, comme il avait peut-être ses affaires et moi les miennes, et qu'enfin je n'aime pas les compliments, pour le tranquilliser je lui ai dit que j'allais vous écrire, et lui ai donné ma parole que nous partirions cette nuit ensemble[1]. »

— L'Académie des inscriptions et belles-lettres vient d'associer M. Anquetil à ses travaux. Ce jeune savant a passé plusieurs années dans l'Inde, avec les adorateurs du feu, pour s'instruire dans leurs mœurs et dans leur langue, dans la religion et la doctrine de Zoroastre. Il prétend en avoir rapporté les livres sacrés. Si cela est, une traduction fidèle de ces livres jetterait sans doute beaucoup de lumière sur les livres de Moïse et sur l'objet des recherches de M. Boulanger[2]. Beaucoup de

---

1. Le comte de Lauraguais fut conduit à la citadelle de Metz.
2. Voir la lettre du 15 du même mois.

candeur et de modestie doivent prévenir en faveur de M. Anquetil; il décide peu, et il paraît ignorer les avantages que lui donne le proverbe *a beau mentir qui vient de loin.*

— En vain M. Le Franc de Pompignan cherche-t-il à opposer une digue chrétienne aux entreprises de M. Boulanger et de ses semblables; le siècle ingrat et corrompu ne récompense qu'avec une extrême indifférence les services des défenseurs de la foi. Ce grand homme vient de faire faire une superbe édition in-4° de ses *Poésies sacrées, Psaumes et Cantiques judaïques;* mais plus que jamais

<blockquote>Sacrés ils sont, car personne n'y touche [1].</blockquote>

Depuis trois mois que cette édition est affichée au coin de toutes les rues, qu'elle est annoncée dans les journaux avec l'emphase convenable, il ne s'en est pas vendu douze exemplaires, tandis qu'on payerait au poids de l'or cette affreuse tragédie de *Saül et David,* qu'un forban de libraire vient d'imprimer à ses risques et profits, avec le nom de M. de Voltaire tout de son long sur le frontispice. Il est vrai que M. de Pompignan vend ses cantiques un peu cher, et ce n'est pas en ce siècle-ci qu'il faut mettre un haut prix aux ouvrages de religion. Il fait bravement la guerre aux impies dans un discours préliminaire; il observe, en parlant de saint Grégoire de Nazianze, que ce n'était pas seulement un grand saint, mais aussi un grand poëte. « On lit avec plaisir, ajoute-t-il, que ce grand homme, désespérant de remédier aux maux de son siècle, se retira à la campagne, où il se promenait dans son jardin et faisait des vers. » Voilà, se dit M. de Pompignan dans ses moments de consolation, voilà ce que la postérité dira aussi de moi, et saint Grégoire de Nazianze n'est dans le fond que mon type.

### LETTRE DE M. PIGALLE
#### A M. DE VOLTAIRE.

Paris, le 23 juillet 1763.

« Les marques de bonté et d'estime, monsieur, dont vous avez bien voulu m'honorer, m'autorisent à vous demander une grâce,

---

1. Voltaire, *le Pauvre Diable.*

que je regarde comme la plus grande que je puisse recevoir : ce serait de vous charger de composer l'inscription du piédestal de la figure du roi, qui doit être posée, dans peu, au milieu de la place Royale que fait construire la ville de Reims.

« Lorsque je fus choisi pour l'exécution de ce monument, j'avais encore l'idée frappée d'une pensée que j'ai lue autrefois dans vos ouvrages, mais que je n'ai pu retrouver depuis, quoique je l'aie cherchée en dernier lieu. Vous y blâmez l'usage, dans lequel on a été jusqu'à présent, de mettre autour des monuments de ce genre des esclaves enchaînés, comme si on ne pouvait louer les grands que par les maux dont ils ont accablé l'humanité. Échauffé par cette pensée, et quelque satisfaction que je trouvasse du côté de mon art à traiter des figures nues, j'ai pris une route différente dans mon nouvel ouvrage. En voici le sujet. J'ai posé la figure de Louis XV debout, sur un piédestal rond ; je l'ai vêtu à la romaine, couronné de lauriers. Il étend la main pour prendre le peuple sous sa protection. Aux deux côtés du piédestal sont deux figures emblématiques, dont l'une exprime la douceur du gouvernement, et l'autre la félicité des peuples. La douceur du gouvernement est représentée par une femme, tenant d'une main un gouvernail, et conduisant de l'autre, par la crinière, un lion en liberté, pour exprimer que le Français, malgré sa force, se soumet volontiers à un gouvernement doux. La félicité des peuples est rendue par un citoyen heureux, jouissant d'un parfait repos, au milieu de l'abondance, désignée par la corne qui verse des fruits, des fleurs, des perles, et autres richesses. L'olivier croît auprès de lui ; il est assis sur des ballots de marchandises ; il a sa bourse ouverte pour marquer sa sécurité, et pour suppléer au symbole de l'âge d'or : on voit à l'un de ses côtés un enfant qui se joue avec un loup. J'avais d'abord mis le loup et l'agneau qui dorment ensemble ; mais messieurs du corps de ville, à cause du proverbe *quatre-vingt-dix-neuf moutons et un Champenois font cent,* ont voulu absolument que je supprimasse l'agneau. Au bas du monument sont les armes du roi, et derrière sont celles de la ville de Reims.

« Voilà, monsieur, tout ce que j'ai pu imaginer et exécuter. A l'égard de l'inscription, il me serait impossible de la composer, ne sachant écrire qu'avec l'ébauchoir. On a décidé que cette inscription serait mise en français, soit en vers, soit en prose; ce qui dépendra entièrement de celui qui la donnera. La table qui doit la contenir est sur la principale face. Elle porte six pieds quatre pouces et demi en longueur, et trois pieds trois pouces de haut en largeur : ce qui donne peu de place, attendu qu'il faut que les lettres soient assez grosses pour pouvoir être lues de huit à dix pas de distance, à laquelle sera posée la grille à hauteur d'appui qui environnera le monument. Pour vous donner du tout une idée plus exacte, vous trouverez ci-joint une petite esquisse, que M. Cochin a gravée, en attendant que la grande planche qu'il fait pour la ville de Reims paraisse.

« Le roi et les deux figures emblématiques sont fondus et presque entièrement réparés; le tout serait même actuellement fini sans une maladie considérable que j'ai eue l'année dernière, et sans le temps que je suis obligé d'employer pour terminer le piédestal de la figure équestre que M. Bouchardon n'a pu achever avant sa mort, et dont la ville de Paris m'a chargé sur sa réquisition testamentaire. J'ose donc vous supplier de m'accorder la grâce que je vous demande. Cette inscription fera tout le prix du monument. Je ne puis trop vous exprimer combien je vous en serai redevable. Je joindrai cette obligation à beaucoup d'autres que je vous ai déjà, et ne cesserai d'être avec la plus haute estime et la plus respectueuse reconnaissance, etc. »

### RÉPONSE DE M. DE VOLTAIRE[1].

« Il y a longtemps, monsieur, que j'ai admiré vos chefs-d'œuvre, qui décorent un palais du roi de Prusse, et qui devraient embellir la France. La statue dont vous ornez la ville de Reims me paraît digne de vous; mais je peux vous assurer qu'il vous est beaucoup plus aisé de faire un beau monument qu'à moi de faire une inscription. La langue française n'entend rien au style lapidaire. Je voudrais dire à la fois quelque chose de flatteur pour le roi et pour la ville de Reims; je voudrais que cette inscription ne contînt que deux vers; je voudrais que

---

1. Imprimée dans la *Correspondance* à la date du 10 auguste 1763.

ces deux vers plussent au roi et aux Champenois ; je désespère d'en venir à bout. Voyez si vous serez content de ceux-ci :

> Peuple fidèle et juste, et digne d'un tel maître,
> L'un par l'autre chéri, vous méritez de l'être.

« Il me paraît que, du moins, ni le roi ni les Rémois ne doivent se fâcher. Si vous trouvez quelque meilleure inscription, employez-la. Je ne suis jaloux de rien ; mais je disputerai à tout le monde le plaisir de sentir tout ce que vous valez. J'ai l'honneur d'être, avec tous les sentiments que vous méritez, etc. »

Je ne sais si les Champenois seront contents de cette inscription ; mais, à coup sûr, les philosophes ne le seront point. Ils diront que le mot *juste* est oisif, ou plutôt impropre, parce qu'il tient la place du mot *généreux* ; que le second vers est un amphigouri qu'on n'entend pas, ou que, quand on l'entend, on n'y trouve point de sens qui vaille. Il faut plus de gravité et d'importance pour une inscription en bronze ; il faut convenir aussi que la langue française y est bien peu propre. On a mis en patois, au bas de la statue de Louis XIV, érigée à Pau en Béarn : *C'est le petit-fils de notre Henri*. Voilà une belle inscription. Un moyen sûr d'avoir de belles inscriptions serait de n'accorder des statues qu'aux grands talents et aux vertus sublimes ; mais les hommes abusent de tout, et, sous leurs mains, le marbre et le bronze apprennent à mentir à la postérité avec autant d'intrépidité que leur bouche ment à leur siècle.

— M. de Voltaire vient de donner un nouveau volume de ses OEuvres de l'édition de Genève, la seule qu'il reconnaisse[1]. Ce volume contient *Tancrède, Zulime, Olympie*, et la comédie du *Droit du seigneur*, qui a été jouée à Paris, sous le titre de *l'Ecueil du sage* ; mais toutes ces pièces ne passeront pas pour les meilleures de cet illustre poëte.

---

1. Ce volume in-8° porte au titre : *Ouvrages dramatiques avec les pièces relatives à chacun, tome cinquième*, 1763 ; et au faux titre : *Collection complète des OEuvres de M. de Voltaire, tome dixième, seconde partie*. (T.)

15 août 1763.

## LETTRE A SOPHIE
### OU REPROCHES ADRESSÉS A UNE JEUNE PHILOSOPHE [1].

D'où vous vient, Sophie, cette passion de la philosophie, inconnue aux personnes de votre sexe et de votre âge? Comment, au milieu d'une jeunesse avide de plaisirs, lorsque vos compagnes ne s'occupent que du soin de plaire, pouvez-vous ou ignorer ou négliger vos avantages pour vous livrer à la méditation et à l'étude? S'il est vrai, comme Tronchin le dit, que la nature, en vous formant, s'est plu de loger l'âme de l'aigle dans une maison de gaze, songez du moins que le premier de vos devoirs est de conserver ce singulier ouvrage.

Vous demandez le principe de tant de contradictions que vous remarquez dans l'homme, et qui ont été de tout temps l'étonnement et l'objet des recherches de la philosophie? Cet être si faible dans ses organes, si hardi dans ses pensées, audacieux à la fois et craintif, fier et timide, mesure en un clin d'œil l'espace et le temps, et ne sait calmer l'émotion de son sang. Un instant est accordé à son existence, et il en dispose pour s'ériger en arbitre de l'aveugle et inflexible loi de la nécessité, déjà prête à l'entraîner. Par une méditation opiniâtre, il énerve une organisation délicate et frêle et attaque sa vie jusque dans les sources, lorsque tout le presse d'en jouir. L'illusion est le principe de ses plus douces jouissances, l'erreur et le mensonge l'environnent de toutes parts, et il travaille sans relâche à les dissiper. La vérité ne lui montre que doutes et incertitude, et il brûle de la connaître; et la vanité de l'avoir osé envisager semble le consoler du résultat de ses recherches, de la fatale connaissance de son néant.

Sophie, l'imagination est la source de tant de grandeur et de tant de misère. Cette qualité si sublime et si funeste que l'homme a reçue en partage dérange à tout instant l'accord et l'harmonie de son organisation. Plus elle est vive et forte, plus

---

1. M<sup>lle</sup> Volland, qui était sans doute à cette époque au château d'Isle-sur-Marne. Les lettres que Diderot dut lui écrire en 1763 ne nous sont pas connues.

des organes délicats, souples, faciles à ébranler, nous livrent au pouvoir des objets extérieurs, et nous rendent le jouet de toutes les impressions étrangères. C'est elle, Sophie, qui nous a rendus menteurs et poëtes, qui nous a appris à exagérer toutes les idées, et à changer toutes les formes. Elle a créé cette foule d'êtres invisibles et chimériques avec lesquels elle nous a établi des relations ; aux maux physiques et nécessaires elle a donné des causes surnaturelles et fabuleuses ; et lorsque le devoir de l'homme se réduit à être heureux, juste et bienfaisant, elle lui a formé un code bizarre de devoirs imaginaires et factices qui ont perverti le but de son existence, dégradé sa nature, et en ont fait pour toute la terre un être religieux, cruel et absurde.

Les égarements de l'homme ont donc le même principe qui a immortalisé son génie par tant de chefs-d'œuvre. Un être doué d'imagination a dû partout substituer la chimère à la réalité, à la simplicité des faits, la fable et le mensonge des systèmes. La délicatesse des organes, sans laquelle l'imagination n'a ni jeu ni force, nous a rendus faibles, inconséquents, craintifs et inquiets, et au lieu de chercher à pénétrer les causes véritables et physiques de tant de diverses impressions si secrètes et si involontaires, notre goût pour la fiction leur a substitué en tout lieu des causes morales et imaginaires. Considérez, Sophie, ces immenses édifices que l'erreur a de tout temps élevés à côté de l'immuable vérité, et vous trouverez peut-être que le génie de l'homme dans ses égarements n'est pas moins fécond, moins varié, que la nature dans ses ouvrages, et qu'il lui a fallu plus d'effort pour imaginer tant d'absurdités et tant de chimères qu'il ne lui en aurait fallu pour expliquer et pour connaître la loi uniforme et éternelle de l'univers.

Vous qui aimez à remonter à l'origine des choses, et vous servir d'une imagination brillante et vive pour deviner les différentes formes et modifications par lesquelles le genre humain doit avoir passé jusqu'au moment où nous commençons à connaître son histoire, voyez chez tous les peuples les antiques vestiges d'une religion tantôt simple et grossière, et semblable à la naïveté rustique des mœurs primitives, tantôt raffinée et inintelligible, et par là même d'autant mieux révérée, mais toujours fondée sur le mensonge et sur l'invincible penchant de l'homme à chercher des causes surnaturelles à des effets physiques. C'est ainsi que les fables de l'existence des êtres invisibles, de l'immatérialité et de l'immortalité des âmes, conçues par les peuples les plus spirituels et ornées d'une mythologie féconde en poésie et en images, se communiquèrent aux nations les plus grossières : car les peuples qui n'ont pas assez d'imagination pour inventer en ont toujours assez pour se plaire aux mensonges qu'on leur présente; et si la simple et droite raison peut plaire à quelques sages, les opinions absurdes et extravagantes doivent exercer un empire général et absolu sur des êtres qui ne connaissent de besoin plus pressant, de plaisir plus exquis que celui d'être émus par des causes inconnues et secrètes, d'être agités par des images.

C'est une grande et belle vue philosophique que celle qui attribue aux révolutions physiques de notre globe les premières idées religieuses des peuples anciens. Les premiers regards que nous jetons sur l'histoire de la nature nous démontrent et l'antiquité de la terre et les bouleversements qu'elle doit avoir éprouvés. L'homme, en proie à de grandes calamités physiques, en a dû chercher la cause dans quelque puissance inconnue ; il a dû se créer des dieux, et se faire l'objet de leur amour ou de leur haine. Les animaux échappés au danger en perdent bientôt le souvenir, qui ne se retrace dans leur mémoire que lorsqu'un nouveau danger les environne et les presse ; mais l'imagination de l'homme, frappée par les périls qui menacent son existence, effrayée par les grands phénomènes de la nature, a dû bientôt créer le système des châtiments et des récompenses, et la fable d'un dieu vengeur qui s'irrite des fautes de la faiblesse humaine. Aussi, malgré les attributs de bonté, de justice, de bienfaisance, dont nous nous plaisons d'embellir l'idée de la Divinité, vous trouverez, Sophie, que dans le fait et dans sa conduite le Dieu des nations est un être capricieux, cruel, bizarre, vindicatif et féroce : chez tous les peuples il cherche à entraîner dans le crime, afin d'avoir le plaisir barbare de punir et d'exercer ses vengeances. Tel est le dieu des Juifs, que les chrétiens, malgré toutes leurs subtilités métaphysiques, n'ont jamais pu rendre véritablement juste et bienfaisant envers le genre humain; tel est chez presque toutes les nations l'aveugle et implacable Destin, qui décide, par une fatalité inévitable, du bonheur et de la vertu des mortels. On a eu raison de dire que, sans la crainte d'une puissance vengeresse et malfaisante, jamais l'idée de Dieu ne serait entrée dans la tête des hommes.

Je trouvai l'autre jour par hasard les *Épîtres morales et philosophiques* d'un poëte anglais dont j'ignore le nom [1]. J'ouvris sans dessein ce recueil qui ne fait que de paraître; j'y trouvai une vignette qui me parut sublime. On voit un sculpteur en bois occupé à achever la figure d'une grue placée sur son établi. Pendant qu'il s'applique à lui dégager les pieds, qui n'ont pas tout à fait pris leur forme, sa femme est déjà prosternée devant la grue, et apprend à son enfant à l'adorer. C'est le mot de Lucrèce mis en tableau :

> Quod finxere timent.

Sophie, tel est le génie de l'homme : il n'a pas sitôt inventé des fantômes, qu'il s'en fait peur à lui-même.

Je donne à votre messager les *Recherches sur l'origine du despotisme oriental* que vous me demandez. Vous y trouverez quelques-unes de ces idées développées. C'est l'ouvrage d'un philosophe hardi et un peu sauvage. Il ne cherche point à vous accoutumer peu à peu à la vérité, mais il vous arrache le bandeau de l'erreur sans ménagement. Si vous pardonnez cette hardiesse, vous désirerez du moins à votre guide ce charme qui séduit et subjugue l'esprit, qui embellit la vérité la plus sévère. Une diction pure et facile, un coloris aimable et doux, rendent la philosophie touchante et nous inspirent de la confiance et de la passion pour ses organes. Les Grecs nous ont appris à aimer la grâce unie à la force ; que ceux qui veulent nous éclairer et nous instruire imitent la manière de nos maîtres.

Vous qui méprisez les systèmes et les assertions téméraires dans tous les genres, vous reprocherez peut-être au philosophe que vous allez lire d'établir ses opinions avec trop d'empire et de vous donner pour démontré ce qui n'est que vraisemblable. Vous aimez, Sophie, que celui à qui vous voulez devoir votre instruction n'accorde à ses idées un plus grand degré d'évidence que vous ne leur pouvez en accorder vous-même ; vous voulez qu'il vous associe à ses travaux et à ses recherches,

---

[1]. Il nous a été impossible de retrouver le livre dont parle Grimm.

qu'il ne vous dise pas tout, si bien qu'il ne vous reste rien à penser, rien à deviner. Il faut au peuple des vérités communes et claires; être bienfaisant et juste ne peut avoir qu'un sens dans toutes les langues, et la morale ne doit pas être une science de l'école; mais le philosophe qui traite de l'origine des choses, qui remonte aux causes premières, qui cherche à pénétrer le génie de la nature et de l'homme, ne doit écrire que pour les esprits accoutumés à la méditation. Plus les questions qu'il examine sont enveloppées de doutes et de ténèbres, moins il doit se livrer à l'engouement de ses idées : moins il leur attachera d'importance, plus vous serez disposée à leur en trouver. Une vue grande et sublime, une idée profonde et lumineuse, négligemment jetées, vous frapperont bien plus sûrement qu'une vérité laborieusement démontrée par un écrivain dogmatique.

Bannissons, Sophie, bannissons à jamais de nos recherches cette triste et stérile méthode dont le moindre tort est d'avoir enseigné aux esprits ordinaires d'usurper le langage et les droits des hommes de génie. La marche de la vérité, semblable à celle de l'éclair qui part du firmament, est rapide et partout lumineuse. Vous n'avez qu'un instant pour l'apercevoir, mais cet instant suffit aux esprits tels que le vôtre : les autres ressemblent à ces enfants qu'un charlatan amuse en contrefaisant les météores de l'air; ils en sont plus contents à proportion qu'ils en reviennent les yeux éblouis. Laissons faire les charlatans, mais ne perdons pas notre temps avec eux.

Le philosophe vous salue et vous regrette. Il m'a affligé ces jours passés, car il savait le jour du mois et de la semaine; mais il prétend que c'est votre absence qui en est cause. Sophie, s'il apprend jamais à dater ses lettres, c'est fait de son bonheur et de son génie. Revenez, et qu'il ne vous doive point cette funeste science. Nous comptons les moments en attendant celui qui doit vous ramener dans le sein de l'amitié et de la philosophie. Nous marchons les soirs sur cette terrasse près des rives tranquilles de la Seine, mais nos entretiens sont moins animés, et les cris d'une joie indiscrète ne troublent plus le silence de la nuit. Au reste, nous disputons toujours sur le pouvoir de la vérité. Il voit toujours la vérité et la vertu comme deux grandes statues élevées sur la surface de la terre et immobiles au milieu des ravages et des ruines de tout ce qui les environne. Moi, je les vois aussi, ces grandes statues, mais leur piédestal me paraît semé d'erreurs et de préjugés, et je vois se mouvoir autour une troupe de niais dont les yeux ne peuvent s'élever au-dessus du piédestal; ou, s'il se trouve parmi eux quelques êtres privilégiés qui, avec les yeux pénétrants de l'aigle, percent les nuages dont ces grandes figures sont couvertes, ils sont bientôt l'objet de la haine et de la persécution de cette petite populace hargneuse, remplie de présomption et de sottise. Qu'importe que ces deux statues soient éternelles et immobiles, s'il n'existe personne pour les contempler, ou si le sort de celui qui les aperçoit ne diffère point du sort de l'aveugle qui marche dans les ténèbres? Le philosophe m'assure qu'il vient un moment où le nuage s'entr'ouvre, et qu'alors les hommes prosternés reconnaissent la vérité et rendent hommage à la vertu. Ce moment, Sophie, ressemblera au moment où le fils de Dieu descendra dans la nuée. Nous vous supplions que celui de votre retour soit moins éloigné.

— Les *Recherches sur l'origine du despotisme oriental*, dont il est question dans l'article précédent, ont été imprimées à Genève, il y a environ un an; mais peu d'exemplaires ont pénétré en France : c'est un ouvrage posthume de M. Boulanger, inspecteur des ponts et chaussées. Son métier l'ayant mis à portée d'examiner souvent les différentes couches de la terre, il se livra à l'étude de l'histoire de la nature; et comme les premiers pas qu'il fit dans cette science lui démontraient la nécessité de remonter à la plus haute antiquité, il se livra avec plus d'ardeur encore à l'étude des langues anciennes, et surtout de la langue hébraïque; il y fit en peu de temps de grands progrès, comme ses *Recherches sur le despotisme* le prouvent. Il est mort, il y a quatre ans, dans la force de l'âge, n'ayant pas, je crois, plus de trente-six ans. C'est, comme on a remarqué, un philosophe un peu sauvage; mais il étonne quelquefois par la hardiesse de ses vues, qu'il a le défaut de répéter trop souvent. Son livre, plus court de la grande moitié, et ses idées, proposées d'un ton moins dogmatique, feraient beaucoup plus d'effet. On lit à la tête de ces *Recherches* une lettre adressée à M. Helvétius, dans le temps de la grande rumeur excitée par le livre de *l'Esprit*. Ce morceau est mieux écrit que l'ouvrage même de M. Boulanger. Cet auteur a encore laissé quelques autres manuscrits qui se trouvent dans le cabinet de quelques curieux; mais la mort l'a empêché de donner un peu de perfection à aucun de ses ouvrages.

— Il existe un livre intitulé *le Christianisme dévoilé, ou Examen des principes et des effets de la religion chrétienne*[1], par feu M. Boulanger, volume in-8°. On voit d'abord qu'on lui a donné ce titre pour en faire le pendant de l'*Antiquité dévoilée*; mais il ne faut pas beaucoup se connaître en manière pour sentir que ces deux ouvrages ne sont pas sortis de la même plume. On peut assurer avec la même certitude que celui dont nous parlons ne vient point de la fabrique de Ferney, parce que j'aimerais mieux croire que le patriarche eût pris la lune avec ses dents : cela serait moins impossible que de quitter sa manière et son allure si complétement qu'il n'en restât aucune trace quelconque. Par la même raison, je ne crois ce livre d'aucun de nos philsophes connus, parce que je n'y trouve la manière d'aucun de ceux qui ont écrit. D'où vient-il donc? Ma foi, je serais fâché de le savoir, et je crois que l'auteur aura sagement fait de ne mettre personne dans son secret. C'est le livre le plus hardi et le plus terrible qui ait jamais paru dans aucun lieu du monde. La préface consiste dans une Lettre où l'auteur examine si la religion est réellement nécessaire ou seulement utile au maintien ou à la police des empires, et s'il convient de la respecter sous ce point de vue. Comme il établit la négative, il entreprend en conséquence de prouver, par son ouvrage, l'absurdité et l'incohérence du dogme chrétien et de la mythologie qui en résulte, et l'influence de cette absurdité sur les têtes et sur les âmes. Dans la seconde partie, il examine la morale chrétienne, et il prétend prouver que dans ses principes généraux elle n'a aucun avantage sur toutes les morales du monde, parce que la justice et la bonté sont recommandées dans tous les catéchismes de l'univers, et que chez aucun peuple, quelque barbare qu'il fût, on n'a jamais enseigné qu'il fallût être injuste et méchant. Quant à ce que la morale chré-

---

[1]. Voir la curieuse note de Barbier, au mot *Christianisme*, sur ce livre célèbre de d'Holbach.

tienne a de particulier, l'auteur prétend démontrer qu'elle ne peut convenir qu'à des enthousiastes peu propres aux devoirs de la société, pour lesquels les hommes sont dans ce monde. Il entreprend de prouver, dans la troisième partie, que la religion chrétienne a eu les effets politiques les plus sinistres et les plus funestes, et que le genre humain lui doit tous les malheurs dont il a été accablé depuis quinze à dix-huit siècles, sans qu'on en puisse encore prévoir la fin. Ce livre est écrit avec plus de véhémence que de véritable éloquence ; il entraîne. Son style est châtié et correct, quoique un peu dur et sec; son ton est grave et soutenu. On n'y apprend rien de nouveau, et cependant il attache et intéresse. Malgré son incroyable témérité, on ne peut refuser à l'auteur la qualité d'homme de bien fortement épris du bonheur de sa race et de la prospérité des sociétés; mais je pense que ses bonnes intentions seraient une sauvegarde bien faible contre les mandements et les réquisitoires.

— M. de Bastide vient de donner sur le théâtre de la Comédie-Italienne *les Deux Talents*, pièce en deux actes dont M. le chevalier d'Herbain a fait les airs [1]. C'est une dispute entre un poëte et un musicien ; sujet neuf, comme vous voyez. Le poëte Bastide et le musicien d'Herbain n'ont rien à se disputer entre eux ; ils sont exactement aussi insipides, aussi plats, aussi ennuyeux l'un que l'autre.

— Nous avons perdu depuis peu deux poëtes. M. Pesselier a fait anciennement des *Fables* et des *Dialogues des morts*. Sur la fin de sa vie il avait quitté la poésie pour être ce qu'on appelle un intéressé dans les affaires du roi ; et en cette qualité il a fait quelques ouvrages en faveur des traitants contre la *Théorie de l'impôt* par M. le marquis de Mirabeau et contre d'autres antagonistes de la ferme générale. M. de Bullionde était un jeune homme qui, servant dans les carabiniers à l'affaire de Crevelt, se distingua par une action qui lui fit obtenir la croix de Saint-Louis à l'âge de dix-sept ans. Il vient de mourir de la poitrine après avoir fait imprimer cet hiver un très-mauvais poëme intitulé *la Pétrissée*.

— Il paraît un *Conseil de la raison en faveur de l'inocula-*

---

1. Représentée le 10 août 1763.

*tion*[1]. C'est du temps perdu que de conseiller la sottise, et monsieur le conseiller est un bavard.

— M. Gatti, médecin consultant du roi, a aussi publié une lettre [2] où il rend compte de ses inoculations et de la petite vérole survenue aux enfants de Mme de Roncherolles après avoir été inoculés inutilement. On a reproché à ce médecin un peu de légèreté dans sa conduite, et il me semble que sa lettre ne détruit point ce reproche. Cette feuille ne manquera pas de lui attirer beaucoup d'injures de la part de ses ennemis, qui ne sont pas en petit nombre. Mieux valait se taire.

— Un jeune homme, M. Le Roy, a fait en vers une *Requête au roi par la dame veuve Calas*[3]. Cela est faible et froid, et en conscience il ne faut pas traiter un tel sujet quand on n'est pas sûr de déchirer tous les cœurs.

— Il paraît un *Discours prononcé dans l'Académie de Nancy*[4] par M. l'abbé Coyer, le jour de sa réception. Je conçois qu'un homme de génie peut faire un mauvais discours de réception; je conçois qu'un homme médiocre en peut faire un très-beau. Je sens que celui de M. l'abbé Coyer ne l'est pas; je sens que M. l'abbé Coyer est un homme d'esprit; mais sa manière ne me plaît point. Ses *Bagatelles morales*, sa *Noblesse commerçante*, son *Histoire du roi Jean Sobieski :* tout cela n'a pas manqué d'un certain succès, mais tout cela n'est pas d'un penseur, et M. l'abbé Coyer n'est pas mon homme.

— Un autre académicien anonyme de Nancy, reçu le même jour, a fait imprimer son discours sous le titre de *l'Intérêt d'un ouvrage*[5]. On peut remarquer combien la langue française se corrompt à proportion que les académies se multiplient. Ce titre inintelligible veut dire que l'auteur traite dans son discours de ce qui rend un ouvrage intéressant. On peut assurer que l'auteur n'a pas connu l'intérêt d'un discours de réception. Le sien est tout aussi peu français dans ses détails que dans son

---

1. Inconnu aux bibliographes.
2. *Lettre à M. Roux sur l'inoculation de la petite vérole*, 1763, in-12.
3. Quérard indique plusieurs poésies de Le Roy, de Paris; mais il ne fait pas connaître la date de publication de celle-ci.
4. 1763, in-4°.
5. (Par Cérutti.) Paris, 1763, in-8° et in-12. Réimprimé dans *l'École de littérature* de l'abbé de La Porte, deuxième édition, tome Ier, page 430.

titre. Vous lui demanderez sans doute ce que c'est qu'un *sujet qui va à la terreur, un sujet qui va à la liberté, un sujet qui va à la justice?* Bientôt les Sarmates parleront mieux français que nos académiciens.

— M. Le Verrier de La Conterie, grand faiseur de mauvaises phrases platement poétiques, vient de publier en deux volumes une *École de la chasse aux chiens courants, précédée d'une Bibliothèque historique et critique des théreuticographes,* c'est-à-dire des auteurs qui ont écrit sur la chasse[1]. Rien ne prouve mieux l'inutilité des livres que cette liste immense d'ouvrages dont on connaît à peine deux ou trois par leurs titres, et qui traitent cependant d'un amusement aussi universel que celui de la chasse.

— On vient de graver un tableau qu'on a trouvé dans un collége des jésuites en Auvergne, et dont un président des enquêtes a rendu gravement compte aux chambres assemblées[2]. Ce tableau représente le vaisseau du monde ou de la religion, rempli de figures et d'inscriptions dont le sens allégorique est que saint Ignace seul est capable et digne d'en tenir le gouvernail. C'est certainement un monument du mauvais goût des moines, comme on en trouverait dans tous les cloîtres; mais il faut être bien absurde pour en tirer une preuve de la mauvaise doctrine des jésuites. Cependant la découverte de ce tableau n'a guère fait moins de bruit l'hiver dernier que si l'on avait trouvé les preuves d'une conspiration. Ma foi,

Et juges et plaideurs, il faudrait tout siffler.

1. Rouen, Nicolas et Richard Lallemant, 1763. 2 parties en un volume in-8°. La partie bibliographique avait été rédigée par les libraires.
2. Il en existe d'innombrables reproductions de tout format.

## SEPTEMBRE

1er septembre 1763.

« Et moi aussi je veux, par des chants immortels, consacrer mon nom dans la mémoire des hommes. Livré aux divins transports de la poésie, je veux chanter les héros, et partager avec eux les honneurs de l'immortalité. » Ainsi s'écria un jeune poëte, plein de cette confiance, l'écueil des hommes ordinaires, mais qui n'en est pas moins l'appui et la compagne du génie. « Arrête, jeune audacieux, lui dit le critique d'un ton empesé et sévère; avant d'entreprendre un ouvrage au-dessus de tes forces, as-tu songé à l'invention et à la disposition de ton sujet? Ta fable est-elle importante, bien nouée, bien tissue? Ton but est-il grand et moral ? — Eh! que m'importent, reprend le poëte, la fable, son sujet, et son but? Tout n'est-il pas égal à celui qu'un dieu inspire, et l'ivresse que je sens me permet-elle d'arranger, de disposer, de réfléchir ? Sachez qu'une femme coquette et infidèle s'abandonne à un jeune étourdi qui l'enlève à son mari ; qu'un jeune homme bouillant et colère se voit enlever sa maîtresse par ordre de son supérieur, et qu'il ne m'en faut pas davantage pour intéresser le ciel et la terre, pour transmettre le nom de mes personnages et le mien à la dernière génération des hommes. » Là-dessus le critique commence un long traité dans lequel il prouve, d'une manière victorieuse, qu'une telle fable ne peut jamais avoir ni dignité ni importance; qu'elle peut faire tout au plus le sujet d'un poëme comique, d'un roman, d'un conte; mais que de vouloir en faire le sujet d'un poëme héroïque, c'est le comble de l'absurdité et de l'extravagance. Quoi de plus plat, de plus commun, de plus trivial, de moins susceptible d'un développement de vertus héroïques, que cette fable, et qu'attendre d'un poëte qui trahit ainsi la pauvreté de son génie dès son entrée dans la carrière?

Tandis que le critique l'atterre par ses raisonnements, un autre poëte s'avance. Sa démarche incertaine joue la timidité, mais son regard espiègle et malin trahit un enfant de Thalie. Le critique, toujours grave et sérieux, lui demande ses titres et les preuves de sa vocation. Il a imaginé une jeune personne au pouvoir et sous la tutelle d'un vieux jaloux : elle aime cependant un jeune homme dont elle est adorée ; mais le moyen de tromper la vigilance de cet abominable vieillard, qui la garde pour en faire sa proie? Le poëte, qui ne peut mettre en action toutes les ruses d'un amant entreprenant, s'est déterminé à les exposer en récit, et, pour ne point multiplier inutilement les personnages, il donne pour confident au jeune homme ce vieillard même dont il a tant d'intérêt à se garantir. « Quel délire! quel comble de déraison! s'écrie le critique. Quoi! verrai-je toujours nos poëtes dérober leurs sujets aux tréteaux des bateleurs ! Quoi ! toujours un vieux fou amoureux, trompé par les ruses d'une jeune fille sans expérience et par les folles entreprises d'une jeune étourdi qui s'en est coiffé ! Et vous, jeune insensé, vous ne vous contentez point de vous approprier un sujet si rebattu par tous les faiseurs de farces ; en le traitant, vous entreprenez encore de choquer grossièrement le bon sens. Ne voyez-vous pas qu'en choisissant ce vieux prétendant pour confident des entreprises de son jeune rival, votre comédie manquera, non-seulement de vraisemblance, mais d'intérêt et d'action; qu'il est impossible que tout ne soit fini après la première confidence, et que le comble de l'absurdité serait de vouloir faire réussir les projets du jeune amoureux lorsque le vieux les sait d'avance, et en peut sans peine prévenir et détourner les effets? »

Le critique a raison. Il établit, par des arguments indubitables, par un traité aussi solide que méthodique, qu'il n'y a ni esprit, ni génie, ni raison, ni goût, ni jugement à vouloir traiter les sujets que je viens d'exposer. Tout y est si contraire aux premiers éléments de l'art poétique, qu'il faudrait être aussi dépourvu de sens que de talent pour tenter une pareille entreprise. Le critique le prouve par des raisonnements sans réplique, à l'évidence desquels il vous est impossible de vous refuser. Il ne reste qu'une petite difficulté : c'est qu'il y a trois mille ans qu'un certain Homère s'est avisé de choisir le premier de ces sujets, tout plat et tout trivial qu'il est, et qu'il en a fait un certain poëme appelé *l'Iliade*, qui est devenu l'admiration des meilleurs et des plus beaux esprits de tous les peuples anciens et modernes. Et il n'y a pas cent ans qu'un nommé Molière choisit le second de ces sujets, contre le bon sens et contre la raison, et en fit la comédie de *l'École des femmes*, qui a mérité et conservé une place distinguée parmi les meilleurs ouvrages dramatiques.

Serait-il possible que l'art ne fût rien, et que le génie fût tout? Le lion couvert d'une peau d'âne reste-t-il toujours lion? et l'âne caché sous la peau de lion serait-il toujours âne? Il semble en effet que le génie ait voulu en tout point se moquer des graves préceptes de la critique, et punir l'audacieuse présomption d'un art qui ose dicter des lois à la nature. Le docte pédant n'a pas sitôt établi son système poétique sur des principes prétendus invariables; il n'a pas sitôt ouvert toutes les sources du beau, et prononcé la malédiction sur tous ceux qui oseraient en chercher ailleurs, qu'un homme de génie paraît, fait le contraire de ce que le critique a ordonné, et produit un ouvrage immortel. C'est ainsi que le héros, plein de ce talent sublime et rare qui conserve et défend les empires, oublie, à la tête de ses guerriers, les préceptes de Puységur et de Folard, et ose gagner des batailles en dépit de leurs règles.

Le plus beau secret, le seul qu'il vaudrait la peine de rechercher dans des ouvrages didactiques, serait celui d'enseigner à un pauvre homme les moyens de cesser de l'être. Un bavard aurait beau vous expliquer en quoi consistent la beauté et la grâce de la démarche; il aurait beau vous développer tout son mécanisme, si la première conformation, si des accidents, des occupations habituelles, ont privé vos muscles de cette souplesse et de cette agilité nécessaires à une démarche naturelle et aisée, la vôtre n'aura jamais de grâce. Ce serait bien pis si vous n'aviez point de jambes. La plupart de nos faiseurs de poétiques ne ressemblent pas mal à des maîtres qui montreraient à danser aux boiteux et aux culs-de-jatte.

O vous qui voulez, par vos chants, nous arracher ces lauriers dont nos mains avares ne sauraient couronner la médiocrité, montrez-nous les signes de votre vocation! Quel dieu vous inspire, quel démon vous agite, quel feu vous embrase, quel pouvoir inconnu vous presse et vous sollicite? Le poëte, dans ses accès, est comme cet adolescent plein de passion et de fougue, qui se sent pour la première fois le pouvoir de produire son semblable. Il s'abandonne à des transports non éprouvés. Dans cet état délicieux et pénible, il ne connaît souvent ni le but de ses désirs, ni leur objet. Il est hors de lui, il est au-dessus de lui-même : il crée ; il enfante dans son délire ce que jamais il ne se serait cru capable de produire.

Le moyen de prescrire des règles et une méthode à l'ivresse de la passion et de l'enthousiasme ! Le moyen de se faire entendre avec ses préceptes au milieu d'un peuple qui a l'esprit aliéné et la tête perdue, et parmi lequel celui-là seul serait indigne de rester qui aurait assez de sang-froid pour écouter les lois d'un écrivain didactique ! Poëtes, ayez du génie ; sachez vous quitter, prendre toutes les formes, imiter tous les accents, vous abandonner à tous les transports, ou bien ne touchez jamais à la lyre d'Apollon, à moins qu'un destin plus propice, par une faveur plus grande encore, ne vous ait associés à ce petit nombre d'hommes privilégiés qui ont su allier la force du génie avec cette pureté, cette élégance, cette harmonie paisible et douce et cette sorte de tranquillité enchanteresse qui fait le caractère de leurs ouvrages. Poëtes, voilà votre poétique, et je n'en connais point d'autre.

En effet, plus vous étudierez la marche du génie et l'allure de ses enfants, suivant les différents caractères dont la nature les a signés, plus vous serez convaincus qu'un heureux instinct a prévenu tous les préceptes de l'art, et (comme aurait dit La Fontaine) qu'ils viennent au monde tout chaussés. Donnez au vertueux Palissot, au poëte Cailhava, le génie de Molière, et vous verrez s'ils auront besoin de toutes ces poétiques dont nous avons une si grande abondance depuis que nous n'avons plus de poëtes. Je l'ai déjà dit, en ce genre la force comique fait tout. Quoi de plus insipide et de plus plat qu'une querelle de ménage entre un paysan ivrogne et sa femme acariâtre ! Elle est maltraitée et battue, et s'en venge en faisant passer son mari pour médecin. Donnez ce sujet à nos comiques d'aujourd'hui, et vous verrez s'ils ne se feront pas siffler, depuis la première scène jusqu'à la dernière. Molière s'en empare, et fait *le Médecin malgré lui*, rempli de génie et de verve. Si Despréaux avait raison de ne point reconnaître l'auteur du *Misanthrope* dans *les Fourberies de Scapin*, ce n'est qu'à cause de l'extrême distance des deux genres, et ce doit être pour tout homme de goût un nouveau sujet d'étonnement que de voir la même force comique d'un caractère si divers dans deux pièces d'un même poëte.

A quoi bon donc tant de traités sur l'art poétique, me dira-t-on, et faudra-t-il les jeter au feu? Avec un peu d'humeur, on dirait qu'à la réserve de trois ou quatre il serait très-aisé de se consoler de la perte des autres; mais soyons moins extrêmes, et disons que ces traités didactiques pourraient avoir une grande utilité si leurs auteurs avaient beaucoup de goût, beaucoup de délicatesse, et beaucoup de philosophie. Les *Réflexions* de l'abbé du Bos *sur la Poésie et sur la Peinture* sont un excellent ouvrage. Le philosophe Diderot a mis à la suite de son *Père de famille* un traité sur la poésie dramatique, rempli de vues neuves et profondes. La multitude n'a point vu que ce traité était lui-même un poëme, ainsi que les entretiens qu'on lit à la suite du *Fils naturel*. Il y a des beautés dans l'*Art poétique* de Despréaux. Je ne parle point de l'*Art poétique* d'Horace; c'est un ouvrage sublime, plein de verve et de génie, et qui n'a point de modèle dans aucune langue. On sait combien l'*Art poétique* d'Aristote est profond et philosophique.

Mais tous ceux qui ont voulu suivre les traces de ces grands hommes se sont trompés sur le but de leur travail. Ils ont cru que leur tâche était d'instruire et de former le poëte, et ils ont été loin de leur compte. Le philosophe est le précepteur du peuple. Dès qu'il quitte les mystères de sa science, ou plutôt de la nature, soit qu'il traite la morale ou la politique, soit qu'il se livre à la littérature ou aux arts, c'est toujours pour l'instruction publique qu'il doit écrire. Il ne lui appartient pas de former des poëtes, des peintres, des musiciens, c'est l'ouvrage de la nature; sa tâche, à lui, est de rendre le peuple sensible aux beautés des modèles que les grands hommes de tous les genres lui ont présentés. Si le nombre de ceux qui produisent des ouvrages immortels est petit, le nombre de ceux qui en connaissent tout le prix ne l'est pas moins. On s'en aperçoit aussitôt qu'un ouvrage de génie paraît. Comme il sort ordinairement de la route commune, et que la multitude n'a point de modèle à qui elle peut le comparer, écoutez un peu, et vous saurez que penser des suffrages de la multitude. C'est là le temps des jugements indiscrets et des décisions hasardées. Toutes les absurdités possibles se disent dans ce moment-là, ou, s'il en échappe par hasard, ce n'est pas la faute des juges, c'est qu'ils ne sont pas en assez grand nombre pour les dire toutes. Il y a telle absurdité qui suppose une assemblée de huit cent mille âmes, et qui ne peut être dite qu'à Paris. Il est évident que s'il y a un goût général, il ne s'étend que sur les ouvrages consacrés, que le suffrage des meilleurs esprits a rendus respectables, que les esprits absurdes n'osent plus attaquer, ou qu'ils admirent, non qu'ils en sentent le prix, mais parce que c'est une chose convenue. Mais si l'on ne peut créer des hommes de génie dans une nation, il n'en est pas de même du goût public, qui peut être cultivé, exercé, épuré, et c'est une assez grande et belle tâche qu'il reste à remplir au philosophe, par des préceptes et des exemples. Aussi, bien loin de mépriser les ouvrages didactiques, je trouve qu'il faut, pour les composer, une âme si sensible, des connaissances si étendues et si variées, un goût si exquis et si délicat, des organes si fins et si perfectionnés par d'heureuses et de sages habitudes, enfin tant de justesse et de sagacité, qu'un assemblage de tant de qualités rares ne peut guère être plus commun que les dons mêmes du génie. Le nombre excessivement petit d'ouvrages supérieurs de cette espèce ne confirme que trop ce que je viens de dire; et si je dis du mal des traités sur la poésie et sur la peinture, ce n'est que parce que des esprits empesés et étroits se sont mêlés de dicter des lois aux enfants libres de l'imagination. Leur défaut le plus ordinaire est de rétrécir les limites de l'art, au lieu de les étendre. Ils ne voient jamais rien au delà du cercle des choses trouvées, et parce que leur faible vue ne peut franchir cet espace circonscrit, ils disent qu'il n'y a rien au delà.

M. Marmontel nous a donné, il y a quelques mois, une nouvelle *Poétique française*[1] en deux volumes assez considérables. Cet ouvrage, annoncé depuis quelque temps, était attendu avec une sorte d'impatience, parce que l'*Apologie du théâtre* par ce même écrivain, opposée à la lettre de J.-J. Rous-

---

1. Ouvrage auquel l'auteur a depuis donné le titre d'*Éléments de littérature*.

seau contre les spectacles, avait eu beaucoup de succès. En effet cette *Apologie du théâtre* est un des morceaux les mieux faits que nous ayons vus ici depuis longtemps, et je suis bien fâché que la *Poétique française* n'ait pas tenu ce que l'apologie semblait promettre. Puisque mon devoir me condamne à dire toujours indiscrètement ce que je pense, même sur des gens dont je serais charmé de ne dire que du bien, je dirai donc encore que M. Marmontel est un homme de beaucoup d'esprit, qu'il a surtout l'esprit de discussion, en sorte que son talent pour les ouvrages polémiques me paraît décidé; mais il manque, à mon gré, de sensibilité, de goût et de délicatesse; et le moyen d'écouter un homme dépourvu de ces qualités, et qui veut parler poésie, peinture et musique? On a reproché aux ouvrages poétiques de M. Marmontel la dureté, le boursouflé, le défaut d'harmonie et de naturel, et l'on sent, en lisant ses ouvrages didactiques, qu'il a tous ces défauts-là. C'est un homme de bois, mais qui a vécu avec des philosophes, avec des enthousiastes de la belle poésie, et qui a appris à parler leur langage sans le sentir; l'accent étranger perce toujours. Aussi un lecteur qui a de la finesse ne trouvera point d'accord dans son coloris, quoique ses idées se tiennent, et il lui désirera cette propriété de diction et d'idées qui appartient à l'écrivain qui dit ce qu'il sent, et non ce qu'il a appris, et ce qu'il répète d'après d'autres. Souvent je n'entends pas son ramage. Ce n'est pas que je ne conçoive très-bien ce qu'il dit; mais ce n'est pas ainsi que je sens. Je le supporte encore plutôt lorsqu'il raisonne sur les choses pathétiques et fortes que quand il touche aux choses délicates et légères; on les fane si aisément, et ses gros doigts, lorsqu'ils en approchent, me font venir la chair de poule. D'ailleurs, je ne me ferai jamais à un homme qui cite Vida à côté d'Horace, Lucain à côté de Virgile, Castel Vetro à côté d'Arioste; la dispute d'Ulysse et d'Ajax, dans Ovide, à côté de la prière de Priam à Achille, dans Homère; qui compare l'art poétique à l'art de l'horlogerie, et croit que les deux arts ont dû se perfectionner à proportion qu'on a spéculé et raffiné; qui enfin trouve que, dans la première des églogues de Virgile, Tityre ne répond point à Mélibée lorsque celui-ci demande :

Sed tamen, iste Deus qui sit, da, Tityre, nobis;

et que Tityre répond :

> Urbem quam dicunt Romam, Melibœe, putavi
> Stultus ego huic nostræ similem, quo sæpe solemus
> Pastores ovium teneros depellere fœtus, etc.

Il y a quelquefois des riens qui me brouillent avec un homme, sans ressource. De temps en temps je trouve une page dans M. Marmontel qui me raccommode avec lui; mais cela ne dure pas.

Cette *Poétique* n'a point eu de succès. On n'en a point dit de mal précisément; mais on n'en a pas parlé du tout, et c'est bien pis. On la lit sans intérêt; on n'a envie de rien contester, parce qu'elle ne fait rien penser. Le premier volume surtout est assommant. Ce que l'auteur y dit du mécanisme du vers français est d'une théorie assez neuve, et je croirais volontiers que ceux qui ont le don de la poésie suivent ces règles à peu près, vaguement et sans le savoir; mais je veux mourir si jamais poëte en composant s'est mis en peine de remplir ces préceptes, et d'y satisfaire d'une manière technique, d'autant que la langue française ne comportera jamais une prosodie rigoureuse. Le second volume se lit avec plus de plaisir; mais on ne peut assez s'étonner que M. Marmontel ait emprunté un grand nombre d'idées, et quelquefois jusqu'aux expressions du traité sur la poésie dramatique de M. Diderot, sans en faire l'honneur au philosophe à qui elles appartiennent. L'abbé du Bos n'y est pas cité une seule fois, et cela n'est guère moins étonnant. Il est vrai aussi que ce que je lis avec grand plaisir dans ces deux philosophes m'en fait un médiocre dans M. Marmontel, tant la marche froide et méthodique dans un traité sur la poésie est une belle chose. Celui-ci ne me raccommodera pas avec la méthode; il m'a seulement appris combien il était difficile de parler dignement de ceux que leur génie a appelés à la poésie. L'auteur de la *Poétique française* ne connaît pas assez les anciens ni les modernes pour son entreprise. On voit qu'il ne connaît des anciens que ce que son jésuite lui a appris au collége, et ce n'est pas assez; et, quant aux modernes, il ne suffit pas non plus de bien connaître la littérature de son pays pour oser écrire une Poétique.

Piron disait, après avoir lu la *Poétique française* : « Ce Marmontel est comme le législateur des Juifs, qui montre à tout le monde la Terre promise, où il n'entrera jamais[1]. » Ma foi, c'est assez beau de ressembler à Moïse, même au risque de rester dans le désert, et je conseille à M. Marmontel de prendre Piron au mot, sans quoi nous lui dirons ce que ce vieux bon caustique disait ces jours-ci d'un couvent de religieuses qui refusaient de prendre un cordelier pour directeur. « Elles n'en veulent pas pour confesseur? disait Piron, qu'elles se couchent auprès. » Il est impossible d'entrer dans de plus grands détails sur cet ouvrage, ni sur aucun autre; mais je crois qu'une lecture réfléchie confirmera ces observations générales; et si l'abondance des matières le permet, j'y reviendrai peut-être pour en examiner quelques chapitres en particulier.

— Vous trouverez dans le chapitre de l'*Ode*, qui m'a paru un des meilleurs de la *Poétique* de M. Marmontel, des analyses bien faites de quelques odes d'Horace, entre autres de cette belle ode qui est adressée à Virgile sur son voyage de mer. Peut-être ne serez-vous pas fâché de lire une imitation de cette ode, qui est du double plus longue. Elle est de feu M. de Rochemore, qui a laissé un recueil de poésies qu'on n'a jamais imprimées. C'était un homme du monde, assez connu dans Paris, et qui, si je ne me trompe, est mort fou[2].

IMITATION DE L'ODE D'HORACE

*Sic te diva potens Cypri,*
*Sic fratres Helenæ, etc.*

PAR M. DE ROCHEMORE.

Mère du tendre Amour, déesse de Cythère,
Et vous, astres brillants, dont l'éclat tutélaire

---

1. Grimm confond, ou bien le mot de Piron était reproduit. Il avait déjà lancé cette épigramme contre Desfontaines :

« J'ouvre le Temple de mémoire.
Oui, messieurs, et sans vanité.
J'ai la clef dans mon écritoire.
Je mène à l'immortalité...
— Vous ne dites pas vérité,
Monsieur l'homme ou le rat d'église ;
Ou vous êtes comme Moïse,
Qui, par des chemins peu frayés,
Menait à la Terre promise,
Mais qui n'y mit jamais les pieds. »

2. Voir une note qui renferme quelques détails sur lui, tome III, page 493.

Du timide nocher assure le repos,
Venez, frères d'Hélène, et régnez sur les eaux ;
On sert les autres dieux, mais c'est vous que l'on aime.
Ils partagent souvent avec le diadème
Un culte fastueux et des vœux solennels ;
Vous seuls, sans le secours de votre rang suprême,
Ne devez notre encens, notre amour qu'à vous-même ;
Vous régnez dans nos cœurs, ce sont là vos autels.

Je confie à vos soins l'objet de ma tendresse ;
Partagez les frayeurs d'un amant malheureux.
Sur ce dépôt sacré, grands dieux, veillez sans cesse,
Conduisez le vaisseau qui la cache à mes yeux.
Éole, retenez dans vos grottes profondes
Ces tyrans redoutés de l'empire des ondes
Dont le souffle orageux ébranle l'univers,
Dispose de la foudre et fait trembler les airs.

Quelle férocité, quelle aveugle manie
Nous fait donc tous les jours affronter leur furie ?
Quoi ! tant de maux divers, de piéges, de chagrins,
Qui de nos tristes jours viennent hâter la course,
Ne pouvaient-ils suffire à nos cœurs inhumains ?
L'avarice et l'orgueil, par de nouveaux chemins,
D'une mort plus barbare ont découvert la source
Et nous enseignent l'art d'abréger nos destins.

Quel mortel intrépide, armé d'un triple airain,
Aux efforts de son art asservissant Neptune,
Vint au milieu des mers, avec un front serein,
Faire aux vents indignés respecter sa fortune,
Et seul aux éléments le premier mettre un frein ?
Les vagues en fureur, les écueils redoutables,
Les habitants des eaux, monstrueux, indomptables,
Que la nature même enfante avec horreur,
Ne peuvent ébranler ni fléchir son audace ;
Il tient l'humanité captive dans son cœur ;
En vain de l'Océan l'épouvantable masse
Par ces dieux opposés aux mortels curieux
Vient borner leurs désirs et terminer le monde :
L'homme ingrat, méprisant leur sagesse profonde,
Et de mille attentats artisan furieux,
Fabriqua des vaisseaux, sut apprivoiser l'onde ;
Malgré l'arrêt du sort, chez des peuples heureux
Il porta l'esclavage, et le fer, et le feu,
Pour prix de leurs trésors à ces tristes victimes
Laissant le désespoir et l'exemple des crimes.

Que ne peut des humains l'effort audacieux !
Ardents à tout tenter, enclins à tout enfreindre,
Et par l'horreur des lois encore plus mutinés,

Ils s'enivrent de sang, et leurs cœurs effrénés,
Esclaves d'un instinct que rien ne peut éteindre,
A de nouveaux forfaits sont sans cesse entraînés.
C'est au fils de Japhet, c'est à sa violence,
Mortels, que nous devons ce penchant odieux :
Du sort trop complaisant la fatale indulgence
Le laissa pénétrer jusques au sein des dieux,
Et l'ingrat y porta la fraude et la licence,
Il déroba le feu qui brûle dans les cieux ;
Mais ce rayon sacré de la suprême essence,
De l'immortalité ce germe précieux,
Infecte dans sa main sacrilége et perfide,
Devint pour ses enfants une flamme homicide
D'où sortit de leurs maux l'essaim contagieux.
   De la boîte funeste on vit alors éclore
Tous ces fléaux divers que la nature abhorre,
Les mortelles langueurs, les transports forcenés,
Par qui nos tristes jours, dans leur fleur moissonnés,
Nous laissent voir à peine et connaître la vie.
Avant ce coup affreux, une heureuse harmonie
Renouvelait le cours de nos ans fortunés ;
Le terrible fuseau, lent et presque immobile,
S'arrêtait dans les mains de la Parque facile ;
Mais nos crimes bientôt appellent le trépas :
Il vint avec furie et marcha sur nos pas ;
L'industrieux Dédale osa prendre des ailes,
Et, traversant les airs par des routes nouvelles,
Usurper un secours à l'homme refusé ;
Les gouffres éternels du Tartare embrasé
Devinrent pour Hercule un rempart inutile,
Il porta la terreur dans l'empire des morts.
   Tout fléchit sous nos lois, tout cède à nos efforts ;
Nous attaquons des dieux le redoutable asile,
Et leur puissante main ne s'ouvre plus sur nous
Que pour lancer la foudre et repousser nos coups.

— Un homme de mauvaise humeur a rapproché toutes les contradictions de Rousseau dans une feuille de trente-cinq pages, intitulée *Profession de foi philosophique*[1]. Cette critique tombe surtout sur *la Nouvelle Héloïse* et sur *Émile;* mais la forme et la tournure en sont maussades.

— Un jeune pasteur de Genève, M. Vernes, vient de publier

---

1. (Par Charles Borde, de Lyon.) Amsterdam, Marc-Michel, Rey, 1763, in-8°. Attribuée à Voltaire et à d'autres écrivains,

des *Lettres sur le christianisme de Jean-Jacques Rousseau*[1], dans lesquelles il prouve que Jean-Jacques n'est pas chrétien. Belle découverte! Ces lettres ne sont cependant pas mal faites, et je crois que Jean-Jacques, avec toute sa subtilité et toute son adresse, aura de la peine à y répondre. Mais quelle folie aussi à lui de faire la *Profession du vicaire savoyard*, et d'attester ensuite le ciel et la terre qu'il est chrétien au fond de l'âme! Quant à M. Vernes, il a fait d'une pierre deux coups. Il résulte de ses raisonnements, non-seulement que Jean-Jacques n'est pas chrétien, mais encore qu'un chrétien est un être bien absurde.

— On vient d'imprimer un *Éloge historique du cardinal Passionei*[2], qui n'est pas celui que M. Le Beau a prononcé dans l'Académie des inscriptions et belles-lettres. Cela est froid et ennuyeux pour des gens qui ne se soucient pas plus de la canonisation de Bellarmin que de la conversion du luthérien Eccard.

— La folie de vouloir réformer l'administration de nos finances par des brochures en fait éclore tous les jours de nouvelles.

Un bavard ayant fait la feuille *Tout est dit*, un autre lui a répondu par la feuille *Tout n'est pas dit*.

Une autre brochure a pour titre : *le Patriote*.

Une autre feuille est intitulée *Lettre à M. S. sur un plan de réforme dans les finances*.

Une autre a pour titre *l'Ordre du cens, ou les Dons gratuits, nouveau plan sur les finances*.

Un autre encore s'appelle *Défense du véritable plan intitulé Richesses de l'État, ou Exposition détaillée de ce même plan*.

Il n'y a pas parmi tous ces rêveurs un seul qui ait le sens commun.

Quant aux *Idées d'un citoyen sur l'administration des finances du roi*[3], c'est autre chose. On les attribue à M. de Forbonnais, connu par plusieurs grands ouvrages sur les finances et le commerce. Celui-ci a été publié successivement en trois chapitres détachés, dont le premier traite de la manière la plus simple, la plus juste et la plus avantageuse de percevoir les deniers royaux;

---

1. S. l., 1763, in-8°, et Amsterdam, 1764, in-12.
2. (Par l'abbé Goujet.) La Haye, 1763, in-12.
3. (Par l'abbé Beaudeau, selon Barbier.) Amsterdama, 1763, in-8°.

le second, de la dépense des deniers publics, et de la méthode la plus assurée d'y mettre de la clarté, de l'ordre et de l'économie; le troisième, de la dette nationale et des moyens les plus équitables, les plus décents, d'en affranchir le gouvernement.

Il y a des gens qui doutent que cet ouvrage soit de M. de Forbonnais. Ce qu'il y a de moins douteux, c'est que cet auteur, pendant le voyage de Compiègne, a reçu un conseil, que d'autres appelleraient un ordre, de s'en aller dans sa terre et de s'y tranquilliser.

— M. de Cassini de Thury, qui a fait un voyage en Autriche, vient d'en publier une relation avec plusieurs plans et cartes qu'il a levés des environs de Vienne et du cours du Danube depuis la Souabe jusqu'à une assez grande distance en Hongrie[1].

— Comme le gouvernement s'occupe des moyens de faire fleurir la colonie de la Guyane et de Cayenne, on vient d'en publier une description géographique en un volume in-4°. Ce sont ordinairement des compilations faites sans soin et à la hâte, pour profiter de la curiosité du public.

— Un *Cours d'histoire sacrée et profane*[2] vient de grossir le nombre des livres inutiles et mal faits de cette espèce.

— *Les Plaisirs de l'âme, épître à un ami*. C'est un ouvrage qui a concouru pour le prix des Jeux floraux à Toulouse, et qui concourra à vous ennuyer si vous daignez le lire.

— *Réflexions sur l'inoculation*, par M. Rast, médecin de Lyon[3]. Platitudes et calomnies contre cette méthode.

— *De l'Utilité des voyages relativement aux sciences et aux mœurs*, par M. l'abbé Gros de Besplas[4], rapsodie de vérités communes et de réflexions triviales.

15 septembre 1763.

On a remis le 7 de ce mois au théâtre de la Comédie-Française la tragédie d'*Hérode et de Mariamne*, par M. de Voltaire.

---

1. *Relation de deux voyages faits en Allemagne, etc.*, Paris, 1763 et 1775, in-4°. L'auteur, César-François Cassini, est également l'auteur de la belle carte générale de France, à laquelle il travailla trente-quatre ans.

2. (Par Guillard de Beaurieu.) Paris, 1763, 2 vol. in-12. Plusieurs fois réimprimé.

3. Lyon, 1763, in-12.

4. Paris, 1763, in-12.

Cette pièce n'avait pas été jouée depuis très-longtemps[1], et son illustre auteur a cru devoir profiter de cette reprise pour y faire plusieurs changements. Le rôle du préteur romain Varus ayant été généralement critiqué, M. de Voltaire l'a supprimé, et lui a substitué le rôle de Sohême. Je n'ai pas mon histoire juive de Josèphe assez présente pour savoir si le personnage de Sohême est historique, comme on me l'a assuré. Dans la pièce, l'auteur en a fait un proche parent de Mariamne, et roitelet d'une petite province proche de la Palestine. Ce prince était venu à la cour d'Hérode dans le dessein d'épouser Salome, sœur de ce roi célèbre. Il était resté à Jérusalem pendant qu'Hérode était allé à Rome briguer la faveur et la protection d'Octave Auguste. Le mariage de Sohême et de Salome devait se conclure immédiatement après le retour d'Hérode ; mais, dans l'intervalle, Sohême avait eu le temps de connaître l'odieux et détestable caractère de Salome, et ses menées pour perdre Mariamne. Sohême était de la secte des Esséniens, et vous savez que les Esséniens suivaient parmi les Juifs à peu près les principes de cette vertu sublime et austère que les disciples du Portique professaient à Athènes et à Rome. Bien loin de vouloir unir son sort à cette femme hautaine et dangereuse, Sohême rompt ce lien fatal, au risque de se brouiller avec Hérode, et, comme les principes de sa secte et la droiture de son propre cœur lui interdisent également la dissimulation, il déclare sans détour à Salome et ce changement et ses causes. Cette princesse, grièvement blessée de cette conduite, ne manque pas d'en attribuer la cause à Mariamne. Elle est son ennemie mortelle ; elle est parente de Sohême. Non-seulement c'est elle qui a déterminé ce prince à manquer à ses engagements, mais elle lui a même inspiré une passion criminelle, et Sohême, en l'offensant mortellement, outrage encore son frère de la manière la plus sensible. Voilà les soupçons de Salome, et, ô étrange faiblesse du stoïque Sohême et de son poëte ! c'est que Salome a deviné juste, non que la vertueuse Mariamne ait pu inspirer à son parent et nourrir en lui une passion criminelle, mais les charmes et les malheurs de cette belle reine l'ont rendu malgré lui trop sensible. Il a conçu pour elle la passion la plus forte ; mais s'il se permet de lui en parler une

---

[1]. Voir, pour la précédente reprise, tome II, page 397.

seule fois, ce n'est que pour l'assurer qu'il ne lui en parlera plus de sa vie, et qu'il adorera ses vertus loin d'elle et d'une cour odieuse qui n'est pas digne de la posséder.

Voilà le principal défaut de ce rôle substitué au personnage de Varus, dont Sohême ne fait plus que réciter les vers mot pour mot, dès qu'il nous a appris une fois qu'il est parent de Mariamne, et qu'il suit les principes des Esséniens. Un préteur romain amoureux comme un roman, et traité par Hérode comme un polisson, était assurément un personnage fort déplacé et bien absurde dans cette tragédie; mais un Juif stoïcien qui succombe aux charmes de sa parente ne l'est guère moins, et nous n'avons rien gagné au change. Il est étonnant, d'ailleurs, que M. de Voltaire n'ait pas senti combien cet amour est oisif et inutile : car, excepté une froide et insipide déclaration, il ne produit rien du tout dans tout le cours de la pièce; au contraire, toutes les parties du drame gagneraient à la suppression de cet amour déplacé. Le jaloux Hérode n'aurait pas moins nourri des soupçons offensants contre la vertu de sa femme, et sa détestable sœur n'aurait pas moins cherché à empoisonner l'esprit de son frère par un venin dont elle connaissait trop bien l'effet sur une âme jalouse. On sent même combien ce moyen serait devenu terrible s'il n'avait été qu'un simple instrument de la méchanceté : moins cette calomnie eût eu de fondement, plus l'intérêt et la plus tendre pitié s'en seraient accrus pour l'innocente et vertueuse Mariamne. Lorsque M. de Voltaire entreprit dans sa jeunesse de traiter ce sujet, le théâtre français était infecté de cet insipide amour qui y a régné si longtemps. Il était de l'essence d'une tragédie française, et c'était un usage convenu, qu'outre le principal amour il y eût encore un amour postiche et épisodique. C'est un reproche à faire aux mânes du grand Racine de nous avoir affublés de cette passion puérile et subalterne : il a gâté ainsi le sujet de *Phèdre* par l'amour d'Aricie; le sujet d'*Iphigénie en Aulide*, par l'amour d'Ériphile; celui d'*Andromaque*, par l'amour d'Hermione; et vous remarquerez que la seule tragédie où il ne soit pas tombé dans ce défaut est celle qui ne fut pas destinée au théâtre : c'est *Athalie*, que l'auteur et le public crurent manquée, et que tous les hommes de goût regardent aujourd'hui, avec raison, comme le chef-d'œuvre de la scène française. Les gens médiocres peuvent faillir impunément; mais les fautes des hommes de génie sont pernicieuses, en ce qu'ils savent le secret de les embellir et de les faire réussir. Il en est comme des grands crimes, dont la hardiesse et le succès encouragent la méchanceté des scélérats en sous-ordre; l'exemple, bon ou mauvais, d'un grand homme devient bientôt une autorité. Lorsque M. de Voltaire parut sur la scène, il n'osa s'écarter d'un usage qui était devenu loi; on ne lui aurait pas pardonné d'imiter la simplicité et la vérité des anciens. En traitant le sujet d'*OEdipe*, il fallut y placer un Philoctète amoureux! En tentant le sujet de *Mariamne*, il fallut lui donner quelque amoureux en sous-ordre, et cet amoureux fut nommé Varus. Il est bien extraordinaire que l'auteur, ayant senti la nécessité de changer ce rôle, n'ait pas pensé à lui ôter ce qui le dépare le plus, cet amour déplacé et inutile; mais c'est qu'il n'a pas changé le rôle : il l'a seulement donné à un personnage d'un autre nom. On assure qu'il a de même ôté le rôle de Philoctète de sa tragédie d'*OEdipe*; mais si ce changement ne s'est pas fait avec plus de soin que celui du rôle de Varus dans *Mariamne*, il vaudrait autant laisser les choses comme elles sont. Je suis surpris aussi que M. de Voltaire n'ait pas rétabli, à cette reprise, le cinquième acte comme il était autrefois à la première représentation de la pièce. Alors Hérode envoyait à Mariamne la coupe empoisonnée que cette reine infortunée buvait sur le théâtre : toute l'action en était plus pathétique et plus touchante, et les égarements d'Hérode, qui suivaient de près son crime, en avaient un bien autre caractère de terreur; mais, à la première représentation, un mauvais plaisant du parterre s'étant mis à crier : « La reine boit, » comme on fait en France, suivant un ancien usage, aux soupers de la fête des rois de l'Épiphanie, l'auteur fut obligé, aux représentations suivantes, de faire périr Mariamne derrière la scène, et de mettre son supplice en récit. Ce n'est pas la première fois qu'un mauvais plaisant a gâté de belles choses; mais depuis trente ans que cette pièce a paru pour la première fois, nous avons fait quelques progrès en fait de goût; l'esprit philosophique nous a guéris de quelques puérilités, et M. de Voltaire aurait pu rétablir sans danger une action si intéressante et si pathétique.

La tragédie de *Mariamne* n'a point réussi à cette reprise; on ne l'a donnée que deux fois. Le public s'attendait à de grands changements; on les avait annoncés ainsi, et l'on trouva que tout se réduisait au changement du nom d'un personnage. La pièce était d'ailleurs mal jouée; M¹¹ᵉ Dubois était une pauvre Salome; M¹¹ᵉ Clairon était fort déplacée dans le rôle de Mariamne; les rôles tendres sont ceux qui lui conviennent le moins; elle le sentit elle-même, et ne voulut pas jouer celui-ci une troisième fois.

Rien ne confirme plus ce que j'ai dit à l'occasion de la *Poétique* de M. Marmontel que la tragédie de *Mariamne*; le sujet en est très-beau, plein d'intérêt et de pathétique; cet intérêt commence avec la première scène. Le retour d'Hérode à Jérusalem réveille tous les esprits; il redouble l'activité de la haine de Salome contre Mariamne et les dangers de cette reine infortunée, épouse du meurtrier de son père, de l'ennemi le plus cruel de sa famille, alternativement adorée et outragée par ce prince jaloux, passionné et barbare. Quelle situation! Rien de plus aisé que d'entretenir et d'augmenter cet intérêt, et la terreur qui doit s'ensuivre jusqu'à la fin; rien de plus aisé que de donner à chaque caractère la couleur la plus forte et la plus vraie. Qu'est-ce qui peut donc manquer à cette pièce? C'est ce souffle de vie qui anime tout, et que rien ne peut remplacer; c'est cette force vivifiante de l'homme de génie, qui se répand sur la totalité de sa production, et qui donne à chaque partie le degré de vie qui lui est nécessaire. Il faut que le dessein de traiter ce sujet ait saisi le poëte dans un mauvais quart d'heure, car tout y languit, et M. de Voltaire a bien prouvé par ses ouvrages postérieurs qu'il ne manquait point de ce souffle de vie qu'on désirerait à *Mariamne*. Ce défaut est irréparable. Lorsqu'un homme de génie a traité un sujet sans chaleur, il faut qu'il y renonce; il aurait beau y revenir, se buter, il ne ferait que se fatiguer inutilement. C'est dommage, car le sujet de *Mariamne* était bien digne de l'auteur de *Zaïre*.

— Disons ici un mot des idées de M. Marmontel sur la tragédie. Dans le chapitre de sa *Poétique* qui en traite, il cherche à établir une différence essentielle entre la tragédie grecque et la tragédie française. Il prétend que l'intérêt de la tragédie ancienne était entièrement fondé sur la fatalité; que l'homme, jouet d'un sort aveugle, n'y faisait d'autre rôle que celui de subir une destinée inévitable, au lieu que l'intérêt de la tragédie moderne est fondé sur les passions, leur jeu et leurs développements; et il ne balance pas à accorder une grande supériorité à la tragédie de Paris sur la tragédie d'Athènes, non-seulement à cause de la variété des sujets, mais surtout et principalement à cause de la morale qu'on en peut tirer. On passerait à un pédant de raisonner ainsi, mais on ne peut le passer à un philosophe. Cette différence qu'il établit entre la tragédie ancienne et moderne est tout à fait chimérique : car la fatalité, qui a une si grande part aux événements de l'ancienne tragédie, et les passions, qui suivant M. Marmontel causent les catastrophes de la tragédie moderne, sont également fondées sur l'immuable nécessité qui décide du sort de l'homme aussi irrévocablement qu'elle règle le cours des astres. Une des choses les plus absurdes en philosophie, c'est de supposer un ordre et une loi qui maintiennent l'univers, de s'extasier même sur la beauté de cet ordre et de ces lois, et puis de croire qu'une action quelconque pût être libre. En poétique, cette absurdité n'est guère moins grande qu'en philosophie : car si la passion et ses écarts étaient libres, il n'y aurait plus ni pitié ni intérêt, et les malheurs qu'elle cause ne pourraient ni effrayer, ni émouvoir. Quelque passion que vous mettiez sur la scène, elle ne peut intéresser qu'autant qu'elle dispose de votre personnage aussi aveuglément et aussi impérieusement que la fatalité dispose de ses vertus et de son bonheur. M. Marmontel convient, avec le philosophe Diderot, que s'il y a quelque chose de touchant c'est le spectacle d'un homme rendu coupable et malheureux malgré lui. « Mais, ajoute-t-il, j'en reviens sans cesse à l'utilité morale, dont un poëte, homme de bien, ne doit jamais se dispenser. Quel fruit pouvons-nous recueillir de l'*OEdipe*, de l'*Électre*? etc. » J'en suis fâché pour M. Marmontel s'il ne trouve pas dans ces drames de grandes instructions et une foule de leçons dignes d'être présentées à une assemblée d'hommes. Il est vrai que nos assemblées, pour entendre Racine et Voltaire, ne ressemblent pas aux assemblées d'Athènes, où l'on jugeait Sophocle et Euripide. Nos spectacles ont un air de futilité dont il faut bien que les ouvrages qu'on y représente se ressentent; j'avoue encore que les leçons qu'on peut tirer des tragédies d'*OEdipe* et d'*Électre* ne sont pas les plus propres à une assemblée d'enfants et de marionnettes. Nulle trace, nulle part en Europe, de cette morale forte et vigoureuse qui donnait aux anciens peuples un si grand caractère. La nécessité de subordonner tout aux maximes d'une religion enthousiaste a fait disparaître tous les grands principes, a exterminé la philosophie pendant des siècles, et s'oppose depuis sa renaissance, de toutes ses forces, à ses progrès. Sophocle et Euripide étaient les précepteurs des rois et des princes ; leurs ouvrages immortels nous ramènent sans cesse à la vicissitude des choses humaines, à l'instabilité de la puissance et du bonheur, à la modération dans la fortune, à la fermeté, au courage dans le malheur. Quel est l'ouvrage moderne dont les maximes n'aient pas un air frivole et mesquin auprès des grandes leçons des tragiques d'Athènes? Et comment cela se pourrait-il autrement? Lorsque le philosophe dit que l'homme n'est pas libre le prêtre crie à l'impiété, et persuade au souverain que c'est lui ôter le droit de pouvoir punir les méchants, que c'est intervertir l'ordre public et renverser l'État. Lorsque le philosophe voudrait fonder la morale et le bonheur des peuples sur l'élévation des âmes, le prêtre leur prêche l'avilissement comme la base nécessaire à toute vertu. Il a fallu des siècles et un concours de circonstances bien extraordinaire pour abrutir l'espèce humaine sous le joug tyrannique des prêtres ; il faudra des siècles et un concours d'efforts et de succès pour l'en affranchir. Heureux l'empire sur le trône duquel est assis le sage, dont le prêtre sanguinaire et fanatique n'approcha jamais ! Puisse-t-il durer jusqu'à la fin des siècles, et la vie du sage être éternelle pour l'exemple et la consolation du genre humain !

— L'Académie française ayant proposé pour sujet d'éloquence l'Éloge du grand Sully, ministre et ami du bon Henri IV, le discours de M. Thomas a été couronné dans la séance publique de l'Académie, le 25 août dernier. Ce discours vient d'être imprimé. C'est pour la quatrième fois que M. Thomas remporte le prix de l'éloquence à l'Académie française. Nous avons de lui les *Éloges du comte de Saxe,* du *chancelier d'Aguesseau,* du célèbre *Duguay-Trouin,* qui tous ont été couronnés successivement ; mais, à mon avis, l'*Éloge du duc de Sully* mérite à lui seul plus de couronnes que les trois autres ensemble. L'orateur a fait un grand pas. C'était, dans les discours précédents, un rhéteur rempli de déclamations et de phrases ampoulées, et dérobant la disette des idées sous des amplifications de l'école. Ici, c'est tout autre chose. C'est un philosophe qui parle, qui, à la vérité, tient encore un peu à cette parure puérile et mesquine dont il s'est affublé au collége, mais dont les progrès dans le goût et dans la véritable éloquence ne laissent plus de doute qu'il ne se défasse dans peu de toutes ces futilités, et qu'il n'ait incessamment une place distinguée parmi nos meilleurs écrivains. Je n'aime point *les passions qui, comme un limon grossier, se déposent insensiblement en roulant à travers les siècles, et la vérité qui surnage;* je n'aime point *cet orgueil généreux qui s'élance à la gloire par la vertu;* je n'aime point M. de Sully, qui *parcourt, avec des vues également éclairées et bienfaisantes, tout le royaume désolé; semblable à l'esprit de fécondité qui, à travers la confusion et la nuit, se promenait sur l'abîme du chaos et couvait les germes du monde* [1] : toute cette pompe puérile et pédantesque me déplaît, et déplaira dans peu à M. Thomas autant qu'à moi. Je n'aime point cette passion des antithèses, qui fait si souvent dire des choses fausses et vides de sens. Ainsi je ne puis souffrir qu'en parlant du crédit de Sully M. Thomas dise que « les catholiques étaient jaloux que le roi aimât un huguenot, et les protestants, qu'il eût de la confiance pour un homme de mérite »; car on voit que cette dernière proposition n'a été ajoutée que pour arrondir la période, et il est évident que les protestants ne pouvaient être fâchés de voir un homme de mérite de leur parti dans la faveur du roi. Ces taches, qu'on trouve en assez grand nombre dans le discours de M. Thomas, sont rachetées par de grandes beautés, et, encore une fois, c'est moins ce qu'il est que ce qu'il promet de la part d'un écrivain très-jeune qu'il faut considérer ici. Ce discours a eu un grand succès. Il a eu les suffrages du public éclairé, et même ceux du peuple. C'est peut-être le premier discours académique qui ait fait un effet si grand et si général. Il est plein de vérités utiles et hardies. Si l'auteur eût été philosophe ou encyclopédiste, termes à peu près également déshonorants, on l'aurait certainement dénoncé comme dange-

---

1. Ces trois citations sont extraites des pages 12, 13 et 32 de l'édition originale de l'*Éloge de Sully*. Thomas a fait subir depuis de nombreuses corrections à son discours. (T.)

reux, séditieux, homme de sac et de corde, perturbateur du repos public [1]; mais M. Thomas étant attaché à M. le duc de Praslin, on n'a vu dans son ouvrage que ce qui est : la noble hardiesse d'une âme pleine d'élévation et de franchise. Les notes historiques qu'il a ajoutées à son discours ont plus réussi que le discours même. C'est que le simple récit des actions d'un grand homme fera toujours plus d'effet que le plus pompeux panégyrique. L'historien simple et vrai est le véritable orateur qu'il faut aux grandes vertus et aux grands talents. Un grand nombre d'autres faiseurs de discours ont concouru pour le même prix. Un auteur anonyme, n'ayant pu envoyer son discours à temps pour le concours, l'a fait imprimer avant tous les autres. Cela est faible, et n'a été lu de personne [2]. M. de Bury, qui nous a déjà rendu la fécondité de sa plume redoutable par quelques ouvrages, a aussi publié son *Éloge de Sully*, qui a concouru. Cela est pitoyable. Enfin M. l'abbé Couanier-Deslandes, dont je n'ai jamais entendu parler, a pareillement publié son *Éloge de Sully*. Son discours est plein d'inégalités, mais ne manque pas parfois de force et de génie.

— Je ne sais quel est le triste et plat pédant qui a proposé des *Difficultés à M. de La Chalotais, procureur général au parlement de Bretagne, sur son Essai d'éducation nationale* [3], qui est le seul ouvrage digne d'un magistrat et d'un homme d'État que nous ayons vu depuis nombre d'années. Il est vrai que les *Difficultés* du pédant, dignes de l'obscurité où elles sont restées, n'ont été lues de personne; mais il est malheureusement vrai aussi que l'ouvrage de M. de La Chatolais, rempli de vues sages et profondes, n'a point eu de succès parce que cet illustre magistrat s'y est montré plus philosophe que janséniste. Il a toujours eu un grand succès auprès de tous ceux qui pensent, et

---

1. On voit dans les *Mémoires secrets*, à la date du 2 septembre 1763, que l'honneur d'être dénoncé ne manqua pas au succès de Thomas. (T.)

2. Peut-être est-ce l'*Éloge historique de Maximilien de Béthune, duc de Sully* Lyon, Benoît Duplain, 1763, in-8°, dont l'auteur anonyme est, selon Barbier, M<sup>lle</sup> de Mascarany. On lit dans le *Mercure* de janvier 1764, page 68, l'annonce d'un *Éloge de Maximilien de Béthune, duc de Sully, surintendant des finances sous Henri IV*, par M<sup>lle</sup> Mazarelli (Paris, Duchesne, 1764, in-8°); cette ancienne courtisane avait épousé le marquis de La Vieuville de Saint-Chamond, et c'est sous ce dernier nom qu'elle fit imprimer l'éloge de Sully et quelques opuscules.

3. Paris, 1763, in-12. L'auteur de cet écrit est Crevier. (T.)

il viendra un temps où l'on regardera ce petit livret comme un des meilleurs ouvrages de ce siècle.

— Il paraît un nouvel ouvrage en faveur des jésuites, intitulé *les Nouvelles Observations sur les jugements rendus contre les jésuites*, volume in-8° de 275 pages. C'est, comme on dit, de la moutarde après dîner ; il y a longtemps que l'intérêt du public est épuisé, et qu'on ne s'occupe plus de cette fameuse querelle.

— Ajoutez à l'insipide bibliothèque de la *Richesse de l'État* une feuille intitulée *Propositions avantageuses pour le bien général de l'État*; une autre, intitulée *la Taille réelle, ou Lettre d'un avocat de Paris*; une autre, sous le titre de *Prompte Liquidation de toutes les dettes de l'État, avantageuse au roi et aux particuliers*; une autre enfin, intitulée *Réflexions sur l'objet des plaintes actuelles du peuple*, et jetez tout cela au feu.

INSCRIPTION D'UN BOSQUET ILLUMINÉ.

A M<sup>me</sup> DE MEAUX, LE JOUR DE SA FÊTE.

Dans l'obscurité de la nuit,
Ici, Cécile, loin du bruit,
Vous aimez à rêver tranquille et solitaire ;
Mais ne prétendez pas aujourd'hui vous soustraire
A l'empressement délicat
D'un cœur qui cherche en tout à vous complaire.
Entrez dans ce bosquet puisqu'il a su vous plaire ;
Ne redoutez point son éclat,
C'est le sentiment qui l'éclaire.

— On m'a assuré que la *Profession de foi philosophique* publiée à Lyon contre Jean-Jacques Rousseau était de M. de Montazet, archevêque de cette métropole. Ma foi, il faut un peu plus de gaieté pour faire des plaisanteries.

Un autre théologien, ennuyeux comme il convient à sa profession, a commencé à publier des *Lettres à M. Rousseau, pour servir de réponse à sa lettre contre le mandement de M. l'archevêque de Paris*[1]. Cette brochure ne contient qu'une lettre qui doit

---

1. Londres et Amsterdam, 1763, in-8°. Il n'a été publié que deux de ces lettres qui sont bien de l'abbé Yvon.

être suivie de quatorze autres. Si elles ressemblent à la première, je plains le malheureux qui sera condamné à les lire. On les dit de l'abbé Yvon, qui a été le compagnon des malheurs de l'abbé de Prades, dans le temps de sa thèse. Ce pauvre diable a passé quelque temps en Hollande, de peur d'être recherché pour cette fameuse thèse. Depuis, il est revenu en France, où il meurt de faim comme auparavant. Cette circonstance mérite bien qu'on ait de l'indulgence pour le zèle qu'il montre à défendre la bonne cause de Jésus-Christ contre les attaques de Jean-Jacques Rousseau et de ses pareils.

M. Marin, censeur royal et de la police, a aussi fait une brochure contre M. Rousseau, sous le titre de *l'Homme civil à l'homme sauvage*[1]. On a voulu faire une réputation à cette lettre, parce que personne ne trouve autant de faveur dans le public que les gens médiocres. Il est vrai que M. Marin traite son adversaire avec des égards infinis; qu'il paraît lui-même un fort honnête garçon; il est vrai encore qu'il a été pris une fois par des Algériens, et repris incontinent par des chrétiens; qu'il a remboursé dans une autre occasion un bon coup de sabre, et que le sauvage Rousseau n'a pas éprouvé autant de malheurs que le civil Marin; mais je dirais volontiers de la lettre de l'homme civil ce que l'abbé Terrasson disait de *l'Iliade* : « Qu'est-ce que cela prouve? » Cet accouplement ne doit pas déplaire à M. Marin. Il faut avoir bien du temps à perdre pour l'employer à la lecture de ces brochures.

— *Recueil anglais, ou Morceaux choisis en tous genres, traduits ou extraits de l'anglais.* Deux petits volumes in-12. C'est une rapsodie de toutes sortes de morceaux tirés de différents ouvrages anglais, et principalement des papiers publics de Londres, le tout traduit et imprimé avec la dernière négligence.

1. Amsterdam, 1763, in-12.

## OCTOBRE

1ᵉʳ octobre 1763.

L'usage d'exposer les tableaux et les ouvrages de l'Académie royale de peinture et de sculpture tire son origine d'Italie où ces sortes d'expositions sont fréquentes. Dans le temps que cette Académie tenait ses séances au Palais-Royal, elle y fit quelques expositions. On a une liste imprimée des tableaux et des sculptures qui, en 1673, furent exposés dans la cour du Palais-Royal. Dans la suite, Mansart étant surintendant des bâtiments et protecteur de l'Académie, les peintres et les sculpteurs s'adressèrent à lui pour obtenir du roi la permission de renouveler cet usage. Louis XIV non-seulement approuva ce dessein, mais, pour l'exécuter, il fit donner à l'Académie la grande galerie du Louvre, et il ordonna qu'on fournît du garde-meuble de la couronne les tapisseries et les meubles dont on pourrait avoir besoin pour la décoration de ce vaste emplacement. L'Académie n'occupa avec ses ouvrages que cent quinze toises. Le portrait du roi se trouvait placé à l'une des extrémités, sous un dais de velours vert, enrichi de galons et de crépines d'or, et sur une estrade couverte par un grand et magnifique tapis. A chaque trumeau étaient rangés symétriquement les tableaux, les sculptures et les estampes des académiciens. Cette exposition, dont il existe une description imprimée, se fit en 1699. Elle fut renouvelée en 1704, dans le même lieu, et avec tout autant d'appareil. La naissance du duc de Bretagne paraît avoir donné occasion à cette exposition, dont la description fut aussi imprimée. Après cette époque, on ne trouve plus de vestige de salon jusqu'en 1727, où M. le duc d'Antin, pour lors surintendant des bâtiments, imagina de proposer un prix aux principaux artistes. Les Mémoires disent que, dans ce concours, il fit couronner les talents de Le Moyne, son protégé. La galerie d'Apollon, dans laquelle on rangea les tableaux des concurrents sur des chevalets, ne se trouva pas assez grande pour la foule des spectateurs. Les artistes prétendent qu'une pareille exposition renouvelée eût plutôt servi à les décourager qu'à les animer. Elle eût, disent-ils, immanquablement fait naître une jalousie qu'on n'avait point éprouvée dans les expositions de 1699 et de 1704. Quoi qu'il en soit, M. Orry, devenu, après la mort du duc d'Antin, en 1736, directeur général des bâtiments et vice-protecteur de l'Académie, crut devoir ordonner une exposition générale pour l'encouragement de tous les membres de l'Académie, sans distinction. Cette exposition se fit en 1737, dans le salon du Louvre, qui précède d'un côté la grande galerie, et de l'autre celle d'Apollon. C'est là l'époque de la fondation du salon. Ces expositions se sont succédé sans interruption jusqu'en 1744. Je ne sais si la maladie du roi empêcha qu'il n'y en eût cette année, mais elles furent reprises l'année suivante, et continuées jusqu'en 1751, sans interruption. Après le salon de 1751, l'Académie, considérant que les ouvrages faits dans le cours d'une seule année ne suffisaient point pour garnir convenablement un espace aussi vaste que celui du salon, prit la résolution de laisser l'intervalle d'une année entre chaque exposition, et ce règlement a été observé depuis 1753.

M. Diderot a eu l'honneur de vous rendre compte du dernier salon. Il s'en est si bien acquitté que je l'ai jugé très-digne de remplir le même devoir cette année. Ce philosophe, grand poëte, grand peintre, grand sculpteur, grand musicien, artiste mécanicien, artisan, sans jamais avoir fait ni de vers, ni de tableaux, ni de musique, ni de statue, ni de machine, ressemble à cet homme extraordinaire dont l'antiquité fabuleuse a fait son dieu Apollon. Profond et plein de vigueur dans ses écrits, mais bien plus étonnant dans sa conversation, il rend des oracles de toute espèce sur toutes sortes d'objets. C'est l'homme le moins capable de prévoir ce qu'il va faire ou ce qu'il va dire; mais, quoi qu'il dise, il crée et il surprend toujours. La force et la fougue de son imagination seraient quelquefois effrayantes si elles n'étaient tempérées par la douceur de mœurs d'un enfant, et par une bonhomie qui donne un caractère singulier et rare à toutes ses autres qualités [1].

— Vous vous rappelez peut-être une nouvelle insérée dans la vie du fameux *Gil Blas de Santillane*, et qui a pour titre : *le*

---

[1]. Ce salon a été publié par M. Walferdin, dans la *Revue de Paris*, en 1857, et réimprimé tome X de l'édition Garnier frères.

*Mariage de vengeance.* Le célèbre poëte anglais Thomson en a fait une tragédie qu'on joue à Londres sous le titre de *Tancrède et Sigismonde.* Il y a environ deux ans qu'on a lu dans le *Mercure de France* une traduction en prose de cette pièce. M. Saurin, de l'Académie française, vient de la mettre sur le théâtre de Paris[1] sous le titre de *Blanche et Guiscard,* tragédie librement traduite en vers de l'anglais. Cette pièce a été jouée trois fois cette semaine avec peu de succès; elle doit être reprise après le voyage de Fontainebleau.

O le beau sujet que celui de Blanche et de Guiscard! et qu'il était aisé à un homme de génie d'en faire la plus belle tragédie qui existe! Si ce n'est pas là une tragédie, et surtout une tragédie française, il n'y en a jamais eu. Comment se peut-il donc que M. Saurin en ait fait une pièce froide et ennuyeuse? C'est que le sujet était au-dessus de ses forces; c'est qu'il ne faut pas moins que le plus beau génie pour se tirer d'une telle entreprise. Si vous ne savez faire couler les larmes depuis le commencement jusqu'à la fin; si vous ne savez déchirer les cœurs et nous renvoyer accablés de douleur et noyés de pleurs, comment osez-vous traiter un pareil sujet? Quel intérêt ne doit pas régner dans cette pièce depuis le premier mot! Quel caractère sublime que celui de Sifrédi! Que celui de Blanche doit être touchant! Quoi de plus intéressant que d'avoir à peindre un jeune héros, pour son malheur trop sensible, capable de toutes les vertus, excepté de celle de renoncer à une femme trop justement adorée! Remarquez que tant de personnages vertueux se trouvent dans un état déplorable sans qu'il y ait proprement de leur faute, sans les manœuvres de ces méchants, de ces âmes noires que nos poëtes modernes ont toujours à la main, pour la commodité de leur intrigue : le connétable lui-même, quoique sur un plan plus éloigné, peut avoir la couleur d'un homme d'honneur et irréprochable.

Quelle foule de scènes touchantes et importantes ! Le prince a été élevé, dans la tragédie, sans se connaître, et cette circonstance donne à tout le tableau une couleur bien précieuse. Le poëte a eu en cela plus de goût que le romancier, car, dans *Gil Blas,* Guiscard est élevé et désigné successeur au trône. Enfin,

---

1. *Blanche et Guiscard* furent représentés le 25 septembre 1763.

qu'on me donne le génie de Racine, la chaleur et la passion de l'auteur de *Zaïre*, et je ferai de cette tragédie le chef-d'œuvre du théâtre français. Quel dommage de voir un si beau sujet si maltraité !... M. Saurin n'a ni force, ni vérité, ni sentiment, ni logique, ni pathétique. Son style est en général plat, et sa pièce mal écrite. Lorsqu'il veut exprimer le tendre sentiment de l'amour, il tombe dans le madrigal et dans l'églogue; lorsqu'il veut être pathétique et fort, il est boursouflé; la véritable chaleur manque partout. On a applaudi quelques beaux vers. Celui que Blanche dit, pendant qu'elle s'abandonne à ses regrets dans le silence de la nuit, a été cité :

Qu'une nuit paraît longue à la douleur qui veille!

Ce vers est beau, à la bonne heure; mais voyez si Blanche, dans l'état où elle est, a le temps de chanter un si beau vers ? Si, longtemps après, en faisant le récit de ses malheurs, elle le disait de réflexion, ce vers serait à sa place. J'aime mieux quelques vers par lesquels Sifrédi annonce à sa fille, au premier acte, que le roi vient d'expirer. Il parle là comme un homme d'État, comme un philosophe; il nous ramène au néant de la grandeur humaine en nous disant que ce bon roi est arrivé à ce moment où les monarques ne conservent aucune prérogative de leur rang, où, confondus avec les plus vils mortels, ils restent

Sans gardes, protégés de leurs seules vertus.

Cela n'est pas neuf, mais cela est touchant et placé, et je ne suis touché que des choses simples et qui sont à leur place.

Les Anglais, qui se trouvent en foule à Paris, prétendent que M. Saurin a beaucoup gâté la tragédie anglaise. Il le faut bien, puisque sa pièce est ennuyeuse, et qu'ils disent la leur pleine d'intérêt. Dans la pièce anglaise, Blanche est couchée lorsque Guiscard entre dans son appartement pendant la nuit; Sifrédi, après le meurtre de sa fille, arrive dans le désordre d'un homme qui sort de son lit. Pourquoi n'osons-nous risquer en France d'imiter la vérité aussi fidèlement ? Rien ne prouve, ce me semble, mieux la faiblesse de nos discours et la fausseté de notre jeu. Si Brizard savait arriver avec l'effroi et la consternation d'un père, le désordre de ses habits, bien loin de blesser ou de faire rire, ajouterait un nouveau degré de force à son jeu et à l'effet du tableau. O sainte et touchante vérité, que nous sommes loin de toi, et que nous sommes enclins à nous en éloigner encore davantage !... Le jeu des acteurs a fait beaucoup de tort à cette pièce. Le pauvre Brizard a bien mal joué Sifrédi; le connétable Bellecourt était bien ridicule; Le Kain a joué Guiscard avec beaucoup de force et de jugement : cet acteur n'est presque jamais faux; mais malheureusement il a voix, figure, tout contre lui. M<sup>lle</sup> Clairon, l'incomparable M<sup>lle</sup> Clairon, cette actrice tant vantée, tant célébrée, tant fêtée, si fameuse dans toute l'Europe, perdra infailliblement le Théâtre-Français. Je ne l'ai jamais vue bien que dans les rôles froid et romanesques de Corneille, lorsqu'il s'agit de parler avec dignité et avec fierté; alors son bel organe enchante. Belle Clairon, vous avez beaucoup d'esprit; votre jeu est profondément raisonné; mais la passion a-t-elle le temps de raisonner? Vous n'avez ni naturel, ni entrailles; vous ne déchirez jamais les miennes; vous ne faites jamais couler mes pleurs; vous mettez des silences à tout; vous voulez faire sentir chaque hémistiche; et lorsque tout fait effet dans votre jeu, je vois que la totalité de la scène n'en fait plus aucun. Vous me rappelez sans cesse les vers d'Horace :

> Æmilium circa ludum faber imus et ungues
> Exprimet et molles imitabitur ære capillos;
> Infelix operis summa, quia ponere totum
> Nesciet.

Belle Clairon, jouissez de votre gloire; vous la méritez à beaucoup d'égards; mais vous perdrez le Théâtre-Français. Déjà votre dangereux exemple a égaré la plupart des talents médiocres, déjà la tragédie se joue avec une lenteur et un raisonnement qui valent à l'acteur des applaudissements aux dépens de la pièce, et qui rendront incessamment ce genre, déjà assez faux en lui-même, insupportable aux gens de goût. La pièce de M. Saurin est froide, j'en conviens, et son style est plat; mais si M<sup>lle</sup> Clairon s'était moins attachée à appuyer, pour ainsi dire, sur chaque syllabe, elle nous aurait escamoté une grande quantité de mauvais vers ; si, à la place de ses manières étudiées et préparées, elle avait porté dans son jeu la rapidité, la chaleur et le trouble de la passion la plus intéressante et la plus malheureuse, son jeu nous aurait entraînés, la pièce aurait eu certainement beaucoup de succès, et ce n'est qu'à l'impression et à la lecture que nous nous serions aperçus de sa faiblesse. Le fameux acteur anglais Garrick a assisté à la première représentation de cette tragédie. Il se trouvait à Paris depuis quelques jours, et il en est reparti le lendemain pour se rendre en Italie. A son retour, nous le posséderons plus longtemps. En attendant, on l'a fait parler de toutes sortes de manières, et chacun a répété ses oracles en faveur de l'acteur ou de l'actrice qu'il protége et qu'il affectionne : tant l'autorité a de pouvoir sur l'esprit des enfants ; mais Garrick, en homme d'esprit, n'a confié ses vrais sentiments qu'à un très-petit nombre de ses amis qu'il a retrouvés ici.

— On vient de donner, sur le théâtre de la Comédie-Italienne, les *Amours d'Arlequin et de Camille*, comédie en trois actes, dont le canevas est du célèbre Goldoni. Cette pièce a beaucoup réussi. La conduite et l'intrigue en sont simples et cependant pleines d'imagination et de ressources. On ne peut lui reprocher que d'être trop longue. Il y a dans cette seule pièce de l'étoffe pour trois ou quatre comédies.

— On vient de recueillir, en quatre gros volumes, les différents ouvrages du roi Stanislas de Pologne, duc de Lorraine et de Bar, sous ce titre : *OEuvres du philosophe bienfaisant*. Bienfaisant, oh ! pour cela, oui ; philosophe, si vous voulez. Quant à son éditeur, il n'est certainement pas philosophe, ni par conséquent en droit de donner ce titre à qui que ce soit. Il m'a bien l'air d'être ce plat et triste chevalier de Solignac, qui porte le titre de secrétaire des commandements et du cabinet de Sa Majesté polonaise [1]. Toutes les meilleures pièces de ce recueil sont depuis longtemps connues du public ; d'autres y paraissent pour la première fois. L'ouvrage sur le gouvernement de Polo-

---

[1]. Barbier désigne le censeur Marin comme éditeur de ce recueil ; mais il ajoute : « Le chevalier de Solignac et le P. de Menoux, jésuite, ont eu, dit-on, beaucoup de part à la composition des différents ouvrages réunis dans cette collection. » (T.)

gne, connu depuis plus de douze ans sous le titre de *la Voix libre du citoyen*, remplit lui seul deux volumes de ce recueil. Le roi Stanislas fut aussi, dans le temps, un des premiers qui attaquèrent le Discours de J.-J. Rousseau contre les sciences [1]; mais les meilleurs ouvrages du roi Stanislas ne sont pas imprimés : on les voit en traversant la Lorraine. C'est là qu'on voit avec étonnement tout le bien que ce prince a su faire avec si peu de moyens, n'ayant pour tout revenu que deux millions de livres de France, vivant cependant avec toute la décence royale et ayant toujours de l'argent de reste pour faire du bien. Ce prince aura laissé en Lorraine des monuments de toute espèce; aucun n'y sera aussi durable que sa mémoire. Plus on réfléchit, plus on sent que l'économie est la première vertu d'un roi, et la science d'employer l'argent, la plus utile qu'un souverain puisse acquérir. On ne peut reprocher à Stanislas que d'avoir laissé prendre trop d'empire sur son esprit aux prêtres, et notamment aux jésuites. Ils ont, suivant leur coutume, tourné la bienfaisance du bon prince au profit de la superstition et contre les progrès de la raison.

15 octobre 1763.

Jean-George Le Franc de Pompignan, évêque du Puy, vient de mesurer ses forces avec J.-J. Rousseau, ex-citoyen de Genève, mais Jean-George a voulu faire d'une pierre plusieurs coups. Dans l'*Instruction pastorale*, gros in-4° qu'il vient de publier, il a attaqué les incrédules modernes, *in globo*, le tout pour préserver les fidèles du Puy en Velay du venin répandu dans différents écrits. Le charitable pasteur craint apparemment que ses fidèles du Puy, en menant paître leurs moutons dans les montagnes du Velay, ne s'amusent à lire l'*Encyclopédie* et l'*Émile* de Jean-Jacques, et qu'ils ne soient embarrassés de répondre aux difficultés du Vicaire savoyard. Voilà une famille qui a une vocation bien décidée pour le zèle; car le triste exemple de Moïse de Pompignan, poëte et magistrat, devenu, ainsi que la croix, une folie pour les incrédules et un scandale pour les fidèles, n'a pas pu arrêter son frère Aaron de Pompignan, évêque

---

1. Voir tome II, page 319, de cette *Correspondance*.

et théologien. Il attaque dans son *Instruction pastorale*, outre les erreurs de Jean-Jacques, qu'il ménage d'ailleurs beaucoup, les impiétés de M. de Voltaire, M. Diderot, M. d'Alembert, M. Helvétius, etc. Il appelle M. de Voltaire *l'auteur de la Henriade*, comme si c'était une injure ; il nous apprend aussi que Newton et Locke sont des polissons dont on a exagéré les talents pour déprimer la religion. Ah ! Jean-George, que de chagrins je prévois ! Les philosophes qui sont sous le glaive sont bien obligés de se taire ; mais ce plat auteur de *la Henriade*, qui sur les bords de son lac ne craint personne, pourrait bien n'être pas aussi philosophe que ses confrères. On exaltait l'autre jour, chez le roi Stanislas de Pologne, la beauté de cette *Instruction pastorale* de Jean-George. Chacun avait dit son mot d'admiration ; M. le prince de Beauvau seul n'avait rien dit, et tout le monde attendait son hommage. « Je crains, dit-il à la fin modestement, que malgré tout cela M. l'évêque du Puy ne réussisse pas à être aussi célèbre que son frère, M. de Pompignan. » Je ne sais que dire ; mais l'auteur de *la Henriade*, à qui M. de Pompignan doit sa réputation, n'est pas un ingrat ; il n'a jamais laissé passer sans remerciements les pierres qu'on lui jette dans son jardin. J'ose me flatter qu'il aura soin de la gloire de Jean-George de Pompignan, malgré tout ce qu'il a fait pour celle de son frère.

— On a traduit et imprimé en Hollande les *Lettres de milady Worthley Montague*, écrites pendant ses voyages en Europe, en Asie et en Afrique. Des deux éditions qu'on en a faites, l'une à Amsterdam et l'autre à Rotterdam[1], c'est celle-ci qui passe pour la meilleure. Vous savez que milady Montague a suivi son mari dans son ambassade à Constantinople, et les lettres qui forment ce recueil sont celles qu'elle a écrites pendant ses voyages à ses amis d'Angleterre. C'est elle qui, à son retour de Turquie, a établi l'inoculation à Londres. Les Anglais regardent ses lettres comme un chef-d'œuvre de style et d'élégance dans leur langue. Sous la plume des traducteurs hollandais, il ne reste

---

1. La traduction imprimée à Rotterdam est de MM. Tavel, Fagel et Maclaine; elles avaient déjà été traduites à Paris par le P. Jean Brunet, dominicain. Ces deux traductions ont été effacées par celle que M. Anson a fait paraître à Paris en 1795, 2 vol. in-12. (B.) — Réimprimée en 1805 avec une traduction des poésies de milady Montague (par Germain Garnier, sénateur), 2 vol. in-12. (T.)

pas trace de ce mérite. Malgré cela, c'est une lecture très-intéressante, et le fond et la manière d'envisager les objets attachent également. Il est vrai que ces lettres, ainsi traduites, n'ont pas réussi à Paris ; mais c'est certainement la faute des juges. J'ai souvent remarqué que la saison de l'automne n'était pas trop favorable aux bons ouvrages. Comme Paris est moins peuplé dans cette saison que dans les autres, les sots laissent passer d'excellents ouvrages sans s'en douter, et souvent il ne se trouve personne pour les avertir. Quelques traits échappés à milady Montague contre la France, et nommément contre les dames françaises, ont prévenu cette belle moitié de nos juges contre elle, et il ne faut pas espérer de réussir à Paris sans le suffrage des dames. On n'a pas voulu voir qu'il était pardonnable à une femme qui venait de voir ces belles Circassiennes, ces belles femmes de Chio, de trouver les dames françaises un peu moins belles, et d'être choquée de cet abus de rouge qu'on fait en France en s'en mettant une plaque de deux doigts d'épaisseur sur chaque joue. Rousseau dit quelque part que les femmes de Paris ont toutes l'air effronté et grenadier[1]. Cela est aussi faux qu'impertinent et les femmes lui ont pardonné, et l'on ne veut pas pardonner à milady Montague. C'est qu'on pardonne plus difficilement une vérité désagréable qu'une injure. Quoi qu'il en soit, milady Montague est une femme de beaucoup d'esprit et de mérite, dont les lettres font grand plaisir quand on peut se mettre un peu au-dessus de la maussaderie du traducteur. M$^{me}$ de Liré, né Lubomirska, qui, comme femme de feu M. Desalleurs[2], a aussi vécu à Constantinople, attaque la véracité de milady Montague ; mais ce n'est pas tout d'avoir été à Constantinople, il faut encore avoir la réputation d'esprit et de philosophie, et l'ardeur de savoir et de s'instruire que tout le monde accorde à milady Montague, quand on veut contre-balancer son témoignage. C'est ainsi qu'on lui reproche que le portrait qu'elle fait des mœurs de Vienne ne ressemble pas ; mais qui ne sent

---

1. « Quant au maintien soldatesque et au ton grenadier, il frappe moins, attendu qu'il est plus universel, et il n'est guère sensible qu'aux nouveaux débarqués. Depuis le faubourg Saint-Germain jusqu'aux halles, il y a peu de femmes à Paris dont l'abord, le regard ne soit d'une hardiesse à déconcerter quiconque n'a rien vu de semblable en son pays. » (*La Nouvelle Héloïse*, part. II, lettre 21.
2. Chargé d'affaires de France à Constantinople.

que la galanterie autrichienne, sous le jeune et heureux Charles VI, en 1716, doit avoir eu un autre caractère que sous le règne de la sévère et dévote Thérèse?

## NOVEMBRE

1ᵉʳ novembre 1763.

Le nom du comte de Warwick est un des plus illustres du xvᵉ siècle. Il joua un des plus grands rôles dans les troubles des maisons de Lancastre et d'York, qui désolèrent l'Angleterre pendant si longtemps. Warwick fut l'âme du parti d'York ou de la Rose-Blanche, tandis que la reine Marguerite d'Anjou, femme du roi Henri VI de Lancastre, se trouva à la tête du parti de cette branche ou de la Rose-Rouge. Henri VI était d'un caractère indolent et faible, et même d'une constitution si languissante qu'elle le rendait souvent incapable de penser et d'agir. Il y a apparence que ce prince, si peu recommandable par ses qualités, si célèbre par ses malheurs, eût paisiblement régné toute sa vie sous la tutelle des princes de son sang, et qu'il eût transmis le trône à son héritier sans difficulté, s'il avait su se choisir une épouse digne de lui, c'est-à-dire aussi méprisable que lui du côté des talents et des sentiments; mais Marguerite cachait, sous les traits de la beauté, l'âme d'un héros. Henri l'avait épousée contre ses intérêts, et malgré le duc de Glocester, son oncle et son ministre. Marguerite n'était pas faite pour rester oisive sur le trône : elle se rendit maîtresse de l'esprit faible de son mari; elle le gouverna entièrement, et bientôt elle voulut gouverner l'État. Pour cet effet, il fallait perdre le duc de Glocester : elle le perdit, et le fit même assassiner. C'est un crime qu'on a souvent reproché à cette grande princesse; mais c'était moins le sien que celui de son siècle. Le triomphe des grandes âmes, c'est de se trouver dans des situations difficiles : c'est là où tout leur génie se déploie; mais c'est le plus grand des malheurs pour les âmes communes. Un prince faible a beau être gouverné par une héroïne, son histoire n'est ordinairement qu'un enchaînement de fautes et de malheurs. Le génie de Marguerite ne put prévenir ceux de son faible époux : c'en était déjà un grand que, pour régner, elle fût obligée de perdre un ministre du sang du roi, et aussi cher au peuple qu'elle lui était odieuse comme princesse du sang de France. Marguerite, après cette catastrophe, ne gouverna pas assez habilement ou assez heureusement pour se concilier la faveur populaire. Au contraire, les pertes que les Anglais essuyèrent dans les provinces qu'ils possédaient en France animèrent de plus en plus le peuple, et il fallut que la reine se déterminât à sacrifier son favori et son principal ministre, le duc de Suffolk, à la haine publique. Le principal effort de sa politique consistait alors à empêcher le duc d'York de jouer un rôle. La branche d'York était l'aînée de Lancastre, et avait par conséquent un droit incontestable au trône, dont ses malheurs précédents l'avaient éloignée. Tout ce que la reine fit pour empêcher le duc d'York de devenir dangereux pour elle et pour Henri servit précisément à lui mettre les armes à la main. La guerre civile éclata. Henri fut pris par le comte de Warwick, dans une bataille où Marguerite combattit à côté de lui; et quoique le courage inébranlable de cette princesse ne succombât point, et qu'elle eût même le bonheur de vaincre dans une autre bataille le duc d'York, qui y périt avec un de ses fils, elle ne put triompher du génie de Warwick.

L'histoire nous peint cet homme célèbre plein de courage, d'artifice et de fierté, esprit hardi et fécond en ressources. Maître de Londres, il y fait proclamer roi le jeune fils du duc d'York sous le nom d'Édouard IV. Le faible Henri VI est déclaré indigne du trône et enfermé dans la Tour de Londres, et sa femme, l'intrépide Marguerite, repasse les mers pour chercher en France de nouveaux secours contre sa mauvaise fortune. Mais Édouard, à peine établi sur le trône, devint ingrat. Warwick, qui lui avait servi de père, à qui il devait la couronne, avait passé en France pour y négocier le mariage de son pupille avec une sœur de la femme de Louis XI, roi de France. Ce mariage était prêt à se conclure lorsque Édouard voit Élisabeth Woodville, en devient éperdu, l'épouse en secret, et la déclare enfin reine d'Angleterre, sans consulter Warwick. Celui-ci n'était pas homme à supporter un tel outrage : il devint l'ennemi irréconciliable du roi que lui seul avait donné à l'Angleterre. On s'arme, on combat de nouveau. Édouard est chassé du royaume, et l'infortuné Henri tiré de la Tour de Londres, et replacé sur le trône; mais Warwick ne servit pas la maison de Lancastre avec autant de bonheur que la maison d'York. Bientôt Édouard trouva le secret de rentrer dans son royaume; Henri, à peine rétabli, fut de nouveau renfermé dans la Tour au moment où Marguerite repassait en Angleterre avec son fils pour profiter de l'heureuse révolution qui était arrivée dans sa fortune; et, presque en même temps, Warwick perdit la vie dans un combat dont le succès assura à Édouard la possession paisible du trône. Marguerite n'eut que la douleur de voir que l'auteur de tous ses malheurs, l'homme le plus redoutable de son siècle, avait cessé de l'être lorsqu'il s'était déclaré son défenseur. Elle fut vaincue elle-même peu après, et son fils pris et assassiné; après quoi on alla assassiner Henri VI dans la Tour de Londres, et l'on renvoya Marguerite d'Anjou en France, non sans l'avoir fait rançonner par Louis XI.

L'époque de tous ces troubles sanglants a donné occasion à M. l'abbé Prévost de faire l'*Histoire de Marguerite*. Ce roman a paru propre à M. de La Harpe à être mis sur la scène, et il a choisi le comte de Warwick pour le héros d'une tragédie qui vient d'être jouée avec un grand succès sur le théâtre de la Comédie Française [1]. Cahusac avait déjà tenté ce sujet, il y a une trentaine d'années; mais feu Cahusac était un des plus mauvais poëtes de notre temps. Sa pièce tourna à la mort dès le commencement; on en resta au vers :

Transportons l'Angleterre au milieu de la France.

Un mauvais plaisant du parterre se mit à crier : *Place à l'Angleterre, place à l'Angleterre!* et la pièce ne fut point achevée. L'essai de M. de La Harpe a été plus heureux. Ce poëte ne s'était fait connaître jusqu'à présent que par quelques pièces fugitives; son début dans la carrière du théâtre est fort brillant; il ne s'agit plus qu'à désirer que ses succès subséquents répondent aux espérances du public.

1. *Warwick*, représenté pour la première fois le 7 novembre 1763.

M. de La Harpe n'a guère emprunté de l'histoire que la situation générale du tableau et le nom des principaux personnages ; mais, d'ailleurs, la fable, l'intrigue et la conduite de sa pièce, sont en partie tirées du roman de l'abbé Prévost, et contraires aux faits historiques, et c'est dommage, car ces faits sont trop connus pour qu'on puisse s'accoutumer à les voir altérés. Cette liberté ôte aussi aux personnages leurs mœurs et les marques de leur siècle, partie si précieuse d'un ouvrage dramatique, si soignée par les anciens, si négligée par les modernes. Quelques héros qu'on nous représente aujourd'hui, qu'ils soient anciens ou modernes, grecs ou romains, anglais, français ou musulmans, d'un siècle poli et éclairé, ou d'un siècle barbare, ils se ressemblent tous. Britannicus, Titus, Orosmane, le duc de Foix, ont tous le même caractère de générosité et de noblesse de sentiments ; le Juif Mathan dans *Athalie*, et le Romain Narcisse dans *Britannicus*, le même genre de perfidie et de méchanceté : il ressemblent tous à leur auteur, c'est-à-dire au modèle qu'il s'est fait dans sa tête d'un héros, d'un scélérat, etc.; mais ils ne ressemblent pas à leur siècle ; ils n'en ont ni les mœurs, ni les discours ; ils sont tout français. Voilà, n'en doutons point, la principale raison pourquoi la tragédie plaît tant à la jeunesse, parce que les premiers sentiments de passion font un grand plaisir à cet âge, et pourquoi elle est souvent si fastidieuse aux hommes d'un goût mûr, parce qu'ils exigent une vérité et une force de mœurs qu'on recherche inutilement dans les tragédies modernes. Aussi, je ne prétends pas faire un crime à M. de La Harpe de ce qui est la faute de son siècle. Il a arrangé et combiné les matériaux et les incidents de sa pièce suivant l'usage reçu, et, en lui pardonnant cette licence, on ne peut nier qu'il n'ait montré beaucoup de talent.

Le moment de sa pièce est celui où Warwick négocie en France ce traité de mariage avec la sœur de la reine, et où Édouard, épris d'une violente passion pour Élisabeth Woodville, se détermine à rompre ce traité conclu par les soins de son ministre et de son bienfaiteur. Mais c'est là ce qu'il y a de moins sensible dans l'outrage que Warwick reçoit du prince qu'il a placé sur le trône. Warwick, quoique marié, était depuis longtemps l'amant déclaré d'Élisabeth, suivant le roman de l'abbé Prévost, et Édouard lui fait une injure mortelle en cherchant à lui enlever le cœur de sa maîtresse. La plus violente des passions l'expose ainsi à la plus noire ingratitude envers l'homme à qui il doit sa couronne. Voyons comment M. de La Harpe s'est tiré de tout cela. Il a fait d'abord de Warwick un homme libre qui aspire à la main d'Élisabeth. Au moment de la tragédie, Henri de Lancastre est enfermé dans la Tour; suivant l'*Histoire* et suivant le poëte, Marguerite d'Anjou avec son fils se trouve à la cour d'Édouard, où elle est traitée avec beaucoup d'égards et de ménagements, quoique en quelque façon prisonnière. Cette circonstance est fausse; Marguerite était en France lorsque Warwick y négociait le mariage de son maître. Ni les mœurs du siècle, ni la bonne politique, n'auraient permis à Édouard de laisser en liberté, au milieu de sa cour, une femme aussi redoutable que Marguerite d'Anjou. Le fait est qu'elle ne fut prise qu'après la mort du comte de Warwick, dans le combat qui termina cette fameuse et sanglante querelle.

Le principal défaut de cette tragédie, c'est de manquer d'intérêt, de sentiment et de vigueur. Quoique le sujet soit très-touchant, M. de La Harpe ne sait pas faire pleurer; mais en revanche il a de la chaleur dans les détails, de la sagesse, de l'élévation et de la noblesse. La pièce marche sans embarras depuis le commencement jusqu'à la fin, et la chaleur des scènes la soutient partout. On voit, par exemple, que l'action est comme suspendue pendant tout le temps de la prison de Warwick. Cependant le poëte a su soutenir l'intérêt par la chaleur qui règne dans tout le quatrième acte; peut-être est-ce moins le mérite du poëte que celui des acteurs; c'est ce que nous verrons à la lecture. Le cinquième est moins heureusement arrangé; la première scène est froide, et l'apparition de Marguerite, pour annoncer la catastrophe, n'a pas fait l'effet qu'elle aurait dû faire. Cela peut dépendre d'un rien à ôter ou à ajouter. M. de La Harpe ne sait pas faire des scènes; mais il n'y en a aucune dans sa pièce où il n'y ait des choses qui soient bien, mais très-bien. Il lui reste à apprendre à donner à chaque scène sa marche naturelle et sa juste étendue; son style m'a paru faible, ainsi que toute la contexture de sa pièce; mais il ne manque ni de correction ni d'élégance. Il y a peu de ces vers à maximes qui déparent la plupart de nos tragédies nouvelles. Quoiqu'il ne sache pas développer les caractères de ses personnages, il faut convenir qu'il les a bien conçus, et tous les traits dont il cherche à les dessiner conviennent bien au sujet qu'ils doivent caractériser. Il n'y a de rôle faible, dans cette pièce, que celui d'Élisabeth; mais c'est qu'il fallait lui donner beaucoup de sentiment, et c'est la partie qui manque absolument à M. de La Harpe. Cette pièce ne restera point au théâtre; mais ce n'est pas, à beaucoup près, un ouvrage méprisable. Le premier ouvrage dramatique de l'auteur décidera de son talent et des espérances qu'il sera permis de concevoir. On peut consulter sur ces troubles sanglants, qui ont fourni à M. de La Harpe le sujet de sa tragédie, outre l'histoire ou plutôt le roman de la reine Marguerite d'Anjou, par M. l'abbé Prévost, dont j'ai parlé et qu'on lit avec plaisir, l'histoire de Rapin-Thoyras et celle du philosophe David Hume, qui vient d'arriver à Paris avec l'ambassadeur d'Angleterre, et qui y reçoit un accueil digne de sa réputation et de son mérite.

### VERS DE M. L'ABBÉ PORQUET

#### A THÉRÈSE.

Lorsque tu sais parler à peine,
Ministre heureux, tu conclus des traités!
De mon aimable souveraine
Tu me rends toutes les bontés.
Thérèse, vois couler mes larmes,
Pour la première fois je les dois au plaisir.
Aurais-je cru qu'on pût ajouter à tes charmes?
Ton bienfait à mes yeux pouvait seul t'embellir.

Thérèse est fille d'un pauvre bourgeois de Lunéville, âgée de quatre ou cinq ans, remplie de grâces, que M$^{me}$ la marquise de Boufflers se plaît à élever. Cette dame ayant eu un petit démêlé avec M. l'abbé Porquet, lui envoya le lendemain matin la petite Thérèse pour négocier la paix et réparer son tort. C'est ce qui a donné occasion aux vers que vous venez de lire. Ce qui est plus intéressant que cette négociation, c'est l'éducation physique qu'on donne à cette enfant. Thérèse boit de l'eau, mange du pain toute la journée, mais ne mange que cela. Tous les matins, dès qu'elle est levée, on la plonge dans de l'eau froide. Elle porte dans cette saison-ci comme au mois de juillet, pour tout habit, une petite chemisette. Thérèse ne connaît les impressions ni du froid ni du chaud, ni aucune des misères dont les enfants délicatement élevés sont sans cesse tourmentés. Elle vient d'être inoculée sans aucune préparation. Elle devra à sa bienfaitrice un tempérament et une santé inaltérables.

15 novembre 1763.

Les *Lettres trouvées dans les papiers d'un père de famille* forment un gros volume in-12 de plus de quatre cents pages[1]. S'il était d'usage de brûler les livres vraiment mauvais, par arrêt de la cour du Parlement, celui-ci n'échapperait pas au feu, et son auteur, que je n'ai pas l'honneur de connaître, mériterait cette punition pour avoir trouvé un titre très-intéressant, et pour l'avoir si mal rempli. C'eût été un excellent ouvrage entre les mains d'un philosophe et d'un grand écrivain; sous la plume de l'auteur anonyme, c'est un recueil de platitudes : son titre reste toujours à remplir. Pour écrire avec succès sur l'éducation particulière, il en faut faire l'histoire, ou, si vous voulez, le roman, mais avec plus de vérité et de génie que J.-J. Rousseau n'en a mis dans son *Émile*; car cet Émile, élevé avec tant d'emphase et de pédanterie, est un fort sot enfant, quoi qu'en dise son gouverneur Jean-Jacques.

— C'est pour se moquer un peu de l'emphase philosophique de Jean-Jacques qu'un autre anonyme a fait un petit roman sous le titre de *Lettres d'un citoyen de Genève*, volume in-12 de cent quatre-vingt pages[2]. Dans ce roman, le philosophe fait successivement un enfant à deux beautés, et se trouve fort embarrassé entre ses deux maîtresses. Il a pour conseil un oncle peu philosophe, grand ennemi des grands mots, mais généreux, plein de franchise et d'excellents procédés. Ce roman pouvait encore être rempli d'une manière très-plaisante, car l'emphase philosophique est un ridicule très-susceptible d'une bonne satire, et, comme c'est un ridicule du jour, il mérite l'attention des

---

1. Cet ouvrage est d'un nommé Louis Charpentier, auteur d'autres romans aussi médiocres que celui-ci. (B.)
2. L'auteur est inconnu.

vrais philosophes; mais c'est que l'auteur de ces Lettres est pauvre et plat. Il établit la scène à Genève, où il fait mettre les maîtresses du philosophe au couvent sans aucun embarras. Son oncle est un vieux marin, apparemment d'eau douce, sur le lac de Genève. Voilà les moindres de ses impertinences.

— M. Robert, docteur de la faculté de médecine de Paris, vient de publier un petit volume d'environ cent-quatre-vingt pages, intitulé *Recherches sur la nature et l'inoculation de la petite vérole*. C'est un bavardage en faveur de cette pratique, tout aussi peu concluant que les impertinences qu'on publie contre, et dont le docteur Le Hoc vient d'augmenter le nombre par une lettre en réponse à celle de M. Gatti.

— On a imprimé séparément une correspondance sur une question politique d'agriculture, entre M. d'Éprémesnil et M. Dupuy-Demportes, tirée du *Gentilhomme cultivateur* dont ce dernier est, je crois, le compilateur. On a aussi imprimé un discours et un mémoire relatifs à l'agriculture. Que je ne mange jamais de pain si tous ces barbouilleurs de papier font jamais le moindre bien à l'agriculture ! Ce qu'il y a de fâcheux encore, c'est qu'ils écrivent leur langue comme des manants de village ; ils feraient bien mieux de laisser là la plume et de savoir manier la charrue comme ceux qu'ils veulent endoctriner.

— La Comédie-Italienne a donné ces jours passés un petit opéra-comique intitulé *Zélie et Lindor*, dont les paroles et la musique son également détestables [1].

## DÉCEMBRE

1er décembre 1763.

Les vrais prodiges sont assez rares pour qu'on en parle quand on a occasion d'en voir un. Un maître de chapelle de Salzbourg, nommé Mozart, vient d'arriver ici avec deux enfants

---

1. Représenté le 12 novembre 1763; paroles de Pelletier, musique de Rigade.

de la plus jolie figure du monde. Sa fille, âgée de onze ans, touche le clavecin de la manière la plus brillante; elle exécute les plus grandes pièces et les plus difficiles avec une précision à étonner. Son frère, qui aura sept ans au mois de février prochain, est un phénomène si extraordinaire qu'on a de la peine à croire ce qu'on voit de ses yeux et ce qu'on entend de ses oreilles[1]. C'est peu pour cet enfant d'exécuter avec la plus grande précision les morceaux les plus difficiles avec des mains qui peuvent à peine atteindre la sixte; ce qui est incroyable, c'est de le voir jouer de tête pendant une heure de suite, et là s'abandonner à l'inspiration de son génie et à une foule d'idées ravissantes qu'il sait encore faire succéder les unes aux autres avec goût et sans confusion. Le maître de chapelle le plus consommé ne saurait être plus profond que lui dans la science de l'harmonie et des modulations qu'il sait conduire par les routes les moins connues, mais toujours exactes. Il a un si grand usage du clavier qu'on le lui dérobe par une serviette qu'on étend dessus, et il joue sur la serviette avec la même vitesse et la même précision. C'est peu pour lui de déchiffrer tout ce qu'on lui présente; il écrit et compose avec une facilité merveilleuse, sans avoir besoin d'approcher du clavecin et de chercher ses accords. Je lui ai écrit de ma main un menuet, et l'ai prié de me mettre la basse dessous; l'enfant a pris la plume, et, sans approcher du clavecin, il a mis la basse à mon menuet. Vous jugez bien qu'il ne lui coûte rien de transporter et de jouer l'air qu'on lui présente dans le ton qu'on exige; mais voici ce que j'ai encore vu, et qui n'en est pas moins incompréhensible. Une femme lui demanda l'autre jour s'il accompagnerait bien d'oreille, et sans la voir, une cavatine italienne qu'elle savait par cœur; elle se mit à chanter. L'enfant essaya une basse qui ne fut pas absolument exacte, parce qu'il est impossible de préparer d'avance l'accompagnement d'un chant qu'on ne connaît pas; mais, l'air fini, il pria la dame de recommencer, et à cette re-

---

1. Cette jeune merveille est l'immortel Mozart, né le 27 janvier 1756 et enlevé le 5 décembre 1791, c'est-à-dire avant l'âge de trente-six ans, à l'art musical, dont il recula les limites. Ses premières productions datent de l'époque à laquelle Grimm écrivait ceci; ce sont deux sonates qu'il dédia, l'une à Madame Victoire, fille de Louis XV, l'autre à la comtesse de Tessé. Il avait commencé à trois ans l'étude de la musique. (T.)

prise, il joua non-seulement de la main droite tout le chant de l'air, mais il mit, de l'autre, la basse sans embarras ; après quoi il pria dix fois de suite de recommencer, et à chaque reprise il changea le caractère de son accompagnement ; il l'aurait fait répéter vingt fois si on ne l'avait fait cesser. Je ne désespère pas que cet enfant ne me fasse tourner la tête, si je l'entends encore souvent ; il me fait concevoir qu'il est difficile de se garantir de la folie en voyant des prodiges. Je ne suis plus étonné que saint Paul ait eu la tête perdue après son étrange vision. Les enfants de M. Mozart ont excité l'admiration de tous ceux qui les ont vus. L'empereur et l'impératrice-reine les ont comblés de bontés ; ils ont reçu le même accueil à la cour de Munich et à la cour de Manheim. C'est dommage qu'on se connaisse si peu en musique en ce pays-ci. Le père se propose de passer d'ici en Angleterre, et de ramener ensuite ses enfants par la partie inférieure de l'Allemagne.

— M. l'abbé de La Chapelle, dont nous avons un bon ouvrage élémentaire sur la géométrie, vient de nous en proposer un autre sous le titre de *l'Art de communiquer ses idées*[1]. Je ne connais d'autre secret pour cela que d'apporter en naissant les dons qui constituent l'homme éloquent, comme la facilité, la chaleur, la netteté, la profondeur, etc., et de perfectionner tous ces dons par l'application et l'étude ; voilà tout le traité de M. de La Chapelle en deux lignes. Je veux mourir s'il peut d'ailleurs dire quelque chose qui puisse être d'aucune utilité réelle.

— On nous a envoyé de Genève quelques exemplaires des *Lettres écrites de la campagne*. Plusieurs citoyens et bourgeois de cette république avaient fait des représentations au conseil, au sujet de ses procédures contre J.-J. Rousseau, et, comme il arrive, les têtes s'étaient échauffées peu à peu au point de faire craindre pour la tranquillité intérieure, lorsque M. Tronchin, procureur général de la république, publia ces *Lettres écrites de la campagne*[2]. Il y discute en simple citoyen les difficultés

---

1. 1763, in-12. L'*Instruction de géométrie*, du même auteur, est l'autre ouvrage dont Grimm veut parler. (T.)
2. Tronchin (Jean-Robert), né à Genève en 1711, mort dans le pays de Vaud en 1793. Ses *Lettres écrites de la campagne, proche Genève*, 1763, in-8° et in-12, auxquelles Jean-Jacques répondit par les *Lettres de la montagne*, donnèrent aussi

qui se sont élevées, et que ses Lettres ont dissipées sans autre moyen. Tout le monde a dit, après cette lecture, que le conseil avait raison ; c'est peut-être le premier exemple de l'empire de la raison sur un peuple échauffé par les cabaleurs. Ce M. Tronchin, cousin du médecin, est un homme de beaucoup d'esprit. Né en Angleterre, il aurait sûrement joué un rôle dans la chambre basse ; mais j'aime mieux laisser à un célèbre magistrat de France le soin de vous donner une idée de ces Lettres.

LETTRE DE M. DE MONCLAR,

PROCUREUR GÉNÉRAL AU PARLEMENT D'AIX,

A M. LE DUC DE VILLARS,

GOUVERNEUR DE PROVENCE.

« Monsieur,

« Je ne puis vous rendre trop d'actions de grâce ; mais je vous supplie de trouver bon que je ne rende pas les *Lettres écrites de la campagne*. J'ai eu tant de plaisir à les lire que vous me pardonnerez un larcin fait avec tant de bonne foi. Il vous sera facile d'avoir un autre exemplaire de Genève. On ne peut rien voir, à mon avis, de plus sage et de plus solide que cet écrit. La clarté, la justesse du raisonnement est admirable dans les parties de déduction. La cinquième lettre est un morceau de droit public et de politique très-précieux, qu'on peut mettre à côté de tout ce qu'il y a de meilleur en ce genre ; mais ce qui m'enchante singulièrement, c'est la décence et la modération du style. Jamais on n'a mieux ménagé au lecteur prévenu le plaisir de se rendre à la raison sans qu'il en coûte trop à l'amour-propre. C'est un chef-d'œuvre de convenance pour le moment et les circonstances ; on dirait que l'auteur craint d'abuser, dans un État libre, de l'empire que l'éloquence a sur les esprits. Il ne veut ni les assujettir, ni leur faire illusion ; son éloquence

---

naissance à un autre écrit : *Réponse aux Lettres écrites de la campagne, avec une addition* (par d'Ivernois), 1764, in-8°. Tronchin répliqua par des *Lettres populaires où l'on examine la Réponse aux Lettres écrites de la campagne*, in-8°. On vit paraître ensuite *Réponse aux Lettres populaires*, 1765 et 1766, deux parties in-8°, avec une suite ; et *Lettres écrites de la plaine* (par l'abbé Sigorgue), Paris, 1765, in-12. (T.)

est douce et modeste pour la forme, quand elle est triomphante pour le fond des choses ; c'est véritablement celle de l'homme d'État dans une république. Il n'a point un air de victoire quand il accable par l'évidence ; il s'insinue sans se rendre suspect de séduction ; ses ménagements ne sont point fardés : ils paraissent l'effet du sentiment plutôt que l'ouvrage de l'art, et certainement l'art ne pouvait rien faire de mieux. L'auteur ne se montre point occupé de lui-même, ni entêté de ses opinions, qu'il porte à la dernière démonstration ; il n'est occupé que de la patrie et du bien public : il paraît n'aimer que la vérité et les lois ; il respecte ses concitoyens, qu'il désabuse sans avoir l'air de maîtriser leur entendement. On a bien du bon sens et du bon esprit dans ce pays. Je ne suis point étonné que cet ouvrage ait eu un succès complet ; cela ne pouvait être autrement. Recevez, monsieur, les assurances de mon attachement, de mon zèle et de mon respect. »

— Les *Considérations sur les corps organisés, où l'on traite de leur origine, de leur développement, de leur reproduction*, sont un nouvel ouvrage de M. Charles Bonnet, citoyen de Genève, auteur de l'*Essai analytique des facultés de l'âme*, qui a paru il n'y a pas longtemps, et de plusieurs autres ouvrages de physique et de philosophie très-estimés. On trouve dans celui-ci des faits intéressants et vrais, opposés aux romans des systèmes, qui ont été plus multipliés sur la génération que sur aucune autre matière. M. Bonnet est un excellent esprit. Comme écrivain, il ne lui manque que d'avoir vécu quelque temps à Paris pour y prendre ce que nous appelons ton, ce qu'on appelait urbanité à Rome, et à Athènes l'atticisme.

— Il y a une grande différence entre philosophe et philosophe. Le R. P. Bonaventure Abat, cordelier, vient de donner des *Amusements philosophiques sur diverses parties des sciences, et principalement de la physique et des mathématiques*[1]. On n'accusera pas un moine d'être un bon esprit. Si cela arrivait par accident, il serait bien à plaindre : il faudrait, ou mentir toute sa vie contre sa conscience, ou l'exposer à toute la rigueur de la persécution.

1. 1763, in-8°.

— Fontenelle, qui, à travers son faux bel esprit, avait un esprit très-philosophique, disait que pour connaître les maladies dont un peuple est travaillé on n'avait qu'à lire les affiches de la capitale; qu'à Paris, par exemple, on lisait à tous les coins de rues, d'un côté : *Traité sur l'incrédulité*, et de l'autre : *Traité sur les maladies vénériennes*. Aujourd'hui, on peut ajouter à ces affiches des traités sans nombre sur l'agriculture, sur la population, sur l'administration des finances. Il faut que nous soyons terriblement attaqués de maladies dans ces parties, puisque nous avons tant de médecins et de charlatans qui nous proposent leurs remèdes. On dit qu'il existe une *Philosophie rurale*, en trois volumes, qui a été supprimée [1]. Je ne l'ai point vue; mais on m'a assuré que c'était du galimatias fort chaud et très-hardi, qui avait l'air de venir de la boutique de M. le marquis de Mirabeau, ex-auteur de *l'Ami des hommes*, et de son ami, M. Quesnay, médecin consultant du roi, qui a fait, relativement à cet objet, quelques articles obscurs et louches de *l'Encyclopédie* [2]. On a imprimé en Hollande un autre ouvrage intitulé *l'Homme en société, ou Nouvelles Vues politiques et économiques pour porter la population au plus haut degré en France*, deux volumes [3]. Moi aussi, j'aurais des vues là-dessus; mais ces matières ne peuvent être traitées sans danger que par des bavards. D'ailleurs, celui qui met au jour un petit citoyen mérite mieux de l'État que celui qui fait vingt traités sur la population, et je voudrais bien avoir ce mérite. M. de La Morandière a écrit en faveur de l'*Appel des étrangers dans nos colonies* [4] : cela veut dire qu'il approuve fort qu'on y attire des étrangers à force de priviléges, de liberté et de bienfaits.

— Le *Songe d'un citoyen*, et le *Patriote financier*, sont deux feuilles qui regardent l'insipide querelle de la *Richesse de l'État*.

— Le poëte Roy, qui a passé une partie de sa vie dans le mépris, et les dernières années dans l'imbécillité, vient de mou-

---

1. *Philosophie rurale, ou Économie générale et particulière de l'agriculture*, Amsterdam, 1764, 3 vol. in-12, abrégée ensuite sous ce titre : *Éléments de la philosophie rurale*, La Haye, 1767 et 1768, in-12.

2. Quesnay, né en 1694, mort en 1774, chef de la secte des économistes en France. Le marquis de Mirabeau, dont il avait été plus d'une fois le collaborateur, a publié son *Éloge*, que La Harpe appelle un modèle de galimatias. (T.)

3. (Par Goyon de La Plombanie.) Amsterdam, 1763, 2 vol. in-12.

4. Paris, 1763, in-12.

rir, rassasié de jours et de coups de bâton[1]. Il était méchant et lâche. Ses épigrammes lui ont souvent attiré le châtiment de ceux qu'il a offensés. Il a fait des opéras qui sont estimés; mais ce genre est en lui-même si détestable à mes yeux que peu s'en faut que je ne regarde un succès comme une tache. Le froid mortel et le mauvais goût sont les divinités qui inspirent les faiseurs d'opéras français. Le ballet des *Sens* et celui des *Éléments* sont deux ouvrages de Roy d'une grande réputation[2]. Dans le premier, les cinq actes portent le titre de nos cinq sens, et dans le second, chaque acte porte le titre d'un des quatre éléments; une insipide et absurde allégorie, que le public appelait ingénieuse, faisait le mérite de ces poëmes, dont l'idée et l'exécution étaient également capables de tuer le génie du musicien s'il en avait eu. Et puis on disait ces poëmes de Roy supérieurement écrits, et cependant dans ces poëmes si bien écrits il n'y avait ni sentiment, ni facilité, ni naturel, pas une ligne susceptible de musique. Il est incompréhensible qu'un peuple qui a tant de goût dans d'autres genres puisse se méprendre à ce point sur le genre lyrique, et persister pendant un siècle dans un système aussi absurde et aussi gothique.

— La tragédie de *Warwick* continue à avoir le plus brillant succès : elle aura vraisemblablement quinze représentations, et c'est aujourd'hui le plus haut degré de gloire auquel un poëte puisse prétendre. Cette pièce vient d'être imprimée. Son grand défaut est la faiblesse qui se montre partout : on dirait que c'est le coup d'essai d'un jeune homme de soixante ans. J'aimerais bien mieux y remarquer plus d'inégalité et de force, et moins de sagesse; cela me donnerait bonne espérance pour ses ouvrages à venir. Je meurs de peur que M. de La Harpe ne reste toute sa vie froid et sage. Mais s'il est vieux dans sa tragédie, il est en revanche bien jeune dans une lettre adressée à M. de Voltaire à la suite de sa pièce, c'est-à-dire suivant les

---

1. Roy ne mourut que le 23 octobre 1764. Grimm rapportait un faux bruit.

2. Palissot dans ses *Mémoires de littérature*, et, d'après lui, la *Biographie universelle*, dit que Roy ayant fait une épigramme contre l'élection du comte de Clermont à l'Académie, ce prince du sang le fit maltraiter par ses gens, et que le poëte, bâtonné, mourut *quelques jours après* des suites de cette correction : c'est une évidente erreur. Le comte de Clermont fut élu le 26 mars 1754, et Roy ne mourut que le 23 octobre 1764. Si les coups de bâton des valets du prince académicien y contribuèrent pour quelque chose, on avouera du moins que leur effet fut lent. (T.)

caractères qu'Horace donne à cet âge, qu'il est confiant, présomptueux, *monitoribus asper*. Ce n'est pas que tout ce qu'il dit sur la décadence de la tragédie parmi nous ne soit vrai et fondé; mais il nous fait clairement entendre qu'il ne nous reste que M. de Voltaire et lui, et comme le premier a soixante-dix ans vous pouvez tirer la conclusion sur nos restes. Cette lettre n'a pas réussi dans le public comme la tragédie; elle fait pourtant toute ma consolation, parce que c'est le seul signe de jeunesse que M. de La Harpe nous ait donné; s'il était toujours aussi sage que sa pièce, je le tiendrais pour un homme perdu. Shakespeare a traité ce sujet dans sa tragédie de *Henri VI*. Au milieu de l'irrégularité de ses drames, vous y voyez des mœurs bien autrement fortes et vraies que dans la tragédie du sage M. de La Harpe.

— *L'Élève de la nature* est un nouvel ouvrage sur l'éducation, en deux parties [1]. L'auteur s'appelle M. Guillard de Beaurieu : il est pauvre et malheureux. C'est un singe de J.-J. Rousseau. Il a voulu former un homme sauvage et abandonné à lui-même, dans la première partie; et dans la seconde, il en fait un homme de société et civilisé. Cela est insipide et plat, et je crains que cet *Élève de la nature* ne nourrisse fort mal son précepteur.

Un poëte anonyme a adressé à J.-J. Rousseau une Épître [2] où il soutient que la gloire d'avoir établi un grand nombre de paradoxes ne saurait être solide. Je pense comme lui. On lira Voltaire éternellement, Rousseau n'aura qu'un temps; mais enfin la vocation de celui-ci était de soutenir des paradoxes par une foule de sophismes ingénieux et subtils, et je crains que le poëte qui lui a adressé cette épître n'ait perdu son temps à lui conseiller plus de sagesse et plus d'indulgence envers les hommes.

15 décembre 1763.

M. Marmontel vient d'être nommé par l'Académie française pour remplir la place vacante par la mort de M. de Bougainville. Il y a ici une société de femmes aimables qui aiment la

---

1. In-12.
2. *Épître à M. Jean-Jacques Rousseau, ci-devant citoyen de Genève*, in-8°.

peinture et qui s'assemblent un jour de la semaine pour dessiner. Leurs amis ont appelé cette société l'Académie des Grâces. M. Marmontel étant de leur connaissance, l'Académie des Grâces lui envoya le jour de sa nomination un dessin allégorique et relatif à cet événement. On y voyait le buste du nouvel académicien placé au-dessous de celui de Crébillon. M. Marmontel a fait le remerciement suivant:

### A L'ACADÉMIE DES GRACES.

Rien ne plaît sans l'aveu des Grâces;
De ces filles du ciel les beaux-arts sont les dons.
Le goût, docile à leurs leçons,
Conduit les talents sur leurs traces;
Leur école est un temple où de mille couleurs
La nature se peint dans sa beauté naïve;
A l'immortalité sur leurs pas on arrive
Par un chemin semé de fleurs.
De la légèreté de leur touche divine
L'œil est ravi, le cœur touché;
Et tandis que leur main badine
Avec le crayon de Boucher,
Dans une bergère enfantine
L'Amour surpris revoit tous les traits de Psyché.
Dieu des vers, en vain tu refuses
Ton génie à leur favori,
Et si les Grâces m'ont souri
Je n'ai pas besoin d'autres Muses.

— L'Impératrice de Russie a écrit, il n'y a pas longtemps, à M. de Voltaire une lettre remplie de bonté, où elle dit, entre autres, qu'elle venait de lire dans un écrit de M. Rousseau que les Russes allaient redevenir plus barbares que jamais. « Je tâcherai, ajoute-t-elle, aussi longtemps que je les gouvernerai, de donner très-impoliment un démenti à M. Rousseau. » Cette lettre a donné occasion aux vers suivants de M. de Voltaire, qui courent depuis quelques jours dans Paris, et qu'on ne mettra pas à côté des meilleurs de ce grand poëte :

Dieux qui m'ôtez les yeux et les oreilles,
Rendez-les-moi, je pars au même instant.

Heureux qui voit vos augustes merveilles,
O Catherine, heureux qui vous entend!
Plaire et régner, c'est là votre talent;
Mais le premier me touche davantage :
Par votre esprit, vous étonnez le sage;
Il cesserait de l'être en vous voyant.

— On a donné sur le théâtre de la Comédie-Italienne un petit opéra-comique intitulé *le Rendez-vous*[1] dont les paroles sont de M. Légier, qui enrichit quelquefois le *Mercure* de ses productions poétiques. Celui-ci peut aussi se vanter de bien écrire, c'est-à-dire que son poëme est si froid et si plat que, malgré la plus jolie musique du monde, il n'a pu se soutenir. C'est un vieux bailli de village, qui, étant devenu amoureux de sa servante, lui donne un rendez-vous la nuit dans le jardin pendant que sa femme, jalouse, dormira. Babet est une fille honnête qui aime d'ailleurs un beau garçon du village. Elle envoie son amoureux à sa place au rendez-vous, et tandis que le vieux paillard conte fleurette à ce grand garçon dans l'obscurité, Babet vient le surprendre avec sa femme, une lanterne à la main. La femme fait du vacarme, et Babet et son amoureux se moquent du bailli. Tout cela est détestable, et l'on a bien du regret à voir la jolie musique de Duni perdue pour une aussi mauvaise pièce. La musique lui a valu quelques représentations; mais jamais cette pièce ne se soutiendra au théâtre.

— *La Gazette littéraire de l'Europe*, annoncée dès le mois de juin dernier sous les auspices du ministère des affaires étrangères, a rencontré divers obstacles qui s'opposent à son exécution. Ainsi il n'en est plus question[2].

— On vient de publier une nouvelle traduction de divers morceaux choisis des *OEuvres morales* de Plutarque, en un volume in-12 de trois cent soixante-dix pages[3]. Dans cette compilation on trouve le dialogue sur l'âme des bêtes, l'examen du système d'Épicure, les faits mémorables d'un grand nombre de dames illustres de l'ancienne Grèce, le morceau sur les moyens

---

1. Représenté le 16 décembre 1763.
2. M. Hatin (*Histoire de la presse*, t. III, p. 93, et *Bibliographie de la presse*) s'est longuement occupé de ce journal, dont l'enfantement fut laborieux et qui provoqua de nombreuses imitations ou contrefaçons.
3. Traduits par l'abbé Lambert.

de réprimer la colère, celui de l'avarice et celui du contentement de l'esprit.

— *L'Optique, ou le Chinois à Memphis, essais traduits de l'égyptien,* en deux parties[1]. C'est une froide copie du *Babouc,* du *Memnon,* et d'autres petits morceaux de M. de Voltaire en ce genre, car vous jugez bien que Memphis n'est autre chose que Paris, dont un Chinois fait la critique. Personne ne lit ces rapsodies.

— Le jeu du reversis est regardé comme le plus beau jeu de cartes qui existe. Un amateur vient d'en donner les principes et les règles dans une brochure de cent vingt-huit pages.

— Un compilateur anonyme vient de publier, en sept volumes, les *Mémoires historiques, critiques et anecdotiques, des reines et régentes de France*[2]. Malgré les éloges qu'un lieutenant général des armées du roi prodigue à l'auteur dans une lettre que celui-ci a eu soin d'imprimer à la tête de son ouvrage, le public n'a pas voulu le lire. C'est une insigne rapsodie qui commence avec Clotilde et finit avec la reine Marie de Médicis, femme et veuve d'Henri IV. On nous en promet la suite. Tant pis pour ceux qui seront obligés de la lire.

— De toutes ces brochures, aucune n'a été regardée; mais *l'Anti-Financier*[3] a fait grand bruit. C'est une brochure grand in-8° qui contient, suivant le titre, un relevé de quelques-unes des malversations dont se rendent journellement coupables les fermiers généraux, et des vexations qu'ils commettent dans les provinces. Cet ouvrage, plein de chaleur et de déclamation, est dédié au Parlement par une épître remplie de la plus fade adulation. On y trouve des expressions fortes et des choses hardies, mais peu de lumières, et, à tout prendre, ce médecin qui voudrait tailler dans le vif ne vaut pas mieux et serait peut-être plus dangereux que ses confrères les bavards qui sont pour les partis mitoyens. Il y a dans cet ouvrage un magnifique portrait de nos seigneurs du Parlement. Si *l'Anti-Financier* parvient à la postérité, elle croira infailliblement à la métempsycose, et

---

1. (Par Saint-Péravy.) L'attribution à Voltaire de ce roman allégorique ne manqua pas de se produire, et J.-J. Rousseau, qui y a ajouté foi, a inscrit sur un exemplaire une note que Barbier a reproduite.
2. (Par Dreux du Radier.) Plusieurs fois réimprimé.
3. (Par Darigrand.) Amsterdam, 1763, in-8°. Voir la note de Barbier à ce titre.

sera convaincue que les âmes de ces généreux Romains de l'âge d'or de la république ont toutes passé dans les corps de messieurs de grand'chambre et des enquêtes. Ah, Brutus! ah, Fabricius! que vos têtes sont rétrécies sous la perruque d'un conseiller au Parlement!

— L'inoculation est un autre sujet qui exerce la plume de nos oisifs. On vient d'imprimer des *Observations sur la petite vérole naturelle et artificielle*[1].

Je ne sais quel est l'imprudent qui a fait *l'Inoculation terrassée par le bon sens*, et que M. le duc d'Orléans se propose de faire punir pour avoir dit effrontément qu'on peut entendre de la bouche de M. le duc de Chartres qu'il a eu la petite vérole six mois après avoir été inoculé. On ne saurait mentir plus intrépidement.

M. le chevalier de Chastellux a fait imprimer de *Nouveaux Éclaircissements sur l'inoculation*[2] dans lesquels il démasque la mauvaise foi d'un certain M. Rast, médecin de Lyon, qui a fait un livre contre cette pratique. On pourrait dire à M. Rast que ce n'est pas tout d'être sot, qu'il faut encore n'être pas fripon; et à M. le chevalier de Chastellux, que ce n'est pas tout d'avoir raison, qu'il faut encore être précis et clair : car son style est un peu louche et embarrassé, et dans ces matières la netteté et la clarté sont indispensables.

— Ajoutez à l'immense bibliothèque des romans trois nouvelles productions de ce genre qui sont bien mauvaises et que personne n'a regardées, savoir : *les Lettres de Cécile à Julie, ou les Combats de la nature*[3], en deux volumes; *les Dangers de l'Amour, ou les Aventures d'un négociant portugais*, en deux parties[4]; enfin *Adélaïde*[5], aussi en deux parties.

— Mlle Mazarelli a acquis quelque célébrité à Paris par son esprit et par ses charmes. Ceux-ci lui ont donné des amants qui ont eu soin de sa fortune, et que les agréments de son esprit ont fixés auprès d'elle. Cette fille, d'une profession aussi joyeuse que brillante, a concouru pour le prix d'éloquence de l'Académie

---

1. (Par L.-M. Vernage.) Paris, Didot jeune, 1763, in-12.
2. Paris, 1764, in-12.
3. Par de Rosoy.
4. Lisbonne (Paris), 1764, in-12.
5. Inconnu aux bibliographes.

française par un éloge du duc de Sully qui vient d'être imprimé. Cela est faible et joli à faire pitié, mais pour louer Sully d'une manière digne de lui il faut être profond philosophe et homme d'État. Tout ce qu'on peut dire de plus vrai à la louange de Mlle Mazarelli, c'est qu'il est beau à elle de l'avoir tenté.

— Un poëte anonyme qui n'aspire à aucune sorte de gloire, et qui a raison car il est prosaïque et plat, vient d'adresser trois épîtres à trois hommes célèbres, M. d'Alembert, M. Darget et M. Thomas. Il exhorte les deux premiers, qui ont eu le bonheur d'approcher le roi de Prusse, de nous faire connaître en ce prince l'homme privé comme nous connaissons en lui le roi, le capitaine, le philosophe et l'homme de lettres. Notre poëte paraît être un homme de mérite ; mais sa voix est trop faible pour chanter le philosophe couronné, et même pour chanter ceux qu'il honore de ses bontés.

— J'ai eu l'honneur de vous parler des remarques de M. de Voltaire pour servir de supplément à son *Essai sur l'Histoire générale*. Il y a dans ces remarques un chapitre sur les livres sacrés de Zoroastre. M. Anquetil, de l'Académie des inscriptions et belles-lettres, qui a passé plusieurs années dans l'Inde pour s'instruire dans la langue, les mœurs et la croyance des Parsis ou Guèbres, prétend que ce chapitre est rempli de fautes et d'erreurs. Par exemple, le paragraphe qui regarde les éternuments, et d'où M. de Voltaire infère l'antiquité de la mode de saluer celui qui éternue, est très-différent de ce qu'il dit. Ce paragraphe n'enjoint point du tout un salut à faire à celui qui éternue ; mais il lui prescrit au contraire trois formules à réciter en prière. Il serait à désirer que M. Anquetil relevât ces erreurs avec la décence et le respect que M. de Voltaire et la vérité exigent. Ce pourrait être le sujet d'une brochure très-intéressante.

— Nous avons ici quelques exemplaires du *Traité de la Tolérance* de cet illustre écrivain. Je l'ai lu, et je n'en ai pas été content. Il y a de belles choses ; mais il y a beaucoup trop de persiflage, et la plaisanterie n'est nulle part plus déplacée que dans un plaidoyer de la cause du genre humain contre la cruauté du fanatisme et de l'hypocrisie. Quand on regarde le tableau des horreurs et des crimes qui ont résulté de quelques mots qui n'ont point de sens, on frémit et l'on n'a pas envie de rire ; il faut qu'un traité sur la tolérance touche les cœurs les plus féroces, et arrache des larmes de tous les yeux. La moitié de l'ouvrage de M. de Voltaire ne regarde pas proprement son sujet; c'est un recueil d'absurdités et d'impertinences qu'on trouve éparses dans nos livres sacrés. *Non erat hic locus.* Mais c'est devenu depuis quelque temps sa manie de porter des coups à cet édifice, que sa vétusté et sa difformité menacent également de ruine. Aussi le P. Berthier, ci-devant soi-disant jésuite et journaliste de Trévoux, disait-il en gémissant : « Ah! grand Dieu, cet homme-là a à lui seul plus de zèle pour détruire la religion que Jésus-Christ et les douze apôtres n'en ont eu pour l'établir! »

— Voici une pièce qu'on certifie sérieuse et véritable ; c'est un acte plein de sagesse et de raison de la part d'un fou, parce que, suivant Fontenelle, nous appelons fous tous ceux qui ne sont pas fous de la folie commune.

« Ce 30 septembre 1763.

« A la requête de messire comte de Créquy-Canaple, surnommé Hugues au baptême, seigneur de Quatre-Quint, de la châtellenie d'Orville, demeurant ci-devant à Port, et de présent en sa terre d'Orville : soit signifié et dûment fait savoir au sieur Jean-Baptiste-Laurent Vichery, prêtre, curé de la paroisse d'Orville, y demeurant, qu'il se départe, en ce qui le concerne, de l'usage de nommer le seigneur aux prières publiques de l'église, parce que Dieu, étant juste, accorde infailliblement tout ce qui est juste sans en exiger la demande, et refuse pareillement tout ce qui est injuste quand on le lui demanderait. D'ailleurs il est manifeste que la prière procède d'un vouloir d'être obéi, et par conséquent s'offense du refus de l'obéissance, ce qui est précisément le désir du vrai culte : car le vouloir de l'homme doit se conformer au vouloir divin, et non pas le vouloir divin au vouloir de l'homme ; d'où il résulte que la prière est un acte de rébellion contre la Divinité, puisqu'elle tend à conformer le vouloir divin en vouloir de l'homme.

« En conséquence, ledit sieur comte de Créquy-Canaple, sans s'arrêter à l'usage de l'Europe entière et même de toutes les nations sur la prière, déclare audit sieur curé d'Orville qu'il ne consent pas que personne prie Dieu pour lui, ni de prier lui-même pour les vivants ni pour les morts, se reposant entièrement sur la toute science, toute sagesse et toute puissance de la Divinité en ses jugements ; pareillement il ne consent pas que ledit sieur curé d'Orville le nomme aux prières publiques, et il s'y oppose formellement ; à ce qu'il n'en ignore. Dont acte. *Signé :* DE CRÉQUY-CANAPLE.

« Signifié audit curé d'Orville, le 30 septembre 1763. »

## 1764

### JANVIER

1<sup>er</sup> janvier 1764.

#### ARTICLE DE M. DIDEROT.

Il vient de paraître une dissertation sur la poésie rhythmique, tirée des portefeuilles poudreux de Saumaise ou de Casaubon, par M. Bouchaud[1], censeur royal et docteur agrégé de la faculté de droit. Beaucoup de citations grecques, latines, françaises, espagnoles et italiennes ; pour de l'esprit, du style, des vues, point. On peut réduire aux vingt lignes suivantes deux ou trois observations communes délayées en quatre-vingts longues pages in-8°.

L'homme est fait pour parler et pour chanter. Il a d'abord parlé sans chanter, et chanté sans parler ; ensuite, le sentiment qui le faisait chanter ayant ses expressions dans la langue, il chercha naturellement à les substituer à des sons inarticulés, et il unit la parole au chant. Le chant, tout grossier qu'il était, avait une mesure ; il était formé de sons variés en degrés et en

---

1. Bouchaud, de l'Académie des inscriptions, né en 1719, mort en 1804. L'ouvrage dont Diderot parle ici avait pour titre : *Essai sur la poésie rhythmique*, Paris, 1763, in-8°, et a été réimprimé dans les *Antiquités poétiques*, du même auteur, Paris, 1799, in-8°. (T.)

durée. Ces conditions furent autant de difficultés à surmonter dans l'application de la parole au chant. Le discours, qui commande aujourd'hui à la mélodie, lui étant alors assujetti, comme il l'est à peu près en France dans ce que nous appelons des canevas, des amphigouris, des parodies, fut obligé de se partager, de se ralentir, de se hâter, de s'arrêter, de suspendre, et de prendre une multitude de formes diverses. De là vint un mélange bizarre de vers de toutes sortes de mesures, depuis une syllabe jusqu'à vingt, trente, quarante. Voilà l'origine de la poésie en général, et tout ce que l'on entend par la poésie rhythmique ou la première poésie. Chez tous les peuples, tant anciens que modernes, on en trouve des vestiges antérieurs à la poésie métrique et aux temps policés. Après l'invention de la poésie métrique, la rhythmique devint à la vérité moins variée, moins irrégulière, mais ne s'anéantit pas tout à fait; on peut même assurer qu'elle durera tant que les hommes, touchés de certaines compositions musicales, seront tentés d'y ajuster des paroles sans beaucoup de préparation et d'exactitude : elle passerait partout ailleurs, qu'il lui restera toujours un asile dans notre barbare opéra français.

Mais comment parvint-on de la poésie rhythmique à la poésie métrique ? A mesure que l'oreille se forma, on s'aperçut qu'entre cette multitude de vers réguliers, irréguliers, bizarres, il y en avait de plus faciles à sentir, à mesurer, à scander, à retenir, soit par le nombre pair des syllabes, soit par la marche et la succession des pieds, soit par la distribution des repos. On distingua ces vers des autres ; plus on s'en servit, plus ils captivèrent l'oreille. Cependant le temps de faire le chant sur les paroles, et non les paroles sur le chant, arriva, et la poésie métrique naquit, se perfectionna, se sépara même du chant, fut une musique particulière, et devint ce qu'elle est aujourd'hui. La licence de la poésie originelle et rhythmique ne se remarque plus que dans certains genres de poésie libres de toute contrainte ou pleins d'enthousiasme, tels que l'ode, le dithyrambe, les épîtres familières, les contes, les fables et les poëmes, où l'artiste, se laissant dominer par les phénomènes, se joue des règles et de l'exactitude, et ne suit de mesures que celles qui lui sont inspirées par la nature de ses images et le caractère de ses pensées. Les ouvrages des poëtes négligés, de

Chaulieu par exemple, ne sont presque que de la poésie rhythmique perfectionnée. En effet, le morceau suivant est-il autre chose ?

> Tel qu'un rocher, dont la tête
> Égalant le mont Athos,
> Voit à ses pieds la tempête
> Troubler le calme des flots,
> La mer autour bruit et gronde ;
> Malgré ses émotions,
> Sur son front élevé règne une paix profonde,
> Que les fureurs de l'onde
> Respectent à l'égal du nid des alcyons.

Voilà les progrès de l'art que l'auteur de la dissertation a prouvé, avec une érudition enragée, s'être faits dans tous les cantons de la terre habitée. Au commencement, on courait après les assonances ou désinences semblables, et l'on voit ce goût régner dans les premiers morceaux de poésie et même de prose, en quelque langue que ce soit. C'est un cliquetis qui plut aux premiers écrivains, comme il plaît aux enfants. Il frappe et refrappe l'oreille ; il arrête l'esprit sur une idée principale ; il soulage la mémoire. De là la naissance de la poésie numérique et rimée partout où la langue, bornée dans ses terminaisons, offrait beaucoup d'assonances ; mais chez d'autres peuples, où la variété des terminaisons rendait les désinences semblables difficiles à trouver, où les mots étaient affectés d'une prosodie forte et marquée, où les sons se distinguèrent par des accents étendus et des durées très-sensibles, la poésie devint pédestre ou prosodique. Parmi les citations sans nombre dont le dissertateur a farci son ouvrage, il y en a une qui arrêtera tout homme de goût et toute âme noble et généreuse. Ce sont les acclamations de joie et les imprécations de fureur que le peuple poussa tumultueusement à la mort de Commode, sous lequel il avait éprouvé toutes sortes de maux, et à l'élection de Pertinax, son successeur, dont il se promettait des jours plus heureux. Le tyran mort, les âmes affranchies de la terreur firent entendre les cris terribles que Lampride nous a transmis, et que nous allons essayer de traduire :

« Que l'on arrache les honneurs à l'ennemi de la patrie...

L'ennemi de la patrie ! le parricide ! le gladiateur !... Qu'on arrache les honneurs au parricide... qu'on traîne le parricide... qu'on le jette à la voirie... Qu'il soit déchiré... l'ennemi des dieux ! le parricide du sénat !... A la voirie, le gladiateur !... l'ennemi des dieux ! L'ennemi du sénat ! à la voirie, à la voirie... Il a massacré le sénat ! à la voirie.... Il a massacré le sénat ! qu'il soit déchiré à coups de croc... Il a massacré l'innocent ! qu'on le déchire... qu'on le déchire, qu'on le déchire... Il n'a pas épargné son propre sang ! qu'on le déchire... Il avait médité ta mort ! qu'on le déchire... Tu as tremblé pour nous ; tu as tremblé avec nous ; tu as partagé nos dangers... ô Jupiter ! si tu veux notre bonheur, conserve-nous Pertinax... Gloire à la fidélité des prétoriens... aux armées romaines... à la piété du sénat !... Pertinax, nous te le demandons ; que le parricide soit traîné... qu'il soit traîné ; nous te le demandons... Dis avec nous : Que les délateurs soient exposés aux lions... Dis : Aux lions, le gladiateur... Victoire à jamais au peuple romain !... Liberté ! victoire !... Honneur à la fidélité des soldats... aux cohortes prétoriennes !... Que les statues du tyran soient abattues... partout, partout... Qu'on abatte le parricide, le gladiateur... Qu'on traîne l'assassin des citoyens... qu'on brise ses statues... Tu vis, tu vis, tu nous commandes, et nous sommes heureux... Ah ! oui, oui, nous le sommes... nous le sommes vraiment, dignement, librement... Nous ne craignons plus... tremblez, délateurs... notre salut le veut... Hors du sénat, les délateurs... A la hache, aux verges, les délateurs !... Aux lions, les délateurs !... Aux verges, les délateurs !... Périsse la mémoire du parricide, du gladiateur !... Périssent les statues du gladiateur !... A la voirie, le gladiateur !... César, ordonne les crocs... que le parricide du sénat soit déchiré !... Ordonne, c'est l'usage de nos aïeux... Il fut plus cruel que Domitien... plus impur que Néron... Qu'on lui fasse comme il a fait !... Réhabilite les innocents... Rends honneur à la mémoire des innocents... Qu'il soit traîné ; qu'il soit traîné !... Ordonne, ordonne, nous te le demandons tous !... Il a mis le poignard dans le sein de tous ; qu'il soit traîné !... Il n'a épargné ni âge, ni sexe, ni ses parents, ni ses amis ; qu'il soit traîné !... Il a dépouillé les temples ; qu'il soit traîné !... Il a violé les testaments ; qu'il soit traîné !... Il a ruiné les familles ; qu'il soit traîné !... Il a mis les têtes à prix ;

qu'il soit traîné !... Il a vendu le sénat ; qu'il soit traîné !... Il a spolié l'héritier ; qu'il soit traîné !... Hors du sénat, ses espions !... Hors du sénat, ses délateurs !... Hors du sénat, les corrupteurs d'esclaves !... Tu as tremblé avec nous... Tu sais tout... Tu connais les bons et les méchants... Tu sais tout ; punis qui l'a mérité... Répare les maux qu'on nous a faits... Nous avons tremblé pour toi... Nous avons rampé sous nos esclaves... Tu règnes, tu nous commandes ; nous sommes heureux... Oui, oui, nous le sommes... Qu'on fasse le procès au parricide !... Ordonne, ordonne son procès !... Viens, montre-toi, nous attendons ta présence... Hélas ! les innocents sont encore sans sépulture... Que le cadavre du parricide soit traîné !... Le parricide a ouvert les tombeaux ; il en a fait arracher les morts... Que son cadave soit traîné ! »

Voilà une scène bien vraie. On ne la lit pas sans frisson. Il semble qu'on soit frappé des cris d'un million d'hommes rassemblés et ivres de fureur et de joie. Ou je me trompe, ou c'est là une des plus fortes et des plus terribles images de l'enthousiasme populaire.

Princes de la terre, attachez vos regards et entendez d'avance la voix libre des peuples à votre mort, si vous avez renfermé le gémissement dans leur cœur tandis que vous viviez. O Marc-Aurèle du Nord, Dieu préserve ton peuple d'un successeur qui ressemble à Commode ! On ne craint point de t'envoyer ce morceau, mais nomme-nous les princes qui pourront l'entendre ou le lire sans pâlir[1].

— M. de Voltaire a écrit à un certain M. Dupont la lettre suivante, au sujet de la *Richesse de l'État*[2] :

« Je vois, monsieur, que vous embrassez deux genres un peu

---

1. Ce paragraphe manquait dans les éditions précédentes auxquelles M. Assézat avait emprunté cet article. Voir tome VI, page 334, de l'édition Garnier frères.
2. C'était à Dupont de Nemours, alors âgé de vingt-quatre ans, que Voltaire écrivait. Il avait reçu de lui, avec des vers d'envoi, l'hommage de ses *Réflexions sur l'écrit intitulé Richesse de l'État*, Paris, 1763, in-8°. Cet écrit ayant été attaqué, l'auteur le soutint par une *Réponse demandée par M. le marquis de \*\*\* à celle qu'il a faite aux Réflexions sur l'écrit intitulé Richesse de l'État*, Paris, 1763, in-8°. Cette lettre de Voltaire est datée du 16 auguste 1763. (T.)

différents l'un de l'autre, la finance et la poésie. Les eaux du Pactole doivent être bien étonnées de couler avec celles du Permesse. Vous m'envoyez de fort jolis vers avec des calculs de sept cent quarante millions ; c'est apparemment le trésorier d'Aboul-Cassem qui a fait ce petit état de sept cent quarante millions payables par chaque un an. Une pareille finance ne ressemble pas mal à la poésie ; c'est une très-noble fiction ; il faut que l'auteur avance la somme pour achever la bonté du projet. Vous avez bien fait de dédier à M. l'abbé de Voisenon vos réflexions touchant l'argent comptant du royaume ; cela me fait croire qu'il en a beaucoup. Vous ne pouviez pas mieux égayer la matière qu'en adressant quelque chose de si sérieux à l'homme du monde le plus gai. Je vous réponds que si le roi a autant de millions que l'abbé de Voisenon dit de bons mots, il est plus riche que les empereurs de la Chine et des Indes. Pour moi, je ne suis qu'un pauvre laboureur ; je sers l'État en défrichant des terres, et je vous assure que j'y ai bien de la peine. En qualité d'agriculteur, je vois bien des abus, je les crois inséparables de la nature humaine, et surtout de la nature française ; mais, à tout prendre, je crois que le bénéfice l'emporte un peu sur les charges. Je trouve les impôts très-justes, quoique très-lourds, parce que dans tout pays, excepté dans celui des chimères, un État ne peut payer ses dettes qu'avec de l'argent. J'ai le plaisir de payer toujours mes vingtièmes d'avance, afin d'en être plus tôt quitte. A l'égard des Fréron et des autres canailles, je leur ai toujours payé trop tard ce que je leur devais en vers et en prose. Pour vous, monsieur, je vous paye avec grand plaisir le tribut d'estime et de reconnaissance que je vous dois. C'est avec ces sentiments que j'ai l'honneur d'être, etc. »

— Le 22 du mois dernier, M. Marmontel fut reçu à l'Académie française, et prononça à cette occasion un discours suivant l'usage ; il vient d'être imprimé ; c'est un des meilleurs discours de réception que nous ayons vus depuis longtemps. Ordinairement l'ennui et la fadeur vous saisissent dès la première page de ces morceaux d'éloquence, et quand l'orateur entame l'éloge du cardinal de Richelieu ou du chancelier Séguier, vous êtes déjà anéanti ; ici on lit sans dégoût : le discours a sa juste étendue ; rien n'est étranglé ni allongé. On y parle de la dignité des lettres, et des vertus de ceux qui les cultivent, d'une manière noble et intéressante, et sans avoir l'air de la prétention de traiter ce sujet. Tout est si bien fondu qu'on ne peut distinguer le sujet du discours d'avec ses formalités. En faisant grâce à quelques phrases dont je n'aime pas le goût et la tournure, on ne peut reprocher à M. Marmontel qu'un éloge trop outré de M. de Bougainville, auquel il succède. Cet académicien, comme homme de lettres, était un homme médiocre, et comme homme privé, sa réputation d'honnêteté n'était rien moins que bien établie. Il est mort sans être lavé du soupçon d'avoir porté, il y a huit ou dix ans, à feu Boyer, ancien évêque de Mirepoix, une certaine ode, fruit de jeunesse du poëte Piron, lequel Boyer la porta au roi, ce qui fit donner l'exclusion à un homme de génie et de mœurs irréprochables que l'Académie avait élu et qui l'aurait honorée; mais Bougainville sollicitait alors la même place, et cet acte d'infamie ne fut pas pour lui un titre d'exclusion comme un ouvrage trop libre, échappé à un poëte dans sa première jeunesse et réparé par un chef-d'œuvre tel que la *Métromanie*, le devint pour Piron, qui fit alors son épitaphe en ces vers :

> Ci-gît Piron, qui ne fut rien,
> Pas même académicien.

M. Bignon a répondu au discours de M. Marmontel, comme directeur, au nom de l'Académie. On ne peut pas dire que le discours de M. Bignon soit un des plus mauvais qu'on puisse lire, car nous en avons de cette espèce en si grand nombre qu'il serait difficile de choisir; mais on peut dire que c'est un des plus malhonnêtes qu'on ait jamais vus. Il n'y a pas un mot agréable pour le récipiendaire, ce qui prouve qu'il n'a pas eu le suffrage de M. Bignon; mais il n'en est pas moins bien choisi pour cela[1].

M. Marmontel a terminé la séance par la lecture d'une épître en vers sur la grandeur et la faiblesse de l'esprit humain[2]. Le

---

1. Bignon, en revanche, fit un grand éloge de Bougainville : « L'académicien que nous regrettons, dit-il, joignit aux qualités de traducteur, d'orateur et de prosateur, tous les talents d'un bon poëte; mais il ne lisait ses vers à personne, et c'est en cela seulement qu'il n'était pas poëte. » (T.)

2. Le *Discours en vers sur la force et la faiblesse de l'esprit humain* se trouve dans les *OEuvres* de Marmontel. (T.)

commencement de ce morceau a été fort applaudi, la fin en a paru plus faible : ce qui a fait dire que l'auteur avait voulu confirmer son sujet par son propre exemple.

— On devait jouer ces jours-ci, sur le théâtre de la Comédie-Française, une comédie nouvelle intitulée *la Confiance trahie*, en vers et en cinq actes, par M. Bret; mais la police en a fait suspendre la représentation à cause de plusieurs personnalités satiriques dont elle est remplie contre les fermiers généraux[1]. C'est bien fait; car il faut ou que la satire soit autorisée contre tout le monde, ou que tout le monde en soit également garanti. La forme de percevoir les impôts par les fermiers peut être très-vicieuse, sans qu'il soit permis de traduire sur la scène des particuliers qui composent la ferme générale, surtout dans un pays où les traits personnels, excellents dans la satire, sont rarement plaisants dans la comédie; et mettre dans sa pièce des traits connus de tout le public, ce n'est pas imiter le ridicule, c'est le copier. Il faut du génie pour l'un, et il ne faut que de la mémoire pour l'autre; l'imitateur peut être sublime, et le copiste est toujours plat. Molière ne copiait pas les ridicules des médecins de son temps, mais il en créait qui leur ressemblaient parfaitement, et voilà pourquoi il nous fait encore rire aux larmes, quoique les ridicules de nos médecins ne soient plus ceux du temps de ce grand homme. Je crains bien que M. Bret ne soit pas notre Molière.

— J'ai eu l'honneur de vous parler des *Amours d'Arlequin et de Camille*, comédie que le célèbre Goldoni a faite il y a

---

1. On lit dans le *Journal historique* de Collé, tome II, page 331 : « Voici la véritable raison qui a empêché la représentation de la comédie de Bret. Il y a quelques années que le fermier général Bouret, cet homme si haut et si bas, si connu par ses profusions, ses impertinences et ses vices, prêta cinquante louis au poëte Robé, et lui donna un emploi de douze cents livres. Ce dernier revint chez lui douze ou quinze fois pour s'acquitter, sans pouvoir trouver Bouret. Ayant pourtant, un jour, pénétré jusqu'à son trône sublime, il se plaignait amèrement à lui de ce qu'on lui avait si constamment refusé la porte : « C'est que vous êtes un nigaud, lui répon-« dit Bouret; il fallait dire à mon portier que vous êtes à moi. — Par Dieu! lui « répliqua Robé, je n'appartiens à personne; voici votre argent que je vous rap-« porte, et je ne veux plus de votre emploi. » Ce mot précieux du financier hautain était employé dans la pièce de Bret; et Bouret, accompagné de son frère d'Érigny et de son gendre Vilmorin, qui sont tous deux fermiers généraux comme lui, a été chez M. de Sartine pour empêcher la représentation de la comédie dans laquelle on le jouait. » Cette pièce est imprimée dans le *Théâtre* de Bret, Paris, 1778, 2 vol. in-8°, sous le titre du *Protecteur bourgeois, ou la Confiance trahie*. (T.)

quelques mois pour le Théâtre-Italien. Ce poëte, aussi ingénieux que fécond, a imaginé de donner deux suites à cette pièce, qui ont eu aussi le plus grand succès[1]. L'auteur a su, avec un art merveilleux, entrelacer les affaires domestiques de la famille de feu M. Pantalon avec les affaires de cœur d'Arlequin et de Camille : car ce testament du défunt produit dans le cours de la pièce une transaction entre la veuve et le fils du testateur, à laquelle Arlequin et Camille accèdent. Cette pièce est un chef-d'œuvre de naturel, de vérité, d'imagination et de finesse; mais il faut la voir jouer, et il n'est pas possible d'en donner une idée par un extrait. Il y a quelques scènes si vraies et si pathétiques entre Arlequin et Camille qu'on ne peut s'empêcher de pleurer à chaudes larmes; il est vrai qu'elle a été parfaitement bien jouée. Si vous voulez savoir quels sont les meilleurs acteurs de Paris, je ne nommerai ni Le Kain, ni M<sup>lle</sup> Clairon, mais je vous enverrai voir Camille et l'acteur qui joue ordinairement le rôle de Pantalon, et qui fait dans cette pièce-ci celui d'un avocat honnête homme; et vous direz : Voilà des acteurs. Vous admirerez aussi la fécondité du poëte, lorsque vous aurez observé qu'il fait une pareille pièce en un mois ou six semaines de temps.

— L'abbé de Marsy vient de mourir ; il avait été anciennement jésuite. Une aventure d'un goût particulier, qu'on a souvent reprochée à ces pères, fit du bruit et l'obligea de sortir de chez eux ; il a fait depuis des livres. Son *Histoire des Chinois, Japonais,* et autres peuples de l'Asie, *pour servir de suite à l'Histoire ancienne de Rollin,* a eu quelque succès[2].

— M. l'abbé Mignot, neveu de M. de Voltaire et conseiller au grand conseil, vient de publier une *Histoire de Jeanne Première, reine de Naples*[3]. C'est un de ces livres médiocres qu'on lit avec une sorte de plaisir quand on veut s'endormir. Le crayon de cet historien manque de vigueur, et son style n'est pas tou-

---

1. Les deux pièces qui font suite aux *Amours de Camille et d'Arlequin* sont *la Jalousie d'Arlequin* et *les Inquiétudes de Camille*. C'est à tort que Desboulmiers, pages 17 et 27 du tome VII de son *Histoire du Théâtre-Italien*, dit que ces deux dernières pièces ne furent représentées que le 10 septembre et le 15 novembre 1764. L'*Almanach des Théâtres* nous a mis à même de reconnaître l'inexactitude de cette assertion. (T.)

2. Il a déjà été question de l'abbé de Marsy et de son *Analyse de Bayle,* tome III, page 504.

3. 1764, in-12.

jours pur; il a même quelquefois des tournures étrangères qu'on croirait empruntées à la gazette d'Utrecht. Cet auteur a donné, sur la fin de l'année 1762, une *Histoire de l'impératrice Irène*, qui a eu du succès[1].

— Le P. Paulian, jésuite d'Avignon, qui a déjà fait quelques compilations, vient de publier, en trois volumes, un *Traité de paix entre Descartes et Newton*, avec la vie de ces deux illustres philosophes. Et le titre, et le fond, et la forme de cet ouvrage, sont très-dignes d'un moine; mais Descartes et Newton ne méritaient pas un tel médiateur, et certainement ils ne lui ont pas donné de pleins pouvoirs.

15 janvier 1764.

L'inscription du monument de la ville de Reims n'a pas laissé que d'occuper les esprits. Un ouvrage de Pigalle mérite bien quelque attention, et lorsqu'on a vu M. de Voltaire tenter sans succès une inscription en vers, on a dû songer à la faire en prose. Le philosophe Diderot s'est essayé à son tour, et je ne doute point que vous ne donniez à son inscription la préférence sur toutes celles que vous connaissez; elle est simple, noble, vraie et locale. Il est singulier que M. de Voltaire n'ait pas pensé au sacre des rois de France, qui a fourni au philosophe l'idée suivante, aussi naturelle que particulièrement propre à la ville de Reims :

> Ce fut ici qu'il jura de rendre ses peuples heureux,
> Et il n'oublia jamais son serment.
> Les citoyens lui élevèrent ce monument de leur amour
> Et de leur reconnaissance,
> L'an 1764.

> Un tel, *intendant de la province;*
> Un tel, *maire de la ville;*
> Un tel et un tel, *échevins;*
> J. B. PIGALLE, *sculpteur;* L. LEGENDRE, *architecte.*

Je crois qu'il serait difficile de faire en français quelque chose de plus lapidaire; mais ceux qui ont fait retrancher à Pi-

---

[1]. Voir, plus haut, page 195. On trouvera au mois de janvier 1766 de cette *Correspondance* un plaisant parallèle entre l'abbé Mignot et son oncle. (T.)

galle son agneau, à cause du proverbe, ont dû préférer un couplet bien ginguet à la prose noble et grave du philosophe. En conséquence M. Clicquot[1], secrétaire de la ville, l'a mise en vers de cette manière :

> C'est ici qu'un roi bienfaisant
> Vint jurer d'être votre père.
> Ce monument instruit la terre
> Qu'il fut fidèle à son serment.

On doit envoyer les pièces de ce procès à M. de Voltaire, et le prier de prononcer entre les vers et la prose. En attendant cette décision, je suppose que le poëte a porté les deux inscriptions à un philosophe qui ressemble un peu au *Misanthrope* de Molière, et qu'il lui demande son jugement. Voici quelques fragments de l'entretien du poëte avec le philosophe :

LE PHILOSOPHE. Oui, monsieur, j'ai lu vos inscriptions, et je les trouve bien toutes les deux.

LE POËTE. Mais, enfin, à laquelle donnez-vous la préférence ?

LE PHILOSOPHE. A toutes les deux, pourvu que chacune soit à sa place.

LE POËTE. Comment ?

LE PHILOSOPHE. Si vous vous en rapportez à moi, vous mettrez l'inscription en prose sur le marbre, et l'autre en vers dans le *Mercure*.

LE POËTE. Monsieur, je vois que vous avez les préjugés ordinaires contre le *Mercure de France*.

LE PHILOSOPHE. Dieu me préserve d'avoir des préjugés contre un ouvrage qui produit un revenu de trente mille livres par an ! Je le compte, au contraire, avec la *Gazette de France* et les feuilles de Fréron, au nombre des plus utiles productions, et je vous l'indique comme un monument *ære perennius*; vos vers s'y conserveront, tandis que l'injure du temps effacera peut-être jusqu'à la dernière syllabe de cette inscription en prose.

LE POËTE. Je ne suis pas étonné de voir un homme de votre

---

1. C'est lui dont il a été déjà question tome IV, page 63. Né en 1723, Clicquot mourut en 1796. Il est auteur de plusieurs odes. (T.)

mérite faire grand cas du *Mercure de France*, et je suis charmé de me rencontrer avec vous là-dessus ; c'est en effet un recueil bien précieux pour l'esprit humain. Mon *Ode sur la tristesse* aurait-elle eu le bonheur de s'y faire remarquer de vous ?

LE PHILOSOPHE. Il faut dire qu'il y a dix ans que je n'ai aperçu un volume du *Mercure*, et que vous me pardonniez de n'y pas chercher votre ode, parce que j'ai une aversion invincible pour les odes.

LE POËTE. Quoi, monsieur! le genre de poésie le plus sublime, où le poëte, saisi par un enthousiasme divin, peut, dans les transports de son ivresse...

LE PHILOSOPHE. Miséricorde! vous me faites venir la chair de poule.

LE POËTE. Voilà en effet une étrange aversion! J'avoue que leur grand nombre a pu donner un peu de satiété aux amateurs.

LE PHILOSOPHE. Leur grand nombre, monsieur! Mais de bonne foi, croyez-vous qu'il y en ait plus de cinq ou six! Je vous donne à parcourir tous les recueils poétiques de toutes les nations anciennes et modernes, et si vous en trouvez au delà qui méritent le nom d'odes, j'aurai tort, et voilà la raison pourquoi je n'en lis plus.

LE POËTE. Je ne sais combien il y en a, ni ne les compterai; mais je sais que, depuis mon *Ode sur la tristesse*, il y en a eu une de plus; et voilà ce qu'on risque d'ignorer quand on a de ces préventions.

LE PHILOSOPHE. Si j'ai pris des préventions, c'est un peu votre faute, à vous autres poëtes. Pourquoi aussi êtes-vous si peu pittoresques ? Je vois un poëte antique saisir sa lyre, lorsqu'il se sent lui-même saisi par le dieu qui l'inspire. Voilà un tableau qui me fait plaisir. Dans son délire, il s'abandonne à cette foule d'images et d'idées non pensées qui m'étonnent et me ravissent; il ne sait ce qu'il a fait; il a cédé au besoin de se délivrer de tous ces fantômes dont il avait l'imagination obsédée; ensuite vient un faiseur d'enseignes, vulgairement dit *critique*, qui met en haut, en gros caractères : C'est une ode. Convenez qu'il y a loin de cette ode à celles qu'on fait pour le *Mercure*, et qu'un poëte, avec une perruque en bourse ou un grand bonnet de nuit, qui se met devant son écritoire et qui dit, en se grattant l'oreille avec une plume : Je vais faire une ode, est un être bien différent de Pindare.

LE POËTE. Voilà pourtant un inconvénient auquel je ne vois guère de remède; car enfin, pour faire une ode, il faut l'écrire, et je ne sais comment on écrit sans écritoire.

LE PHILOSOPHE. Ni moi non plus; mais cela n'empêche pas qu'un poëte placé dans un cabinet de livres, devant un bureau et une écritoire, n'ait un air tout à fait anti-odaïque, et ne fasse une triste figure auprès du poëte placé, la lyre à la main, dans un paysage solitaire, au coin d'une belle ruine, sur les débris d'une colonne renversée.

LE POËTE. Soit; mais tout le monde ne peut pas habiter la campagne, et quand on a des occupations en ville...

LE PHILOSOPHE. Il faut laisser là la poésie et les odes. Ne voyez-vous pas que nous sommes un peuple écrivain et prosaïque, et que la belle poésie se perd à mesure qu'une nation se police? Croyez-moi, ce n'est pas un fruit d'automne.

LE POËTE. Je ne sais si nous sommes en automne; mais ce que je sais, c'est que le peuple en Champagne est beaucoup moins écrivain qu'ailleurs. Je me souviens qu'en passant dans mes voyages par un village de Basse-Normandie, mon cheval eut l'imprudence de culbuter un tonneau qui se trouva devant une porte. Cela m'attira une querelle; cette querelle fit du bruit. Aussitôt, voilà toutes les têtes aux fenêtres, et parmi toutes ces têtes, il n'y en eut pas une qui n'eût sa plume fichée dans ses cheveux ou derrière l'oreille.

LE PHILOSOPHE. Voilà le premier tableau de plumes qui m'ait plu. Tous ces honnêtes gens étaient occupés à la chicane et à verbaliser, n'est-il pas vrai?

LE POËTE. Mais, en Champagne, vous auriez de la peine à trouver une plume passable dans tout un village.

LE PHILOSOPHE. En sorte qu'il faut s'attendre à voir nos poëtes, de Normands qu'ils étaient...

LE POËTE. Et pourquoi pas? Il ne s'agit pas même de s'y attendre; car notre La Fontaine, qui n'est pas d'aujourd'hui, en vaut bien un autre.

LE PHILOSOPHE. Oh! pour cela, oui; et s'il faut estimer un poëte par sa rareté, il les vaut peut-être tous. S'il avait fait des odes, celui-là, je les lirais, je vous le jure, quand même je ne les trouverais pas odes; mais sans examiner quelle est la province de France où l'on écrit le plus ou le moins, convenons qu'il ne sied pas à la poésie d'être un métier de cabinet. Il faut de l'air aux poëtes, et, au besoin, je suis persuadé qu'on trouverait vingt poëtes dans les armées du roi, contre un seul tiré de la nombreuse compagnie de messieurs les secrétaires du roi, maison et couronne de France.

LE POËTE. C'est qu'on n'achète pas une charge de secrétaire du roi *ad hoc*, et qu'on n'en a pas besoin pour faire mettre ses poésies dans le *Mercure de France*; mais, en conscience, je ne comprends pas pourquoi vous exposez toujours le poëte au grand air?

LE PHILOSOPHE. Lorsque vous passerez dans vos voyages par Florence, vous verrez le peuple se promener le soir dans les rues et dans les places publiques. Quelqu'un s'avise de crier : Y a-t-il là un poëte? Incontinent on voit un homme monter sur un tonneau; le peuple s'assemble autour de lui, et il fait des odes. Il ne faudrait pas que votre cheval renversât ce tonneau; car il casserait le cou à un poëte.

LE POËTE. Pensez-vous de bonne foi qu'on trouve, parmi ces impromptus, quelque chose de digne du *Mercure de France*?

LE PHILOSOPHE. Tout ne doit pas être également bon; mais je suis persuadé que ce poëte du tonneau dit quelquefois des choses bien précieuses; et puis, cet air de liberté et d'inspiration me plaît. Lorsque le musicien s'abandonne sur son clavecin à ses fantaisies, je sais bien que tout ce qui lui vient n'est pas du même prix; mais ce qui est médiocre s'enfuit avec le son, et ce qui est rare et précieux me reste et m'enchante; et j'avoue que je préfère ces idées sublimes et passagères à la plus belle exécution de la sonate la mieux composée, quoiqu'il y ait aussi un grand plaisir à entendre un beau morceau et une belle exécution. Ainsi, ce que je vous reproche, à vous autres poëtes français, ce n'est point de faire des choses médiocres, mais d'avoir le courage de fixer sur le papier ce qui, par son caractère, est aussi fugitif que le son qui frappe l'air. Jetez-moi cette plume, mon cher poëte; reprenez la lyre, car un poëte doit être musicien, et puis je vous écouterai; et si vous m'en croyez, et que vous ayez quelque crédit à Reims, vous fonderez un tonneau sur la nouvelle place, à côté de la statue du roi, pour tout poëte que son génie pourra saisir au toupet, et l'y placer.

LE POËTE. Monsieur, si j'avais quelque chose à fonder dans ma ville, ce ne serait pas un tonneau, mais une académie. J'avoue qu'il est assez humiliant pour une des principales villes du royaume, qui conserve la sainte-ampoule, et où nos rois sont obligés de se faire sacrer, de n'avoir pas même le simulacre d'une académie, tandis qu'il n'y a pas jusqu'à Troyes et jusqu'à Châlons-sur-Marne, dans notre Champagne, qui n'aient leur société littéraire : cela crie vengeance, et nous expose au mépris des étrangers, malgré la célébrité de notre université; mais je sais que de vrais citoyens sont occupés actuellement à obtenir des lettres patentes pour l'érection d'une académie, et dès qu'elle aura pris une forme un peu stable j'espère que vous nous permettrez de vous associer à nos travaux.

LE PHILOSOPHE Moi, monsieur?... J'avoue franchement qu'après les odes, ce que j'ai le plus en aversion ce sont les académies. Je les regarde comme la perte des lettres, et si j'étais Omer de Fleury, j'interjetterais l'appel comme d'abus et ferais porter un arrêt en cassation de toutes les académies de province.

LE POËTE. En voilà bien d'une autre ! On voit bien que vous n'êtes pas, comme moi, de l'académie d'Angers.

LE PHILOSOPHE. Avez-vous jamais ouï dire, ailleurs que dans un discours de réception, que toutes les académies de l'Europe ensemble aient produit quelque découverte utile, ou aient fait faire un pas à l'esprit humain dans quelque science que ce soit?

LE POËTE. Je vois pourtant que, depuis l'institution des académies, tous les grands hommes ont été de quelqu'une de ces sociétés.

LE PHILOSOPHE. Et croyez-vous que votre La Fontaine, par exemple, eût moins valu s'il n'avait pas été de l'Académie française? Je sens qu'un grand homme honore une société dans laquelle il daigne entrer; mais tous ceux qui tirent quelque illustration de ce qu'ils sont agrégés à une société littéraire sont par là même indignes d'en être. Mais qu'il y ait des académies établies dans une capitale; que le souverain y donne des places d'honneur et de distinction à ceux qui se sont illustrés dans la carrière des lettres, je le veux bien : supposé toutefois que son confesseur ne soit pas en droit d'examiner si ceux qui doivent entrer dans l'académie sont molinistes, ou jansénistes, ou neutres... Et cette tolérance d'une académie, je ne l'accorderais que sous une condition.

LE POËTE. Et quelle est-elle?

LE PHILOSOPHE. C'est de ne jamais s'assembler.

LE POËTE. Comment, monsieur! toutes ces belles séances publiques dont on lit le détail avec tant de plaisir dans le *Mercure de France*...

LE PHILOSOPHE. S'en iraient à tous les diables. Il n'y aurait ni mémoire à lire, ni jeton à gagner. N'avez-vous jamais remarqué que vos échevins ont chacun plus d'esprit et de sens tête à tête que lorsqu'ils sont assemblés au bureau?

LE POËTE. Non, je vous assure, ni ne le remarquerai de ma vie.

LE PHILOSOPHE. Eh bien! moi, j'ai toujours observé qu'un homme vaut mieux tête à tête que lorsqu'il parle en conseil, en assemblée de plusieurs.

LE POËTE. Cependant le roi, quand il veut prendre un bon parti, assemble son conseil.

LE PHILOSOPHE. Et le monarque qui n'en assemblerait jamais et qui se contenterait de consulter les gens dont il estime les lumières, l'un après l'autre, croyez-vous qu'il fît plus mal? Tenez, je connais un curé de village, qui, pour achever le chœur de son église, avait besoin du consentement de vingt-cinq personnes. Depuis cent ans environ, on avait tenu assemblées sur assemblées infructueusement; la paroisse tombait en ruines. Un beau matin d'été, mon curé se lève à trois heures, va successivement chez tous les vingt-cinq, les persuade et les fait signer l'un après l'autre, et la paroisse s'achève.

LE POËTE. De sorte que les hommes auraient aussi plus de raison seuls que lorsqu'ils sont assemblés en corps?

LE PHILOSOPHE. Demandez à mon curé, qui prétend aussi qu'avec eux il ne faut pas sonner légèrement les cloches de l'église, mais qu'il ne faut jamais *désonner*. Quant à moi, j'ai toujours remarqué que les hommes assemblés en corps font des injustices que chacun d'eux en particulier n'aurait jamais osé commettre.

LE POËTE. En ce cas, la Chambre des communes a bien tort de s'assembler si souvent en Angleterre.

LE PHILOSOPHE. C'est un point à examiner. En tout cas, il ne faut pas confondre un gouvernement libre avec un gouvernement qui ne l'est pas. Dans tous pays où l'idée ou la présence d'un supérieur en impose, le chapitre des égards et de la politesse devient plus considérable; après lui, celui de la satire et de la moquerie fine; mais en face on n'a ni énergie, ni vérité, et les assemblées de corps sont ordinairement des assemblées d'enfants, où l'homme de mérite se tait et où les bavards ont le plus beau jeu du monde... Mais nous voilà un peu loin de votre *Ode sur la tristesse.*

LE POËTE. Ce n'est pas ma faute, au moins, et si vous voulez, je vous l'apporterai demain.

LE PHILOSOPHE. Tenez, il ne faut jamais revenir sur ce qui a été dit. Nous causerons demain, tant qu'il vous plaira, mais sans ode et sans rancune.

LE POËTE (*en s'en allant*). Voilà un ennemi bien dangereux pour la poésie, et pour l'académie que nous voulons fonder.

Je suis obligé en conscience d'avertir que je n'ai pas l'honneur de connaître M. Clicquot, et que j'ignore si mon poëte a aucune idée commune avec lui. Quant à mon philosophe, je suis de l'avis de mon poëte, et il me paraît un peu bizarre.

— M. Dorat vient de faire imprimer une espèce d'héroïde où il y a de belles choses. Elle est intitulée *Lettre de Barnevelt dans sa prison, à Truman, son ami* [1]. Vous connaissez la célèbre tragédie bourgeoise du *Marchand de Londres*[2]. Une assez mauvaise traduction qui en a été faite, il y a environ quinze ans, a donné à cette pièce beaucoup de réputation en France. M. Dorat nous apprend dans son avertissement qu'il a tenté de mettre ce sujet sur la scène française. Il a bien fait de renoncer à son projet. Le ton de notre tragédie est encore bien éloigné de pouvoir convenir à un garçon marchand que sa passion pour une malheureuse courtisane entraîne au plus affreux des forfaits, celui d'assassiner et de voler un oncle à qui il doit tout, et qui se trouve au moment de recevoir la punition de son crime. Outre le génie qu'il faut pour traiter de pareils sujets avec quelque succès, il n'y a que l'extrême vérité dans le discours et dans le jeu des

---

1. Précédée d'une lettre de l'auteur. Paris, 1764, in-8°.
2. Voir tome Ier, page 489.

acteurs qui puisse les faire réussir au théâtre. M. Dorat, en abandonnant son projet, a voulu du moins nous montrer qu'il n'aurait pas été au-dessous de son entreprise. Il suppose que le malheureux Barnevelt, dans sa prison, écrit à son ami, et lui rend compte de son crime et des remords dont il est suivi. Vous trouverez dans cette lettre de bien beaux vers, et une noblesse et une élégance soutenues qui sont même le seul reproche que j'aie à faire à l'auteur : car ce n'est pas là le style qui convient à un garçon marchand. La partie du génie la plus difficile dans ce sujet, c'est de laisser à son héros le ton, les mœurs et pour ainsi dire la bassesse de sa condition, et de le rendre touchant et pathétique malgré cela ; mais je crois que cela est impossible à la poésie française. Ainsi le reproche que je fais à M. Dorat tombe moins sur lui que sur l'instrument qu'il a employé. Cette héroïde est imprimée avec le même soin et la même élégance que le poëme de *Zélis au bain*, qui a paru il y a six mois[1]. On peut les relier ensemble. Il y a une jolie estampe à la tête.

— On vient de donner, sur le théâtre de la Comédie-Italienne, *le Sorcier*, opéra-comique en deux actes[2]. Le poëme est de M. Poinsinet, et il est détestable. Rien au monde n'est plus mauvais qu'une farce plate et triste, et M. Poinsinet ne les fait pas autrement. Celle-ci peut aller de pair avec son *Sancho Pança*. Philidor a fait la musique du *Sorcier* comme de *Sancho*; mais celle du *Sorcier* vaut bien mieux que celle de *Sancho*, et comme il y a beaucoup de romances et de chansons, et que c'est là le grand goût du parterre, *le Sorcier* a eu un succès prodigieux. Depuis, on est un peu revenu de cet enthousiasme, et on a même dit assez de mal de cette pièce : on ne saurait en dire trop du poëte ; mais le musicien a, ce me semble, fait des progrès et dans son style, et dans son goût, et dans l'art d'arranger les paroles.

— M. l'abbé Le Large de Lignac était en son vivant un grand défenseur de la cause de Dieu, et malgré cela Dieu nous l'a retiré dans le temps que son zèle paraissait le plus nécessaire. Si cela arrive au bois vert, qu'en sera-t-il du bois sec ?

---

1. (Par Pezay.) Voir précédemment pages 318 et 340. La vignette et le cul-de-lampe sont dessinés par Eisen et gravés par Longueil.
2. Représenté pour la première fois le 2 janvier 1764.

Cet homme de bien avait fait anciennement des *Lettres américaines* contre M. de Buffon[1] ; ensuite un *Oracle des nouveaux philosophes* contre M. de Voltaire[2]. On vient de publier de lui un ouvrage posthume sous ce titre remarquable : *Présence corporelle de l'homme en plusieurs lieux, prouvée possible par les principes de la bonne philosophie; lettres où, relevant le défi d'un journaliste hollandais, on dissipe toute ombre de contradiction entre les merveilles du dogme catholique de l'Eucharistie et les notions de la saine philosophie*[3]. On peut juger, par ce titre seul, à quel point la philosophie de feu M. l'abbé Le Large de Lignac était saine. Le défi auquel il répond venait du célèbre M. Boullier, aussi défunt[4], et qui était l'appui et le défenseur de la foi chez les protestants, comme le R. P. Hayer[5], M. Abraham Chaumeix, et M. l'abbé Joannet[6],' le sont dans l'Église romaine. Je ne doute pas que la réponse à la lettre du bon quaker ne soit d'un de ces grands hommes[7].

— J'oubliais, parmi ces grands hommes, le lourd M. Crévier, continuateur de l'*Histoire romaine* de Rollin; c'est encore un écrivain bien zélé pour la cause de Dieu. Il vient de publier un volume d'*Observations sur le livre de l'Esprit des Lois*[8]. L'irréligion est, selon M. Crévier, le principal défaut de cet ouvrage, qui a acquis une si grande réputation en Europe. M. Crévier le

---

1. Voir tome II, page 73.
2. *L'Oracle des nouveaux philosophes* (Berne, 1759 et 1760, 2 vol. in-8°), est mis, avec plus d'apparence de raison, par les auteurs de *la France littéraire* de 1769 et du *Dictionnaire des Anonymes*, sur le compte de l'abbé Guyon. (T.)—Voir tome IV, pages 135 et 270, où Grimm lui-même restitue ce livre à son véritable auteur.
3. 1764, in-12.
4. Né en 1699, mort en 1759.
5. Hayer, récollet, né au commencement du xviii° siècle, mort en 1780, auteur d'un grand nombre d'ouvrages de théologie. (T.)
6. L'abbé Joannet, né en 1716, mort en 1789, fut rédacteur, de 1754 à 1764, du *Journal chrétien*, 40 vol. in-12.
7. Voltaire avait publié en 1763 une *Lettre d'un Quaker à Jean-Georges Le Franc de Pompignan, évêque du Puy-en-Velay, etc., etc., digne frère de Simon Le Franc de Pompignan*, pour faire justice d'une *Instruction pastorale* où ce prélat avait outragé Voltaire et la raison. Un ami de Jean-Georges fit paraître une *Lettre contenant quelques observations sur la Lettre d'un Quaker* (1763) in-8°; Voltaire répliqua par une *Seconde lettre du Quaker* et une *Instruction pastorale de l'humble évêque d'Alétopolis*. Ces trois pamphlets de Voltaire se trouvent dans ses *Facéties*. (T.)
8. 1763, in-12.

combat de son mieux; mais un bon chrétien est bien à plaindre d'avoir à terrasser un ennemi comme le président de Montesquieu, et il lui est bien difficile d'avoir les rieurs de son côté. Heureusement, M. Crévier ne se soucie pas de rieurs, car il est aussi triste que lourd. Le grand mérite des ouvrages du président était ce tour de génie qu'il savait donner à ses pensées. Son adversaire ne sent cela en aucune manière, et il attaque de la meilleure foi du monde des choses très-précieuses. Il appelle aussi, en passant, M. de Voltaire un écrivain sans pudeur, et l'ennemi de toute religion et de toute morale. Le pauvre M. Crévier ne sera jamais qu'un pédant.

— Un poëte qui s'appelle, je crois, M. Maton, a fait imprimer une tragédie intitulée *Andriscus*[1], que la Comédie-Française n'a pas voulu jouer. L'auteur dédie sa pièce aux comédiens, et il dit des choses assez plaisantes sur la manière dont ils traitent les pauvres poëtes quand ils vont leur présenter le fruit de leurs veilles. On entend souvent les plaintes des auteurs contre les comédiens; on reproche à ces derniers de n'avoir ni goût ni jugement; mais je demanderai toujours quelle est la bonne pièce qu'ils aient refusé de jouer? Je n'en connais aucune, pas même ce pauvre *Andriscus,* dont l'auteur appelle du jugement de la Comédie à celui du public, dont il ne se trouvera pas mieux. En revanche, je leur ai vu jouer une grande quantité de pièces médiocres et même mauvaises; ils ne sont donc pas trop difficiles.

— *Traité de la Danse, qui contient les premiers principes de l'art, la manière de marcher, de se présenter et saluer avec grâce, la façon de danser le menuet comme il se danse aujourd'hui, et les différents pas et figures des contredanses en usage,* par M. Josson l'aîné, maître à danser de l'Académie royale d'Angers. Volume in-12. Les traités sur l'agriculture et ceux du mécanisme de la danse me paraissent à peu près de la même utilité. Le fameux Marcel montrait à danser, faisait d'excellents écoliers, et ne perdait pas son temps à faire des livres sur son art.

— La mémoire du célèbre Marcel, attaquée par l'austère

---

1. *Andriscus,* tragédie en vers et en cinq actes, dédiée à MM. les Comédiens français ordinaires du roi, par M. M...; Amsterdam, Paris et Lille, 1764, in-12. (T.)—Grimm a déjà annoncé un recueil de vers de Maton, page 131 de ce volume.

Jean-Jacques Rousseau dans son ouvrage sur l'éducation, vient d'être vengée par M. Méreaux, son parent et son élève, maître à danser de la cour de Saxe-Gotha [1]. On a cru à Paris que quelque badin avait pris la qualité de maître à danser pour se moquer de l'ex-citoyen de Genève, et dans cette supposition on n'a pu trouver le mot pour rire dans cette lettre. Elle n'est bonne qu'autant qu'on se souvient qu'elle est réellement d'un maître à danser qui discute très-sérieusement les chefs d'accusation contre feu M. Marcel, et qui reprend souvent son antagoniste d'une manière très-plaisante, quoique avec une défiance extrême de ses lumières. Il n'y a de vraiment plaisant que les choses de caractère, mais le plus grand nombre de lecteurs n'a pas assez de délicatesse dans l'esprit pour en saisir les finesses. M. Méreaux a d'ailleurs l'élocution beaucoup plus facile qu'il n'appartient à un homme de son métier.

— Un poëte à cheveux plats a adressé à MM. les docteurs de la maison et société de Sorbonne une épître en vers pour les conjurer de prendre la foudre en main contre les incrédules modernes :

> Armez-vous de vos traits, devancez le tonnerre.
> Qu'*Émile*, que *l'Esprit*, et cent monstres pareils,
> Frémissent à l'aspect de vos fiers appareils,
> Et que, frappés soudain de la céleste foudre,
> Sous ses coups redoublés ils soient réduits en poudre.

Le poëte soutient ce ton respectable pendant vingt pages de suite. C'est dommage que le tonnerre de la Sorbonne ressemble au tonnerre de l'Opéra, qui ne fait plus peur à personne, pas même aux enfants.

— Une autre âme dévote a publié quelques observations sur la lettre du bon quaker qui a pris la peine d'administrer la correction fraternelle à l'ami Jean-Georges. Je doute que ces observations parviennent jamais à la réputation d'un écrit agréable

---

1. *Lettre à M. J.-J. Rousseau, citoyen de Genève, par M. M\*\*\*, sous-directeur des plaisirs et maître de danse de la cour de S. A. S. Mgr L. D. de S. G.*, 1763, in-8°, 20 pages. Barbier et Quérard attribuent cette brochure à Marcel et non à Méreaux; Rousseau répondit à son adversaire par une longue lettre datée de Môtiers, 1er mars 1763, et classée dans toutes les éditions sous le nom de Marcel.

et solide, quand même elles seraient de M. Cortiot, secrétaire.

— Pour parler de quelque chose de plus gai, nous avons une quantité de nouveaux romans, parmi lesquels il n'y en a pas un qu'on puisse lire. Je me contenterai donc d'en faire la liste :

*La Constance couronnée, ou les Époux unis par l'amour, histoire nouvelle,* en deux parties [1]. Gardez-vous bien de faire connaissance avec ces époux-là.

*Histoire anglaise de milord Feld, arrivée à Fontainebleau* [2]. Deux parties. Cette histoire est contée par parcelles tous les soirs à la belle Diane de Poitiers, maîtresse de François Ier, par un ami de milord Feld, en sa présence. Le héros et son ami sont les deux plus ennuyeux coquins que j'aie jamais vus.

*Les Plaisirs d'un jour, ou la Journée d'une provinciale à Paris* [3]. Cela est détestable. Cependant le sujet pouvait fournir quelque chose de très-agréable.

*Mémoires d'Azéma, contenant diverses anecdotes des règnes de Pierre le Grand, empereur de Russie, et de l'impératrice Catherine, son épouse.* Deux parties. Ce roman est dédié à M. le comte de Stroganoff, chambellan de l'impératrice de Russie, par M. Contant d'Orville, que je n'ai pas l'honneur de connaître. Il prétend l'avoir traduit du russe, dont il dit qu'il entend quelques mots. Il a deviné le reste; mais il n'a pas deviné peut-être qu'*Azéma* ne serait regardée de personne à Paris. C'est ce qui est pourtant arrivé.

*Histoire de Zuline, ou Origine de l'inconstance* [4]. Féerie, et, partant, bonne lecture pour ceux qui ont du temps à perdre.

*Zaïde, ou la Comédienne parvenue,* en deux parties [5], est une personne d'un mérite supérieur qui se sent entraîner sans réflexion dans les bras de son digne chevalier ; mais ni lui ni elle n'y trouvent le charme vulgaire. O combien leurs étreintes sont chastes ! Ce sont deux vertus qui se confondent; c'est la reconnaissance qui embrasse la générosité. Voilà un échantillon du style de ce bel ouvrage. On voit aisément que c'est à *la Nou-*

---

1. Le nom de l'auteur est inconnu aux bibliographes.
2. Même remarque.
3. (Par E.-G. Colombe, dit de Sainte-Colombe.) Bruxelles (Paris), 1764, in-12.
4. Londres (Paris), 1764, in-12. L'auteur est inconnu aux bibliographes.
5. L'auteur nous est inconnu.

velle *Héloïse* de Jean-Jacques Rousseau que nous devons toutes ces détestables productions.

*Mes Récréations*. C'est un recueil de pièces fugitives en vers et en prose, avec une petite comédie dont l'auteur ne s'est pas fait connaître. Il n'y a rien de supportable dans ce ramassis.

Un autre nouveau recueil de pièces en vers et en prose vient d'une femme anonyme, et ne vaut pas mieux que le précédent.

— M. l'abbé de La Porte, après avoir fait longtemps des feuilles qui ne se sont pas vendues, vient de faire une compilation intitulée *École de littérature*, en deux volumes, tirée de nos meilleurs écrivains. C'est-à-dire qu'il a compilé tout ce que les autres ont écrit sur les divers genres de littérature depuis l'arrangement des mots jusqu'au style, à l'histoire et à l'éloquence, depuis l'impromptu jusqu'au poëme épique. Fatras peu recommandable, même pour les jeunes gens.

## FEVRIER

1er février 1764.

M. Bret vient de faire jouer sur le théâtre de la Comédie-Française une comédie en deux actes et en vers, sous ce titre : *l'Épreuve indiscrète*[1]. On n'a pas manqué de dire qu'elle était en effet très-indiscrète de la part de l'auteur. C'est véritablement le comble de l'absurdité d'imaginer un roman sans vraisemblance et sans but, dont l'exposition et le développement embarrassent le poëte pendant tout le cours de sa pièce, pour ne rien produire qui ne soit plat, trivial, faible et insipide. On peut pardonner un plan mal conçu ou mal échafaudé, en faveur de quelques scènes brillantes ou comiques qu'il produit; ou bien on peut pardonner la faiblesse des scènes en faveur d'un plan sagement conçu et développé avec adresse ; mais lorsqu'un poëte imagine la fable la plus absurde pour faire une suite de

1. Représentée pour la première fois le 30 janvier 1764.

scènes embrouillées plates et froides, il ne reste d'autre parti que de siffler sa pièce. C'est ce que le public n'aurait pas manqué de faire sans le jeu de Molé, qui joue le rôle d'Ergaste, et une mine de Préville, qui fait le rôle du valet chargé de porter à Julie les cent mille francs. Il est vrai que le jeu de Molé est toujours le même, celui d'un amant passionné et pétulant, tel que nous l'avons vu dans le rôle de Desronais et dans quelques autres rôles anciens; mais enfin cette vivacité fait toujours plaisir au parterre, et la mine de Préville, lorsqu'il réprime le désir de voler la cassette qu'il doit porter à Julie, est si comique qu'on a dit avec raison que c'était la seule bonne chose qu'il y avait dans cette comédie. Tout y est si embrouillé que personne n'a pu rien comprendre au premier acte, et il ne faut pas croire que le poëte ait détaillé sa fable comme vous venez de la lire; il a voulu laisser à ses spectateurs le mérite de deviner; mais la moitié en est sortie de la pièce sans y avoir rien compris et sans avoir envie d'en jamais savoir davantage. Le mauvais ton et la platitude du style auraient d'ailleurs dégoûté l'homme le moins difficile.

Si l'auteur a pris à tâche de nous prouver qu'il n'a nulle espèce de talent pour la comédie et pour le théâtre, il peut se flatter d'avoir porté la conviction dans tous les esprits; et lorsqu'on considère que les deux seules scènes de la pièce, celle où la probité d'Ariste est soupçonnée, et celle où le père, à son retour d'Afrique, se trouve avec le valet qui apporte les cent mille francs, appartiennent à Plaute, on sera persuadé que le jour où M. Bret renoncera au théâtre il fera un acte plein de raison et justice.

*L'Épreuve indiscrète* aura trois ou quatre représentations, afin de consoler tout le monde de n'avoir pas vu *la Confiance trahie*, comédie de M. Bret, que la police a empêché d'être jouée au commencement de cette année.

— On a repris sur ce théâtre la tragédie de M. Saurin, intitulée *Blanche et Guiscard*, qui a eu trois représentations et peu de succès au commencement de l'automne dernier. Cette reprise n'a pas été plus favorable. L'impression va vous mettre en état de juger de cette pièce par vous-mêmes.

— Mlle Dubois, jeune actrice de la Comédie-Française, a moins de célébrité par son talent, qui n'est pas bien décidé, que par sa figure et l'usage qu'elle sait faire de ses attraits ; c'est aujourd'hui une des courtisanes les plus à la mode. M. de Voltaire écrivit l'année dernière la lettre suivante à son sujet [1] :

« Mon ancien ami, si M. Simon Le Franc de Pompignan n'eût point épuisé tous les éloges qu'il a fait faire dans la magnifique église de son village, je compilerais, compilerais, compilerais éloges sur éloges pour louer les succès que Mlle Dubois a eus dans ma tragédie de *Tancrède*. Je ne connaissais pas cette aimable actrice ; ce que vous m'en écrivez me charme. Je tremblais pour le Théâtre-Français ; Mlle Clairon est prête à lui échapper. Remercions la Providence d'être venue à notre secours. Si les suffrages d'un vieux philosophe peuvent encourager notre jeune actrice, faites-lui dire, mon ancien ami, tout ce que j'ai dit autrefois à l'immortelle Le Couvreur. Dites-lui qu'elle laisse crier l'envie, que c'est un mal nécessaire ; c'est un coup d'aiguillon qui doit forcer à mieux faire encore. Dites-lui surtout d'aimer ; le théâtre appartient à l'Amour : ses héros sont enfants de Cythère. Dites-lui de mépriser les éloges de Jean Fréron et des auteurs de cette espèce. Que le public soit son juge ; il sera constamment son admirateur. »

Il paraît que le devoir d'aimer, que M. de Voltaire impose aux actrices, est celui dont Mlle Dubois s'acquitte le mieux. L'Épître qui lui est adressée est encore de M. Dorat, qui devient un de nos jeunes poëtes les plus féconds. Le vieux dragon dont il parle est M. le comte de Sersale, Napolitain qui, suivant notre poëte, a toujours conservé un grand crédit sur l'esprit de l'héroïne de l'Épître [2].

— Jean-Georges Le Franc de Pompignan, évêque du Puy-en-Velay, et faiseur de pastorales, vient de faire réimprimer un *Essai critique sur l'état présent de la république des lettres* [3]. Cet ouvrage est un des premiers des nombreux écrits de ce grand homme, et il y a plus de vingt-quatre ans que nous avons le bonheur d'en jouir ; les vignerons et les merciers du Velay

---

1. Cette lettre ne se trouve dans aucune édition de Voltaire. (T.)
2. Cette épître se trouve dans les *OEuvres de Dorat* et dans les *Mémoires secrets* à la date du 20 décembre 1764, où elle porte le titre de *Vers de M. Dorat sur sa seconde rupture avec Mlle Dubois, de la Comédie-Française*. (T.)
3. 1744, in-12 ; réimprimé en 1764, même format. Il est douteux que cet *Essai* soit de ce prélat.

doivent le regarder, après la *Pastorale* [1], comme un des plus beaux ouvrages du siècle.

— Je ne sais quel est l'indigne compilateur qui a osé publier *l'Esprit de Caraccioli* [2], c'est-à-dire une quintessence des ouvrages de M. le marquis de Caraccioli, colonel au service du feu roi de Pologne, électeur de Saxe, et un des plus détestables auteurs de ce siècle. La conformité de nom peut quelquefois être fâcheuse, surtout lorsqu'un homme de mérite porte celui qu'une espèce d'aventurier a rendu célèbre. Le marquis de Caraccioli, qui vient d'arriver en Angleterre comme ministre du roi des Deux-Siciles, n'a vu personne, à son passage par Paris, qui n'ait frémi à son nom. On était tenté de lui fermer toutes les portes, dans l'idée qu'il était l'auteur de tous ces beaux écrits sur *la jouissance de soi-même,* sur *la gaieté,* etc.; et un homme de beaucoup d'esprit et de mérite a pensé être confondu avec l'écrivain le plus plat et le plus ennuyeux du monde chrétien. Aussi, ceux qui le présentaient dans les maisons criaient d'avance : « Ce n'est pas lui, ce n'est pas lui [3]. »

— M. Collé, lecteur de M. le duc d'Orléans, auteur de la comédie de *Dupuis et Desronais,* qui a été jouée l'année dernière avec un grand succès, vient de faire imprimer une petite comédie en un acte et en prose, intitulée *la Veuve* [4]. Il aurait pu l'appeler *la Veuve philosophe,* car tout a aujourd'hui une teinte philosophique en France, quoique rien n'y soit moins protégé que la philosophie. Cette *Veuve philosophe,* qui n'a jamais été jouée, m'a fort ennuyé à la lecture. Cela est froid et plat, et n'a pas l'ombre de naturel et de vraisemblance.

— On a de nouveau imprimé *les Quatre Saisons* et *les Quatre Parties du jour,* de M. le cardinal de Bernis. On y a ajouté trois *Saisons,* de M. Bernard, parce que vraisemblablement le corsaire d'éditeur n'a pu voler la quatrième. On y trouve aussi *le Matin et le Soir,* par M. de Saint-Lambert. Gentil-Bernard,

---

1. L'*Instruction pastorale* de cet évêque, à laquelle Voltaire, comme nous l'avons dit page 442 avait répondu par la *Lettre d'un Quaker.*

2. *L'Esprit de M. le marquis de Caraccioli,* Liége et Dunkerque, 1763, in-12.

3. Né en 1721, mort en 1803, Caraccioli a publié un très-grand nombre d'ouvrages. Le jugement de Grimm n'est que juste pour ceux que l'auteur avait donnés jusque-là (car ses *Lettres de Clément XIV* ne parurent que plus tard); mais l'épithète d'*aventurier* est bien dure. (T.)

4. Paris, 1764, in-8°.

car c'est ainsi que Voltaire l'a nommé, a eu jusqu'à présent le bon esprit de ne rien faire imprimer de ses poésies. Quand vous aurez lu ces *Saisons*, qu'on lui a certainement dérobées, vous l'exhorterez très-fort à continuer à ne rien imprimer. On peut dire des poésies de Gentil-Bernard et du poëte pourpré : *Sunt voces prætereaque nihil* [1]. C'est un joli ramage qu'il ne faut pas vouloir fixer sur le papier, car ce n'est rien. Quant aux poésies de M. de Saint-Lambert, c'est tout autre chose.

15 février 1764.

Le dogme de la fatalité est le fondement de toute la morale et de toute la poétique anciennes. Il convient également au philosophe qui raisonne, et au peuple qui aime à s'épouvanter. L'un sent la nécessité de tout, l'autre s'en effraye. Lorsque les Juifs, devenus chrétiens, et initiés dans la philosophie des Grecs, ont cherché à perfectionner leur morale, ils ont établi la fatalité sous le nom de prédestination et de grâce, et, quelque effort qu'on ait fait pendant des siècles pour mitiger cette doctrine, on ne peut nier que sa rigueur ne soit tout à fait conforme à l'idée d'un Dieu qui est obligé de sacrifier son fils pour avoir laissé manger une pomme, et qui, malgré ce sacrifice, ne peut cependant sauver que le plus petit nombre des enfants de ces gourmands-là. On peut donc croire que le dogme de la fatalité, aussi ancien que le monde, subsistera, sous divers noms, aussi longtemps qu'il y aura des hommes, c'est-à-dire des êtres faibles et doués d'imagination. Ainsi, dans la mythologie grecque, la haine de Junon opère la ruine de Troie; mais les Grecs, qui servent la vengeance de la déesse, sont à leur tour punis pour y avoir réussi. Toute la religion ancienne est faite dans cet esprit-là. La vengeance céleste choisit un héros pour punir un grand crime ou un outrage fait aux dieux; ce crime s'expie ordinairement par un autre crime, et le héros qui a servi d'instrument aux dieux est puni pour avoir exécuté leurs ordres. Ainsi tous ces héros de la Grèce, qui ont servi la colère de Junon et vengé justement l'affront du rapt d'Hélène, sont tous immédiatement punis de la destruction de Troie, soit

1. Ovide.

avant, soit après leur retour dans leur patrie. Idoménée, roi de Crète, est un des plus célèbres parmi ces princes. La fable nous dit qu'en s'en retournant dans ses États il fut battu par une cruelle tempête, et que, dans sa détresse, il promit à Neptune de lui sacrifier en victime le premier objet qu'il rencontrerait à son débarquement si ce dieu, favorable à ses vœux, daignait le préserver du naufrage. Neptune exauça cette prière inconsidérée, et le premier objet qui s'offrit aux yeux d'Idoménée fut son fils. Ce fils fut sacrifié, suivant la superstition de ces temps reculés : ce qui fut cause d'une peste cruelle qui ravagea la Crète. Remarquez que, dans ces principes, si Idoménée eût épargné la victime sa désobéissance eût été également punie par quelque fléau public. Quoi qu'il en soit, ses sujets, tourmentés par les suites de son vœu téméraire, le chassèrent, et Idoménée alla fonder un nouvel empire dans la Calabre, où il rendit ses peuples heureux. Voilà le sujet d'une nouvelle tragédie de M. Lemierre, qui vient d'être jouée sur le théâtre de la Comédie-Française[1]. Ce poëte débuta dans la carrière dramatique, il y a cinq ou six ans, par la tragédie d'*Hypermnestre*, qui eut beaucoup de succès, et qu'on joue encore de temps en temps. Quoique très-mal écrite, elle fait de l'effet au théâtre. La tragédie de *Térée* succéda, quelques années après, à ce premier essai, et tomba sans ressource à la première représentation. Voici donc la troisième tragédie de M. Lemierre, et qui, sans être tombée entièrement, ne lui promet pas un succès fort brillant. Cette pièce, qui est froide et sans intérêt, n'a point réussi : elle aura cinq ou six représentations, et disparaîtra ensuite avec cette foule de tragédies modernes et éphémères dont le public ne se souvient plus un instant après leur existence.

— La disette des talents, au théâtre, augmente de jour en jour. On a fait débuter un enfant de quinze ans, nommé Grangé. Il faut voir ce que cela deviendra; jusqu'à présent, je ne vois en lui qu'un oiseau sifflé. Mlle Fanier, très-jeune aussi, a débuté dans les rôles de soubrette ; avec une assez jolie figure, elle a le son de voix et le jeu d'une poissarde. Mlle Doligny, qui joue depuis un an dans la comédie les rôles tendres de Mlle Gaussin, promet les plus beaux succès ; mais tout ce qui

---

1. *Idoménée* fut représenté pour la première fois le 13 février 1764.

est autour d'elle déjoue et la dépare si fort qu'il n'y a pas moyen d'y tenir. Pour rendre au Théâtre-Français son ancien lustre, il faudrait commencer par renvoyer plusieurs acteurs qui n'auraient jamais dû être reçus, et, dans ce scrutin, il faudrait donner la préférence à l'insupportable M. Bellecour et à sa moitié, non moins insupportable, qui joue les rôles de soubrette à faire mal au cœur.

> Pour parler sans détour,
> Notre nuit est venue après le plus beau jour ;
> Il en est des talents comme de la finance :
> La disette aujourd'hui succède à l'abondance [1].

— M. Dorat a fait imprimer une nouvelle héroïde : c'est une *Lettre de Zéila, jeune sauvage, esclave à Constantinople, à Valcourt, officier français* [2]. Valcourt fait naufrage près d'une île habitée par des sauvages ; Zéila le rencontre, et lui sauve la vie au milieu des dangers dont il est entouré dans cette île barbare. Bientôt l'amour unit Zéila à Valcourt, et ils s'enfuient ensemble sur un vaisseau qui les recueille. Pendant leur trajet, l'ingrat Valcourt devient inconstant, et abandonne Zéila, pendant son sommeil, dans un lieu écarté où ils étaient descendus à terre. Des corsaires s'emparent peu après de cette infortunée, et la vendent au maître d'un sérail à Constantinople. C'est de ce triste lieu qu'elle écrit à son infidèle la lettre qu'elle a dictée à M. Dorat. Ce poëte croit avoir imité dans cette héroïde le sujet d'*Inkle et d'Yarico*, qui vous a sûrement frappé dans *le Spectateur*; mais l'histoire du *Spectateur* est tout autre chose. Elle est surtout d'un grand caractère et d'une morale profonde, quoique très-affligeante, et l'histoire de M. Dorat n'est qu'un conte d'enfant auprès; elle n'a d'ailleurs ni naturel ni vérité. Cette héroïde est longue et froide, en comparaison de celle de Barnevelt. On a regret à la belle impression et à la jolie estampe dont elle est décorée. On lit à la tête une espèce de dissertation adressée à Mme de Cassini en forme de lettre. Cette lettre est écrite dans un étrange jargon, et dépare prodigieusement la

---

1. Voltaire, *le Russe à Paris*.
2. 1764, in-8°. Trois figures, vignette et cul-de-lampe d'Eisen gravés par Longueil.

lettre plaintive de Zéila. On dit que M. Dorat compte nous donner plusieurs héroïdes dans ce goût-là. Ses amis devraient bien lui conseiller d'aller plus doucement : il ne faut pas vouloir être sublime tous les mois.

— Le 24 du mois dernier, l'Académie royale de musique a fait l'ouverture de son théâtre dans la nouvelle salle du palais des Tuileries, par la représentation de l'opéra de *Castor et Pollux* dont le poëme est de M. Bernard et la musique de M. Rameau. Cette salle, construite sur le modèle de celle du Palais-Royal, qui a été brûlée il y a environ dix mois, a excité un mécontentement général dans tous les ordres de spectateurs. On a trouvé les loges trop élevées et alignées de manière que les spectateurs peuvent se regarder fort commodément, mais qu'ils ne peuvent voir le théâtre sans prendre une attitude gênée; les balcons, qui sont les places les plus chères, sont si bien masqués que la moitié du monde qu'ils pourraient contenir ne peut absolument pas voir le théâtre. Enfin il est incompréhensible qu'un écolier en architecture ait pu commettre les fautes qu'on reproche à cette nouvelle salle d'une voix unanime. On nous dit depuis quinze ans que M. Soufflot est le premier architecte du royaume et même de l'Europe, car nous accordons volontiers des brevets au nom de l'Europe, quoiqu'il n'y ait point de nation qui connaisse moins les autres que la nation française. Cependant ce premier architecte de l'Europe a fait à Lyon une salle de comédie où l'on n'entend point; il vient d'en faire une à Paris où l'on n'y voit point : je crois que l'Europe fera bien de ne plus employer son premier architecte à la construction des salles de spectacle. Ses amis disent à présent qu'il a plus de talent pour les églises que pour les théâtres, et ils citent pour preuve l'église de Sainte-Geneviève, dont les fondements sont à peine sortis de terre; mais dans vingt ans d'ici, lorsque cette église sera achevée, nous verrons ce que M. Soufflot sait faire en ce genre : en attendant, nous savons à n'en pouvoir douter qu'il est mauvais architecte de théâtre. La chute de la nouvelle salle fera hâter la construction de l'ancienne au Palais-Royal, et il faut espérer qu'on y évitera les fautes dans lesquelles M. Soufflot est tombé, et qu'on n'en fera pas d'autres, à moins qu'il ne soit écrit dans le livre du destin que Paris ne verra jamais une salle de spectacle supportable.

— On a fait ici, il y a dix-huit mois, une très-belle édition des *Contes* de La Fontaine, ornée d'un grand nombre d'estampes, la plupart très-jolies. Les dessins qui portent le nom d'Eisen m'ont paru charmants, pleins de goût et d'élégance, et M. Eisen me paraît en ce genre très-supérieur à M. Cochin et à M. Gravelot, qu'on prône sans cesse. Aujourd'hui on propose par souscription une pareille édition des *Fables* de La Fontaine, mais ce ne sont pas les mêmes éditeurs, et si l'on nous promet des dessins de Loutherbourg, en revanche ils seront gravés par M. Fessard, qui est un cruel graveur à mes yeux[1]. Il existe déjà une édition grand in-folio de ces fables, dont les estampes et les dessins ont passé pour être de Cochin et de feu Oudry, mais dont l'exécution a paru détestable à tout le monde.

— M. Junker, professeur de langue allemande à l'École royale militaire, vient de faire imprimer une espèce de grammaire sous le titre d'*Essai sur la langue allemande avec une histoire de la littérature allemande*[2]. Comme c'est aujourd'hui la mode à Paris d'étudier cette langue et cette littérature, l'ouvrage de M. Junker ne peut manquer de faire fortune.

— Un autre maître de langue allemande, M. Hubert, connu pour les traductions qu'il a faites de la *Mort d'Abel* et des *Idylles* de M. Gessner, de Zurich, vient de publier la traduction de *Daphnis*, poëme pastoral, et du *Premier Navigateur*, autre poëme de ce poëte. *Daphnis* est le premier ouvrage de M. Gessner ; je me souviens que la douceur et la fraîcheur de son coloris m'ont fait grand plaisir dans l'original, et c'est là son grand mérite, car il est d'ailleurs de la plus grande simplicité. C'est un berger et une bergère qui s'aiment et qui s'épousent, voilà tout. Or le coloris est ce qui disparaît le plus vite sous la plume du traducteur. Aussi il me paraît que *Daphnis* a moins réussi en France que les autres traductions de M. Gessner. Il y a de grandes beautés dans son poëme de *la Mort d'Abel*, et ses *Idylles* sont des chefs-d'œuvre. Je n'aime pas autant son poëme du *Premier Navigateur*, qui m'a paru manquer de naturel. Deux jours avant la traduction de ce morceau par M. Hubert, il en a paru une autre qu'on m'a dit être d'un officier.

1. Cette édition a paru de 1765 à 1775, en 6 vol. in-8°. Voir la note que lui consacre la troisième édition du *Guide* de MM. Cohen et Mehl.
2. Quérard ne mentionne pas ce livre.

— Les *Éléments primitifs des langues, découverts par la comparaison des racines de l'hébreu avec celles du grec, du latin et du français* [1]. Ce docte ouvrage est d'un curé en Franche-Comté, nommé M. Bergier, qui vient aussi de faire un discours contre M. de Voltaire, que l'Académie de Besançon a, je crois, couronné. Dieu vous préserve des racines et des discours de M. Bergier, curé en Franche-Comté !

— *L'Anti-Financier* n'est pas resté sans réponse. *La Veillée de Pézenas* en est une, par exemple. Cela est bien de la force de l'illustre avocat Moreau. En attendant, le gouvernement a fait mettre l'auteur de *l'Anti-Financier* à la Bastille. Il s'appelle, je crois, Auguiraud, et c'est un jeune avocat de province qui n'est à Paris que depuis un moment [2].

— Les *Idées d'un citoyen sur l'administration des finances du roi* [3], en trois cahiers, sont le seul écrit sensé qui ait paru l'été dernier dans l'insipide querelle de la *Richesse de l'État*. Cet ouvrage est resté à M. de Forbonnais. Je crois qu'une autre brochure intitulée *Idées d'un citoyen sur la puissance du roi et le commerce de la nation dans l'Orient* est du même auteur. Cet écrit m'a paru beaucoup moins solide que l'autre. C'est un beau roman, et je n'aime pas les romans politiques. Je crains bien que le commerce de la nation dans l'Orient ne soit aussi devenu un roman depuis le dernier traité de paix.

— La vacance du trône de Pologne a engagé quelque commis, sans doute, de publier un *Essai politique sur la Pologne*, brochure de 328 pages. C'est une simple esquisse du gouvernement de cette république, sans style et sans réflexions.

— On a imprimé à Strasbourg un *Magasin historique pour l'esprit et pour le cœur*, en deux volumes. Cette compilation contient sous différents titres les traits les plus frappants et les plus connus de l'histoire ancienne et moderne. Elle est destinée pour les enfants.

— Il paraît encore un gros ouvrage sous le titre d'*Examen*

---

1. Paris, 1764, in-12.

2. Les *Mémoires secrets* (6 février 1764) l'appellent Darigrand et ajoutent qu'il n'est peut-être qu'un prête-nom. Barbier fait observer que *l'Anti-Financier* a été aussi attribué à un autre avocat, Pierre Leridant.

3. Cet ouvrage, et celui dont Grimm parle aussitôt après, sont de l'abbé Baudeau.

*de l'inoculation,* par un médecin de la Faculté de Paris [1]. Ce médecin est, je crois, M. Vernage, célèbre praticien de Paris, et qui a la mort de plus d'un honnête homme sur la conscience. La bêtise et la mauvaise foi ne sont nulle part montrées avec autant de franchise que dans la discussion de cette fameuse question. M. Gatti prépare aussi un ouvrage sur l'inoculation, et ce sera vraisemblablement le seul qui restera; mais les médecins de Paris arracheront à l'auteur au moins les yeux, pour avoir parlé du corps avec tant de vérité et si peu de respect.

— Les *Principes politiques sur le rappel des protestants en France* [2] font un ouvrage en deux petits volumes dont l'auteur anonyme prêche la tolérance. Je crains bien qu'on ne prêche en France encore longtemps sur cette matière, sans fruit pour les droits de l'humanité et les principes de la saine politique.

— On vend depuis quelques jours une brochure d'environ cinquante pages intitulée *De l'Imitation théâtrale, essai tiré des dialogues de Platon,* par Jean-Jacques Rousseau [3]. Tout le monde sait ce que Platon a dit dans sa *République* contre les poëtes et contre les spectacles; M. Rousseau comptait en faire usage en écrivant contre la comédie. Il donne aujourd'hui au public ce qui n'a pu entrer dans son ouvrage. C'est un grand abus d'appliquer à nos mœurs et à nos constitutions ce que Platon a dit d'une république dont la force devait consister dans l'éducation philosophique de ses citoyens, et où tout ce qui tendait à l'attendrissement des cœurs devait paraître contraire aux vues du législateur.

— Un moine, qui ne se nomme pas, vient de publier des *Réflexions sur la théorie et la pratique de l'éducation contre les principes de M. Rousseau* [4]. Cela nous vient de Turin et prouve qu'il y a des bavards partout.

— *Le Bâtard parvenu, ou l'histoire du chevalier Du Plaisir* [5] est un petit roman qui doit faire fortune parmi les laquais. Voilà

---

1. Paris, 1764, in-12. Quérard (*Supercheries littéraires*) nomme Aut.-Cl. Dorigny comme l'auteur de ce livre; Vernage avait publié en 1763 (Didot, in-12) des *Observations sur la petite vérole naturelle et artificielle.*
2. (Par Turmeau de La Morandière.) Paris, 1764, 2 vol. in-12.
3. Amsterdam, 1764, in-12.
4. (Par le P. Gerdil, barnabite, et depuis cardinal.) Turin et Paris, 1763, in-8°.
5. Paris, 1764, in-8°. L'auteur est inconnu.

les ouvrages qui paraissent avec approbation et privilége. Dans la *République* de Platon, un plat coquin d'auteur serait sûrement chassé, et le censeur qui l'aurait approuvé, aussi.

— On a revu avec plaisir, sur le théâtre de la Comédie-Française, M. Grandval, qui s'était retiré il y a deux ans. Il a repris ses engagements avec la Comédie, et doit jouer les rôles de père, communément dits rôles à manteau. Je ne sais si cet acteur, si aimable autrefois, s'aquittera bien de son nouvel emploi. Les comédiens ont, comme les peintres, leur temps, passé lequel leur talent baisse. Ils sont surtout sujets à se blaser dans leur métier; à ne plus jouer que de routine, et à mettre la charge à la place de la véritable chaleur. On s'aperçoit avec un extrême regret d'un tel changement dans un acteur qu'on a tant de fois et si justement applaudi. Je doute que M. Grandval puisse réussir dans le genre de rôles qu'il a choisi. Il vient de jouer celui de Simon, dans *l'Andrienne;* on voit qu'il a travaillé ce rôle avec un soin extrême ; quelle différence cependant entre son jeu et celui de feu Sarrasin. On n'a point d'idée de la perfection dont l'art du théâtre est susceptible quand on n'a pas vu Sarrasin dans le rôle de Simon. Que nous sommes loin aujourd'hui de cette vérité! Ces acteurs ne nous ont quittés que d'hier, et l'on dirait qu'il y a cinquante ans que nous les avons perdus : tout l'esprit de la comédie s'est perdu avec eux. Le retour même de M. Grandval prouve que rien ne se remplace.

— On a fait à Genève une nouvelle édition de l'*Histoire du Danemark*, par M. Mallet, qui a vécu plusieurs années à Copenhague et qui est maintenant retiré dans sa patrie. Cet ouvrage, qui n'est point achevé, consiste en six volumes et est fort estimé.

— M. Valmont de Bomare a déjà fait plusieurs compilations d'histoire naturelle, tirées des écrits de Wallerius, de Lehman, et d'autres ouvrages allemands que M. le baron d'Holbach a traduits en français. Ce M. Valmont de Bomare vient de publier une nouvelle compilation intitulée *Dictionnaire raisonné universel d'histoire naturelle,* cinq volumes.

— On a enfin rendu publique *la Philosophie rurale,* qui porte aussi le titre d'*Économie générale et politique de l'agriculture, réduite à l'ordre immuable des lois physiques et morales qui assurent la prospérité des empires.* Trois volumes in-12. Cet ouvrage reste à M. Quesnay, médecin consultant du roi, aidé de

M. le marquis de Mirabeau, autrement dit l'Ami des hommes. C'est un recueil d'idées communes énoncées d'une manière fort énigmatique. On peut dire que rien n'est plus obscur que cet ouvrage, si ce n'est la préface qui est à la tête.

— Il vient de paraître un autre ouvrage intitulé *des Corps politiques et de leurs gouvernements*[1]. Deux volumes in-12. C'est un abrégé de la *République* de Bodin. L'esprit de compilation nous saisit et nous obsède de toutes parts. Jamais surtout les écrits politiques n'ont été plus nombreux. Ceux qui s'imaginent qu'il en résultera le moindre bien réel sont, à mon avis, bien loin de leur attente.

## MARS

1ᵉʳ mars 1764.

M. Lemierre aime les sujets antiques ; il n'en a pas traité d'autres jusqu'à présent. Pourquoi le dieu favorable aux poëtes lui a-t-il refusé cette touchante simplicité, cette éloquence mâle et pathétique, cette énergie et cette âme dont les anciens tragiques étaient doués ? Avec du génie, M. Lemierre aurait fait revivre en France les beaux jours d'Athènes. Le génie fait tout ; c'est dommage qu'il soit si rare. La seule vertu que je connaisse à M. Lemierre, c'est de conduire ses sujets d'une manière simple et naturelle. Il n'admet ni épisode, ni rien qui soit étranger à son sujet ; ses pièces marchent bien et naturellement depuis le commencement jusqu'à la fin ; mais cela ne suffit pas pour réussir. Il faut du caractère et du génie ; il faut cette chaleur, sa compagne inséparable ; il faut des discours vrais et touchants pour obtenir le suffrage du public. Rien de tout cela dans *Idoménée*. Point de caractères, point d'intérêt, point de chaleur. Les discours surtout sont presque toujours faux et pitoyables. On a voulu faire un mérite au poëte de n'avoir pas été aussi prodigue en maximes et lieux communs que ses confrères. C'en

---

1. (Par le président de Lavie.)

est un sans doute, mais qui ne dispense pas d'autres qualités essentielles, et éviter un défaut ce n'est pas avoir un mérite. Les personnages de M. Lemierre ont un défaut bien insupportable au théâtre, celui d'être raisonneurs. Érigone pousse ce défaut au-delà de toute limite. Tout son emploi, dans cette tragédie, se réduit à raisonner sur le sujet et sur les incidents. Elle raisonne alternativement avec son époux, avec son beau-père, avec le grand-prêtre ; elle fait un assez bon nombre de sophismes, et, quand elle est un peu poussée, elle crie et se fâche. Voilà un caractère qu'il fallait laisser à la comédie, et qui ne peut convenir à la dignité tragique. Cette Érigone a surtout une teinture de philosophie qui m'impatiente. Elle a sûrement lu les *Pensées philosophiques* et *l'Esprit*, et plusieurs morceaux de Voltaire. C'est une femme esprit fort, qui serait à sa place dans un cercle de Paris, entourée de David Hume, de Denis Diderot, de Jean d'Alembert, mais que je ne puis souffrir en Crète, dans ces temps superstitieux où les dieux répondaient aux arguments des philosophes par des volcans et des maladies pestilentielles. Mon cher monsieur Lemierre, je me souviens de vous avoir déjà fait mes représentations à ce sujet, du temps de votre tragédie d'*Hypermnestre*. C'est aussi une jeune personne très-mal élevée, qui se moque de son catéchisme le plus mal à propos du monde, qui parle des dieux et des prêtres avec une licence très-répréhensible. Je vous assure que cette philosophie ne convient point du tout à ces temps religieux où vous prenez vos sujets. Croyez-moi, une jeune princesse de ces siècles reculés, sans religion, sans le plus profond respect pour les dieux et pour leurs décrets, est un monstre que tout homme de goût se pressera d'étouffer. Est-ce que vous ne sentez pas combien la piété simple et naïve de toutes ces jeunes personnes des pièces de Sophocle et d'Euripide est plus touchante que toute votre philosophie ? Ne voyez-vous pas que ce n'est pas dans un siècle de prodiges et de sortiléges que les hommes, et surtout la jeunesse, peuvent avoir l'esprit philosophique ; qu'il faut de grandes révolutions dans l'esprit humain pour qu'une femme de Paris, dans son fauteuil au coin de son feu, puisse se moquer sincèrement des mandements de M. l'archevêqueé et des réquisitoires de maître Omer, et que si votre Érigone avait pu faire le moindre de vos raisonnements votre grand-prêtre n'eût jamais pu exiger une victime humaine sans que tout le peuple l'eût pris pour un fou à lier ou pour un scélérat à lapider? Comprenez donc que le siècle où un père est assez insensé pour se croire obligé de sacrifier son fils, parce qu'il s'est avisé de faire un vœu téméraire, n'est pas le siècle du raisonnement et de la philosophie. Vous me direz que l'exemple de M. de Voltaire vous a séduit. C'est notre maître à nous tous qui fait dire à Jocaste :

> Les prêtres ne sont pas ce qu'un vain peuple pense;
> Notre crédulité fait toute leur science.

Et voilà la source et l'époque de cette impiété qui s'est établie si indiscrètement sur nos théâtres: mais notre maître à nous tous a eu tort, et ce n'est pas dans ses torts qu'il faut l'imiter. Il faut sentir que le mérite essentiel de tout tableau consiste dans l'unité de couleur, *color unus*. Si vous mettez dans la même pièce des personnages superstitieux à toute outrance, et d'autres dégagés de tout préjugé religieux, vous associez des gens qui sont à plusieurs siècles l'un de l'autre. Remarquez aussi que, s'il y a des esprits forts dans un siècle superstitieux, ce sont tous des ambitieux, ou de profonds politiques qui ont vieilli dans les affaires, ou des hypocrites, ou des fripons. Je souffrirais plutôt vos impiétés dans la bouche d'Idoménée ou du grand-prêtre ; mais mettre dans la bouche d'une jeune princesse pleine de naïveté et d'innocence la défense de l'humanité et de la raison contre les préjugés religieux, en vérité, monsieur Lemierre, c'est se moquer des gens.

Un autre défaut tout aussi choquant dans ce genre de pièces, c'est de faire jouer aux dieux un rôle si peu équivoque que, s'ils avaient jamais déclaré leur volonté d'une manière si précise, tout philosophe n'eût été qu'un insensé de douter de leur existence et de mépriser leur pouvoir. La fourberie des prêtres a pu mettre habilement à profit un phénomène physique pour en faire un signe de la colère des dieux. Dans les siècles de superstition, une éclipse, un volcan, une contagion, tout fléau public peut toujours servir d'interprétation à la volonté du ciel, parce que, dans ces situations, la faiblesse des uns est d'accord avec la friponnerie des autres pour chercher à un effet physique une cause morale et surnaturelle. C'est là le temps des signes, des prédictions, des explications; le mal est arrivé, et l'on donne le tourment à son esprit pour en savoir la raison, parce que nous sommes assez imbéciles pour regarder le mal toujours comme une punition, et le bien comme une récompense. C'est donc cet esprit sombre d'incertitude, de fluctuation, d'interprétations sinistres, d'inquiétude et d'angoisse, qui tourmente le peuple et dont profite le prêtre, qu'il fallait me peindre dans la tragédie d'*Idoménée*; car si vous me montrez un dieu qui explique si nettement sa volonté que le châtiment commence et finit avec la désobéissance, bien loin d'accuser les Crétois de superstition, tous les philosophes et tous les gens sensés se rangeront de leur côté. Ce peuple n'est imbécile que parce que, offrant sa victime sur le déclin de la contagion, il attribue ce déclin à son sacrifice, et quoique la maladie emporte encore beaucoup d'innocents après le sacrifice, il trouve le dieu encore trop bon de calmer sa colère peu à peu; mais si la contagion cessait subitement au moment même du sacrifice, comme cela arrive dans nos tragédies, rien ne serait mieux fondé que la croyance du peuple. Le sujet d'*Idoménée* a été traité sans succès par feu Crébillon, qu'on n'a compté parmi nos grands poëtes que pour mortifier M. de Voltaire; ce rival qu'il a été obligé d'appeler son maître serait bien heureux d'avoir fait la plus mauvaise des pièces de son écolier. Dans la tragédie de Crébillon, le vieil Idoménée devient amoureux de la maîtresse de son fils, dont il a fait mourir le père, et, quelque ravage que fasse la peste pendant tout le cours de la pièce, dans quelque perplexité que soit le roi pour sauver les jours de son fils, son amour lui donne encore plus d'embarras que la peste et son vœu. Il est bien étrange qu'on ait pu supporter sur le théâtre de Paris de telles impertinences immédiatement après le temps de Corneille et de Racine. L'*Idoménée* de Crébillon n'y a pas paru depuis. On dit que Baculard d'Arnaud a aussi une tragédie d'*Idoménée* toute prête à être jouée [1]. C'est entrer un peu tard dans la carrière du théâtre, et le succès de ses prédécesseurs n'est pas encourageant pour traiter ce sujet. C'est que ce sujet manque par le fond, et qu'il n'y a pas assez d'étoffe pour fournir à une tragédie en cinq actes, dans la forme que nous lui avons donnée.

---

1. Baculard d'Arnaud ne fit jamais représenter ni imprimer d'*Idoménée*. (T.)

Nos pièces sont trop pleines de discours, et le sujet d'Idoménée n'en est pas susceptible : tout y doit être passion et mouvement. Le sujet de Jephté, qui est le même dans le fond, a sur celui d'Idoménée l'avantage de présenter pour victime dévouée une fille, ce qui rend le fond plus touchant. L'un et l'autre de ces sujets sont plus faits pour l'opéra que pour la tragédie. Ils sont susceptibles d'un spectacle très-intéressant et d'un grand nombre de situations fortes et pathétiques et favorables à la musique.

— La brochure intitulée *Des Véritables Intérêts de la patrie*[1] contient en deux cent quatre pages le moyen de tirer la France de presse, dans l'état critique où se trouvent les finances. Si nous ne guérissons pas, ce ne sera pas faute de médecin, car, Dieu merci, chacun dit son mot. Celui-ci est anonyme. Ce qui m'en plaît, c'est qu'il trouve des ressources infinies dans le clergé; il croit qu'un cadet de famille, qui retire des siens une légitime de six cents livres de rente, peut se contenter d'avoir un évêché avec un revenu de dix mille livres, et il emploie le surplus du produit des bénéfices à libérer l'État de ses dettes. Quoique l'auteur dise dans sa brochure qu'il faut enfermer les philosophes aux petites-maisons, je doute que la prochaine assemblée du clergé lui fasse une pension pour son projet de liquidation.

— Un mousquetaire devient amoureux de la fille d'un président de la chambre des comptes, à Dôle en Franche-Comté. Il couche plusieurs fois avec elle dans la chambre et à côté du lit de sa mère. Une nuit, la mère croit entendre du bruit; elle appelle et réveille toute la maison; l'amant est obligé de se sauver en chemise; on trouve ses habits dans la chambre de la mère, sur le lit de la fille, qui est obligée d'avouer tout. Le père poursuit le jeune mousquetaire criminellement. Celui-ci est obligé de se retirer en Suisse pour se dérober à la rigueur de la justice. C'est là qu'il fait son apologie dans un Mémoire imprimé. Comme il se trouve près de l'asile de J.-J. Rousseau, tout le monde dit que celui-ci est l'auteur du Mémoire, et ce bruit donne à cet écrit beaucoup de vogue à Paris. Les femmes pleurent et sanglotent, et disent que c'est le morceau le plus éloquent et le plus touchant que J.-J. Rousseau ait jamais écrit.

---

1. (Par de Forges.) Rotterdam, 1764, in-12.

Je veux mourir s'il en a écrit une ligne. Vous n'y trouverez sûrement aucune trace d'éloquence et de chaleur de cet écrivain célèbre, et il n'y a ni humeur, ni satire : jugez comme cela ressemble. A moins que Jean-Jaques ne l'ait écrit à l'agonie, je ne croirai jamais que ce Mémoire soit de lui. Je n'y trouve rien au-dessus du talent d'un jeune mousquetaire embarqué dans une intrigue qui peut avoir des suites sérieuses [1].

— L'ouvrage *Sur le Rappel des protestants en France*, dont j'ai l'honneur de vous parler [2], est d'un M. de La Morandière, qui a déjà appelé des étrangers dans nos colonies avec le même succès, je crois. Il vient de publier un autre ouvrage *Sur les Mendiants, les Vagabonds, les Filles prostituées et les gens sans aveu* [3]. C'est un bonhomme qui brûle d'envie d'augmenter notre population. C'est dommage qu'il écrive d'une manière si plate qu'il n'y a pas moyen d'y tenir. Je crois pourtant son livre *Sur le Rappel des protestants*, qui m'a ennuyé à périr, très-propre à persuader un bon curé de village, un bon bailli de campagne, et à leur inspirer des sentiments plus humains à l'égard de gens qui ne pensent pas comme eux ; et si l'ouvrage de M. de La Morandière faisait ces conversions, tout mauvais qu'il est, je le croirais plus utile que celui de M. de Voltaire [4] : car les gens pour lesquels celui-ci écrit sont tous de son avis sur ce point. Il faut remarquer aussi que le livre de M. de La Morandière a été imprimé avec approbation et privilége. Il y a, j'en conviens, loin de la tolérance publique d'un livre à la tolérance des protestants ; mais enfin c'est quelque chose. Il est vrai que tandis que nous permettons qu'on imprime à Paris qu'il faut rappeler les protestants, l'impératrice de Russie établit dans son empire des colonies de gens de toute religion, sans que la religion dominante en souffre ; mais c'est qu'elle ne consulte pour cela ni clergé, ni parlements, ni jansénistes, ni molinistes. Malgré cela, je ne doute pas que dans quelques siècles d'ici on ne soit aussi tolérant en France qu'en Russie. Je suis comme cet entrepre-

---

1. Nous n'avons pas besoin de dire que Grimm ne se trompait pas en regardant Rousseau comme étranger à cet écrit. On verra ci-après la suite de cette affaire et le nom des acteurs dans la lettre du 15 mars 1765. (T.)
2. Voir page 456.
3. *Police sur les mendiants*, etc., 1764, in-12.
4. Le *Traité sur la Tolérance*, de Voltaire.

neur de Beaune en Bourgogne, dont les habitants ont une si grande réputation d'esprit en France. Un temps de neige, comme celui d'aujourd'hui, leur ville en étant couverte, ils firent un marché avec l'entrepreneur, qui s'engagea d'enlever, pour un prix convenu, toutes les neiges de la ville, à condition qu'on lui accorderait le temps qu'il jugerait nécessaire à son opération. On trouva cette condition juste, et à la Saint-Jean il n'y eut plus un seul flocon dans la ville.

Au reste, si le privilége du livre *Sur le Rappel des protestants* est une chose remarquable, le bannissement de l'abbé de Caveirac l'est aussi. Cet honnête homme écrivit, il y a quelques années, une apologie de la révocation de l'édit de Nantes, et surtout de la Saint-Barthélemy[1]. On pourrait croire que le propriétaire d'une âme aussi douce, s'il a de bons bras, ferait un beau rameur sur les galères du roi; ce n'est pourtant pas ce beau livre qui lui a suscité des affaires; mais on a su qu'il était l'auteur de plusieurs ouvrages en faveur des jésuites, entre autres de l'*Appel à la raison* et de celui qui a pour titre : *Il est temps de parler*[2], et le Parlement, tenant apparemment un ami des jésuites pour un plus mauvais sujet qu'un ennemi de l'humanité, vient de bannir du royaume le doux abbé de Caveirac à perpétuité.

— M. Palissot voudrait bien n'être pas oublié du public, et comme apparemment la voix intérieure l'avertit souvent qu'il n'est pas digne de mériter son estime, il s'est abonné à se faire une réputation en attaquant quelques hommes illustres de la nation. En 1760, il fit la comédie des *Philosophes*, que l'autorité fit jouer sur le théâtre de Paris, et dont ceux qui ignorent ce que c'est que l'esprit de parti ne purent jamais comprendre le succès. Cette pièce, si fameuse alors et aujourd'hui si oubliée, vient d'être relevée par *la Dunciade, ou la Guerre des sots*, poëme en trois chants[3]. Je doute que vous ayez jamais rien lu

---

1. Voir tome IV, page 40.
2. L'abbé de Caveirac est en effet auteur du *Nouvel Appel à la raison* (voir précédemment, p. 144); mais on attribue à l'abbé Dazès la brochure: *Il est temps de parler, ou Compte rendu au public des pièces légales de M<sup>e</sup> Ripert de Monclar, et de tous les événements arrivés en Provence à l'occasion de l'affaire des jésuites*, Anvers, 1763, 2 vol. in-12. (B.)
3. 1764, in-8°.

de plus plat, de plus ennuyeux et de plus grossier. Il faut que
ce poëme soit bien détestable, puisque les ennemis les plus
acharnés de la philosophie en sont tout honteux. Au milieu de
la plus vile canaille de la littérature, on trouve les noms de
Diderot, de Marmontel, de Duclos, de l'abbé Morellet, de l'abbé
Coyer, de l'abbé Raynal, et tout le génie de l'auteur se borne à
nous dire qu'ils sont des sots; il faut convenir que M. Palissot
est l'ennemi le moins dangereux qu'on puisse avoir. Les grands
hommes de la nation, selon lui, sont Voltaire, d'Alembert,
Buffon, M. Poinsinet de Sivry, M. Le Brun et lui; assurément
voilà les trois premiers bien accouplés! Au reste, M. d'Alembert
était traité, il y a trois ans, dans les *Petites Lettres* de M. Palissot, comme le dernier des hommes; aujourd'hui le voilà à
la tête des gens de lettres : vous voyez que les dieux ne sont
pas toujours implacables. M. Palissot nous avertit aussi qu'il
vit actuellement en sage à Argenteuil, à deux lieues de Paris.
Sa grande folie est d'être gai, et je crois que le triste coquin n'a
ri de sa vie; mais je devrais bien n'en pas parler avec cette
liberté, car j'ai aussi mon vers dans *la Dunciade*, et ce vers est
diablement méchant [1].

15 mars 1764.

On vient d'imprimer un *Essai sur le luxe;* c'est un petit
ouvrage de soixante-dix-sept pages, de M. le chevalier de Saint-
Lambert. Ce morceau paraîtra, en son temps, dans l'*Encyclopédie*, à l'article *Luxe*, car c'est pour cela qu'il a été fait.
Il faut que M. de Saint-Lambert l'ait confié à quelque main
infidèle qui l'ait fait imprimer séparément et à son insu. Voilà
le premier ouvrage public d'un auteur qui a beaucoup de
réputation à Paris, quoiqu'il n'ait jamais rien fait imprimer.
Tout le monde connaît et possède ses poésies fugitives; mais ce
qui doit fixer à jamais le rang que M. de Saint-Lambert occu-
pera dans la littérature française est un poëme des *Quatre Saisons*, auquel il travaille depuis nombre d'années, et qu'il se

---

1.     Et le brevet, en forme d'apostille,
Signé par Grimm et scellé par l'auteur,
Fut mis au bas du *Père de famille*.

propose de donner dans peu au public. Si M. de Voltaire a osé lutter avec sa *Henriade* contre l'*Énéide*, M. de Saint-Lambert n'entreprend pas moins que de lutter avec son poëme des *Saisons* contre les *Géorgiques* du divin poëte, lutte plus effrayante peut-être que la première, mais où il suffirait à la gloire du poëte français d'arracher une branche de cette couronne de lauriers qui pose depuis tant de siècles sur la tête immortelle du cygne de Mantoue. Ce poëme des *Saisons* aura cinq à six mille vers : ainsi ce n'est pas une petite entreprise.

L'*Essai sur le Luxe* n'a point réussi. On l'a trouvé superficiel, peu approfondi, écrit d'ailleurs sèchement et sans chaleur. Il est certain que si M. de Saint-Lambert a un défaut à redouter, c'est la sécheresse : car personne ne niera que ce ne soit un bon esprit et un penseur ; mais il n'a dans le commerce ni assez de chaleur, ni cette onction qui rend la vérité touchante, et qui dispose le cœur en faveur de celui qu'on écoute. En revanche, je crois qu'il aurait l'épigramme excellente s'il voulait se la permettre. On a dit qu'il ne restait rien de cet Essai quand on l'avait lu : cela peut être ; que la définition que l'auteur donne du luxe est fausse : il en aurait donné une excellente que je ne l'en estimerais pas un brin de plus, car, Dieu merci, je me moque des définitions et de la méthode ; qu'il répond souvent d'une manière peu satisfaisante aux objections qu'il se fait, et que les faits historiques ne sont pas toujours heureusement appliqués : j'avoue que ce n'est pas répondre bien solidement à ceux qui prétendent que le luxe amollit le courage que de dire que, sous les ordres de Luxembourg, de Villars, du comte de Saxe, les Français, le peuple du plus grand luxe connu, se sont montrés le plus courageux ; car, si par hasard le luxe tendait à énerver la santé et le tempérament et à diminuer cette vigueur de corps qui influe sensiblement sur la vigueur de l'âme, il amollirait certainement le courage dans la propre signification du terme, quoiqu'on se battît avec succès sous un chef expérimenté, qui aimait d'ailleurs à remplir son camp de spectacles et de courtisanes ; et si, par un effet de ce luxe, il fallait aujourd'hui plus d'équipages, de valets et de train à un simple maréchal de camp que n'en a le roi de Prusse, *summus in orbe imperator*, à la tête de ses armées, il se pourrait que ce maréchal de camp payât fort bien de sa personne un jour d'affaire, et qu'il fît pourtant manquer la campagne.

On a beaucoup écrit sur le luxe. Les uns, ardents à l'attaquer, nous l'ont représenté comme la source de tous les maux publics; les autres, ingénieux à le défendre, nous l'ont dépeint comme la source de l'opulence et de la prospérité des nations. Peu s'en faut que je ne range cette dispute au nombre de ces débats inutiles qui, ainsi que la plupart des discussions politiques, ne sont que de vains exercices d'esprit et d'ostentation, où les oisifs s'escriment en pure perte pour les progrès de la raison et le bonheur des peuples : car, si le luxe est aussi avantageux aux États qu'on le dit, son apologie contre les attaques des esprits austères me paraît chose assez superflue ; et s'il est aussi nuisible que ceux-ci nous l'assurent, le temps qu'ils consument à nous le prouver, ils l'emploieraient mieux à nous enseigner les moyens de nous en préserver, entreprise vraiment essentielle et digne d'un philosophe, mais pas à beaucoup près aussi aisée que l'autre. D'ailleurs, le mot de *luxe* est nécessairement un terme vague et relatif. Les disputes qu'il occasionne doivent souvent se réduire à des disputes de mots. M. de Saint-Lambert dit que la Pologne a moins de luxe que l'Angleterre et Genève, et moi, je soutiens qu'elle en a infiniment davantage, quoiqu'elle ait, proportion gardée, beaucoup moins de richesses. Dans le fait, tout est luxe. J.-J. Rousseau a raison de regarder le premier qui mit des sabots comme un homme qui introduisit le luxe dans son pays [1]; mais cela même devait lui apprendre à nous passer nos souliers et les boucles d'or ou de diamants avec lesquelles nous les attachons. L'un est aussi naturel que l'autre, ou plutôt n'en est qu'une suite nécessaire. L'état de maladie est un état de luxe, car il y a des peuples entiers qui ne le connaissent pas ; parmi ces peuples, il n'y a que deux manières d'être : vivre, ou mourir. Durant le premier de ces états, on se sent quelquefois plus ou moins dispos ; mais on ne sait ce que c'est que de se coucher entre deux draps, et d'appeler un homme qui, en vertu d'un certain

---

1. « Il y a cent à parier contre un que le premier qui porta des sabots était un homme punissable, à moins qu'il n'eût mal aux pieds. Quant à nous, nous sommes trop obligés d'avoir des souliers pour n'être pas dispensés d'avoir de la vertu. » *Réponse à M. Borde*, pour le Discours sur les sciences et les arts.

titre et en conséquence de certains systèmes, ordonne de certains remèdes, dont il ne connaît pas l'effet, contre des maux, dont il ignore la cause. Le luxe des médecins et des prêtres serait très-bon à retrancher dans un gouvernement éclairé, si l'on en connaissait les moyens.

Pour écrire utilement sur cette matière, et pour satisfaire les esprits sages et solides, il faudrait traiter la question plus en grand et développer les effets du luxe dans l'histoire des nations. Les faits seuls sont intéressants ; tout le reste est erreur et mensonge. Autrefois, un amant faisait présent à sa maîtresse d'une pierre de taille, et la fille de Chéops, roi d'Égypte, eut tant d'amants, reçut tant de pierres de taille, qu'elle en fit bâtir une des plus belles pyramides du royaume. Il fallait qu'elle fût bien belle ; mais si cette masse de pierres, nécessaire préalable à la noce d'une princesse d'Égypte, effraye votre imagination, tout ce qu'il faut aujourd'hui pour le trousseau de mariage de la fille du plus petit particulier n'est guère moins effrayant. Ordinairement, des bras des quatre parties du monde ont été mus pour cela. Le luxe était excessif dans Rome sous le règne d'Auguste ; mais il était bien différent du nôtre. Je ne sais si la somptuosité des tables romaines peut entrer en quelque comparaison avec la recherche des nôtres ; mais je sais qu'on ne peut comparer leurs dépenses en habits et en commodités à celles que nous faisons aujourd'hui. La couleur de pourpre était la couleur de ce qu'il y avait de plus grand dans l'État ; aujourd'hui, nous en habillons les valets. Les besoins sont si multipliés qu'encore une fois l'homme qui vit le plus simplement met à contribution l'industrie de toutes les parties du monde, et qu'il ne peut guère rien arriver dans l'Inde et dans les îles sous le vent dont je ne ressente l'influence dans un carré de trois ou quatre toises en tous sens que j'occupe à Paris, rue Neuve-de-Luxembourg.

Le luxe étant si différent d'un âge à un autre, d'une nation à une autre, ses résultats ne sauraient être les mêmes de tous les temps. Si j'occupe, moi, petit particulier, pour ma subsistance et mon entretien, plus de bras que n'en mettait en œuvre un consul, un préteur de Rome, il est impossible, par exemple, que les peuples modernes entreprennent d'aussi grands travaux que les peuples anciens. Il nous faut trop de tailleurs, de tisserands, de rubaniers, de parfumeurs, de perruquiers, de manufacturiers de toute espèce, pour qu'il nous reste assez de bras pour des monuments publics. Un édile de Rome aurait été en état de donner des fêtes plus magnifiques, plus réellement grandes, qu'un roi de France, parce que celui-ci a dans ses États, un trop grand nombre de petits commis à qui il faut des manchettes de dentelles et du galon sur l'habit. Il est évident que deux genres de luxe si divers doivent produire des effets bien différents dans les mœurs et sur les esprits, et cette réflexion seule suffit pour juger quel cas il faut faire des écrits qui raisonnent sur le luxe en général, et qui appuient leur raisonnement de faits tirés au hasard de l'histoire de différents siècles.

Le grand principe de M. de Saint-Lambert, sur lequel il a fondé tout son *Essai*, est que le luxe n'est en lui-même nullement dangereux, et qu'il devient avantageux ou nuisible suivant que l'État est d'ailleurs bien ou mal gouverné. L'auteur met beaucoup d'esprit et de subtilité à prouver son opinion; mais il faudrait la développer d'une manière beaucoup plus profonde, pour savoir à quel point elle est solide. L'amour des richesses, le goût de la dépense, le relâchement des mœurs, l'indifférence pour les lois et pour la patrie, n'ont nulle liaison ensemble. J'y consens, puisque vous le voulez; mais si tous ces symptômes s'étaient toujours manifestés en même temps, cette observation historique ne laisserait pas que de former un violent préjugé contre le luxe. Un empire peut se trouver au plus haut degré de richesse, de bonheur et de gloire. Cette époque brillante est souvent l'ouvrage du génie d'un seul homme; d'autres fois, c'est l'ouvrage du hasard et du concours de mille circonstances; mais lorsque la gloire et la puissance d'un empire sont bien affermies, lorsqu'il ne s'agit plus que de maintenir l'État dans cette situation florissante, peut-on se promettre de le voir gouverné par d'aussi grands princes que lorsque sa situation était plus précaire, et qu'il ne pouvait être garanti des dangers qui l'environnaient qu'à force de talents et de vertus?

La France compte, parmi ses soixante fermiers généraux, que le cardinal de Fleury appelait les colonnes de l'État, M. Bouret, qui, par l'accumulation de plusieurs places de finance, se trouve borné à un revenu peut-être de douze à quinze cent mille livres. Il est dans l'ordre que celui qui n'a pas su acquérir une grande fortune par son travail ne sache pas non plus en jouir, et que M. Bouret se trouve ruiné à la fin de l'année ; mais ses dépenses ont du moins un air distingué. Un jour, il avait prié à souper une femme à qui il avait obligation ; c'était dans la primeur des petits pois, où l'on en achète une poignée avec une poignée de louis. La convive de M. Bouret étant, à cause de sa santé, au lait pour toute nourriture, avait mis pour condition qu'il ne ferait pas servir de petits pois, de peur d'en être tentée. La clause fut acceptée ; mais lorsque la législatrice arrive, elle trouve dans le vestibule, à l'entrée de l'appartement, sa mère nourrice, la vache dont elle prenait le lait, et devant elle un seau immense rempli de petits pois. Une autre fois, l'ingénieux Bouret eut l'honneur de recevoir le roi très-chrétien à Croix-Fontaine, sa maison de campagne. La première chose que le roi remarque dans le salon, c'est un livre grand in-folio. Ce livre est un manuscrit qui a pour titre : *Vrai Bonheur*, et sur chaque page est écrit : *Le roi est venu chez Bouret*, avec la progression des années, depuis 1760 jusqu'en 1800. Encore, ce dernier feuillet n'était-il que la fin du premier tome, et le second volume, pour être de la même taille, devait aller au moins jusqu'à l'an de grâce 1840. Je voudrais maintenant qu'on calculât combien un homme de génie comme Bouret peut avoir de grands poëtes, de grands magistrats, de grands généraux, de grands hommes d'État pour concitoyens. Ce problème est compliqué, je l'avoue ; mais si nous ne pouvons le résoudre, c'est la faiblesse de notre tête qui en est cause : car le calcul en est rigoureux comme celui de tout autre problème ; il ne s'agit que de savoir l'embrasser. Ce que je sais, c'est qu'une bombe, poussée hors de son mortier par une telle force de poudre, eu égard à une telle résistance de l'air, décrit nécessairement une telle parabole. Elle s'élèvera à une telle hauteur ; mais, lorsqu'elle y sera arrivée, il faudra bien qu'elle descende. Voilà l'image de l'histoire des empires. Celui qui arrêterait la bombe au point de sa plus grande élévation serait un dieu ; celui qui l'entreprend, soit en agissant, soit en écrivant, n'est qu'un fou.

— On a donné sur le théâtre de la Comédie-Française une

petite pièce en vers et en un acte, intitulée *l'Amateur*, par M. Barthe, jeune homme de Marseille, à qui nous sommes déjà redevables d'un mauvais recueil d'épîtres et de pièces fugitives de sa façon[1]. L'Amateur est un jeune homme aussi, à la fois sage et fou. Il a une passion extrême pour les arts; il prétend que ce n'est qu'en Italie qu'on peut la satisfaire, c'est en quoi il n'est pas si outré que M. Barthe le croit. Un de ses amis, père d'une fille unique et charmante, voudrait le détourner du projet qu'il a de retourner en Italie, et le fixer à Paris en lui donnant sa fille en mariage. L'Amateur n'a jamais vu cette jeune beauté. Pour qu'il en devienne amoureux, le père fait exécuter la figure de sa fille en marbre par un habile sculpteur de France. Quand elle est finie, il la fait vendre à l'Amateur pour un antique rare et d'un grand prix. Celui-ci donne dans le panneau le plus aisément du monde. Il devient éperdument amoureux de la statue qu'il a achetée. Il reproche à son ami de regarder ce chef-d'œuvre si froidement et sans enthousiasme. C'est lorsqu'il a la tête bien échauffée de son antique qu'on lui en montre l'original. Il le reconnaît sans aucune difficulté et s'écrie sur-le-champ : « Voilà le modèle de mon antique. » Il faut avoir le coup d'œil juste et bon pour voir avec cette vitesse. Charmé d'être, comme il le dit, du siècle de sa statue, il apprend avec joie qu'elle est fille de son ami; et, renonçant à sa passion pour les antiques et à ses projets de voyage, il épouse celle qu'il adorait déjà lorsqu'il la croyait encore de marbre. Si ce que je viens d'exposer ne vous paraît pas un chef-d'œuvre de naturel, vous n'en trouverez pas davantage dans l'exécution, dans le style et dans les détails. On a pourtant dit qu'il y avait de jolies choses dans ces détails; mais c'est de ces jolies choses que j'abhorre. Si M. Barthe fait jamais rien de supportable pour le théâtre, il me surprendra bien agréablement; mais je lui trouve le goût si faux et si mauvais que je le crois sans ressource. Le jeu des acteurs a procuré quelques représentations à cette pièce. Cependant Molé, qui a joué le rôle de l'Amateur, m'a paru l'avoir pris bien à faux. L'enthousiasme qu'inspire le goût de la peinture

---

1. Voir précédemment, page 76. *L'Amateur* fut représenté pour la première fois le 3 mars. (T.)

et de la sculpture est un enthousiasme tranquille et froid. C'est la poésie, et surtout la musique, qui font crier de plaisir ; mais un amateur qui courrait autour de sa statue avec mille contorsions et autant d'exclamations ridicules, comme l'Amateur Molé, ne serait qu'un fou. Il est vrai que, sans cette chaleur déplacée de l'acteur, l'auteur aurait été infailliblement sifflé ; mais quel mal y avait-il à cela ?

— Le théâtre de la Comédie-Italienne a donné un petit opéra-comique intitulé *Rose et Colas*, dont les paroles sont de M. Sedaine et la musique de M. Monsigny[1]. Ces deux auteurs ont déjà fait ensemble la petite pièce *On ne s'avise jamais de tout*, et celle du *Roi et du Fermier*[2]. Rose et Colas s'aiment. Ils ont chacun leur père, et les pères sont d'accord de marier les deux enfants ensemble ; mais ce n'est qu'après la moisson et la vendange. Cependant l'amour de Colas et de Rose est si vif que les parents, de crainte d'accident, se déterminent à finir le mariage tout de suite. Cette pièce n'a point de fond, comme vous voyez ; mais les détails sont d'un grand naturel et d'un naïf qui fait plaisir. La partie des mœurs est toujours charmante dans les pièces de M. Sedaine, mais nos acteurs sont trop maniérés pour les jouer. Dans celle-ci, le poëte a plus songé à la scène qu'aux occasions de chanter. La musique de M. Monsigny m'a paru très-médiocre, même relativement à lui. Cet auteur ne sait point du tout écrire, et ses partitions sont barbares. Quoique cette nouvelle pièce n'ait pas infiniment réussi à la première représentation, je ne serais point étonné de la voir reprendre avec beaucoup de succès.

— M. Gatti vient de publier des *Réflexions sur les préjugés qui s'opposent au progrès et à la perfection de l'inoculation*, brochure de trois cent vingt-neuf pages. C'est l'ouvrage d'un homme de beaucoup d'esprit, et d'un excellent esprit plein de lumière et de raison. Depuis longtemps je n'ai rien lu qui m'ait fait autant de plaisir. Quand la candeur se trouve réunie à beaucoup d'esprit, elle est bien précieuse. M. Gatti sait le secret de les réunir, et d'y ajouter encore une certaine modération, un ton sage et décent qui désespérera ses ennemis. On ne peut pas démon-

---

1. Représenté pour la première fois le 8 mars 1764.
2. Voir page 191.

trer par exemple l'imbécillité de l'arrêt du Parlement contre l'inoculation avec une plus grande honnêteté. M. Gatti est Toscan : il s'est servi de la plume de M. l'abbé Morellet pour rédiger ses idées.

— M. de La Chapelle, ancien premier commis au bureau des affaires étrangères, a employé le loisir que lui donne sa retraite à traduire l'*Histoire de l'Écosse* sous les règnes de Marie Stuart et de Jacques VI, jusqu'à l'avénement de ce prince à la couronne d'Angleterre, par M. Guillaume Robertson, docteur-ministre à Édimbourg. Cette traduction vient d'être imprimée en trois volumes in-12, assez forts. L'Histoire de M. Robertson a eu un grand succès en Angleterre. J'ai vu plusieurs Anglais qui mettent ce morceau à côté de tout ce que l'antiquité nous a laissé de mieux en ce genre, dans lequel les modernes ont fait si peu de progrès. S'il faut juger de la difficulté d'un talent par sa rareté, celui de l'histoire est le plus difficile de tous ; et dans tous les siècles on a pu compter vingt poëtes ou orateurs contre un historien. Quand vous aurez lu l'Histoire de M. Robertson dans la traduction qui vient de paraître, vous serez peut-être étonné de son prodigieux succès à Londres. Ce n'est pas qu'on ne la lise avec plaisir ; mais elle paraît manquer de cette vigueur qui émeut et intéresse le lecteur au gré de l'historien. Il est vrai que M. Robertson a surtout réussi par le coloris, et par la pureté et l'élégance de son style. Les Anglais regardent son Histoire comme un des morceaux les mieux écrits qu'ils aient dans leur langue, et c'est en quoi M. Robertson a un grand avantage sur son compatriote le philosophe David Hume, dont le style n'est pas estimé en Angleterre ; mais le coloris est précisément ce qui se ternit et s'efface sous la plume du traducteur. Ainsi, le succès que ce morceau a eu à Londres et à Paris, quoique divers, pourrait être également juste. Au reste, M. Robertson est Écossais comme M. Hume, que nous possédons ici depuis plusieurs mois. Ce sont les deux plus célèbres écrivains de leur nation. L'Angleterre cède à l'Écosse, et, malgré cette adoption, ne paraît pas avoir plus de grands écrivains que la France. Cette disette deviendrait-elle générale, ou si c'est le tour de quelque autre peuple de nous fournir des hommes de génie ? Ce qui n'est pas moins singulier, c'est que M. Robertson a composé son Histoire dans un village d'Écosse dont il était curé, sans avoir jamais été à Londres. Où peut-il donc avoir pris cette élégance de ton et de style, ce coloris qui enchante ses lecteurs et qu'ils disent qu'on n'apprend que dans le commerce du monde et de la bonne compagnie ? C'est qu'avec de la délicatesse et de la sensibilité dans l'âme on devient facile, élégant, gracieux dans un désert, et que, sans ces qualités, on reste dur, sec et grossier, dans la patrie du goût. Tout est talent. A côté de M. Robertson, même traduit, M. l'abbé Irailh n'aura pas beau jeu. Il vient de donner une *Histoire de la réunion de la Bretagne à la France*, en deux volumes in-12 que personne n'a regardés. Cet auteur a déjà fait une histoire des querelles littéraires en plusieurs volumes. Beau sujet !

— On a voulu faire une réputation à l'*Homme de lettres*, en deux parties, par M. Garnier, de l'Académie royale des inscriptions et belles-lettres. Cet écrit est du nombre de ces productions médiocres sur lesquelles les journalistes s'épuisent en éloges, mais qui n'en sont pas moins oubliées au bout de huit jours. Quand on dit, comme M. Garnier, que l'homme de lettres ne sera ni déplacé ni inutile nulle part, qu'il préférera sans doute l'ombre et la paix de la retraite à l'éclat et au tumulte du monde ; mais que, si la patrie l'appelle à son secours, il lui sacrifiera avec transport ses goûts, ses plaisirs, son bonheur ; qu'il gouvernera comme Épaminondas et Aristide, et qu'il mourra s'il le faut comme Socrate et Caton ; quand on a dit cela, je voudrais bien savoir ce qu'on a dit. Je parie cependant, à tout événement, qu'il n'y a point de journaliste qui ne s'extasie sur ce beau passage ; je parie aussi que l'homme de lettres Garnier serait diablement embarrassé s'il fallait tenir tête à un homme de lettres comme César, et finir par s'ouvrir le ventre en lisant le dialogue de Platon, comme Caton d'Utique.

## AVRIL

1ᵉʳ avril 1764.

La pièce du *Marchand de Londres*, qu'on a appelée tragédie bourgeoise, a eu beaucoup de succès en Angleterre, et beaucoup de réputation en France depuis la traduction qui en a été publiée il y a environ douze ans. Lillo, auteur de cette tragédie, n'a laissé aucun ouvrage d'ailleurs qui ait mérité le suffrage du public. J'ai eu l'honneur de vous parler de l'imitation qu'un de nos jeunes poëtes, M. Dorat, a faite de la situation principale de cette pièce, dans une espèce d'héroïde ou de lettre que Barnevelt écrit dans sa prison à son ami Truman, après avoir eu le malheur d'assassiner son oncle et son bienfaiteur, à l'instigation d'une infâme maîtresse. M. Diderot vient de m'adresser sur ce morceau les observations suivantes :

« L'Épître de Barnevelt à Truman, son ami, est un morceau faible, sans chaleur, sans poésie, sans mouvement. Si l'on éprouve quelque émotion en la lisant, c'est un hommage que le cœur sensible rend au malheur de l'homme, et non au talent du poëte. Dorat, soutenu du génie de Lillo, et riche d'une infinité de traits que celui-ci a répandus dans sa tragédie, n'a fait qu'une épître médiocre où il ne s'élève pas une seule fois à la hauteur de son modèle. Je vous en fais juge. Voici ce qu'il fait dire à Sorogoud, frappé d'un poignard par Barnevelt, son neveu :

> Dieu ! quel réveil pour toi plein d'épouvante,
> O mon cher Barnevelt!... Loin de moi, que fais-tu ?
> Dans ces cruels moments tu m'aurais défendu.
> Dieu, veille sur ses jours, veille sur sa jeunesse,
> Et d'un semblable sort préserve sa vieillesse.

Quels vers ! Quelle froideur ! Comme cela est long et traînant ! Dans Lillo, Sorogoud s'écrie : « Je me meurs ; Dieu tout-puis- « sant, pardonne à mon assassin, et prends soin de mon neveu. » Certainement, monsieur Dorat, vous n'avez pas même senti le sublime de cet endroit. Est-ce que vous n'auriez pas dû voir que tout l'effet de ce discours tient à sa brièveté et à ces deux idées pressées l'une sur l'autre : « Pardonne à mon assassin, prends « soin de mon neveu ? » Sogoroud expirant croit s'adresser à Dieu pour deux personnes différentes, et c'est pour la même, et cela est dit en un mot. Dorat est plus loin encore de l'original dans l'imitation suivante. Barnevelt, en peignant dans Lillo l'excès de son aveuglement et de sa passion pour sa maîtresse, dit à son ami : « Truman, tu sais combien tu m'es cher; tu le « sais. Eh bien! écoute à quel point cette malheureuse avait « éteint le sentiment de la vertu dans mon cœur : si elle m'eût « ordonné de t'assassiner, je t'aurais assassiné. » Truman lui répond : « Mon ami, pourquoi t'exagérer ainsi ta faiblesse?... » Barnevelt, l'interrompant avec vivacité, lui réplique : « Je « n'exagère point. Cela est certain; oui, mon ami, je t'aurais « assassiné ! » La réponse de Truman à Barnevelt est pour moi d'une beauté incroyable. Que dit-il à son ami qui lui assure une seconde fois que si sa maîtresse l'eût voulu il l'aurait assassiné? Il lui répond : « Mon ami, embrassons-nous; nous ne « nous sommes pas encore embrassés d'aujourd'hui. » Je conseille à celui que ces mots ne déchirent pas d'aller se faire rejeter par-dessus l'épaule de Deucalion ou de Pyrrha; car il est resté pierre. Voici comment Dorat a rendu cet endroit :

> J'avais reçu du ciel quelques vertus peut-être ;
> Fanny d'un regard seul faisait tout disparaître;
> Si, dans ses noirs accès, Fanny l'eût ordonné,
> Toi-même, ô mon ami ! je t'eusse assassiné.

« Cet homme est sans goût, vous dis-je ; il s'en tient à cette protestation que Barnevelt fait à Truman, qu'un mot, un signe, un regard de Fanny lui portait le poignard et la mort dans le sein; il ignore que tout l'effet est dans la même protestation réitérée. Avec du sentiment, Barnevelt ou son imitateur se serait fait interrompre par son ami, et lui aurait répliqué le même vers:

> Oui, mon ami, je t'eusse assassiné.

« Il y a bien un autre défaut dans l'épître entière : c'est qu'il fallait la faire précéder d'une autre où l'on nous aurait peint toute l'incroyable et affreuse adresse avec laquelle Fanny conduisait le jeune Barnevelt à sa perte et au crime. Il fallait que cette peinture fût telle que le lecteur se dît intérieurement à chaque ligne : « Dieu me préserve de rencontrer jamais une « pareille créature! car je ne sais ce qu'elle ne ferait pas de « moi. » Après cette réflexion, Barnevelt serait devenu naturellement et presque sans aucun effort un objet de commisération et de pitié. Lillo l'a bien senti, lui. »

Sur ce que j'ai représenté que les fautes reprochées à M. Dorat pouvaient bien être autant celles de sa langue que celle du poëte, le philosophe m'a répondu : « Non, non, ce n'est point la faute de la langue, c'est la faute du poëte dont l'âme ne se remuait pas lorsqu'il écrivait. Commandez-moi de faire parler Barnevelt en prose, et vous verrez. Dorat n'a pas senti qu'il fallait deux ou trois traits profonds de l'art sublime avec lequel une femme méchante séduit un jeune homme. Fanny devait lui rendre insupportale la misère dans laquelle elle vivait, et il fallait peindre cette misère avec une horreur contre laquelle plus un amant est sensible, moins il peut tenir. Il fallait tirer parti des premières faveurs, que je n'aurais certainement accordées qu'après avoir lié l'amant par les plus terribles serments d'obéir, quelle que fût l'action qu'on lui commandât. Pour peindre cette scène de volupté et d'effroi, ce n'est pas dans la langue, c'est dans la tête du poëte qu'il n'y avait pas assez de couleur. Rappelez-vous toutes les scènes de Clytemnestre dans Racine. »

Je conviens de la vérité et de la justesse de toutes ces observations, et cependant je ne croirai pas que M. Dorat ait fait un ouvrage méprisable. Quand j'ai rejeté les fautes sur la langue du poëte, c'est de la poésie française et non de la langue française que j'ai prétendu parler. Je ne suis point inquiet que M. Diderot ne rende tous ces traits sublimes qu'il rappelle, en prose française, d'une manière énergique et forte, mais je doute que M. de Voltaire et le grand Racine, c'est-à-dire les deux poëtes qui ont le mieux connu le charme et la magie de leur art, réussissent à égaler en vers français l'effet de la prose anglaise. Je me rappelle ces beaux morceaux de Clytemnestre, et ils me confirment dans mon jugement : c'est que le vers français sera toujours un langage trop apprêté, trop arrondi pour convenir à la poésie dramatique. C'est lui, n'en doutons point, qui a éloigné le théâtre français de cette simplicité, de ce naturel, de cette énergie concise et sublime, qui font le prix du théâtre ancien et le charme des gens de goût. Il a entraîné le poëte dans ces écarts épiques, dans ces tirades si contraires à la bienséance théâtrale. M. de Voltaire lui-même a remarqué plus d'une fois sa monotonie et la disette des rimes dans le genre noble, et je crois qu'on peut s'en rapporter à un tel maître; mais on sent aisément que la nécessité de rimer, malgré ces difficultés, doit jeter le poëte à tout instant hors de son sujet, et lui suggérer des discours qui n'en sont pas. On conçoit aussi qu'un langage si éloigné du naturel doit influer d'une manière bien sensible sur les caractères et sur les mœurs des personnages; et voilà comme on s'accoutume insensiblement à des êtres qui n'ont nul modèle dans la nature, et comme peu à peu s'établit un code théâtral d'après lequel on juge les ouvrages dramatiques sans les rappeler à l'exemple des mœurs et de la vie des hommes et des peuples. En comparant les discours de Racine à ceux d'Euripide, on voit que les premiers ne sont qu'une paraphrase des seconds. J'avoue que ces paraphrases sont pleines de charme et de la plus noble et la plus touchante poésie; mais aussi je ne prétends pas attaquer la gloire du plus grand poëte de la nation; je ne parle que de l'instrument dont il s'est servi. Si les anciens avaient employé l'hexamètre dans leurs ouvrages dramatiques, il leur serait précisément arrivé ce qui est arrivé aux poëtes français qui se sont voués au théâtre. Ce vers eût été trop poétique pour un langage qui demande autant de naturel et de simplicité énergique que celui de la scène; mais ils avaient consacré l'ïambe au discours dramatique, et ce vers, réunissant tous les avantages du discours lié, n'avait aucun des inconvénients de nos vers alexandrins; tel est aussi le vers dramatique des Italiens; mais la langue française, n'ayant qu'une prosodie vague, ne saurait avoir des vers de ce caractère, et dès qu'elle lie son discours il prend de la tournure, de l'arrondissement, et ce je ne sais quoi de nombreux qui constitue son harmonie, mais qui le rend aussi monotone et peu propre à la déclamation théâtrale.

Pour revenir à M. Dorat, je conviens que son épître de Barnevelt est faible, et qu'il est partout au-dessous de son sujet;

mais le public, en jugeant un jeune poëte, a cru devoir faire abstraction du modèle qu'il a choisi, et ne considérer que le talent qu'il a montré. On a remarqué quelques beaux vers ; ceux-ci, par exemple :

> Tout me semblait flétri de mon haleine impure ;
> L'aspect d'un assassin consternait la nature :
> Tant le dieu qui punit les crimes des humains
> Chérit les jours du sage, et veille à ses destins !
> C'est un dépôt sacré qu'à la terre il confie ;
> Tout se trouble au moment qu'on attente à sa vie ;
> On brise, en le frappant, les liens les plus chers,
> Et sa perte est toujours un deuil pour l'univers.

A la vérité c'est veiller assez mal sur les destins d'un sage que de le laisser assassiner par son neveu, et il eût été plus sage d'épargner un crime à l'un, en conservant les jours de l'autre ; mais ce n'est pas de quoi il s'agit en poésie ; et quand un jeune homme débute par ces vers-là, on aime à en concevoir quelque espérance, parce que M. de Voltaire n'est plus jeune, que la disette des poëtes augmente de jour en jour, et qu'il est désagréable de sentir la pauvreté après avoir été riche.

— La tragédie d'*Olympie*[1] est la dernière et la plus faible des pièces de M. de Voltaire. Tout le monde l'a jugée assez mauvaise à la lecture ; mais elle vient de paraître avec beaucoup de succès sur la scène, où elle a été jouée, pour la première fois, le 17 du mois dernier. Ce succès, auquel le respect qu'on doit à un grand homme et le faste du spectacle paraissent avoir la principale part, ne rendra pas cette pièce meilleure aux yeux des gens de goût. S'ils y voient un archevêque dans la personne de l'hiérophante, s'ils trouvent une abbesse dans la veuve d'Alexandre, et dans sa fille une jeune personne fraîchement sortie du couvent pour être mariée ; si Cassandre leur paraît jouer moins le rôle d'un héros sorti de l'école du grand Alexandre que celui d'un pénitent bleu ou blanc ; si le rôle d'Antigone leur a paru encore plus plat ; s'ils ont été choqués du duel de ces deux capitaines qui vident leur querelle à la porte du temple, avec les formalités et dans le même esprit avec lesquels deux capitaines du régi-

---

1. Voir précédemment, page 279.

ment de Champagne se couperaient la gorge, ce n'est point à la frivolité de notre siècle, qui aime à tourner tout en plaisanterie, que l'auteur est en droit de s'en plaindre ; c'est qu'en effet toute cette tragédie porte le caractère de nos mœurs; et rien n'y rappelle aux mœurs et aux usages de l'ancienne Grèce. D'ailleurs, la fable la plus mal ourdie est exécutée d'une manière si faible, le coloris de toute la pièce est si terne, si peu animé, qu'on a de la peine à y retrouver l'auteur de *Brutus* et de *Mahomet*. Mais une pièce faible ou mauvaise, après tant de chefs-d'œuvre, ne saurait diminuer la gloire du premier homme de la nation, et si *Olympie* ne peut mériter le suffrage des juges éclairés, elle plaira toujours au peuple par la pompe et la variété de son spectacle. Au reste, ce sujet appartient à l'opéra plutôt qu'au théâtre tragique. M. de Voltaire travaille actuellement à une nouvelle tragédie, qui aura pour titre : *Pierre de Castille, surnommé le Cruel*[1].

— La mort vient de nous enlever M. Restaut, avocat au Parlement, vieux grammairien et janséniste[2]. Sa *Grammaire de la langue française* est une des plus estimées : elle a eu un grand nombre d'éditions. Quoique le bonhomme Restaut ait vécu jusqu'à l'extrême vieillesse, et qu'on parle de sa Grammaire depuis si longtemps que tout le monde a été étonné de n'entendre parler de la mort de l'auteur qu'en 1764, il n'a cependant pas eu le temps de résoudre toutes les difficultés grammaticales. Il est mort en disant : « Je m'en vais donc, ou je m'en vas (car il n'y a rien de décidé là-dessus) faire ce grand voyage de l'autre monde[3] ! »

— M. Leclerc de Montmercy, avocat au Parlement, vient de publier un poëme en vers libres, intitulé *Voltaire*[4]. Tous ceux

1. On trouve effectivement une tragédie de *Don Pèdre* dans le *Théâtre* de Voltaire, mais cette pièce ne fut jamais représentée. (T.)
2. Né en 1694, Restaut mourut le 14 février 1764.
3. Restaut ne portait pas seul le fanatisme jusque dans la grammaire. Chamfort rapporte que M^me Beauzée couchait avec un maître de langue allemande; M. Beauzée les surprit au retour de l'Académie. L'Allemand dit à la femme : « Quand je vous disais qu'il était temps que je m'en *aille*. — Que je m'en *allasse*, monsieur, reprit M. Beauzée, toujours puriste. » (T.)
4. 1764, in-8°. Diderot dit dans une note du *Salon de 1767* : « Leclerc de Montmercy est poëte, philosophe, avocat, géomètre, botaniste, physicien, médecin, anatomiste; il sait tout ce qu'on peut apprendre ; il meurt de faim, mais il est savant. »

qui aiment les lettres et qui ont quelque goût souscriront aux éloges que notre poëte prodigue au premier génie de la nation; mais je conseillerais à ceux qui pousseraient la passion des vers trop loin de lire M. Leclerc de Montmercy; sa profusion est très-capable d'en dégoûter. Si ce poëte pouvait se résoudre de retrancher environ quatre-vingt-seize vers sur cent, je ne désespérerais pas qu'il n'eût de la réputation; car il a la tournure du vers, et il en rencontre d'heureux, qu'il gâte ensuite par une multitude de mauvais qu'il ajoute.

> ... Ma muse oserait-elle
> S'élever jusqu'à Frédéric ?
> Ce prince est sur le trône un nouveau Marc-Aurèle ;
> Des devoirs du monarque il s'est fait une loi ;
> Mais, tenant de lui seul l'éclat qui l'environne,
> Il n'avait pas besoin de porter la couronne :
> C'est son peuple qui gagne à son titre de roi.

Voilà un début qui est gâté ensuite par cinquante vers prosaïques et plats. M. Leclerc de Montmercy a fait, il y a douze ans, un poëme tout pareil pour chanter l'imagination[1]. On y trouve aussi quelques vers heureux, et une infinité de maussades. C'est d'ailleurs un très-honnête homme, qui n'a d'autre plaisir que de faire des vers, et cette manie ne fait de mal à personne.

— *Le Philosophe nègre* est un détestable roman nouveau en deux parties, dans lequel un détestable auteur, M. Mailhol, a voulu découvrir les friponneries que les joueurs de profession exercent dans les tripots.

— M. Feutry a imité un poëme du célèbre poëte hollandais Cats. Ce poëme, qui a pour titre *les Jeux d'enfants*, n'est imité qu'en prose[2]. L'auteur y décrit différents jeux de l'enfance, comme le ballon, le colin-maillard, le cerf-volant; et puis il en tire des moralités qui ont ordinairement pour objet de prouver que les hommes ne sont guère plus sages que les enfants. C'est peu de chose. Cela ne peut être précieux qu'en original, par la grâce et l'élégance de la poésie. M. Feutry a fait autrefois quel-

---

1. Grimm en a rendu compte tome II, page 301.
2. *Les Jeux d'enfants,* poëme tiré du hollandais, par M. Feutry, 1764; in-12.

ques morceaux de poésie fort mélancoliques et fort médiocres[1].

— L'archevêque d'Auch, primat de la Gaule Novempopulanie, a imité l'exemple de M. l'archevêque de Paris en donnant un mandement en faveur des jésuites, et l'on dit que Sa Grandeur a été condamnée à cette occasion, par le parlement de Toulouse, à une amende de dix mille écus. Dans cette pièce d'éloquence, le pieux prélat d'Auch en Gascogne a mis aussi à profit le noble exemple de Jean-Georges Le Franc, évêque du Puy-en-Velay, en honorant de ses injures plusieurs philosophes célèbres, et particulièrement M. de Voltaire. Un janséniste a imaginé de répondre au mandement d'Auch, au nom de J.-J. Rousseau, qui n'y a pas été oublié[2]. Dans cette feuille, ainsi qu'il convient à un honnête janséniste, on repousse moins les sorties contre les philosophes, que les éloges de la société des jésuites; mais J.-J. Rousseau est né hérissé, et un janséniste est, de son essence, plat comme ses cheveux : jugez comme celui-ci a pu prendre l'air et la lumière de l'autre, et comme le public s'y est trompé !

— M. de Sauvigny, ancien garde du corps du roi de Pologne, duc de Lorraine, auteur de *la Mort de Socrate*, qui eut quelques représentations l'année dernière, vient de publier des *Apologues orientaux*, volume in-12 de 200 pages. Pour exceller dans ce genre, il faut un génie lumineux et un sens profond, deux qualités dont la nature n'a pas été prodigue envers M. de Sauvigny. Il peut être sûr qu'on ne le confondra jamais ni avec Ésope le Phrygien, ni avec Sadi le Persan, ni avec l'affranchi Phèdre, ni avec le Champenois La Fontaine, ni avec le Saxon Gellert, ni avec le Breton Gay, ni avec aucun autre fabuliste estimé.

15 avril 1764.

J'ai laissé, il y a quelques mois, mon poëte de Champagne et mon philosophe assez mécontents l'un de l'autre[3] : le premier

1. Feutry avait déjà publié, entre autres ouvrages, deux poëmes intitulés l'un *le Temple de la Mort*, l'autre *les Tombeaux*. (T.)
2. *J.-J. Rousseau, citoyen de Genève, à Jean-François de Montillet, archevêque et seigneur d'Auch;* daté de Neufchâtel le 15 mars 1764, in-12. L'auteur de cet écrit est un avocat de Toulouse, Pierre-Firmin La Croix. Voltaire répondit aussi à l'*Instruction* du prélat par une courte *Lettre pastorale* qui se trouve parmi ses *Facéties*. (T.)
3. Voir précédemment, page 434 et suivantes.

ne pouvant concevoir cette aversion que l'autre avait pour les odes, et celui-ci plus que jamais déterminé à ne point accorder son suffrage à la médiocrité en fait de poésie. Comme ils s'étaient promis de se revoir malgré le peu d'idées communes qu'il y avait entre eux, je les retrouvai toujours ensemble, agitant de nouveau quelques questions relatives à l'art des poëtes ; le philosophe conservant toujours son goût sévère, et donnant de fréquents sujets de scandale au poëte de Champagne.

Celui-ci s'était d'abord fait fort de faire un poëme épique sans autre secours que celui de la *Poétique* de M. Marmontel; sur quoi le philosophe nia qu'il y eût d'autres poëmes épiques que ceux du bon Homère. Il ne lui fut pas difficile de prouver que les poëmes latins et les poëmes de toutes les nations modernes étaient servilement calqués sur ceux du père de la poésie ; il prétendait que *l'Énéide* n'était qu'une imitation de *l'Iliade* et de *l'Odyssée*, et que *la Henriade* était une copie encore plus servile de *l'Énéide*. Cela ne l'empêchait point d'appeler Virgile divin, à cause du charme inexprimable de sa poésie, et de regarder M. de Voltaire comme le poëte le plus séduisant de la France; mais il croyait que, pour faire un poëme épique qui méritât l'épithète d'*original*, il faudrait commencer par créer un système merveilleux différent de celui d'Homère, et que les êtres allégoriques que les modernes avaient mêlés dans leurs compositions étaient de tous les êtres merveilleux les plus froids et les plus insupportables. Il convenait que le système de la magie et de sorcellerie employé par le Tasse et l'Arioste était réellement différent de celui d'Homère ; que le merveilleux de Milton était aussi d'un autre genre ; il accordait par conséquent aux Italiens et aux Anglais les deux seuls poëmes épiques qui eussent paru depuis Homère. Il regardait surtout l'Arioste comme le père de ces poëmes héroï-comiques qui ont été imités depuis avec tant de succès par les poëtes de sa nation et des autres nations de l'Europe, et qui sont d'un goût d'autant plus précieux que rien n'est plus conforme à l'esprit philosophique que de traiter en plaisantant les passions et les grands intérêts qui agitent les héros, et dont dépend souvent la destinée des peuples ; mais, à ces trois poëtes près, il refusait les honneurs de l'invention à tous les autres. Ces assertions générales amenèrent quelques détails, et comme le poëte de Champagne vit qu'Homère occupait dans la tête du philosophe la première place, il se mit à l'attaquer avec les armes de M. Marmontel.

LE POËTE. Je regarde avec vous la prière de Priam à Achille pour obtenir le corps de son fils immolé aux mânes de Patrocle comme un morceau sublime; mais voyons si vous trouverez la conduite d'Achille digne d'un héros. Il s'émeut, il se laisse fléchir, il invite Priam à prendre du repos. « Fils de Jupiter, lui répond ce père malheureux, ne me forcez point à m'asseoir tandis que mon cher Hector est étendu sur la terre sans sépulture. » Qui croirait qu'à ces mots Achille redevient furieux ?

LE PHILOSOPHE. Moi, qui sens que ce tableau pathétique doit lui retracer celui de Patrocle éprouvant un sort semblable...

LE POËTE. A la bonne heure; mais enfin il s'apaise de nouveau, et il consent de rendre le corps d'Hector. Alors il se met à jeter de grands cris, et il dit : « Mon cher Patrocle, ne sois pas irrité contre moi... » Ce retour est encore fort beau ; mais voyons ce qu'il ajoute : « Mon cher Patrocle, ne sois pas irrité contre moi si l'on te porte jusque dans les enfers la nouvelle que j'ai rendu le corps d'Hector à son père; car... » (on s'attend qu'il va dire : « je n'ai pu résister aux larmes de ce père infortuné »; mais point du tout)... « car, dit-il, il m'a apporté une rançon digne de moi. » Quelle disparate ! quelle chute ! Convenez que c'est bien gâter un si beau commencement.

LE PHILOSOPHE. C'est de quoi je ne suis pas encore décidé de convenir. Je me souviens bien d'avoir lu cette remarque mot pour mot dans la *Poétique* de M. Marmontel; mais je voudrais qu'elle ne fût ni de vous ni de lui. Ne voyez-vous pas qu'en faisant dire à Achille : « car je n'ai pu résister aux larmes de ce vieillard », vous lui faites dire une chose commune et triviale, et que ce qui donne de la couleur au discours d'Achille, c'est ce qu'Homère lui fait dire : « car il m'a apporté une rançon digne de moi »? Pourquoi voulez-vous qu'Achille se laisse fléchir par les larmes d'un ennemi dont la querelle a entraîné la perte de ce Patrocle si tendrement aimé, si douloureusement regretté? Mais il n'a rien à opposer à la rançon, et il se soumet aux lois de l'usage. Or cet usage prouve des mœurs extrêmement simples, et la simplicité des mœurs antiques est un des grands charmes de *l'Iliade*.

LE POËTE. Je ne l'aurais pas pensé.

LE PHILOSOPHE. Soyez cependant persuadé que si vous ôtez à un poëme ses mœurs, vous lui ôtez toute sa force et toute sa couleur. Ce sont les préjugés et les mœurs qui en résultent qui rendent un poëme précieux aux yeux d'un homme de goût. Si vous ne savez peindre qu'avec ces traits généraux qui conviennent aux hommes de tous les climats, de toutes les nations, de tous les âges, vous n'attacherez ni ne toucherez jamais durablement. Pourquoi Priam est-il si pathétique ? Ce n'est pas parce que c'est un père qui pleure la mort de son fils, sans quoi le maréchal de Belle-Isle, recevant la nouvelle de la mort du comte de Gisors, serait aussi touchant que Priam. Ce qui rend celui-ci pathétique, c'est le soin qu'il met à remplir un devoir réputé sacré, celui de donner la sépulture à son fils. Ce devoir si saint est pourtant fondé sur un préjugé que vous et moi ne respectons guère : car qu'importe qu'un cadavre soit mangé par les oiseaux de proie ou par les vers de terre ? Pourquoi donc sommes-nous si attendris par la prière de Priam ? C'est qu'il n'y a que les préjugés de touchant en poésie ; c'est que celui-ci suppose des mœurs bien simples et bien pures, qu'il est fondé sur une infinité de vertus et de qualités honnêtes et sociales ; et lorsqu'il met un vieillard, vénérable par son âge et par son rang, dans la nécessité de tomber aux pieds du vainqueur et du meurtrier de son fils, il produit un tableau qui déchire.

LE POËTE. Voilà, je l'avoue, des réflexions qui ne me sont pas venues dans la tête ; mais enfin nos Français ont réussi sans s'embarrasser de cette partie des mœurs.

LE PHILOSOPHE. Et voilà mon grand grief contre eux. Pourquoi ôter à une pierre précieuse ce qui la distingue et lui donne son caractère ? Je ne sais si c'est la faute de la poésie ou du génie des Français ; mais, dans nos poëmes, la monotonie des mœurs me paraît encore plus grande que celle des vers. Convenez que dans Racine et Voltaire, Achille et Henri IV, Orosmane et le duc de Foix, Burrhus et Lisois, sont le même personnage sous une dénomination et dans une situation différentes.

LE POËTE. Vous croyez donc que tous nos poëtes n'ont qu'un seul et même patron sur lequel ils découpent tous leurs personnages ?

LE PHILOSOPHE. Précisément. Ils ont des traits généraux

pour peindre un jeune héros bouillant et superbe, plein de feu et de générosité; ils en ont pour peindre un vieillard, un tyran, une mère tendre, une amante passionnée; mais dans tout cela, rien de national, rien qui rappelle les mœurs et le siècle, rien qui justifie le nom du personnage et qui lui donne de la physionomie et de la vérité.

LE POËTE. Vos observations me donnent à penser. Je commence à croire que la *Poétique* de M. Marmontel ne suffit pas pour faire un beau poëme épique, et je vais me mettre à étudier Horace.

LE PHILOSOPHE. Et si vous m'en croyez, vous conseillerez l'étude des anciens à tous vos confrères.

LE POËTE. J'ai déjà un *P. Sanadon;* j'achèterai encore *l'abbé Batteux...*

LE PHILOSOPHE. Fort bien. Pour les jeter sans doute au feu ensemble ?

LE POËTE. Comment ?

LE PHILOSOPHE. Vous ne sauriez mieux commencer l'étude d'Horace qu'en brûlant ses commentateurs et ses traducteurs.

LE POËTE. Mais, monsieur, pensez-vous que M. l'abbé Batteux a été mis exprès de l'Académie française à cause de son élégante traduction d'Horace ?

LE PHILOSOPHE. Si cela est, Piron, qui a dit que messieurs les Quarante ont de l'esprit comme quatre, pouvait ajouter qu'ils ont tous autant de lettres que d'esprit.

LE POËTE. Vous ne pensez donc pas que la traduction de M. l'abbé Batteux soit bonne ?

LE PHILOSOPHE. Je pense que si le Parlement avait le moindre goût, la cour, suffisamment garnie de pairs, aurait fait brûler au bas du grand escalier la traduction de l'abbé Batteux et celle du P. Sanadon, en réparation de toutes les sottises qu'ils font dire à Horace, et je crois encore que de tels arrêts feraient plus d'honneur en Europe au Parlement de Paris que ses beaux arrêts sur le fait de l'inoculation et les beaux réquisitoires de M. Omer Joly de Fleury.

LE POËTE. Ce grand magistrat n'entend pas peut-être le latin aussi bien que l'art de soutirer le venin d'une proposition métaphysique ?

LE PHILOSOPHE. Je m'en doute; mais en attendant qu'il l'apprenne, voulez-vous que je vous donne un ouvrage tout neuf à faire?

LE POËTE. Voyons.

LE PHILOSOPHE. Ouvrage d'une espèce singulière?

LE POËTE. Voyons, voyons.

LE PHILOSOPHE. Ce serait de faire la liste de tous les ouvrages de poésie que les fausses interprétations d'Horace ont fait faire.

LE POËTE. Je ne vous entends pas.

LE PHILOSOPHE. Une foule de commentateurs et de traducteurs ont interprété Horace comme ils ont pu; ils lui ont fait dire des sottises auxquelles ce charmant poëte n'a de sa vie pensé. Ces sottises ne sont pas moins devenues des lois fondamentales de l'art poétique, qu'on ne cite jamais sans les appuyer de l'autorité d'Horace. Nos meilleurs poëtes n'ont pas manqué de respecter religieusement cette autorité, et de se conformer dans leurs ouvrages à ces prétendus oracles.

LE POËTE. Je commence à saisir votre idée.

LE PHILOSOPHE. Par exemple, Horace, au dire de tous ses interprètes, n'a-t-il pas expressément défendu de mettre ensemble plus de trois acteurs à la fois sur la scène?

LE POËTE. Aussi le dit-il : *Ne quarta loqui persona laboret.* Qui ne veut point souffrir un quatrième acteur parlant sur la scène, n'en permet que trois.

LE PHILOSOPHE. Et en conséquence, tous nos poëtes ont cherché à observer cette règle.

LE POËTE. Autant du moins qu'il leur a été possible.

LE PHILOSOPHE. Mais pourquoi les poëtes dramatiques d'Athènes et de Rome ont-ils si peu respecté la règle d'Horace?

LE POËTE. C'est là une difficulté. En effet, dans Térence, il y a souvent plus de trois acteurs qui parlent.

LE PHILOSOPHE. C'est que vous verrez qu'Euripide et Térence n'avaient pas lu l'*Art poétique* d'Horace; mais, pour parler plus sérieusement, ne croyez-vous pas que si Horace avait voulu prescrire une loi qui n'avait été observée par aucun poëte, ni grec, ni latin, il aurait dit les motifs qui l'y auraient déterminé?

LE POËTE. Cela me paraît vraisemblable.

LE PHILOSOPHE. Eh bien, ce doute n'est venu dans la tête

d'aucun interprète ; mais si, avant de commenter ou de traduire, ils s'étaient donné la peine d'apprendre le latin, ils auraient vu que *persona* signifie *rôle*, et que quand Horace recommande *ne quarta loqui persona laboret*, cela veut dire qu'il ne faut pas qu'il y ait plus de trois grands rôles dans une pièce, et que le quatrième doit être moins considérable que les trois premiers : maxime très-sensée et fondée sur les premiers principes de l'ordonnance tant poétique que pittoresque.

LE POËTE. J'avoue que je n'avais pas compris le précepte d'Horace autrement que ses interprètes.

LE PHILOSOPHE. Voulez-vous un exemple plus frappant ? Rappelez-vous toutes les belles dissertations qu'on a faites en France, plus qu'ailleurs, sur ce qu'il ne faut pas ensanglanter la scène. Nos plus grands poëtes et les plus mauvais ont également respecté cette loi, et tous nos faiseurs de poétiques l'ont soigneusement inculquée aux auteurs dramatiques. Tous se sont étayés de l'autorité d'Horace, qui dit :

> Nec pueros coram populo Medea trucidet ;
> Aut humana palam coquat exta nefarius Atreus.

LE POËTE. Eh bien, le précepte d'Horace est précis. Il ne veut pas que Médée tue ses enfants devant le spectateur, ni qu'Atrée fasse cuire les entrailles des enfants de son frère sur la scène.

LE PHILOSOPHE. Il ne veut pas non plus que Progné soit changée en hirondelle sur le théâtre, ni Cadmus en serpent. C'est le vers qui suit :

> Aut in avem Progne vertatur, Cadmus in anguem.

et savez-vous pourquoi il ne veut pas tout cela ? Il le dit lui-même :

> Quodcumque ostendis mihi sic, incredulus odi.

« Tout ce qu'on me montrera ainsi, je le hais, parce que je ne pourrai le croire. » Or je vous demande ce que cela a de commun avec notre maxime de ne pas ensanglanter la scène, et s'il faut autre chose que le bon sens pour voir qu'Horace n'y a jamais pensé, et qu'il ne défend dans ces quatre vers que la représentation des choses merveilleuses? Et pourquoi la défend-il? C'est qu'elles ne peuvent jamais être exécutées sur le théâtre d'une manière vraisemblable; c'est qu'il faudra substituer aux enfants de Médée des enfants de carton, et le coup de poignard qu'ils recevront, au lieu d'effrayer, fera rire.

LE POËTE. En ce cas-là, Horace n'aurait guère approuvé notre opéra, où toutes les métamorphoses décrites par Ovide s'exécutent sous les yeux du spectateur, d'une manière à la vérité peu heureuse.

LE PHILOSOPHE. Soyez bien sûr que ni Horace, ni aucun homme de goût, ne mettra jamais les pieds à votre Opéra de Paris.

LE POËTE. Je conviens que votre manière d'expliquer le passage d'Horace me paraît précise, claire et inattaquable.

LE PHILOSOPHE. Voyez cependant combien cette maxime de ne pas ensanglanter la scène a fait faire à nos poëtes de choses puériles, combien elle en a fait gâter de belles!

LE POËTE. Je comprends qu'on ferait un livre assez curieux en recherchant tous les ouvrages de théâtre sur lesquels ces prétendues lois d'Horace ont influé.

LE PHILOSOPHE. Si vous le faites jamais, vous n'oublierez pas d'observer qu'on fait prêcher à Horace cette belle maxime de ne pas ensanglanter la scène, à Rome où il n'y avait pas un citoyen qui, dans les fêtes publiques, n'eût assisté aux combats des gladiateurs, et n'eût vu mourir réellement. De tels spectateurs devaient assurément avoir une grande horreur pour les représentations sanglantes!

LE POËTE. Je sens, monsieur, que votre commerce peut être infiniment utile à un jeune homme qui se destine aux belles-lettres, et si vous y consentez, je le mettrai à profit avant de recommencer la lecture de la *Poétique* de M. Marmontel.

LE PHILOSOPHE. Et plus vous réfléchirez, plus vous serez convaincu que si le génie est rare, le bon goût et la véritable critique ne le sont pas moins.

— *Mémoires pour la vie de François Pétrarque, tirés de ses OEuvres et des auteurs contemporains, avec des notes et dis-*

*sertations, et les pièces justificatives*, 4 volumes in-4°[1] ; voilà le titre d'un ouvrage dont il ne paraît encore que le premier volume. Quoique tout ce qui concerne un poëte aussi illustre que Pétrarque soit digne de la curiosité de ceux qui aiment les lettres, c'est pourtant une terrible entreprise de lire quatre gros volumes in-4°, seulement pour connaître Pétrarque. Ma foi, il vaut mieux faire un choix de ses sonnets, et les lire et relire sans cesse ; cela est plus doux et plus agréable.

— Il paraît un *Essai de la navigation lorraine* [2], où l'on propose de joindre la Moselle à la Meuse. L'auteur, M. de Bilistein, a déjà fait un *Essai politique sur les duchés de Lorraine et de Bar* [3]. Dans celui dont nous parlons, il ne s'agit pas de moins que de faire une jonction entre la Méditerranée et l'Océan, tout à travers le royaume de France, et d'établir ensuite une communication entre ces deux mers et la mer Noire, par la Lorraine, l'Alsace, la Souabe, la Bavière et les États de la maison d'Autriche. Voilà un furieux remuement de terre ; le tout pour faire gagner quelques écus à M. de Bilistein de sa brochure ; mais il est resté en beau chemin au milieu de la mer Noire. Il devait s'associer aux travaux de Pierre le Grand ; joindre, par le milieu de l'empire de Russie, la mer Noire à la Baltique, et par là regagner l'hôpital de Paris, par la Manche, en remontant la Seine.

— On vient de publier en trois volumes une *Histoire du ministère du chevalier Robert Walpole, ministre d'Angleterre et depuis comte d'Oxford*, tirée de l'anglais [4]. On voit dans cette histoire les plus grands événements de l'Europe pendant trente ans de suite, comme le traité de Hanovre, le traité de Vienne, le traité de Séville, les congrès de Cambrai et de Soissons, les guerres de 1733 et de 1739, sans que M. Walpole paraisse agir en Europe. Il n'agit ou plutôt il n'écrit et ne parle que dans l'intérieur de son pays, mais ordinairement avec plus d'abondance que de solidité. En général, les écrivains politiques d'Angleterre ont le défaut de consulter moins ce qui est vrai et

---

1. (Par l'abbé de Sade.) L'ouvrage complet ne forma que 3 volumes, ce qui est certes encore fort honnête. (T.)
2. 1764, in-12.
3. 1763, in-12.
4. (Par Dupuy-Demportes.)

intéressant pour la nation que ce qui convient au parti auquel ils sont dévoués. Excepté quelques controverses et quelques morceaux de bonne main faits par des hommes d'État, on ne voit dans l'ouvrage dont nous parlons que ce qui se trouve partout, et le tout est assez mal arrangé.

— L'*Élite des poésies fugitives* est une nouvelle compilation, en trois volumes, de plusieurs morceaux de poésie qu'on trouve épars dans les portefeuilles des curieux ou qui ont déjà été imprimés dans d'autres compilations[1]. Quoi qu'en dise l'éditeur, que je n'ai pas l'honneur de connaître, cette nouvelle rapsodie est faite avec tout aussi peu de soin et de goût que l'*Esprit des meilleurs poëtes, le Plus Joli des recueils*, et tant d'autres dont on nous a affublés depuis quelques années.

— On vient de nous envoyer de Berne l'année 1763 des *Mémoires et Observations de la Société économique de Berne*, en quatre volumes. Entre cette énorme multitude de sociétés d'agriculture qui se sont formées depuis quelque temps en France et dans les pays étrangers, celle de Berne passe pour une des plus utiles. Elle compte parmi ses membres quelques hommes illustres ; mais je suis bien éloigné de penser que les recueils, les mémoires, les observations de toutes ces sociétés puissent jamais avancer l'agriculture de quelque pays que ce soit.

## MAI

1er mai 1764.

La Comédie-Française a fait l'ouverture de son théâtre par une pièce intitulée *la Jeune Indienne*, comédie nouvelle en vers et en un acte, par M. de Chamfort, jeune auteur qui débute dans la carrière dramatique, et qui, à ce qu'on assure, prépare

---

1. Ce recueil, qui parut annuellement jusqu'en 1769, forme cinq volumes, dont les trois premiers ont été compilés par Blin de Sainmore, et les deux autres par Luneau de Boisjermain.

une tragédie de *Polyxène*[1]. Voilà encore un ouvrage dont l'histoire d'Inkle et d'Yarico, insérée dans le *Spectateur* et imitée depuis peu par M. Dorat dans sa *Lettre de Zéila,* a donné la première idée ; mais, comme je crois l'avoir déjà remarqué, cette histoire, dans l'anglais, est d'une morale profonde, quoique triste et affligeante pour l'espèce humaine, et, dans les imitations françaises, ce n'est plus rien. La pièce de M. de Chamfort est un ouvrage d'enfant dans lequel il y a de la facilité et du sentiment, ce qui fait concevoir quelque espérance de l'auteur ; mais voilà tout. Quoique ces sortes de romans, que nous avons vus dans ces derniers temps s'établir sur notre théâtre, ne soient pas la véritable comédie, il faut pourtant du génie pour les traiter avec succès. Il en faut pour faire parler une jeune sauvage à laquelle on suppose une ignorance complète de nos mœurs et de nos usages, sans quoi cette situation devient fausse, insipide et plate. Betty ne comprend rien à nos usages les plus simples ; cependant depuis trois ou quatre ans que Belton a passés avec elle, est-il naturel de supposer qu'il ne lui ait jamais rien appris, rien expliqué de nos mœurs ? Supposons-le, si l'auteur l'exige ; mais cette même Betty parle de flamme sincère, entend ce que c'est que les nœuds éternels de l'hyménée, et tout ce jargon qu'un homme de goût ne voudra jamais entendre dans la comédie : voilà ce qui est intolérable. Il est évident que cette pièce ne devait pas être écrite en vers ; que la jeune sauvage ne saurait parler un langage si maniéré, et que pour mériter des suffrages permanents, elle ne pourra dire un mot qui ne soit un trait de génie. Le rôle du quaker est très-bien imaginé, et opposé avec esprit à celui de la petite sauvage ; il pouvait être très-piquant, et ne l'est point, parce que la force manque encore partout à l'enfant qui nous a donné cette pièce. Les quakers tutoient tout le monde ; mais ils n'exigent pas qu'on les tutoie ; ils laissent à chacun ses usages, et se contentent de trouver ridicule celui de parler à une seule personne comme à plusieurs. Cependant toute la quakrerie de Mowbray consiste à se formaliser de ces misères, comme s'il était quaker pour la première fois de sa vie au commencement

---

1. *La Jeune Indienne* fut représentée pour la première fois le 30 avril 1764. Quant au projet que Grimm suppose à Chamfort, il ne reçut pas d'exécution. *Mustapha et Zéangir* est la seule production tragique de cet auteur. (T.)

de la pièce. La même faiblesse et le défaut d'invention se remarquent dans les moyens que l'auteur a employés.

Mon fils, ne sois jamais surpris de la vertu

est le plus beau trait de la pièce, et, bien placé, il pouvait faire un grand effet ; mais la grande surprise de Belton qui l'occasionne n'est guère fondée. Le service que son père rend à Mowbray dans une situation critique ne mérite pas de grandes exclamations ; rien n'est plus commun que de voir d'honnêtes négociants se secourir mutuellement de leur argent et de leur crédit dans un malheur imprévu, et si Belton a assez peu d'expérience pour s'en étonner, Mowbray ne doit pas lui répondre par un trait de morale ; mais il doit lui dire au contraire : « Eh ! de quoi t'étonnes-tu ? Est-ce qu'en pareille rencontre je n'aurais pas fait la même chose ? » Au reste, il eût été aisé de faire de cette petite comédie, faible et informe, une pièce beaucoup plus grande. Avec un peu de fécondité dans la tête, le poëte aurait développé sa fable ; il pouvait faire paraître le père de Belton et Arabelle, la fille du quaker ; il pouvait donner à chacun de ces personnages un caractère et des mœurs qui eussent servi à intriguer sa pièce fortement, et à donner au rôle de la petite sauvage et aux autres beaucoup de vigueur et une couleur forte et vraie ; mais ce n'est pas là l'ouvrage d'un enfant de vingt ans. Dans douze ou quinze ans, nous verrons ce que M. de Chamfort saura faire. Cette pièce a été reçue avec l'indulgence que la jeunesse de l'auteur mérite. M<sup>lle</sup> Doligny a joué le rôle de la jeune Indienne avec une monotonie de voix et de geste insupportable. C'est qu'à l'âge de quinze ans il est difficile de sentir les finesses du rôle d'une petite sauvage de quinze ans, surtout quand ce rôle est souvent faux ou insipide. C'était là le cas de se faire donner des leçons pour faire valoir un rôle mal fait, au moins par une déclamation variée. Cette jeune actrice était d'ailleurs bien ridiculement parée pour son rôle, sous la peau de taffetas tigrée qu'elle avait mise pour enseigne de sa sauvagerie.

— Vous lirez avec plaisir une *Vie de Michel de L'Hôpital*, chancelier de France, qui vient de paraître en un volume in-12. L'auteur de cet ouvrage est M. de Pouilly, jeune homme de

Reims, qui a acheté l'année dernière la charge de lieutenant-général de cette ville, ce qui est autre chose qu'un lieutenant-général des armées du roi[1]. Feu son père, qui possédait la même charge de robe, s'était fait connaître jadis par un livre intitulé la *Théorie des sentiments agréables*[2] ; cet ouvrage, qui eut de la vogue en son temps, comme beaucoup d'autres ouvrages médiocres, est tombé depuis dans l'oubli. L'oncle de notre jeune magistrat, M. de Champeaux, homme plein d'emphase, a passé une partie de la dernière guerre auprès du duc de Mecklembourg, en qualité de consolateur ; mais nous aimons mieux son autre oncle, M. de Burigny, de l'Académie des inscriptions et belles-lettres, qui a fait une *Vie d'Érasme*, de *Grotius*, de *Bossuet*, et beaucoup d'autres ouvrages lourds et diffus, mais qui est d'ailleurs un excellent et digne homme. Michel de L'Hôpital, dont M. de Pouilly vient d'écrire la *Vie*, chancelier de France sous l'administration de la reine Catherine de Médicis, d'exécrable mémoire, était un de ces hommes d'État éclairés et intègres que, malheureusement pour les peuples, on ne trouve que rarement dans l'histoire à la tête des affaires. Son génie sage et ferme ne put vaincre celui de son siècle, qui était porté aux crimes et aux horreurs du fanatisme ; sa retraite fut comme le signal de l'affreuse journée de la Saint-Barthélemy, et il ne survécut que peu de temps à cette horrible époque. On ferait, à l'imitation de Plutarque, un beau parallèle entre le chancelier de L'Hôpital et le chancelier d'Aguesseau, qui a joui d'une si grande réputation de nos jours. On verrait dans le premier un philosophe et un homme d'État, et dans le second un légiste peu éclairé, mais ayant dans sa tête tout le fatras de nos lois et ordonnances, mérite subalterne d'un commis et qui ne suffira jamais à la réputation solide d'un grand homme. Lorsqu'on proposa dans le conseil l'abolition du droit d'aubaine, d'Aguesseau s'y opposa parce que ce droit barbare et nuisible à la France était, disait-il, le plus ancien de la cou-

---

1. Lévesque de Pouilly, fils, associé libre de l'Académie des inscriptions et belles-lettres, né en 1734, mort en 1820. (T.)

2. Cet ouvrage de Pouilly, père du précédent (membre de l'Académie des inscriptions, né en 1691, mort en 1750), avait d'abord paru en 1743 sous le titre de *Réflexions sur les sentiments agréables*. Le public le jugea plus favorablement que Grimm, car en 1774 il comptait cinq éditions. (T.)

ronne ; L'Hôpital, dans des temps moins heureux, suivit d'autres principes, et c'est un assez beau contraste que le règne fatal de Charles IX soit l'époque des lois les plus sages du royaume. L'Académie française, avant d'ordonner l'éloge du chancelier d'Aguesseau, aurait donc mieux fait de proposer celui du chancelier de L'Hôpital. Vous remarquerez, au reste, dans l'ouvrage de M. de Pouilly, la manière vigoureuse et ferme dont L'Hôpital parlait aux parlements, et cette lecture vous confirmera encore dans l'idée que ces augustes corps ont peu connu dans tous les temps l'esprit public et patriotique, qui ne peut exister sans beaucoup de lumières ; c'est elle qui distingue le patriote du factieux. S'il eût été permis aux jésuites d'opposer assertions sur assertions, ils en auraient pu ramasser de fort étranges dans le code des remontrances.

— M. Guillard de Beaurieu a donné, sur la fin de l'année passée, un ouvrage sur l'éducation, intitulé *l'Élève de la nature*, et cet ouvrage, qui est déjà oublié, a été précédé d'un *Cours d'histoire*[1] en deux volumes, qui a vraisemblablement sa commodité puisqu'on en a fait une seconde édition. Ce même auteur vient de publier un *Abrégé de l'histoire des insectes*, deux volumes in-12, à l'usage de la jeunesse. Je pense qu'une grande partie de l'éducation des jeunes gens devrait être consacrée à l'étude de la nature, et de son histoire, et des arts mécaniques. Cette étude, si analogue à la curiosité du premier âge, nous procurerait mille connaissances utiles pour le reste de la vie ; mais je me garderais bien de mettre entre les mains de mes enfants cette *Histoire des insectes* ou d'autres livres semblables, parce que je ne les crois propres qu'à gâter le goût de la jeunesse par cette fausse et insipide poésie et les pauvretés morales dont l'auteur a cru embellir son sujet. On prétend qu'il faut faire l'enfant avec les enfants, et moi je pense que, puisqu'ils doivent devenir hommes, on ne saurait faire trop tôt l'homme avec eux.

— J'ai très-mauvaise opinion d'une nouvelle traduction qu'on vient de publier du traité de Cicéron *sur l'Amitié*, et qui est dédiée à la femme du lieutenant de police, par un homme qui paraît plus propre à porter la livrée de M^me de Sar-

---

[1]. Grimm a déjà parlé de ces deux ouvrages précédemment, p. 383 et 417. (T.)

tine qu'à traduire Cicéron[1]. En général, les traducteurs des anciens méritent en France plus qu'ailleurs le reproche de n'avoir pas entendu leur original. Il est honteux et incroyable à quel point l'étude des anciens est négligée. Il peut être permis aux femmes et aux gens du monde de prendre le dialogue que Cicéron a écrit *De Amicitia* pour un traité sur l'amitié ; mais les gens de lettres ici n'en savent guère davantage, et cela n'est pas pardonnable. *Amicitia*, du temps de Cicéron, ne signifiait pas tant amitié que parti. *Quærere amicitias* veut dire chercher à se jeter dans un parti. Voilà pourquoi Horace dit que c'est là l'occupation de l'âge qui suit la jeunesse, parce que c'est l'âge de l'ambition ; et que, dans les républiques, l'ambition regarde avec raison l'appui d'un parti puissant comme essentiel à ses vues. Il est impossible d'entendre le premier mot du traité de Cicéron, quand on ne sait pas cela. Ce grand homme écrivait en homme d'État pour développer les meilleurs principes de conduite dans la république, et non en professeur de collège pour débiter des lieux communs sur l'amitié.

— Je ne sais quel est l'impie qui a osé porter la fureur d'abréger, qui règne aujourd'hui parmi nous, jusqu'à faire un *Abrégé des Hommes illustres de Plutarque*, enrichi de réflexions politiques et morales, en quatre volumes in-12[2]. Il a songé, dit-il, qu'Amyot était si vieux qu'il en devenait dégoûtant ; mais n'avons-nous pas la froide traduction de Dacier pour ceux que le vieux langage peut empêcher de lire la traduction pleine de chaleur d'Amyot ? Il assure encore qu'il a abrégé ces *Vies* autant qu'il lui a été possible. Ah! le malheureux! C'est un sacrilége qui a osé porter la main sur un des plus beaux présents que l'antiquité ait faits aux âmes honnêtes et sensibles ; son nom doit être en horreur à tous les gens de goût.

— On vient de traduire de l'allemand une nouvelle *Description physique, historique, civile et politique de l'Islande*, par M. Horrebows, qui y a été envoyé par le roi de Danemark, deux

---

1. *Traduction du traité de l'Amitié, de Cicéron*, dédiée à Mme de Sartine par le sieur L*** (Langlade), Paris, 1764, in-12. (T.)

2. L'abréviateur de Plutarque, cet impie, comme l'appelle Grimm, est le président de Lavie, qui, en publiant l'ouvrage de sa façon intitulé *Des Corps politiques*, en deux, puis en trois volumes in-12, ne se flattait de rien moins que de faire tomber *l'Esprit des lois*. (B.) — Voir page 458.

volumes in-12[1]. M. Horrebows a eu pour principal objet de réfuter les notions peu exactes qu'un Hambourgeois, nommé M. Anderson, a données de cette île dans une Histoire publiée il y a quelques années. Ceux qui ont eu occasion d'étudier et de connaître les habitants de cette île font un si grand éloge de la finesse et de la subtilité de leur esprit, de leur goût naturel pour les beaux-arts et principalement pour la poésie, de la bonté de leur caractère, de la douceur de leurs mœurs, que cela donne envie d'aller finir ses jours en Islande. Si ces faits étaient bien constatés, ils porteraient un grand coup à la théorie du président de Montesquieu sur l'influence du climat, sur le caractère et les mœurs des peuples. Ce n'est pas que cette influence soit douteuse, mais elle est trop compliquée pour que nous puissions jamais nous flatter de la bien développer. La nuance la plus délicate dans les mœurs d'une nation est sans doute le résultat d'une ou de plusieurs causes physiques et nécessaires; mais ces causes sont en si grand nombre, leur manière d'agir est souvent si secrète, leur concours si incertain, et, s'il est permis de parler ainsi, la dose respective de différentes causes pour la production de tel effet est encore si peu fixée, qu'il ne faut pas espérer que nous puissions jamais connaître avec quelque certitude l'action de ces causes et leurs différents résultats. Il y a sans doute de bonnes raisons pour que les habitants de l'Islande soient si spirituels et si aimables; quoique, suivant la théorie de M. de Montesquieu, ils doivent être tout autre chose, et qu'en effet leurs voisins, les Lapons, ne leur ressemblent guère. Il y a cette différence entre les procédés de la nature et de la philosophie, que l'une emploie le concours de cinquante causes pour produire un seul effet, et que l'autre veut toujours déduire cinquante effets d'une seule cause. De quelque côté que nous portions nos regards, nous trouvons partout les preuves de notre faiblesse et de notre enfance.

— M$^{me}$ Guibert, qui a jugé à propos de nous faire présent de son recueil de *Poésies et Œuvres diverses*[2], ne courra pas le risque de devenir classique. On trouve dans ce recueil toutes les productions de la famille Guibert, depuis M$^{me}$ Gui-

---

1. Les traducteurs sont Rousselot de Surgy et Meslin. (T.)
2. 1764, in-8°.

bert la mère jusqu'à M. Guibert le fils, âgé de neuf ans[1]. Il serait difficile d'amasser en deux cents pages plus de platitudes.

— M. de Poinsinet de Sivry a recueilli ses ouvrages poétiques en un volume intitulé *Théâtre et OEuvres diverses de M. Sivry*[2]. Ce volume contient, outre quelques morceaux absolument ignorés, une tragédie de *Briséis*, qui a eu quelques représentations, une tragédie d'*Ajax* et une comédie d'*Aglaé*, qui sont lourdement tombées sur le théâtre de la Comédie-Française[3]. L'auteur ne nous cache pas, dans ses préfaces, qu'il a la meilleure opinion du monde de ses ouvrages, et qu'il se regarde comme un homme nécessaire à la France pour le maintien du bon goût. On ne peut pas dire que M. Poinsinet de Sivry soit le seul de son avis, car son beau-frère Palissot assure, dans *la Dunciade*, qu'après lui et M. de Voltaire, il ne connaît guère de plus grand homme que ce M. Poinsinet de Sivry, qu'il ne faut pas confondre avec M. Poinsinet tout court, cousin du grand Poinsinet. Celui-ci ne tombe qu'à la Comédie-Française, au lieu que le petit Poinsinet choit aux Italiens, à la Foire, sur les boulevards et partout.

15 mai 1764.

L'édition des *OEuvres de Corneille, avec le commentaire de M. de Voltaire*, entreprise au profit de la petite-nièce du père de la scène française, vient d'être délivrée aux souscripteurs, dont les noms se trouvent imprimés à la suite du dernier volume. On remarque, avec satisfaction, que presque toutes les têtes couronnées, et un grand nombre d'autres princes souverains de l'Europe, ont contribué par leurs bienfaits au succès de cette entreprise. Ce recueil consiste en douze volumes grand in-8°, qui contiennent, outre le théâtre complet de Pierre Corneille, quelques pièces de son frère Thomas, de Racine et de

---

1. On y trouve en effet une tragédie en cinq actes, intitulée *la Coquette corrigée, tragédie contre les femmes*, dictée par *M. Guibert, âgé de neuf ans*.
2. 1764, in-12.
3. Voir, pour *Briséis*, tome IV, page 124, et pour *Ajax*, précédemment, pages 157 et suivantes. Quant à *Aglaé*, comédie en un acte, Grimm n'a point enregistré sa chute.

quelques poëtes étrangers, que M. de Voltaire a traduites pour servir d'objet de comparaison à certaines tragédies de Pierre Corneille. La postérité consacrera, avec une sorte d'admiration, la mémoire des bienfaits de M. de Voltaire envers le seul rejeton d'un grand homme. M<sup>lle</sup> Corneille, née dans l'obscurité et dans l'indigence, inconnue à son parent Bernard de Fontenelle, a trouvé un second père dans M. de Voltaire. Elle lui doit son éducation et son établissement. Dès le commencement, après l'avoir retirée chez lui, il l'a mise à l'abri du besoin par une rente viagère de 1,500 livres assise sur sa tête. Il l'a ensuite dotée d'une somme de 20,000 livres, et mariée à un officier de dragons, M. Dupuits, établi dans le pays de Gex, près de ses terres. Enfin il s'est assujetti au travail pénible, ingrat et subalterne d'un commentateur pour mettre le public à portée de concourir, par ses bienfaits, à l'augmentation de la fortune de sa pupille. M<sup>me</sup> Dupuits a déjà touché plus de 50,000 livres du produit de cette souscription. Si M. de Voltaire a compté obtenir de ses contemporains la justice que la postérité lui rendra à cet égard au centuple, il s'est bien trompé. Trop de cœurs sont infectés du poison de l'envie, et nous ne serons jamais équitables qu'envers ceux que le temps, ou la distance des lieux, a assez éloignés de nous pour que nous ne soyons pas blessés de leur supériorité. Que je hais ces âmes de boue, remplies d'une basse jalousie, qui s'applaudissent et croient avoir remporté un triomphe lorsqu'elles peuvent attribuer une action généreuse ou honnête à quelque sentiment bas, à quelque vil motif! Eh! la vanité elle-même ne cesse-t-elle pas d'être blâmable, ne s'ennoblit-elle pas lorsqu'elle se porte sur des objets louables et qu'elle se borne à nous faire faire des actions grandes et honnêtes? Mais rien ne peut désarmer l'envie, et il faut que son souffle impur flétrisse tout ce qu'il peut atteindre jusqu'à ce que la main du temps ait passé sur ce qu'il a terni, et rendu à la vertu et à la vérité son éclat naturel. Alors les yeux se dessillent, les esprits fascinés s'éclipsent; une nouvelle génération se porte à admirer avec enthousiasme celui qui a été l'objet de la calomnie et de la persécution; mais il n'est plus, et tandis que sa gloire devient nationale et que la vénération publique rend son nom immortel et inattaquable, on ne cesse de tourmenter ceux dont les talents peuvent faire soupçonner en eux de pareils droits à la gloire et à l'immortalité. O Athéniens, vous n'êtes que des enfants; mais vous êtes quelquefois de cruels et de sots enfants!... Jamais déchaînement n'a été pareil à celui qu'ont excité les *Commentaires* de M. de Voltaire sur les tragédies de Pierre Corneille. Il n'y a point de caillette, point de plat bel-esprit de quelque coterie bourgeoise qui n'ait péroré, qui ne se soit fait une affaire personnelle des critiques que le commentateur s'est permises. Les esprits les plus modérés, en convenant de la justesse de presque toutes les observations de M. de Voltaire, ne l'en soupçonnent pas moins d'avoir voulu servir sa vanité et sa jalousie en même temps, et abattre la statue du grand Corneille pour élever sur ses débris la sienne. En vain le commentateur répète-t-il fastidieusement à chaque page ce qu'il ne devait dire qu'une fois pour toutes, que Corneille était un grand homme, qu'il a tout créé, que ses défauts sont ceux de son siècle, et que ses beautés sont à lui; ces éloges, répétés incessamment, n'ont frappé personne, et un cri terrible s'est élevé sur les critiques. On convient de la justesse de ces critiques, et l'on s'en indigne; et ceux mêmes qui, si Corneille était vivant parmi nous, rechercheraient avec acharnement ses défauts et garderaient le silence sur ses beautés, ce sont ceux-là précisément qui crient au sacrilége, parce que le premier homme de la nation a osé critiquer un auteur devenu classique. A qui sera-t-il donc permis de dire son sentiment si M. de Voltaire n'a pas acquis ce droit-là? O peuple métaphysique et absurde! si tu veux toujours pénétrer dans les replis secrets du cœur de l'homme, s'il faut que tu juges toujours des intentions et des vues cachées de tes maîtres, tâche du moins de leur supposer une conduite conséquente aux vues indignes que tu oses leur prêter, et ne leur refuse pas une adresse que la passion donne au plus borné et au plus imbécile d'entre les tiens!

Un jour, M. de Voltaire, jouant dans le salon de Lunéville au piquet avec une dévote, un orage survint. La dévote se mit à frémir, à prier qu'on baissât les jalousies, qu'on fermât les volets, à se signer, et à dire qu'elle tremblait de se trouver en ce moment à côté d'un impie, sur lequel Dieu, dans sa colère, pourrait se venger par la foudre. Voltaire, indigné de cette incartade, se lève, et lui dit : « Sachez, madame, que j'ai dit plus de bien de Dieu dans un seul de mes vers que vous n'en penserez de votre vie. »

Voilà la réponse qu'on peut faire à toutes ces caillettes qui se sont tant récriées sur ses *Commentaires*. Sachez que, malgré votre froid enthousiasme pour Pierre Corneille, son censeur l'a plus dignement loué dans une seule ligne que vous ne ferez jamais avec toutes vos tristes exclamations. Mais il est bien singulier que l'écrivain le plus séduisant de la France, le poëte que le charme et la grâce n'abandonnent jamais, soit blessé de la grossièreté, de ce sec et heurté, de ce défaut de pureté et d'élégance qui choqueront à tout moment l'homme de goût dans la lecture des pièces de Corneille ! Tout homme éclairé dira qu'il y a de grandes beautés dans Corneille, mais il dira aussi qu'elles sont cachées et éparses dans un fumier immense. M. de Voltaire sera-t-il le seul à qui il ne sera pas permis de sentir le dégoût que cette bourre inspire, et supposé que quelques-unes de ses observations ne soient pas justes, ne lui pardonnera-t-on pas de s'être trompé quelquefois ? On sait qu'il a été toute sa vie enthousiaste de cette pureté inaltérable, de cette élégance toujours soutenue, qui font le prix des ouvrages du grand Racine ; et comment un esprit aussi délicat pourrait-il se départir de cette sorte de beauté, sans laquelle il n'y a point de véritable poésie ? Mais si M. de Voltaire avait voulu suivre les inspirations d'une jalousie basse et déshonnête, bien loin de nous ramener sans cesse à l'admiration de Racine, comme il a fait dans tous ses ouvrages, et nommément dans ses *Commentaires sur Corneille*, personne n'avait plus d'intérêt que lui à nous faire oublier Racine : car voilà l'homme dont les ouvrages seront sans cesse comparés aux siens, et contre lequel il aura à lutter dans tous les siècles. Bien loin donc de porter des coups à la réputation de Pierre Corneille, s'il avait été capable d'envie elle lui aurait appris que c'est l'homme qu'il faut élever, préconiser, mettre au-dessus de tous les autres, parce que son génie est trop dissemblable du sien pour avoir à en redouter la rivalité, et que le genre des beautés de Corneille n'empêchera jamais de sentir le mérite des beautés de Voltaire, au lieu que la pureté, l'élégance, cette beauté douce et majestueuse de Racine, provoquent une admiration et des éloges que M. de Voltaire a cherché toute sa vie à mériter et à partager.

Je suis persuadé que tout homme impartial qui lira sans prévention ces *Commentaires sur Corneille* trouvera que M. de Voltaire a été souvent trop indulgent, ou du moins très-réservé dans ses critiques, surtout dans les premiers volumes. Il est vrai qu'on voit, à mesure qu'il continue son travail, que son dégoût augmente, et que son aversion naturelle pour tout ce qui manque de goût, de vérité et de délicatesse, reprend le dessus; mais lorsque l'humeur le gagne dans cette occupation pénible et dégoûtante, lorsqu'il lui échappe un mot dur ou désobligeant, voyez par combien d'éloges il le répare, combien il craint d'offenser le public en jugeant trop sévèrement un poëte à qui il a donné le surnom de grand! Je ne doute nullement que cette crainte même, qui transpire dans toutes ses remarques, ne soit la principale cause du déchaînement ridicule qu'elles ont occasionné, et n'ait enhardi la plupart de nos beaux esprits et de nos femmes merveilleuses à insulter au premier homme de la nation, et à oublier le respect que la France doit à celui qui, dans ce siècle ingrat et stérile, soutient presque seul sa gloire et sa réputation en Europe.

Voilà des réflexions que j'ai cru devoir à l'apologie de M. de Voltaire. Vous trouverez dans ses *Commentaires* une foule de remarques négligemment écrites, faites à la hâte, peu approfondies, quelquefois peu importantes, d'autres fois susceptibles de plus de lumière et d'un plus grand développement; mais je crois qu'aucun esprit équitable n'y trouvera cette envie de déprimer le génie de Corneille, qu'on lui a si indiscrètement et si injustement reprochée. Si des esprits cultivés et nourris des meilleurs ouvrages de l'antiquité et des nations modernes sont en droit de trouver ces commentaires légers, d'y désirer plus de vues et de profondeur, je crois que, malgré cela, ils resteront désormais inséparables des pièces de Corneille, et qu'après tout ils seront pour nos jeunes gens la meilleure poétique qu'ils puissent suivre.

Après cela, si j'avais tenté de publier ce que je pense du grand Corneille, il ne tiendrait qu'à moi, je crois, de me faire lapider. Tel est le sort de tous ceux qui ne se laissent pas entraîner aveuglément par l'opinion du vulgaire, qui osent se hasarder à examiner des décisions consacrées par le temps. Pierre Corneille avait reçu de la nature du génie, de l'élévation, une tête grande et forte. Si, avec toutes ces grandes qualités, il se fût trouvé doué de sentiment, d'une âme tendre, flexible et mobile, c'eût été sans doute le poëte du génie le plus rare qu'il y eût jamais eu. C'est le cœur qui rend véritablement éloquent, c'est lui qui, dans les siècles barbares comme dans les siècles cultivés, donne ce caractère touchant qui rend les poëtes immortels. Le cœur de Corneille fut aride ; les ressources qu'il n'y trouvait pas, il fallait les chercher dans sa tête, et le raisonnement prit partout la place du sentiment. Né à l'aurore d'un beau jour, il n'eut pas le bonheur de connaître les véritables sources du goût ; son esprit ne reçut pas la culture de nos maîtres, les Grecs et les Romains, et son génie ne devint pas un beau génie. Le goût de la littérature espagnole, qui avait infecté une grande partie de l'Europe, acheva de corrompre celui de Corneille. Ce poëte, plein de chaleur et de force, établit sur la scène française l'influence espagnole, la déclamation et la fausse emphase à côté de l'élévation et de la grandeur. Si Corneille, avec ses grands talents, avec cet art de raisonner qu'il possédait si éminemment, se fût tourné du côté du barreau, c'eût été sans doute le plus grand avocat qu'on eût jamais vu ; mais la poésie dramatique, qui était alors à créer en France, exigeait autre chose. Ses situations sont ordinairement sublimes ; la première conception de ses idées, grande et merveilleuse ; mais j'oserai dire que leur exécution satisfait rarement un esprit cultivé, un homme de goût. Ses personnages manquent presque toujours de naturel ; dans les moments les plus beaux, c'est presque toujours le poëte qui est grand, et qui nous distrait de ses acteurs. Le génie de ses hommes d'État consiste à débiter des maximes de politique dont nos livres dogmatiques sont pleins, mais avec lesquelles on n'a jamais traité aucune affaire. Ses tyrans et ses méchants ont aussi leurs sentences, et débitent naïvement des principes qui ont été souvent dans leur cœur, mais que, bien loin d'avoir dans la bouche, ils ne se sont jamais bien avoués à eux-mêmes ; ces caractères, sensibles et tendres, mettent partout le raisonnement, souvent fort alambiqué, toujours froid, à la place du sentiment qui entraîne ; la passion, et particulièrement l'amour, au lieu d'être une suite de développements des mouvements les plus secrets de notre âme, sont devenus dans ses pièces un résultat de raisonnements et de lieux communs. Voilà comme la vérité a été bannie du théâtre français dès son berceau, et comme, dans les plus belles pièces de Corneille, on peut toujours s'écrier : Voilà qui est beau ; mais ce n'est pas ainsi que la chose s'est passée. En effet, qu'on tire un amant de théâtre, un tyran, un conspirateur de ses tréteaux, qu'on le mette en action dans le monde, et s'il dit un seul mot de ce que Corneille lui fait dire dans sa situation, il paraîtra fou, il se fera certainement siffler. Comment cette fausseté continuelle et puérile peut-elle donc être supportée au théâtre par une assemblée de spectateurs sensés ? et, s'ils lui accordent des applaudissements, n'est-on pas en droit de condamner leur goût ?

Une des choses les mieux établies dans nos têtes, et qu'on entend répéter tous les jours, c'est qu'il n'y a que Corneille qui sache faire parler les Romains. Je ne sais si ce n'est pas Louis XIV et le grand Condé qui l'ont décidé ainsi, et dont le public ignorant est devenu l'écho ; mais Louis XIV, né avec un instinct qui lui faisait aimer les grandes choses, avait fort peu d'esprit et encore moins de culture, et Condé savait gagner des batailles, et ne connaissait pas le génie de Rome. Pour avoir l'air et le ton d'un Romain, il ne suffit pas de parler avec élévation de liberté et de république. Quand on ose donner le nom d'un grand personnage à un de ses acteurs, il faut, outre les traits généraux que lui donne l'histoire, connaître encore la tournure des idées et des esprits, le ton et les mœurs de son siècle : or personne n'a moins connu le ton et la tournure des Romains que Corneille. Il n'avait appris dans ses livres espagnols que le ton de la chevalerie. Ce n'est pas qu'il n'eût lu les auteurs anciens comme un autre, c'est-à-dire avec aussi peu d'intelligence et de fruit que le plus grand nombre de ceux qui donnent à cette étude plusieurs années de leur jeunesse, étude qui devrait former leur goût et étendre leur tête, et qu'ils quittent sans avoir connu les auteurs qu'ils ont maniés si longtemps, sans avoir saisi le caractère et le génie de leur nation et de leur siècle ; ils n'ont appris qu'à associer des idées modernes aux discours anciens qui n'y ont nul rapport. Si Corneille n'avait traité que des sujets comme *le Cid*, son ton eût toujours été vrai ; mais en traitant des sujets romains, il donne à ses personnages des principes et des discours de chevalerie, cette générosité et cette jactance romanesques, ce je ne sais quoi de cérémonieux et d'emphatique qu'aucun Romain n'a jamais connu. On peut mettre en fait que, dans cette fameuse scène de *Cinna* qui commence par : « Prends un siége, Cinna, » il ne se dit pas un mot de part et d'autre qui ne soit une sottise; que Corneille a transformé Auguste en un roi de Castille qui reproche à un vassal sa félonie, mais que le véritable Auguste, tel que nous le connaissons par l'histoire, n'aurait pas dit un seul mot de tout ce que Corneille lui fait dire, et que Cinna de même y aurait répondu toute autre chose. Ceux qui ont appris dans les lettres de Cicéron la manière dont se traitaient les affaires, dont on négociait à Rome, ne pourront jamais écouter un seul vers, ni de cette fameuse scène de *Cinna* où Auguste délibère avec Cinna et Maxime s'il doit garder ou déposer l'empire, ni de cette autre scène de politique si vantée de *Sertorius*, qui a fait dire à tant d'imbéciles que Pierre Corneille aurait été un grand homme d'État si le sort l'eût placé au timon des affaires. Il n'y a que des enfants qui puissent s'imaginer que de grandes affaires se traitent dans le fait comme dans ces tragédies; mais les esprits solides, les hommes d'un goût sévère et grand demandent des discours vrais, et abhorrent la fausseté et la déclamation. On est étonné d'entendre M. de Voltaire s'écrier à certains beaux endroits de Corneille : « Voilà qui est bien supérieur à tout ce que les autres nations ont de beau; les anciens n'ont fait que des déclamations en comparaison. » Le choix de ce terme n'est pas heureux. Ce que les tragiques d'Athènes connaissaient le moins, c'était la déclamation. Leurs discours peuvent être étrangers à nos petites mœurs, mais ils sont toujours vrais, et voilà ce qui assure l'immortalité à leurs ouvrages; au lieu qu'il peut venir un temps et un peuple auxquels le grand Corneille ne paraîtra propre qu'à en imposer à des enfants. Mais en attendant, chut!

— M<sup>me</sup> du Deffand est célèbre à Paris par les agréments de son esprit et par la bonne compagnie qu'elle rassemble. Elle a perdu les yeux depuis environ dix ans, et je vois qu'elle se contenterait très-fort de ce qu'il en reste, malgré ses plaintes à l'aveugle clairvoyant qui lui écrit. Elle avait été intimement liée avec la célèbre marquise du Châtelet. Après la mort de celle-ci, il en courut un portrait très-méchant dans le public, qui fut attribué à M^me du Deffand[1]. Cela n'a point diminué le nombre de ses amis, et M. de Voltaire est toujours resté en liaison avec elle, ainsi que M. d'Alembert et beaucoup d'autres gens célèbres de la cour et de la ville. Son mot, dont il est question dans cette lettre[2], est celui qu'elle dit au sujet du miracle de saint Denis, qui, après avoir été décapité à Paris, se promena de là à Saint-Denis, comme tout le monde sait, en portant sa tête sous son bras. « Eh bien, dit M^me du Deffand, il n'y a que le premier pas qui coûte. » Elle a dit quantité d'autres bons mots.

— Après nous avoir amusés pendant tout l'hiver de ses contes, M. de Voltaire vient de les recueillir en un volume, avec d'autres morceaux en prose, sous le titre de *Contes de Guillaume Vadé*. Feu Vadé, dont M. de Voltaire se plaît à emprunter le nom, était un faiseur d'opéra comiques de l'ancien genre, et de poésies poissardes assez mauvaises. Ce grand homme ne vivrait plus dans la mémoire des hommes sans les soins de M. de Voltaire. Antoine Vadé, Catherine Vadé, et Jérôme Carré, sont d'illustres parents que le véritable défunt Vadé doit à la libéralité du grand patriarche des Délices. On trouve dans ce recueil, outre les contes que vous avez lus successivement à la suite de ces feuilles, quelques contes en prose qui sont peu de chose; une *Vie de Molière avec de petits sommaires de ses pièces*; plusieurs morceaux dont M. de Voltaire nous avait déjà gratifiés depuis deux ou trois ans, et qui sont d'une insigne folie; on sera bien aise de les avoir ensemble. Je n'en voudrais ôter que les observations sur *le Théâtre anglais*. Jérôme Carré n'y est pas de bonne foi, et porte plusieurs jugements fort téméraires. Le *Discours aux Welches* est un morceau tout neuf; il est un peu long et traînant vers la fin[3]. Les Welches sont les Français. Antoine Vadé leur dit dans son discours des choses fort dures, mais aussi fort plaisantes. Je voudrais, pour l'hon-

---

1. Meister a compris ce portrait dans la lettre du 1^er mars 1777 de cette *Correspondance*. (T.)

2. Cette lettre de Voltaire à M^me du Deffand, dont Grimm parle ici, est celle qu'on a imprimée dans ses *OEuvres* à la date du 27 janvier 1764. Grimm en avait joint copie à son envoi. (T.)

3. Voltaire y fit plus tard un *Supplément*. On trouve dans le *Mercure* de septembre 1764 une *Réponse d'un Français à la harangue d'Antoine Vadé aux Welches*. (T.)

neur d'Antoine Vadé, qu'il ne dît pas que *l'Art poétique* de Boileau est plus poétique que celui d'Horace, et que c'est une copie supérieure à son original. De telles décisions donneraient à Antoine Vadé lui-même un air diablement welche.

— Le libraire Jombert vient de se faire auteur en publiant une *Architecture moderne, ou l'Art de bien bâtir pour toutes sortes de personnes*, deux volumes in-4° ornés de 150 planches. Cet ouvrage est divisé en plusieurs livres qui traitent de la construction en général, de celle des différents morceaux d'architecture en particulier; des devis, du toisé des bâtiments, de l'estimation des ouvrages, de la distribution, etc. Mais comment me persuadera-t-on qu'un libraire, pour avoir imprimé quelques traités d'architecture, soit en état d'en faire? J'aimerais autant croire que M. Jombert est capable de commander un siége parce qu'il est libraire du génie et de l'artillerie.

— Un autre compilateur a publié en un volume *l'Esprit des monarques philosophes, Marc-Aurèle, Julien, Stanislas et Frédéric* [1]. Donner l'esprit d'un auteur, c'est faire différents chapitres ou lieux communs, et y rapporter les passages d'un écrivain qu'on met en pièces. Le bon roi Stanislas doit être un peu étonné de se trouver entre Julien et Frédéric Il serait beaucoup mieux à sa place dans le canon de l'Église qu'entre deux rois philosophes.

— M. Désormeaux a publié, il y a quelques années, un *Abrégé de l'histoire d'Espagne*, car depuis que M. de Voltaire a fait une réputation au cuisinier et à l'ouvrage commode et médiocre de M. le président Hénault, tous nos écrivains qui n'ont pu se rendre célèbres par leurs soupers ont voulu s'illustrer par des abrégés chronologiques qui, joints aux dictionnaires et aux soixante-quinze feuilles ou journaux qui paraissent tous les mois en France, feront à la fois la perte de l'histoire, des sciences et de la littérature. Le compilateur Désormeaux vient de publier en cinq volumes une *Histoire de la maison de Montmorency depuis l'année 960 jusqu'en 1695*. La vie du dernier maréchal de Luxembourg, célèbre sous le règne de Louis XIV, occupe les deux derniers volumes. Celui d'aujourd'hui, à qui l'ouvrage est dédié, se meurt actuellement.

---

1. (Par l'abbé de La Porte.) Paris, 1764, in-12.

— Le libraire Barbou vient de faire une édition très-belle et très-élégante des *Poésies* de Malherbe *rangées par ordre chronologique, avec la vie de l'auteur et de courtes notes*[1]. Il serait à désirer que tous nos auteur français, devenus classiques, fussent imprimés avec le même soin et la même élégance.

— *Abrégé de l'histoire grecque depuis les temps héroïques jusqu'à la réduction de la Grèce en province romaine*[2]. Volume in-12. A force d'abréger nous verrons la fin des abrégés. On dit du bien de celui-ci.

— M. de Chanvalon, prêtre de l'ordre de Malte, vient de publier un *Manuel des champs, ou Recueil choisi, instructif et amusant de tout ce qui est le plus utile pour vivre avec aisance et agrément à la campagne*. Volume de 550 pages; et M. de La Salle de L'Étang a fait imprimer un *Manuel d'agriculture pour le laboureur, pour le propriétaire et pour le gouvernement*[3]. La folie de l'agriculture ayant succédé à la folie de la géométrie qui, de son côté, avait succédé à la folie du bel esprit, les livres qui paraissent tous les jours sur cette matière sont innombrables. M. de La Salle de L'Étang termine le sien par une réfutation de la nouvelle méthode de semer de M. Thull, qui a trouvé tant de partisans et de panégyristes en France.

— On vient de nous envoyer de Lille la *Nouvelle École du monde, ouvrage nécessaire à tous les États, et principalement à ceux qui veulent s'avancer dans le monde*[4]. Deux volumes in-12, et un autre livre intitulé *Du Plaisir, ou du Moyen de se rendre heureux*, deux parties par M. l'abbé H. C. A. H.[5]. Ces deux ouvrages ont un caractère de platitude provinciale qu'on ne trouvera jamais dans les livres même les plus détestables qui se font à Paris. Le mauvais a ses nuances comme le bon. M. l'abbé H. C. A. H. prétend, dans sa préface, qu'il y a incomparablement plus de sots non imprimés dans le monde que de sots imprimés; on pourrait le soupçonner de s'être fait imprimer par un mou-

---

1. Cette édition, donnée par Meusnier de Querlon, est recherchée pour son élégance typographique; l'éditeur, se conformant d'ailleurs aux idées de son temps, avait rajeuni le style du poëte.
2. (Par P.-A. Alletz.) Plusieurs fois réimprimé.
3. Paris, 1764, in-8º.
4. (Par Le Bret, censeur royal.) Lille, 1764, 2 vol. in-12.
5. L'abbé Hennebert.

vement d'équité, pour diminuer cette grande inégalité autant qu'il dépend de lui.

— M. Targe vient de finir la traduction de l'*Histoire d'Angleterre* par Smolett, qui consiste maintenant en dix-neuf volumes in-12. L'ouvrage de M. Smolett n'est point estimé en Angleterre comme celui de M. Hume ou de M. Robertson; mais il n'a pas manqué de succès, parce que l'auteur l'a rempli de traits satiriques et d'allusions à l'état présent des affaires, aux ministres, aux gens en place. C'est un moyen sûr de réussir à Londres; mais c'est faire un abus bien cruel de l'histoire.

FIN DU TOME CINQUIÈME.

# TABLE

DU TOME CINQUIÈME

**1762**

Pages.

JANVIER. — Reprise de *Zulime*, tragédie de Voltaire. — *Idylles et poëmes champêtres* de Gessner, traduits par Hubert. — *Étrennes maritimes.* — *Le Rituel des esprits forts*, par l'abbé Gros de Besplas. — Traduction de quelques tragédies de Sophocle, par Dupuy.—Examen critique de *Zulime.* — Nouvelle édition du *Dictionnaire de l'Académie.* — Réponse en vers de Voltaire à Blin de Sainmore sur l'héroïde de *Gabrielle d'Estrées*. — Nouvelle édition des *Éléments de musique* de d'Alembert. — *Manuel des inquisiteurs*, traduit par Morellet. — Premier volume des planches de l'*Encyclopédie*. — *Esprit des tragédies*, par D. Roland. — *Discours sur la poésie lyrique*, par l'abbé Gossart. — *Étrennes voluptueuses*, par Chevrier.— Seconde partie de la *Grammaire française raisonnée* de d'Açarq.— *Anecdotes jésuitiques, ou le Philotanus moderne.* — Nouvelle édition des *Sauvages de l'Europe*, par Le Suire.— Épître de Dorat à M$^{lle}$ Clairon jouant le rôle de Pulchérie dans l'*Héraclius* de Corneille. — *Étrennes d'agriculture.* — *Le Remède contre l'amour*, par Cailhava d'Estandoux.— *Le Jugement de Caprice*, comédie. — Mort de Richardson.. . . . . . . . . . . . 1

FÉVRIER. — *L'Écueil du sage*, ou *le Droit du seigneur*, comédie par Voltaire. — Couplets de Pont-de-Veyle sur le voyage du prince de Conti à l'Isle-Adam. — *Le Salon*, poëme par Piron. — Épitre en vers et en prose au duc de Choiseul, par Gresset. — *Le Patriotisme*, poëme par Colardeau.— *Observations d'un Américain des îles neutres au sujet de la négociation de la France et de l'Angleterre.*— *Sur le commerce du Nord*, par M. Depremesnil. — Suppléments à *la France littéraire* de 1758. — Examen critique de l'*Écueil du sage.* — Réunion de l'Opéra-Comique au Théâtre-Italien. — *Annette et Lubin*, paroles de Favart et Voisenon, musique de\*\*\*. — *Campagnes de M. le maréchal de Coigny en Allemagne.* — Mort du médecin Camille Falconet. — *La Petite Maison*, par Bastide. — *Suite de Manon Lescaut.*— *Lettre sur la tragédie de Zulime et sur l'Écueil du sage*.. . . . . . . . . . . . . . . . . . . . . . . . . . . . . 24

MARS. — Noël et quatrain par Boufflers. — Épitaphe de Piron et de Passerat, par eux-mêmes.— Legs des notes de Falconet à La Curne de Sainte-Palaye. — *Marine militaire*, dessins par Ozanne. — *La République* de

Platon, traduite par le P. Grou. — *Dictionnaire de physique*, par le P. Pauliau. — *La Mort de l'Opéra-Comique*, par Nougaret. — Épitre de Le Suire à Voltaire. — *L'Erreur confondue*, poëme par l'abbé de Bèze. — *Dictionnaire domestique portatif.* — *Testament de M. de Voltaire trouvé parmi ses papiers après sa mort* (par Marchand). — Brochures contre les Jésuites. — *Julie, ou le Triomphe de l'Amitié*, comédie par Marin. — *Apologie du célibat chrétien*, par l'abbé de Villiers. — *Alzarac, ou la Nécessité d'être inconstant*, par M<sup>me</sup> de Puisieux. — *Civan, roi de Bungo, histoire japonaise*, par M<sup>me</sup> Le Prince de Beaumont. — *Le Discoureur et le Citoyen*, journaux. — Huitième et neuvième volumes de l'*Histoire naturelle*.................................................. 48

Avril. — *Zarucma*, tragédie par Cordier. — Chanson sur M<sup>me</sup> Favart et l'abbé de Voisenon. — Élection de l'abbé Arnaud à l'Académie des inscriptions en remplacement de Falconet. — Mort de l'abbé de La Caille, de l'Académie des sciences. — Théâtre de Saint-Foix. — Poëmes nouveaux. — *Le Trésor du Parnasse ou le Plus Joli des recueils.* — *Mes dix-neuf ans*, par de Rozoy. — *Odes anacréontiques*, par Saurigny. — Poésies diverses publiées dans le *Journal étranger*.— *Manuel militaire.* — *Instruction militaire du roi de Prusse pour ses généraux et ses troupes.*— Oraison funèbre de Christophe Scheling, maître tailleur à Paris. — *Mémoire sur l'agriculture*, par Le Large. — *L'Esprit*, par M. de V***. — *Bibliothèque des petits-maîtres.* — *Les Intrigues historiques et galantes du sérail.* — Vers attribués à Voltaire. — Polémique soulevée par la suppression des jésuites. — *École militaire*, par Raynal. — Tome troisième des *OEuvres du philosophe de Sans-Souci.*—*L'Amateur, ou Nouvelles Pièces et Dissertations françaises*, par Lacombe de Prézel. — *Histoire militaire des régiments de France*, projetée par M<sup>me</sup> de Beaumer.— *Vie de Philippe Strozzi*, traduite par Lorenzo Strozzi, par J.-B. Requier. — *Anecdotes de médecine*, par Barbeu-Dubourg.— *Recherches sur la manière d'agir de la saignée*, par David. — *Épîtres sur divers sujets*, par Barthe. — *L'Art de sentir et de juger en matière de goût*, par l'abbé Séran de La Tour. — *Le Rêve d'un Aristarque.* — *Nouvelle Lettre au comte de Bute*, par Genet. — *Traité des pierres précieuses*, par Poujet. — Retour d'Anquetil après son séjour dans l'Hindoustan.— *Éclaircissements sur les mœurs*, par Toussaint................................................ 59

Mai. — *Mémoire de l'Université sur les moyens de pourvoir à l'instruction de la jeunesse et de la perfectionner.* — Réflexions sur la Réforme, à propos d'un article de Suard sur un livre de Walpole.— Retraite de Grandval. — *Réflexions sur la corvée des chemins*, par Duclos. — *Marie Mancini*, héroïde, par M<sup>lle</sup> Bléreau. — Parodie du menuet d'Exaudet, par Voisenon. — *Zelmire*, tragédie par du Belloy. — Conte en vers par La Popelinière. — Brochures sur les Jésuites. — *Éducation complete*, par M<sup>me</sup> Le Prince de Beaumont. — *De la Gaieté*, par Carraccioli. — *Méthode certaine sur le traitement des cors*, par Rousselot. — Nouvelle édition de la vie des plus fameux peintres, par d'Argenville. — *Campagne de M. le maréchal de Villars en Allemagne en 1705*, par Carlet de La Rozière. — Nouvelle édition du livre de Huerne de La Mothe sur l'excommunication des comédiens.  78

Juin. — *Les Zélindiens*, par M<sup>lle</sup> Fauque. — *Préservatif contre l'agromanie.* — *L'art de s'enrichir promptement par l'agriculture*, par Despommiers.

— *Boussole agronomique*, par Bellepierre de Neuve-Église.— *Architecture des jardins*, par Galimard fils. — *Considérations sur l'état présent de la littérature en Europe*, par Robinet. — *Abrégé chronologique de l'histoire de Flandre*, par Pankoucke. — *Le Balai*, par Dulaurens. — Publication de l'*Émile* de Rousseau. — Chanson et poëme sur les jésuites.— *Mémoires de M. de La Colonie*.— Examen critique de *Zelmire*. — *Le Procès ou la Plaideuse*, comédie par Favart, musique de Duni. — *Vie et Aventures de Joseph Thompson*. — *Mémoires pour servir à l'histoire de la vertu*, par l'abbé Prévost. — *Amélie*, roman traduit de Fielding, par M^me Riccoboni. — Sur Rousseau à propos d'*Émile*. — *Les Méprises, ou le Rival par ressemblance*, comédie par Palissot. — *Vie du comte de Tottleben*. — Édition des fermiers généraux des *Contes* de La Fontaine.— Édition de *la Pucelle* illustrée par Gravelot.................... 90

Juillet. — Examen d'*Émile*. — *Le Caprice*, comédie, par Renou. — *La Mort de Socrate*, tragédie, par Sauvigny. — Mort de Crébillon père. — *Le Bilan général et raisonné de l'Angleterre*, par de Maisagne. — Lettre de Le Franc de Pompignan, évêque du Puy, en faveur des jésuites, brûlée par la main du bourreau. — *Tout le monde a tort; les Pourquoi; le Réveil des jésuites*, brochures. — Second compte-rendu de La Chalotais au parlement de Bretagne. — *Vie des femmes illustres de la France*. — *Abrégé chronologique de l'histoire du Nord*, par Jacques Lacombe. — Examen critique d'*Émile*. — *Sancho Pança dans son île*, opéra-comique, paroles de Poinsinet le jeune, musique de Philidor. — Reprise de *la Jeune Grecque*, comédie de Voisenon. — *Amélie*, roman par Fielding, traduit par de Puisieux. — *Histoire du siècle d'Alexandre*, par Linguet. — *Épître à M. Gresset*, par Sélis. — Épître de Colardeau à son chat. — *Épître à un bel esprit de province sur les avantages de Paris*, par Alexis Maton. — *Ode aux Français sur la guerre présente*, par un citoyen. — *Les Finances considérées dans le droit naturel et politique des hommes, ou Examen critique sur la théorie de l'impôt*, par Buchet. — *Le Colporteur*, par Chevrier. — *La Religion à l'assemblée du clergé de France*, par l'abbé Guidi. — *Appel à la raison* par le P. Balbiani. — Brochures des jansénistes contre les jésuites. . . . . . . . . . . . . . . . . . . . . . . 109

Août. — Conversation avec un sage (Diderot). — *Réfutation d'un nouvel ouvrage de J.-J. Rousseau*, par dom Deforis. — *Vie de Crébillon* par Crébillon fils et La Garde. — *Supplément aux Mémoires de Sully*, publié par les abbés de Montempuis et Goujet. — *Les Deux Amis*, comédie, par Dancourt. — Critique sur la dispersion des jésuites; brochures provoquées par l'arrêt du Parlement. — Réponse du Dauphin à Carle Van Loo, nommé premier peintre du roi. — Mort de Bouchardon — *Éloge de M. de Crébillon*, par Voltaire. — *Tablettes morales et historiques*. — *Mon Chef-d'œuvre*. — *Les Méprises*, comédie, par Palissot. — *L'Épreuve de la probité*, comédie, par Bastide. — *Le Régime de Pythagore*, traduit de l'italien du docteur Cocchi. — *Idées patriotiques sur la nécessité de rendre la liberté au commerce*. . . . . . . . . . . . . . . . . . . . . . 132

Septembre. — Suite de l'examen d'*Émile*. — *L'Inutilité des jésuites montrée aux évêques*, par J.-N. Belin.— *Les Trois Imposteurs, ou les Fausses Conspirations*. — *Les Sciences sous la croix du Sauveur sur le Golgotha*, songe. — *Histoire d'Élisabeth Canning et de Jean Calas*, par Voltaire. — *Lettre de Bendé à Monreset*, roman. — *Recherches sur la valeur des mon-*

*naies*, par Dupré de Saint-Maur. — *Le Luxe considéré relativement à la population et à l'économie*, par Auffray. — *Ode sur la poésie comparée à la philosophie*, par Colardeau. — *Ajax*, tragédie, par Poinsinet de Sivry. — *Mes Doutes sur la mort des jésuites*, par l'abbé de Caveirac. — Mandement de Christophe de Beaumont contre *Émile*. — *Odes sur le temps et sur les devoirs de la société*, par Thomas. — Mort de M<sup>lle</sup> Nessel. — Nouvelle édition des *Oraisons funèbres* de Bossuet. — *L'Égypte ancienne*, par d'Origny. — Brochures sur l'agriculture. — *Mémoires militaires sur les anciens*, par Maubert de Gouvest. — *L'Esprit de Julie*, par Formey. . 148

OCTOBRE. — *Le Testament politique du maréchal duc de Belle-Isle*, par Chevrier. — Exposition de l'Académie de Saint-Luc. — *La France agricole et marchande*, par Goyon de La Plombanie. — *De la Santé*, par l'abbé Jacquin. — *Essai sur le blanchiment des toiles*, par Home. — *Observations de la société d'agriculture, du commerce et des arts de Bretagne*, pour les années 1759 et 1760. — *Mémoires de la Société d'agriculture de la généralité de Paris*. — *Manuel du négociant*. — *Essai historique sur les Atlantiques*, par Baer. — *Fables nouvelles*, traduites de Lichtwehr, par Pfeffel. — *Idées d'un citoyen sur l'instruction de la jeunesse*, par Turben. — *Dénonciations des crimes et attentats des soi-disant jésuites dans toutes les parties du monde*. — *L'Almanach des gens d'esprit*, et *Vie du père Norbert*, par Chevrier. — *Canacé à Macarée* et *Hypermnestre à Lyncée*, héroïdes. — Vers de Saurin. — *Le Joueur*, traduit de Lillo par l'abbé Bruté de Loirelle. — *La Mort d'Adam*, traduit de Klopstock, par l'abbé Roman. — Marmontel fait imprimer sa pastorale d'*Annette et Lubin*. — OEuvres de Panard. — *Lettres de M<sup>lle</sup> de Jussy*, roman. — *Voyage en Périgord et en Lorraine*. — Testament du curé Meslier publié par Voltaire . . . . . 164

NOVEMBRE. — *Du poëte Sadi*, par Diderot. — *Irène*, tragédie, par Boitel. — Censure de la faculté de théologie contre *Émile*. — *Les Erreurs de Voltaire*, par Nonnotte. — *Tableau moral du cœur humain*. — *Mémoires pour servir à l'histoire des égarements de l'esprit humain, par rapport à la religion chrétienne*, par l'abbé Pluquet. — *Le Socrate rustique*, traduit de l'allemand de Hirzel par Frey des Landes. — *Les Usages*, par Treyssac de Vergy. — *Pensées anglaises sur divers sujets de religion et de morale*. — *Ode sur la paix*, par l'abbé Desjardins . . . . . . . . . . . . . 178

DÉCEMBRE. — Article de Damilaville sur *Heureusement*, comédie, par Rochon de Chabannes. — *Le Roi et le Fermier*, opéra-comique, paroles de Sedaine, musique de Monsigny. — *Le Procès de la multitude*, par Poinsinet de Sivry. — *Arrêt rendu par le conseil souverain du Parnasse*. — *Éponine*, tragédie, par Chabanon. — *Campagnes du maréchal de Marsin en Allemagne*. — OEuvres de Desmahis. — *Histoire de l'impératrice Irène*, par l'abbé Mignot. — *Lettre sur la paix*, par J.-N. Moreau. — Brochures sur l'éducation à propos du livre de Rousseau. . . . . . . . . . . . . 190

JANVIER. — Vers à d'Argental, par Rochemore. — *Le Milicien*, opéra-comique, paroles d'Anseaume, musique de Duni. — Lettres de l'impératrice de Russie à d'Alembert, et du comte de Schouwaloff à Diderot. — Article de Diderot sur les *Recherches sur la peinture*, de Webb. — Réflexions au sujet des trois mémoires judiciaires en faveur des Calas, par Élie de Beaumont, Mariette et Loyseau de Mauléon. — Mémoires en faveur des jésuites, présentés au roi par le parlement de Provence et brûlés par la main du bourreau. — Vers de l'abbé Porquet au roi Stanislas. — *Histoire des amours de Chéréas et de Callirhoé*, traduite du grec par Larcher. — *Voyage en France, en Italie et aux îles de l'Archipel*. — *Collection de différents morceaux sur l'histoire naturelle et civile des pays du Nord*, traduits par Kéralio. — *Lettres historiques et critiques sur les spectacles, adressées à M*$^{lle}$ *Clairon*, par le P. Joly. — *Les Vrais Principes de la lecture*, par Viard. — Nouvelle édition de la traduction de Salluste, par le P. Dotteville. — *Étrennes aux dames*. — *Prédictions philosophiques pour l'année 1765*. — *La Renommée littéraire*, journal, par Le Brun, — Pindare. — Nouvelle édition des *Mélanges* de d'Alembert. — *Essai sur l'horlogerie*, par F. Berthoud. — Mort de Sarrasin. — Réponse (en vers) d'un poëte anonyme à un libelle anonyme contre les danseuses de l'Opéra. — Souhait de Voltaire à propos du mariage de M$^{lle}$ Corneille et de M. de Florian. . . . . . . . . . . . . . . . . . . . . . . . . . . . . . . . . . . 197

FÉVRIER. — *Dupuis et Desronais*, comédie, par Collé. — *Polyxène*, opéra, paroles de Joliveau, musique de Dauvergne. — Réception de Voisenon à l'Académie française. — Lettre de Montesquieu à Warburton. — Conversation avec une femme du monde au sujet du *Danger des liaisons*, roman par la marquise de Saint-Aubin. — Mort de Louis Racine et de Marivaux. — Publication de la comédie de *Dupuis et Desronais*. — *Exposition des propriétés du spalme*, par J. Maille. — *La Divinité de la religion chrétienne vengée des sophismes de J.-J. Rousseau*, par André et D. Deforis. — *La Pétrisée*, poëme comique, par de Bullionde. — Mort de La Popelinière . 216

MARS. — Sur Bouchardon, article de Diderot à propos de la *Vie* de ce sculpteur par le comte de Caylus. — Couplet sur la compagnie de Jésus. — *Lettre à M. le marquis de Liré*, par Treyssac de Vergy. — *Histoire de la maison de Tudor*, par Hume, traduite par M$^{me}$ Belot. — *Histoire de Jonathan Wild le Grand*, de Fielding, traduite par Ch. Picquet. — *Éclaircissements historiques à l'occasion d'un libelle calomnieux sur l'Essai sur l'Histoire générale* (par Voltaire sous le nom de Damilaville). — Chute de *Théagène et Chariclée*, tragédie par Dorat. — Fragment d'une épître à M$^{lle}$ Delon, Genevoise. . . . . . . . . . . . . . . . . . . . . . . . 239

AVRIL. — *L'Anglais à Bordeaux*, comédie, par Favart. — Reprise de *Brutus*, tragédie de Voltaire. — Envoi au conseil d'État de la procédure de la famille Calas. — *Esprit, Saillies et Singularités du P. Castel*, par l'abbé de La Porte. — *Mémoires d'une honnête femme* et *Amusements des dames de B\*\*\**, par Chevrier. — Élection de l'abbé de Radonvilliers à l'Académie française en remplacement de Marivaux. — *Compte rendu des constitutions des jésuites*, et plaidoyer dans la même affaire par Monclar. — Réflexions sur l'éducation publique à propos d'un livre de Crevier sur ce sujet. — *Lettre à l'auteur des Mémoires sur la nécessité de fonder une école pour former des maîtres* (l'abbé Pellicier), par l'abbé Pellicier lui-même. — Édition illustrée des *Héroïdes* d'Ovide. — *Olivier*, poëme en prose, par Cazotte. — Poésies diverses par Gazon-Dourxigné, Bullionde, Le Roy, ex-jésuite, Moline, Junquières, etc. — *Anti-Uranie*. — Lettre de J.-J. Rousseau à Christophe de Beaumont, archevêque de Paris. — Épigramme de Saurin. — Incendie de l'Opéra. — Retraite de M<sup>lle</sup> Gaussin. — *Le Bûcheron, ou les Trois Souhaits*, opéra-comique, paroles de Guichard, musique de Philidor. — *Ophélie*, roman traduit de l'anglais par M<sup>me</sup> Belot. — *Épître aux architectes qui sont à Paris et ailleurs.* — *Appelles et Campaspe*, comédie héroïque, paroles de Poinsinet, musique de Gibert. — Théâtre de Favart. — *Nouvelle Culture de la vigne*, par Maupin. — *Traité sur la culture des mûriers blancs*, par Pomier. — *Discours sur le droit des gens et sur l'état politique de l'Europe*, par Le Trosne. — *L'Anglais à la Foire*, divertissement. — *Henriette de Marconne, ou Mémoires du chevalier de Présac*, par Perrin. — *Confidences à une amie, ou Aventures galantes d'un militaire écrites par lui-même.* — *Mélanges intéressants et curieux*, par Rousselot de Surgy. — *Journal historique du voyage fait au cap de Bonne-Espérance*, par l'abbé de La Caille. — *Campagnes de M. le maréchal de Tallard en Allemagne, en 1704.* — *Apologie de l'institut des jésuites*, par le P. Cérutti. — Réception de l'abbé de Radonvilliers à l'Académie française. — *L'Amour paternel*, comédie par Goldoni. — Chute au Théâtre-Italien de trois opéras-comiques : *la Bagarre*, paroles de Poinsinet, musique de Van Malder; *le Bon Seigneur*, paroles de Desboulmiers, musique de Desbrosses; *le Gui de chêne, ou la Fête des Druides*, paroles de Junquières, musique de Laruette. 254

Mai. — *Le Bienfait rendu, ou le Négociant*, comédie par La Salle de Dampierre. — *Saül*, tragédie de Voltaire, circule manuscrite. — *Olympie*, autre tragédie du même, imprimée à Francfort. — *Judith et David*, tragédies par Lacoste, avocat. — Projet d'habillements à la grecque pour hommes et femmes, dessinés par Carmontelle. — *Œuvres diverses* de l'abbé de La Marre. — *Pensées* de J.-J. Rousseau. — *La Mort de Socrate*, tragédie par Sauvigny. — Second volume de l'*Histoire de Russie* de Voltaire. — Nouvelle édition de l'*Essai sur les Mœurs*. — Compte rendu de la lettre de J.-J. Rousseau à Christophe de Beaumont. — *Ambassades de MM. de Noailles en Angleterre, sous le règne du roi de France Henri II*, rédigées par Vertot et publiées par Villaret. — *Contes*, par Bastide et par M<sup>lle</sup> Uncy. — *Entretiens de Phocion*, par Mably. — *Lettres familières* du baron de Bielfeld. — Second volume des planches de l'*Encyclopédie*. — *La Voix de la nature, ou les Aventures de M<sup>me</sup> la marquise de ***\**\*, par M<sup>me</sup> Robert. — *Le Nouvel Abélard*, par Thorel de Campigneulles. — *Les Contradictions*, par Rabelleau . . . . . . . . . . . . . . . . . 277

Juin. — *L'Économe politique*, par Faignet. — Publication de la comédie du *Bienfait rendu*. — *Le Hasard du coin du feu*, par Crébillon fils. — *L'Arétin*, par Dulaurens. — Troisième et quatrième volumes du *Trésor du Parnasse*. — *La Manie des arts, ou la Matinée à la mode*, comédie par Rochon de Chabannes. — Écrits sur l'instruction publique. — *Essai d'éducation nationale*, par La Chalotais. — *L'Esprit de La Mothe Le Vayer*, par l'abbé de Montlinot. — *Les Baigneuses*, de Vernet, gravées par Baléchou. — *Manco Capac*, tragédie par Le Blanc. — Arrêt du Parlement interdisant l'inoculation. — Prospectus de la *Gazette littéraire de l'Europe*, par Suard et l'abbé Arnaud. — *Le Rat iconoclaste, ou le Jésuite croqué*, poëme héroï-comique, par Guyton de Morveau. — *Zélis au bain*, poëme, par Pezay. — *Le Valet à deux maîtres*, comédie traduite de Goldoni. — *Histoire des Druses*, par Puget de Saint-Pierre. — *Les Deux Cousines*, opéra-comique, paroles de La Ribardière, musique de Desbrosses. — *L'Amour éprouvé par la mort*, par M<sup>me</sup> Thiroux d'Arconville. — Nouvelle édition des *Essais sur Paris*, par Saint-Foix . . . . . . . . . . . . . 296

JUILLET. — *Richesse de l'État*, par Roussel de La Tour. — *Le Consolateur, pour servir de réponse à la théorie de l'impôt*, par le baron de Saint-Supplix. — *Essais de poésies diverses*, par M. Vignier. — *Épître à M. le duc de \*\*\**. — *La Paix*, par Pagès de Vixouses fils. — *Le Monde pacifié*, par Lefèvre de Beauvray. — *Poëme aux Anglais à l'occasion de la paix*, par Peyraud de Beaussol. — *Zélis au bain*, par Pezay. — *Les Fêtes de la paix*, paroles de Favart, musique de Philidor. — *Analyse raisonnée de la Sagesse de Charon*, par le marquis de Luchet. — *Almoran et Hamet*, traduit de l'anglais de Hawkesworth, par l'abbé Prévost. — Lettres de Lauraguais aux comtes de Saint-Florentin et de Noailles à propos de la lettre de cachet que lui vaut son *Mémoire sur l'inoculation*. — *Principes généraux pour servir à l'éducation des enfants, principalement de la noblesse française*, par l'abbé Poncelet. — *Mémoires du chevalier de Berville*, par Lech. — *Malagrida*, tragédie, par l'abbé Pierre de Longchamps. — *La Nouvelle Fausse Suivante*, comédie par Béliard. — *Le Départ interrompu, ou les Amours nocturnes*, par Delautel. — Vers à M$^{me}$ de Meaux, le jour de sa fête, par Rossignol. . . . . . . . . . . . . . 320

AOUT. — *La Présomption à la mode*, comédie par Cailhava d'Estandoux. — *Les Deux Chasseurs et la Laitière*, opéra-comique, paroles d'Anseaume, musique de Duni. — Brochures provoquées par la *Richesse de l'État*. — Stances sur le sort des Jésuites. — *Clovis*, poëme héroï-comique, par Le Jeune. — *Les Quatre Saisons, ou les Géorgiques françaises*, par Bernis. — *L'Enfant trouvé, ou Mémoires de Menneville*, par Contant d'Orville. — *L'Enfantement de Jupiter, ou la Fille sans mère*, par Huerne de La Mothe. — *Voilà mes malheurs*, anecdotes de M$^{lle}$ de Boucqueville. — *Lettres d'Henriette et d'Amélie*, par M$^{me}$ G. D. de Saint-Germain. — Lettre de Lauraguais au comte de Saint-Florentin à la réception de sa lettre de cachet. — Élection d'Anquetil à l'Académie des inscriptions. — *Poésies sacrées*, par Le Franc de Pompignan. — Lettre de Pigalle à Voltaire, et réponse de celui-ci au sujet de l'inscription de la statue de Louis XV à Reims. — *Ouvrages dramatiques* de Voltaire publiés par lui à Genève. — Lettre à Sophie [Volland], ou Reproches adressés à une jeune philosophe. — *Recherches sur l'origine du despotisme oriental*, par Boulanger. — *Le Christianisme dévoilé*, par le baron d'Holbach. — *Les Deux Talents*, opéra-comique, paroles de Bastide, musique du chevalier d'Herbain. — Mort de Pesselier et de Bullionde. — *Conseil de la raison en faveur de l'inoculation*. — Lettre du docteur Gatti au docteur Roux sur l'inoculation de la petite vérole. — *Requête au roi pour la dame veuve Calas*, par Le Roy. — Discours de réception de l'abbé Coyer à l'Académie de Nancy. — *L'Intérêt d'un ouvrage*, par Cérutti. — *École de la chasse aux chiens courants*, par Le Verrier de La Conterie. — Tableau allégorique découvert dans une maison de jésuites. . . . . . . . . . . . . . . . . . . . . . . 348

SEPTEMBRE. — Examen de la *Poétique française*, par Marmontel. — Imitation par Rochemore de l'ode d'Horace : *Sic te diva potens Cypri*, etc. — *Profession de foi philosophique*, par Borde. — *Lettres sur le christianisme de J.-J. Rousseau*, par le pasteur Vernes. — *Éloge historique du cardinal Passionei*, par l'abbé Goujet. — Brochures sur l'administration des finances. — *Relation de deux voyages faits en Allemagne*, par Cassini de Thury. — *Description de la Guyane*. — *Cours d'histoire sacrée et profane* par Guillard de Beaurieu. — *Les Plaisirs de l'âme*, épître à un ami. — *Réflexions sur l'inoculation*, par Rast. — *De l'Utilité des voyages relativement aux sciences et aux mœurs*, par l'abbé Gros de Besplas.—Reprise de *Mariamne*, tragédie de Voltaire. — *Éloge de Sully*, par Thomas. — *Difficultés proposées à M. de La Chalotais sur son essai d'éducation nationale*, par Crevier.— *Nouvelles Observations sur les jugements rendus contre les jésuites*. — Brochures sur les finances. — Inscription d'un bosquet illuminé; à M<sup>me</sup> de Meaux pour le jour de sa fête. — *La Profession de foi philosophique* de Borde est attribuée à Montazet, archevêque de Lyon. — *Lettres à M. Rousseau*, par l'abbé Yvon. — *L'Homme civil à l'homme sauvage*, par Marin. — *Recueil anglais, ou Morceaux choisis en tous genres* . . . .  371

Octobre. — Sur les salons de peinture à propos du compte rendu de celui de 1763, par Diderot. — *Blanche et Guiscard*, tragédie par Saurin. — *Les Amours d'Arlequin et de Camille*, comédie, par Goldoni. — *OEuvres du philosophe bienfaisant* (Stanislas Leckzinski). — *Instruction pastorale*, par Le Franc de Pompignan. — *Lettres* de milady Worthley Montague. . . .  394

Novembre. — *Warwick*, tragédie par La Harpe. — *Lettres trouvées dans les papiers d'un père de famille*, par Louis Charpentier.— *Lettres d'un citoyen de Genève*. — Vers de l'abbé Porquet à Thérèse, petite fille élevée par M<sup>me</sup> de Boufflers. — Brochures sur la petite vérole et sur l'agriculture.— *Zélie et Lindor*, opéra-comique, paroles de Pelletier, musique de Rigade. .  403

Décembre. — Arrivée de Mozart à Paris.— *L'Art de communiquer ses idées*, par l'abbé de La Chapelle. — *Lettres écrites de la campagne*, par J.-R. Tronchin. — Lettre de Ripert de Monclar au duc de Villars, gouverneur de Provence. — *Considérations sur les corps organisés*, par Charles Bonnet. — *Amusements philosophiques sur diverses parties des sciences*, par le R. P. Bonaventure Abat, cordelier. — Livres et brochures relatifs à l'économie politique et aux finances. — Fausse nouvelle de la mort du poëte Roy. — Succès constant de *Warwick*. — *L'Élève de la nature*, par Guillard de Beaurieu. — *Épître à J.-J. Rousseau, citoyen de Genève*. — Vers de Marmontel à l'Académie des Grâces. — Vers de Voltaire à la louange de Catherine II. — *Le Rendez-vous*, opéra-comique, paroles de Légier, musique de Duni. — *La Gazette littéraire de l'Europe*, d'Arnaud et Suard. — *OEuvres morales* de Plutarque, traduites par l'abbé Lambert. — *L'Optique ou le Chinois à Memphis*, par Saint-Péravy.— Brochures sur le jeu de reversis. — *Mémoires historiques et critiques des reines et régentes de France*, par Dreux du Radier.— *L'Anti-financier*, par Darigrand. — *L'Inoculation terrassée par le bon sens*, par L.-M. Vernage.— *Nouveaux Éclaircissements sur l'inoculation*, par le chevalier de Chastellux. — *Lettres de Cécile à Julie, ou les Combats de la nature*. — *Les Dangers de l'amour ou les Aventures d'un Portugais*, par [de Rosoy. — *Adélaïde*. — *Éloge de Sully*, par M<sup>lle</sup> Mazarelli, marquise de Saint-Chamond.— Épîtres d'un poëte anonyme à d'Alembert, à Darget et à Thomas. — Rectifications par Anquetil des erreurs de Voltaire sur les Guèbres ou Parsis. — *Traité de la Tolérance*, par Voltaire. — Requête du comte de Créquy-Canaple au curé de la paroisse d'Orville.. . . . . . . . . . . . . . . . . . . .  410

## 1764

Pages.

JANVIER. — Article de Diderot sur *l'Essai sur la poésie rhythmique*, par Bouchaud. — Lettre de Voltaire à Dupont de Nemours. — Réception de Marmontel à l'Académie française. — *La Confiance trahie*, comédie, par Bret, est interdite au moment d'être représentée. — *La Jalousie d'Arlequin et les Inquiétudes de Camille*, comédies par Goldoni. — Mort de l'abbé de Marsy. — *Histoire de Jeanne première, reine de Naples*, par l'abbé Mignot. — *Traité de paix entre Descartes et Newton*, par le P. Paulian, ex-jésuite. — Dialogue entre un philosophe et un poëte au sujet de l'inscription du monument de Reims. — *Lettre de Barnevelt dans sa prison à Truman, son ami*, par Dorat. — *Le Sorcier*, opéra-comique, paroles de Poinsinet le Jeune, musique de Philidor. — *Présence corporelle de l'homme en plusieurs lieux*, par l'abbé de Lignac. — *Observations sur le livre de l'Esprit des lois*, par Crévier. — Maton fait imprimer sa tragédie d'*Andriscus*, refusée à la Comédie-Française. — *Traité de la danse*, par Josson l'aîné. — *Épître aux docteurs de la maison et société de Sorbonne*, par un poëte anonyme. — *La Constance couronnée, ou les Époux unis par l'Amour*. — *Histoire anglaise de milord Feld.* — *Les Plaisirs d'un jour, ou la Journée d'une provinciale à Paris.* — *Mémoires d'Azéma*, par Contant d'Orville. — *Histoire de Zulime, ou Origine de l'inconstance.* — *Zaïde ou la Comédienne parvenue.* — *Mes Récréations*, poésies. — *École de littérature*, par l'abbé de La Porte. . . . . . . . . . . . . . . . . . . . . . . 424

FÉVRIER. — *L'Épreuve indiscrète*, comédie, par Bret. — Reprise de *Blanche et Guiscard*. — Lettre de Voltaire sur M$^{lle}$ Dubois de la Comédie-Française. — *Essai critique sur l'état présent de la république des lettres*, attribué à Le Franc de Pompignan, évêque du Puy. — *L'Esprit de M. le marquis de Caraccioli*. — *La Veuve*, comédie, par Collé. — Nouvelle édition des *Quatre Parties du jour*, par Bernis. — *Idoménée*, tragédie, par Lemierre. — Débuts de Grangé et de M$^{lle}$ Fanier, à la Comédie-Française. — *Lettre de Zeila à Valcourt*, par Dorat. — Inauguration de la nouvelle salle de l'Opéra, aux Tuileries, par la reprise de *Castor et Pollux*, paroles de Gentil-Bernard, musique de Rameau. — Prospectus des *Fables* de La Fontaine, illustrées par Loutherbourg. — *Essai sur la langue allemande*, par Juncker. — *Daphnis et le Premier Navigateur*, poëmes de Gessner, traduits par Hubert. — *Éléments primitifs des langues*, par Bergier. — *La Veillée de Pézénas.* — *Idées d'un citoyen sur l'administration des finances du roi*, par l'abbé Beaudeau. — *Essai politique sur la Pologne.* — *Examen de l'inoculation*, par Dorigny. — *Principes politiques pour le rappel des protestants en France*, par Turmeau de La Morandière. — *De l'Imitation théâtrale*, par J.-J. Rousseau. — *Réflexions sur la théorie et la pratique de l'éducation contre les principes de M. Rousseau*, par le P. Gerdil. — *Le Bâtard parvenu, ou l'Histoire du chevalier du Plaisir.* — Rentrée de Grandval. — Nouvelle édition de l'*Histoire du Danemark*, par Mallet. — *Dictionnaire raisonné universel d'histoire naturelle*, par Valmont de Bomare. — *La Philosophie rurale*, par Quesnay. — *Des Corps politiques et de leurs Gouvernements*, par le président de Lavie . . . . . 446

Mars. — Examen d'*Idoménée*. — *Des Véritables Intérêts de la patrie*, par de Forges. — Affaire de M. Valdahon et de M^lle de Monnier. — *Police sur les mendiants*, par Turmeau de la Morandière. — *La Dunciade*, poëme, par Palissot. — *Essai sur le luxe*, par Saint-Lambert. — *L'Amateur*, comédie, par Barthe. — *Rose et Colas*, opéra-comique, paroles de Sedaine, musique de Monsigny. — *Réflexions sur les préjugés qui s'opposent au progrès et à la perfection de l'inoculation*, par Gatti. — *Histoire d'Écosse*, de Robertson, traduite par La Chapelle. — *L'Homme de lettres*, par Garnier. . . . . . . . . . . . . . . . . . . . . . . . . . 458

Avril. — Réflexions de Diderot sur la *Lettre de Barnevelt*, par Dorat. — Représentation d'*Olympie*, tragédie de Voltaire. — Mort de Restaut. — *Voltaire*, poëme en vers libres par Leclerc de Montmercy. — *Le Philosophe nègre*, par Mailhol. — *Les Jeux d'enfants*, poëme imité de Cats, par Feutry. — Mandement de l'archevêque d'Auch en faveur des jésuites. — *Apologues orientaux*, par Sauvigny. — Dialogue entre un philosophe et un poëte sur le poëme épique. — *Mémoires sur la vie de Pétrarque*, par l'abbé de Sade. — *Essai sur la navigation lorraine*, par Bilistein. — *Histoire du ministère du chevalier Robert Walpole*, traduite de l'anglais par Dupuy-Demportes. — *Élite des poésies fugitives*. — *Mémoires et Observations de la Société économique de Berne*. . . . . . . . . . . . . . . 475

Mai. — *La Jeune Indienne*, comédie par Chamfort. — *Vie de Michel de l'Hospital*, par Lévesque de Pouilly. — *Abrégé de l'histoire des insectes*, par Guillard de Beaurieu. — *Traité de l'Amitié*, de Cicéron, traduit par Langlade. — *Abrégé des hommes illustres de Plutarque*, par le président de Lavie. — *Description de l'Islande*, par Horrebows. — *Poésies et OEuvres diverses*, par M^me Guibert. — *Théâtre et OEuvres diverses*, de Poinsinet de Sivry. — Examen des commentaires de Voltaire sur Corneille. — Quelques mots sur M^me du Deffand. — *Contes de Guillaume Vadé*, par Voltaire. — *Architecture moderne*, par Jombert. — *L'Esprit des monarques philosophes*, par l'abbé de La Porte. — *Histoire de la maison de Montmorency*, par Désormeaux. — *Poésies de Malherbe*, publiées par de Querlon. — *Abrégé de l'histoire grecque*, par Alletz. — *Manuel des champs*, par l'abbé de Chanvalon. — *Manuel d'agriculture*, par La Salle de l'Étang. — *La Nouvelle École du monde*, par Le Bret. — *Du Plaisir*, par l'abbé Hennebert. — Fin de l'*Histoire d'Angleterre*, traduite de Smolett, par Targe. . . . . . . . . . 494

FIN DE LA TABLE DU TOME CINQUIÈME.

www.ingramcontent.com/pod-product-compliance
Lightning Source LLC
Chambersburg PA
CBHW051356230426
43669CB00011B/1660